Handels- und Gewerbekammer Wien

Statistik der Volkwirtschaft in Nieder-Österreich 1855-1866

1. Band

Handels- und Gewerbekammer Wien

Statistik der Volkwirtschaft in Nieder-Österreich 1855-1866

1. Band

Inktank publishing, 2018

www.inktank-publishing.com

ISBN/EAN: 9783747764442

Statistik

der

Volkswirthschaft

in Nieder-Oesterreich

1855—1866.

Herausgegeben

von der

Handels- und Gewerbekammer in Wien.

I. Band.

Wien.

Druck und Papier von Leopold Sommer.

Einleitung.

Die unterfertigte Handels- und Gewerbekammer hat es seit ihrem Bestehen als eine der wichtigsten Bedingungen des wirthschaftlichen Fortschrittes betrachtet, die genaueste Kenntniss aller commerciellen und industriellen Zustände des Landes zu vermitteln und sie zu einem Gemeingute der Geschäftswelt, wie der Behörden zu machen.

Volkswirthschaftliche Gesetze und Einrichtungen können nur dann ihrem Zwecke vollkommen entsprechen, wenn sie auf die vorhandenen Bedingungen der Production, auf den jeweiligen Zustand von Handel und Gewerbe Rücksicht nehmen. Diesem Zwecke hat demnach die Industriestatistik vor Allem zu genügen.

Aber auch in rein geschäftlicher Beziehung, für die unmittelbaren Zwecke der Kaufleute und Gewerbtreibenden selbst, kann die noch vielfach verkannte, von den Industriellen leider zu wenig unterstützte Statistik von bedeutendem materiellen Nutzen sein. Denn wie Weltindustrie-Ausstellungen unter Anderem auch die Bestimmung haben, die gewerblichen Leistungen eines Landes öffentlich ersichtlich, die Consumtion mit der Production bekannt zu machen, — gleichwie ferner gute Adressenbücher und die Inserate in öffentlichen Blättern die gerne benützten Wegweiser für die Anknüpfung von Geschäften, für die Eröffnung von Bezugsquellen und Absatzwegen sind, so können und sollen nach der Ansicht der Kammer die Berichte über Industriestatistik und zwar — indem sie eine streng begründete, unparteiische Kritik enthalten — in der hervorragendsten Weise diese Führerschaft üben; sie sollen, indem sie alles dem Verkehr Wichtige in sich fassen, nützliche Handbücher für die Geschäftswelt sein, die auf jedem Comptoir zur täglichen Benützung ihren Platz finden.

In diesem praktischen Sinne hat die unterfertigte Kammer seit jeher die Industriestatistik aufgefasst. Sie stellt sich darunter nicht Schriften vor, die nur für einzelne Wenige bestimmt sind, welche Verständniss, Zeit und Geduld haben, sich in unabsehbaren Ziffercolonnen und durch einen Wust von Details, die nicht unmittelbar zur Sache gehören, zurechtzufinden. Die Industriestatistik soll vielmehr eine einfache, für Jedermann verständliche Darstellung sein, die ihren lehrreichen Stoff in grossen Zügen behandelt, die Ziffern nur als Illustration des darstellenden und kritischen Textes benützt und in Details nur in so ferne eingeht, als sie eben für das praktische Leben von Werth sind und nicht vom Leser selbst leicht aus dem Mitgetheilten abgeleitet werden können.

Wir möchten unseren Kaufleuten und Industriellen unaufhörlich zurufen, dieser Art von Statistik die verdiente Theilnahme und Unterstützung zuzuwenden, an der Durchführung solcher Arbeiten selbstthätigen Antheil zu nehmen und sich nicht in leeren Einwendungen gegen die Zwecke der Industriestatistik zu gefallen. Uebrigens ist kein Zweifel, dass mit dem Fortschreiten der Bildung in den industriellen Kreisen und mit der zunehmenden Betheiligung

Oesterreichs am internationalen Handelsverkehr verhältnissmässig auch die Industrie- und Handelsstatistik bessere Unterstützung finden und diese Statistik immer mehr als ein nothwendig zu befriedigendes Bedürfniss sich herausstellen wird.

Nachdem die unterfertigte Kammer die Verkehrsverhältnisse ihres Bezirkes in einer Reihe von allgemeinen Berichten dargestellt hat, glaubte sie nun einen bedeutenden Schritt weitergehen und eine volkswirthschaftliche Specialstatistik Nieder-Oesterreichs herausgeben zu sollen. Zu diesem Zwecke wendete sie sich mittelst Zuschriften an alle bedeutenderen Gewerbetreibenden ihres Bezirkes, d. i. an mehrere Tausende von Firmen um Mittheilung statistischer Betriebsnachweisungen; sie nahm ferner die Beihilfe sämmtlicher 1600 Gemeindevorstände des Landes in Anspruch, und um das auf solche Art zufliessende riesige Materiale nicht nur so schnell als überhaupt möglich, sondern auch in gründlicherer Weise bearbeiten zu können, fasste sie den Beschluss, eine Anzahl von bewährten, tüchtigen Fachschriftstellern zu gewinnen und das ganze Werk in der Zeit weniger Monate durchzuführen.

So correct dieser Plan auch gedacht war, und so sehr sich die Kammer berechtigt halten durfte, auf die gute Ausführung desselben zu vertrauen, stellten sich doch Schwierigkeiten und Hindernisse dar, die das Ergebniss des Unternehmens in mehreren Beziehungen benachtheiligten und den Wunsch offen lassen, bei dem nächsten Versuche einer volkswirthschaftlichen Statistik Nieder-Oesterreichs glücklicher und gründlicher zu sein.

Die wesentlichsten Daten für einen statistischen Bericht über die Industrie und den Verkehr sollen und können von den Industriellen selbst am leichtesten und sichersten gegeben werden. Nun war aber gegen das Abrathen der unterfertigten Kammer durch einen Ministerialerlass als Periode der statistischen Betrachtung Seitens sämmtlicher österreichischen Handels- und Gewerbekammern das Jahr 1865 gewählt worden, welches eine fast alle gewerblichen Kreise lahmlegende ausserordentliche Geschäftsstockung aufzuweisen hatte. Mit Rücksicht hierauf ist es in mancher Beziehung erklärlich und zu entschuldigen, wenn sehr viele Industrielle nicht geneigt waren, die misslichen Verhältnisse ihrer Fabrikation zu jener Zeit bekanntzugeben, und bis zu einem gewissen Grade ist auch der von vielen Seiten gemachte Einwand berechtigt, dass eine Statistik solcher Ausnahmszustände einen nur bedingten Werth hat, und zu ganz irrigen Anschauungen Anlass geben kann.

Aehnliches gilt auch von den Mittheilungen, die im Wege der Gemeindevorstände gesammelt wurden. Hierbei hat die Kammer zugleich einen begründeten Anlass, über einen unvorhergesehenen höchst misslichen Vorfall ihr tiefstes Bedauern auszusprechen.

Von der richtigen Erkenntniss geleitet, dass die Handels- und Gewerbekammern in den engsten Verkehr mit allen Orten ihres Bezirkes treten sollen, hatte die hohe Staatsverwaltung im Jahre 1854 die Portofreiheit für die Correspondenz der Handelskammern mit den Gemeindevorständen gewährt. Unbegreiflicher Weise wurde diese ganz gerechte Begünstigung im Gesetze vom 2. October 1865 nicht ausdrücklich erneuert, so dass die k. k. Postbehörden die portofreie Besorgung der erwähnten Correspondenz im Jänner 1866 dieser Kammer verweigerten, zu einer Zeit, als bereits der grösste Theil der hierortigen Zuschriften an die Gemeindevorstände expedirt war und als Erwiederung dieser Zuschriften die Rücksendung der ausgefüllten Tabellen und Fragebögen erfolgen sollte.

Die Gemeindevorstände weigerten sich, die bedeutenden Portogebühren für ihre Sendungen an die Kammer auf sich zu nehmen; die Kammer anderseits konnte diess nicht thun, weil ihr dadurch allein schon eine Ausgabe von beinahe tausend Gulden erwachsen wäre u. z. für einen Zweck, der so ganz im öffentlichen Interesse liegt und dem die Kammer ohnediess in anderen Beziehungen eine Summe von mehreren tausend Gulden ihres aus Steuerzuschlägen bestehenden Fondes widmen musste. Abgesehen von den vielfältigen Klagen und Vorwürfen, welche der Kammer Seitens der Gemeindevorstände gemacht wurden, gelangten in Folge des erwähnten Umstandes sehr viele Aeusserungen gar nicht an die Kammer, und die so schätzbare Quelle von Mittheilungen, wie sie die Angaben der Gemeindevorstände darbieten, konnte zu einem grossen Theile im gegenwärtigen Berichte nicht benützt werden.

Die Ausarbeitung des Berichtes durch die für diesen Zweck gewonnenen Fachmänner fiel endlich ebenfalls in eine Zeitperiode, in welcher das Herz jedes Oesterreichers auf das schmerzlichste berührt wurde. Indem die Berichterstatter unter dem Eindrucke höchst trauriger Ereignisse arbeiten mussten, die Vorlagen selbst vielfach mangelhaft waren und die ungünstigen Zeitverhältnisse zu wenig Gelegenheit boten, um durch persönliche Erhebungen die nöthigsten Ergänzungen vorzunehmen, wirkte Alles zusammen, dass das Endergebniss des ganzen Unternehmens nicht als ein solches bezeichnet werden kann, wie wir es ursprünglich gewünscht und gehofft haben.

Nichts desto weniger glaubt die Kammer, mit einer gewissen Befriedigung den Bericht der Oeffentlichkeit übergeben zu können, da er jedenfalls einen reichen Inhalt aufweist und eine Menge statistischer Nachweisungen enthält, wie sie in den früheren Werken über die Landwirthschaft, die gewerbliche Production und den Verkehr in Nieder-Oesterreich nirgends in gleicher Ausdehnung enthalten sind. Möge dieses Werk die erwünschte gute Aufnahme in den Kreisen unserer Geschäftswelt finden und zur Verbreitung der Ueberzeugung beitragen, ein welch' bedeutsamer und wichtiger Hebel die Statistik der Industrie, nämlich das klare Wissen und das richtige Verständniss der industriellen Verhältnisse, für den wirthschaftlichen Fortschritt und für den Aufschwung des Landes überhaupt ist!

Wien, im April 1867.

Von der Handels- und Gewerbekammer für Oesterreich unter der Enns.

Der Präsident: **Winterstein.**

Der Secretär: **Dr. Carl Holdhaus.**

I. Abschnitt.

Landwirthschaft.

I. Abtheilung.

Nahrungsstoffe aus dem Pflanzenreiche.

Verfasser: Wirthschaftsrath **F. W. Hofmann.**

Die Production aller dem Boden des Landes abgewonnenen Nahrungsstoffe nimmt in der Industrie-Statistik eine so hervorragende Stelle ein, dass wir unsere Darstellung hiermit am besten beginnen.

Um ein klares Bild von dem wirklich Bestehenden zu schaffen: um die Mängel blosslegen zu können, welche in der jetzigen Ausnützungsweise des Bodens den Ansprüchen der Gegenwart entgegentreten; um auf sicherer Grundlage die Wege zu bezeichnen, welche betreten werden müssen, den nöthigen Aufschwung in allen Verhältnissen unseres volkswirthschaftlichen Haushaltes zu gewinnen, war es vor Allem nothwendig, die Materialien, welche den hier folgenden Uebersichten als Grundlage dienen, aus Aufnahmen zu schöpfen, die der Wahrheit treu und möglichst vollständig sind.

Hierbei sollte es wohl nicht der persönlichen Anschauung eines Einzelnen überlassen werden, aus dem Vergleiche oft widersprechender Angaben das Wahrscheinliche zu berechnen und das Fehlende zu ergänzen.

Dennoch ist es gerade in diesem Abschnitte der Fall, dass die Vorlagen zur Bearbeitung des Gegenstandes nicht durchgehends

1

genau und selbst unvollständig sind, ungeachtet solche nach Tausenden von Bogen zählen.

Der Grund der Unverlässlichkeit mancher Vorlagen von behördlichen oder von Vereins-Aufnahmen liegt in der Scheu, ja in dem Widerwillen der Producenten, die richtigen Ziffern ihrer Production anzugeben, weil die Befürchtung. einer Erhöhung in der Besteuerung zu verfallen. die Oberhand hat, und es erübrigt vor der Hand dem Statistiker nur, eine Wahrscheinlichkeits-Berechnung zu verfassen.

Nach diesen Hinweisungen ist es zu entschuldigen, wenn der hier folgende Abschnitt des Berichtes in einzelnen Ziffern nicht ganz befriedigt.

Aber ungeachtet des Mangels an völliger Genauigkeit erfüllt er doch darin vollkommen seinen Zweck, dass er für die Fortsetzungen dieses Werkes, welche periodisch von 5 zu 5 Jahren erscheinen werden, zahlreiche Anknüpfungspuncte für neue und dann wohl vollständigere Erhebungen während der bezüglichen Zeiträume bieten wird.

Diess der Standpunct, von welchem die Bearbeitung der hier folgenden Abtheilung zu beurtheilen ist.

Es sind, je nach dem Ausreichen der Vorlagen, die Jahre 1855, 1860 und 1864 oder 1865 im Auge behalten worden, um das Steigen oder Fallen der Production innerhalb einer zehnjährigen Periode nachweisen zu können.

Als Unterabtheilungen der Darstellung sind die politischen Bezirke und die Hauptstadt Wien selbstständig in allen Beziehungen verzeichnet, und die Ergebnisse auch nach der Eintheilung des Landes in die vier Kreise (Viertel) summirt.

Anderseits ist die Production des Bodens auch nach Angaben in dem Gedenkbuche für die XXVI. Versammlung der deutschen Land- und Forstwirthe in Wien 1866, nach der natürlichen Gruppirung des Bodens, nach Niederungen und Hochland, zusammengestellt, weil in diesen Gruppen die ihrer Natur nach mehr zusammengehörigen Bodenproducte auch einheitlicher zusammenfallen, was namentlich für den Handel von grösserem Interesse ist.

Im Allgemeinen wurde die Bodenproduction nach durchschnittlichen Angaben zahlreicher Vorlagen berechnet, und es sind, diesen parallel laufend, die neuesten speciellen A n g a b e n d e r P r o d u c e n t e n , welche aber nur theilweise eingesendet wurden, beigegeben.

Für den Import, Transit und Export konnten nur zum geringsten Theile die zollamtlichen Ausweise benützt werden, weil nach diesen eine genaue Scheidung zwischen der Einfuhr zum Consumo in Niederösterreich und der blossen Durchfuhr nicht möglich ist; es wurde daher grösstentheils die Ziffer der wirklichen Consumtion des Landes zur Grundlage genommen.

Für die Erhebung der Consumtion waren die behördlichen Vorlagen und das Bedürfniss der Bevölkerung nach der Kopfzahl und den speciellen Ansprüchen im Vergleich zu dem Bedarfe des ganzen Reiches massgebend; wie diess beispielsweise zunächst bei Besprechung der Ernährung der Thiere geschehen, sind die Angaben dieses Berichtes durch zahlreiche Berechnungen erläutert.

Der Consumtion gegenüber ist aber auch auf den mehreren Bedarf für Menschen und Thiere in Niederösterreich volle Rücksicht genommen, da für den Grad der Wohlfahrt, welchen die Bevölkerung eines Landes erreicht hat, nicht der wirkliche Consum allein, sondern auch der Bedarf massgebend ist, und die Differenz dieser beiden Grössen, wenn solche zum Nachtheile der Bevölkerung ausschlägt, auch die Wohlfahrt beeinträchtigt.

Anderseits war zu berücksichtigen, ob nicht einzelne Producte in grösseren Quantitäten verbraucht werden, und etwa eine übermässige Consumtion stattfindet, deren Auslage mit dem Einkommen der Consumenten nicht im richtigen Verhältniss steht.

Auch die Ernährung der Nutzthiere ist in gleicher Richtung einer eingehenden Beachtung unterzogen worden, da von der Zweckmässigkeit der Fütterung der Ertrag der Viehzucht abhängig ist.

Dessgleichen wurde der Grundbedingung der Bodenproduction: der Kräftigung des Bodens und den Betriebsweisen der Wirthschaftsführung, die nothwendige Berücksichtigung zugewendet.

Als Grundlagen und Behelfe für die Bearbeitung dieses Abschnittes wurden die nachfolgend verzeichneten Druckschriften und speciellen schriftlichen Erhebungen der Handels- und Gewerbekammer benützt, und durch Berechnungen und kritische Beleuchtung nach Ansicht des Berichterstatters ergänzt:

Tafeln zur Statistik der österr. Monarchie, zusammengestellt von der k. k. Direction der administrativen Statistik für das J. 1857.

Statistische Uebersicht des Erzherzogthums Oesterreich u. d. Enns im Jahre 1861, herausgegeben von der k. k. niederösterr. Statthalterei.

1 *

Statistische Uebersicht der wichtigsten Productionszweige in Oesterreich u. d. Enns, herausgegeben von der niederösterr. Handels- und Gewerbekammer im Jahre 1855.

Bericht der Handels- und Gewerbekammer für das Erzherzogthum Oesterreich u. d. Enns an das k. k. Ministerium für Handel, Gewerbe und öffentliche Bauten für die Jahre 1854, 1855, 1856.

Bericht über den Handel, die Industrie und die Verkehrsverhältnisse in Niederösterreich während der Jahre 1857 bis 1860, erstattet von der Handels- und Gewerbekammer in Wien.

Berichte über die Bodenproduction der einzelnen Gemeinden Niederösterreichs, gesammelt von der Handels- und Gewerbekammer für das Jahr 1865.

Berichte der Gemeinden Niederösterreichs über die Bodenproduction, Ergebnisse der Jahre 1861 bis 1865.

Amtliches Verzeichniss der Bodenproduction und der Werthe derselben für die Jahre 1863 und 1864.

Amtliches Verzeichniss von Lebensmittelpreisen in Wien für mehrere Jahre.

Statistische Karte des Weinbaues in Niederösterreich für das Jahr 1865, herausgegeben von der k. k. Landwirthschafts-Gesellschaft in Wien.

Prof. Warhanek's statistische Schriften.

F. W. Hofmann: Cultur der Handelspflanzen, Prag 1845.

" System des Futterbaues, Wien 1851.

" Die landwirthschaftliche Statistik des österr. Kaiserstaates in: Landwirthschaftliche Mittheilungen, Pest 1855.

" Die landwirthschaftlichen Verhältnisse Oesterreichs im Vergleiche mit anderen Ländern, in der allgem. land- und forstwirthschaftlichen Zeitung der k. k. Landwirthschafts-Gesellschaft in Wien, 1864.

" Ueber die Einwirkung der Temperatur auf die Qualität des Weines, in derselben Zeitung 1865.

" Landwirthschaftliche Production, in dem Werke: Abriss der Bodenculturverhältnisse des österr. Staates im Allgemeinen und des Erzherzogthums Oesterreich u. d. Enns insbesondere, Wien 1866, Gedenkgabe zur Versammlung der deutschen Land- und Forstwirthe.

Gegenwärtige Verhältnisse
der Bodenproduction Niederösterreichs.

In Niederösterreich, einem Gebirgslande mit einigen weit ausgedehnten Tiefebenen, herrschen die verschiedensten klimatischen Verhältnisse und Productionsbedingungen. Während an den Lehnen des Hügellandes, von welchen die Niederungen begränzt sind, der Wein von frühreifenden Sorten in besten Qualitäten gedeiht, weicht der Schnee der Hochalpe alljährlich nur auf wenige Wochen dem spärlichen Aufwuchs der Weidegräser; aber innerhalb dieser Gränzen gedeihen alle Producte, welche den Ländern von ganz Mitteleuropa eigenthümlich sind, oder daselbst, aus anderen Ländern eingeführt, mit Erfolg gepflanzt werden.

Die Bodenarten und Mischungen des Culturbodens sind in den vier Kreisen darin verschieden, dass im Kreise ober dem Manhartsberge die Verwitterungsproducte des Granits, im Kreise unter dem Manhartsberge Löss und Thon, in den Ebenen Sand, vorherrschen; im Kreise ober dem Wienerwalde und zumeist auch im Kreise unter dem Wienerwalde sind die Verwitterungsproducte des Kalkes verbreitet, weniger kommen hier Thon und Sand vor.

In allen Tiefebenen sind Alluvien verbreitet, deren Mischungen den nächstliegenden Gebirgen oder — namentlich durch die Donau herbeigeführt — entfernten Gegenden angehören.

Die Fruchtbarkeit des Bodens ist sehr verschieden. Der fruchtbarste Theil liegt im Kreise ober dem Manhartsberge; er ist aber nicht von grosser Ausdehnung. In dem Kreise unter dem Manhartsberge wechselt massige Fruchtbarkeit mit sterilem Sandboden ohne Reinertrag und mit sehr fruchtbaren Lagen ab. Diesem gleicht der Kreis unter dem Wienerwalde; auch hier wechseln sterile Ländereien mit dem fruchtbarsten Boden. Der Kreis ober dem Wienerwalde umfasst das ganze Hochland, und ist nur in den Thälern fruchtbar.

Der Besitzstand des Grundes und Bodens scheidet sich in Niederösterreich in den Grossgrundbesitz und in den Kleingrundbesitz.

Unter Grossgrundbesitz sind die ehemaligen Herrschaften (Dominien) verstanden, welche aber nicht nach ihrer Grösse, sondern nach ihrer Berechtigung, in der Landtafel eingetragen zu sein, als landtäfliche Güter zu dem Grossgrundbesitze zählen, wenngleich die Ausdehnung ihres Grundbesitzes sich theilweise selbst nur auf wenige Joche beschränkt. So zählt der grösste einzelne Be-

sitzstand der Domänen in Niederösterreich	53.900	Joch
Die kleinsten Domänen fallen selbst unter	10	»
Der Gesammtbesitzstand der Güter des Grossgrundbesitzes beziffert sich auf	1,010.363	»
Der Kleingrundbesitz erreicht in einigen Gegenden des Hochgebirges die Grösse bis zu	1000	»
und sinkt bis unter	1	»
herab. Er beträgt im Ganzen	2,291.637	»
Der unproductive Boden umfasst	142.400	»
Die gesammte Bodenfläche beträgt	3,444.400	»
oder in Quadratmeilen à 10.000 Joch	344.$_4$	Quadrm.

Der **Besitzstand der Grossgrundbesitzer** theilt sich ferner in Fideicommis-, Lehen- und Allodialbesitz. Der erstere geht nach sanctionirten Familienverträgen an voraus bestimmte Erben über.

Die Lehen und Allodien sind veräusserlich. In Parzellen sind nur die Allode frei verkäuflich.

Die **Bestiftung des Kleingrundbesitzes** (Ausdehnung des im Grundbuche eingetragenen Besitzes der Kleinwirthschaften, welche mit dem Namen »Hausgründe« bezeichnet sind und nicht getrennt werden dürfen) ist in Niederösterreich nach Ganz- und Theillehen eine verschiedene. Es bestehen:

Ganzlehen in verschiedenen Bezirken	mit 48—101	Joch
Dreiviertellehen	» 69—101	»
Halblehen	» 26— 49	»
Viertellehen	» 13— 19	»
Achtellehen	» 3— 9	»

Die höchst bestifteten liegen in dem Gebiete der Alpen, die niedrigst bestifteten in den Niederungen, indem der Grundsatz: die Ernährungsfähigkeit einer Familie in verschiedenen Abstufungen des Einkommens aus dem Ertrage eines Besitzes für die Dauer zu sichern, aufrecht erhalten wurde.

Nebst diesen Bestiftungsgründen besitzt aber auch nahezu jedes Haus noch Ueberland- (oder walzende) Gründe, welche wohl auch im Grundbuche eingetragen sind, aber frei in Parzellen verkauft werden dürfen. Diese Gründe betragen beiläufig den dritten Theil der Hausgründe.

In neuerer Zeit werden theilweise auch Gründe, die zur Bestiftung des Besitzes gehören, in Parzellen veräussert.

Während in früheren Jahren der Kleingrundbesitzer dem Besitzer landtäflicher Güter robot- und zehentpflichtig war und diesem auch noch sonstige Dienste und Abgaben zu leisten hatte, ist gegenwärtig auch der Grund und Boden, welcher nicht in der Landtafel eingetragen, sondern nur in den Grundbüchern der Gemeinden verzeichnet ist, ein freies Eigenthum des Besitzers. Zehente. Robot und alle übrigen Lasten, mit welchen der Kleingrundbesitz seinem Dominium pflichtig gewesen war, wurden gegen billige Entschädigung abgelöst.

Diese Umstaltungen haben in Niederösterreich, wie fast allenthalben, sowohl für den Besitzer der Domänen, als für den Kleingrundbesitzer, günstige Erfolge herbeigeführt. Dem ersteren ist wohl nur ein mässiger, aber dafür sicherer Ertrag aus dem Ablösungscapital erwachsen, seine Grundstücke werden durch eigene Zug- und Handarbeitskraft besser bearbeitet, als in früherer Zeit durch die lässige Arbeit als Robotpflicht, und der Kleingrundbesitz, der seither seine ganze Arbeitskraft und die Gesammtproduction seiner Grundstücke für sich und seine Wirthschaft zu verwenden in der Lage ist, wurde auch weitaus strebsamer, die Grundstücke zu verbessern, weil er die Früchte der Verbesserung nicht wie früher wieder zu einem Zehntel mit seinem Grundherrn zu theilen bemüssigt ist.

Der Werth des culturfähigen Bodens von ganz Niederösterreich, im Ausmasse von 3,302.000 Joch, stellt sich per Joch auf 102 fl. Der Gesammtwerth beträgt sonach 336,804.000 fl.

Die Werthe der Lehenausmasse des Kleingrundbesitzes nach ihren Eintheilungen in Ganz- und Theillehen stellen sich wie folgt:

Werth eines	Ganzlehens	4.467—8.015 fl.
» »	Halblehens	2.190—3.825 fl.
» »	Viertellehens	872—1.918 fl.
» »	Achtellehens	306 — 918 fl.

je nach der Lage, Grösse und Bodenbeschaffenheit.

Im Allgemeinen gewinnt der Landwirth in jenen Bezirken, wo der Feldbau vorherrschend ist, nicht nur seinen eigenen Bedarf, sondern auch Ueberschüsse an Nahrungsstoffen, welche theils den Bewohnern des Hochgebirges, theils der Hauptstadt zugeführt werden. Die Menge dieser Ueberschüsse ist aber von der Grösse der Besitzstände und relativ davon abhängig, in welchen Höhenlagen die Feldgründe sich ausdehnen, weil Hochland wenig productiv ist.

Von der gesammten productiven Bodenfläche Niederösterreichs per .... 3,302.000 Joch
(1 Joch = 1600 □ Klftr.) entfallen auf den Waldboden 1,097.989 Joch;
sonach erübrigen für die Production von Nahrungsstoffen nahezu nur zwei Drittel des culturfähigen
Bodens mit .... 2,204.011 Joch
bei einer Bevölkerung von .... 1,859.020 Individuen.
wovon in Wien .... 514.087 »
und auf dem Lande .... 1,344.933 »
leben.

Auf ein Individuum der Bevölkerung des Landes entfallen an Acker- und Wiesenland .... $1._{73}$ Joch
An Waldboden .... $0._{75}$ »
An Gesammtproductionsfläche .... $2._{5}$ Joch.

Die Schlösser, Wohnhäuser und Wirthschaftshöfe des Grossgrundbesitzes sind theilweise in grosser Ausdehnung, mit beträchtlichem Kostenaufwande gebaut, und mit Allem eingerichtet, was Wohlstand und der Fortschritt in dem Betriebe der Landwirthschaft erheischen.

Die Wirthschaftshöfe des Kleingrundbesitzes sind in den Dörfern der Ebene und des Hügellandes dicht aneinandergereiht, grösstentheils im guten Zustande, theilweise selbst mit einigem Luxus gebaut. Im Hochgebirge liegen diese Höfe mehr zerstreut, meistens in der Mitte des Besitzstandes.

Die Einrichtungen für den Betrieb der Wirthschaft sind mit geringen Ausnahmen hinreichend.

Der Viehstand ist häufig ein grösserer, als der Futtererzeugung gegenüber aufgestellt sein sollte. Die Folge dieses Missverhältnisses ist, dass den Thieren nicht viel mehr an Nahrung dargereicht wird, als dieselben zur Erhaltung des Lebens nöthig haben. Da nun solche schwachgenährte Thiere auch nur einen sehr geringen Productionswerth haben, so ist das aufgewendete Erhaltungsfutter als grossentheils verschwendet zu betrachten, und es beträgt dieser Verlust in unserem Lande nahezu den vierten Theil der Gesammtfuttermenge. Von allem in Niederösterreich gewonnenen Futter kommen etwa zwei Drittheile als Erhaltungs- und nur ein Drittheil als Productionsfutter in Verwendung, während z. B. in England ein Drittheil der gesammten Futterproduction für das Erhaltungsfutter ausreicht.

Es ist diess der Hemmschuh des Aufschwunges der ganzen

Viehzucht in Niederösterreich und der Grund zur Klage, dass der Nutzen der Hausthiere ein sehr spärlicher, und die Erzeugung des Düngers eine kostspielige sei.

In der Umgebung von Wien, wo die Milcherzeugung einen grösseren Gewinn abwirft und in den mehr futterreichen Gebirgsgegenden wird das Vieh, aber nur über Sommer, besser genährt. Ganz vorzüglich entsprechend aber ist, falls die übrigen Bedingungen einer zweckmässigen Stallfütterung, wie gesunde Luft und Reinlichkeit, vorhanden sind, die Ernährung der Thiere in Wien, wo die Milchmeier in Benützung der Abfälle der zahlreichen Brauereien ihre Kühe sowohl der Menge als der Qualität des Futters nach mit einem Erfolge nähren, dass sie bei Wechselvieh durchschnittlich per Tag, je nach der Race und der Qualität der Thiere, 6 bis 8 Mass Milch erzeugen.

Die Bewirthschaftung des Bodens ist von der Höhenlage desselben und von seiner Zusammensetzung bedingt. So finden wir im ganzen Lande grösstentheils die Drei-, in dem Sandboden der Niederungen mit Schotterunterlage noch die Zwei-Felderwirthschaft eingebürgert, die Eggarten-Wirthschaft im Hochgebirge, und die Wechselwirthschaft überall dort verbreitet, wo höhere Intelligenz vorwiegend ist und eine solche Weise der Bewirthschaftung den Verhältnissen entspricht, ob nun der Besitzstand in der Hand des Gross- oder des Klein-Grundbesitzers sich befindet. Der Betrieb der freieren Wirthschaftsführung hat aber bisher nur ausnahmsweise Eingang gefunden, obschon diese die für alle Zeiten einzig beste und rationellste ist und bleiben wird.

Der Düngerwirthschaft hat man in Niederösterreich nur ausnahmsweise eine grössere Aufmerksamkeit zugewendet. Regelrecht angelegte Düngerstätten und rationelle Düngerbereitung findet man hauptsächlich nur auf den Gütern des Grossgrundbesitzes, selten in den Bauernwirthschaften. Die Jauche fliesst mit spärlichen Ausnahmen den Bächen zu, ja noch mehr, das Regenwasser durchschwemmt grösstentheils die Düngerstätten und entführt von dort selbst die festen Excremente der Thiere.

Es ist eine Thatsache, dass in Niederösterreich weit über die Hälfte der ohnediess spärlich gewonnenen Düngstoffe der Hausthiere Jahr aus, Jahr ein wieder unbenützt verlorengeht, und es ist diese Düngervergeudung, welche einen Entgang an möglichem Mehrgewinne jährlich mindestens mit dem vierten Theile des Werthes der Gesammtproduction beziffert, um so auffälliger in einem

Lande, in dem der Reinertrag des Bodens noch ein so spärlicher ist.

Für die Mitglieder der k. k. Landwirthschafts-Gesellschaft in Wien, deren Zahl 8000 überschreitet, wird es die ehrendste und lohnendste Aufgabe sein, dieser Vergeudung an Dünger und Futter entgegenzuwirken und endlich Einhalt zu thun.

Die eben genannte Gesellschaft hat auch bereits vor einigen Jahren über Anregung des Verfassers eine populär gehaltene Schrift desselben über die Düngerwirthschaft verbreitet; ebenso liess die k. k. niederösterr. Statthalterei 1000 Exemplare dieser Schrift durch die Bezirksbehörden im Lande vertheilen: aber die darin verzeichneten Nachweisungen der Nachtheile, welche aus dem Düngerverluste erwachsen und die Mahnungen zur besseren Ausnützung des schon vorhandenen Düngers sind mit sehr wenigen Ausnahmen ohne Erfolg geblieben, weil es unterlassen wurde, Jahr für Jahr, von Versammlung zu Versammlung der Landwirthschafts-Gesellschaft und ihrer Bezirks-Vereine, durch Wort, Beispiel und durch Prämien dahin zu wirken, dass der Landwirth sich die in seiner Wirthschaft gewonnenen Dungstoffe vollständig erhalte.

Die Gründüngung benützt man in Niederösterreich nur in seltenen Fällen; wo eine solche stattfindet, ist es meist Haidekorn, welches zur Unterackerung ausgesäet wird.

Das Pferchen der Aecker (Lagerung der Schafe auf dem Felde während der Nacht und Einackerung der Excremente) ist in einigen Gegenden eingeführt.

Von Kunst- und Mineraldünger wird mit Ausnahme von Gyps, welcher nur in den Gebirgsgegenden in grossen Mengen zur Benützung kommt, und etwas Knochenmehl und sonstigen Phosphaten, wenig verwendet.

In den Tiefebenen, die in Folge gänzlicher Baumlosigkeit den heftigsten Windströmungen ausgesetzt und dadurch der Trockenheit verfallen sind, ist der Kunstdünger auch kaum verwendbar, weil derselbe in trockenen Jahren nutzlos verschwindet und nasse Jahre hier eben selten sind.

Der Verwendung des Cloaken-Inhaltes aus grossen Städten stehen theils die namhaften Kosten der Desinficirung und der Canalisirung, theils die Transportkosten noch immer entgegen, und alle Bestrebungen wegen Benützung dieser Dungstoffe sind bisher erfolglos geblieben. Erfolge werden nur dann zu gewärtigen sein, wenn sich eine capitalstarke Privatindustrie der Sache annimmt; wenn aus dem Inhalte der Cloaken alle werthvollen chemischen

Stoffe in concentrirter Form und durch ein wohlfeiles Verfahren ausgeschieden werden.

Die Anzahl der Hilfsarbeiter für die Landwirthschaft ist in Niederösterreich eine verhältnissmässig entsprechende, denn es entfallen auf 116.274

Grundbesitzer, welche selbst Hand anlegen, an Arbeitern für den Betrieb der Landwirthschaft noch 158.480 Individuen.

Die Gesammtzahl der Individuen in allen Familien, welche von dem Betriebe der Landwirthschaft leben, dürfte .... 900.000 Köpfe noch übersteigen.

Eine genaue Sonderung der Ackerbau- und der Gewerbetreibenden ist nicht möglich, weil namentlich in Märkten und Landstädten in den zahlreichsten Familien Gewerbe und Landwirthschaft zugleich betrieben werden.

Die Vertheilung der Hilfsarbeiter ist aber keine gleichmässige und es mangelt namentlich dort an Handkräften für die Landwirthschaft, wo zahlreiche Fabriken dem Arbeiter im geschlossenen Raume hohe Löhnungen bieten.

Der Taglohn eines landwirthschaftlichen Hilfsarbeiters, alle Emolumente eingerechnet, wechselt deshalb von 36 kr. bis zu $1\frac{1}{4}$ Gulden ö. W. je nach der Gegend, der Jahreszeit, der Tüchtigkeit des Arbeiters und der Natur der Arbeit.

Accordarbeiten haben meistens auf den Gütern des Grossgrundbesitzes Eingang gefunden, und die Arbeiter verdienen dabei etwa 20 bis 30 Procent über den gewöhnlichen Taglohn für ihre grössere Anstrengung. Aber auch der Besitzer gewinnt namhaft durch die raschere Vollführung der nothwendigen Arbeiten.

Der Lohn der Dienstleute ist, nebst der Kost und Zugabe etwa einer Schürze, eines Hemdes oder eines anderen Kleidungstückes 25 bis 30 fl. für die Mägde, und für die männlichen Dienstleute nebst Kost und Mantel (Kepernek) 40 bis 60 fl. Oe. W.

Sowohl Taglöhner als Gesinde erhalten in den Weinbaugegenden auch Wein, in den Gegenden, wo Obstmost gewonnen wird, Most, und zwar entweder täglich, oder bei gewissen Arbeiten, oder zu bestimmten Zeiten, oder an Festtagen.

Als Zugkraft steht im Gebirge meist der Zugochse in Verwendung, in den Niederungen gemischte Bespannung, oder ausschliesslich das Pferd.

Im Allgemeinen wird zweispännig gepflügt, sowohl mit Ochsen als mit Pferden.

. Man rechnet durchschnittlich auf ein Paar Ochsen 20 Joch auf ein Paar Pferde 30 Joch Ackerland im Betriebe der Dreifelderwirthschaft.

Nieder-Oesterreich besitzt an Aeckern	1,420.008	Joch,
wovon ungefähr zwei Drittheile durch Ochsen-, der Rest durch Pferdekraft bestellt werden.		
Es wären daher zu dieser Bestellung erforderlich		
an Ochsen	94.666	St.
und an Pferden	31.556	»
während das Land an Zugochsen mindestens ..	104.873	»
und an Pferden mindestens	80.902	»
besitzt.		

Die überschüssige Zugkraft wird zu Fuhrwerk, sehr viel in der Waldwirthschaft und ein namhaftes Procent davon in Wien verwendet.

Ausnahmsweise werden auch Kühe zur Feldbestellung benutzt.

Diese Zugthiere sind meistens von grossem Schlage, die Ochsen von ungarischer oder Mürzthaler Race; die ungarischen Ochsen werden mehr in den Ebenen, die Mürzthaler im Gebirge verwendet Die in Niederösterreich gezogenen Pferde sind stark und kräftig. Die Zugthiere werden in der Regel gut gehalten.

Als Ackergeräthe hat der Zugmayr'sche Pflug wegen seiner vorzüglichen Leistungsfähigkeit bei geringem Aufwand von Zugkraft mit voller Berechtigung die grösste, man kann annehmen eine allgemeine Verbreitung gefunden.

Nur auf einigen Gütern stehen nebst diesem noch verschiedene andere Pflüge für besondere Zwecke in Verwendung.

Der Untergrundpflug wird bisher noch selten benützt; eine allgemeinere Verwendung desselben ist aber von der Verbreitung der Intelligenz unter dem Landvolke zu erwarten.

An Eggen stehen je nach Qualität des Bodens schwere oder leichtere Geräthe von Holz mit Zinken von Eisen, selten ganz eiserne Eggen in Verwendung.

Die Walze ist in den Gegenden, wo leichter Boden vorkommt, immer der Begleiter des Pfluges; auf schwerem Boden werden theilweise schwere Holz-, Stein-, Scheiben- und geriffte Eisenwalzen, die letzteren aber nur auf Gutsbesitzungen verwendet.

Die verschiedenartigen anderen Geräthe zur Bearbeitung der Felder und für Culturen, als: Eilpflüge, Saatharken, Jäter u. s. w., sind auch zumeist nur auf den Gütern, selten in den Bauernwirthschaften zu finden.

Saatmaschinen stehen auf den Gütern fast allerorts in Verwendung und zwar meistens jene mit der Löffelconstruction, während die breitwürfig säenden in weit geringerer Anzahl benützt werden. Obschon bei Verwendung der Saatmaschinen $^{1}/_{3}$ an Saatgetreide erspart wird, und die Früchte ein qualitativ besseres Korn liefern, steht der allgemeinen Verwendung der hohe Anschaffungspreis dieser Maschinen im Wege.

Getreide-Mähmaschinen haben bisher in Niederösterreich nur ganz ausnahmsweise Eingang gefunden. Die Ursachen, weshalb diese Maschinen bei uns nicht heimisch werden, liegen in der complicirten Einrichtung derselben, welche bei den leicht möglichen Beschädigungen, Brüchen u. s. w. häufige Störungen in der Arbeit verursacht, ferner in dem nothwendigen Aufwand bedeutender Zugkraft, und drittens in dem hohen Anschaffungspreise.

Der Verfasser ist überzeugt, dass diese Mähmaschinen erst dann zur allgemeinen Verwendung gelangen werden, wenn man es aufgegeben hat, die Ablegevorrichtungen mit der Maschine zu verbinden; schon vor mehreren Jahren wurde von ihm in der landwirthschaftlichen Zeitung auf diesen Umstand hingewiesen. Die Mähmaschine darf nur schneiden, und muss das Getreide gleich den Grasmähmaschinen, welche aber auch noch mangelhaft sind und noch nicht Eingang gefunden haben, lediglich über die Scheren fallen lassen. Das abgeschnittene Getreide wird dann von Arbeitern hinter der Maschine rings um das Feld sofort aufgebunden, und somit ist der Weg für die Zugthiere auch immer vollkommen frei gehalten. Dadurch ist die Maschine auf ein einziges Paar Zahnräder beschränkt, höchst einfach, Bruch und Störung der Arbeit möglichst verhindert; die Maschine erfordert nicht den dritten Theil der Zugkraft, leistet viel mehr und könnte vielleicht für die Hälfte, ja für ein Drittel des jetzigen Preises hergestellt werden. Wird dieser Wink berücksichtigt, dann werden auch solche Maschinen allgemein in Verwendung kommen.

Quetsch-, Schrot- und Häckselmaschinen sind überall in Verwendung.

Dreschmaschinen finden wir auf allen Gütern, theilweise selbst auf den Wirthschaften des Kleingrundbesitzes.

Von Motoren ist der Göppel fast in allen grösseren Wirthschaften im Gebrauche und er bewährt sich allgemein.

Locomobile als Motoren für den Ausdrusch und für andere Verrichtungen stehen in Niederösterreich noch wenig in Verwendung. Häufiger werden die stehenden Dampfmaschinen von Brennereien u. s. w. auch für landwirthschaftliche Arbeiten verwendet.

Im Allgemeinen ist hier noch beizufügen, dass die Landwirthe bis zur Stunde noch immer die Maschinen des Auslandes jenen der inländischen Fabrikation vorziehen, weil solche bei minderem Gewichte dauerhafter sind. Namentlich ist der Guss haltbarer, dünner und reiner, selbst die Form ist gefälliger, und mit diesen Vorzügen verbinden die ausländischen Maschinen auch noch einen wohlfeileren Preis; desgleichen sind alle ausländischen Messer, besonders Häckselmesser, überwiegend besser; sie sind dünner, gleichmässig dick, nie geworfen und der ganzen Schneide entlang von gleicher Härte.

Allerdings haben wir auch im Inlande Fabriken, welche Vorzügliches leisten, es werden z. B. alle Göppelwerke zur vollkommenen Zufriedenheit der Landwirthe in Oesterreich hergestellt; wir können aber unsere frühere, allerdings unerfreuliche Bemerkung auf die amtlichen Zolltabellen und auf die Thatsache stützen, dass einheimische Maschinenfabrikanten selbst jährlich Hunderte von Maschinen verkaufen, welche sie aus dem Auslande kommen lassen. Höchst bedauerlich ist es, dass wir sogar die Häckselmesser, für welche doch das beste Rohmateriale im Inlande vorhanden wäre, aus England beziehen müssen.

Aber auch die Landwirthe fehlen sehr häufig in der richtigen Auswahl der Geräthe und Maschinen, deren sie bedürfen. Sie geizen oft wegen weniger oder mehrerer Gulden und kaufen schwächere Maschinen für Leistungen, die eine weit grössere Stärke der Construction nöthig hätten: sie nützen die schwache Maschine, überdiess noch bei nachlässiger Haltung derselben, in einem Jahre wenigstens um 50% ab, wenn sie nicht schon in den ersten Tagen der Benützung ganz unbrauchbar geworden ist. Wir werden daher nur dann mit Gewinn Maschinen verwenden, wenn wir solche beischaffen, deren Leistungsfähigkeit mindestens 1/3 mehr beträgt, als von denselben gefordert werden muss, und wenn wir mindestens 1/3 der Kraft, für welche die Maschine construirt ist, bei der Bewegung derselben unbenützt lassen. Man muss statt eines benöthigten zweipferdigen Göppels einen dreipferdigen, als eine Maschine, welche 40 Zentner Häcksel schneiden soll, eine solche kaufen, welche 60 Zentner in derselben Zeit schneiden kann: man kaufe anstatt eines Locomobiles, welches mit 8 Pferdekraft arbeiten soll, eine Maschine von 12 Pferdekraft u. s. w., und man wird das mehr ausgegebene Geld mit 50%, Gewinn angelegt haben. Der Landwirth erspart damit viel Geld, der Ruf der Fabrikanten leidet nicht unverschuldet Einbusse, und Beide werden zufriedengestellt sein.

Die Anzahl der Geräthe, Maschinen und Motoren, welche im Betriebe der eigentlichen Landwirthschaft stehen, ist wohl nicht gering, aber bisher noch völlig unbekannt.

Für die Melioration des Bodens wird neuerer Zeit Einiges geleistet. Namentlich hat die k. k. LandwirthschaftsGesellschaft in Wien einen besoldeten Drainage-Ingenieur bestellt, welcher sowohl für den Grossgrundbesitz, als auch für Gemeinden oder einzelne Wirthschaftshöfe, gegen eine sehr mässige besondere Zahlung per Joch, die Pläne zur Drainage entwirft und den Bau durchführt. Desgleichen werden auch einzelne Gemeinden von der Gesellschaft mit Geldbeiträgen zur Durchführung der Entwässerungsanlagen unterstützt, und eine der Gesellschaft eigenthümliche Drainröhrenpresse wird periodisch an Ziegeleien der Gemeinden leihweise überlassen. Die Erfolge sind im Allgemeinen sehr günstig gewesen und ermuntern zu Fortschritten in diesem Zweige der Melioration.

Die Bewässerungsanlagen sind in Niederösterreich nur höchst spärlich vertreten; die gehaltreichsten Wässer rinnen neben trockenen Wiesen unbenützt ihrem Ausflusse zu. Nicht minder lebhaft wie die Fabriksindustrie wünscht die Landwirthschaft das Inslebentreten des seit Jahren erbetenen und in Aussicht gestellten Wasserrechtsgesetzes, denn der Entgang an Futterstoffen wegen ungenügender Bewässerung beziffert sich jährlich auf sehr hohe Werthe, und der Landwirth muss sich bis zur endlichen Regelung der Wasserbenützungsrechte entweder mit dem spärlichen Ertrage trockener Wiesen begnügen, oder diese für den Frucht- und Feldfutterbau verwenden.

Verkehrswege stehen in Niederösterreich der Bodenproduction in ziemlich ausreichendem Masse zu Gebote. Die Gemeindewege sind in der Regel gut erhalten; von den grösseren Communicationen ist in einem späteren Abschnitte dieses Berichtes ausführlich die Rede.

Den Absatz der einheimischen Bodenproducte begünstigt eine reiche Consumtion im Lande selbst. Die Hochgebirgsgegenden und namentlich die Reichshauptstadt sind sichere Abnehmer; allerdings wirkt aber in Bezug auf die erzielbaren Preise die grosse Concurrenz der benachbarten Kronländer Ungarn und Mähren mässigend ein.

Winke und Vorschläge

zur Hebung der Bodencultur und der Reinerträgnisse aus den Productionen.

1. **Belehrung des Landwirthes über den Wirthschaftsbetrieb.** Aus den vorstehenden Bemerkungen erhellet, dass es den kleineren Landwirthen in Niederösterreich, welche eben den grössten Theil des Bodens besitzen, vielfach an dem für einen rationellen und erfolgreichen Betrieb der Landwirthschaft unerlässlichen Wissen mangelt.

Während jedes Gewerbe, zu dessen Ausübung sich das Individuum entschliesst, demselben von mehr oder weniger tüchtigen Meistern gelehrt wird: während im Gewerbe der allgemeine Fortschritt grossentheils bereits Gemeingut ist, kennen und verstehen die Hunderttausende von Landwirthen des Kleingrundbesitzes auch in Niederösterreich ebenso, wie im ganzen ausgedehnten Reiche die Millionen Landwirthe, lediglich nur die von den Vätern überkommene traditionelle Bewirthschaftungsweise; sie ahnen nicht einmal, dass sie schlecht wirthschaften; sie haben bis zur Stunde noch keinen Begriff davon, dass ein Aufschwung des Betriebes auch nur möglich, ja im Auslande, und zwar gerade zu ihrem eigenen Nachtheile, bereits durchgeführt sei. Noch weniger fällt es ihnen bei, selbst auf Fortschritte bedacht zu sein; sie werden hiezu von Jugend an nicht geleitet und geschult.

Wir besitzen in Niederösterreich eine Lehrkanzel für Landwirthschaft am k. k. polytechnischen Institute in Wien, eine Ackerbauschule zu Grossau und eine Obst- und Weinbauschule zu Klosterneuburg, welche, von den tüchtigsten Lehrern gestützt, den Zwecken ihrer Gründung auf das Vollkommenste entsprechen: aber sie sind für Niederösterreich nicht ausreichend, da nur eine verhältnissmässig sehr kleine Anzahl junger Leute ausgebildet werden kann, welche sich überdiess nahezu alle den Wirthschaften des Grossgrundbesitzes zuwenden. Sonach würden mindestens noch mehrere Menschenalter vorübergehen, bis das nöthige Wissen zu dem Betriebe der Landwirthschaft, von jenen Lehranstalten ausgehend, Gemeingut aller Landwirthe werden könnte. Vor Allem empfiehlt sich daher, dass in den Volks- und Wiederholungsschulen auf dem Lande die Elemente eines guten landwirthschaftlichen Betriebes fasslich dargestellt und durch praktische Uebung anschaulich gemacht werden. Dieser Unterricht, welcher das nutzbringende Wissen und die Arbeitstüchtigkeit von vier Fünftheilen der Landbevölkerung so wesentlich vermehren würde, könnte sowohl was die hierzu erforderliche Zeit, als den Kostenaufwand betrifft, ohne besondere Schwierigkeit in's Werk gesetzt werden. Es sind nicht dickleibige Bücher und hochgelehrte Männer als Unterweisende erforderlich, denn es ist ja eben nur nöthig, die Grundregeln des Betriebes der Landwirthschaft zu lehren.

Auch die Verbreitung kurzgefasster populärer Druckschriften unter den älteren Landwirthen dürfte manche nützliche Erfolge haben. Ausserordentliches in dieser Beziehung können aber die Mitglieder der landwirthschaftlichen Gesellschaften und Vereine leisten, wenn sie ohne Unterlass auf ihre Nachbarn einwirken, damit dieselben das Schädliche des alten Herkommens aufgeben und sich an den Fortschritten der Gegenwart betheiligen. Wenn wir in Niederösterreich nur den Vergeudungen an Dung- und Futterstoffen Einhalt thun, so haben wir schon hiermit die Production und den Reinertrag der Wirthschaften um einen Werth von Millionen Gulden gehoben.

2. Prämien für Fortschritte in dem Betriebe der Landwirthschaft werden, selbst in grösseren Beträgen, bereits seit einigen Jahren von Seite der Staatsregierung abwechselnd in den verschiedenen Kreisen ausgeschrieben und vertheilt. Der Erfolg krönt nicht die Erwartungen, welche darangeknüpft wurden, und kann auch kein günstiger sein.

Die Prämien müssen nach dem Wortlaute der Ausschreibungen Demjenigen zuerkannt werden, dessen Wirthschaft im Ganzen vorzüglich bestellt ist, und folgerecht erhält sie immer Jener, welcher schon seit Jahren rationell wirthschaftet und der Aufmunterung am allerwenigsten bedarf, denn er hat durch seine Umsicht schon lange seinen Wohlstand begründet, und wird um seiner selbst willen nichts mehr vernachlässigen.

Zweckmässiger dürfte es daher sein, anstatt dieser grösseren Prämien für den eigenen Wirthschaftsbetrieb Medaillen und Anerkennungsschreiben von Seite der Regierung, ohne vorherige Feststellung der Zahl, denjenigen Personen zu verleihen, von welchen nachgewiesen ist, dass sie durch persönliche Belehrung der Landwirthe, durch aufopfernde Thätigkeit hiebei thatsächlich genützt, Uebelstände beseitigt, Vernachlässigungen Einhalt gethan und

2

Fortschritten Bahn gebrochen haben. Jene Männer sind zu belohnen, denen der Nachbar, die Gemeinde, der Kreis zum Danke verpflichtet ist; solche Prämien werden in Kurzem, da sie nach hunderten zählen können, die günstigsten Erfolge herbeiführen, denn sie werden den Ehrgeiz Aller wecken, welche durch ihr Wissen berufen sind, dem Landwirthe nützlich zu werden.

Die Vorschläge zu den Aufzeichnungen würden auch am besten von den Gemeindegliedern und Bezirksbewohnern über deren Aufforderung Seitens der Behörden ausgehen, da diesen eine gemeinnützige und wirklich verdienstvolle Thätigkeit des Einzelnen zunächst bekannt wird.

3. Die Unterstützung der Landwirthe mit Geld und Gegenständen des Wirthschaftsbedarfes für die Einführung neuer Culturen oder zweckmässigere Behandlung der Producte, um solche kaufgerecht herzustellen, wird nach allen Seiten hin die besten Erfolge herbeiführen. Hierher gehören die unentgeltliche Vertheilung von Hopfen-, Krapp-, Maulbeersetzlingen u. dgl., ferner der Ankauf der geringen Mengen der ersten Erzeugung von Seite der Landwirthschafts-Gesellschaft zu Preisen, welche selbst für diese ersten Versuche lohnend sind; ohne diese Hilfe könnte der kleine Landwirth die winzigen Mengen jener Producte gar nicht an Mann bringen, und er würde auf diese Art schon im Vorhinein den Muth verlieren. Eine gleiche Unterstützung sollte wohl auch der besseren Flachsbereitung und ähnlichen Verfeinerungen der Producte zukommen.

Welchen Aufschwung solche Unterstützungen in Niederösterreich zur Folge haben, beweiset die in vielen Bezirken des Landes soeben eingeführte Hopfencultur, worüber später Näheres folgt.

4. Capital zu mässigen Zinsen ist für den Fortschritt im Betriebe der Landwirthschaft in hohem Masse nöthig, aber es unterliegt namentlich in der gegenwärtigen Periode der grössten Schwierigkeit, dem Landwirthe Darlehen zu verschaffen, und auch für den Landwirth ist es schwer, Darlehen zu nehmen.

Wirthschaftsbesitzer, welche jährlich 5 oder 6 Procent des Werthes ihrer Wirthschaften aus denselben gewinnen, befinden sich schon in den günstigsten Verhältnissen: den Geldbesitzern stehen aber für ihre Capitalien mit grösster Sicherung derselben 7, ja manchmal selbst 8 Procent Zinsen zu Gebote. Der Landwirth kann alljährlich wohl die Interessen, aber in der Regel erst nach Jahren das aufgenommene Capital wieder zurückzahlen, während die Besitzer von börsefähigen Werthpapieren zu jeder Zeit ihr Capital wieder einzuziehen in der Lage sind.

In der Differenz dieser Gegensätze wurzelt die Schwierigkeit für den Landwirth, sich die nothwendigen Capitalien zu solchen Zinsen zu verschaffen, welche er zu bestreiten in der Lage ist.

Anderseits stehen die in Oesterreich noch immer aufrechten Wuchergesetze dem Landwirth auch selbst dann im Wege, wenn er ungeachtet der geforderten höheren Verzinsung dennoch ein Capital aufzunehmen sich entschliessen könnte, weil etwa eine Melioration, die er damit durchzuführen beabsichtigt, einen hochprocentigen Ertrag in Aussicht stellt.

Die Aufhebung des Wucherpatentes wäre somit eines der am schnellsten und leichtesten erreichbaren Mittel, der Landwirthschaft wenigstens theilweise auf gesetzlich rechtlichem Wege einen Zufluss von Geld Seitens der Geldgeber zu eröffnen.

5. Die Vermehrung von Bodencredit-Vereinen, für welche sich die öffentliche Stimme immer dringender ausspricht, wird den Aufschwung unserer Landwirthschaft mächtig unterstützen, wenn der Organismus dieser Institute den gegebenen Verhältnissen sorgfältig angepasst wird.

6. Die Bildung von Producten-Creditvereinen ist in einem Lande, in welchem durch die finanziellen Verhältnisse, durch das Wucherpatent und andere, der Förderung des Credits abträgliche Zustände das Herbeischaffen von Capitalien den Landwirthen von Jahr zu Jahr mehr erschwert wird, dringlichst geboten. Eingeklemmt zwischen dringlichen Forderungen seitens der Gläubiger und der hohen Besteuerung, welche den niederösterreichischen Landwirth umsomehr drückt, als der gesammte Reinertrag der Wirthschaft nicht ausreicht, um nur einigermassen sorgenfrei zu leben, ist der Landwirth häufig gezwungen, seine Producte vorzeitig um jeden Preis loszuschlagen, und dadurch auch noch den ohnediess geringen Reinertrag seines Besitzstandes zu schädigen. Diesem Uebelstande, welcher schwer auf der Wohlfahrt des Landes lastet, würde durch die Bildung von Producten-Creditvereinen abgeholfen werden. Solche Vereine würden namentlich der Weinproduction, welche in ihren Reinerträgnissen hierlandes bis zur Auflassung dieser Cultur gefährdet ist, mächtig unter die Arme

2*

greifen, und anderseits dem Grossgrundbesitzer vorzüglich zu gute kommen, der auch durch Lieferung grosser Mengen eines und desselben Productes solchen Vereinen die grösste und zumeist erwünschte Theilnahme für ihren geschäftlichen Verkehr zuwenden wird.

7. Die Auflassung des Bestiftungszwanges würde den gegenwärtigen Besitzern von Kleinwirthschaften in der nachhaltigsten Weise aufhelfen.

Nahezu alle Rusticalwirthschaften sind bücherlich und ausserbücherlich, und viele derselben tief verschuldet; letztere verfallen dem executiven Verkaufe des Gesammtlehens, weil der Verkauf einzelner Grundstücke gesetzlich nicht stattfinden darf. Würde es diesen Tausenden von Wirthschaftsbesitzern gestattet sein, nach ihrem eigenen Ermessen auch Hausgründe gleich den Ueberländen verkaufen zu dürfen, so würden die meisten derselben durch theilweisen Verkauf der Grundstücke ihre Wirthschaftshöfe von jeder Schuldenlast frei machen, und anderseits der Bodenproduction überhaupt Capitalien im reichlichsten Masse aus Quellen zufliessen, welche für die Landwirthschaft bisher verschlossen waren; es würde dadurch dem jetzt von Schulden gedrückten Besitzer geholfen sein, und der Aufschwung der Production des Bodens gefördert werden; der Verkäufer würde gewinnen, weil er, dem unerträglichen Drucke der Verschuldung und der an seiner Wirthschaft krebsartig nagenden Verzinsung entrückt, endlich wieder aufathmen und mit erneutem Muthe an die Verbesserung der Bewirthschaftung seiner Grundstücke gehen könnte; das Land würde gewinnen, weil durch die Vertheilung der Grundstücke unter Wohlhabende die möglich höchste Bodenproduction zu gewärtigen ist.

Ist dann nach Ablauf von nur wenigen Jahren diese Ausgleichung der Grundbelastungen zu Stande gekommen, ist der grösste Theil von Grund und Boden wieder ein schuldenfreies Eigenthum der Besitzenden, dann ist die Zusammenlegung der Grundstücke der zweite Schritt, welcher zur Wohlfahrt der Rusticalwirthschaften in dieser Richtung endlich durchgeführt werden muss. Die Zusammenlegung der Gründe soll erst stattfinden, wenn die Wirthschaften von ihrer Schuldenlast befreit sind, weil im anderen Falle bald wieder eine Zerstückelung stattfinden würde; es muss die Auflassung des Bestiftungszwanges vorausgehen, welche der Ueberschuldung wegen endlich doch gewährt werden muss, wenn nicht im grossen Ganzen ein gänzlicher Verfall der Wirthschaften eintreten und damit die allgemeine Wohlfahrt gefährdet werden soll.

Nur für den Fall, als wie bisher eine Aufhebung des Bestiftungszwanges unter keiner Bedingung und zu keiner Zeit genehmigt werden sollte, müsste sofort zur Zusammenlegung der Gründe geschritten werden, um dem Kleingrundbesitzer wenigstens in Einigem zu helfen.

8. Die Zusammenlegung der Grundstücke wurde von Seite der k. k. Landwirthschaftsgesellschaft in Wien schon vor Jahren unter Vorlage eines vollkommen ausgeführten Commassationsgesetz-Entwurfes bei der Regierung in Antrag gebracht, aber es ist auch darüber, wie über das Wasserrechtsgesetz und noch so viele andere hochwichtige Acte, trotz unausgesetzter Mahnungen, bis zur Stunde eine Entscheidung nicht erfolgt. Es wird im ganzen Kaiserstaate nur wenige Gebiete geben, für welche eine Arrondirung nothwendiger und vortheilhafter wäre als eben für Niederösterreich, wo die Grundstücke einzelner Besitzer in so zahlreichen Parzellen auseinanderliegen, und namentlich im Marchfelde das zu einem Besitzthum gehörige Ackerland, während es sich der Länge nach auf eine Stunde Weges hinzieht, oft nur eine Breite von wenigen Schritten hat, so dass das Gespann auf demselben nicht einmal Kehrt machen kann. Alle diese Verhältnisse wirken nicht nur höchst zeitraubend auf den Betrieb des Ackerbaues, sondern auch in hohem Grade störend auf die Wirthschaftsweise und vollkommene Ausnützung des Bodens, da Jeder seinen Grundnachbar gegen dessen Willen zwingt, gleiche Culturfolgen und Culturweisen einzuhalten, so dass ein freier Betrieb der Wirthschaft hier unmöglich oder doch sehr erschwert ist, und folgerichtig die Höhe des Reinertrages eine bedeutende Einbusse erleiden muss.

Es ist hoch an der Zeit, dass die massgebenden Stellen auf diese Uebelstände Rücksicht nehmen und Zustände beseitigen, die dem Aufschwunge der Landwirthschaft so überaus hindernd entgegenstehen.

9. Die Feldbaumwirthschaft ist für die grossen Tiefebenen in Niederösterreich unerlässlich nothwendig. Das Marchfeld und das Steinfeld bei Wiener-Neustadt haben mindestens jedes dritte Jahr eine Missernte, jedes fünfte bis sechste Jahr eine Verheerung der Feldfrüchte durch Stürme und alljährlich grosse

Verluste oder einen Entgang an möglichem Mehrgewinn zu beklagen, weil in den baumlosen grossen Ebenen, wo fast ununterbrochen trocknende Winde herrschen, auch beinahe Jahr für Jahr die nöthige Regenmenge mangelt; weil auf diesen heissen baumlosen Ebenen bei Wetterstürzen die Winde zu Orkanen werden, auf meilenweite Entfernungen die reife Frucht vernichtend zerstieben und den leichten Boden aufwühlen.

Schon vor 15 Jahren hat der Verfasser auf die Möglichkeit und Nothwendigkeit von Baumwandpflanzungen hingewiesen, in Wort und Bild die Art und Weise beschrieben, wie ungeachtet der Länge und geringen Breite der Grundstücke das ganze Marchfeld mit schnellwachsenden Bäumen bei sehr geringem Kostenaufwande bepflanzt und allen den Calamitäten entgegengetreten werden könnte, welche so schwer und so nachtheilig auf dieser Ebene lasten. Aber selbst Diejenigen, welchen diese Baumpflanzungen zumeist nutzbringend würden, haben die Anregung unbeachtet gelassen, und es ist bis heute mit Ausnahme der Domaine Sr. k. k. Hoheit des Herrn Erzherzogs Ernst zu Schönkirchen, wo schon seit längerer Zeit bedeutende Wälder mit dem besten Erfolge im sandreichsten Theile des Marchfeldes angelegt sind und noch immer mehr ausgedehnt werden, weiter nichts geschehen, so dass die doch naheliegende Besserung eben auch der Zukunft überlassen bleibt.

10. Die Bewässerung des Marchfeldes und der Schutz desselben gegen Ueberschwemmung.

Der Vorschlag, das Marchfeld aus der Donau zu bewässern, ist nicht neu. Zwischen Langenzersdorf am Fusse des Bisamberges und dem Einflusse der March in die Donau beträgt der Niveau-Unterschied 72 Fuss, und der höchste Punct einer Fläche des Marchfeldes von nahezu 20.000 Joch liegt um 6 Fuss tiefer als die mittlere Wasserstandshöhe der Donau am Fusse des Bisamberges. Wenn nun von diesem Puncte ausgehend das Wasser der Donau dem Bisamberge entlang gegen den Russbach durch einen Hauptcanal geführt würde; wenn man von letzterem quer bis gegen die March über das zu bewässernde Feld Canäle zweiter Ordnung führte, und von da das Wasser nach allen Richtungen vertheilte, so würde man vor den Thoren Wiens einen wohlbewässerten Garten schaffen, und die jetzt spärliche Bodenproduction des Marchfeldes, welche gegenwärtig Jahr aus Jahr ein zahllosen Nachtheilen ausgesetzt ist, vervielfachen. Man würde hier ein Gebiet schaffen, welches mit der lombardischen Ebene rivalisiren könnte.

Der Grundwerth des Marchfeldes würde sich vervielfachen und der namhaft gesteigerte Reichthum an Producten für Wien selbst nutzbringend sein, indem die Hunderttausende der Bewohner dieser Stadt ihren täglichen Bedarf an Gartenproducten und Viehfutter unter grosser Ersparung von Transportkosten, die sich namentlich bei frischen Gemüsen und Steinobst, dann bei Rauhfutter sehr hoch stellen, aus naher Umgegend beziehen könnten.

Die Canalisirung des Marchfeldes wird auch ohne Zweifel nach Jahren durchgeführt werden; heute ist dieses segensreiche Unternehmen noch ein frommer Wunsch, bei dem wir uns mit der Erkenntniss trösten mögen, dass in unserem Lande eine weit ausgedehnte Bodenfläche vorhanden ist, deren Ertragsfähigkeit noch grossartig gesteigert werden kann.

Mit den Bewässerungsanlagen würde zugleich die nöthige Entwässerung und der Schutz des Marchfeldes gegen Ueberschwemmungen, die nach einem zehnjährigen Durchschnitte dieses Tiefland jährlich um einen Werth von 30.000 fl. schädigen. vereint durchzuführen sein.

Die Capitalien für diese Unternehmung, in der nächsten Nähe Wiens einen höchst ertragreichen Garten zu schaffen, würden um so leichter aufzubringen sein, als die hier von der Natur gebotenen vortheilhaften Höhenverhältnisse zwischen dem Wasserstande der Donau und dem zu bewässernden Lande die besten Erfolge ausser Frage stellen.

11. Die Beschränkung alter, die Einführung neuer Culturen und Producte zur Hebung der Viehzucht.

Im Vorhergehenden konnte der zahlreichen Verkehrswege und des reichlichen Absatzes der Ueberschüsse aus der Bodenproduction in Niederösterreich mit Befriedigung gedacht werden. Es tritt aber nun die naheliegende Frage heran: Ob dieser Absatz auch ein lohnender für den Producenten sei; ob letzterer relativ so viel gewinne, dass die Beibehaltung der eingebürgerten Culturen in der bisherigen Ausdehnung für ihn nutzbringend und räthlich sei?

Beide Theile dieser Frage müssen entschieden verneint werden. Denn es verarmt der Pflanzer des Weinstockes, es verarmt der Producent des Getreides sichtlich mehr und mehr von Jahr zu Jahr.

Der Fortschritt, welcher seit den letzten Decennien in ganz Europa sich Bahn gebrochen hat, ist den Bewohnern aller Länder zum Segen geworden, welche seine Bedeutung, seinen Einfluss erkannt und auch für ihren Vortheil auszunützen sich bestrebt haben. Wer diesem mächtigen Fortschritt gar nicht oder nur in alter bequemer Weise oder ohne volles Verständniss der Neuerungen und ihrer Einwirkung gefolgt ist, muss unterliegen. In diesem Falle ist gegenwärtig der niederösterreichische Landwirth bezüglich seiner Bodenproduction.

Unter den Fortschritten, welche der Neuzeit angehören, steht die Vervielfältigung der Verkehrswege überhaupt und die Anlage von Eisenbahnen insbesondere obenan.

Durch diese Verkehrswege haben sich, wie die statistischen Aufzeichnungen darthun, die Preise der Producte auf Entfernungen bis zu 100 Meilen nahezu ausgeglichen. Während z. B. noch vor 24 Jahren die Preise des Banater Weizens zu Temesvár sich den Wiener Preisen gegenüber wie 1 zu 2 verhielten, stehen diese jetzt durch die Ausnützung der vervielfältigten Verkehrswege hier und dort beinahe gleich; dieses Verhältniss wird und muss sogar noch eine Steigerung zum Nachtheile des Getreidebaues in Niederösterreich erfahren.

Indem das Banat und ein grosser Theil Ungarns noch lange bei ihrem urkräftigen Boden den Metzen Getreide mit nur 50 bis 20 Procent jener Erzeugungskosten produciren können, welche wir in Niederösterreich darauf zu verwenden gezwungen sind, ist es thatsächlich unmöglich, mit dem Banate, sowie überhaupt mit dem getreidereichen Osten des österreichischen Kaiserstaates in Concurrenz zu treten, ohne dabei mit der Zeit Hab' und Gut zu verlieren.

Aber nicht allein die Vervielfältigung der Verkehrswege hat von dort her die Verwohlfeilerung der Rohproducte veranlasst, welche ja überhaupt für das Allgemeine nur erwünscht ist, und eben deshalb auch im Allgemeinen angestrebt werden muss; einen weit grösseren Einfluss auf die Ausgleichung der Preise der Rohproducte gegenüber den weitesten Entfernungen hat die daselbst wohl spät, aber endlich doch erwachte Industrie genommen. Die östlichen Kronländer verführen nun schon einen grossen Theil ihrer Bodenproducte nicht mehr als Rohstoff, sondern in der Form von Fabrikaten, und finden hiebei die einträglichste Rechnung, indem sie die vorzüglichen und werthvollen stickstoffreichen Abfälle des Getreides zur Ernährung des Nutzviehes verwenden, durch die Ausfuhr der Fabrikate anstatt der Rohproducte 25% an Transportkosten ersparen und überdiess ihre Arbeitskraft zu den höchsten Preisen verwerthen.

Es ist zu erwarten, dass diese Länder ihren Vortheil im Auge behalten und auf der betretenen Bahn rasch fortschreitend, bald gar kein Getreide, sondern nur Mehl ausführen und dieses, unterstützt durch ihren Reichthum an Bodenkraft, in bester Qualität noch mit Vortheil zu Preisen nach Wien stellen werden, um welche wir in Niederösterreich bei der geringeren Bodenkraft und bei den höheren Arbeitslöhnen kaum das Rohproduct zu erzeugen im Stande sind.

Auch der Viehzucht unseres Landes wird in dem Verhältniss bedeutendere Concurrenz erwachsen, als in den östlichen Kronländern, wo die besten und billigsten Futterstoffe im Ueberflusse gewonnen werden können, eine rationelle Viehzucht allgemeineren Eingang finden wird.

Es liegt somit klar vor, dass wir in Niederösterreich mit unserer theuren Bodenproduction den gedachten Nachbarländern gegenüber eine schwer zu bestehende Concurrenz haben und dass es in vorsorglicher Berücksichtigung der bestehenden und noch weiter drohenden Missverhältnisse hoch an der Zeit wäre, unseren landwirthschaftlichen Betrieb zweckmässig zu ändern.

Wir müssen den Getreidebau beschränken, die Viehzucht heben und die Arbeitskraft durch jene Culturen zu verwerthen bestrebt sein, welche thatsächlich gewinnbringend sind.

Hieher gehört vor Allem eine grössere Ausdehnung des Futterbaues und zweitens die Cultur von Handelspflanzen.

Durch die Vermehrung des Futterbaues wird der Viehstand und die Milchwirthschaft, durch den hierbei abfallenden mehreren und besseren Dünger die Kraft des Ackerbodens gehoben. Durch Einführung verschiedenartiger Handelspflanzen, welche ihrer Natur nach für die eine oder andere Gegend oder Lage besonders geeignet sind, als: Krapp, Cichorie, Zuckerrübe, Flachs, Hopfen, verschiedene Farb- und Arzneipflanzen, Samen von Futtergräsern und Kräutern, Gemüse, Obst u. s. w., dann durch den Betrieb der Seidencultur und der Bienenzucht kann der Landwirth einem allzustarken Ausfalle seines Einkommens in Missjahren mit Erfolg entgegenwirken, da nicht alle der von ihm betriebenen verschiedenartigen Culturzweige zu derselben Zeit von Uebeln heimgesucht werden; stets aber wird er reichlichen und gewinnbringenden Absatz für alle seine Producte finden. Möge dann immerhin Ungarn mit dem billigsten Weizenmehle, Schlacht- und Stechvieh in Wien als Verkäufer auftreten, was man zum allgemeinen Besten der Bevölkerung nur lebhaft wünschen könnte: die Landwirthe Niederösterreichs werden dadurch nicht in ihrer Existenz gefährdet werden.

Nebstdem dass Niederösterreich einen entsprechenden Theil der Getreideproduction auflassen muss, um nicht zu verarmen, ist es auch unerlässlich, die Weinproduction, besonders im Flachlande, wo nur geringe Sorten gedeihen, zu beschränken, weil die Bierconsumtion in solchem Masse überhandnimmt, dass bald nur vorzügliche Weine gewinnbringenden Absatz finden werden.

Die Auflassung von Weingärten ist auch schon theilweise erfolgt, denn das Flächenmass des Weinlandes ist vom Jahre 1850 bis zum Jahre 1864 von 80.000 auf 66.000 Joch, somit binnen 14 Jahren um 14.000 Joch geringer geworden, obwohl in diese Zeitperiode nicht wenige günstige Weinernten fielen, und den Winzern erst seit dem Jahre 1864 durch das alljährliche Missrathen der Traube die grössten Verluste erwachsen sind.

In Niederösterreich darf die Weincultur nur in den günstigsten Lagen an südlichen Berglehnen mit frühreifenden Rebensorten betrieben werden, um guten und werthvollen Wein möglichst Jahr für Jahr in reichen Ernten gewinnen und mit zufriedenstellendem Reingewinne verkaufen zu können.

Da Bier jetzt das beliebteste Getränk ist und von den Brauereien Niederösterreichs jährlich schon jetzt 25.000 Zentner Hopfen für 3 bis 4 Millionen Gulden in Böhmen und Baiern gekauft werden, zu dessen Erzeugung kaum 5000 Joch Luzernboden in den vor Winden geschützten Lagen nöthig sind, so ist es wohl angezeigt, gegenüber von 66.000 Joch Weinland, Zeit und Arbeit theilweise auch der lohnenden Production von Hopfen zuzuwenden, da der Bedarf an diesem Producte noch immer im Steigen ist.

Es wird dadurch dem Landwirthe die Möglichkeit geboten, seine Arbeitskraft gleichwie bei dem Weinbau auszunützen und er wird sie hier weit höher entlohnt finden, da der Hopfen unmittelbar nach der Ernte immer seine Käufer findet, und der Producent sogleich sein ganzes Erzeugniss in baares Geld gut umsetzt, während in Niederösterreich der Weinpflanzer im Allgemeinen leider seinen mit schwerer Arbeit erzeugten Wein, der sich wegen seiner gewöhnlichen Qualität für den Verkauf auf weitere Entfernungen nicht eignet und in der Nähe nicht hinreichend Käufer findet, grösstentheils selbst consumirt. was ihm schon wirthschaftlich zum Nachtheile gereicht. Endlich findet die Hopfencultur, wie die Versuche seit der Einführung derselben in vielen Bezirken durch den Verfasser bezeugen, hier einen dankbaren Boden; die Qualitäten sind vorzüglich, das damit erzeugte Bier ist sehr haltbar und vom feinsten Geschmacke, und es steht somit der Cultur jener Handelspflanze nichts mehr im Wege.

12. Die Einführung einer besseren Dünger- und Futterwirthschaft.

Wenn der Verfasser in Aufzählung alles dessen, was uns in Niederösterreich Noth thut, auf die sorgfältige Ausnützung der thierischen Dungstoffe und namentlich der flüssigen Excremente, sowie auf eine zweckentsprechende Verwendung des Futters wiederholt hinweist, so soll dadurch eben die Wichtigkeit dieses Gegenstandes hervorgehoben werden.

Von dem Gesammtwerthe der Bodenproduction in Niederösterreich pr.	54,000.000 fl.
entfallen auf den Waldertrag	3,000.000 fl.
und auf die Landwirthschaft	51,000.000 fl
an Erzeugungswerthen; an Reinertrag	
auf die Landwirthschaft	8,000.000 fl.
auf die Forstwirthschaft	2,000.000 fl.

Nach Grünberg's Analyse enthalten:

	1000 Pfd. Hofmist	1000 Pfd. Jauche
	Pfund	
Kali	4.2	4.5
Natron	1	1.5
Phosphorsäure	3	0.5
Kalk	6	0.8
Bittererde	2.5	1.8
Schwefelsäure	1	0.5
Chlor	1.5	2
Thonerde und Eisenoxyd	0	0.8
Stickstoff	5	5

Nachdem nun die Quantitäten der flüssigen Excremente desselben Thieres jene der festen übersteigen, und in dem thierischen Harn, wie die vorstehende Tabelle nachweiset, die werthvollsten productiven Stoffe bei gleichem Gewichte des Hofmistes in gleichen Mengen enthalten sind, so würde durch die Gesammtverwendung der Jauche, welche bisher unbenützt den Bächen zuläuft, eben so viel für die Bodenproduction gewonnen werden, als wir bisher aus der Verwendung des Hofmistes gewonnen haben, mithin das Doppelte des bisherigen Düngerertrages.

Wenn wir ferner annehmen, dass aus der Ausnützung des Hofmistes nur die Hälfte der gesammten landwirthschaftlichen Bodenproduction hervorgehe und die übrigen Mengen der Productionskraft zufallen, welche wir den Producten der Zersetzung der Erde und den Stoffen zu danken haben, die der Pflanze aus der Atmosphäre zugehen, so würde folgerichtig durch die volle Benützung der Jauche der Ernteertrag Jahr für Jahr um die Hälfte gesteigert werden, und diess um so gewisser, als bei der gänzlich vernachlässigten Düngerwirthschaft nicht nur aus den Ställen und den Düngergruben die Jauche abfliesst, sondern überdiess durch Regenwasser auch noch ein Theil der festen Thierexcremente aus dem Dünger ausgewaschen wird.

Wenn wir weiter berücksichtigen, dass jeder mehrere Bruttoertrag nahezu zum Reinerträgnisse wird, da die Hauptausgaben schon bei den ersten Bruttoerträgnissen in Rechnung kommen, so ist der Entgang am Mehrgewinne um so empfindlicher.

Das Futter, welches den Landwirthen aus eigener Production zur Ernährung der Hausthiere nach den Angaben zu Gebote steht, reicht nicht aus, um das vorhandene Vieh selbst nur am Leben zu erhalten. (Siehe „Summarium der Futterstoffe“ und „Consumtion“.)

Es wird daher theils mehr Futter gewonnen, als nachgewiesen ist, theils Mehreres eingeführt. (Siehe „Futterstoffe“ unter B.)

Wenn nun der Verfasser auf die Thatsache hinweist, dass in Niederösterreich die Thiere im Allgemeinen so unzweckmässig genährt werden, dass nahezu der vierte Theil des Futters als unnütz dargereichtes Erhaltungsfutter verloren geht, so kann diess in Folge der mangelhaften Vorlagen wohl nicht genau beziffert werden, aber eine Umschau im Lande, ein Blick auf das abgemagerte Zucht- und wenig fette Schlachtvieh in der Mehrzahl der Wirthschaften zeigt, dass wir in Niederösterreich dem Wirthschaftsvieh kaum drei Viertheile der Futtermenge geben, deren es zur Production von Fleisch, Fett, Milch, Wolle u. s. w. bedarf, wornach das Erhaltungsfutter, lediglich nur für den Lebensprocess ausreichend, als vergeudet zu betrachten ist. Man darf den auf solche Art entstehenden Verlust an Futter, bei dem gesammten Futterbedarfe von 50 Millionen Zentner Heuwerth in Niederösterreich auf 12 Millionen Zentner anschlagen.

Durch die Vergeudung der Jauche und des Futters, also durch Nichtbeachtung dessen, was schon erworben war, verarmen in Niederösterreich Land und Leute, weil es so vielseitig an den einfachsten Kenntnissen oder an der Empfänglichkeit für Belehrung fehlt, und wenn wir selbst annehmen müssen, dass die ämtlichen Angaben der Productionsmengen niedriger gehalten sind, als das wirkliche Erträgniss des Culturbodens, so ist diess am Ende nichts Anderes, als eine Unrichtigkeit der Ziffer; an dem kritischen Ausdruck der thatsächlichen Zustände des Landes würde auch die Erhebung der genauesten Ziffer nicht viel ändern.

Der Schuldenstand, die Steuerreste, die zahlreichen executorischen Verkäufe der Wirthschaften und der Verfall des guten Muthes sind authentische Zeugen der Verarmung, und sie mahnen dringlich daran, nicht ferner in unberechtigter Glorificirung unserer landwirthschaftlichen Zustände uns selbst zu täuschen. Einer der Hauptzwecke dieses Berichtes ist auch, die Mängel aufzudecken, welche unsere Verhältnisse schädigen, sowie die Mittel zu bezeichnen, in deren Anwendung wir einer besseren Zukunft entgegengehen können, und diesem Zwecke soll ganz vorzüglich entsprochen werden.

13. Eine grössere Würdigung der landwirthschaftlichen Interessen von Seite der Gesammtregierung, welche den volkswirthschaftlichen Angelegenheiten bisher nicht die volle Bedeutung beizulegen schien, ist für den Aufschwung der einheimischen Bodencultur dringend geboten. Wünschenswerth wäre hierbei auch die Vertretung der Landwirthschaft durch eine eigene Abtheilung der k. k. Statthalterei.

Nur dann, wenn die Verwaltungsbehörden in steter unmittelbarer Berührung mit der Landwirthschaft sich erhalten, wird ihnen Gelegenheit gegeben sein, alle Mängel und Schäden zu erkennen, welchen dieser wichtigste Zweig des Staatshaushaltes zum Nachtheile der ganzen Bevölkerung, zum Nachtheile der Steuerfähigkeit, zum Nachtheile unseres Activhandels unterliegt; die Regierungsbehörden werden erst dann darüber klar werden, dass bei Fortdauer der gegenwärtigen, Alles zerrüttenden Zustände schon nach wenigen Jahren jedes Grundeigenthum verschuldet werden und immer mehr den Gläubigern verfallen müsse. Sie werden zur Ueberzeugung gelangen, dass die Landwirthschaft durch Anwendung der vorhin bezeichneten Mittel schleunigst gehoben werden muss, wenn man sie vor gänzlichem Verfalle retten und nicht für Jahrzehende ein fruchtbares Wiederaufblühen unmöglich machen will.

Angeregt und unterstützt von der Regierung, gehört es zu den ersten Aufgaben der Landwirthschaft und der sie vertretenden Organe, die Cultur solcher Producte einzuführen und zu verbreiten, bezüglich welcher wir noch vom Auslande abhängig sind, oder welche wir dahin exportiren könnten, für den Ueberfluss unserer Getreide- und Weinproduction neue ausländische Märkte aufzusuchen, und sie durch Erlangung von Zollbegünstigungen und billigen Frachtsätzen für uns möglichst zu gewinnen, die Thätigkeit der Consulate dafür in Anspruch zu nehmen, dass dieselben auf neue Märkte und rechtzeitig auch auf günstige Conjuncturen für den Absatz unserer Producte aufmerksam machen.

Ferner sollten von Zeit zu Zeit durch eine allgemeine Enquête, welche die Regierung veranlasst, nach dem Beispiele anderer Länder die Uebelstände und Gebrechen in unserem landwirthschaftlichen Betriebe mit allen ihren Einzelheiten erhoben und gewürdigt werden.

Man wird bei diesen Erhebungen genau wahrnehmen, wo und in wie ferne es noch an der ersten Bedingung des Fortschrittes, an Bildung und Aufklärung mangelt, und es wird sich überhaupt alles für die Wohlfahrt der Landbevölkerung Gedeihliche herausstellen. Es werden dann zur weiteren öffentlichen Aneiferung die Verdienste Einzelner bekannt werden, welche — wenn sie sich auch nur auf kleinere Kreise beschränken — doch auch einer Auszeichnung würdig sind.

Wirken auf solche Weise Regierung, Vereine und Landwirthe zusammen, so kann der Landwirthschaft in Oesterreich, wo so zahlreiche Quellen einer lohnenden Production vorhanden sind, ein glänzender Erfolg nicht fehlen.

Wir lassen nun eine Zusammenstellung der Bodenproduction nach Bezirken, so wie nach der Beschaffenheit des Bodens folgen, nebst einer Uebersicht der Verhältnisse, welche auf den Ertrag des Grundbesitzes Einfluss nehmen.

Weizen und Roggen.

Bodenproduction nach Bezirken im Durchschnitte der Jahre 1855, 1860 und 1864.

	K. U. W. W.		Auf 1 □ Meile Flächenraum	
Im Bezirke:	Weizen Metzen	Roggen Metzen	Mtz. Weiz.	Rogg.
Aspang	6.406	15.999	1.424	3.555
Baden	6.248	10.434	1.275	2.129
Bruck a. d. Leitha	12.176	61.581	3.044	15.395
Ebreichsdorf	16.999	45.022	3.269	8.658
Gloggnitz	4.957	8.281	885	1.479
Guttenstein	31	3.314	3	341
Hainburg	1.668	26.029	490	7.655
Hernals	133	5.913	190	8.443
Hietzing	407	5.898	452	6.553
Kirchschlag	3.618	17.428	841	4.053
Klosterneuburg	892	1.998	595	1.332
Mödling	5.493	16.826	1.408	4.314
Neunkirchen	9.936	16.039	1.505	2.430
Pottenstein	2.469	8.289	537	1.802
Purkersdorf	244	771	58	183
Schwechat	3.655	102.079	761	21.266
Sechshaus	—	436	—	4.360
Wiener-Neustadt	8.394	31.223	1.182	4.398
Zusammen	83.726	377.560		

Im Bezirke:	K. O. W. W.			
Amstetten	17.662	39.009	4.014	8.865
Atzenbrugg	26.697	38.499	8.090	11.667
Gaming	10.100	41.167	894	3.643
Haag	29.685	33.432	6.903	7.775
Hainfeld	832	11.700	132	1.857
Herzogenburg	10.605	64.214	2.466	14.933
Kirchberg a. d. Pielach	2.848	5.550	619	1.206
Lilienfeld	397	4.813	40	486
Mank	21.188	33.402	4.708	7.423
Mautern	721	13.334	277	5.128
Mölk	9.614	24.265	2.827	7.137
Neulengbach	7.089	16.209	1.969	4.502
St. Peter in der Au	23.476	33.663	5.335	7.650
St. Pölten	20.969	37.655	2.529	4.537
Scheibbs	11.180	36.608	1.644	5.383
Tulln	12.586	36.565	3.146	9.141
Waidhofen a. d. Ybbs	6.755	9.745	834	1.203
Ybbs	9.447	29.233	2.699	8.352
Zusammen	221.851	509.063		

K. U. M. B.

Im Bezirke:	Weiz. Metzen	Rogg. Metzen	Auf 1 □Meile Flächenraum Mtz. Weiz.	Rogg.
Feldsberg	31.342	73.625	4.414	10.369
Gross-Enzersdorf	88.654	15.563	13.037	2.288
Haugsdorf	23.417	54.166	10.644	24.621
Kirchberg a. Wagram	4.616	50.880	905	9.976
Korneuburg	12.941	66.018	2.641	13.473
Laa	94.428	41.064	12.263	5.330
Marchegg	40.813	16.854	7.558	3.121
Matzen	23.315	50.353	4.399	9.500
Mistelbach	10.735	133.546	1.988	24.731
Oberhollabrunn	66.290	106.252	8.498	13.622
Ravelsbach	14.497	51.083	3.624	12.771
Rötz	22.967	31.433	8.202	11.229
Stockerau	3.724	47.083	573	7.243
Wolkersdorf	28.110	69.172	5.981	14.718
Zistersdorf	25.666	74.628	4.139	12.036
Zusammen	491.515	881.720		

K. O. M. B.

Im Bezirke:				
Allentsteig	7.059	37.566	1.307	6.936
Dobersberg	1.574	33.568	477	10.172
Eggenburg	26.669	19.814	8 603	6.391
Geras	9.667	50.334	1.973	10.272
Gföhl	2.133	34.506	374	6.053
Gross-Gerungs	420	63.266	75	11.297
Horn	41.501	38.010	7.410	6.787
Krems	1.610	20.855	732	9.480
Langenlois	5.552	26.800	2.414	11.652
Litschau	—	25.706	—	5.842
Ottenschlag	133	45.716	19	6.439
Persenbeug	1.884	19.010	392	3.960
Pöggstall	1.035	11.146	414	4.458
Raabs	15.053	42.928	3.011	8.585
Schrems	69	70.833	12	12.427
Spitz	2.946	21.262	866	6.253
Waidhofen a. d. Thaya	2.037	39.419	599	11.594
Weitra	580	132.656	84	19.225
Zwettl	558	95.356	87	14.899
Zusammen	120.480	828.750		

Summe der Durchschnitts-Production in Niederösterreich:
Weizen: 917.572 Metz., Roggen: 2,597.093 Mtz.

Production nach politischen Kreisen in den Jahren 1855 und 1864.

	1855	1864	Differenz
	Weizen (Metzen)		
K. U. W. W.	79.415	101.557	+ 22.142
K. O. W. W.	242.231	240.788	— 1.443
K. U. M. B.	466.282	457.061	— 9.221
K. O. M. B.	98.275	140.396	+ 42.121
Zusammen	886.203	939.802	+ 53.599
	Roggen (Metzen)		
K. U. W. W.	349.034	509.699	+ 160.665
K. O. W. W.	504.222	559.188	+ 54.966
K. U. M. B.	818.626	915.020	+ 96.354
K. O. M. B.	708.461	965.523	+ 257.062
Zusammen	2,380.343	2,949.430	+ 569.087

Werth der Production.

	1855	1864	Differenz
	Weizen		
K. U. W. W.	542.501 fl.	343.066 fl.	— 199.435 fl.
K. O. W. W.	1,780.718 „	988.556 „	— 792.162 „
K. U. M. B.	3,337.388 „	1,424.908 „	— 1,912.480 „
K. O. M. B.	675.637 „	499.280 „	— 176.357 „
Zusammen	6,336.244 fl.	3,255.810 fl.	— 3,080.434 fl.
Preis pr. Mtz.	fl. 7.25	fl. 3.46	— fl. 3.79
	Roggen		
K. U. W. W.	1,785.509 fl.	1,180.417 fl.	— 605.092 fl.
K. O. W. W.	2,722.832 „	1,533.098 „	— 1,189.734 „
K. U. M. B.	4,554.867 „	1,898.638 „	— 2,656.229 „
K. O. M. B.	3,838.451 „	2,177.647 „	— 1,660.806 „
Zusammen	12,901.659 fl.	6,789.800 fl.	— 6,111.859 fl.
Preis pr. Mtz.	fl. 5.42	fl. 2.30	— fl. 3.12

Der bedeutende Preisrückgang des Getreides in den Jahren 1855 bis 1864 lässt beurtheilen, wie schwer es dem Grundbesitzer fällt, die durch den Kriegszuschlag seit dem Jahre 1859 noch bedeutend erhöhte Grundsteuer zu tragen.

Production nach der Gestaltung (Lagerung) der Bodenoberfläche.

Nach der Höhenlage des Bodens kann man in Niederösterreich unterscheiden:

I. Die Ebene des Wienerbeckens, bestehend aus den politischen Bezirken: Bruck, Ebreichsdorf, Gross-Enzersdorf, Feldsberg, Hainburg, Hernals, Hietzing, Marchegg, Matzen, Mistelbach, Schwechat, Sechshaus, Wiener-Neustadt, Wolkersdorf. Zistersdorf.

II. Das Hügelland mit den politischen Bezirken: Amstetten, Atzenbrugg, Eggenburg, Haag, Haugsdorf, Herzogenburg, Kirchberg am Wagram, Laa, Mank, Oberhollabrunn, St. Pölten, Ravelsbach. Rötz, Stockerau, Tulln, Ybbs.

III. Das Berggebiet des Manharts, enthaltend die politischen Bezirke: Allentsteig, Dobersberg, Geras, Gföhl, Gross-Gerungs, Horn, Krems, Langenlois, Litschau, Mautern, Mölk, Ottenschlag, Persenbeug, Pöggstall, Raabs, Schrems, Spitz, Waidhofen a. d. Thaya, Weitra, Zwettl.

IV. Das Berggebiet des Wienerwaldes, umfassend die politischen Bezirke: Baden, Hainfeld, Kirchberg an der Pielach. Klosterneuburg, Korneuburg, Mödling, Neulengbach, St. Peter in der Au, Pottenstein, Purkersdorf, Scheibbs.

V. Das Gebiet der Hochalpen mit den politischen Bezirken Aspang, Gaming, Gloggnitz, Guttenstein, Kirchschlag, Lilienfeld. Neunkirchen, Waidhofen a. d. Ybbs.

Die durchschnittliche Erzeugung beträgt:

	Weizen	Roggen
	Metzen	
I. In der Ebene des Wienerbeckens	290.613	733.902
II. Im Hügellande	403.427	735.784
III. Im Berggebiete des Manharts	108.197	801.762
IV. » » des Wienerwaldes	73.345	208.859
V. Im Hochalpengebiete	41.990	116.786
zusammen	917.572	2.597.093

Weizen

wird relativ, d. i. im Verhältnisse zur gesammten Bodenfläche des Bezirkes, am meisten gebaut:

a) Im Kreise U. W. W. in den Bezirken Ebreichsdorf, Bruck a. d. Leitha, Neunkirchen, Aspang, Mödling. Baden, Wr.-Neustadt.

b) Im Kreise O. W. W. in den Bezirken Atzenbrugg, Haag, St. Peter in der Au, Mank, Amstetten, Tulln.

c) Im Kreise U. M. B. in den Bezirken Gross-Enzersdorf, Laa Haugsdorf, Ober-Hollabrunn. Rötz, Marchegg

d) Im Kreise O. M. B. in den Bezirken Eggenburg, Horn, Raabs. Langenlois, Geras, Allentsteig.

Die Kreise O. W. W. und O. M. B. liefern Weizen von vorzüglicher Qualität (88—92 Pfd. Gewicht pr. Metzen) und in grösserer Menge, im K. O. W. W. besonders die Bezirke: Amstetten, Gaming. Haag, Mank, Mölk, St. Peter in der Au, St. Pölten, Scheibbs, Tulln, Ybbs; im K. O. M. B. die Bezirke: Eggenburg, Geras, Horn, Raabs.

Im Bezirke Gaming baut man Weizen bis zu einer Höhe von 3000 Wiener Fuss.

Aus Haag wird Weizen nach Steiermark, Oberösterreich, Salzburg und Oberbaiern abgesetzt; vom Manhartsplateau wurde sonst viel nach Krems, dann in die nördlichen und nordöstlichen Gebirgsgegenden Niederösterreichs geführt; seit Eröffnung der südöstlichen Staats- und der Theissbahn leidet der Absatz und der Preis durch eingeführten Banater Weizen.

Der Marchfelder Weizen ist wegen seiner vorzüglichen Qualität eine gesuchte Waare, und wird, meistens mit Banater Weizen vermengt, zu den feinsten Mehlgattungen vermahlen.

Angaben der Gemeinden.

Schwechat erzeugte im Jahre 1865 auf 55 Joch Weizenfeldern à 14 Mtz 770 Metz. Weizen.

Unterwaltersdorf pr. Joch 15 — 25 Mandeln.

Pottendorf auf 19 Joch Weizenfeldern 270 Mandeln à 1 Mtz. Körner.

Neunkirchen pr. Joch 16 Metzen.

St. Leonhard am Forst 15 — 22 Metz. pr. Joch, der Metzen 82 — 88 Pfd. schwer.

Seitenstetten erzeugte 15 -- 20 Mtz. pr. Joch.

Marchegg und Gross-Enzersdorf 20 Metzen pr. Joch.

Mistelbach pr. Joch 18 Metzen.

Oberhollabrunn 25 Metzen pr. Joch, der Bedarf daselbst ist durch die Hälfte der Production gedeckt.

Pillichsdorf pr. Joch 12 — 15 Metzen zu 3 fl. 40 kr.

Laa producirt pr. Joch 15 Metzen, im Ganzen 40.000 Metzen Weizen.

Roggen

wird relativ, d. i. im Verhältniss zur gesammten Bodenfläche des Bezirkes, am meisten gebaut:

a) Im Kreise U. W. W. in den Bezirken Schwechat. Bruck a. d. Leitha, Ebreichsdorf, Hernals, Hainburg, Hietzing.

b) Im Kreise O. W. W. in den Bezirken Herzogenburg, Atzenbrugg, Tulln, Amstetten, Ybbs, Haag, St. Peter in der Au, Mank, Mölk.

3*

c) Im Kreise U. M. B. in den Bezirken Mistelbach, Haugsdorf. Wolkersdorf, Ober-Hollabrunn, Korneuburg, Ravelsbach. Zistersdorf.

d) Im Kreise O. M. B. in den Bezirken Weitra, Zwettl, Schrems, Langenlois, Waidhofen a. d. Thaya, Gross-Gerungs.

Angaben der Gemeinden.

Neunkirchen erzeugt pr. Joch 16½ Metzen Roggen.
Pottendorf auf 230 Joch 1887 Metzen.
Schwechat auf 900 Joch à 10½ Metzen 9500 Metzen.
Unter-Waltersdorf pr. Joch 15—20 Metzen.
Purgstall 1060 Metzen.
Seitenstetten pr. Joch 25—30 Metzen.
St. Leonhard am Forst pr. Joch 16—28 Metzen à 71—80 Pfd. schwer.
Mistelbach pr. Joch 13 Metzen.
Oberhollabrunn pr. Joch 17—20 Metzen.
Pillichsdorf pr. Joch 12—15 Metzen à 2 fl. 20 kr. bis 2 fl. 30 kr.

Anmerkung Einzelne Angaben sind offenbar zu hoch gegriffen.

Preise in Wien.

Im Monate		Weizen per Metzen 1861	Weizen per Metzen 1864	Roggen per Metzen 1861	Roggen per Metzen 1864
		Gulden		Gulden	
Jänner	von	5.80	3.60	4.—	2 80
	bis	6.10	3.80	4.20	3.—
Februar	von	6.—	3.80	4.20	3.—
	bis	6.20	4.—	4.50	3.40
März	von	6.10	4.20	4.40	3.20
	bis	6.30	4.70	4.70	3.50
April	von	6.40	4.30	4.30	3.30
	bis	6.80	4.80	4.70	3 70
Mai	von	6.20	4.—	—.	3.10
	bis	6.60	4.30	4.80	3.30
Juni	von	6.30	3.50	—.—	3.—
	bis	6.80	3.80	4.40	3.20
Juli	von	6.10	3.40	.-	2.80
	bis	6.30	3.90	4.75	2.90
August	von	5.80	4.10	4.70	2.60
	bis	6.10	4.30	5.—	2 70
September	von	—.—	4.50	—.—	3.10
	bis	5.85	4.80	4.80	3.20
October	von	5.20	4.50	5.—	3.30
	bis	5.50	4.70	5.20	3.50
November	von	5 80	5.—	5.30	3.40
	bis	6.—	5.40	5.70	3.70
December	von	6.20	5.20	5.40	3.30
	bis	6 60	5.30	5.80	3.80

Gerste und Hafer.

Bodenproduction nach Bezirken im Durchschnitte der Jahre 1855, 1860 und 1864.

K. U. W. W.

Im Bezirke:	Gerste Metzen	Hafer Metzen	Auf 1 □ Meile Flächenraum Mtz. Gerste	Mtz. Hafer
Aspang	5.925	20.639	1.317	4.586
Baden	11.328	10.962	2.312	2.237
Bruck a. d. Leitha	25.158	74.198	6.289	18.549
Ebreichsdorf	42.399	28.879	8.153	5.553
Gloggnitz	7.334	8.891	1.309	1.587
Guttenstein	893	2.304	92	237
Hainburg	8.829	22.609	2.596	6.649
Hernals	9.229	529	13.184	756
Hietzing	13.479	1.500	14.865	1.666
Kirchschlag	5.425	26.788	1.261	6.229
Klosterneuburg	1.529	619	1.019	413
Mödling	44.188	5.356	11.330	1.373
Neunkirchen	14.175	7.378	2.147	1.117
Pottenstein	5.118	6.433	1.112	1.398
Purkersdorf	915	1.287	218	306
Schwechat	112.754	18.913	23.490	3.940
Sechshaus	2.225	27	22.250	270
Wr.-Neustadt	22.789	12.698	3.209	1.788
Zusammen	333.692	250.010		

K. O. W. W.

Im Bezirke:	Gerste Metzen	Hafer Metzen	Mtz. Gerste	Mtz. Hafer
Amstetten	15.819	48.807	3.595	11.092
Atzenbrugg	33.853	16.780	10.258	5.085
Gaming	8.767	40.453	775	3.580
Haag	33.298	72.940	7.743	16.963
Hainfeld	2.043	14.183	324	2.251
Herzogenburg	33.747	24.731	7.848	5.751
Kirchberg a. d. Pielach	2.115	8.113	459	1.763
Lilienfeld	1.587	7.883	160	796
Mank	16.934	46.390	3.763	10.309
Mautern	1.664	872	640	335
Mölk	13.777	11.416	4.052	3.357
Neulengbach	12.036	24.463	3.343	6.795
St. Peter i. d. Au	14.186	52.985	3.224	12.042
St. Pölten	36.849	42.463	4.439	5.116
Scheibbs	12.223	62.688	1.797	9.218
Tulln	32.002	33.758	8.000	8.439
Waidhofen a. d. Ybbs	4.345	22.312	536	2.754
Ybbs	10.353	28.347	2.958	8.099
Zusammen	285.598	559.584		

K. U. M. B.

Im Bezirke:	Gerste Metzen	Hafer Metzen	Auf 1 □ Meile Flächenraum Mtz. Gerste	Mtz. Hafer
Feldsberg	3.131	78.470	441	11.052
Gross-Enzersdorf .	55.247	24.722	8.124	3.635
Haugsdorf	14.633	40.200	6.651	1.827
Kirchberg a. Wagram	37.534	22.290	7.359	4.371
Kornenburg	15.192	88.054	3.100	17.970
Laa	10.533	104.822	1.368	13.613
Marchegg	21.477	23.977	3.977	4.440
Matzen	3.383	56.317	638	10.626
Mistelbach	5.093	88.202	943	16.334
Oberhollabrunn ...	5.678	107.830	728	13.824
Ravelsbach	949	52.800	237	13.200
Rötz	2.467	27.000	881	9.643
Stockerau	3.169	124.787	487	19.198
Wolkersdorf	11.935	27.736	2.539	5.901
Zistersdorf.	9.472	75.399	1.527	12.161
Zusammen	199.893	942.606		

K. O. M. B.

Im Bezirke:	Gerste Metzen	Hafer Metzen	Mtz. Gerste	Mtz. Hafer
Allentsteig	1.333	69.480	247	12.866
Dobersberg	2.776	22.434	841	6.798
Eggenburg	598	22.089	193	7.125
Geras....	2.600	59.833	530	12.211
Gföhl	1.626	41.847	285	7.341
Gross-Gerungs ..	2.143	103.237	382	18.435
Horn	2.705	41.973	483	7.495
Krems	1.021	3.105	464	1.411
Langenlois ..	953	2.135	414	970
Litschau	251	12.084	57	2.746
Ottenschlag	320	57.300	45	8.070
Persenbeug	2.152	16.767	448	3.493
Pöggstall	631	9.475	252	3.790
Raabs.............	2.177	70.032	435	14.006
Schrems.......	2.246	43.160	394	7.572
Spitz	6.050	9.226	1.779	2.713
Waidhofen a. d. Thaya	3.437	35.051	1.011	10.309
Weitra	1.009	63.671	146	9.227
Zwettl	1.966	67.108	307	10.485
Zusammen	35.994	750.007		

Summe der Durchschnitts-Production in Niederösterreich nach politischen Bezirken:

Gerste 855.172 Metzen. Hafer 2.502.207 Metzen.

Production nach der Beschaffenheit der Bodenoberfläche.

	Gerste	Hafer
	Metzen	
I. Ebene des Wienerbeckens	406.700	624.176
II. Hügelland	329.416	1,026.034
III. Berggebiet des Manharts	60.832	940.206
IV. Berggebiet des Wienerwaldes	170.783	276.143
V. Alpengebiet	36.274	116.786
Zusammen	1.004.005	2.983.345

Production nach politischen Kreisen in den Jahren 1855 und 1864.

	1855	1864	Differenz
	Gerste (Metzen)		
K. U. W. W.	345.659	459.930	+ 114.271
K. O. W. W.	303.562	303.420	— 142
K. U. M. B.	314.717	212.087	— 102.630
K. O. M. B.	33.429	35.206	+ 1.777
Zusammen	997.367	1,010.643	+ 13.276
	Hafer (Metzen)		
K. U. W. W.	290.222	399.930	+ 109.708
K. O. W. W.	580.032	627.631	+ 47.599
K. U. M. B.	1.298.222	1.082.919	— 215.303
K. O. M. B.	759.003	928.732	+ 169.729
Zusammen	2.927.479	3.039.212	+ 111.733

Werth der Production.

	1855	1864	Differenz
	Gerste		
K. U. W. W.	1.216.957 fl.	750.121 fl.	— 466.836 fl.
K. O. W. W.	1.051.637 „	583.355 „	— 468.282 „
K. U. M. B.	1.369.670 „	331.937 „	— 1.037.733 „
K. O. M. B.	123.033 „	65.599 „	— 57.434 „
Zusammen	3.761.297 fl.	1.731.012 fl.	— 2.030.285 fl.
Preis pr. Metzen	3 fl. 76 kr.	2 fl. 20 kr.	— 1 fl. 56 kr.
	Hafer		
K. U. W. W.	689.150 fl.	528.443 fl.	— 160.707 fl.
K. O. W. W.	1.273.518 „	965.060 „	— 308.458 „
K. U. M. B.	2.892.415 „	1.224.485 „	— 1.667.930 „
K. O. M. B.	1.612.677 „	1.207.456 „	— 405.221 „
men	6.467.760 fl.	3.925.444 fl.	— 2.542.316 fl.
Preis pr. Metzen	1 fl. 71 kr.	1 fl. 20 kr.	51 kr.

Gerste

wird relativ, d. i. im Verhältnisse zur gesammten Bodenfläche des Bezirkes, am meisten gebaut:

a) Im K. U. W. W. in den Bezirken Schwechat, Sechshaus, Hietzing, Hernals, Mödling, Ebreichsdorf, Bruck a. d. Leitha.

b) Im K. O. W. W. in den Bezirken Atzenbrugg, Tulln, Herzogenburg, Haag.

c) Im K. U. M. B. in den Bezirken Gross-Enzersdorf, Kirchberg am Wagram, Haugsdorf.

d) Im K. O. M. B. in den Bezirken Spitz und Waidhofen a. d. Thaya.

Die Gerste ist von vorzüglicher Qualität (65 bis 75 Pfd.). Sie wird theils an benachbarte Bierbrauereien verkauft, theils in loco als Zusatz zum Brodmehl und als Viehfutter verwendet; aus der Tullner Gegend kommt sehr viel nach Wien.

Marchfelder Gerste findet wegen ihrer Härte und langsamen Keimkraft nur an Müller und in grösseren Lieferungen nach Steiermark, Oberösterreich, Baiern u. s. w. Absatz; die Brauereien ziehen die Gerste aus Mähren und Oberungarn vor, wenngleich der Metzen um 70—80 kr. theurer ist.

Angaben der Gemeinden.

Neunkirchen erzeugt pr. Joch 23 Metzen Gerste.
Pottendorf auf 18 Joch 380 Metzen.
Schwechat auf 840 Joch à 19 Metzen 15.900 Metzen.
Unter-Waltersdorf pr. Joch 8—12 Metzen.
St. Leonhard am Forst pr. Joch 20—30 Metzen, à 70—76 Pfd. schwer.
Seitenstetten pr. Joch 25—30 Metzen.
Marchegg pr. Joch 24 Metzen.

Hafer

wird relativ, d. i. im Verhältnisse zur gesammten Bodenfläche des Bezirkes, am meisten gebaut:

a) Im K. U. W. W. in den Bezirken Bruck a. d. Leitha, Hainburg, Kirchschlag, Ebreichsdorf, Aspang, Schwechat.

b) Im K. O. W. W. in den Bezirken Haag, St. Peter, Amstetten, Mank, Scheibbs, Tulln, Ybbs.

c) Im K. U. M. B. in den Bezirken Stockerau, Korneuburg, Mistelbach, Oberhollabrunn, Laa, Ravelsbach.

d) Im K. O. M. B. in den Bezirken Gross-Gerungs, Raabs, Allentsteig, Geras, Zwettl, Waidhofen a. d. Thaya.

Der Hafer des K. O. M. B. ist bei seiner unübertrefflichen Qualität (40 bis 60 Pfd.) auch ein namhafter Ausfuhrartikel.

Im Uebrigen wird er theils auf die nächsten Wochenmärkte, theils nach Ungarn geführt.

Angaben der Gemeinden.

Neunkirchen erzeugt pr. Joch 20 Metzen Hafer.
Pottendorf auf 86 Joch 1457 Metzen.
Schwechat auf 30 Joch à 24 Metzen 720 Metzen.
Unter-Waltersdorf pr. Joch 8—10 Metzen.
St. Leonhard am Forst pr. Joch 30—42 Metzen.
Seitenstetten pr. Joch 25—30 Metzen.
Mistelbach pr. Joch 27 Metzen.
Oberhollabrunn pr. Joch 27 Metzen.
Pillichsdorf pr. Joch 15—20 Metzen à 1 fl. bis 1 fl. 20 kr.

Preise in Wien.

Im Monate		Gerste per Metzen		Hafer per Metzen	
		1861	1865	1861	1865
		Gulden		Gulden	
Jänner	von	3.40	1.45	2.25	1.10
	bis	4.—	1.75	2.85	1.70
Februar	von	3.70	1.50	2.15	1.40
	bis	4.—	1.88	2.80	1.80
März	von	3.50	1.60	2.10	1.40
	bis	4.—	2.20	2.70	1.90
April	von	3.—	1.70	2.15	1.50
	bis	3.80	2.—	2.60	2.30
Mai	von	3.30	1.70	2.10	1.50
	bis	3.60	2.20	2.70	2.10
Juni	von	3.50	1.65	2.—	1.50
	bis	3.60	2.—	2.80	1.90
Juli	von	2.50	1.70	1.90	1.60
	bis	3.—	2.10	2.55	2.10
August	von	2.20	1.50	1.95	1.45
	bis	2.85	1.80	2.60	2.—
September	von	2.70	1.50	1.90	1.40
	bis	3.50	1.90	2.50	1.90
October	von	2.60	1.40	1.90	1.40
	bis	3.20	1.80	2.45	1.70
November	von	2.40	1.40	1.90	1.35
	bis	3.	2.	2.50	1.75
December	von	2.40	1.60	1.90	1.30
	bis	3.—	2.—	2.45	1.80

Haidekorn (Buchweizen), Hirse, Mais.

Bodenproduction nach Bezirken im Durchschnitte der Jahre 1855, 1860 und 1864.

K. U. W. W.

Im Bezirke:	Haidekorn	Hirse Metzen	Mais
Aspang	709	—	—
Baden	90	—	2.426
Bruck a. d. Leitha	—	—	882
Ebreichsdorf	—	—	4.725
Gloggnitz	339	—	76
Guttenstein	—	—	—
Hainburg	1.250	69	992
Hernals	—	—	—
Hietzing	—	—	—
Kirchschlag	273	17	80
Klosterneuburg	—	—	117
Mödling	—	—	15
Neunkirchen	2.917	85	615
Pottenstein	—	—	760
Purkersdorf	—	—	150
Schwechat	—	150	597
Sechshaus	—	—	40
Wr.-Neustadt	955	25	14.988
Zusammen	6.533	346	26.463

K. O. W. W.

Im Bezirke:	Haidekorn	Hirse	Mais
Amstetten	85	—	164
Atzenbrugg	—	—	2.850
Gaming	—	—	—
Haag	4.675	—	125
Hainfeld	—	—	—
Herzogenburg	—	—	3.819
Kirchberg a. d. Pielach	—	—	150
Lilienfeld	30	—	20
Mank	—	—	—
Mautern	—	—	355
Mölk	—	—	918
Neulengbach	—	—	345
St. Peter i. d. Au	—	—	—
St. Pölten	—	—	395
Scheibbs	190	—	130
Tulln	50	—	918
Waidhofen a. d. Ybbs	30	—	250
Ybbs	108	100	597
Zusammen	5.168	100	11.036

K. U. M. B.

Im Bezirke:	Haidekorn	Hirse	Mais
		Metzen	
Feldsberg	65	185	7.805
Gross-Enzersdorf	1.860	219	2.061
Haugsdorf	—	550	1.600
Kirchberg a. Wagram	—	—	40.172
Korneuburg	350	—	1.107
Laa	—	2.682	5.675
Marchegg	9.825	122	5.286
Matzen	5.323	—	3.671
Mistelbach	—	—	4.079
Ober-Hollabrunn	270	482	772
Ravelsbach	—	—	1.290
Rötz	—	—	350
Stockerau	25	5	428
Wolkersdorf	3.850	—	1.335
Zistersdorf	85	10	3.591
Zusammen	21.653	4.255	79.222

K. O. M. B.

Im Bezirke:	Haidekorn	Hirse	Mais
Allentsteig	—	—	—
Dobersberg	—	—	—
Eggenburg	—	—	—
Geras	—	—	—
Gföhl	—	—	—
Gross-Gerungs	—	—	—
Horn	—	—	325
Krems	—	—	1.075
Langenlois	—	—	2.763
Litschau	—	—	—
Ottenschlag	5	—	—
Persenbeug	—	—	163
Pöggstall	—	—	54
Raabs	—	—	—
Schrems	—	—	—
Spitz		—	1.150
Waidhofen a. d. Thaya	—	—	—
Weitra	—	—	—
Zwettl	—	—	—
Zusammen	5	—	5.530

Summe der Durchschnittsproduction in Niederösterreich nach politischen Bezirken:

Haidekorn	33.359	Metzen.
Hirse	4.701	„
Mais	122.251	„

Production nach der Beschaffenheit der Bodenoberfläche.

	Haidekorn	Hirse Metzen	Mais
I. Ebene des Wienerbeckens	29.228	3.619	44.052
II. Hügelland	16.163	808	51.155
III. Berggebiet des Manharts	5	—	6.103
IV. „ des Wienerwaldes	680	—	4.600
V. Alpengebiet	10.659		832
Zusammen	56.735	4.427	106.742

Production nach politischen Kreisen in den Jahren 1855 und 1864.

	1855	1864	Differenz
		Haidekorn (Metzen)	
K. U. W. W.	6.507	7.950	+ 1.443
K. O. W. W.	9.750	575	— 9.175
K. U. M. B.	26.208	30.424	+ 4.216
K. O. M. B.	10	46	+ 36
Zusammen	42.475	38.995	— 3.480
		Hirse (Metzen)	
K. U. W. W.	72	264	+ 192
K. O. W. W.	—	—	—
K. U. M. B.	2.141	6.278	+ 4.137
K. O. M. B.	—	100	+ 100
Zusammen	2.213	6.642	+ 4.429
		Mais (Metzen)	
K. U. W. W.	29.030	32.733	+ 3.703
K. O. W. W.	10.176	9.678	— 498
K. U. M. B.	31.671	85.840	+ 54.169
K. O. M. B.	5.492	8.865	+ 3.373
Zusammen	76.369	137.116	+ 60.747

Werth der Production.

	1855	1864	Differenz
		Haidekorn	
K. U. W. W.	10.914 fl.	9.974 fl.	— 940 fl.
K. O. W. W.	19.938 „	1.361 „	—18.577 „
K. U. M. B.	81.950 „	54.791 „	—27.159 „
K. O. M. B.	50 „	138 „	+ 88 „
Zusammen	112.852 fl.	66.264 fl.	—46.588 fl.
Preis pr. Metzen	2. fl. 66 kr.	1 fl. 69 kr.	— 97 kr.
		Hirse	
K. U. W. W.	234 fl.	569 fl.	+ 335 fl.
K. O. W. W.	—	—	— „
K. U. M. B.	9.322 „	14.556 „	+ 5.234 „
K. O. M. B.	—	600 „	+ 600 „
Zusammen	9.556 fl.	15.725 fl.	+ 6.169 fl.
Preis pr. Metzen	4 fl. 32 kr.	2 fl. 37 kr.	— 1. fl. 95 kr.
		Mais	
K. U. W. W.	94.917 fl.	32.625 fl.	—62.292 fl
K. O. W. W.	32.508 „	23.081 „	— 9.427 „
K. U. M. B.	123.634 „	118.874 „	— 4.760 „
K. O. M. B.	14.831 „	25.383 „	+10.552 „
Zusammen	265.890 fl.	219.963 fl.	—45.927 fl.
Preis pr. Metzen	3 fl. 49 kr.	1 fl. 60 kr.	— 1 fl. 89 kr.

Haidekorn (Buchweizen).

Im K. U. M. B. und im Marchfelde (enthaltend die politischen Bezirke Gross-Enzersdorf, Marchegg, Matzen. Wolkersdorf) ist der Buchweizen von vorzüglicher Qualität und wird theils als Viehfutter, theils bei der ärmeren Volksclasse zu Mehlspeisen verwendet; in grösserem Masse wird er nach Mähren, Schlesien und Norddeutschland verkauft.

Der Anbau hat in den letzten Jahren zugenommen, weil der Absatz rege war und die Preise im Verhältniss zu jen пзее ande Körnerfrüchte sich immer hoch stellten; in Gänserndorf ist der Markt dafür.

Ausserdem erzeugen noch der Bezirk Haag im K. O. W. W. und die Bezirke Hainburg, Neunkirchen und Wr.-Neustadt im K. U. W. W. Haidekorn in bedeutenderer Menge.

Angaben der Gemeinden.

Neunkirchen erzeugt pr. Joch 8 Metzen Haidekorn.
Ober-Engersdorf auf $^3/_4$ Metzen Samen 13—14 Metzen Frucht.
Pillichsdorf pr. Joch 12—14 Metzen.

Hirse.

Hirse ist bloss im Bezirke Laa (K. U. M. B.) hinsichtlich ihrer Erzeugung einigermassen hervortretend; im K. U. W. W. ist der Anbau ganz unbedeutend, und in den Kreisen O. W. W. und O. M. B. wird gar keine Hirse gebaut.

Mais.

In den Bezirken Wr.-Neustadt und Ebreichsdorf des K. U. W. W., Feldsberg, Laa, Marchegg und Mistelbach des K. U. M. B. ist der Maisbau relativ am stärksten. Auf dem Steinfelde bei Wr.-Neustadt ist der Maisbau vorherrschend, weil er auf dem steinigen Boden immer noch besser als andere Fruchtgattungen sich lohnt.

Im K. O. M. B. wird Mais in den politischen Bezirken Krems, Langenlois und Spitz relativ in bedeutenderer Menge gebaut.

Im K. O. W. W. wird Mais mit Ausnahme der gebirgigen Landestheile in den meisten Bezirken gebaut; am stärksten in den Bezirken Herzogenburg und Atzenbrugg.

Angaben der Gemeinden.

Unter-Waltersdorf erzeugt pr. Joch 25—35 Metzen Mais.
Wr.-Neustadt auf circa 10 000 Joch pr. Joch 8—15 Metzen.

Fisolen, Erbsen, Linsen.

Bodenproduction im Durchschnitte der Jahre 1855, 1860 und 1864.

K. U. W. W.

Im Bezirke:	Fisolen	Erbsen Metzen	Linsen
Aspang	12	37	—
Baden	176	51	161
Bruck a. d. Leitha	86	—	28
Ebreichsdorf	66	54	240
Gloggnitz	43	105	—
Zusammen	383	247	429

	Fisolen	Erbsen Metzen	Linsen
Uebertrag	383	247	429
Guttenstein	—	—	—
Hainburg	117	—	67
Hernals	—	—	—
Hietzing	5	—	2
Kirchschlag	46	76	—
Klosterneuburg	28	15	3
Mödling	40	97	70
Neunkirchen	131	46	714
Pottenstein	6	2	78
Purkersdorf	—	—	—
Schwechat	20	10	30
Sechshaus	—	—	—
Wr.-Neustadt	68	10	728
Zusammen	844	503	2.121

K. O. W. W.

Im Bezirke:

	Fisolen	Erbsen	Linsen
Amstetten	—	170	1.155
Atzenbrugg	50	115	—
Gaming	—	—	—
Haag	4	—	45
Hainfeld	30	15	—
Herzogenburg	312	75	—
Kirchberg a. d. Pielach	53	60	—
Lilienfeld	16	—	—
Mank	169	96	35
Mautern	17	1	—
Mölk	110	25	55
Neulengbach	22	395	—
St. Peter i. d. Au	22	12	3.015
St. Pölten	144	271	10
Scheibbs	27	33	475
Tulln	60	32	13
Waidhofen a. d. Ybbs	5	—	2
Ybbs	450	301	257
Zusammen	1.491	1.601	5.062

K. U. M. B.

Im Bezirke:	Fisolen	Erbsen Metzen	Linsen
Feldsberg	270	175	634
Gross-Enzersdorf	24	28	285
Haugsdorf	725	35	110
Kirchberg a. Wagram	83	230	328
Korneuburg	283	327	222
Laa	815	654	587
Marchegg	17	9	279
Matzen	471	57	402
Mistelbach	640	683	414
Oberhollabrunn	696	919	441
Ravelsbach	137	876	449
Rötz	400	75	550
Stockerau	97	141	87
Wolkersdorf	—	—	—
Zistersdorf	574	156	521
Zusammen	5.232	4.365	5.309

K. O. M. B.

Im Bezirke:	Fisolen	Erbsen Metzen	Linsen
Allentsteig	—	1.450	150
Dobersberg	—	805	26
Eggenburg	34	1.720	1.254
Geras	10	2.725	950
Gföhl	—	67	5
Gross-Gerungs	—	210	—
Horn	32	2.225	1.193
Krems	65	18	6
Langenlois	247	222	187
Litschau	—	—	—
Ottenschlag	—	—	—
Persenbeug	19	—	—
Pöggstall	10	34	19
Raabs	—	833	166
Schrems	—	380	—
Spitz	120	45	—
Waidhofen a. d. Thaya	—	1.738	68
Weitra	—	191	—
Zwettl	—	153	—
Zusammen	537	12.816	4.042

Summe der Durchschnittsproduction Niederösterreichs nach politischen Bezirken:

Fisolen	8.104 Metzen
Erbsen	19.285 „
Linsen	15.516 „

Production nach der Beschaffenheit der Bodenoberfläche.

	Fisolen	Erbsen Metzen	Linsen
I. Ebene des Wienerbeckens ...	4.358	1.303	2.830
II. Hügelland	7.176	5.810	5.821
III. Berggebiet des Manharts	1.030	11.221	3.125
IV. „ des Wienerwaldes	1.187	913	4.626
V. Alpengebiet	343	264	756
Zusammen	14.094	19.511	17.158

Production nach politischen Kreisen in den Jahren 1855 und 1864.

	1855	1864	Differenz
		Fisolen (Metzen)	
K. U. W. W.	1.136	1.289	+ 153
K. O. W. W.	1.710	2.089	+ 379
K. U. M. B.	7.647	13.234	+ 5.587
K. O. M. B.	626	458	— 168
Zusammen	11.119	17.070	+ 5.951
		Erbsen (Metzen)	
K. U. W. W.	699	375	— 324
K. O. W. W.	1.364	1.140	— 224
K. U. M. B.	6.610	1.958	— 4.652
K. O. M. B.	14.498	12.379	— 2.119
Zusammen	23.171	15.852	— 7.319
		Linsen (Metzen)	
K. U. W. W.	3.080	1.260	— 1.820
K. O. W. W.	9.118	1.923	— 7.195
K. U. M. B.	6.641	4.370	— 2.271
K. O. M. B.	4.572	3.352	— 1.220
Zusammen	23.411	10.905	— 12.506

4

Werth der Production.

	1855	1864	Differenz
		Fisolen	
K. U. W. W.	7.002 fl.	4.448 fl.	— 2.554 fl.
K. O. W. W.	8.076 „	7.018 „	— 1.058 „
K. U. M. B.	46.702 „	51.664 „	+ 4.962 „
K. O. M. B.	3.989 „	2.375 „	— 1.614 „
Zusammen	65.769 fl.	65.505 fl.	— 264 fl.
Preis pr. Metzen	5 fl. 91 kr.	3 fl. 85 kr.	— 2 fl. 6 kr.
		Erbsen	
K. U. W. W.	5.244 fl.	2.430 fl.	— 2.814 fl.
K. O. W. W.	8.501 „	6.547 „	— 1.954 „
K. U. M. B.	36.530 „	10.558 „	— 25.972 „
K. O. M. B.	90.940 „	58.208 „	— 32.732 „
Zusammen	141.215 fl.	77.743 fl.	— 63.472 fl.
Preis pr. Metzen	6 fl. 9 kr.	4 fl. 90 kr.	— 1 fl. 19 kr.
		Linsen	
K. U. W. W.	19.876 fl.	6.340 fl.	— 13.536 fl.
K. O. W. W.	33.189 „	14.431 „	— 18.758 „
K. U. M. B.	43.610 „	23.172 „	— 20.438 „
K. O. M. B.	32.217 „	21.824 „	— 10.393 „
Zusammen	128.892 fl.	65.767 fl.	— 63.125 fl.
Preis pr. Metzen	5 fl. 50 kr.	6 fl. 3 kr.	+ 53 kr.

Bohnen und Wicken.

Bodenproduction nach Bezirken im Durchschnitte der Jahre 1855, 1860 und 1864.

K. U. W. W.

Im Bezirke:	Bohnen	Wicken
	Metzen	
Aspang	13	15
Baden	1	263
Bruck a. d. Leitha	—	49
Ebreichsdorf	3	170
Gloggnitz	16	266
Fürtrag	33	763

	Bohnen	Wicken
	Metzen	
Uebertrag	33	763
Guttenstein	—	—
Hainburg	2	3
Hernals	—	—
Hietzing	—	2.100
Kirchschlag	82	33
Klosterneuburg	—	—
Mödling	25	99
Neunkirchen	53	1.290
Pottenstein	1	93
Purkersdorf	—	—
Schwechat	—	115
Sechshaus	—	—
Wr.-Neustadt	16	301
Zusammen	212	4.797

K. O. W. W.

Im Bezirke:

	Bohnen	Wicken
Amstetten	123	4.422
Atzenbrugg	42	15
Gaming	—	—
Haag	2	225
Hainfeld	105	75
Herzogenburg	42	2
Kirchberg a. d. Pielach	120	130
Lilienfeld	3	—
Mank	40	112
Mautern	17	—
Mölk	46	404
Neulengbach	—	—
St. Peter i. d. Au	—	1.760
St. Pölten	114	245
Scheibbs	49	537
Tulln	55	30
Waidhofen a. d. Ybbs	34	294
Ybbs	552	442
Zusammen	1.344	8.693

K. U. M. B.

Im Bezirke:	Bohnen	Wicken
	Metzen	
Feldsberg	56	1.220
Gross-Enzersdorf	—	—
Haugsdorf	27	32
Kirchberg a. Wagram	130	280
Korneuburg	250	391
Laa	10	247
Marchegg	—	493
Matzen	8	198
Mistelbach	—	536
Oberhollabrunn	312	435
Ravelsbach	—	863
Rötz	—	450
Stockerau	—	470
Wolkersdorf	—	—
Zistersdorf	1	172
Zusammen	794	5.787

K. O. M. B.

Im Bezirke:	Bohnen	Wicken
Allentsteig	100	200
Dobersberg	—	337
Eggenburg	—	1.458
Geras	—	3.350
Gföhl	—	109
Gross-Gerungs	—	—
Horn	107	2.672
Krems	59	25
Langenlois	175	150
Litschau	—	—
Ottenschlag	—	—
Persenbeug	69	35
Pöggstall	6	118
Raabs	—	1.094
Schrems	—	—
Spitz	26	—
Waidhofen a. d. Thaya	—	290
Weitra	—	—
Zwettl	—	54
Zusammen	542	9.892

Summe der Durchschnittsproduction in Niederösterreich nach politischen Bezirken.

Bohnen	2.892 Metzen
Wicken	29.169 „

Production nach der Beschaffenheit der Bodenoberfläche.

	Bohnen	Wicken
	Metzen	
I. Ebene des Wienerbeckens	98	5.057
II. Hügelland	1.449	10.464
III. Berggebiet des Manharts	605	8.838
IV. „ des Wienerwaldes	551	3.348
V. Alpengebiet......................	201	1.898
Zusammen	2.904	29.605

Summarium aller Hülsenfrüchte nach der Beschaffenheit der Bodenoberfläche.

I. Ebene des Wienerbeckens	13.646 Metzen
II. Hügelland.........................	30.720 „
III. Berggebiet des Manharts	24.819 „
IV. „ des Wienerwaldes............	10.625 „
V. Alpengebiet	3.462 „
Zusammen	83.272 Metzen

Production nach politischen Kreisen in den Jahren 1855 und 1864.

	1855	1864	Differenz
		Bohnen (Metzen)	
K. U. W. W.	270	181	— 89
K. O. W. W.	1.244	1.175	— 69
K. U. M. B.	829	771	— 58
K. O. M. B.	389	949	+ 560
Zusammen	2.732	3.076	+ 344
		Wicken (Metzen)	
K. U. W. W.	8.628	3.262	— 5.366
K. O. W. W.	9.957	3.530	— 6.427
K. U. M. B.	8.965	3.941	— 5.024
K. O. M. B. .	12.726	8.202	— 4.524
Zusammen	40.276	18.935	— 21.341

Werth der Production.

	1855	1864	Differenz
		Bohnen	
K. U. W. W.	1.645 fl.	736 fl.	— 909 fl.
K. O. W. W.	5.577 „	6.037 „	+ 460 „
K. U. M. B.	4.487 „	3.300 „	— 1.187 „
K. O. M. B.	2.115 „	4.489 „	+ 2.376 „
Zusammen	13.824 fl.	14.562 fl.	+ 738 fl.
Preis pr. Metzen	5 fl. 8 kr.	4 fl. 73 kr.	— 35 kr.
		Wicken	
K. U. W. W.	23.027 fl.	11.137 fl.	— 11.890 fl.
K. O. W. W.	28.031 „	9.414 „	— 18.617 „
K. U. M. B.	33.927 „	8.672 „	— 25.255 „
K. O. M. B.	56.929 „	23.801 „	— 33.128 „
Zusammen	141.914 fl.	53.024 fl.	— 88.890 fl.
Preis pr. Metzen	3 fl. 52 kr.	2 fl. 80 kr.	— 72 kr.

Summarium aller Hülsenfrüchte nach Kreisen.

K. U. W. W.	10.089 Metzen
K. O. W. W.	16.625 „
K. U. M. B.	27.483 „
K. O. M. B.	29.075 „
Zusammen	83.272 Metzen.

Erbsen werden vorzüglich gebaut im K. O. M. B. in den Bezirken: Eggenburg, Geras, Horn, Waidhofen.

Linsen im K. U. M. B. in den Bezirken: Feldsberg, Oberhollabrunn, Laa, Matzen, Ravelsbach, Rötz und Zistersdorf.

Fisolen im K. O. W. W. in den Bezirken: Herzogenburg, Mank, Ybbs; im K. U. M. B. in den Bezirken: Laa, Matzen. Mistelbach, Ravelsbach, Rötz.

In den anderen Bezirken werden wenig Hülsenfrüchte erzeugt, was wohl hauptsächlich durch die klimatischen Verhältnisse bedingt ist, theilweise auch in einem traurigen Vorurtheile der Bewohner, besonders des K. O. W. W., gegen alle Hülsenfrüchte liegt, da dieselben dort gar nicht als Nahrungsmittel benützt werden. Die erzeugten Hülsenfrüchte finden ihren grössten Absatz in Wien.

Bohnen werden am meisten im K. O. W. W. gebaut, aber nur als Viehfutter benützt, und Wicken in den K. O. W. W. und O. M. B.

Preise in Wien.

		Erbsen per Metzen		Linsen per Metzen		Fisolen per Metzen	
		1861	1865	1861	1865	1861	1865
		Gulden		Gulden		Gulden	
Jänner	von	6.72	7.—	8.—	8.50	6.72	5.—
	bis	12.—	10.—	12.—	12.—	10.40	6.—
Februar	von	8.—	7.—	8.—	8.50	7.20	5.—
	bis	12.—	10.—	12.—	12.—	9.60	6.50
März	von	7.20	7.—	7.20	8.50	7.20	5.—
	bis	12.—	10.—	12.—	12.—	9.60	7.—
April	von	7.20	7.—	7.20	9.50	7.20	6.—
	bis	10.40	10.—	10.40	13.—	9.60	7.—
Mai	von	7.20	7.—	7.20	9.50	7.20	6.—
	bis	10.40	10.—	10.40	13.—	9.60	7.—
Juni	von	7.20	7.—	7.20	9.50	7.20	6.—
	bis	11.20	10.—	10.40	13.—	8.80	7.—
Juli	von	7.20	7.—	7.20	8.—	7.20	5.50
	bis	11.20	10.—	11.20	13.—	8.80	7.—
August	von	7.20	7.—	7.20	8.—	7.20	5.50
	bis	11.20	10.—	11.20	11.—	8.80	7.—
September	von	7.20	7.—	7.20	8.—	7.20	5.50
	bis	11.20	10.—	11.20	12.—	8.80	7.—
October	von	7.20	7.—	7.20	9.—	7.20	6.—
	bis	12.—	10.—	11.20	12.—	8.80	7.—
November	von	7.20	7.—	7.20	9.—	7.20	6.—
	bis	12.—	10.—	11.20	12.—	8.80	7.—
December	von	7.20	7.—	7.20	9.—	6.40	6.—
	bis	12.—	10.—	11.20	12.	8.80	7.—

Stroh, Heu, Grummet. Klee.

Bodenproduction im Durchschnitte der Jahre 1855, 1860 und 1864.

K. U. W. W.

Im Bezirke:	Stroh Zentner	Heu, Grummet, Klee Zentner	Auf 1 □ Meile Flächenraum Ztr. Stroh	Auf 1 □ Meile Flächenraum Ztr. Heu etc.
Aspang	66.064	54.850	14.681	12.189
Baden	50.953	57.355	10.398	11.705
Bruck a. d. Leitha	168.138	52.420	42.034	13.105
Ebreichsdorf	114.984	50.649	22.112	9.740
Gloggnitz	63.461	28.500	11.332	5.089
Guttenstein	8.364	11.356	862	1.170
Hainburg	43.447	5.997	12.778	1.764
Hernals	8.339	21.973	11.913	31.390
Hietzing	20.130	29.473	22.366	32.748
Kirchschlag	83 241	27.158	19.358	6.316
Klosterneuburg	2.306	13.047	1.537	8.698
Mödling	57.702	47.397	14.795	12.150
Neunkirchen	64.988	32.392	9.846	4.908
Pottenstein	21.920	20.279	4.765	4.408
Purkersdorf	1.577	88.478	375	21.066
Schwechat	194.957	47.817	40.616	9.962
Sechshaus	1.241	11.401	12.410	114.010
Wr.-Neustadt	108.508	44.282	15.283	6.237
Zusammen	1,080.320	644.824		

K. O. W. W.

Im Bezirke:	Stroh Zentner	Heu, Grummet, Klee Zentner	Auf 1 □ Meile Flächenraum Ztr. Stroh	Ztr. Heu etc.
Amstetten	118.687	210.649	26.974	47.874
Atzenbrugg	103.773	101.168	31.446	30.657
Gaming	50.000	376.667	4.425	33.333
Haag	19.658	166.574	4.571	38.738
Hainfeld	23.617	77.143	3.748	12.245
Herzogenburg	97.221	65.022	22.609	15.119
Kirchberg a. d. Pielach	21.307	33.933	4.632	7.376
Lilienfeld	10.733	33.366	1.084	3.370
Mank	194.571	140.320	43.238	31.182
Mautern	23.160	7.856	8.907	3.021
Mölk	93.222	54.366	27.418	15.990
Neulengbach	79.403	76.090	22.056	21.136
St. Peter i. d. Au	280.556	324.291	63.763	73.702
St. Pölten	154.747	95.863	18.644	11.549
Scheibbs	161.629	174.329	23.769	25.636
Tulln	76.227	43.043	19.057	10.761
Waidhofen a. d. Ybbs	81.310	148.420	10.038	18.323
Ybbs	62.687	83.238	17.910	23.811
Zusammen	1,652.508	2,212.338		

K. U. M. B.

Im Bezirke:	Stroh Zentner	Heu, Grummet, Klee Zentner	Ztr. Stroh	Ztr. Heu etc.
Feldsberg	165.613	38.842	23.326	5.471
Gross-Enzersdorf	181.225	7.763	26.651	1.141
Haugsdorf	30.250	24.400	13.750	11.090
Kirchberg a. Wagram	155.417	21.697	30.474	4.254
Korneuburg	89.519	23.410	18.269	4.777
Laa	222.909	36.245	28.949	4.707
Marchegg	91.048	58.703	16.860	10.871
Matzen	129.136	13.418	24.403	2.532
Mistelbach	339.713	39.643	62.909	7.341
Oberhollabrunn	145.209	46.241	18.616	5.928
Ravelsbach	51.694	16.297	12.923	4.074
Rötz	50.000	11.333	17.857	4.047
Stockerau	76.894	35.025	11.829	5.388
Wolkersdorf	124.643	39.860	26.520	8.481
Zistersdorf	472.648	47.836	76.233	7.715
Zusammen	2,325.918	460.713		

K. O. M. B.

Im Bezirke:	Stroh Zentner	Heu, Grummet, Klee Zentner	Auf 1 □ Meile Flächenraum Ztr. Stroh	Ztr. Heu etc.
Allentsteig	442.667	362.000	81.975	67.037
Dobersberg	65.273	40.843	19.779	12.377
Eggenburg	33.402	12.417	10.775	4.005
Geras	71.667	54.000	14.687	11.020
Gföhl	78.627	45.782	13.794	8.032
Gross-Gerungs	251.220	152.743	44.861	27.277
Horn	62.937	45.595	11.238	8.142
Krems	31.598	6.991	14.363	3.178
Langenlois	46.291	22.293	20.126	9.692
Litschau	69.131	37.054	15.711	8.421
Ottenschlag	12.706	95.200	1.789	13.408
Persenbeug	79.911	59.233	16.648	12.340
Pöggstall	30.389	17.543	12.155	7.017
Raabs	125.259	59.846	25.048	11.969
Schrems	146.766	72.587	25.748	12.734
Spitz	55.900	67.123	16.441	19.742
Waidhofen a. d. Thaya	100.526	71.476	29.566	21.022
Weitra	148.155	183.843	21.471	26.644
Zwettl	106.223	113.265	16.597	17.697
Zusammen	1,958.628	1,519.834		

Summe der Durchschnittsproduction in Niederösterreich nach politischen Bezirken.

Stroh . . . . 7,017.374 Zentner
Heu, Grummet, Klee 4,837.709 „

Stroh

wird relativ, d. i. im Verhältnisse zur gesammten Bodenfläche des Bezirkes, am meisten gewonnen:

a) im K. U. W. W. in den Bezirken Bruck a. d. Leitha, Schwechat.

b) im K. O. W. W. in den Bezirken St. Peter in der Au, Mank, Atzenbrugg, Mölk, Amstetten.

c) im K. U. M. B. in den Bezirken Zistersdorf, Mistelbach, Kirchberg a. Wagram, Laa.

d) im K. O. M. B. in den Bezirken Allentsteig, Gross-Gerungs.

Heu,

Grummet, Klee etc. wird relativ, d. i. im Verhältnisse zur gesammten Bodenfläche des Bezirkes, am meisten gewonnen:

a) Im K. U. W. W. in den Bezirken Sechshaus, Hietzing. Hernals, Purkersdorf.

b) Im K. O. W. W. in den Bezirken St. Peter in der Au, Amstetten, Haag, Gaming, Mank, Atzenbrugg.

c) Im K. U. M. B. in den Bezirken Haugsdorf und Marchegg.

d) Im K. O. M. B. in den Bezirken Allentsteig, Gross-Gerungs, Weitra.

Production nach der Beschaffenheit der Bodenoberfläche.

	Stroh	Heu
	Zentner	
I. Ebene des Wienerbeckens	2,081.770	439.877
II. Hügelland	1,693.546	1,129.532
III. Berggebiet des Manharts	2,059.608	1,469.639
IV. „ des Wienerwaldes	790.539	926.752
V. Alpengebiet	428.164	712.233
Zusammen	7,053.627	4,678.033

Production nach politischen Kreisen in den Jahren 1855 und 1864.

	1855	1864	Differenz
		Stroh (Zentner)	
K. U. W. W.	944.089	1,270.649	+ 326.560
K. O. W. W.	1,990.982	1,857.751	— 133.231
K. U. M. B.	2,197.310	1,996.140	— 201.170
K. O. M. B.	1,733.466	2,116.872	+ 383.406
Zusammen	6,865.847	7,241.412	+ 375.565
		Heu, Grummet, Klee (Zentner)	
K. U. W. W.	640.773	800.052	+ 159.279
K. O. W. W.	2,034.930	1,856.779	— 178.151
K. U. M. B.	604.056	444.823	— 159.233
K. O. M. B.	1,746.786	1,227.868	— 518.918
Zusammen	5,026.545	4,329.522	— 697.023

Werth der Production.

	1855	1864		Differenz
		Stroh		
K. U. W. W.	754.379 fl.	909.826 fl.	+	155.447 fl.
K. O. W. W.	1,866.995 „	1,447.181 „	—	419.814 „
K. U. M. B.	2,702.000 „	1,545.336 „	—	1,156.664 „
K. O. M. B.	1,170.461 „	1,743.021 „	+	572.560 „
Zusammen	6,493.835 fl.	5,645.364 fl.	—	848.471 fl.
Preis pr. Zentner	95 kr.	78 kr.		— 17 kr.
		Heu, Grummet, Klee		
K. U. W. W.	924.609 fl.	983.671 fl.	+	59.062 fl.
K. O. W. W.	2,469.176 „	1,975.383 „	—	493.793 „
K. U. M. B.	750.818 „	538.661 „	—	212.157 „
K. O. M. B.	1,790.498 „	1,478.729 „	—	311.769 „
Zusammen	5,935.101 fl.	4,976.444 fl.	—	958.657 fl.
Preis pr. Zentner	1 fl. 18 kr.	1 fl. 15 kr.		— 3 kr.

Heu, Grummet, Klee.

Diese werden am bedeutendsten in den gebirgigen und waldreichen Theilen der Kreise O. M. B., O. W. W. und U. W. W. erzeugt.

Während der Luzernerklee im Kammerbezirke eine ziemliche Verbreitung findet, wird von Winterroggen und Mais als Futterkräuter wenig oder gar kein Gebrauch gemacht.

Oberhollabrunn erzeugt viel Esparsette.

Futtermischlinge werden im Allgemeinen in geringen Mengen cultivirt. weil sie nur selten ausgiebige Ernten liefern. Dieser Uebelstand ist darin begründet, dass die Mischlinge grossentheils in schon ausgetragenes Land. somit nicht in frischen Dünger gesäet werden.

Wintermischlinge mit Klee- und Graseinsaat, welche die höchsten Erträgnisse frischgedüngter Felder liefern, werden nur ausnahmsweise gebaut, z. B. in Merkenstein.

Gras-Klee (Mischung von Klee- und Grassamen), welcher bei frischem Dünger so reiche mehrjährige Ernten liefert. hat hier kaum Eingang gefunden. In Merkenstein wird dieser Gras-Kleebau in grösster Ausdehnung aus selbsterzeugtem Samen betrieben. Jedes Jahr wird zur Samengewinnung neuer Same angekauft, weil der Samenwechsel sich ganz vorzüglich rentirt.

Preise in Wien.

Im Monate		Kleesamen naturell per Ztr.		Kleesamen weisse Saat per Ztr.	
		1861	1865	1861	1865
		Gulden		Gulden	
Jänner	von	26.—	32.—	45.—	30.—
	bis	33.—	39.—	52.—	39.—
Februar	von	30.50	38.—	47.50	37.—
	bis	35.50	42.—	56.—	44.—
März	von	31.—	38 —	48.	42.—
	bis	36.—	41.—	55.—	44.—
April	von	31.50	43.—	48.—	40.—
	bis	32.—	52.—	52.—	44 —
Mai	von	33.50	55.—	47.—	40.—
	bis	36.50	56.—	51.—	44.—
Juni	von	35.50	55.—	44.—	40.—
	bis	38.—	56.—	49.—	40.—
Juli	von	.....	.....	.....	40.—
	bis	.....	.....	.....	44.—
August	von	.....	.....	.....	35.—
	bis	.....	.....	.....	44.—
September	von	.....	25.—	.....	30.—
	bis	.....	32.—	.....	42.—
October	von	.....	22.—	.....	28.—
	bis	.....	25.—	.....	34.—
November	von	26.—	24.—	42.—	28.—
	bis	27.—	25.—	44.—	34.—
December	von	26.50	25.—	42.—	28.—
	bis	28.50	27.—	46.—	34.—

Preise in Wien.

Im Monate		Heu per Zentner		Stroh per Schober	
		1861	1865	1861	1865
		Gulden		Gulden	
Jänner	von	1.05	—.80	8.—	6.—
	bis	2.49	1.90	11.—	10.—
Februar	von	1.05	—.85	7.—	7.—
	bis	2.50	2.—	10.50	10.—
März	von	—.93	—.95	8.—	7.—
	bis	2.35	2.—	11.—	10.—
April	von	1.—	1.30	7.—	7.50
	bis	2.40	2.20	10.50	11.—
Mai	von	1.05	1.20	8.—	8.—
	bis	2.55	2.70	11.—	12.—
Juni	von	—.85	1.—	8.—	7.—
	bis	2.50	2.50	11.—	13.—
Juli	von	—.85	1.10	8.—	8.—
	bis	2.40	1.90	12.—	12.50
August	von	1.10	1.	8.—	8.50
	bis	2.10	1.80	12.	13.50
September	von	1.20	1.—	7.—	8.50
	bis	2.50	1.90	11.—	14.—
October	von	1.15	1.10	8.—	9.—
	bis	2.65	2.30	11.—	14.—
November	von	1.—	1.—	8.—	9.—
	bis	2.70	2.40	11.—	15.—
December	von	—.95	1.—	7.—	9.—
	bis	2.60	2.45	11.—	14.—

Kartoffeln, Rüben, Kraut.

Boden-Production nach Bezirken im Durchschnitte der Jahre 1855, 1860, 1864.

K. U. W. W.

Im Bezirke:	Kartoffeln Metzen	Rüben Metzen	Kraut Schilling	Auf 1 □Meile Flächenraum Kartoffeln Metzen	Rüben Metzen	Kraut Schill.
Aspang	6.078	6.435	9.985	1.350	1.430	2.219
Baden	14.178	5.744	1.657	2.893	1.172	338
Bruck a. d. Leitha	29.830	2.481	960	7.457	620	240
Ebreichsdorf	25.786	29.126	18.654	4.959	5.601	3.587
Gloggnitz	4.554	4.493	3.634	813	802	649
Guttenstein	3.555	815	3.269	366	84	337
Hainburg	8.724	6.283	393	2.566	1.848	115
Hernals	1.504	703	55	2.148	1.004	78
Hietzing	4.226	12.334	—	4.695	13.704	—
Kirchschlag	8.320	10.267	11.220	1.935	2 387	2.609
Klosterneuburg	6.042	626	95	4.028	417	63
Mödling	13 018	35.274	655	3.338	9.044	168
Neunkirchen	11.712	5.851	8.371	1.774	886	1.268
Pottenstein	8.894	2'042	1.084	1 933	444	235
Purkersdorf	4.817	1.563	10	1.147	372	2
Schwechat	32.694	23.058	10.769	6.811	4.803	2.243
Sechshaus	170	2.036	—	1.700	20.360	—
Wr.-Neustadt	20.143	5.384	7.227	2.837	758	1.018
Zusammen	204.245	154.515	78.038			

K. O. W. W.

Im Bezirke:	Kartoffeln Metzen	Rüben Metzen	Kraut Schilling	Kartoffeln Metzen	Rüben Metzen	Kraut Schill.
Amstetten	31.668	15.588	12.242	7.197	3.542	2.782
Atzenbrugg	71.872	49.186	12.525	21.779	14.905	3.795
Gaming	62.000	4.000	164.000	5.486	354	14.513
Haag	47.435	10 834	13.692	11.031	2.519	3.184
Hainfeld	6.220	1.316	750	987	209	119
Herzogenburg	44.907	47 417	16.975	10.443	11.027	3.947
Kirchberg a. d. Pielach	8.790	1.472	3.485	1.910	320	757
Lilienfeld	2.607	2.263	3.715	263	228	375
Mank	20.980	15.686	11.841	4.662	3.485	2.631
Mautern	9.104	1.446	1.913	3.501	556	736
Mölk	21.437	15.088	7.564	6.305	4.437	2.224
Neulengbach	16.540	7.173	4.190	4.594	1.992	1.164
St. Peter i. d. Au	49.760	13.534	8.945	11.309	3 076	2 033
St. Pölten	42.738	36.226	15.170	5.149	4.364	1.827
Scheibbs	33.146	18.101	18 798	4.874	2.662	2.764
Tulln	42.213	45.576	15.368	10.553	11.394	3 842
Waidhofen a. d. Ybbs	9.845	2.093	9.745	1.215	258	1.203
Ybbs	42.325	17.272	6.396	12.093	4.935	1.827
Zusammen	563.587	304.271	327.314			

K. U. M. B.

Im Bezirke:	Kartoffeln Metzen	Rüben Metzen	Kraut Schilling	Auf 1 □Meile Flächenraum Kartoffeln Metzen	Rüben Metzen	Kraut Schill.
Feldsberg	46.837	24.744	1.472	6.596	3.465	207
Gross-Enzersdorf	20.164	56.455	1.270	2.965	8.302	186
Haugsdorf	22.667	22.867	240	10.303	10.394	109
Kirchberg a. Wagram .	49.896	21.958	7.473	9.783	4.305	1.465
Korneuburg.....	80.630	48.356	50.353	16.455	9.869	10.276
Laa	45.542	55.031	3.795	5.914	7.147	493
Marchegg	11.919	13.358	742	2.207	2.473	137
Matzen..............	20.333	99.706	140	3.836	18.812	26
Mistelbach	28.145	25.276	2.610	5.212	4.680	476
Oberhollabrunn........	61.335	25.680	8.642	7.863	3.292	925
Ravelsbach	26.871	9.995	7.221	6.718	2.499	2.160
Rötz	33.800	10.167	1.500	12.071	3.631	536
Stockerau	47.346	13.159	12.492	7.284	2.024	1.921
Wolkersdorf	27.600	8.133	3.153	5.872	1.730	671
Zistersdorf	28.280	269.055	984	4.561	43.396	159
Zusammen	551.365	703.940	102.087			

K. O. M. B.

Im Bezirke:	Kartoffeln Metzen	Rüben Metzen	Kraut Schilling	Auf 1 □Meile Flächenraum Kartoffeln Metzen	Rüben Metzen	Kraut Schill.
Allentsteig	500.000	120.000	35.000	92.592	22.222	6.481
Dobersberg	60.542	7.924	4.461	18.346	2.401	1.352
Eggenburg	23.636	8.688	4.576	7.624	2.802	1.476
Geras...............	45.167	6.667	2.500	9.217	1.360	510
Gföhl	133.408	14.192	5.290	5.861	2.489	928
Gross-Gerungs	02.000	32.667	27.000	18.214	5.833	4.821
Horn..........	61.435	10.566	10.182	10.970	1.886	1.818
Krems	17.085	3.185	3.186	7.776	1.448	1.448
Langenlois	35.386	15.460	2.820	15.385	6.721	1.226
Litschau	30.959	2.851	2.994	7.036	648	680
Ottenschlag......... .	38.667	5.234	4.000	5.446	737	563
Persenbeug	15.630	8.448	8.204	3.256	1.760	1.709
Pöggstall............	8.489	2.449	2.768	3.395	979	1.107
Raabs	80.358	11.137	5.174	16.071	2.227	1.035
Schrems..............	125.937	9.806	8.760	22.094	1.720	1.537
Spitz	15.963	9.920	7.500	4.695	2.917	2.206
Waidhofen a. d. Thaya .	75.628	18.784	8.537	22.243	5.524	2.511
Weitra	64.098	12.287	15.652	9.289	1.780	2.268
Zwettl	80.155	25.658	7.257	12.524	4.009	1.134
Zusammen	1,414.543	325.923	165.861			

Summe der Durchschnittsproduction in Niederösterreich nach politischen Bezirken:

Kartoffeln . ... 2,733.740 Metzen,
Rüben .... 1,488.649 „
Kraut .... 523.300 Schilling à 30 Stück.

Relativ, d. i. in Bezug auf die Gesammtbodenfläche des Bezirkes, erzeugt man am meisten

Kartoffeln

im K. U. W. W. in den Bezirken Bruck a. d. Leitha, Schwechat, Ebreichsdorf, Hietzing, Klosterneuburg;

im K. O. W. W. in den Bezirken Atzenbrugg, Ybbs, St. Peter, Haag, Tulln, Herzogenburg;

im K. U. M. B. in den Bezirken Korneuburg, Rötz, Haugsdorf:

im K. O. M. B. in den Bezirken Allentsteig, Waidhofen a. d. Thaya, Schrems, Dobersberg, Gross-Gerungs.

Rüben

im K. U. W. W. in den Bezirken Sechshaus, Hietzing, Mödling, Schwechat;

im K. O. W. W. in den Bezirken Atzenbrugg, Tulln, Herzogenburg;

im K. U. M. B. in den Bezirken Zistersdorf, Matzen, Haugsdorf;

im K. O. M. B. in den Bezirken Allentsteig, Langenlois, Gross-Gerungs, Waidhofen a. d. Thaya.

Kraut

im K. U. W. W. in den Bezirken Ebreichsdorf, Kirchschlag, Schwechat, Aspang;

im K. O. W. W. in den Bezirken Gaming, Herzogenburg, Tulln, Atzenbrugg, Haag;

im K. U. M. B. in den Bezirken Korneuburg, Ravelsbach, Stockerau, Kirchberg a. Wagram;

im K. O. M. B. in den Bezirken Allentsteig, Gross-Gerungs, Waidhofen a. d. Thaya, Weitra, Spitz.

Production nach der Beschaffenheit der Bodenoberfläche.

	Kartoffeln	Rüben	Kraut
	Metzen		Schilling
I. Ebene des Wienerbeckens . .	296.355	618.132	98.146
II. Hügelland	645.231	437.530	440.496
III. Berggebiet des Manharts . . .	1,361.448	357.769	441.524
IV. „ des Wienerwaldes	232.035	137.601	137.644
V. Alpengebiet	106.638	36.239	347.878
Zusammen	2,641.707	1,587.271	1,465.688

Production nach politischen Kreisen in den Jahren 1855 und 1864.

	1855	1864	Differenz
		Kartoffeln (Metzen)	
K. U. W. W.	245.745	254.443	+ 8.698
K. O. W. W.	381.031	553.877	+ 172.846
K. U. M. B.	571.776	935.179	+ 363.403
K. O. M. B.	1.023.546	1,317.817	+ 294.271
Zusammen	2,222.098	3,061.316	+ 839.218
		Rüben (Metzen)	
K. U. W. W.	130.842	251.431	+ 120.589
K. O. W. W.	365.460	338.461	— 26.999
K. U. M. B.	631.108	807.079	+ 175.971
K. O. M. B.	339.376	310.786	— 28.590
Zusammen	1.466.786	1,707.757	+ 240.971
		Kraut (Schilling)	
K. U. W. W.	58.350	91.829	+ 33.479
K. O. W. W.	491.700	238.608	— 253.092
K. U. M. B.	175.380	75.882	— 99.498
K. O. M. B.	203.012	130.927	— 72.085
Zusammen	928.442	537.246	— 391.196

Werth der Production.

	1855	1864	Differenz
		Kartoffeln	
K. U. W. W.	390.241 fl.	257.961 fl.	— 132.280 fl.
K. O. W. W.	603.804 „	566.781 „	— 37.023 „
K. U. M. B.	907.906 „	728.690 „	— 179.216 „
K. O. M. B.	1.235.156 „	910.003 „	— 325.153 „
Zusammen	3,137.107 fl.	2,463.435 fl.	— 673.672 fl.
Preis pr. Metzen	1 fl. 41 kr.	80 kr.	— 61 kr.
		Rüben	
K. U. W. W.	90.543 fl.	122.123 fl.	+ 31.580 fl.
K. O. W. W.	152.109 „	164.368 „	+ 12.259 „
K. U. M. B.	264.787 „	331.233 „	+ 66.446 „
K. O. M. B.	171.949 „	130.137 „	— 41.812 „
Zusammen	679.388 fl.	747.861 fl.	+ 68.473 „
Preis pr. Metzen	48 kr.	43 kr.	— 5 kr.

	1855	1864	Differenz
	Kraut		
K. U. W. W.	39.407 fl.	74.917 fl.	+ 35.510 fl.
K. O. W. W.	253.655 „	189.220 „	- 64.435 „
K. U. M. B.	111.148 „	40.592 „	- 70.556 „
K. O. M. B.	88.063 „	93.925 „	+ 5.862 „
Zusammen	492.273 fl.	398.654 fl.	- 93.619 fl.
Preis pr. Schilling	53 kr.	74 kr.	+ 21 kr.

Knollengewächse, Kartoffeln. Topinambur.

Alle den Namen Knollengewächse führenden Pflanzen werden grösstentheils als Futter erzeugt. Ein Hinderniss grösserer Production liegt in der ungünstigen Parzellenformation, welche ein Arrondirungsgesetz dringend nothwendig erscheinen lässt; dermalen benützen die Kleingrundbesitzer bloss die um Ortschaften gelegenen Gründe zum Anbau der Knollengewächse.

Bei Wien werden besonders Frühkartoffeln gebaut. die einen Preis von 1 fl. 50 kr. bis 3 fl. pr. Metzen erreichen.

Im K. O. M. B. werden Kartoffeln am meisten als Nahrungsmittel für die Bevölkerung gebaut, und besonders viel in den Bezirken Allentsteig, Gross-Gerungs, Horn, Raabs, Schrems, Waidhofen, Weitra und Zwettl.

Eine Einfuhr von Kartoffeln findet bloss im K. U. M. B. für die wenigen dort betriebenen Brennereien, und zwar aus Ungarn, statt.

Der Anbau von Topinambur ist im Allgemeinen nur eine vereinzelte Erscheinung, obwohl diese Knollenfrucht bei guter Behandlung eine treffliche Aushilfe geben würde. In grossen Mengen, bis zu mehreren tausend Metzen, wird sie auf den Gütern Merkenstein und Kottingbrunn mit dem grössten Vortheile gebaut, und sie übersteigt dort den Productionsertrag der Kartoffel um die Hälfte. Die Topinambur wird dort gleich der Kartoffel (mit 12 Metzen Knollensaat per Joch) bestellt und grösstentheils erst im nächsten Frühjahre herausgenommen. Nach der Topinambur wird gedüngt und Sommermischling mit Klee und Gras angebaut, wodurch jede Verunreinigung der Felder durch die Topinambur beseitigt ist. Die Production stellt sich dort auf 250 Metzen pr. Joch, wenn in jedem zweiten Jahre mit dem Samen aus den Sandgegenden Ungarns gewechselt wird. Bleibt dieser Wechsel unberücksichtigt, so sinkt die Production selbst unter die Hälfte.

Preise in Wien.

Im Monate		Mais per Metzen 1861	1865	Erdäpfel per Metzen 1861	1865
		Gulden		Gulden	
Jänner	von	3.30	2.10	1.80	1.—
	bis	4.—	2.80	2.30	1 40
Februar	von	3.50	2.20	1.80	1.20
	bis	4 —	2 50	2 20	1.50
März	von	3.50	2 95	1.40	1.—
	bis	3.90	3.—	2.20	1.60
April	von	3.50	2.85	1.40	1.30
	bis	3.90	3.15	2.20	2.20
Mai	von	3.50	2.80	1.60	1.—
	bis	4.—	3.35	2.70	1.60
Juni	von	3.50	3.20	1.90	1.—
	bis	4.20	3 20	3.—	1.60
Juli	von	3.50	2.85	1.20	1.20
	bis	4.—	3.70	—.—	2.—
August	von	3.50	3.—	1.—	1.—
	bis	4.20	3.20	2.40	1 60
September	von	4.20	2.60	1.—	— 80
	bis	4.80	3.25	2.20	1.20
October	von	3.60	2 40	1.10	—.80
	bis	4.50	3 —	2.20	1.10
November	von	3 50	2 40	1.60	—.80
	bis	4.30	3.—	2.20	1.10
December	von	3 70	2.60	1.60	—.80
	bis	4.40	2.90	2.20	1.10

Der Rübenbau ist wenig ausgedehnt, hat aber in den letzten Jahren zugenommen.

Die Zuckerfabriken des Landes erzeugen sich ihren Bedarf auf eigenen und gepachteten Gründen, die zum Theile auch ausserhalb Niederösterreichs liegen.

Möhren, die besonders reichlich bei Schwechat und Laa gebaut werden, dienen als Handelsartikel theilweise zur Verproviantirung benachbarter Ortschaften, wo Wochenmärkte abgehalten werden, und der Stadt Wien.

Hopfen, Safran, Rhabarber.

Hopfen.

Im Jahre 1860 wurden geerntet 40 Zentner, 1865 50 Zentner, 1866 150 Zentner.

Im Jahre 1866 sind in Niederösterreich bereits in 14 Bezirken 37 Joch Feld mit Hopfen bestellt gewesen.

Welchen mächtigen Einfluss eine zweckentsprechend eingeleitete Unterstützung der verschiedenen Culturzweige auf die Landwirthe Niederösterreichs zu üben vermag, beweiset auffällig die Geschichte der Verbreitung der für Niederösterreich fast neuen Hopfencultur.

Der Verfasser ist seit 20 Jahren in Schrift und Wort bemüht gewesen, diese Cultur hier mehr und mehr einzuführen, aber ohne jede Unterstützung von anderer Seite war ihm diess bis zum Jahre 1864 erst an vier Orten gelungen, in welchem Jahre im Ganzen 5 Joch mit Hopfen bestellt wurden. Im Jahre 1865 wurden endlich über dessen dringlichen Antrag von Sr. Excellenz dem Herrn k. k. Statthalter in Niederösterreich Grafen Chorinsky für fünf Jahre jährlich 1000 fl. an Subventionen für Hopfenpflanzungen aus den ihm für gemeinnützige Zwecke zur Verfügung stehenden Fonds angewiesen, und der Erfolg ist bereits ein höchst günstiger. Schon im ersten Jahre wurden 10, im zweiten 22 Joch mit Hopfen neu bebaut, nachdem man aus der jährlichen Subvention von 1000 fl. Saazer Hopfensetzlinge angekauft und den Kleingrundbesitzern unentgeltlich oder für ermässigte Preise überlassen hatte, und von Seite der Landwirthschaftsgesellschaft über Antrag des Hopfenbaucomité bestimmt worden war, dass das Product der ersten Ernte, welches aus den unentgeltlich vertheilten Setzlingen erzielt wird, in so ferne die Erzeugung des einzelnen Cultivateurs nicht einen Zentner beträgt, von der Gesellschaft, ebenfalls aus obigen Fonds, mit einem Gulden per Pfund eingelöst werde.

Im Jahre 1865 wurden auf 5 Joch fünfjähriger Anlagen bei 40 Zentner und im Jahre 1866 auf 10 Joch einjähriger Anlagen ebenfalls bei 40 Zentner Hopfen gewonnen. Im Jahre 1867 dürfte die Ernte schon 200 Zentner übersteigen. Diess sind die Erfolge thatsächlicher Unterstützung und unermüdeter Aufmunterung, ohne welche in unserer Landwirthschaft, wie die noch immer bestehende Dünger- und Futtervergeudung zeigt, selbst das augenfällig Nützliche nicht Boden fasst.

Die Bezirke und Orte, in welchen Hopfengärten bisher angelegt wurden, sind: Amstetten, Atzenbrugg, Baden (Merkenstein), Bruck a. d. Leitha, Ebreichsdorf, Gloggnitz, Gross-Enzersdorf (Sachsengang), Hainburg, Haugsdorf, Herzogenburg, Horn, Klosterneuburg, Korneuburg, Langenlois, Litschau (Heidenreichstein), Mank, Marchegg, Matzen (Schönkirchen), Mistelbach, Mölk, Ober-

5*

hollabrunn. Ottenschlag, Raabs (Grossau), Ravelsbach, St. Peter (Seitenstetten). St. Pölten, Scheibbs, Spitz, Stockerau (Sierndorf). Tulln, Weitra.

Ganz vorzüglich dürften die Bezirke Tulln und Korneuburg geeignet sein, bezüglich der Hopfencultur ein Saaz für Niederösterreich zu werden, da Lage und Boden allen Bedingungen entsprechen, um reiche und vorzügliche Hopfenernten erlangen zu können.

Niederösterreich bedarf gegenwärtig jährlich 25.000 Zentner Hopfen zur Biererzeugung, und diese ist noch immer im Steigen; es zahlt für diesen Hopfen jährlich drei bis fünf Millionen Gulden an Böhmen und Baiern, und damit Jahr um Jahr einen bis zwei Millionen Gulden Productionsreingewinn an andere Länder; einen Gewinn, den selbst zu verdienen für uns so nöthig wäre.

Vor 30 Jahren wurden in ganz Europa 125.000 Zentner Hopfen im Durchschnittspreise von 40 fl. pr. Zentner gewonnen. Gegenwärtig beträgt diese Production 1,230.000 Zentner mit einem Durchschnittspreise von 80 bis 100 fl.

Diese Verhältnisse mahnen wohl dringlichst zur Aufnahme der Hopfencultur in Niederösterreich, und es ist nur zu bedauern, dass diese Cultur erst jetzt Eingang gefunden hat, und in Folge der Zögerung so viele Millionen Gulden bisher nicht gewonnen wurden.

Preise von Hopfen in Wien.

Im Monate		Saazer Stadtgut pr. Zentner		Auschaer, beste Sorte pr. Zentner	
		1861	1865	1861	1865
		Gulden		Gulden	
Jänner	von	380.—	180.—	300.—	110.—
	bis	400.—	185.—	380.—	120.—
Februar	von	380.—	180.—	300.—	110.—
	bis	400.—	195.—	380.—	120.—
März	von	350.—	185.—	300.—	115.—
	bis	390.—	200.—	350.—	130.—
April	von	350.—	190.—	320.—	110.—
	bis	370.—	200.—	340.—	130.—
Mai	von	335.—	190.—	315.—	110.—
	bis	370.—	190.—	340.—	120.—
Juni	von	335.—	200.	335.—	110.—
	bis	360.—	200.—	310.—	130.—
Juli	von	320.—	200.—	300.—	120.—
	bis	360.—	200.—	330.—	130.—

Preise von Hopfen in Wien.

Im Monate		Saazer Stadtgut pr. Zentner		Auschaer, beste Sorte pr. Zentner	
		1861	1865	1861	1865
		Gulden		Gulden	
August	von	210.—	185.—	—.—	130.—
	bis	—.—	220.—		150.—
September	von	135.—	200 —	85.—	130.—
	bis	210.—	210.—	110.—	—.—
October	von	140.—	200.—	95 —	125.—
	bis	145.—	330 —	100 —	145.—
November	von	137.—	190.—	92.—	125.—
	bis	145.—	230.—	100.—	145.—
December	von	137.—	170.—	92 —	120.—
	bis	145.—	200.—	100.—	135.—

Safran,

welcher in früherer Zeit wegen seiner Qualität einen europäischen Ruf erworben hatte und dem französischen vorgezogen wurde, wird gegenwärtig nur mehr in sehr geringem Masse gebaut; früher wurde er bei Melk und am Wagram cultivirt. Es steht zu gewärtigen, dass diese Cultur, sowie jene der

Rhabarber

wieder aufgenommen werden wird. Die Cultur dieser Medicinalpflanze, welche unter dem Namen *Rheum austriacum* bekannt und wegen ihrer ganz vorzüglichen Qualität ein gesuchter Artikel war, soll in früherer Zeit sehr lohnend gewesen sein. Gegenwärtig wird Rhabarber in der Gegend von Reichenau und im Bezirke Gross-Enzersdorf vereinzelt cultivirt.

Auch die Cultur einiger anderer Handelspflanzen dürfte in Niederösterreich sehr lohnend sein.

Wein.

Production im Durchschnitte der Jahre 1855, 1860, 1865.

K. U. W. W.

Im Bezirke:	n. ö. Eimer	per Quadratmeile	per 100 Joch Weinland
Aspang	—	—	—
Baden	38.785	7.915	2.286
Bruck a. d. Leitha	22.601	5.650	1.963
Ebreichsdorf	2.410	463	1.090
Gloggnitz	873	156	321
Fürtrag	64.669		

K. U. W. W.

Im Bezirke:	Wein. n. ö. Eimer	per Quadrat-meile	per 100 Joch Weinland
Uebertrag	64.669		
Guttenstein ..	5	1/2	9
Hainburg	10.082	2.965	1.277
Hernals..........	10.558	15.083	1.019
Hietzing	5.129	5.699	890
Kirchschlag	—	—	—
Klosterneuburg..........	12.213	8.142	633
Mödling	39.231	10.059	1.640
Neunkirchen	2.967	449	634
Pottenstein.............	2.271	493	1.207
Purkersdorf	—	—	—
Schwechat	2.526	526	543
Sechshaus	—	—	—
Wr.-Neustadt...........	1.479	208	235
Zusammen	151.130		

K. O. W. W.

Im Bezirke:			
Amstetten	—	—	—
Atzenbrugg.............	9.123	2.764	1.198
Gaming...............	—	—	—
Haag................	—	—	—
Hainfeld	—	—	—
Herzogenburg...........	24.154	5.617	1.456
Kirchberg a. d. Pielach ...	—	—	—
Lilienfeld	—	—	—
Mank	—	—	—
Mautern	18.036	6.936	1.006
Mölk.	989	290	482
Neulengbach	87	24	177
St. Peter i. d. Au	—	—	—
St. Pölten	2.063	248	544
Scheibbs.........	—	—	—
Tulln	2.033	508	237
Waidhofen a. Ybbs	—	—	—
Ybbs................	—	—	—
Zusammen	56.485		

K. U. M. B.

Im Bezirke:	Wein. n. ö. Eimer	per Quadrat-meile	per 100 Joch Weinland
Gross-Enzersdorf	190	28	442
Feldsberg	80.961	11.403	1.918
Haugsdorf	54.463	24.756	1.288
Kirchberg a. Wagram	79.383	15.565	1.643
Korneuburg	47.663	9.724	1.682
Laa	25.307	3.286	878
Marchegg	780	144	402
Matzen	51.235	9.667	1.601
Mistelbach	77.437	14.340	1.763
Oberhollabrunn	67.081	8.600	1.311
Ravelsbach	74.569	18.642	1.629
Rötz	44.850	16.017	742
Stockerau	28.704	4.416	1.340
Wolkersdorf	48.063	10.226	1.519
Zistersdorf	62.010	10.000	1.450
Zusammen	742.396		

K. O. M. B.

Im Bezirke:			
Allentsteig	—	—	—
Dobersberg	—	—	—
Eggenburg	3.901	1.258	727
Geras	30	6	187
Gföhl	—	—	—
Gross-Gerungs	—	—	—
Horn	617	110	383
Krems	36.258	16.481	1.011
Langenlois	36.483	15.862	1.074
Litschau	—	—	—
Ottenschlag	—	—	—
Persenbeug	141	29	94
Pöggstall	10	4	?
Raabs	—	—	—
Schrems	463	81	?
Spitz	18.676	5.493	1.362
Waidhofen a. d. Thaya	—	—	
Weitra	—	—	—
Zwettl	—	—	—
Zusammen	96.579		

Summe der Durchschnittsproduction in Niederösterreich nach politischen Bezirken: 1,046.590 Eimer Wein.

Wein

wird relativ, d. i. im Verhältnisse zur gesammten Bodenfläche des Bezirkes, am meisten gebaut:

a) Im K. U. W. W. in den Bezirken: Hernals, Mödling, Klosterneuburg, Baden.
b) „ K. O. W. W. „ „ „ Mautern, Herzogenburg.
c) „ K. U. M. B. „ „ „ Haugsdorf, Ravelsbach, Rötz, Kirchberg a. Wagram.
d) „ K. O. M. B. „ „ „ Krems, Langenlois.

Die Production per Joch Weinland ist in Niederösterreich quantitativ am grössten im Bezirke Haugsdorf; diesem folgen Ravelsbach, Krems, Rötz, Langenlois, Kirchberg a. Wagram, Hernals, Mistelbach, Feldsberg, Wolkersdorf, Mödling, Zistersdorf u. s. w.

Production nach der Beschaffenheit der Bodenoberfläche.

	Wein, Eimer
I. Ebene des Wiener Beckens	405.161
II. Hügelland	447.631
III. Berggebiet des Manharts	120.703
IV. „ „ Wienerwaldes	151.250
V. Alpengebiet	4.537
Zusammen	1,129.282

Seit Gründung der Landes-Wein- und Obstbauschule zu Klosterneuburg, welche unter der Direction des Freiherrn von Babo steht und durch die grossartigen Wein- und Obstanlagen des Stiftes Klosterneuburg in der einflussreichsten Weise gefördert wird, ist die Hoffnung berechtigt, dass in Niederösterreich die alten Systeme der Weinproduction aufgegeben und rationellere Grundsätze wenigstens nach und nach Eingang finden werden.

Die Schaumwein-Fabrikation des Herrn Robert Schlumberger in Vöslau, dessen Producte den besten Ruf geniessen, und dem es bereits gelungen ist, namhafte Sendungen von Weinen nach England zu effectuiren, ist einer der Glanzpuncte der niederösterreichischen Weinwirthschaft.

Die Weine aus den Bezirken Klosterneuburg, Mödling, Baden, Haugsdorf, Matzen, Rötz, Ober-Hollabrunn u. s. w. bewahren dauernd und fortschreitend ihren Ruf vorzüglicher Production.

Niederösterreich besitzt im Verhältnisse zu seiner Bodenfläche nach Dalmatien den meisten Weinbau.

Das Jahr 1861 lieferte guten, aber wenig Wein.

Die Jahre 1862 und 1863 waren günstig; vieler und guter Wein, aber niedrige Preise.

Im Winter 1863—1864 gingen die Weinstöcke massenhaft zu Grunde, und die Spätherbstfröste im Jahre 1864 brachten eine abermalige Zerstörung hervor.

Cultur der Weinreben in Niederösterreich.

Das zur neuen Rebanlage bestimmte Gelände wird im Winter zumeist in „Kräften“ ausgehoben. d. i. in langen Gruben von 3 Fuss Tiefe und 2 Fuss Breite.

Zum Setzen bedient man sich der Sturzreben oder auch besonders gezogener Wurzelreben. Bei dem Setzen werden die Gruben mit Dünger und Erde halb angefüllt. Nach 5 bis 6 Jahren werden die Reben vergrabt und zwar so dicht, dass auf einem österr. Joch 10- bis 15.000 Rebstöcke stehen.

Die Erziehungsart der Reben ist überall nahezu die gleiche. Dieselbe besteht in dem Anziehen des Kopfes von altem Rebholz zunächst dem Boden oder auch noch unter demselben in kleinen Gruben. Auf diesem Kopfe werden jährlich 4 bis 6 Tragzapfen von 1 bis 3 Augen angeschnitten. Die zu niedrig erscheinenden Sommertriebe werden im Mai bis auf 5 oder 6 Fruchttriebe ausgebrochen, sodann die stehengebliebenen an einen Rebpfahl 2- oder 3mal während des Sommers gebunden. Die Geizentriebe werden im Sommer ausgebrochen und die Reben im August und September auf Steckenlänge (4 bis 5 Fuss) gegipfelt. Die Bearbeitung der Reben geschieht während des Sommers 3mal, auch 5mal.

Die Düngung erfolgt theils bei ganzen Weingärten. theils aber nur bei dem jeweiligen Vergruben mit sehr viel Dünger (60 bis 90 Fuhren per Joch). Zum Rebschneiden bedient man sich meist der Rebschere.

Die Trauben werden bei der Weinlese in besonderen Mostelschaffeln mittelst hölzerner Kolben zerquetscht. in Mostfässern eingeführt und auf Hebelpressen gepresst.

Die Keller sind in Niederösterreich alle entweder unter den Wohnhäusern oder mit einem Presshause versehen vom Orte entfernt in besonderen Kellerdörfern.

Der weisse Wein wird im ersten Jahre einige Male abgezogen; nur selten trifft man noch das alte Verfahren, dass der Wein auf dem Lager (Hefe) liegen bleibt. Die Rothweine gähren in Vorkellern bei hoher Temperatur auf der Maische, bis sie vollständig dunkel gefärbt erscheinen; durch dieses rasche Abgähren werden die Rothweine schon nach einem, längstens $1^1/_2$ Jahre gar.

Vertheilung der Rebsorten in Niederösterreich.

In Niederösterreich befindet sich nur in wenigen Weingegenden ein vollständig reiner Rebsatz.

Am meisten verbreitet sind folgende Sorten:

a) Traubensorten für Weisswein.

1. Der grüne Veltliner (Grünmuscateller) um Feldsberg, Hohenau, Dürnkrut, Matzen, Retz: auch um Wien und Gumpoldskirchen, dann bei Hainburg.
2. Der rothe Veltliner (Rothmuscateller) zwischen Krems, Oberhollabrunn und Pulkau.
3. Der frühroth Veltliner (Frühroth) bei Gumpoldskirchen.
4. Der rothe Zierfahndler (Spätroth) im Mödlinger Bezirke, bei Perchtoldsdorf, bei Königstetten, Inzersdorf, Oberlaa, Vösendorf.
5. Der österreichische Weiss bei Klosterneuburg u. Währing.
6. Der Gutedel (Weissfränkisch) um Wien: grösstentheils Tafeltraube.
7. Der grüne Sylvaner (Zierfahndler) bei Spitz, sonst vereinzelt.
8. Der grüne Heunisch (Grobe oder Braune), früher vorherrschend, jetzt nur vereinzelt.
9. Der Seestock bei Bruck a. d. Leitha. vereinzelt am Bisamberg.
10. Der Silberweiss bei Feldsberg.
11. Der Rothgipfler (Reifler), gemischt mit anderen Sorten.
12. Der gelbe Muscateller (Schmeckender) bei Wien, Vöslau, Hainburg, wird vorzugsweise als Traube verkauft.
13. Der weisse Riesling (Kleinriesler) bei Gumpoldskirchen. Nussdorf, Langenlois.
14. Der rothe Traminer bei Nussdorf und Gumpoldskirchen

b) Traubensorten für Rothwein.

1. Der blaue Portugieser in der Umgegend von Vöslau, Gainfahrn (Merkenstein) und Matzen.

2. Der Blaufränkel (Limberger, blauer Burgunder), nur wenig verbreitet, bei Vöslau.

Einfluss der Winde, der Bewölkung und der Temperatur auf die Vegetation des Weinstockes in Niederösterreich.

Der Weinbau, dessen Cultur sich in Niederösterreich auf 66.299 Joch Land erstreckt und einen Verkehrswerth von 8 Millionen Gulden, dann einen Reinertrag vom sechsten Theile der Reinerträgnisse der gesammten Bodenproduction schafft, erfordert die eingehendste Beurtheilung aller Verhältnisse, welche für die einträgliche Gewinnung des Weines massgebend sind.

Aus diesem Anlasse hat der Verfasser im Jahre 1863 die Einflüsse der Witterungsverhältnisse auf das Gedeihen des Weines in Betracht gezogen und hiebei folgende Resultate erlangt.

Winde.

Von je 100 Winden haben geweht:

	im zehnjährigen Durchschnitte	1864
aus Norden (bis N.O. und N.W.) .	23	26
„ Osten („ N.O. „ S.O.)...	19	17
„ Süden („ S.O. „ S.W.)..	19	13
„ Westen („ S.W. „ N.W.)..	37	42

Die zahlreichsten Luftströmungen haben stattgefunden ganzjährig:

aus Norden	1854 : 27	1864 : 26
„ Osten	1862 : 23	„ : 17
„ Süden	1856 : 23	„ : 13
„ Westen...........	1863 : 44	„ : 42

Von 100 Luftströmungen haben stattgefunden während der Vegetationsperiode vom März bis October:

	im zehnjährigen Durchschnitte	1864
aus Norden (NO. NW.)	24	29
„ Osten (SO. NO.).......	18	11
„ Süden (SO. SW.)	19	11
„ Westen (SW. NW.)....	39	49

Wir hatten sonach im Jahre 1864 vom März bis October von je 100 Winden: Mehr Nordwinde um 5, weniger Ostwinde um 7, weniger Südwinde um 8, mehr Westwinde um 10.

Die Vertheilung der Winde pr. Tag seit zehn Jahren und im Jahre 1864 ist folgende:

	Im zehnjährigen Durchschnitte	1864	Differenz 1864
aus Norden	0.06	0.07	+ 0.01
„ Osten	0.05	0.04	— 0.01
„ Süden	0.05	0.03	— 0.02
„ Westen	0.10	0.11	+ 0.01

und diese mehreren Nord- und Westwinde im Jahre 1864 waren in ihren Folgen der Weincultur ungünstig; sie haben mehr Bewölkung während der Vegetationsperioden, mehr Niederschläge und niedrigere Temperaturen herbeigeführt.

Bewölkung.

(0 = ganz heiter, 10 = ganz trüb.)

Im zehnjährigen Jahres-Durchschnitte	6.3
„ Jahre 1864	5.9
Differenz: 1864 weniger Bewölkung um	0.4

Bewölkung während der Vegetationsperiode vom März bis October:

Im zehnjährigen Durchschnitte	5.1
„ Jahre 1864	5.7
Differenz: 1864 mehr Bewölkung um	0.6

Temperatur.

Während wir in Wien im zehnjährigen Durchschnitte im Laufe eines Jahres 2862.622 Wärmegrade zählen, fehlten im

	Wärmegrade
Jahre 1864 im Ganzen	341.248
während der Vegetationsperiode:	
vom März bis October	230.159
„ April bis October	264.903
die höchste Temperatur hatten wir	
im Jahre 1863 mit	3306.535
die niedrigste im Jahre 1864 mit	2521.274
somit dieses Jahr um	785.156
Wärmegrade weniger.	
Während der Durchschnitt aus zehn Jahren pr. Tag	7.844
beträgt, stellt sich dieser im Jahre 1864 auf	6.889
Es beträgt somit die Differenz pr. Tag	— 0.955

Während der Vegetationsperiode vom März bis October ergibt sich pr. Tag

im zehnjähr. Durchschnitt	im Jahre 1864	die Differenz
11.646°	10.707°	— 0.939°

und während der Vegetations-Periode von April bis September ergibt sich sogar pr. Tag:

im zehnjähr. Durchschnitt	im Jahre 1864	die Differenz
13.362°	11 919°	— 1.443°

Während im zehnjährigen Durchschnitte die höchste Temperatur sich im Juli mit . . . . 16.16°
ergibt, zeigte sich im Jahre 1864 im gleichnamigen
Monate die Temperatur von . . . . 14.63°
somit eine Differenz von . . . . — 1.53°

Vegetation des Weinstockes.

Aus dem zehnjährigen Durchschnitte der Vegetationszeit des Weinstockes ergibt sich, dass der Beginn derselben am 15. April, die Blüthe am 3. Juni, die vollständige Reife am 27. August und die Weinlese am 17. October stattfand.

Im Jahre 1864 zeigte sich jedoch der Beginn der Vegetation erst am 27. April, die Blüthe am 13. Juni, die Reife begann (eine vollständige Reife hat nicht stattgefunden) am 15. September und die Weinlese (wegen Eintretens der Fröste am 7. October und Beginns der Fäule) am 22. October.

Es geht daraus hervor, dass im Jahre 1864 der Beginn der Vegetation um 12, die Blüthe um 10, die vollständige Reife um 19, die Weinlese um 5 Tage später eingetreten ist.

Der früheste Beginn der Vegetation fand im Jahre 1862 am 5. April, der späteste im Jahre 1860 am 28. April Statt, was eine Differenz von 23 Tagen ausmacht.

Die Weinlese fand am frühesten im Jahre 1859, nämlich am 3. October, am spätesten im Jahre 1854, am 23. October, Statt; es ergibt sich somit eine Differenz von 20 Tagen.

Die niedrigste Temperatur und die niedrigsten Zuckerprocente hatten wir:

Im Jahre	Temperaturgrade		Mostgrade nach		
	im April	im October	Wagner	der 100theiligen Mostwage	der klosterneuburger Mostwage
1864	5.60	—	9.5	95	14.2
1856	—	8.43	12.5	125	20
1858	7.44	—	13	130	20.8
1860	—	7.26	13	130	20.8

Hieraus erhellt, dass nicht nur das Ende der Vegetation, sondern auch der frühere oder spätere Beginn von höchstem Einflusse ist, und der Weinstock die Verspätung nicht leicht wieder einholen kann.

Wir hatten die höchste Temperatur und die höchsten Zuckerprocente

Im Jahre	Temperaturgrade		Mostgrade nach		
	Im Juli	Im August	Wagner	der 100theiligen Mostwage	der Klosterneuburger Mostwage
1859	19.13	—	17	170	27.2
1863	—	17.45	16	160	25.6
1862	16.47	—	15	150	24.0
1861	—	17.01	14.5	145	23.2

Aus diesem ergibt sich, dass es vorzugsweise die Monate Juli und August sind, welche bei entsprechend hohen Temperaturen die höchsten Zuckerpercente im Traubensafte gewärtigen lassen.

Zusammenhang des Wetters und der Zuckerpercente des Mostes.

	Wind				Bewölkung	Niederschläge Pariser Zoll	Temperatur der Vegetationsperiode	Mostgrade nach		
	N.	O.	S.	W.				Wagner	100-theil. Mostwage	Klosterneuburger
Im zehnjährigen Durchschnitte (von 1854–1863)	23.5	17.3	19.1	39.5	4.9	15.85	2732.94°	14.5	145	23.2
Im Jahre 1864	28.5	11.0	10.6	49.0	5.6	22.47	2468.04	9.5	95	14.2
Die Differenz beträgt ...	+5.0	−6.3	−8.6	+9.5	+0.7	+ 6.62	264.90	−5.0	−50	−9.0

Das heisst, der Most bedurfte bis zur Qualität, welche sich im Jahre 1864 ergeben hat, 2468.04 Wärmegrade: es entfallen davon auf je einen Mostgrad nach Wagner 259°, nach der hunderttheiligen Mostwage 25·9°, nach der Klosterneuburger 173·9° Wärme.

Schliesslich resultirt für das Jahr 1864 gegen den zehnjährigen Durchschnitt ein Minus von 264.90 Wärmegraden, und es entfallen daher auf jeden einzelnen fehlenden Mostgrad 52·9° nach Wagner, 5·09° nach der hunderttheiligen und 29·3° der Wärme nach der Klosterneuburger Mostwage, während von der zehnjährigen Durchschnittswärme auf die im Jahre 1864 erreichten Mostgrade, d. i. nach den drei verschiedenen Mostwagen per Grad $287._6$, $28._7$, $192._3$ Wärmegrade entfallen

Es wäre im Jahre 1864 sonach nahezu noch der zehnte Theil der Jahreswärme erforderlich gewesen, um die Qualität des Traubenmostes bis zur mittleren Gradhältigkeit eines zehnjährigen Durchschnittes, das ist auf $14._5°$ W., 145° hundertheil., und $23._2°$ Klostern. Mostgrade, zu steigern.

Praktische Resultate des Jahres 1864 in der Weincultur.

Seit zehn Jahren hatten die Weinpflanzer kein ganz ungünstiges Jahr in der Cultur des Weinstockes erlebt, während in früheren Decennien regelmässig je zwei bis drei schlechte Jahre die durchschnittlichen Erträgnisse der Rebencultur geschmälert haben. Die Pflanzer sind in jener Zeit durch Schaden zur Erkenntniss gekommen, sich aller spätreifenden, wenn auch reichtragenden Sorten nach und nach zu entledigen; sie haben diese höchst wichtige Einführung begonnen, sind aber, durch die Gunst einer zehnjährigen Frühreife der Trauben verführt, von der völligen Ausführung der zweckmässigen Regenerirung der Pflanzungen wieder abgegangen.

Das Jahr 1864 hat nun neuerlich an diese Ausführung gemahnt, da alle spätreifenden Sorten überhaupt nur sehr niedriggrädige Moste gaben, und die Trauben die Lese nicht werth waren, falls spätreifende Sorten auch noch in kalten Lagen oder in Ebenen cultivirt worden sind. Man wird desshalb künftig den guten Rathschlägen ausreichende Folge geben; man wird nur zeitlich reifende Sorten ziehen, und kalte Lagen nicht ferner mit Reben bepflanzen.

Man hat an diesen Fehlgriffen im Weiteren neuerdings gelernt, die Trauben bei der Lese zu sondern, und nicht Gutes mit Schlechtem zu keltern; man hat selbst die faulen Beeren der einzelnen Trauben (bei Rothweinen) ausgeschieden, und somit endlich wieder einmal eine mehr rationelle Lese und Mosterzeugung durchgeführt.

Und so war das Jahr 1864 für den Weinpflanzer wohl eine Zeit schwerer Prüfung, aber sie ist doch nicht ohne allen Nutzen vorübergegangen, denn Jeder, dem es darum zu thun war, konnte etwas lernen, um daraus für die Zukunft Capital zu schlagen.

Und diese Ereignisse haben wirklich Früchte getragen, denn in den Jahren 1864 bis 1866 wurden bereits bei 3000 Joch Weingärten in den Ebenen und schlechten Gebirgslagen ausgerodet, und der Weincultur ganz entzogen; überdiess sind bereits mehrere Millionen Stück Rebensetzlinge frühreifender Sorten an der Stelle spätreifender Sorten ausgesetzt.

Es ist diess der Beginn eines Fortschrittes, welcher die günstigsten Folgen in dem Betriebe der Weincultur für Niederösterreich herbeiführen wird.

Obst, Obstmost, echte Kastanien.

Bodenproduction im Durchschnitte der Jahre 1855, 1860, 1864. *)

K. U. W. W.

Im Bezirke:	Obst Metzen	Obstmost Eimer	Kastanien Metzen
Aspang	195	74	—
Baden	364	—	115
Bruck a. d. Leitha	916	—	—
Ebreichsdorf	902	—	-
Gloggnitz	675	135	10
Guttenstein	21	2	—
Hainburg	472	—	—
Hernals	201	—	—
Hietzing	30	—	—
Kirchschlag	255	49	—
Klosterneuburg	118	—	—
Mödling	417	—	—
Neunkirchen	990	106	—
Pottenstein	83	83	—
Purkersdorf	107	17	30
Schwechat	90	40	—
Sechshaus	17	—	—
Wr.-Neustadt	821	17	—
Zusammen	6.674	523	155

*) Diese Zahlen sind, gleich den Ernteangaben bei anderen Artikeln, ämtlichen Ausweisen entnommen, erscheinen aber für manche Bezirke so gering, dass sie höchstens die zum Verkaufe gebrachten Mengen darstellen dürften.

K. O. W. W.

Im Bezirke:	Obst Metzen	Obstmost Eimer	Kastanien Metzen
Amstetten . .	3.743	11.198	—
Atzenbrugg	2.402	—	—
Gaming	1.334	—	—
Hang	3.636	3.545	—
Hainfeld	154	—	—
Herzogenburg	2.596	335	—
Kirchberg a. d. Pielach	1.196	214	—
Lilienfeld	100	20	—
Mank	3.425	3.281	—
Mautern	1.814	—	—
Mölk	344	540	—
Neulengbach	570	22	—
St. Peter i. d. Au	8.420	500	—
St. Pölten . . .	1.654	322	23
Scheibbs	6.368	8.632	—
Tulln	1.042	1.025	—
Waidhofen a. d. Ybbs	10.353	466	—
Ybbs	3.436	1.112	—
Zusammen	52.587	31.212	23

K. U. M. B.

Im Bezirke:	Obst Metzen	Obstmost Eimer	Kastanien Metzen
Feldsberg	1.373	—	10
Gross-Enzersdorf	153	—	—
Haugsdorf	144	—	—
Kirchberg am Wagram	4.011	—	—
Korneuburg	3.499	—	—
Laa	1.993	—	—
Marchegg	522	—	—
Matzen	778	—	—
Mistelbach	1.633	—	—
Ober-Hollabrunn . . .	1.494	—	—
Ravelsbach	2.296	—	—
Retz	6.034	—	—
Stockerau	1.857	—	—
Wolkersdorf	4.466	—	—
Zistersdorf	2.768	—	—
Zusammen	33.021		10

6

K. O. M. B.

Im Bezirke:	Obst Metzen	Obstmost Eimer	Kastanien Metzen
Allentsteig	466	—	—
Dobersberg	312	—	—
Eggenburg	874	—	—
Geras	260	—	—
Gföhl	608	—	—
Gross-Gerungs	—	—	—
Horn ...	2.810	—	—
Krems	1.078	—	—
Langenlois	1.633	—	—
Litschau ...	—	—	—
Ottenschlag	73	—	—
Persenbeug	225	196	—
Pöggstall .	265	112	—
Raabs.	488	—	—
Schrems ...	13	—	—
Spitz	7.900	—	—
Waidhofen a. d. Thaya	165	—	—
Weitra.	159	—	—
Zwettl	57	—	—
Zusammen	17.386	308	

Summe der Durchschnittsproduction in Nieder-Oesterreich nach politischen Bezirken:

Obst	109.668 Metzen,
Kastanien	188 „
Obstmost	32.042 Eimer.

Production nach der Beschaffenheit der Bodenoberfläche.

	Obst Metzen	Obstmost Eimer
I. Ebene des Wienerbeckens	20.142	1.157
II. Hügelland ...	54.637	46.818
III. Berggebiet des Manharts	25.678	1.848
IV. Berggebiet des Wienerwaldes.	29.196	17.768
V. Alpengebiet ...	18.943	1.860
Zusammen	148.596	69.451

Production nach politischen Kreisen in den Jahren 1855 und 1864.

Obst.

Metzen

	1855	1864	Differenz
K. U. W. W.	7.361	17.190	+ 9.829
K. O. W. W.	86.066	75.344	— 10.722
K. U. M. B.	50.953	24.058	— 26.895
K. O. M. B.	13.970	22.250	+ 8.280
Zusammen	158.350	138.842	— 19.508

Obstmost.

Eimer

K. U. W. W.	327	2.002	+ 1.675
K. O. W. W.	12.816	120.327	+ 107.511
K. U. M. B.	—	—	—
K. O. M. B.	675	2.755	+ 2.080
Zusammen	13.818	125.084	+ 111.266

Werth der Production.

Obst

	1855	1864	Differenz
K. U. W. W.	14.863 fl.	33.416 fl.	+ 18.553 fl.
K. O. W. W.	84.657 „	131.286 „	+ 46.629 „
K. U. M. B.	80.483 „	44.391 „	- 36.092 „
K. O. M. B.	24.581 „	45.657 „	+ 21.076 „
Zusammen	204.584 fl.	254.750 fl.	+ 50.166 fl.
Preis pr. Metzen	1 fl. 93 kr.	1 fl. 84 kr.	—.9 kr.

Obstmost.

K. U. W. W.	774 fl.	5.574 fl.	+ 4.797 fl.
K. O. W. W.	30.053 „	352.848 „	+ 322.795 „
K. U. M. B.	—	—	
K. O. M. B.	1.297 „	8.106 „	+ 6.809 „
Zusammen	32.127 fl	366.528 fl.	+ 334.401 fl.
Preis pr. Eimer	2 fl. 32 kr.	2 fl. 93 kr.	+ 61 kr.

Die Obstcultur hat sich im Ganzen gehoben; ein Beweis dessen sind die vielen Obstbaumschulen, welche von Gemeinden und Schullehrern errichtet werden.

6 *

Die Preise sind theilweise erhöht worden.

Das Obst wird von den Producenten theils selbst consumirt, theils verkauft, theils gedörrt, theils (besonders Steinobst) zur Branntweinerzeugung, hauptsächlich aber zur Bereitung von Obstmost, namentlich in den Bezirken Amstetten, Haag, Mank, Scheibbs, Ybbs verwendet. Die Wachau (Bez. Spitz) ist einer der obstreichsten Bezirke Niederösterreichs, besonders gedeihen daselbst Pfirsiche.

Der schönste Kastaniengarten ist im Besitze des Gutes Merkenstein mit etwa 300 echten Kastanienbäumen, wovon 6 Stück einen Stammumfang von 16 bis 21 Fuss gleich den grössten Eichenbäumen und ein Alter von mehr als 500 Jahren haben. Der Ertrag an Kastanien mittlerer Grösse ist durchschnittlich 115 Metzen.

Von den beiden Haselnussbäumen (türkische Haselnuss, *Corylus colurna)*, welche ebendaselbst eine Zierde des Thiergartens gewesen sind und deren Stämme bei einem Umfang von 15 Fuss ein Alter von 250 Jahren erreicht hatten, steht gegenwärtig noch ein Strunk mit rankenden Pflanzen umschlungen, ein Merkmal zur Erinnerung an diese schönen Bäume. Abkömmlinge derselben sind in Gärten und Parkanlagen des Landes gepflanzt.

Die Obstcultur bedarf in Niederösterreich noch eines grossen Aufschwunges, da — abgesehen von dem aus südlichen Ländern zugeführten Frühobst — der Bedarf der Hauptstadt noch immer aus anderen Kronländern gedeckt werden muss. Am spärlichsten ist die Obstcultur gerade in der Umgebung von Wien vertreten, weil in den Ebenen des Marchfeldes wegen Trockenheit der Luft und wegen der Stürme das Obst nicht fortkommt. In geschützten Lagen gedeiht vorzüglich die Aprikose mit ausgezeichneter Ertragfähigkeit und Qualität. Von Beerenobst wird in der Gegend von Klosterneuburg viel und mit Vortheil gewonnen.

Als Folge der Bestrebungen der Obstbauschule zu Klosterneuburg, wo Obstbäume edelster Sorte in Millionen von Setzlingen gezogen und schon versetzbare für wenige Kreuzer pr. Stück verkauft werden, dürfte in Kurzem ein rascherer Aufschwung in dem Betriebe der Obstcultur stattfinden.

Einen bedeutenden Handelsartikel bilden gedörrte Zwetschken, deren Preise sich in Wien stellten, wie folgt:

Im Monate		Zwetschken			
		türkische		mährische	
		per Wiener Zentner			
		1860	1865	1860	1865
		Gulden			
Jänner	von	17.—	13 25	11.—	9.—
	bis	—.—	13.50	12.—	9.50
Februar	von	16.50	12 50	11.—	8 50
	bis	17.—	13.—	12 50	9.—
März	von	15.25	12.50	11.—	6.50
	bis	16.50	14.—	12.50	9.25
April	von	15.—	13.25	10.—	8.50
	bis	16.—	14 25	12.50	9.25
Mai	von	15.—	12.25	11.—	8.50
	bis	16.-	13.50	11.50	9.—
Juni	von	15.—	12.75	—	8.50
	bis	16.—	13.25	—	9.25
Juli	von	13.75	12.50	—	8.50
	bis	15.—	13.25	—	9.50
August	von	14.—	12.50	—	8.75
	bis	15.—	13.25	—	9 50
September	von	13.—	12.50	—	8.50
	bis	14.—	13.—	—	9.—
October	von	13.—	12.50	13.—	8 50
	bis	13.50	14.—	—.—	9.50
November	von	14.—	14.—	14.—	9.—
	bis	14.50	14.25	—.—	11.—
December	von	14.—	13.50	13.—	10.—
	bis	16.—	14.75	14.—	11.50

Spargel.

Der Spargelbau wird vorzüglich in den Gemeinden Auersthal, Ragendorf, Schweinbarth (Bez. Matzen), Wolkersdorf, Pillichsdorf, Engersdorf, Bockflüss (Bez. Wolkersdorf), Stammersdorf, Strebersdorf, Bisamberg, Langenzersdorf (Bez. Korneuburg) etc. betrieben.

Die Menge des gewonnenen Spargels dürfte bei 3000 bis 4000 Ztr. betragen. Die grösste Menge geht nach Wien, sehr viel wird auch von Pressburger Händlern angekauft.

Auch wird aus Mähren, namentlich aus Eibenschitz, viel Spargel nach Wien geführt.

In neuerer Zeit wird durch die Eisenbahnen im Frühjahr sehr viel Spargel aus den südlich gelegenen Provinzen nach Wien eingeführt.

Zwiebeln, Knoblauch und Meerrettig

werden in bedeutenden Mengen um Laa (im gleichnamigen Bezirke) gebaut.

Auch die Küchengärten in Wien und in der Umgegend liefern grosse Quantitäten von Zwiebeln und Knoblauch.

Sehr viele Zwiebeln werden aus Mähren eingeführt.

Der Bedarf in Wien ist sehr gross, vielleicht bei 25.000 Ztr. im Jahre, wenn man auch nur die Hälfte einer Zwiebel täglich für je eine Familie von 3 Köpfen rechnet.

Meerrettig wird nahezu in der ganzen Bedarfsmenge von auswärts bezogen, und zwar von Malin in Böhmen, von Popitz in Mähren und aus Baiern; nur wenig kommt aus dem Bezirke Laa.

Mohn.

Diesen erzeugt der K. O. M. B. in den Bezirken Allentsteig, Gföhl, Gross-Gerungs, Horn, Ottenschlag, Persenbeug, Schrems. Waidhofen, Weitra, Zwettl; das Product wird hauptsächlich nach Wien abgesetzt.

Die Mengen des erzeugten Mohnes sind nicht bekannt.

Senf.

Der Senfbau ist in der Gegend von Krems ziemlich verbreitet, und das Product wird daselbst fabriksmässig verarbeitet.

Die Mengen der Production sind nicht angegeben.

Gemüse.

Die Cultur der Gemüse ist in Niederösterreich überhaupt selbst dort vernachlässigt, wo Oertlichkeit und Ueberfluss an Wasser dazu ebenso auffordern, als der reiche Absatz nach Wien, welches einen grossen Theil seines Bedarfes an Gemüse aus den Nachbarländern decken muss.

Wien selbst besitzt bei 150 Joch Gemüsegärten, das Areale vermindert sich aber Jahr für Jahr durch die Verwendung desselben für Häuserbauten. In den Gärten werden nebst Gemüsesämereien, welche in die Provinz verkauft werden, Gemüse aller Gattungen und Arten in grossen Mengen gewonnen.

Im ersten Range steht der Salat, sowohl Haupt- als Bundsalat: diesem folgt die Glaskohlrübe, dann die Rapunze, der Carviol, Spinat, die Frühkartoffel, Möhre, der Rettig, Gurken, Melonen, u. s. w. und Blumen.

Die Menge der Erzeugung ist nicht bekannt, dürfte aber, da

theils drei Culturen, wenigstens aber zwei Ernten auf demselben Beete im Verlauf der günstigen Jahreszeit gewonnen werden, pr. Joch 400 Ztr. Gemüse aller Art, somit bei 60.000 Ztr. im Verkaufswerthe von 600.000 Gulden betragen.

Die Culturkosten, die Herrichtung der Gemüse zur Marktfähigkeit und die Verluste an verdorbenen, vom Markte unverkauft zurückgeführten Gemüsen dürften 90% des Verkaufswerthes übersteigen.

Preise von Pflanzennahrungsstoffen in Wien im Juni 1866.

		fl.	kr.	bis fl.	kr.
Kartoffeln, runde	pr. n. ö. Metzen	1	—	1	60
„ Kipfel	„ „ „	2	—	2	50
„ heurige	pr. Pfund	—	20	—	25
Kirschen	„	—	8	—	16
Birnen	„	—	18	—	25
Johannisbeeren	„	—	14	—	20
Stachelbeeren	„	—	16	—	18
Aprikosen	„	—	40	—	45
Aepfel	„	—	15	—	16
Erdbeeren	das Körbchen	—	30	—	35
Melonen	das Stück	—	50	1	—
Gurken	„ „	—	4	—	10
Salat	„ „	—	1	—	2
Kohl	„ „	—	2	—	4
Kohlrüben	„ „	—	1		2
Blumenkohl	„ „	—	3		12
Rothe Rüben	„ „	—	1	—	1½
Schwarzer Rettig	„ „	—	1½	—	2½
Kleine Rettige der Bund v. 3—4 Stücken		—	1	—	1
Spargel	der Bund	—	30	—	70
Grüne Erbsen	pr. Seitel	—	8	—	20
Zwiebeln	pr. Pfund	—	5	—	14
Knoblauch	„	—	13	—	14
Linsen	⅛ n.-ö. Metzen	1	30	2	—
Erbsen	„ „ „	1	10	1	30
Fisolen	„ „ „	1	—	1	10
Powidl (Zwetschkenmus)	pr. Pfund	—	14	—	16
Hirse	pr. Zentner	6	—	7	—
Haidekorn	„ „	5	—	6	—

Summarium der Production

der wichtigsten Nahrungsstoffe nach Kreisen und nach der Beschaffenheit der Bodenoberfläche.

Durchschnitte der Ernten der Jahre 1855 und 1864.

A. Nach politischen Kreisen.

	K. U. W. W.		K. O. W. W.		K. U. M. B.		K. O. M. B.		Zusammen	
	Joch	Metzen	Joch	Metzen	Joch	Metzen	Joch	Metzen	Joch	Metzen
Weizen	9.048	90.486	24.152	241.510	46.167	461.671	11.933	119.336	91.300	913.002
Roggen	42 936	429.366	53.170	531 705	86.681	866.803	83.699	836.992	266.486	2,664.866
Gerste	44.756	402,794	33.720	303.491	29.267	263.402	3.813	34.318	111.556	1,004.005
Hafer	34.507	345.076	60.384	603 831	119 057	1,190.571	84.386	843.867	298.334	2,983.345
Mais	1.930	30.881	620	9.927	3.672	58.756	449	7.178	6.671	106.742
Haidekorn	3.872	23.228	861	5.163	4.719	28.316	4	25	9.456	56.736
Hirse	21	168	—	—	526	4.209	6	50	553	4 427
Hülsenfrüchte aller Art	1.261	10.089	2.078	16.625	3.436	27.483	3.634	29,075	10.409	83.272
Zusammen	138.331	1,332.088	174.985	1,712.252	293.525	2,901.211	187.924	1,870.843	794 765	7 816.394
In Roggenäquivalenten per 1000 Joch	—	8 302	—	8.522	—	8.603	.	8.456	—	8.498
Kartoffeln	5.001	250.094	9.349	467.454	15.069	753.478	22.413	1,170.681	52.834	2.641.707
Rüben	1.470	191.137	2.707	361.960	6 301	719.093	2.500	325.081	12,209	1,587.271
Kraut	1.165	150.178	5.617	730.308	1.932	251.262	2.569	333.940	11.274	1,465.688
Obst	4.092	12.276	26.902	80.705	12.502	37.505	6.036	18.110	49.532	148.596
										Eimer
Wein (Eimer)	10 522	166.251	4.233	66.894	49.401	781.493	7 256	114.644	71.472	1,129.282
Obstmost (Eimer)	—	1.164	—	66.572	—	—	—	1.715	—	69.451
										Zentner
Heu, Klee, Grummet, Futtermischlinge Ztr.	72.041	720.412	194 585	1,945.855	52.443	524.439	148.733	1,487.327	467.803	4,678 033
Stroh v. Getreide, Ztr.	—	1,107.869	—	1,924.367	—	2,096.726	—	1,925.167	—	7,053.627

B. Nach der Beschaffenheit der Bodenoberfläche.

	Wiener Becken (Ebene		Hügelland		Berggebiet des Manharts		Berggebiet des Wiener Waldes		Alpengebiet		Totalsumme wie oben.
	Joch	Metzen	Joch	Metzen	Joch	Metzen	Joch	Metzen	Joch	Metzen	
Weizen	29.081	290.613	40.343	403.427	10.363	103.627	7.334	73.345	4.199	41,990	
Roggen	73.390	733.902	73.578	736,754	86.954	869.535	20.886	208.859	11.678	116.786	
Gerste	45.189	406.700	36 602	329.416	6.759	60.832	18.976	170.783	4.030	36.274	
Hafer	62.418	624.176	102.603	1,026.034	94.021	940.206	27.611	276 143	11.678	116.786	
Mais	2.753	44 052	3.197	51.155	382	6.103	287	4.600	52	832	
Haidekorn	4.871	29.228	2.694	16.163	1	5	113	680	1,777	10.659	
Hirse	452	3.619	101	808	—	—	—	—	—	—	
Hülsenfrüchte aller Arten	1.706	13.646	3.840	30.720	3.102	24.819	1 328	10.626	433	3.462	
Zusammen	219.840	2,145.936	262.958	2,593.607	201.582	2 005.127	76.538	745.035	33.847	326.789	
In Roggenäquivalenten per 1000 Joch	—	8.667		8.561	—	7.924	—	8.242	—	8.335	
Kartoffeln	5.927	296.355	12.804	645.231	27,229	1,361.448	4.640	232.035	2.133	106.638	
Rüben	4.755	618.132	3.365	437.530	2.752	357.769	1.058	137.601	279	36 230	
Kraut	755	98.146	3.388	440.496	3.396	441.524	1.059	137,644	2.676	347.878	
Obst	6.714	20 142	18.213	54.637	5.559	25.678	9.732	29.196	6.814	18.943	
Wein (Eimer)	25.643	405.161	28 331	447,631	7,640	120.703	9.570	151.250	288	4.537	
Obstmost (Eimer)		1.157	—	46,818	—	1.846	—	17.768	—	1.860	
Heu, Klee, Grummet, (Futtermischlinge (Ztr.)	43 986	439.877	112.953	1,129.532	146.964	1,469.639	92.675	926.752	71 223	712.233	
Stroh (Ztr.)	-	2,081.770	—	1,693.546	—	2,059,608	—	790.539	—	428.164	

Differenzen

in der Production und in den Preisen während der Jahre 1855 und 1864 (beziehungsweise 1865) in Niederösterreich.

	Production. Metzen			Werth Gulden pr. Metzen		
	1855	1864	Differenz	1855	1864	Differenz
Weizen	886.203	939.802	+ 53.599	7.25	3.46	— 3.79
Roggen	2,380.343	2,949.430	+ 569.087	5.42	2.30	— 3.12
Gerste	997.367	1,010.643	+ 13.276	3.76	2.20	— 1.56
Hafer	2,927.479	3,039.212	+ 111.733	1.71	1.20	— 0.51
Mais	76.369	137.116	+ 60.747	3.49	1.60	— 1.89
Haidekorn	42.475	38.995	— 3.480	2.66	1.69	— 0.97
Hirse	2.213	6.642	+ 4.429	4.32	2.37	— 1.95
Hülsenfrüchte	100.709	65.838	— 34.871	5.22	4.46	— 0.76
Summe ...	7,413.158	8,187.678	+ 774.520			
Kartoffeln	2,222.098	3,061.316	+ 839.218	1.41	0.80	— 0.61
Rüben	1,466.786	1,707.757	+ 240.971	0.48	0.43	— 0.05
Kraut	1,856.884	1,074.492	— 782.392	0.26	0.37	+ 0.11
Obst	158.350	138.842	— 19.508	1.93	1.84	— 0.09
	1855	1865	Differenz	1855	1865	Differenz
		Eimer		Gulden pr. Eimer		
Wein	742.694	1,515.870	+ 773.176	5.39	5.54	+ 0.15
	1855	1864		1855	1864	
Obstmost	13.818	125.084	+ 111.266	—	—	
Heu, Klee, Grummet, Futtermischlinge		Zentner		Gulden pr. Zentner		
	5,026.545	4,329.522	— 697.023	1.18	1.15	— 0.03
Stroh	6,865 847	7,241.412	+ 375.565	0.95	0.78	— 0.17

Brutto-Geldertrag

der Bodenproduction in Niederösterreich im Durchschnittserträgnisse und Durchschnittspreise der Jahre 1855 und 1864.

	Cultur Joch	Production im Ganzen	Production pr. Joch	Preis pr. Einheit		Gesammtwerth		Brutto-Ertrag pr. Joch Einzeln		Brutto-Ertrag pr. Joch Zusammen	
		Metzen		fl.	kr.	fl.	kr.	fl.	kr.	fl.	kr.
Weizen	91.300	913.002	10	5	35	4,884.560	70	—	—	53	50
Roggen	266.486	2,664.866	10	3	86	10,266 382	76	—	—	38	59
Gerste	111.556	1,004.094	9	2	98	2,991.931	92	—	—	26	82
Hafer	298.334	2,963 345	10	1	45	4,325.650	25		—	14	51
Mais	6.671	106.742	16	2	55	292.192	10		—	43	80
Haidekorn	9.450	65.735	6.9	2	18	143.302	30	—	—	15	15
Hirse	556	4.427	7.9	3	30	14.609	10	—	—	26	32
Hülsenfrüchte aller Art	10.409	83.427	8	4	93	411,295	11	—	—	39	51
Stroh Ztr.	794.767	7,053.627	8.8	—	84	5,925.046	68	—	—	7	45
		Ztr. Heuwerth									
Feldweide	794.767	850.000	1.00	1	16	986.000	—		—	1	11
Schröpffutter	—	40 000	—	1	16	46.400	—		—	—	6
Klee und Futtermischlinge	100.000	1,500.000	15	1	16	1,740.000	—		—	17	40
Stoppelstreu von allen Feldern	—	1,400.000	1.8	—	20	280.000	—	—	—	—	35
Brachweide	376.283	222 509	0.05	1	16	258 214	84	—	—	—	68
		Metzen	Mtz.								
Kartoffeln	52.834	2,641.707	50	1	10	2,905.877	70	—	—	55	—
Rüben	12 209	1,587.271	130	—	45	713.271	95	—	—	58	42
Kraut	11 274	1,465.688	130	—	31	454.363	28	—	—	40	30
Handelspflanzen	10.000	Nach Annahme		—	—	2,000.000	—	200	—	200	—
		Metzen	Mtz.								
Obst	49.632	148.596	3.—	1	67	277.874	52	2	29	12	14
		Eimer	Elm								
Obstmost	—	69.451	1.4	3	—	208.353	—	5	61	12	14
		Ztr. Heuwerth	Ztr.								
Gartenweide, Obstgärten	49.632	181.140	3.85	1	16	210.122	40	4	24	12	14
		Eimer	Elm.								
Wein	71.472	1,129.282	15.80	5	47	6,177.172	54	86	42	91	46
		Ztr. Heuwerth	Ztr.								
Weinlaub und Trebern	—	167.862	2.62	1	16	217.919	92	3	04	91	46
Wiesenheu sammt Bergwiesen	467.803	3,678 033	7.88	1	16	4,266 518	28		—	9	12
Hutweiden	257.837	773 159	3.—	1	16	896.864	44	—	—	3	47
		Klafter	Klftr.								
Wald	1,097.989	665.000	0.60	3	—	1,995.000	—	1	81	2	79
		Ztr. Heuwerth	Ztr.								
Weide	—	600.000	0.5	1	16	580.000	—		52	2	79
Laubfutter	—	100.000	0.10	1	16	116.000	—	—	10	2	79
		Zentner									
Waldstreu	—	2,000.000	2 —	—	20	400.000	—	—	36	2	79
Unproductiver Boden	142.400	—	—	—	—	—	—	—	—	—	—
Summa d. Gesammtbodenfläche	3,414.400	—	—	—	—	—	—	—	—	—	—
Die productive Bodenfläche	3,302.000	—	—	—	—	54,004.123	95	—	—	15	68
hiervon Auslagen	—	—	—	—	—	41,638.220	—	—	—	12	61
Somit Reinertrag pr. Joch in den Jahren 1855 und 1864	—	—		—	.	10,137 140	—	—	—	3	7

Uebersicht

der Vertheilung der Bodenfläche nach Culturgruppen und des Reinertrages derselben in Niederösterreich.

Nach der Statistik der k. k. niederösterr. Statthalterei 1861.

	Flächenmass		Reinertrag	
	Joch	□ Klft.	fl.	kr.
Aecker aller Classen	1,335.551	1.253	7,176.606	32
Wiesen	397.047	462	1,970.738	31 3/4
Kleine Gärten aller Classen	3.872	1.399	32.423	50
Grössere » »	32.355	269	414.234	35 3/4
Weingärten » »	73.241	1.545	1,647.367	20
Hutweiden » »	239.832	1.452	408.988	28 2/4
Hochwälder » »	933.133	1.465	1,131.833	35 2/4
Niederwälder » »	120.884	1.401	334.679	44 1/4
Auen » »	41.335	505	184.689	12 2/4
Gestrüppe » »	363	1.325	391	17 3/4
Alpen » »	13.786	528	3.583	38 1/4
Aecker mit Obstbäumen aller Classen	373	1.405	3.560	35 2/4
Wiesen » » » »	12.011	1.406	108.795	37 3/4
Weingärten » » »	94	838	1.385	02 1/4
Hutweiden » » » »	101	716	316	04 1/4
Wiesen mit Holz aller Classen	2.731	844	10.092	32 1/4
Hutweiden » » » »	9.465	113	9.643	27 2/4
Teiche und Sümpfe mit Rohr aller Classen	3.201	1.359	13.028	18 3/4
Eggärten aller Classen	71.145	1.379	182.695	25 3/4
Brände » »	12.469	1.428	7.093	40 1/4
Trischfelder » »	1.017	169	678	— 1/4
Bauarea einzige Classe	17.708	1.001	93.986	44 1/4
Summe...	3,321.727	1.457	13,736.857	25 1/4

Durchschnittlich pr. Joch .... 4 fl. 16 kr.

An productivem Boden	3,321.727 Joch	1.457	□ Klftr.
» unproductivem »	122.672 »	63	» »
Summe...	3,444.400 Joch	120	□ Klftr.

Anmerkung. Dieser Durchschnittsreinertrag, welcher von der k. k. nied. österr. Statthalterei im Jahre 1861 veröffentlicht wurde, ist um 1 fl. 9 kr. höher als der Durchschnitt, welcher für die Jahre 1855, 1860 und 1865 entfällt, und nur die Ziffer von 3 fl. 7 kr. erreicht.

Entgegenhaltung

der landwirthschaftlichen Productionserträgnisse Niederösterreichs im Vergleiche mit Gesammtösterreich und mit dem Auslande.

Nach den statistischen Aufzeichnungen und den darauf basirten Berechnungen werden, im Durchschnitte der verschiedenen Gattungen des productiven Bodens, per Joch an Productionswerth gewonnen:

In Niederösterreich (1855 und 1864) ...	15.7 fl. ö. W.
„ der österreichischen Monarchie	18.5 „ „
„ Preussen	14.9 „ „
„ Frankreich	23.2 „ „
„ England	40 „ „

Diese wenigen Ziffern sind ganz darnach angethan, unsere volle Aufmerksamkeit in Anspruch zu nehmen, denn es liegt darin das endgiltige Urtheil über die Zustände der Landwirthschaft in Oesterreich, beziehungsweise in Niederösterreich. Ob in diesem Urtheile für Niederösterreich eine Anklage oder eine Rechtfertigung enthalten sei, soll nun untersucht werden.

Die productive Bodenfläche beträgt in

Niederösterreich (in runder Ziffer) ..	3,300.000
der österreichischen Monarchie	97,000.000
Preussen ..	44,000.000
Frankreich	86,000.000
England	50,000.000

Joch à 1600 □ Klafter.

Der Geldertrag der jährlichen Gesammt-Bodenproduction stellt sich

in Niederösterreich (1850 und 1864) auf	54.004.000	fl. ö. W.
„ der österreichischen Monarchie .. „	1.800,000.000	„ „
„ Preussen ... „	626,000.000	„ „
„ Frankreich .... „	2.000,000.000	„ „
„ England.................... „	2.000,000.000	„ „

Diese Summen vertheilen sich pr. n.-ö. Joch

	Brutto-Ertrag	Auslagen	Netto-Ertrag
in Niederösterreich .... auf	15.68 fl.	12.61 fl.	3.07 fl.
„ der österreich. Monarchie.. „	18.05 „	14.03 „	4.02 „
„ Preussen .... „	14.09 „	10.01 „	4.90 „
„ Frankreich.............. „	23.20 „	16.60 „	6.60 „
„ England............... „	40.00 „	28.50 „	11.50 „

Von diesen Brutto-Erträgnissen entfallen pr. Joch

	Percente der Auslagen	Percente des Reinertrages
in Niederösterreich	80.4	19.6
„ der österreichischen Monarchie	77.2	22.8
„ Preussen	67.1	32.9
„ Frankreich	71.8	28.2
„ England	71.1	28.9

Nimmt man das Reinerträgniss in England als Einheit oder = 100% an, so entfallen auf

Niederösterreich	20%
die österreichische Monarchie	36%
Preussen	42%
Frankreich	58%
England	100%

Der Bodenwerth pr. Joch im grossen Durchschnitte beziffert sich

		nach dem Reinertrage	nach Landespreisen
		fl. ö. W.	
in Niederösterreich (1850 und 1864)	mit	61.40	102.—
„ der österreichischen Monarchie	„	84.	80.—
„ Preussen	„	98.—	139.—
„ Frankreich	„	132.—	194.—
„ England	„	230.—	624.—

Auf einzelne Producteuerträgnisse in den genannten Ländern übergehend, werden per Joch gewonnen

	Getreide aller Gattungen	Dürrfutter
in Niederösterreich	9.48 Ztr.	10 Ztr.
„ der österreichischen Monarchie	9.28 „	33 „
„ Preussen	8.37 „	35 „
„ Frankreich	10.72 „	41 „
„ England	18.76 „	81 „

Es entfällt daher im Verhältniss zu dem ausgesäeten Samengetreide an Production in

Niederösterreich (1850 und 1864)	das	3.3fache
der österreichischen Monarchie	„	5 „
Preussen	„	4.1 „
Frankreich	„	5.3 „
England	„	9.3 „

Im Verhältnisse der Getreide- und Futterproduction der verschiedenen Länder per Joch des bebauten Bodens ergeben sich, England mit 100 angenommen.

	an Getreide	an Dürrfutter
	Percent	
für Niederösterreich	73	32
„ die österreichische Monarchie	49.4	40.7
„ Preussen	44.8	43.4
„ Frankreich	57	50.6
„ England	100	100

Aus diesen Berechnungen resultirt ferner:

Gesammtösterreich gewinnt pr. Joch am Reinertrage mehr als Niederösterreich (1855 und 1864) um	1.09 fl.
diess beziffert für Niederösterreich dem ganzen Kaiserstaate gegenüber einen jährlichen Entgang an Mehrgewinn von	3,597.000 „
Preussen gewinnt per Joch am Reinertrage mehr als Niederösterreich um	1.02 „
daher für Niederösterreich gegenüber Preussen ein jährlicher Entgang an Reingewinn von	3,366.000 „
Frankreich gewinnt an Reinertrag gegenüber Niederösterreich per Joch mehr um	3.01 „
für Niederösterreich ergibt sich daher Frankreich gegenüber ein Jahresentgang an Mehrgewinn von	9,933.000 „
England endlich hat an Reinertrag mehr als Niederösterreich per Joch um	7.98 „
daher für Niederösterreich gegenüber England der Entgang an Jahresmehrgewinn von	26.334.000 fl.

Aus diesen Berechnungen und Vergleichungen geht hervor, dass die landwirthschaftlichen Zustände in Niederösterreich weit unter jenen Verhältnissen der Prosperität des Auslandes und selbst unter dem Durchschnittsverhältniss der Bodenerträgnisse aller anderen Kronländer des Kaiserthums stehen, auf welche das Land in Folge seiner sonst günstigen Verhältnisse, in Folge seiner geografischen Lage, in Hinsicht auf die Qualität des Bodens und auf sein Klima Anspruch zu machen berechtigt wäre.

Dieses ungünstige Verhältniss basirt auf der Vernachlässigung des Futterbaues, auf der unverhältnissmässigen Ausdehnung des Getreidebaues, auf der spärlichen Ernährung der Thiere und auf der Nichtbeachtung der werthvollsten Dungstoffe. Indem nun diese einfachsten Grundbedingungen in dem Betriebe der Landwirthschaft thatsächlich nicht berücksichtigt werden, trifft auch die Schuld des Verfalles der niederösterreichischen Landwirthschaft Alle, denen es zukömmt, das Bessere fördernd einzuschreiten.

Belastung des Grundbesitzes durch Darlehen

in Niederösterreich (Wien ausgeschlossen).

Hypothekar-Darlehen	
a) auf landtäflichen Gütern haftend	19,432.817 fl.
b) auf den Wirthschaften des Kleingrundbesitzes	118,109.898 „
im Ganzen	137,542.715 fl.
Der Grundbesitz der landtäflichen Güter beträgt	1,009.816 Joch
Es entfallen per Joch	19.2 fl.
Der Kleingrundbesitz beträgt	2,291.637 Joch
Es entfallen per Joch	51.2 fl.
Nachdem nun der durchschnittliche Werth aller Grundstücke sich per Joch auf	102 fl.
beziffert, so ist der Capitalswerth der Grundstücke bei dem Grossgrundbesitze mit	19%
und jener des Kleingrundbesitzes mit	50%
verschuldet.	
Auf den Gesammtgrundbesitz per	3,301.453 Joch
im Werthe der Hypothek per	336,748.206 fl.
entfallen von der Belastung per	137,542.715 „
im Grundwerthe von	102 „
an Belastung	40%.

Hier ist nur lediglich der productive Boden im Auge zu behalten, welcher den Landwirth in die Lage setzt, das Capital und die Zinsen zurückzuzahlen, während der Hypothekarwerth der Gebäude, auf welche die Anlehen zugleich versichert sind, einen Mehrwerth von 20 fl. per Joch (in Gesammtösterreich 10 fl.) für den Geldgeber repräsentirt, somit in Summe . . . . 66,029.060 fl. wornach für Realhypothek per . . . . . 402,777.266 „ von den Belastungscapitalien 34% entfallen.

Es ist sonach in Niederösterreich über ein Drittheil des Hypothekarwerthes belastet, was um so schwerer auf die Wohlfahrt des Grundbesitzes drückt, als der Reinertrag per Joch durchschnittlich nicht 5% des Capitalwerthes ausmacht, so dass für die Zinsenzahlung der Schuld (den Grundwerth eines Joches mit 102 fl., wie früher berechnet, angenommen) die Reinerträgnisse von 1¼—1½ Joch verwendet werden müssen. Dieses trostlose Verhältniss mahnt dringend zur Ausnützung aller Mittel, welche der Fortschritt in der Bewirthschaftung bietet. Zum Glücke für den niederösterreichischen Landwirth gewinnt derselbe aus dem Betriebe von Fuhrwerk, aus dem Holz- und Viehhandel und durch andere Nebenverdienste einigen Zuschuss.

Capitalien,

welche von den niederösterreichischen Sparcassen im Jahre 1865 auf den Gütern und Rusticalwirthschaften des Landes elocirt waren.

Sparcasse zu	Gesammtvermögen	Davon auf landwirthschaftliche Hypotheken verliehen	Anmerkung
	Guld. ö. W.	Guld. ö. W.	
Wien	37,663.404	3,300.490	Auf Güter 411,423 fl., auf Rusticalwirthschaften 2,889.067 fl.
Oberhollabrunn	3,488.470	2,784.516	Die landwirthsch. wurden von den städt. Realitäten nicht genau ausgeschieden, doch soll diese Summe fast ausschliessend auf ländlichem Grund und Boden haften.
St. Pölten	2,319.255	787.530	Grossgrundbesitz und Bauerngüter.
Waidhofen a. d. Thaya	1,338.487	879.213	
Zwettl	913.052	47.570	Haftet nur auf kleinen Bauerngütern.
Waidhofen a. d. Ybbs	843.453	713.995 (?)	Die Ausscheidung der Gebäude von den landwirthsch. Gütern ist nicht durchgeführt.
Krems	637.820	3.300 (?)	detto
Wiener-Neustadt ...	417.138	329.431 (?)	detto
Scheibbs	405.301	54.623	Auf Güter .... 47.700 fl. „ kleine Besitzungen .. 6.900 fl.
Retz	247.434	152.951	Haftet nur auf kleinen Besitzungen.
Zistersdorf	103.171	7.400	
Melk	97.853	51.066	Haftet nur auf kleinen Besitzungen.
Horn	79.799	—	Keine Angabe.
Poisdorf	77.419	63.167	
Eggenburg	6.861	5.000	Haftet nur auf kleinen Besitzungen
Summe...	48,638.917	9,180.252 (?)	

Besteuerung.

Von dem Reinertrage pr. 13,736.857 fl., welcher auf 3,276.604 Joch gewonnen wird, entfallen an Steuern:

auf ein Joch	Rein-ertrag pr Joch		davon Grund-steuer 16%		Zuschläge à 19·9 kr. pr. 1 fl. Grund-steuer		Zusam-men	
	fl.	kr.	fl.	kr.	fl.	kr.	fl.	kr
Aecker, reine	5	22	—	84	—	17	1	1
„ gemischte	9	28	1	48	—	29	1	77
Eggarten-Aecker	2	34	—	37	—	7	—	44
Trische	—	40	—	6	—	1	—	7
Brände	—	34	—	5	—	1	—	6
Wiesen, reine	4	57	—	73	—	13	—	86
„ gemischt	9	4	1	45	—	29	1	74
„ mit Holz	5	18	—	83	—	17	1	—
Gärten	12	19	1	96	—	39	1	35
Weingärten, reine	26	38	4	22	—	83	5	5
„ gemischte	14	30	2	29	—	46	2	75
Hutweiden, reine	1	41	—	23	—	5		28
„ mit Holz	1	31	—	21	—	4		25
„ mit Obst	3	10	—	50	—	10	—	60
Hochwald	1	15	—	17	—	3	—	20
Niederwald	2	59	—	41	—	8	—	49
Auen	4	28	—	68	—	14	—	82
Alpen	—	15	—	2	—	0	—	2
Seen, Teiche, Sumpf, Rohr	4	4	—	65	—	13	—	78
Bauarea	5	46	—	87	—	17	1	4
Durchschnitt aller Culturarten	4	16	—	67	—	13	—	80

Diese 80 kr. machen 19·2% des Reinertrages aus.

Grundsteuer sammt Zuschlägen
in Niederösterreich.

An Grundsteuer wurden ausgeschrieben:

Im Jahre 1851 ... 1,967.969 fl.
„ „ 1865 ... 2,308.171 „

An Zuschlägen:

a. für den Grundentlastungsfond 8 kr. vom Steuergulden,
b. für den Landesfond .... 7 kr. vom Steuergulden,
c. für Strassen-Concurrenz, und zwar:

Im K. U. W. W.	5 kr.	durchschnittlich bei 4.9 kr. vom Steuergulden aller vier Kreise.
„ „ O. W. W.	6·5 „	
„ „ U. M. B.	3 „	
„ „ O. M. B.	5 „	

Gesammtbetrag aller Zuschläge bei 19·9 kr.

Im Ganzen an Zuschlägen:

1851	401.625 fl.
1865	459.326 fl.

An Steuer sammt Zuschlägen von 3,276.604 Joch Grund:

1851	2,369.594 fl.
1865	2.767.497 fl.

somit im Jahre 1865 gegen 1851 eine Steigerung von 397.903 fl. oder nach Procenten um 14·3 %.

Vergleich der Production

nach den Durchschnitten der Jahre 1855 und 1864 und der reichen Production des Jahres 1851.

(Tafeln zur amtlichen Statistik 1856.)

	Durchschnitte von 1855 u. 1864	Production von 1851		Differenz
	Metzen			Metzen
Weizen .	913.002	1,202.000	+	288.998
Roggen	2,664.866	5,244.000	+	2,579.134
Gerste	1,004.005	1,090.000	+	85.995
Hafer	2.983.345	5,306.000	+	2,322.655
Mais	106.742	53.000	—	53.742
Haidekorn	56.735	597.000	+	535.838
Hirse ..	4.427			
Hülsenfrüchte	32.272	90.000	+	6.728
Summe des Getreides	7,816.394	13,492.000	+	5.675.606
Kartoffeln .	2,641.707	3,250.000	+	608.293
Rüben .	1,587.271	1,600.000	+	12.729
Kraut	1,465.688	600.000	-	865.688
Obst....	148.596	1.110.000	+	961.404
Obstmost (Eimer)	69.451	—		—
Wein (Eimer).	1,129.282	1.977.600	+	848.318
Heu, Klee, Grummet (Ztr.)	4,678.033	19,679.000	+	15,000.967
Stroh (Ztr.)	7.053.627	24,994.090	+	17·940.373
Hopfen..	40	—		40

Anmerkung. Die grossen Differenzen dieser Zahlen für die verschiedenen Jahre beruhen wohl zumeist auf der Verschiedenheit in der Fruchtbarkeit der Jahrgänge, da es in Niederösterreich nicht selten vorkommt, dass um die Hälfte mehr oder weniger geerntet wird. Aber diese Differenzen der Ernteergebnisse nehmen nur einen verschwindend geringen Einfluss auf die Brutto- und Reinerträgnisse der Bodenproduction, weil die Productenpreise in den weniger fruchtbaren Jahren relativ höher stehen.

Dass aber die höhere Production des Jahres 1851 bei den vorstehenden zahlreichen Ausweisen der Production in den einzelnen Bezirken gar nicht berücksichtigt werden konnte, gründet sich darauf, dass von jenem Jahre Ausweise über die einzelnen Bezirke nicht vorliegen. Aus demselben Grunde musste auch das Jahr 1865 ausgeschieden bleiben. Da aber bei dem Entwurfe des Planes für die Bearbeitung der verschiedenen Abtheilungen dieses Buches principiell festgestellt wurde, dass die Production nach Bezirken verzeichnet werden soll, so konnten für die vorstehenden Berechnungen nur jene Jahrgänge der statistischen Aufzeichnungen benützt werden, in welchen die Production nach Bezirken angegeben war. Es ist dieses eben einer der Mängel dieses Berichtes, wie sie in künftigen Jahrgängen desselben durch vorhergehende sorgfältige Erhebungen zu beseitigen sein werden.

Manche in diesem Berichte enthaltene Berechnungen basiren lediglich auf der Gesammtproduction des Kronlandes, und es war desshalb angezeigt, für diese einen solchen Durchschnitt der Production der verschiedenen Jahrgänge anzunehmen, welcher der wahrscheinlichen Höhe einer durchschnittlichen Production am nächsten stehen dürfte. Es wurde desshalb in der nachfolgenden Uebersicht auch auf das Jahr 1851 zurückgegriffen, um eines der reichsten Productionsjahre mit minder günstigen Jahren zu verbinden.

Durchschnitt der Production aus dem Jahrgange 1851 und dem Durchschnitte der Jahrgänge 1855 und 1864 in Niederösterreich.

	Metzen
Weizen	1,057.000
Roggen	3,954.000
Gerste	1,047.000
Hafer	4,145.000
Mais	79.000
Haidekorn	282.000
Hirse	47.000
Hülsenfrüchte	61.000
Summe des Getreides	10,672.000

7 *

	Zentner
Stroh	16,024.000
	Metzen
Kartoffeln ...	2,945.000
Rüben	1,593,000
Kraut ....,	1,032.000
Obst	629.000
	Eimer
Obstmost ..	69.000
Wein ...	1,553.000
	Zentner
Heu. Klee, Grummet. Mischling .	12,178.000

Bewegungen des Tabak-Verschleisses in Niederösterreich.

Material-Absatz:

Rauchtabak:	1855	1860	1865
Inländer-Cigarren, Stücke	150,262.600	164,859.400	187,026.400
Havanna- „ „	3,606.954	8,145.585	6,794.057
Diese betragen im Gewichte:		Wr. Zentner	
Inländer-Cigarren .	11.307.$_{33}$	13.318.$_{31}$	16.525.$_{51}$
Havanna- „	323.$_{00}$	777.$_{18}$	649.$_{89}$
Pfeifentabak .	36.626.$_{46}$	38.124.$_{70}$	42.159.$_{50}$
Zusammen	48.256.$_{79}$	52.220.$_{19}$	59.334.$_{90}$
Schnupftabak	5.669.$_{81}$	6.006.$_{41}$	4.927.$_{02}$
Im Ganzen	53.926.$_{60}$	58.226.$_{60}$	64.263.$_{92}$

Hiefür erzielter Gelderlös:

		fl. öst. Whrg	
Inländer-Cigarren	2,953.761	4.270.490	4.810.923
Havanna- .	364.114	756.407	635.951
Pfeifentabak	1,827.248	2.070.498	2,254.660
Zusammen	5,145.123	7.097.395	7,701.534
Schnupftabak	736.900	790.504	660.819
Im Ganzen	5,882.023	7,887.899	8,362.353

Es entfallen pr. Kopf jährlich:

A. Auf die Gesammtbevölkerung pr. 1,864.000 Individuen.

	1855	1860	1865
		Wr. Pfund	
I. Tabak	2.89	3.12	3.45
		fl. Oest. Whrg.	
II. Geld	3.15	4.23	4.48

B. Auf die eigentlichen Raucher (25% der Bevölkerung als Raucher angenommen):

		Wr. Pfund	
I. Tabak	11.56	12.48	13.80
		fl. öst Whrg.	
II. Geld	12.60	16.92	17.92

Consumtion.

Ernährung der Bevölkerung in der Stadt Wien und auf dem Lande Niederösterreichs. Ernährung der Thiere und Kräftigung der Felder im ganzen Kronlande.

In den folgenden Tabellen, welchen die Vertheilung der Nahrungsmittel nach der Verschiedenartigkeit ihrer Verwendung vorausgeht, ist die Summe der consumirten Producte jener der Production derselben in Niederösterreich entgegengehalten. Die Differenz ergibt die Ziffer der nöthigen Einfuhr. Der Summe der berechneten Einfuhr ist jene der Aufnahmen entgegengestellt, welche von den Marktcommissariaten verzeichnet sind.

Einen weiteren Vergleich der Consumtion gewähren die Tabellen, welche die Berechnungen über die Ernährung der Gesammtbevölkerung und die Ernährung der Thiere im ganzen Kaiserstaate nachweisen.

Diesen Tabellen ist die Berechnung der chemisch festgestellten Stoffwerthe der Rohstoffe und Producte angeschlossen, um daraus nachzuweisen, in wie ferne die Verwendung der Nahrungsstoffe in Niederösterreich eine auch ihrem Stoffgehalte nach mehr oder weniger entsprechende ist.

Vertheilung

der Bodenproduction von Niederösterreich auf die Consumenten, nach dem Durchschnitte der Production von 1855 und 1864 und der Production im Jahre 1851 berechnet.

Anmerkung: Für Futter ist hier der Heu-Futterwerth angenommen, um es in einer einheitlichen Zahl anführen zu können; in der nachfolgenden Tabelle für Consumtion ist das Futter nach Stoffwerthen berechnet.

Producte		Metzen	Zentner	Für Menschen	Für Thiere	
				Zentner	Nach Heu-Nahrungswerthen Zentner Heuwerth	
Weizen	....	1,057.000	—	—		—
davon ab:	Metzen					
Ausschuss (5%)	52.000	—	—	—	à 170 Pfd.	89.000
Saatgetreide	274.000	—	—	—		—
Zur Stärkefabrikation	2.000	328.000	—	—	à 30 „ =	600
	Rest....	729.000	—	—		—
Der Metzen à 86 Pfd. gibt		—	626.000	—		
davon ab:						
Kleien und Abfälle (10%)		—	62.000	—	à 200 „ -	124.000
Rest an Weizenmehl		—	—	564.000		—
Roggen		3,954.000	—			
davon ab:	Metzen					
Ausschuss 5%....	197.000	—			à 150	295.000
Saatgetreide . ..	79[illegible].000					
Zur Spiritusfabrikation	50.000	1 046.000			Schlempe à 20	10,000
	Rest	2,908.000				—
Der Metzen à 80 Pfd. gibt		—	2,326.000			—
davon ab:						
Kleien und Abfälle (10%		-	232.000	—	Abfälle à 250 Pfd. =	560.000
Rest an Roggenmehl		--	—	2.094.000		
Gerste...		1,047.000	—	--		
davon ab:	Metzen					
Ausschuss (10%).	104.000	-		—	à 120 Pfd.	124.000
Saatgetreide	334.000	438.000		—		—
	Rest .	609.000	-	—		
davon wird vermahlen		409.000	—			—
Der Metzen zu 65 Pfd. gibt		—	265.000	—		
davon ab.						
Kleien und Abfälle 20%.		—	53.000		à 100 „	53.000
Rest an Gerstenmehl	....	—	-	212.000		
	bleibt...	200.000		-		
	Metzen					
Rollgerste ..	40.000		130.000	-		
Abfall (60%) .	24.000	—	--	—	à 100 „ -	24.000
Rollgerste	....	—	--	16.000		—

Producte	Metzen	Zentner	Für Menschen Zentner	Für Thiere Nach Heu-Nahrungswerthen	Zentner Heuwerth
Malz (Gerste zur Bierfabrikation)	—	50.000	—		
Abfall	—	—	—	à 30 Pfd.	15.000
Zu Hefe (Hefenfabrikation)	—	40.000	—		—
Abfall	—	—	—	à 30 „	12.000
Hafer	4,145.000	—	—		—
davon ab:					
Zur Saat	895.000	—	—		—
Bleibt Rest zu Futter	3 250.000	—	—	à 100 „	3,250.000
Mais	79.000	—	—		—
Zur Saat	2.000	—	—		—
Bleibt Rest zu Futter	77.000	—	—	à 170 „	130,000
Hirse	47.000	—	—		—
Zur Saat	1.000	—	—		—
Bleibt Rest	46.000	—	—		—
Der Metzen à 70 Pfd. gibt	—	32.000	—		—
Hievon Abfall (40%)	—	12.000	—	à 40 „	4.000
Zur Speise (Brein)	—	—	20.000		—
Haidekorn	282.000	—	—		—
davon ab:					
Zur Saat 30.000	—	—	—		—
Zu Futter 142.000	172,000	—	—	à 125 „	215.000
Bleibt Rest	110.000	—	—		
Der Metzen à 60 Pfd. gibt	—	66.000			
Hievon Abfall (50%)	—	33.000		à 40 „	13,000
Grütze	—		33.000		
Hülsenfrüchte aller Art	61.000		—		
davon ab:					
Saat 30.000	—		-		
Futter 5.000	35.000			à 270 „	13.000
Bleibt Rest...	26.000				
Der Metzen à 90 Pfd. ...	-		23.000		
Stroh.					
Von allen Getreidegattungen und Reps					
im Ganzen 16,000.000					
davon Streu 8,000.000					
„ Futter		8,000.000		à 50 „	4,000,000
Spreu, à 10% vom Stroh	-	—	—	à 100 „	1,600.000
Kartoffeln	2,945.000	—			
Davon ab:					
Zur Saat 793,000	—	—			
Zu Futter 683,000	—	—		à 36 „	245.000
Zur Spiritusfabrikation 193.000	1,669.000			Abfälle à 10 Pfd.	19.000
Bleibt Rest	1,276.000	—			—
Der Metzen à 80 Pfd.	—	—	1,020.000		
Rüben	1,593.000	—	—		
Davon verfüttert	1,075.000	—	—	à 25 Pfd.	268,000
Rest ...	518.000	—			
Der Metzen à 70 Pfd.	—	—	362.000		

Producte	Metzen	Zentner	Für Menschen Zentner	Für Thiere Nach Heu-Nahrungswerthen	Zentner Heuwerth
Kraut	1,032.000		—		—
Der Metzen à 40 Pfd.	—	412.000	—		—
Abfall	—	177.000	—	à 20 Pfd.	35.000
Rest	—	—	285.000		
Wien liefert Gemüse bei		—	60.000		..
Hopfen (Bierfabrikation)		–	40		
Hopfen-Laub	-		—		400
Obst	629.000	—			
Der Metzen à 70 Pfd.	—	440.000	—		—
davon:			Eimer		
Obstmost	—	69.000	69.000		—
Abfälle	—	14.000	—	à 40 „	5.000
Bleibt Obst zur Nahrung	—	—	357.000		—
		Eimer	Eimer		
Wein (Durchschnitt 1851 und 1861)		—	1,653.000		—
Weinlaub	—			à 2 Ztr. =	142.000
Trebern		30.000		à 2 „	60.000
Oelfrüchte (Abfälle bei der Oelfabrikation)		45.000		à 2 „	90.000
Zuckerrüben		600.000			—
Abfälle bei der Zuckerfabrikation		42.000	-	à 1 „	42.000
Klee, Mischling und Laubfutter	—	—			4,518.000
Wiesenheu und Grummet	—	—			7.760.000
hierzu nach Annahme					
Feldweide					
Brachweide der Zwei- und Dreifelderwirthschaft und der Wechselwirthschaft					222.000
Doppelweide der Aecker					450.000
Herbstsaatweide					100.000
Futter durch Schröpfen der Saaten					40.000
Hutweiden:					
Niederungs- und Hügelweiden					719.000
Hutweiden mit Obstbäumen					306
Hutweiden mit Holz					18.000
Hochgebirgs- und Alpenweiden					34.000
Hutweide im Walde					500.000
Hutweiden auf Wiesen im Herbste			–		400.000
„ in Gärten					181.000
Abfälle in der Haus-, Keller- und Kuchenwirthschaft in 250.000 Haushaltungen à 4 Ztr. Heuwerth					1,000.000
Streustoffe.					
Streustroh von allen Getreidearten					8,000.000
Stoppelstreu					1,400.000
Rebholz zur Compost-Düngung					3,000.000
Waldstreu, Boden- und Hackstreu (Moos, Laub)					2,000.000
Teich- und Sumpfrohr					200.000
Torf und Asche					500.000

Summarium der Vertheilung der Nahrungsstoffe und des Streumaterials.

Nach Angaben aus dem Durchschnitte der Productionen von 1855 und 1864 und der Production von 1851.

A. Nahrungsstoffe aus der niederösterreichischen Feldbauproduction.

	Nahrungsstoffe für Menschen Zentner	Nahrungsstoffe für Thiere Zentner Heuwerth
I. Mehlstoffe.		
Weizen-Mehl und Gries	564.000	244.000
Roggen-Mehl (Spiritusfabrikation) . . .	2,094.000	885.000
Gerste, Rollgerste (Bierfabrikation) .	228.000	246.000
Hafer	—	3,250.000
Mais	—	130.000
Hirse (Brei)	20.000	4.000
Haidekorn (Grütze)	33.000	13.000
Hülsenfrüchte	23.000	13.000
Summe	2,962.000	4,785.000
II. Knollen, Wurzeln, Gemüse.		
Kartoffeln (Spiritusfabrikation)	1,020.000	264.000
Rüben	362.000	268.000
Zuckerrüben, 600.000 Ztr. (Zuckerfabrikation) Abfälle		42.000
Kraut, 235.000 Ztr., Wien 60.000 Ztr. . . .	295.000	35.000
Summe	1,677.000	609.000
	Eimer	
III. Wein (Weinlaub, Trebern)	1,553.000	2,020.000
Obstmost .	69.000	--
	Zentner	
IV. Obst zur Nahrung (Abfälle)	357,000	5.000
V. Hopfen	40	400
VI. Grünfutter, u. z.		
Wiesenheu, Klee, Mischling und Grummet, Laubfutter		12,278.000
Hut-, Feld- und Waldweide		3,367.000
Summe	—	15,645.000
VII. Abfälle von Oelfrüchten .		90.000
VIII. „ in der Hauswirthschaft		1,000.000
IX. Futterstroh und Spreu	-	5,600.000
Totalsumme Ztr.	4,996.000	29,754.000
und Eimer	1,622.000.	

B. Nahrungsstoffe aus der Einfuhr zur Thierernährung.

	Zentner Heuwerth
I. An Mehlstoffen.	
Einfuhr 1,412.000 Metzen zur Ernährung der Menschen. Abfall von 1,412.000 Metzen Weizen und Roggen	387.000
II. Gerste zur Biererzeugung.	
Nach Abschlag der in Oesterreich producirten und zur Biererzeugung verwendeten 71.000 Metzen, Einfuhr 1,352.000 Metzen. Trebern von 1,352.000 Metzen Gerste	284.000
III. Zur Spirituserzeugung.	
Nach Abschlag der hiezu verwendeten eigenen Producte von Roggen und Mais	30.000
Hafer zur Fütterung	1,000.000
Heu „ „	1,000.000
Heunahrungswerth Summe Ztr.	32,455.000

C. Streumaterial.

Stoffe zur Mischung mit Thierexcrementen	15,100.000

Consumtion der Bevölkerung in Niederösterreich.

A. Stadt-Bevölkerung von Wien mit 514.000 Individuen.

	Im Ganzen jährlich Zentner	Ein Individuum jährlich Pfund	Ein Individuum täglich Loth
An Mehl und Hülsenfrüchten oder an Brod, u. z. 100 Pfd. Mehl zu 140 Pfd. Brod oder sonstigen Mehlproducten........	938.000	182.5	16.00
An Gemüsen: Kartoffeln	117.000	22.8	2.00
Kraut	117.000	22.8	2.00
Rüben	59.000	12.8	1.00
Sonstige Gemüse, Kohl. Salat, Gurken, Melonen. Wurzeln	59.000	12.4	1.00
An Obst	117.000	22.8	2.00
Zucker und Syrup	117.000	22.8	2.00
Kaffee, Cichorie, Gewürze	17.000	3.4	0.30
Fürtrag	1,541.000	301.9	26.30

	Im Ganzen jährlich Zentner	Ein Individuum jährlich Pfund	Ein Individuum täglich Loth
Uebertrag	1.541,000	301.9	26.30
Fleisch: Rindfleisch	473.000	68.4	8.00
„ Schwein-, Schaf-, Kalb-, Ziegenfleisch und Federvieh	175.000	34.2	3.00
Wild	10.000	2.0	0.20
Fische, nach Schätzung gleich dem Wilde	10.000	2.0	0.20
Milch, Käse und Butter von 1,160.000 Eimern Milch, à 6 Loth Butter und Käse pr. 1 Mass Milch, täglich 0.6 Seitel pr. Kopf = 1.60 Loth feste Stoffe = feste Stoffe	87.000	17.1	1.50
Eier, pr. Kopf täglich 0.12 Stück, 10 Stück = 1 Pfd., 44,000.000 St.	44,000	8.7	0.80
Honig, meistens Lebkuchen	2.000	0.4	0.04
Salz	29.000	5.8	0.50
Im Ganzen an Speisen	2,371.000	440.5	40.54

Getränke.	Eimer	Mass	Seitel
Wein und Obstmost	350.000	27.3	0.30
Bier	1,171.000	91.2	1.00
Spirituosen	12.000	1.0	0.01
Im Ganzen an Getränken	1,533.000	119.5	1.31

Gruppirung der Nahrungsstoffe für die Bevölkerung der Stadt Wien.

	jährlich Pfund	täglich Loth	jährlich Pfund	täglich Loth		Von 100 Gewichtstheilen
An Mehl	182.5	16.00	275.7	24.00	Pflanzenstoffe	59.20
„ Gemüsen	93.2	8.00				
„ Fleisch und Fischen	106.6	11.40	132.8	13.74	Thierstoffe =	33.90
„ Milchproducten, Eiern, Honig	26.2	2.34				
„ Kaffee, Zucker, Gewürzen	26.2	2.30	32.0	2.80	verschiedene Nahrungsstoffe =	6.90
„ Salz	5.8	0.50				
Summe	440.5	40.54			Nach Percenten	100.00

B. Land-Bevölkerung mit 1,350.000 Individuen.

	Im Ganzen jährlich Zentner	Ein Individuum jährlich Pfund	Ein Individuum täglich Loth
An Mehl und Hülsenfrüchten oder an Brod, u. z. 100 Pfd. Mehl zu 140 Pfd. Brod oder sonstigen Mehlproducten	3,079.000	228.1	20.00
An Gemüsen: Kartoffeln	1.554.000	115.1	10.10
Kraut	1,023.000	75.8	6.65
Rüben	384.000	28.5	2.50
Sonstige Gemüse, Kohl, Salat, Gurken, Melonen, Wurzeln	247.000	18.3	1.60
An Obst	307.000	22.8	2.00
Zucker und Syrup	45.000	3.4	0.30
Kaffee, Cichorie und Gewürze	16.000	1.2	0.10
Fleisch: Rindfleisch	236.000	17.5	1.53
„ Schwein-, Schaf-, Kalb-, Ziegenfleisch und Federvieh	289.000	21.4	1.87
Wild	50.000	3.7	0.32
Fische, nach Schätzung gleich dem Wilde	50.000	3.7	0.32
Milch, Käse und Butter. 2,693.000 Eimer Milch à 6 Loth Butter und Käse pr. 1 Mass Milch täglich 0.6 Seitel pr. Kopf = 1.60 Loth feste Stoffe = feste Stoffe	202.000	15.0	1.32
Eier, pr. Kopf täglich 0.17 St., 10 St. = 1 Pfd., 70,000.000 St. =	70.000	5.7	0.50
Honig, meistens Lebkuchen	13.000	1.0	0.08
Salz	108.000	8.0	0.70
Im Ganzen an Speisen	7,673.000	569.2	49.89

Getränke.

	Eimer	Mass	Seitel
Wein und Obstmost	1,215.000	36.0	0.39
Bier	1,687.000	50.0	0.55
Spirituosen	33.000	1.0	0.01
Im Ganzen an Getränken	2,935.000	127.0	0.95

Gruppirung der Nahrungsstoffe für die Bevölkerung auf dem Lande.

	jährlich Pfund	täglich Loth	Ein Individuum jährlich Pfund	täglich Loth		Von 100 Gewichtstheilen
An Mehl	228.1	20.00				
„ Gemüsen	260.5	22.85	488.6	42.85	Pflanzenstoffe	85.90
„ Fleisch u. Fischen	46.3	4.04				
„ Milchproducten, Eiern, Honig	21.7	1.90	68.0	5.94	Thierstoffe =	11.90
„ Kaffee, Zucker, Gewürzen	4.6	0.40				
„ Salz	8.0	0.70	12.6	1.10	Verschiedene Nahrungsstoffe =	2.20
Summe	569.2	49.89			Nach Procenten	100.00

C. Consumtion von Land und Stadt.

	Jährlicher Bedarf Stadt	Land	Summe Zentner	Eigene Production	Einfuhr
An Mehl und Hülsenfrüchten od. an Brod, u. zwar 100 Pfd. Mehl zu 140 Pfd. Brod od. sonstigen Mehlproducten	938.000	3,079.000	4,017.000	2,962.000	1,055.000
An Gemüsen:					
Kartoffeln	117.000	1,554.000	1,671.000	1,020.000	651.000
Kraut	117.000	1.023 000	1,140.000	235.000	905.000
Rüben	59 000	384.000	443,000	362.000	81.000
Sonstige Gemüse, Kohl, Salat, Gurken, Melonen, Wurzeln	59.000	247.000	306.000	60.000	246.000
An Obst	117.000	307.000	425.000	357.000	67.000
An Zucker und Syrup	117.000	45.000	162.000	42.000	120.000
Kaffee, Cichorie, Gewürze	17.000	16.000	33.000		33.000
Fleisch: Rindfleisch, jährlich pr. 90.000 Ochsen	473.000	236 000	709.000	450 000	259.000
„ Schwein-, Schaf-, Kalb-, Ziegenfleisch und Federvieh	175.000	289.000	464 000	175.000	289 000
Wild	10.000	50.000	60.000	—	60.000
Fische nach Schätzung gleich dem Wild	10.000	50 000	60.000	–	60.000

	Jährlicher Bedarf			Eigene	Einfuhr
	Stadt	Land	Summe Zentner	Production	
Milch, Butter, Käse, 3,853.000 Eimer Milch à 6 Loth Butter und Käse pr. 1 Mass Milch, täglich 0.6 Seitel pr. Kopf = 1.60 Loth feste Stoffe, feste Stoffe	87.000	202.000	289.000	210.000	79.000
Eier, 10 Stück=1 Pfund 114,000.000 St.	44.000	70.000	114.000	72.000	42.000
Honig, meistens Lebkuchen	2.000	13.000	15.000	2.000	13.000
Salz	29.000	108.000	137.000	—	137.000
Summe	2,371.000	7,673.000	10,044.000	5,947.000	4,097.000
Getränke:			Eimer.		
Wein u. Obstmost	350.000	1,215.000	1,565.000	1,635.000	(?)
Bier	1,171.000	1,687.000	2,858.000	2,908.000	(?)
Spirituosen	12.000	33.000	45.000	171.000	—
Summe	1,533.000	2,935.000	4,468.000	4,714.000(?)	120.000 (?)

Anmerkung: 42.000 Zentner Zucker aus den in Niederösterreich gewonnenen Zuckerrüben.

Von Bier werden aus der Gerste, welche in Niederösterreich gewonnen wird, bei 100.000 Eimer erzeugt.

Die Ausfuhr an Wein nach den Provinzen und dem Auslande dürfte 70.000, jene des Biers 7.000 Ztr. betragen. Eine zuverlässige Angabe ist gleich der Einfuhr unmöglich, weil an den Grenzen Niederösterreichs als Binnenprovinz ein Zoll nicht erhoben wird.

D. Consumtions-Tabelle

für das Kaiserthum Oesterreich (11.228 □Meilen).

Bevölkerung.

Die Bevölkerung des ganzen Reiches pr. 37,700.000 Einwohner (nach der Zählung im Jahre 1863 und Zuwachsrechnung bis zum Jahre 1865) consumirt:

	Im Ganzen jährlich	Ein Individuum	
	Zentner	jährlich Pfund	täglich Loth
An Mehl und Hülsenfrüchten, oder an Brot, und zwar 100 Pfd. Mehl zu 140 Pfd. Brot oder sonstigen Mehlproducten . . .	106,808.000	283.3	24.84
An Gemüsen: Kartoffeln .	44,712.000	118.6	10.40
Kraut	24,278.000	64.4	5.65
Rüben	9,439.000	25.0	2.17
Sonstige Gemüse, Kohl, Salat, Gurken, Melonen, Wurzeln.	6,866.000	18.2	1.50

	Im Ganzen jährlich Zentner.	Ein Individuum jährlich Pfund	Ein Individuum täglich Loth
Obst	4.293.000	11.3	1.00
Zucker und Syrup	1,279.000	3.3	0.30
Kaffee, Cichorie. Gewürze	389.000	1.0	0.10
Fleisch: Rindfleisch	6.439.000	17.0	1.53
Schwein-, Schaf-, Kalb-, Ziegenfleisch, Federvieh	8.063.000	21.3	1.87
Wild	2.293.000	3.4	0.32
Fische, nach Schätzung gleich dem Wilde	1,293.000	3.4	0.32
Milch, Käse u. Butter von 3300,000.000 Mass Milch à 6 Loth Butter u. Käse pr. 1 Mass Milch, täglich 0.6 Seitel pr. Kopf = 1.60 Loth feste Stoffe = feste Stoffe	5,586.000	14.8	1.60
Eier, pr. Kopf täglich 0.17 Stück, 10 Stück = 1 Pfund	2,144.000	5.6	0.50
Honig, meistens Lebkuchen	150.000	0.4	0.08
Salz	2.999.000	7.9	0.70
Im Ganzen an Speisen	226,031.000	598.9	52.98

Getränke:	Eimer	Mass	Seitel
Wein und Obstmost	32,000.000	33.9	0.37
Bier	17,000.000	18.0	0.19
Spirituosen	1,000.000	1.0	1.01
Im Ganzen an Getränken	50,000.000	52.9	0.67

Gruppirung der Nahrungsstoffe für die Bevölkerung des Kaiserstaates.

	Ein Individuum consumirt jährlich Pfund	täglich Loth	jährlich Pfund	täglich Loth		Von 100 Gewichtstheilen
an Mehl	283.3	24.84	520.5	45.66	Pflanzenstoffe	86.15
„ Gemüsen	237.5	20.82				
„ Fleisch, Fischen	45.1	4.04				
„ Milchproducten, Eiern und Honig	20.8	2.18	65.9	6.22	Thierstoffe	11.74
„ Kaffee, Zucker, Gewürzen	4.3	0.40				
„ Salz	7.9	0.70	12.2	1.10	Verschiedene Nahrungsstoffe	2.0[illegible]
Summe	598.9	52.98	598.9	52.98	Nach Procenten	100.00

Bierconsumtion *)

der nachstehenden Länder und Städte in Europa.

Auszug aus der Nürnberger „Allgemeinen Hopfenzeitung“ 1866.

	Liter		öst. Mass
	jährlich		
Durchschnittliche Consumtion in Europa pr. Kopf	27	=	18·9
Baiern	134	=	93·8
Grossbritannien	113	=	79·1
Württemberg	104	=	72·8
Belgien	80	=	56·0
Braunschweig	68	=	47·6
Thüringen	60	=	42·0
Sachsen	39	=	27·3
Niederlande	39	=	27·3
Baden	31	=	21·7
Oesterreich	22	=	15·4
Schweiz	20	=	14·0
Preussen	19·6	=	13·7
Frankreich	15·	=	10·5
Schweden	11·5	=	8·0
Spanien	2	=	1·4
Russland	1·3	=	0·9
Italien	1·1	=	0·7
Portugal	0·8	=	0·5
München	427	=	298·9
London	188	=	131·6
Wien	131	=	91·7
Frankfurt a. M.	43	=	30·1
Berlin	28	=	19·6
Paris	22	=	15·4

*) Diese Tabelle wurde eingereiht, um die interessanten Verhältnisse der grossen Mengen einer Consumtion darzustellen, welche der Bevölkerung eines Landes oder einer Stadt endlich zum Bedürfnisse werden kann. Es wäre wünschenswerth, ähnliche Tabellen auch für alle anderen Getränke und Nahrungsstoffe zu besitzen.

Resultate
der Berechnungen über die Ernährung der Bevölkerung in Wien, auf dem Lande in Niederösterreich und im Gesammt-Kaiserstaate.

	Niederösterreich Wien	Niederösterreich Land	Kaiserthum Oesterreich
	täglich Loth per Kopf		
Mehl- und Hülsenfrüchte	16·00	20·00	24·84
Gemüse	8·00	22·85	20·87
Fleisch und Fische	11·40	4·04	4·04
Milchproducte, Eier, Honig	2·34	1·90	2·18
Kaffee, Zucker, Gewürze	2·30	0·40	0·40
Salz	0·50	0·70	0·40
Getränke:	Täglich Seitel pr. Kopf (1 Seitel bei 20 Loth)		
Wein und Obstmost	0·30	0·39	0·37
Bier	1·00	0·55	0·10
Spirituosen (nach Annahme)	0·01	0·01	0·01

Anmerkung. Bierverbrauch täglich pr. Kopf: In Europa 0·20, Grossbritannien 0·88, Baiern 1·09, London 1·44, München 3·42 Seitel.

Die vorstehenden Resultate der Consumtion des Landes, welche durch die verschiedenen Lebensverhältnisse der Consumenten bedingt ist, reihen sich im Allgemeinen vollständig den Ergebnissen der Erfahrungen an, welche in anderen Ländern diessfalls gemacht werden. Abweichend sind bloss einzelne Gegenden, wo z. B. die Kartoffel die Hauptnahrung der Bevölkerung bildet, wesshalb dort die Bewohner weniger kräftig, hinfällig und Krankheiten leichter unterworfen sind. Es wäre interessant, ähnliche Berechnungen für solche Gegenden zu verfassen, und zugleich die Gesundheitszustände der Bevölkerung in solchen und anderen Gegenden comparativ entgegenzustellen.

Auffallend ist, dass in Niederösterreich auf dem Lande weniger an Milchproducten consumirt wird, als von der Bevölkerung des ganzen Reiches. Es liegt diess in der hohen Verwerthung der Milch in Wien, für welche im grossen Umkreise der Stadt Seitens der Landwirthe bei der Milchverwendung gespart wird.

Eben so auffallend ist die Verschiedenheit in den Ziffern der Salzconsumtion in Niederösterreich und dem ganzen Reiche. Dieser Unterschied resultirt aus der Uebung, dass man in Niederösterreich allen Brodteig salzt, während in Böhmen, Mähren. Schlesien u.s.w. alles Brod nur gesäuert verbacken wird.

Der Verbrauch an Wein in Niederösterreich ist ein bedeutender, und wird nur von Ungarn so hoch überboten, dass mit Einrechnung dieses Landes für die Gesammtbevölkerung im Reiche pr. Kopf und Tag durchschnittlich bei 0.37 Seitel entfallen; ein Resultat, welches für die Wohlfahrt des Landes sehr ungünstig ist, da der gewonnene Wein zum grössten Theile von den Producenten, etwa 5,000.000 Individuen, und zumeist nur desshalb von denselben consumirt wird, weil der Absatz nach dem Auslande gegenüber der grossen Production ein verschwindend kleiner ist. Der Wein steht im Preise meist unter dem Werthe der Production, der Absatz ist ein höchst nothdürftiger und der Producent consumirt, dadurch veranlasst, mehr als nöthig und mehr, als es seine Verhältnisse gestatten.

Die Consumtions-Ziffer für die Spirituosen ist schwer nachzuweisen, weil die Consumtion von dem Bedarfe für die Industrie nicht genau unterschieden werden kann.

In den folgenden Tabellen ist die Gesammtconsumtion, nach ihren Stoffwerthen berechnet, dargestellt, um zu erforschen, in wie ferne die Ernährungsweise der niederösterreichischen Bevölkerung eine mehr oder weniger zweckdienliche ist.

A.

Consumtion der Stadtbevölkerung von Wien (514.000 Individuen), nach Stoffwerthen berechnet.

Analyse nach Dr. Müller	Faserstoffe, fette Stoffe und Asche	Protein	Fett und Kohlenhydrat	Wasser	Zusammen
	Zentner				
An Mehlstoffen	23.450	103.180	680.050	131.320	938.000
„ Kartoffeln	2.925	1.755	24.570	87.750	117.000
„ Kraut	4.095	2.925	5.265	104.715	117.000
„ Rüben	1.357	885	6.608	50.150	59 000
„ sonstigen Gemüsen, Wurzeln	2.065	885	3.835	52.215	59.000
„ Obst	2.340	585	16.965	97.110	117.000
„ Fleisch	10.070	207.080	53.440	397.460	668.000
„ Milch, Butter, Käse	4 350	39.150	8.700	34.800	87.000
„ Eiern	660	5.940	4.620	32.780	44.000
„ Zucker, Syrup, Honig	—		113,050	5.950	119.000
„ Kaffee, Cichorie, Gewürzen	14.650	—	—	2.350	17.000
„ Salz	27.550			1 450	29 000
Im Ganzen	93.462	362.386	917.103	998.050	2,371.000
Getränke:	1 Eimer 1 Zentner				
Wein und Obstmost	1 050		37.450	311.500	350.000
Bier	4.684		88.996	1,077.320	1,171.000
Spirituosen	—		4 500	7 200	12 000
Im Ganzen	5.734		131 246	1,396.020	1 633.000
Total-Summa	99 196	362 386	1,048 349	2,394 070	3,904.000

B.

Consumtion der Landbevölkerung (1,350.000 Individuen), nach Stoffwerthen berechnet.

Analyse nach Dr. Müller	Faserstoffe, feste Stoffe und Asche	Protein	Fett und Kohlenhydrat	Wasser	Zusammen
	Zentner				
An Mehlstoffen	76 975	338.690	2,232.275	431.060	3,079.000
„ Kartoffeln	38.850	23.310	326.340	1,165.600	1,554.000
„ Kraut	35.805	25.575	46.035	915.585	1,023.000
„ Rüben	8.832	5 760	43.008	326.400	384.000
„ sonstigen Gemüsen, Wurzeln	8.645	3.705	16.055	218.595	247.000
„ Obst	6.140	1.535	44.515	254.810	307.000
„ Fleisch	9.375	193.750	50.000	371.875	625.000
„ Milch, Butter, Käse	10.100	90.900	20.200	80.800	202,000
„ Eiern	1.050	9.450	7.350	52.150	70,000
„ Zucker, Syrup, Honig	—	—	55.100	2.900	58.000
„ Kaffee, Cichorie, Gewürzen	12.760	—	—	3.240	16.000
„ Salz	102.600	—	—	5.400	108.000
Im Ganzen	311.132	692.675	2,840.878	3,828.315	7.673.000
Getränke:	1 Elmer = 1 Zentner				
Wein und Obstmost	3.645	—	130.005	1,081 350	1,215 000
Bier	6.748	—	128.212	1,552 040	1,687,000
Spirituosen	—	—	13.200	19.800	33.000
Im Ganzen	10.393	—	271.417	2,653.190	2,935.000
Total Summe	321.525	692 675	3,112 295	6.481 505	10,608 000

C.

Consumtion der Bevölkerung in Niederösterreich pr. 1.864.000 Individuen, nach Stoffwerthen berechnet.

Analyse nach Dr. Müller	Faserstoffe, feste Stoffe und Asche	Protein	Fett und Kohlenhydrat	Wasser	Zusammen
	Zentner				
An Mehlstoffen	100.425	441.870	2,912.325	562 380	4,017,000
„ Kartoffeln	41.775	25.065	350.910	1,253.250	1,671.000
„ Kraut	39.900	28.500	51.300	1,020.300	1.140.000
„ Rüben	10.189	6 645	49.616	376.550	443.000
„ sonstigen Gemüsen, Wurzeln	10.710	4.590	19.890	270 810	306 000
„ Obst	8.480	2 120	61.430	351.920	424.000
„ Fleisch	19.395	400.830	103.440	769.335	1,293 000
„ Milch, Butter, Käse	14.450	130.050	28.900	115.600	289.000
„ Eiern	1.710	15.930	11 970	84 930	114 000
„ Zucker, Syrup, Honig	—	—	168.150	8.850	177.000
„ Kaffee, Cichorie, Gewürzen	28 380		—	4.620	33 000
„ Salz	130.150	—	—	6.850	137.000
Im Ganzen an Speisestoffwerthen	405.664	1,055.060	3.757.981	4,825.395	10,044.000
Getränke:	1 Elmer 1 Zentner				
Wein, Obstmost	4.695		167.455	1.392.850	1,665.000
Bier	11.432		217.208	2.629.360	2,858 000
Spirituosen	—		18.000	27.000	45 000
Im Ganzen an Getränkestoffwerthen	16 127		402.663	4,049 210	4,468.000
Total-Summe	421 691	1,055 060	4,160 644	8.874 605	14,512 000

8 *

D.

Consumtion im Kaiserthume Oesterreich (37,700.000 Individuen), nach Stoffwerthen berechnet.

Analyse nach Dr. Müller	Faserstoffe, feste Stoffe und Asche	Protein	Fett und Kohlenhydrate	Wasser	Zusammen
	Zentner				
An Mehlstoffen	2,670.200	11,748.880	77,435.800	14,953.120	106,808.000
„ Kartoffeln	1,117.800	670.680	9,389.520	33,584.000	44,712.000
„ Kraut	558 394	364.170	2,719.136	20,636.300	24,278 000
„ Rüben	330.365	235 975	424.755	8,447.905	9 439.000
„ sonstigen Gemüsen, Wurzeln	240,310	102.990	446.290	6,076.410	6,866 000
„ Obst	85.860	21.465	622.485	3,563.190	4,293.000
Fleisch	256 320	5,297.280	1,367.040	10.167.360	17,088.000
Milch, Butter, Käse	279.300	2,513.700	558.600	2,234.400	5,586 000
Eiern	32.160	289.440	225.120	1,597.280	2,144 000
„ Zucker, Syrup, Honig	—	—	1,357 550	71.450	1,429.000
„ Kaffee, Cichorie, Gewürzen	334.540	—	-	54 460	389.000
Salz	2,949.050	-		149.950	2,099.000
Im Ganzen an Speisestoffwerthen	8,754.299	21.244.580	94,546.296	101,486.825	226,031.000
Getränke:	1 Eimer · 1 Zentner				
Wein und Obstmost	96 000	—	3,424 000	28,480.000	32,000.000
Bier	68 000		1.292.000	15.640 000	17.000.000
Spirituosen	—		400 000	600 000	1,000 000
Im Ganzen an Getränkestoffwerthen	164.000		5.116 000	44.720 000	50,000.000
Total-Summe	9,918 299	21,244.580	99,662.296	146,205 825	276.031.000

Resultate der Stoffwerth-Berechnungen.

	Niederösterreich Stadt	Niederösterreich Land	Kaiserthum Oesterreich
Faserstoffe, feste Stoffe und Asche	2·54	3·03	3·23
Proteïn	9·28	6·53	7·70
Fett und Kohlenhydrat	26·85	29·34	31·10
Wasser	61·33	61·10	52·97
Zusammen	100·00	100·00	100·00

Es entfallen somit

für die Bevölkerung	an Proteïn (fleischbildenden Stoffen)	An Fett und Kohlenhydraten (Fettbildnern) u. Stoffen zur Verathmung
	Gewichtstheile	
in Wien	1	2·8
auf dem Lande in Niederösterreich	1	4·4
im Kaiserthume Oesterreich	1	4·0

Durch Erfahrung wurde nachgewiesen, dass der Handarbeiter sich körperlich am wohlsten fühlt, wenn das Verhältniss der Mengen der fleisch- und fettbildenden Stoffe, welche er geniesst, 1 zu 4 bis 1 zu 5 ist, während jener Theil der Bevölkerung, welcher körperlich sich weniger anstrengt, von diesen Stoffen auf 1 Theil Fleischbildner nur 2 bis 3 Theile Fettbildner bedarf. Das Resultat dieser Aufzeichnungen und die hierauf basirten Berechnungen bestätigen auch hier die Richtigkeit des vorstehenden Erfahrungssatzes.

Viehstand und Thierproduction in Niederösterreich.

A. Zahl und Standvieh.

Stand	Stück	à Ztr.	Ztr. Lebensgewicht
Pferde	86.000	6	516.000
Rinder	589.000	6	3,534.000
Esel	400	3	1.000
Schafe	352.000	0·6	210.000
Ziegen	40.000	0·4	16.000
Schweine	444.000	1	444.000
Hunde, für je 3 Häuser 1 Hund, auf 184.000 Häuser	60.000	0·2	12.000
Federvieh	700.000	0·03	21.000
Hochwild	4.000	0·50	2.000
Anderes Wild	300.000	0·04	12.000
Summe des Lebensgewichtes Ztr.			4,768.000

B. Jährliche Production.

An Fleisch	525.000	Ztr.
„ Wolle	15.000	„
„ Milch (flüssig)	2,800.000	„
„ Eiern	72.000	„
„ Zugkraft (Thier-Lebensgewicht)	1,754.000	„
„ Zeugungskraft (Thier-Lebensgewicht)	123.000	„
Summe	5,289.000	Ztr.
Hievon das Wasser der Milch pr.	2,590.000	„
Rest	2.699.000	Ztr.

Futterbedarf des Viehstandes im Heu-Nahrungswerthe.

	Ztr. Heu-Nahrungswerth
Für 4,768.000 Ztr. Thier-Lebensgewicht sind jährlich erforderlich	26,224.000
Die Thierproduction beträgt 5,289.000 Ztr., hievon der Wassergehalt der Milch abgezogen, erübrigt ein Productionswerth von 2,699.000 Ztr. Hiefür Futterbedarf	9,943.000
Summe	36.167.000
Die Gesammtproduction an Futter und die berechnete Einfuhr beträgt	32,455.000
Es fehlen somit	3,712.000

oder bei 11% des in Rechnung stehenden Futters.

Gruppirung der Futtermenge in Niederösterreich.

Nach den Berechnungen in den Tabellen der Heu-Nahrungswerthe zusammengestellt.

Wir verwenden zur Thierernährung an Erhaltungs- und Productionsfutter

	Ztr. Heu-Nahrungswerth		Ztr. Heu-Nahrungswerth	es entfallen auf 100 Gewichtstheile verwendeten Futters
An Weide aller Art bei	3,367.000			
Heu (Wiesen-, Klee-, Mischling-Heu)	13,278.000	Grünfutter	16,645.000	51·0
Getreide / Getreideabfälle	6,486.000	Getreide	6,486.000	20·7
Rüben	268.000			
Kartoffeln	264.000			
Abfälle v. Kraut, Kartoffeln, Rüben	77.000	Kraut, Wurzeln und Knollen	609.000	1·7
Oelfruchtabfälle	90.000	Oelfruchtabfälle	90.000	0·3
Stroh und Spreu	5,600.000	Stroh, Spreu	5,600.000	17·1
Abfälle von Brauereien, Brennereien u. s. w.	3,025.000	Abfälle	3,025.000	9·2
Summe	32,455.000		32,455.000	100·0

Gewinnung und Einfuhr von Abfällen zur Thierernährung, nach Stoffwerthen berechnet.

Gattung der Abfälle	Menge in runden Summen	Faserstoffe, feste Stoffe und Asche	Protein	Fett und Kohlenhydrat	Wasser
	Zentner				
A. Abfälle aus der Production.					
Weizen: Ausschuss 52.000 Mtz., à 86 Pfd.	44.000	2.200	5.940	29.700	6.160
„ Kleien und Abfälle	62 000	10.540	11.160	31.620	8.680
Roggen: Ausschuss 197.000 Mtz., à 80 Pfd.	157.000	9.420	20.410	105 190	21.980
„ Kleien und Abfälle	232.000	39.440	41.760	118.320	32.480
„ Schlempe	10.000	300	400	350	8.950
Gerste: Ausschuss 104.000 Mtz. à 65 Pfd.	24.000	4.080	4.320	12.240	3.360
„ Kleien und Abfälle	67.000	7.035	8.375	42.210	9 380
Rollgerste: Abfälle	130.000	22.100	23.400	66.300	18.200
Malzgerste (Biertrebern)	15 000	1.425	750	1.500	11.325
Hefe: Abfall (Trebern)	15.000	1.425	750	1.500	11.325
Hafer	3,250.000	406 250	373 750	2,015.000	455 000
Mais	130.000	8.450	11.700	91.650	18 200
Hirse: Abfälle	5 000	1.100	450	2.750	700
Haidekorn: Abfälle	58.000	19.360	8 800	47.520	12.320
Hülsenfrüchte aller Art	4 000	280	1.000	2.160	5.600
Futterstroh	8,000.000	4,240.000	200.000	2,440.000	1,120.000
Spreu	1,600 000	792 000	80.000	504.000	224.000
Kartoffeln 683.000 Mtz., à 80 Pfd.	546.000	13.650	8.190	114.660	409.500
Kartoffeln (Schlempe)	19.000	570	570	665	17.195
Rüben 1,075.000 Mtz., à 70 Pfd.	752.000	17.296	11.280	84 224	639 200
Kraut: Abfälle	177.000	6.195	4.425	7.965	158.415
Obst (Obsttrester)	14.000	1.330	210	3 150	9 310
Wein: Treber	30.000	2 850	450	6.750	19.950
„ Weinlaub	710.000	47.570	7.100	51.830	603 500
Oelfrüchte: Abfälle (Oelkuchen)	45.000	8.325	14.850	15.525	6.300
Zuckerrüben (Presslinge)	40.000	0.990	650	9.460	27.950
Klee, Mischling	4,518.000	1.558.710	745.470	1,581 300	632.520
Wiesenheu und Grummet	7,760 000	2,793.600	659.600	3,220 400	1.086.400
Weide	14,820.000	2,148.900	518.700	2,371.200	9.781 200
Hausabfälle	1,000.000	360.000	85.000	415.000	140 000
B. Abfalle von der Einfuhr.					
Weizen und Roggen	387.000	23 220	50.310	259.290	54.180
Gerste (Biertrebern)	284.000	26 980	14 200	28.400	214.420
Roggen, Mais (Branntwein-Schlempe)	60.000	1.800	2.400	2.100	53.700
Hafer zur Fütterung	500.000	62.500	57.500	310.000	70.000
Heu zur Fütterung	1,000.000	360 000	85.000	415.000	140.000
Gesammt-Summe	46,497.000	18,002.891	3,058.850	14,408.699	16,026.360
Es entfallen somit nach Procenten	—	27·9	6·6	31·0	34·5

Anmerkung. Es verhalten sich nach dieser Berechnung die fleischbildenden Stoffe zu den fettbildenden wie 1 zu 5; ein Verhältniss der Ernährung, welches sich bei den im freien Zustande lebenden grasfressenden Thieren ergibt, da in dem Gras Protein und Kohlenhydrate auch in gleichen Mengenverhältnissen enthalten sind.

Viehstand in Niederösterreich nach Stoffwerthen.

	Mengen	Faserstoffe, feste Stoffe und Asche	Proteïn	Fett und Kohlenhydrat	Wasser
	Zentner				
Lebensgewicht	*4,768 000	572.160	1,258.752	514 944	2,422 144
Jahres-Production.					
Fleischzuwachs (fettes Fleisch)	525.000	7.875	186.375	126.000	204.750
Wolle	15.000	300	12.450	2.250	—
Milch	2,800.000	28 000	84.000	224.000	2,464.000
Eier	72.000	1.080	9.720	7.560	53.640
Zugkraft (Thier-Lebensgewicht)	1,754.000	210.480	163.056	189.432	891.032
Zeugungskraft (Thier-Lebensgewicht)	123.000	14.760	32.472	13.284	62.484
Summe der Production	5,289.000	262.495	788.073	562 526	3,675.906
Gesammt-Summe	10,057.000	834.655	2,046.825	1,077.470	6,098.050

Futterbedarf zur Erhaltung und Production des vorstehenden Thiergewichtes.

Zur Erhaltung des Lebensgewichtes sind nöthig:

		Bedarf an Futterproteïn pr. Ztr.
Für Lebensgewichts-Proteïn pr.	1,258.752 Ztr.	2.588.043 Ztr.
„ Productions-Proteïn „	788.073 „	788.073 „
	Summe	3,376.116 Ztr.

Das producirte Futter-Proteïn beträgt	2,849.440 Ztr.	
„ eingeführte	209.410 „	
Summe		3,058.850 Ztr.
Es fehlen somit an Futterproteïn		317.266 Ztr.

daher ein Abgang von 11%.

Diese 317.266 Ztr. Proteïn, in Heuwerth berechnet, betragen Heu . . . . 3,712.000 Ztr.

Dieser Abgang an Futter ergibt sich offenbar aus der Unrichtigkeit der ursprünglichen Erhebungen, da nur in seltenen Fällen genaue Ziffern für Menge, Mass und Gewicht anzugeben sind, denn nur ganz ausnahmsweise werden die Ernten aller Productionsartikel gewogen. Ein Ausfall von 10 bis 12 Procent ist daher in Berücksichtigung dieser Verhältnisse stets zu gewärtigen. Eine Ausgleichung des Ausfalles kann aber in der Berechnung nicht vorgenommen werden, da es vorzuziehen ist, die Differenzen bei den Gesammtresultaten blosszulegen, als eine Ausgleichung der Ziffern im Einzelnen durchzuführen, wodurch die Unrichtigkeiten eben nur an Stabilität gewinnen würden.

Von grosser Wichtigkeit ist aber das Verhältniss, in welchem das Erhaltungsfutter gegenüber dem Productionsfutter zur Verwendung kommt; dasselbe ist 26·2 : 9·9, oder rund 25 : 10. Man verwendet somit 3·5 Pfd. Futter und gewinnt hiebei nur als Ersatz für Ein Pfd. Productionsfutter irgend ein Product an Fleisch, Milch, Zugkraft u. s. w., während bei einer Verwendung von 36 Mill. Ztr. Futter im entsprechendsten Falle nur 12 Mill. Ztr. als Erhaltungsfutter und 24 Mill. Ztr. als Productionsfutter, zum mindesten aber doch $^3/_5$, das ist 21·6 Millionen Ztr. als Productionsfutter und nur 14.4 Mill. Ztr. als Erhaltungsfutter zur Ausnützung kommen sollten. Bei einem richtigen Verhältnisse könnte jährlich eine Mehrproduction von 600.000 Ztrn. Thierstoffe gewonnen werden.

Es ist somit dringlichst nöthig, sowohl mehr Futter zu produciren, als auch dort, wo diess nicht stattfinden kann, den Viehstand auf jenes Mass zu verringern, bei welchem eine vollständig zweckmässige Ernährung der Thiere ermöglicht wird.

Ernährung der Thiere im ganzen Kaiserstaate.

Viehstand.

Standvieh im Lebensgewichte	98,149.000 Ztr.
Jährliche Production	52,351.000 „
Summe	150,500.000 Ztr.

Für den Gesammtviehstand sammt Production sind erforderlich:

	Heufutterwerth
An Futter zur Erhaltung des Lebensgewichtes pr. 98,149.000 Ztr.	618,342.000 Ztr.
An Futter zur Erzielung der jährlichen Production pr. 52,351.000 Ztr.	404,658.000 „
Summe	1023,000.000 Ztr.

Es vertheilen sich die Futterwerthe von 1023.000.000 Ztr. Heufutterwerth auf

	Zentner Heuwerth			auf 100 Futter gewichtstheile
Weide aller Art....	213,000.000	Grün-		
Heu, Mischling, Klee	551,000.000	futter	764,000.000	74·3
Getreide...........	96,000.000			
Getreideabfälle......	45,000.000	Getreide	141,000.000	13·9
Rüben..........	6,000.000			
Kartoffeln..........	7,000.000	Knollen,		
Abfälle von Kraut, Kartoffeln, Rüben..	2,000.000	Wurzeln, Gemüse	15,000.000	1·8
Oelfrüchtenabfälle...	2,000.000			
Waldsamenfrüchte...	5,000.000		7,000.000	0·7
Futterstroh.........	54,000.000	Stroh	54,000.000	5·2
Gewerbe-, Wirthschafts- und Küchenabfälle.	42,000.000	Abfälle	42,000.000	4·1
Summe	1.023,000.000		1.023,000.000	100·0

Die producirte Futtermenge pr. 1.023,000.000 Ztr.
enthält an Futterprotein.................. 67,795.000 Ztr.
davon wird für die Erhaltung des Lebensgewichtes pr. 98,149.000 Ztr. benöthigt an Futterprotein .... 51,930.970 Ztr.
für die jährliche Production per 52,351.000 Ztr.......... 15,864.030 „ 67,795.000 Ztr.

Anmerkung. In dieser Berechnung wurde zuerst der Bedarf an Erhaltungsfutter in Abschlag gebracht und der Rest der Production zugetheilt. Es verhält sich die Menge des Erhaltungsfutters zur Quantität des zur Production verwendeten Futters wie 3 zu 2.

Resultat aus der Berechnung über die Thierernährung in Niederösterreich und im ganzen Kaiserstaate.

I. Verhältnisse der Fütterung nach Rohstoffen.

	in Niederösterreich	im Kaiserstaate
	Percente	
Grünfutter....	51·3	74·3
Getreide..................	22·9	13·9
Waldsamen und Oelfruchtabfälle........	0·1	0·7
Knollen, Wurzeln und Gemüse.........	1·7	1·8
Stroh und Spreu....................	15·4	5·2
Abfälle von Gewerben, Wirthschaft und Küche...............	8·6	4·1
	100%	100%

Es wird sonach in Niederösterreich dem ganzen Reiche gegenüber um 23% weniger an Grünfutter (Heu, Klee, Gras, Weide), dagegen um 9% an Getreide, um 10.2% an Stroh und um 4.5% mehr an Abfällen von Gewerben verfüttert.

II. Verhältnisse der Fütterung nach Stoffwerthen.

	Niederösterreich	Kaiserstaat
	Procente	
Feste Substanzen	27·7	31·3
Proteïn (Fleischbildner)	6·8	8·3
Kohlenhydrat, Fettbildner und Verathmungsstoffe	32·6	41·7
Wasser	32·9	18·7
	100%	100%

Es wird demnach in Niederösterreich den Thieren wohl das gleiche Mengenverhältniss an Proteïn zu den Fettbildnern, d. i. wie 1 zu 5, verabreicht, aber im Allgemeinen noch weniger reichlich gefüttert, als der Durchschnitt der Thierernährung im ganzen Kaiserstaate nachweiset.

III. Verhältniss des Erhaltungsfutters zu dem Productionsfutter.

Dieses Verhältniss ist für Niederösterreich: 2·5 : 1, für den ganzen Kaiserstaat 3 : 2.

In Niederösterreich wird somit dem ganzen Reiche gegenüber um 12% mehr an Futter nutzlos verfüttert, während im ganzen Reiche weitere 20% dadurch vergeudet werden dass der gesammte Viehstand nicht zweckmässig, d. i. nicht lucrativ, genährt wird. Dieser Ausfall ergibt nach den Vorlagen im ganzen Reiche einen Futterwerth von 204,600.000 Ztr. Heu (20% von 1.023,000.000 Ztr.), in Niederösterreich dem ganzen Staate gegenüber einen Werth von 4,320.000 Ztr. (12% von 36,000.000 Ztr.) und gegenüber einer entsprechenden Thierernährung überhaupt den Werth von 8,640.000 Zentner Heu.

Würden die Landwirthe Oesterreichs endlich darauf eingehen, ihr schwer und theuer producirtes Futter zweckmässig auszunützen, so würden wir nicht nur ausreichend Fleisch und sonstige Producte aus dem Thierreiche gewinnen, sondern diese noch massenhaft auszuführen in der angenehmen Lage sein.

Verwendung von Viehsalz.

Man berechnet. dass für je 4 Ztr. Thiergewicht 1 Loth Salz pr. Tag erforderlich sei, damit das Futter wohl verdaut werde und die Thiere gedeihen

Bei dem Gesammtlebensgewichte der Thiere in Niederösterreich pr. 4,768.000 Ztr. würde daher jährlich eine Verwendung von Lecksalz erforderlich sein.	135.962 Ztr.
Ferner ist zur jährlichen Production von 2,699.000 Ztr. für je 10 Pfd. Heufutterwerth 1 Loth Salz, und da das Futter 9,943.000 Ztr. Heuwerth hat, an Salz erforderlich	31.071 „
Daher Salzbedarf im Ganzen	167.033 Ztr.

Wie viel davon wirklich in Verwendung kommt, ist nicht nachweisbar, aber sichergestellt ist aus der Erfahrung, dass nicht die Hälfte jener Quantitäten den Thieren verabreicht wird, ungeachtet durch die Regierung gegenwärtig ein sehr wohlfeiles Viehsalz mit zweckmässiger Beimischung von Eisenoxyden dem Landwirthe zur Verfügung gestellt ist.

Indem das Salz auf die Verdauung der Nährstoffe, auf die Assimilation (Umwandlung und Aufnahme der Nahrungsstoffe) einen wesentlich günstigen Einfluss übt, und Thiere. welche davon die entsprechenden Mengen erhalten, besser gedeihen. sowie das Futter vollständiger ausgenützt wird. ist es um so bedauerlicher, dass die Landwirthe lediglich aus Sparsamkeit ihren Thieren nicht das reichen, was ihr Wohlbefinden fördern und die Production steigern würde, denn bei dem Mangel an Salz erkranken die Thiere viel häufiger und bleiben in ihrer Production zurück, ja selbst der Dünger solcher Thiere ist geringer als von jenen, welchen die entsprechende Menge Salz gereicht wird.

Der Einwurf, dass die Thiere in ihrem natürlichen Zustande sich ohne Salz wohl befinden und feist (fett) werden, kann nicht entgegengesetzt werden, denn die Nahrung des Thieres im Zustande der Freiheit ist eine verschiedene: die Nahrung der Weidegräser ist eine leicht assimilirbare, weil die Stoffe nicht verhärtet sind, und selbst in der Freiheit sucht das Thier verschiedene Erden auf, um daraus Salze aller Art aufzunehmen.

Es ist somit dringend nöthig, dass die Landwirthe den Thieren die entsprechende Menge von Salz nicht ferner vorenthalten, das ihnen für einen niedrigen Preis geboten ist, und wodurch sie das Futter, besonders bei stärkerer Fütterung, in seinem vollen Werthe ausnützen werden.

Dünger-Consumtion.

In Niederösterreich werden von der Gesammtbodenfläche für die Feldwirthschaft, den Weinbau und die anderen Culturen zur Gewinnung von Nahrungsstoffen 1,454.000 Joch benützt.

Nach der Erfahrung absorbiren im grossen Durchschnitte drei Ernten eine Düngung von 300 Ztr. pr. Joch, und es wird daher angenommen, dass eine Wirthschaft wohl bestellt sei, in welcher alle Feldbaugründe im Verlaufe von 3 Jahren mit 300 Ztr. Hofmist (Normaldünger sammt aller Jauche) per Joch gedüngt werden.

Nach diesen Annahmen, welche auf Erfahrung begründet sind, wäre durchschnittlich im Jahre jedes Joch Feld mit je 100 Ztr. Hofmist zu kräftigen. Es würden demnach als vollständiger Ersatz für die Gesammtproduction 145,400.000 Ztr. Dünger nöthig sein.

Laut Berechnungen stehen den Landwirthen Niederösterreichs jährlich 36,000.000 Ztr. an Heufutterwerthen zur Ernährung der Thiere, dann 15,000.000 Ztr. Streumateriale, theils aus eigener Production, theils durch Einfuhr aus den Nachbarprovinzen, ferner die Ausscheidungsproducte der Landbewohner zur Verfügung, und es stellt sich die Düngererzeugung wie folgt:

Hofdüngererzeugung und sonstige Düngung nach dem Gewichte.

In Verwendung kommen:

Futter im Heunahrungswerthe sammt Einfuhr .	36,000.000 Ztr.
Streustoffe	15,000.000 „
Summe	51,000.000 Ztr.

Zur entsprechenden Düngererzeugung sind erforderlich:

Für Futter im Heunahrungswerthe von	36,000.000 Ztr.
An Streustoffen 25%, d. i. . . .	9,000.000 Ztr.
Summe	45,000.000 Ztr.

und aus diesen werden 90,000.000 Ztr. Normaldünger erzeugt.

Indem aber an Streu viel mehr verwendet wird, als zur Erzeugung eines Normaldüngers nothwendig wäre, sind auch noch die überschüssigen 6 Millionen Ztr. zur Düngervermehrung zuzurechnen.

Man erzeugt aus	36,000.000 Ztr.	Futter
und	15,000.000 „	Streu
zusammen	51,000.000 Ztr.	

das doppelte Gewicht, nämlich 102.000.000 Ztr., an Dünger, welcher in seinem Stickstoffgehalte an Salzen und Säuren um so ärmer ist als der Normaldünger, weil die Jauche der Thiere nicht verwendet wird, sondern grösstentheils abfliesst und der Dünger überdiess noch von Regenfluten ausgewaschen wird. Anderseits ist anzunehmen, dass durch den Inhalt der Aborte, welche auf dem Lande zumeist an den Düngerstätten stehen, der Hofmist im Allgemeinen wieder bedeutend gewinnt, da die Bevölkerung des Landes 7.000.000 Ztr. an Speisen und 3.000.000 Ztr. an Getränken consumirt. Aber immerhin ist dieser Dünger mit seiner übermässigen Streumaterialverwendung und bei Abgang von vielleicht 80 bis 90 Percent Jauche noch kein Normaldünger.

Der Cloakeninhalt der Stadt Wien wird nicht benützt; es werden jedoch jenem Dünger sehr viele Stoffe beigemischt, welche hier von Pferden und Kühen erzeugt, ferner aus den Küchen und dem Kehricht gewonnen, in grossen Massen auf das Land geführt werden und unter den 102,000.000 Ztr. bereits in Rechnung gebracht sind.

Ausser diesem Hofdünger pr. 102.000.000 Ztr. werden noch verwendet:

Gyps bei	25.000	Ztr.
Knochenmehl bei..........	5.000	„
Asche bei....	100.000	„

Diese Düngermengen entsprechen, ungeachtet der bedeutenden Einfuhr selbst von Futterstoffen, schon ihren Quantitäten nach nicht dem Bedarfe, welcher nach der vorstehenden Berechnung 145.400.000 Ztr. betragen müsste, um die Grundstücke eben nur in gleicher Kraft zu erhalten. Man flüchtet desshalb in jedem vierten oder dritten, selbst in jedem zweiten Jahre zu dem Brachen der Felder, um aus der Zersetzung des Bodens neue Kraft zur ferneren Production zu gewinnen.

Die folgende Darstellung nach Stoffwerthen wird den Gegenstand näher beleuchten.

Ernte eines Jahres nach Stoffwerthen.

Getreide sammt Stroh, Kartoffeln sammt Kraut, Rüben sammt Blatt.
Wein sammt Rebholz pr. Joch Aufwuchs berechnet.

Analyse nach Grüneberg	Weizen	Roggen	Gerste	Hafer
Joch	91.300	266.486	111.556	298.334
Ztr. Ernte	2,739.000	7.994.000	2,231.000	5,966.000
		Zentner		
Kali	18.351	80.754	14.947	44.745
Natron	3.560	15.589	2.454	17.898
Phosphorsäure.	15.612	55.158	17.401	23.864
Kalk.....	7.395	30.377	4.908	14.915
Bittererde	4.656	16.787	4.015	11.932
Schwefelsäure	4.656	5.595	1.561	2.983
Chlor	1.095	3.197	3.346	8.949
Kieselsäure	74.774	203.847	45.512	119.320
Thonerde und Eisenoxyd.	821	7.994	1.561	5.966
Stickstoffe, Wasser und sonstige Stoffe.......	2,608.080	7,574.702	2,135.295	5.715.428

	Mais Buchweizen Hirse	Hülsenfrüchte	Brachweide und Feldfutter	Kartoffeln
Joch	42.682	10.409	476.000	52.834
Ztr. Ernte	986.000	208.000	1,763.000	3,170.000
		Zentner		
Kali	4.634	2.163	28.208	22.190
Natron	1.084	582	3.878	1.585
Phosphorsäure	5.718	1.164	7.757	5.706
Kalk...............	3.451	1.913	42.312	7.291
Bittererde......	8.005	582	11.988	2.536
Schwefelsäure	1.676	166	3.878	2.219
Chlor	493	166	5.994	2.853
Kieselsäure	690	249	4.936	1.585
Thonerde und Eisenoxyd...	493	166	1.057	951
Stickstoff, Wasser und sonstige Stoffe	959.756	200.849	1.652.992	3.123.084

	Rüben	Kraut	Handelspflanzen	Wein-Aufwuchs
Joch	12.209	11.274	10.000	71.472
Ztr. Ernte	1,831.000	1,691.000	200.000	2.930.000
		Zentner		
Kali.	10.802	8.962	2.540	36.039
Natron	915	845	240	2.051
Phosphorsäure......	2.380	3.043	300	6.153

	Rüben	Kraut	Handels-pflanzen	Wein-Aufwuchs
Joch	12.209	11.274	10.000	71.472
Ztr. Ernte	1,831.000	1,691.000	200.000	2,930.000
		Zentner		
Kalk	1.647	2.198	920	26.663
Bittererde	1.098	676	380	6.153
Schwefelsäure	549	1.521	540	2.051
Chlor	732	845	240	1.172
Kieselsäure	2.563	67	4 340	1.758
Thonerde und Eisenoxyd	366	169	—	1.172
Stickstoff, Wasser und sonstige Stoffe *)	1,809.948	1,672.674	190.500	2,846.788

	Stoppel-weide	Klee und Mischling	Wiesen-heu
Ztr. Ernte	2.250.000	4,518.000	3,200.000
		Zentner	
Kali	7.355	72.288	52.160
Natron	2.250	9.939	16.000
Phosphorsäure	2.385	19·878	16.960
Kalk	2 115	108.432	15.040
Bittererde	1.035	30.722	7.360
Schwefelsäure	765	9.939	5.440
Chlor	2.565	23.361	18.240
Kieselsäure	10·215	12.650	72.640
Thonerde und Eisenoxyd	315	2.710	2.240
Stickstoff, Wasser und sonstige Stoffe.	2,221.000	4,228.081	2,993.920

Durch den Entgang der Jauche, welche von den Landwirthen in Niederösterreich grösstentheils nicht benützt wird, müssen von dem Normaldünger pr. 102,000,000 Ztr., in welchen die Werthstoffe von 51.000.000 Ztr. Jauche aufgenommen werden sollten, 50% in Abzug kommen. Da aber angenommen wird, dass der gewöhnliche Hofdünger durch den Inhalt der Aborte wieder bedeutende Zuschüsse an Werthstoffen erhält, so dürften von den Normaldüngerstoffwerthen nur 50% der Jauchwerthe in Abschlag gebracht werden, um das Verhältniss der Stoffwerthe des Düngers annähernd richtigzustellen. Nach diesem Abschlage stellen sich die in Niederösterreich gewonnenen Mengen der Düngerstoffe wie folgt heraus:

*) Die grösste Menge des Stickstoffes und seiner Verbindungen, deren die Pflanzen zu ihrem Aufwuchse bedürfen, wird ihnen aus der Luft und dem Regen durch Blatt und Wurzel zugeführt.

Die Düngererzeugung im Verlaufe eines Jahres, nach Stoffwerthen berechnet.

Nach Grüneberg's Analysen.

Hofmist 102,000.000 Zentner.

Der Normaldünger enthält an Mineralstoffen:

	Hofmist	50% des Normaldüngers für Jauche	hievon 50%	bleibt im Dünger an Dungstoffen
	Zentner			
Kali	459.000	229.000	114.000	345.000
Natron	102.000	51.000	25.000	77.000
Phosphorsäure.	204.000	102.000	51.000	153.000
Kalk	612.000	306.000	153.000	459.000
Bittererde	255.000	127.000	63.000	192.000
Schwefelsäure.	102.000	51.000	25 000	77.000
Chlor	153.000	76.000	38.000	115.000
Kieselsäure ...	(?)	—	—	—
Thonerde u. Eisenoxyd	(?)	—	—	—
Summe	1,887.000	942.000	469.000	1,418.000
Stickstoff	510.000	255.000	127.000	383.000
Summe	2,397.000	1,197.000	596.000	1,801.000
Wasser und sonstige Stoffe ..	99,603.000	49,801.000	24.901.000	74,702.000
Im Ganzen	102,000.000	50,998.000	25,497.000	76.503.000

Entgegenhaltung der Düngermengen zu den Ernten.

	Dünger					Ernten
	Hofmist	Knochenmehl	Gyps	Asche	Summe	
	Zentner					
Kali	345.000		—	1.000	346.000	406.138
Natron.............	77.000	100	—	—	77.100	78.870
Phosphorsäure	153.000	1.250	—	1.000	155.250	183.479
Kalk	459.000	1.500	8.250	12.000	480.750	269.577
Bittererde	192.000	50	—	2 000	194.050	107.925
Schwefelsäure......	77.000	—	11.500	3.000	91.500	43.539
Chlor..............	115.000	—	—	—	115.000	73.248
Kieselsäure........	(?)	100	—	16.500	16.600	555.146
Thonerde und Eisenoxyd	(?)	—	—	10.000	10.000	25.981
Summe...	1.418.000	3.000	19.750	45.500	1,486.250	1,743.903

	Dünger					Ernten
	Hofmist	Knochenmehl	Gyps	Asche	Summe	
	Zentner					
Uebertrag	1,418.000	3.000	19.750	45.500	1,486.250	1,743.903
Stickstoff..........	383.000	—	—	—	383.000	—
Nach Müller's Analyse	—	—	—	—	—	4,047.660
Summe...	1.801.000	3.000	19.750	45.500	1,869.250	5,791.563
Wasser und sonstige Stoffe...........	74.702.000	2.000	5.25?	54.500	74,763.750	35,885.437
Im Ganzen...	76.503.000	5.000	25.000	100.000	76,633.000	41,677.000

Anmerkungen. Die Gesammternten beziffern sich auf 44,277.000 Ztr. Den Ausfall gegenüber der hier mit 41,677.000 Ztr. nach Stoffwerthen berechneten Ernte deckt jene Quantität Wiesenheu, welche ohne Dünger gewonnen wird und (angenommen) 2,600.000 Ztr. beträgt.

Das Ergebniss der Düngererzeugung und der dem Felde entnommenen Ernte ist kein günstiges; die Ernten, welche jährlich gewonnen werden, entziehen dem Boden Jahr für Jahr an festen Stoffen um 257.000 Ztr. mehr, als demselben durch den Dünger geboten wird, und der Boden wird daher um die gleiche Menge an diesen Stoffen ärmer. Die Folge hievon ist die Ackermüdigkeit, und diese kann nur durch entsprechende Düngung mit jenen Stoffen vollständig gehoben werden, welche dem Felde bis zur Erschöpfung entzogen wurden, oder — jedoch nur theilweise — dadurch, dass man den Acker auf Kosten einer oder mehrerer Ernten zur Vermeidung der ferneren Zersetzung seiner gebundenen Stoffe ein oder mehrere Jahre lang unter mehrmaliger Lockerung des Bodens ruhen lässt, d. h. ihn bracht.

Würde man aber mehr Futter erzeugen, die Thiere zweckmässiger ernähren, den Dünger sorgfältiger beachten und vollständig ausnützen, dann würden wir jährlich etwa 300,000 Joch Aecker mehr bebauen können, und Oesterreich würde ungeachtet der 550,000 Einwohner, welche in Wien leben, der Getreidezufuhr aus anderen Kronländern (4,000.000 Mtz.) nahezu entbehren können.

Bedarf an Sämereien für Gemüse- und Futtererzeugung.

	Wien			Land		
	Bedarf,	Erzeugung,	Einfuhr	Bedarf,	Erzeugung.	Einfuhr
	Zentner			Zentner		
An Gemüse- u. Rübensamen	20	20	—	120	50	70
Kleesaat....	20	—	20	20.000	15.000	5000
Grassamen............	40	—	40	600	300	300
Summe	80	20	60	20.720	15.350	5.370

Werthe der Einfuhr:	Wien	Land
Gemüsesamen	— fl.	7.000 fl.
Kleesamen	600 „	150.000 „
Grassamen	1.200 „	9.000 „
Summe	1.800 fl.	229.000 fl.

Der Verschleiss der Wiener Samenhandlungen ist ein mehrfach grösserer, aber diese mehreren Sämereien werden in die verschiedenen Kronländer verkauft. Welche Höhe dieser Verkehr erreicht, ist nicht zu ermitteln.

Gruppirung der besteuerten Verschleisser.

	Stadt						Land			
	Anzahl			Steuer			Anzahl		Steuer	
	1855	1860	1865	1855 fl.	1860 fl.	1865 fl.	1860	1865	1860 fl.	1865 fl.
Bierhändler		1	1		20	10	—	—	—	—
Branntweinschänker	174	172	254	3675	3350	4545	197	449	1543	2939
Branntweinverschleisser ...	—		—		—	—	5	50	12	527
Canditenverschleisser	—		4	—	—	30	—	—	—	—
Casino-Inhaber					—	—	3	4	620	680
Dunstobst-Verschleisser ...	5	6	4	95	65	35	1	—	3	—
Dürrobsthändler	·			—			1	—	5	—
Erfrischungsanstalten	2	2	1	5	40	10	3	2	13	6
Essighändler	1	1	6	20	5	125	6	5	22	23
Fragner	610	676	1674	10465	14070	19315	288	408	1367	3257
Frischobsthändler	6	7	7	265	250	110	290	244	1068	909
Früchte, eingesottene, Händler mit	—	—	2	—	-	15	—	—	—	
Gastwirthe	1246	1280	1693	42340	45960	47965	4067	6523	39961	61570
Getreideabfallhändler	—	—	1	—	—	5	—	—	—	—
Getreidehändler	13	18	18	1690	1360	1375	547	551	3431	[illegible]
Greissler	75	310	330	1345	6040	4465	1057	993	5536	5502
Grünwaarenhändler	—	–	—	—	—	—	194	293	884	1268
Gurkenhändler	4	3	2	30	20	15	—	—	—	—
Hafer-, Heu-, Strohhändler	28	33	30	450	695	575	66	59	367	343
Höckerinnen	454	684	756	2540	4010	4335		—		
Hopfenhändler	1	3	4	50	350	430	1	1	20	20
Hülsenfrüchtenhändler	36	30	27	465	360	305	2	1	10	2
Kaffeeschänker	104	239	270	925	2230	2255	110	144	565	985
Kaffeesieder	101	112	278	9580	10860	14070	85	93	1671	1758
Kastanienbrater	—	10	40		50	205	2		10	
Kellerschänker	23	16	10	760	690	495	3	1	12	4
Kostgeber	149	323	264	1045	2210	1725	80	73	443	475
„ israelitische	—	—	2	—	—	25	2		25	—
Krennhändler	13	16	22	130	145	110	4	1	17	2
Küchengärtner	130	183	128	1406	1390	1225	41	71	264	397
Kümmelhändler	—	—	—	—	—		1	1	5	5
Kukuruzhändler						—	1	1	5	5
Landbrot-Verschleisser	15	14	25	85	75	135	202	332	534	673
Malzextract-Verschleisser ..	—	—	4	—	—	280	—	—	—	—
Malzhändler	—	—	1	—	—	20	—	—	—	—
Fürtrag ...	3.190	3.989	5.853	77.465	93.185	104.210	7.359	10.314	58.911	84.746

	Stadt						Land			
	Anzahl			Steuer			Anzahl		Steuer	
	1855	1860	1865	1855 fl.	1860 fl.	1865 fl.	1860	1865	1860 fl.	1865 fl.
Uebertrag..	3.190	3.989	5.853	77.465	93.185	104.210	7.259	10.314	58.911	84.746
Mandoletti-Verschleisser...	—	—	3	—	—	15	1	2	5	20
Markt-Victualienhändler...	926	916	1181	5885	5875	6820	120	216	630	1140
Mehlhändler............	304	609	360	3605	6990	4200	129	190	774	1313
Mehlspeishändler.........	—	—	1	—	—	10	1	—	3	—
Obstmosthändler.........	2	2	4	10	10	55	2	—	10	—
Obstmostschänker........	—	—	—	—	—	—	1	—	5	—
Presshefe- u. Germhändler.	20	19	16	110	115	95	32	22	91	54
Restaurateure............	—	—	18	—	—	335	12	14	129	178
Safranhändler............	—	—	—	—	—	—	12	7	57	32
Salsenverschleisser.......	1	3	1	5	20	5	—	—	—	—
Samenhändler............	—	14	15	—	440	425	6	12	13	44
Sauerkräutler............	51	59	69	790	845	800	11	12	60	65
Spezereihändler..........	113	139	138	23500	25900	22900	93	184	471	1715
Spirituosenhändler.......	8	6	169	1355	1300	1390	20	74	92	661
Stadtköche..............	5	5	1	145	145	30	—	—	—	—
Südfrüchtenhändler.......	62	106	116	1585	2450	3095	24	36	274	334
Theehändler.............	—	—	6	—	—	2000	—	—	—	—
Traiteure...............	40	43	40	2110	1520	1540	98	93	969	1142
„ israelitische.....	16	23	16	755	1180	665	2	1	15	5
Victualienhändler........	1161	761	610	10820	6525	5020	3022	2346	13129	10580
Weinhändler.............	45	65	47	3260	4020	3295	249	156	1992	1326
Weinschänker (Koscher-)..	—	—	—	—	—	—	1	3	10	26
Zuckerbäckerwaarenverschleisser...........	—		6		—	35	14	19	42	59
Zucker- und Kaffeehändler.	—	2	25	—	120	425	—	—	—	—
Zwiebackverschleisser.....	—	1	2	—	10	10	—	—	—	—
Summe..	5944	5352	8691	131400	151650	157975	11107	13703	80687	103760

Verkehr mit Nahrungsstoffen aus dem Pflanzenreiche durch Schänker, Wirthe und Verschleisser.

Die Menge des Verkehrs in jedem einzelnen dieser Gewerbe ist nicht zu ermitteln, denn die Anfragen der Kammer wurden nur von einem Theile der Gewerbetreibenden beantwortet.

Die Berechnungen von Bedarf und Consumtion geben übrigens in ihrer Gesammtziffer einen Anhaltspunct zur Ausmittlung des Verkehrs in Wien, welcher .... 29,000.000 fl. jährlich beträgt. Diese Summe wird durch den Verschleissaufschlag von mindestens 50% (die Regiekosten und Reingewinne der Verschleisser und Händler) bedeutend erhöht, und es dürfte der Umsatz in Wien die Geldsumme von .... 43,500.000 fl. erreichen. Der Geschäftsertrag von .... 14,500.000 fl.

vertheilt sich auf 8.600 Geschäfte mit einer Kopfzahl von mindestens 86.000 Individuen, welche den Familien der Gewerbetreibenden zu je 6 und dem Hilfspersonale mit dessen Familien zu je 4 Köpfen angehören, somit nahezu den 6. Theil der Bevölkerung Wiens ausmachen. Demzufolge muss von je fünf Bewohnern Wiens der sechste, als der Classe der Zwischenhändler angehörig, erhalten werden.

Der Umsatz eines Geschäftes beträgt durchschnittlich bei	5.050 fl.
Der Bruttoertrag	1.683 fl.
An Steuer von 156.000 fl. entfallen pr. Geschäft bei	18 fl.
An Miethe bei	300 fl.
An Lohn für Hilfsarbeiter bei	300 fl.
An Capitalverzinsung von 10,000.000 Gulden bei einem jährlich viermaligen Umsatz pr. Geschäft	57 fl.
Summe	675 fl.
Es bleibt sonach ein Reinertrag von	1.008 fl.

(bei 8.600 Geschäften von 8,668.800 fl.) durch den Detail-Verkauf der Nahrungsstoffe aus dem Pflanzenreiche. Dieser Gewinn wird noch gesteigert durch den Mitverkauf anderer Stoffe, die dem Pflanzenreiche nicht angehören und durch den Verschleiss von Haushaltungsgegenständen, welche der Mehrzahl dieser Gewerbe zukommen, endlich durch einen höheren Percentenzuschlag.

Der Reinertrag auf die Durchschnittszahl der Individuen berechnet, welche davon leben müssen, stellt sich, wenn man per Geschäft 6 Individuen in der Familie des Geschäftsinhabers (die Hilfsarbeiter sammt ihren Familien pr. 4 Individuen sind oben mit 300 fl. entlohnt) annimmt, jährlich auf	168 fl. — kr.
und per Tag auf	46 kr.

Aus diesen Annahmen geht hervor, dass der berechnete Aufschlag von durchschnittlich 50 Percent ausreicht, um die daran theilnehmenden Individuen zu erhalten.

Auf der Bevölkerung von Wien lastet die Erhaltung der Kleinverschleisser bei der Annahme von 50% durchschnittlichen Aufschlages, wie folgt:

Gesammtzahl der Einwohner	514.000
Davon Verschleisser sammt Hilfsarbeitern ..	86.000
Käufer	428.000
Diese Letzteren zahlen einen Aufschlag von .	14,500.000 fl.
Davon entfallen pr. Kopf	34 fl.
und von diesen 34 fl. entfallen für den Reinertrag (pr. 8,668.800 fl.), von welchem die Verschleisser sammt Familien leben	20 fl.

Die Vorlagen, welche über den Kleinverschleiss in den vier Kreisen des Landes einige Notizen enthalten, sind nicht ausreichend, um darauf gleiche Berechnungen für das Land durchzuführen. Die dortigen Kleinverschleisser führen die verschiedenartigsten Verkaufsgegenstände, und die Landbewohner erzeugen die meisten Nahrungsstoffe in ihren eigenen Wirthschaften. Es ist sonach eine Ausscheidung der Mengen und der Werthe, welche durch den Kleinverschleiss auf dem Lande in den Verkehr gelangen, nicht möglich.

Der Bedarf der Bevölkerung und der Thiere an Nahrungsstoffen aus dem Pflanzenreiche.

Wenn immerhin selbst durch unbestreitbar genaue Aufzeichnungen die Consumtion der Bevölkerung irgend eines Landes und die Menge von Futter nachgewiesen ist, welches dort den Hausthieren verabreicht wird, so ist damit weder festgestellt, dass diese Mengen von Nahrungsstoffen den wirklichen Bedarf decken, noch erwiesen, dass diese Massen von Stoffen, welche factisch consumirt werden, auch zum Vortheile der Consumenten ausschlagen.

Beide Fälle treffen nun auch Niederösterreich, und es ist um so wichtiger, auf derlei Missverhältnisse hinzuweisen, als jedes derselben überhaupt schädliche Folgen nach sich zieht.

Die Nahrungsstoffe, von welchen in Niederösterreich zu wenig oder zu viel consumirt wird, sind folgende:

Fleisch.

Die Landbevölkerung Niederösterreichs geniesst von Rindfleisch täglich 1.53 Loth, jährlich pr. Kopf 17.5 Pfd., während in anderen Ländern die Fleischconsumtion auf 4—6 Loth pr. Kopf täglich, somit auf 46—70 Pfd. jährlich steigt. In Niederösterreich, dessen Fleischzufuhr aus den Nachbarländern allein bei 259.000 Ztr. Rindfleisch beträgt und wo der Preis desselben durchschnittlich auf 25 kr. pr. Pfd. zu stehen kommt, ist eine entsprechende Fleischernährung unter diesen Verhältnissen nicht möglich. Man wird dann erst die für die Kräftigung der Menschen erforderliche Menge von Fleisch geniessen können, wenn mehr Futter und durch bessere Ernährung der Thiere mehr und wohlfeiles Fleisch erzeugt werden wird. In Niederösterreich sollten nebst der dermaligen Fleischconsumtion mindestens noch weitere 500.000 Ztr. zur Verwendung kommen.

Wein.

Von Wein consumirt der Landbewohner im grossen Durchschnitte täglich 0.39 Seitel, jährlich 36 Mass pr. Kopf. Indem wir aber annehmen müssen, dass der in Niederösterreich jährlich erzeugte Wein pr. 1,600.000 Eimer grösstentheils von den Producenten selbst getrunken wird, steigert sich die Consumtion für den Mann, welcher doch fast nur allein Wein trinkt, täglich auf 4—6 Seitel, somit jährlich auf 365—500 Mass, was für den Weinpflanzer offenbar nachtheilig ist, denn er vertrinkt, ohne sich dadurch etwa zu kräftigen, den Verdienst, welchen er im eigenen Weingarten durch mühsame Arbeit sich erworben hat, bei seinem Nachbar. Die Weinbauer trinken gegenseitig ihren Wein, weil sie solchen der geringen Qualität wegen nach auswärts nicht an Mann bringen und der Wein wohlfeil ist; dadurch verkümmern sie sammt ihren Familien. So herabgekommene Weinpflanzer zählt Niederösterreich nach Tausenden. Aber dessenungeachtet will der Weinbauer und selbst der Besitzer grösserer Weingärten nicht davon abgehen, nur wohlfeile Weine geringer Qualität zu erzeugen. Gewöhnlich wird eingewendet, dass von leichtem (schlechtem) Weine eher 10 Fass, als ein Fass guten Weines verkäuflich seien. Diess ist allerdings in so weit richtig, als eben die Nachbarn untereinander ihren Wein gegenseitig austrinken, oder in den Schänken wohlfeilen Wein massenhaft consumiren. Ob es aber für den Weinpflanzer vortheilhaft ist, leichten Wein für noch leichteres Geld zu produciren, welches seine Arbeit nicht lohnt, diese Frage ist dadurch längst entschieden, dass die Weingärtler Jahr um Jahr zahlreicher verarmen, und Jahr für Jahr 1000 Joch Weingärten in Niederösterreich aufgelassen werden. Guter Wein findet immer Käufer, aber der Weinpflanzer in Niederösterreich versteht es bisher im Allgemeinen nicht, einen Wein zu erzeugen, welcher Exportspesen von 10—12 fl. pr. Eimer verträgt, während rationelle Weinpflanzer auch in Niederösterreich sehr guten Wein produciren und für einträgliche Preise verkaufen.

Diese Höhe der Consumtion des Weines in Niederösterreich ist daher eine dem Bedürfnisse nicht entsprechende; sie ist lediglich das Ergebniss des Ueberflusses und dieser wieder die Folge der Erzeugung eines mittelmässigen Productes.

Von dem in Niederösterreich erzeugten Weine werden dem wirklichen Bedarfe gegenüber um 600.000 Eimer zu viel consumirt.

Die Hinweisungen zur Abhilfe dieser bedauerlichen Verhältnisse sind bei Darstellung der Weinproduction gegeben.

Futter.

Wir geniessen zu wenig Fleisch, weil wir zu wenig Futter erzeugen, um den bestehenden Viehstand rationell zu erhalten.

Gegen dieses Uebel kann nur die eindringlichste und unausgesetzte Belehrung und Aufmunterung zur entsprechenden Ausdehnung des Futterbaues und zur zweckmässigen Ernährung der Thiere mit Erfolg wirken, und es ist eine solche Einwirkung um so dringlicher, als davon die Wohlfahrt aller Landwirthe abhängt, weil die Höhe des Ertrages einer jeden Wirthschaft auf die zweckmässige Ausdehnung des Futterbaues und dessen zweckmässige Ausnützung sich gründet.

Dünger.

Gegenüber den Stoffmengen, die schon gegenwärtig den Feldern jährlich durch die Ernten entnommen werden (nur die festen Stoffe berücksichtigt), werden 20,000.000 Ztr. Dünger zu wenig erzeugt und theilweise, aber auf Kosten weiterer Ernten, durch das Brachen ersetzt.

Würde in Niederösterreich der Futterbau entsprechend vermehrt, so würden wir Fleisch, Getreide und Dünger ausreichend erzeugen.

Innerer Verkehr mit den Nahrungsstoffen aus dem Pflanzenreiche.

Als Grundlage der hier folgenden Aufzeichnungen über den inneren Verkehr Niederösterreichs wurden die Verzeichnisse der Wochenmärkte in den verschiedenen Bezirken des Landes und der Stadt Wien, und ein Ausweis der k. k. Finanzlandesdirection benützt. Wie viel davon auf die Production des Landes und welcher Antheil auch auf die Einfuhr aus den anderen Kronländern und namentlich auf jene Marktorte entfällt, welche an den Flüssen und an Bahnen liegen, ist nicht zu ermitteln.

Getreide.

Verkehr auf dem Lande.

Wochenmärkte im Kreise U. W. W.

Name des Ortes	Markttag	Jährliche Zufuhr in Metzen					Bedarf	Ueberschuss
		Weizen	Roggen	Gerste	Hafer	Summe		
Baden	Freitag	—	—	—	10.000	10.000	9.000	1.000
Bruck a.d. Leitha	Mittwoch	—	2.100	2.100	20.000	24.000	24.200	—
Fischamend...	Donnerstag	200	7.400	2.800	40.000	50.400	16.460	33.940
Mödling	Mittwoch	—	—	—	4.700	4.700	4.700	—
Schwechat.....	Montag	—	—	—	20.000	20.000	12.000	8.000
Wiener-Neustadt	Mittwoch und Samstag	50.000	13.000	19.000	75.000	157.000	95.000	62.000
	Summe...	50.200	22.500	23.900	169.700	266.300	161.360	104.940

K. O. W. W.

Name des Ortes	Markttag	Weizen	Roggen	Gerste	Hafer	Summe	Bedarf	Ueberschuss
Mölk	Dienstag	7.000	5.700	1.100	3.700	17.500	17.500	—
Neulengbach...	Mittwoch	5.200	3.600	1.600	5.200	15.600	6.100	9.500
St. Pölten	Donnerstag	2.600	29.200	15.600	30.200	101.000	50.100	50.900
Scheibbs	Dienstag	15.000	15.000	5 400	6.500	41.900	20.950	20.950
Traismauer	Samstag	—	1.400	700	600	2.700	2.700	--
Waidhofen a. d Ybbs	Dienstag	18.700	23.900	8.300	12.500	63.400	22.600	40.800
	Summe...	71 900	78.800	32.700	58.700	242.100	119.950	122.150

K. U. M. B.

Name des Ortes	Markttag	Jährliche Zufuhr in Metzen. Weizen	Roggen	Gerste	Hafer	Summe	Bedarf	Ueberschuss
Gross-Enzersdorf	Mittwoch	60.000	5.000	20.000	8.000	93.000	5.000	88.000
Korneuburg....	Freitag	—	10.000	—	60.000	70.000	30.000	40 000
Laa	Samstag	35.000	20.000	8.000	30.000	93.000	—	93.000
Leopoldau....	Dienstag	8.000	5.000	2.600	10.400	26.000	10.400	15 600
Oberhollabrunn.	Samstag	13.000	7.800	2.600	13.000	36.400	6 400	30.000
Poisdorf.......	Freitag	3.000	4.000	1.000	15.000	23.000	8.000	15.000
Pulkau........	Samstag	6.400	1.900	700	5.000	14.000	10.200	3.800
Retz	Donnerstag	8.000	7.000	1.600	8.000	24.600	4.600	20.000
Stockerau	Montag	7.000	5.000	100	30.000	42 100	22.100	20.000
Zistersdorf.....	Samstag	7.000	10.000	2.500	15.000	34.500	21.200	13.300
	Summe	147.400	75.700	39.100	194.400	456.600	117.900	338.700
K. O. M. B.								
Eggenburg	Mittwoch	9.300	2.400	150	3.500	15.350	9.150	62.00
Gmünd........	Montag	3.100	12.000	400	6.700	22 200	16.100	6.100
Horn..........	Donnerstag	9.000	5.000	1.000	20.000	35.000	16.000	19.000
Krems	Samstag	26.000	2[illegible].000	2.300	51.000	102.300	35.300	67.000
Langenlois	Montag	1.800	9.500	1 000	15.000	27 300	27.300	—
Schrems.	Donnerstag	—	600	—	400	1 000	1.000	—
Waidhofen a. d. Thaya	Samstag	3.600	7.800	1.300	33 000	45.700	33.700	12.000
Weitra	Donnerstag	2.200	16.000	200	8 000	26.400	7.500	18.900
Zwettl	Montag	4.700	9 500	3.100	19.000	36.300	30.800	5.500
	Summe	59.700	85.800	9.450	156.600	311.550	176.850	134 700

Gesammtverkehr in den vier Kreisen:

K. U. W. W.	266.300	Metzen
K. O. W. W.	242.100	„
K. U. M. B.	456.600	„
K. O. M. B.	311.550	„
Summe	1,276.550	Metzen,

nach dem durchschnittlichen Werthe per 3 fl. 50 kr. = 4,467.900 fl.

Umsatz in Wien.

Im Jahre 1860	1,315.000	Metzen
„ „ 1861	1,565.000	„
„ „ 1862	1,460.000	„
„ „ 1863	1,320.000	„
„ „ 1864	1,115 000	„
„ „ 1865	1,165.000	„
Summe	7,940.000	Metzen

Durchschnittlicher Umsatz in Wien: 1,323.000 Metzen
im Werthe von 4,630.500 Gulden.

Diese Umsätze von Getreide in Wien beziehen sich grösstentheils nur auf Kauf und Wiederverkauf an die Mühlen des Landes, da in Wien, mit Ausnahme des Verbrauches seitens der Dampfmühle und einer kleinen Mühle am Wienflusse, nichts vermahlen wird. Die Dampfmühle muss für das dort erzeugte Mehl pr. Ztr dieselbe Verzehrungssteuer zahlen, welche für das von auswärts nach Wien eingeführte Mehl zu entrichten ist.

Wein.

Verkehr auf dem Lande.

K. U. W. W.

	Eimer	Preis von weissem Wein	Gesammtwerth
Baden	39.395	11 fl. 50 kr.	453.042 fl. 50 kr.
Bruck a. d. Leitha	19.640	4 „ — „	78.560 „ — „
Ebreichsdorf	1.770	7 „ — „	12.490 „ — „
Gloggnitz	1.115	4 „ 50 „	5.017 „ 50 „
Hainburg	11.500	5 „ 52 „	63.507 „ 50 „
Hernals	9.205	8 „ 82 „	81.188 „ — „
Hietzing	4.100	5 „ 44 „	22.304 „ — „
Klosterneuburg	9.475	9 „ 30 „	87.850 „ — „
Mödling	28.260	10 „ — „	282.600 „ — „
Neunkirchen	3.885	5 „ 44 „	21.134 „ 50 „
Wr.-Neustadt	1.130	5 „ 6 „	5.718 „ — „
Pottenstein	2.180	6 „ 50 „	14.170 „ — „
Schwechat	2.880	5 „ 33 „	15.120 „ „
Summe	134.535		1,142.702 fl. — kr.

K. O. W. W.

	Eimer	Preis von weissem Wein	Gesammtwerth
Atzenbrugg	7.075	5 „ 12 „	36.224 „ — „
Herzogenburg	17.980	4 „ — „	71.920 „ — „
Mautern	13.615	4 „ 48 „	60.995 „ — „
Mölk	865	4 „ 32 „	3.736 „ 50 „
Neulengbach	80	4 „ — „	320 „ — „
St. Pölten	2.055	4 „ 71 „	9.679 „ — „
Tulln	960	4 „ 45 „	4.272 „ — „
Summe	42.630		187.146 fl. 50 kr.

K. U. M. B.

	Eimer	Preis von weissem Wein	Gesammtwerth
Feldsberg	60.130	5 fl. 40 kr.	327.402 fl. — kr.
Gross-Enzersdorf	50	6 „ — „	300 „ — „
Haugsdorf	28.695	7 „ 10 „	203.734 „ 50 „
Kirchberg a. Wagram	54.135	4 „ 10 „	221.954 „ — „
Korneuburg	22.195	5 „ 16 „	114.526 „ — „
Laa	14.670	4 „ 56 „	66.895 „ — „
Marchegg	580	5 „ — „	2.900 „ — „
Matzen	43.770	5 „ 74 „	251.240 „ — „
Mistelbach	48.620	3 „ 63 „	176.490 „ 50 „
Oberhollabrunn	70.245	4 „ 82 „	338.581 „ — „
Ravelsbach	49.525	5 „ 44 „	269.416 „ — „
Rötz	28.275	4 „ 50 „	127.237 „ 50 „
Stockerau	29.940	4 „ 80 „	143.712 „ — „
Wolkersdorf	36.795	5 „ 44 „	200.165 „ — „
Zistersdorf	29.960	4 „ 77 „	142.909 „ — „
Summe	517.585		2,587.462 fl. 50 kr.

K. O. M. B.

	Eimer	Preis von weissem Wein	Gesammtwerth
Eggenburg	2.750	5 fl. 37 kr.	19.767 fl. 50 kr.
Horn	530	4 „ 55 „	2.411 „ 50 „
Krems	24.125	4 „ 87 „	117.488 „ 50 „
Langenlois	23.785	4 „ 87 „	115.832 „ 50 „
Persenbeug	115	4 „ — „	460 „ — „
Spitz	10.515	3 „ 32 „	34.910 „ — „
Summe	61.820		290.870 fl. — kr.

Summe der jährlichen Umsätze

auf dem Lande	756.570 Eimer
im Werthe von	4,208.180 Gulden.
Verkehr in Wien nach steuerämtlichen Ausweisen	336.755 Eimer
à 10 fl. Werth	3,367.550 Gulden.

In Wien versteuerte Nahrungsmittel aus dem Pflanzenreiche.

Laut Ausweisen der k. k. Finanzlandesdirection wurde in den Jahren 1855, 1860 und 1865 von den nachstehenden Mengen von Nahrungsstoffen aus dem Pflanzenreiche die Verzehrungssteuer erhoben.

	1855	1860	1865
		Eimer	
Branntwein (gebraunte geistige Flüssigkeiten)	—	—	$109^{1}/_{40}$
Wein	352.380	376.988	$305.592^{1}/_{40}$
Weinmost und Maische	11.714	24.653	$31.160^{1}/_{40}$
Obstmost	133	136	$3^{23}/_{40}$
Bier	470.123	755.458	$877.208^{8}/_{40}$
Essig	11.894	12.980	$10.709^{30}/_{40}$
		Zentner	
Reis	14.512	14.901	$12.527^{24}/_{100}$
Mehl aus Getreide, Kartoffeln und Hülsenfrüchten, Gries, gerollte und gebrochene Gerste, Gerstenschrot, Hafergrütze, inländischer Sago, Haidemehl und derlei Graupen, Hirsebrei, Stärke, Kraftmehl, Brot und Bäckerwaaren, Backwerk, Lebzelten, Pfefferkuchen, Zwieback	1,108.192	1,148.859	$1,138.732^{14}/_{100}$
Brotfrüchte: Weizen, türk. Weizen, Roggen, Halbfrucht, Haidekorn	317.806	293.135	$292.995^{13}/_{100}$
Hülsenfrüchte: Hirse, Wicken, Bohnen, Erbsen, Linsen	26.376	26.847	$27.213^{46}/_{100}$
Hafer in Körnern	422.112	475.915	$409.463^{90}/_{100}$
Heu und Mischling	392.223	374.883	$245.567^{80}/_{100}$
Stroh, Häckerling, Kleien und Riedstroh	344.833	375.198	$289.580^{87}/_{100}$

	1855	1860	1865
		Zentner	
Gemüse und Küchenwaaren	27.524	36.112	53.086^{24}/.
Frisches Obst, Kastanien, Nüsse.	213.438	243.588	294.271^{89}/.
Gedörrtes, getrocknetes, eingelegtes Obst, Salsen. . . .	13.319	13.555	13.337^{18}/.

Von diesen Mengen geht aber wieder ein grösserer Theil, z. B. von Mehlstoffen $15^{0}/_{0}$, in die Provinz.

Bemerkungen

über Weinbau und Weinhandel.

Niederösterreich, sonst dasjenige Kronland der Monarchie, welches im Verhältniss zu seiner Bodenfläche nach Dalmatien den meisten Weinbau besitzt, ist in den letzten Jahren bezüglich dieser Cultur von vielfachen Calamitäten heimgesucht worden. Trockenheit, Frost, Hagelschlag und andere klimatische Störungen verminderten nicht nur die jährliche Production auf bedauerliche Weise, sondern sie hatten selbst das gänzliche Ausroden mancher den Elementarereignissen unterlegenen Weingärten zur Folge.

Ob das allmälige Verschwinden der sonst stets im Lande befindlich gewesenen grossen Weinvorräthe nur in den erwähnten Umständen zu suchen und somit bloss die Folge momentaner, nach der ersten guten Ernte wieder vorübergehender Verhältnisse ist, oder aber als Zeichen eines abnehmenden Wohlstandes angesehen werden muss, wird hier ausser Betrachtung gelassen und nur die Thatsache hervorgehoben, dass gegenwärtig die meisten Weinkeller in Niederösterreich leer sind und dessenungeachtet allerorts über auffallende Abnahme des Absatzes und Preisrückgang geklagt wird.

Dass die allgemeine Ungunst der Verhältnisse, welche auf allen Classen unserer Bevölkerung so schwer lastet, auch auf den heimischen Weinconsum in erster Linie lähmend einwirken muss, wird wohl ebensowenig bezweifelt werden können, als dass demselben in der fortwährend zunehmenden und gerade in den letzten Jahren durch besonders wohlfeile Frucht sehr begünstigten Bierproduction eine schwer zu besiegende Concurrenz entstanden ist. Es ist daher auch nicht zu wundern, dass unsere Weinproducenten sich gegenwärtig in einer sehr gedrückten Lage befinden, in deren

Folge so Mancher seinen Besitz der gerichtlichen Pfändung und Execution verfallen sicht.

Als eine wesentliche Erschwerung eines grösseren Weinconsums im Lande wird auch der hohe Betrag der Verzehrungssteuer (in Wien 3 fl. 32 kr. pr. Eimer) angesehen; ebenso erheben sich vielseitig Klagen über zu hohe Frachtsätze der Eisenbahnen, die bei einem so schwer wiegenden Artikel (der Eimer in einfachem Gebinde wiegt 130 Zollpfund) allerdings von Bedeutung sind.

Einfuhr

von Nahrungsstoffen aus dem Pflanzenreiche.

Die Einfuhr der Nahrungsstoffe aus dem Pflanzenreiche scheidet sich nach Producten des Feldbaues, welche von Wien aus Niederösterreich, und nach solchen, welche von Wien und Niederösterreich aus den Schwesterprovinzen und dem Auslande bezogen werden.

Als Grundlagen für die hier folgende übersichtliche Darstellung mussten grösstentheils die Berechnungen dienen, welche in diesem Abschnitte durchgeführt sind und die speciellsten Nachweisungen enthalten. Nur für die Colonialwaaren und die Einfuhr der einer Verzollung unterliegenden Producte konnten noch Ausweise des k. k. Hauptzollamtes in Wien als weitere Behelfe verwendet werden. In wie fern aber die bei diesem Zollamte verzeichneten Handelsartikel auch alle in Niederösterreich consumirt oder in andere Provinzen versendet worden sind; andererseits, wie viel von gleichen Artikeln auf dem Lande von den Kaufleuten direct aus dem Auslande bezogen wurde, lässt sich nicht bestimmen. Es wurde daher, um eine Ziffer doch in annähernder Richtigkeit verzeichnen zu können, grösstentheils der früher berechnete Bedarf als Basis der Einfuhr hingestellt, und angenommen, dass der mögliche Export von den im k. k. Hauptzollamte in Wien zur Einlagerung gebrachten Colonialwaaren durch jene Mengen ausgeglichen werden dürfte, welche, ohne das Wiener Zollamt zu berühren, von den Kaufleuten auf dem Lande direct bezogen wurden. Jedenfalls ist aber festgestellt, dass durch diese Ausgleichung die Höhe der in Niederösterreich wirklich consumirten Einfuhr-Artikel in der darauf sich gründenden Berechnung nicht völlig erreicht wurde, und somit mehr eingeführt und mehr consumirt wird, als hier verrechnet ist.

Einfuhr von Producten des Feld- und Gartenbaues nach Wien.

Auszug aus den Registern der k. k. Finanz-Landes-Direction.

	1855	1860	1865	Verzehrungsteuer sammt Zuschlag pr. Ztr.
		Zentner		fl. kr.
Mehl und Mehlstoffe...	892.000	909.000	913.000	— 51
Hülsenfrüchte........	32.000	114.509	25.331	— $45\frac{3}{10}$
Feines Gemüse......	42.000	34.025	52.276	— $30\frac{7}{10}$
Frisches Obst.....	118.000	190.000	117.000	— $45\frac{8}{10}$
Dürr-Obst..........	8.900	10.000	9.365	— $74\frac{6}{10}$
Hafer..............	315.000	427.000	312.000	— $42\frac{8}{10}$
Heu..............	390.000	375.000	245.000	— $15\frac{3}{10}$

Anmerkung. Kartoffeln, Rüben und Grünfutter sind zollfrei, daher keine Belege.

Die Wiederausfuhr aus Wien wurde von der Gesammteinfuhr in Abzug gebracht.

Auffallend ist die Abnahme der Einfuhr von Hülsenfrüchten im Jahre 1865 gegen 1860; sie scheint durch eine grössere Gemüse- und Kartoffel-Zufuhr ausgeglichen worden zu sein.

Einfuhr von Colonialwaaren etc. nach Wien.

Nach den statistischen Ausweisen des k. k. Hauptzollamtes in Wien. Diese Preise variiren nach dem Agio.

	1856	1860	1865	Zollsatz	Preis pr. Zentner	Werth der Einfuhr vom Jahre 1865
		Zentner		fl. kr.	fl. kr.	fl kr.
Cacao..........	2.496	1.977	1.391	8.—	45.—	62.595.—
„ gemahlen..	5	4	9	10.50	45.—	405.—
Gewürze, gemeine	3.960	4.765	6.389	8.—	22.—	140.558.—
„ feinste..	60	1.919	2.378	15.75	70.—	166.460.—
Sago...........	62	—	—	5.25	11.—	— —
Südfrüchte, feine.	40.060	19.662	17 660	5.25	25.—	441.500.—
„ mittelfeine	15.800	25.152	31.519	2.63	8.—	252.152.—
„ gemeine..	3.800	4.277	2.528	—.80	5.—	12.640.—
Pomeranzen und Citronen......	10.102	13.725	—	100 Stück 88	100 St. 5.—	— —
Thee...........	490	766	1.058	15.75	150.—	158.700.—
Gartengewächse..	220	404	—	frei (?)	100.—	— —
Obst, zubereitetes	17.069	10,070	5.584	—.80	50.—	179.200.—
„ frisches....	—	48	79	frei	30.—	2.370.—
Reis...........	2.290	98	—	—.80	18.—	— —
Transport......						1,416.600.—

	1856	1860 Zentner	1865	Zollsatz fl. kr.	pr.	Preis Zentner fl. kr.	Werth der Einfuhr vom Jahre 1865 fl. kr.
Transport							1,416.600.—
Kleesaat	2.100	1.760	933 594	—.27 frei		32.—	48.864.—
Sämereien	104	36	2.012	.27	(?)	30.—	60.560.—
Senf	280	217	144	—.80		20.—	2.880.—
Pflanzen	5.600	5.600		—.80	(?)	100.—	— —
Olivenöl	14.500	12.332		3.15		45.—	
„ Dalmatiner	920	1.942	—	1.58		50.—	— —
Bier in Flaschen	22	30	—	8.—		20.—	— —
„ „ Fässern	90	563	79	—.60		15.80	1.248.20
Branntwein	3.400	355	679	8.—		25.—	16.975.—
Liqueure	92	155	207	13.—		32.—	6.624.—
Rhum	—	2.937	2.602	8.—		40.—	104.060 —
Wein in Flaschen	3.985	3.654	3.835	13.15		80.—	306.800.—
„ „ Fässern	1.235	.180	1.152	10.50		40.—	46.080.—
Teigwerk	69	42	41	2.63		20.—	820.—
Senfpulver	212	205	303	8.—		25.—	7.575.—
Kappern	—	213	123	8		50.—	6.150
Nüsse	—	—	406	—		8.—	3.248
Esswaaren	870	726	1.200	8.—	(?)	50.—	60.000.—
Tabak, roh … Privat-	9	1	1	Zoll 10.50 Licenz 216.—	(?)	40.—	40.—
Tabakfabrikate Verkehr	366	186	371	Zoll 26.25 Licenz 263.—	(?)	100.—	37.100.—
						Summe ….	2,325424.20

Anmerkung. Kaffee, Hopfen und andere hier ausgeschiedene Stoffe sind in der zunächst folgenden Tabelle aufgenommen, weil von der Einfuhr nach Wien ein sehr grosser Theil wieder nach dem Lande Niederösterreich und in die anderen Provinzen des Reiches ausgeführt wird.

Bedarf und Einfuhr

von Rohstoffen und Halbfabrikaten aus dem Pflanzenreiche, welche zur Nahrung dienen.

	Bedarf Stadt Menge Zentner	Bedarf Stadt Werth fl. kr.	Bedarf Land Menge Zentner	Bedarf Land Werth fl. kr.	Ueberschuss Menge Zentner	Ueberschuss Werth fl. kr.
Mehl u. Hülsenfrüchte	938.000	8,335.600 —		— —	—	— —
Mehlfrüchte mit 10% Zuschlag des Bedarfes an Getreide	—	—	128.000	704.000 —	—	— —
Transport		8,335.600 —		704.000 —	—	— —

10

	Bedarf						Ueberschuss		
	Stadt			Land					
	Menge Zentner	Werth fl.	kr.	Menge Zentner	Werth fl.	kr.	Menge Zentner	Werth fl.	kr.
Transport . .		8,335.600	—		704.000	—	--	—	—
Kartoffeln	117.000	234.000	-	—		—	78 000	156.000	—
Kraut.	117.000	234.000	—	—.	-	—	78.000	156.000	—
Rüben	59.000	118.000	—	—	—	—	59.000	118 000	—
SonstigeGemüse. Gurken, Salat, Melonen, Wurzeln	59.000	295 000	---	---	—	—	—		—
Obst	117.000	468.000	—	..	—	—	50.000	200 000	—
Zucker, Syrup .	117 000	2,574.000	—	3.000	66.000		--	—	—
Kaffee	17.000	765.000	-	16 000	720 000	--	—	—	—
Gerste zur Biererzeugung . . .	350 000	1,520.000	—	466.000	1,864.000	—		—	—
Gerste u. Roggen zur Branntweinerzeugung . . .	65.000	325.000	—	42.000	210.000	—	—	--	—
Hopfen	9 400	1,410.000	—	12 800	1,890.000	—	—	—	—
Tabak d. Staatsverwaltung . . .	24.900	4,626.000	—	39.300	3,736.000	—	—	—	—
Colonial- und andere Waaren mit Ausschluss des Kaffees laut Verzeichniss des k. k. Hauptzollamtes.	—	1,233 600	—	—	1,091.800	—	—	—	—
Wein, niederösterreichischer	350.000	3,500.000	—		—	—	350 000	3,500.000	—
Wein nach der Provinz	---	—			—	-	40.000	600.000	-
Wein nach dem Auslande	--	.	--	—			30.000	600.000	—
Wein, Ausländer	20.000	800.000	-		—	—	---	—	—
Bier, „	20.000	240.000	—	-	—	—	-	—	--
Summe.	—	26.678.200	—	—	10,281.800	—	--	5,330.000	—

Einfuhr zur Thierernährung.

	Stadt Menge Zentner	Stadt Werth fl.	kr.	Land Menge Zentner	Land Werth fl.	kr.	Ueberschuss Menge Zentner	Werth fl.	kr.
Hafer.	312.000	1,248.00	—	188.000	732 000	—	—	—	--
Heu, Grünfutter, Rüben- und Gewerbsbetriebsabfälle im Heunahrungswerthe	657.000	1,314.000	—	343.000	886.000			—	—
Summe.	—	2,562.000	—	-	1,418.000	—	—	—	-
Im Ganzen		29,249,200	—	—	11,699.800	—	—	5,330.000	—

Anmerkung. Die Werthe sind nach Durchschnittspreisen berechnet.

Die Summen der Einfuhr von Rohstoffen in Niederösterreich für Stadt und Land betragen hiernach einen Werth von 40,940.000 fl.

Davon entfallen:

für Zahlung mit Papiergeld auf Wien	25.042.000 fl.
„ „ „ „ „ das Land	8,382.600 „
„ „ in Silber auf Wien .	4,197.500 „
„ „ „ „ „ das Land	3,317.200 „

Anmerkung. Die Kosten der Fabrikation von Mehl und Brot, dann der Biererzeugung kommen unter der Abtheilung „Fabrikation" zur Verrechnung.

Nach diesen Vorlagen entfallen die Ausgaben für die Einfuhren der Höhe nach wie folgt:

Für die Stadt:

für Mehl und Hülsenfrüchte mit	8,335.600 fl.
„ Tabak (feinerer Sorten).........	4,626.000 „
„ Colonialwaaren	4,572.600 „
„ Wein	4,300.000 „
„ Gerste zur Biererzeugung	1,520.000 „
„ Hopfen	1,410.000 „
„ Gemüse aller Art	1,349.000 „
„ Gerste und Roggen zur Branntweinerzeugung	325.000 „
„ Bier (Ausländer)	240.000 „

An Futter:

„ Heu und Heuwerth	1,314.000 „
„ Hafer	1,248.000 „

Für das Land:

„ Tabak	3,736.000 „
„ Hopfen zur Biererzeugung	1,890.000 „
„ Colonialwaaren	1,877.000 „
„ Gerste zur Biererzeugung	1,864.000 „
„ Mehlfrüchte	704.000
„ Gerste und Roggen zur Branntweinerzeugung .	210.000 „
„ Import von Dünger aus Wien	200.000 „

Es entfallen pr. Kopf aus der Einfuhr der Rohstoffe und Halbfabrikate zur Ernährung:

Für die Bevölkerung in Wien	50·7 fl.
„ „ „ auf dem Lande...........	8·0 fl.

10*

Nur die Rohstoffe (Getreide und Hopfen), welche zur Fabrikation von Brot, Bier und Branntwein im Inlande verwendet werden, sind hier nach Menge und Werth in Rechnung gebracht, weil die Fabrikation im Lande stattfindet. Für Wien aber wurde der Bedarf an Mehlproducten als Mehl angenommen. Das Bier, welches aus den Provinzen oder aus dem Auslande bezogen wird, musste ausnahmsweise hier als fertiges Fabrikat in Rechnung gebracht werden, weil es der niederösterreichischen Fabrikation nicht zugerechnet werden kann. Für das Land konnte der Bezug von ausländischem Wein und Bier nicht verzeichnet werden, weil dafür gar keine Belege vorhanden sind.

In der vorstehenden Tabelle ist für Wien an Nahrungsstoffen der Gesammtbedarf, für das Land aber nur jener Theil als Bedarf (Einfuhr) aufgenommen, welcher durch die eigene Production nicht gedeckt ist. Zucker für das Land ist nach Abschlag des aus den in Niederösterreich gewonnenen Rüben erzeugten Fabrikates. Gerste für Bier nach Abschlag der im Lande gewonnenen Quantität berechnet. Der Ueberschuss des Feldbaues ist als Einfuhr nach Wien in Rechnung gebracht.

Der grosse Bedarf an Futter für das Land gründet sich auf den bedeutenden Verbrauch jener Gemeinden, welche um Wien situirt sind und zu dem Lande gerechnet werden, aber ihren Bedarf nicht zur Gänze produciren.

Den statistischen Angaben zufolge wäre die Production von Gemüsen und Obst in Niederösterreich so gering, dass eine Zufuhr selbst für das Land erforderlich sein würde. Diess steht jedoch im Widerspruche mit den thatsächlichen grossen Zufuhren von Gemüse und Obst aus Niederösterreich nach Wien. Es lässt sich nun nicht nachweisen, ist aber höchst wahrscheinlich, dass die vorstehenden Zahlen annähernd das richtige Quantum des Ueberschusses bezeichnen, welcher von Gemüse und Obst in Niederösterreich gewonnen wird.

Von Dünger führt das Land Niederösterreich aus Wien jährlich 600.000 bis 1,000.000 Ztr. zu, wofür beiläufig 200.000 fl. in Baarem oder in Bodenproducten, meistens in Stroh, gezahlt werden. Die Menge von Stroh, welche das Land nach Wien führt, ist ausser Rechnung geblieben, da die Ziffern für Dünger und Strohmengen, sowie für die diesfälligen Werthe nicht vorliegen.

Durchschnittspreise des Getreides und Mehles im Monate October der Jahre 1860 bis 1866 in Wien.

Nach den magistratischen Ausweisen.

		1860	1861	1862	1863	1864	1865	1866
Weizenmehl.		fl. kr.	fl. kr.	fl. kr.	fl. kr.	fl. kr.	fl. kr.	fl. kr.
Kaiserauszug und Tafelgries Wassermühle	von	11 —	12 50	12 25	13 75	10 25	9 25	11 50
	bis	12 —	14 50	13 25	14 75	11 —	10 50	12 50
" Dampfmühle		13 —	14 75	13 25	14 75	11 —	11 —	13 25
Bäckerauszug extrafein Wassermühle	von	11 —	12 50	11 —	12 25	9 —	8 25	10 75
	bis	13 —	14 50	12 25	13 75	10 25	9 75	12 —
" Dampfmühle		13 —	14 75	12 25	14 —	10 —	10 —	12 25
detto und Grieslermehl Wassermühle	von	7 50	9 —	9 75	10 —	7 50	7 25	9 50
	bis	9 —	10 —	11 —	12 25	8 50	8 25	11 —
" Dampfmühle		9 50	10 50	10 25	10 —	8 50	8 —	11 25
detto und Semmelmehl Wassermühle	von	7 50	9 —	6 75	7 50	5 25	5 —	8 —
	bis	9 —	10 50	7 75	8 25	6 25	5 50	9 —
" Dampfmühle		9 50	10 50	7 75	8 25	6 25	5 50	9 75
detto Semmelmehl Wassermühle	von	6 25	7 50	5 75	6 50	4 50	4 —	7 50
	bis	7 50	8 75	6 75	7 50	5 25	4 75	8 50
Dampfmühle		8 50	8 75	6 25	7 25	5 75	4 25	9 —
Lauge Pohl Wassermühle	von	7 75	8 75	4 25	5 25	3 50	3 —	6 25
	bis	8 75	9 50	5 —	6 50	4 50	4 —	7 50
" Dampfmühle		— —	— —	5 25	6 25	4 75	3 50	8 25
Roggenmehl.								
Extra-Roggen Wassermühle	von	5 50	6 25	8 —	8 25	5 75	4 25	9 50
	bis	5 50	7 25	9 —	9 25	6 75	6 50	10 50
" " Dampfmühle		6 75	7 75	—	— —	— —	— —	— —
Weiss-Roggen Wassermühle	von	— —	— —	6 50	6 75	4 75	4 25	7 50
	bis	— —	— —	7 50	8 25	5 75	5 25	8 50
Schwarz-Rogg. Wassermühle	von	— —	— —	5 —	5 50	3 50	3 25	6 75
	bis	— —	— —	5 25	6 50	4 75	4 25	7 50
Getreide.								
Weizen Preis.....	fl.	5 50	5 60	5 —	5 30	3 20	3 50	5 10
Weizen Gewicht..	Pfd.	85	86	88	88	89	88	88
Mais Preis.....	fl.	3 15	4 03	3 67	4 20	4 20	2 —	3 50
Mais Gewicht.	Pfd.	84	86	84	86	86	80	81
Korn Preis.....	fl.	4 60	4 85	4 —	3 65	2 50	2 50	3 90
Korn Gewicht..	Pfd.	80	80	78	83	84	82	78
Gerste Preis	fl.	3 50	3 50	2 40	3 30	2 07	2 05	2 50
Gerste Gewicht..	Pfd.	62	70	70	74	70	72	72
Hafer Preis.....	fl.	1 85	1 90	1 92	2 24	1 43	1 42	2 95
Hafer Gewicht..	Pfd.	47½	48	48	47	48	50	46

Angaben
über die Handelsverhältnisse verschiedener Artikel.

Reis.

Der Consum von Reis hat wegen der Nothlage der arbeitenden Classen abgenommen, wiewohl der Preis des Productes selbst billiger geworden is.

Auch die hohe Verzehrungssteuer und der hohe Lagerzins im k. k. Hauptzollamte erschweren den Verbrauch.

Die Hauptbezugsquelle des Reises ist Verona.

Der Preis war im Jahre 1861 : 18 fl.
1862 : 16 fl.
1863 : 14 fl.
1864 –1865 : 13 fl.

Gewürze.

Der Verbrauch von Gewürzen hat nicht zugenommen. Der Bezug erfolgt von England. Holland. besonders von mitteldeutschen Plätzen: die Preise sind jetzt billiger.

Südfrüchte.

Bei Feigen. Rosinen. Korinthen. Pomeranzen, Citronen hat seit 1861 im Allgemeinen eine Abnahme des Consums nicht stattgefunden.

Rosinen und Korinthen werden aus dem südlichen Italien und der Levante über Triest bezogen, ebenso Feigen.

Bei Kranzfeigen hat der Verbrauch besonders zur Erzeugung von Kaffeesurrogaten zugenommen. Pomeranzen und Limonien werden von Sicilien und den griechischen Inseln über Triest und den Gardasee eingeführt. Durch Cultivirung dieser Producte an den geeigneten Oertlichkeiten könnte eine neue Erwerbsquelle eröffnet werden.

Cacao.

In Wien werden jährlich bei 5000 Ztr. Cacao zur Chocolate-Erzeugung verwendet.

Olivenöl.

In den letzten vier Jahren hat eine Abnahme des Verbrauches von Olivenöl, hauptsächlich in den geringeren Sorten, stattgefunden, da die Industrie darniederliegt und die Eisenbahnen sich der Surrogate, z. B entsäuerten Rüböls, bedienen.

Der Verbrauch von Speiseöl blieb so ziemlich gleich; wegen Mangels an Verdienst unter der Bevölkerung wurde eine Steigerung des Verbrauches verhindert.

Triest ist die Hauptbezugsquelle; hochfeine Qualitäten werden aus Genua, Livorno, Nizza und Porto Maurizio bezogen.

Die Preise variiren sehr, je nach der Ergiebigkeit der Ernte, nach der Höhe des Agio und dem Umfange der Speculation; gegenwärtig ist der Preis um 5 bis 7 fl. billiger als im Vorjahre.

Durchfuhr

von Nahrungsstoffen aus dem Pflanzenreiche.

Bei dem freien Verkehre innerhalb der Kronländer ist es höchst schwierig, ziffermässig nachzuweisen, welche Mengen von Producten die Grenzen eines Kronlandes überschritten haben und wieder zur Ausfuhr gebracht worden sind; ganz unmöglich ist es aber, solche Daten von einer Provinz zu liefern, welche an allen ihren Grenzen von Schwesterländern umgeben ist.

Obschon in das Programm für die Ausarbeitung dieser Statistik auch die Nachweisung der Durchfuhren aufgenommen wurde, sind wir doch an der gänzlichen Unzulänglichkeit der Angaben in der Aufzählung der Durchfuhrmengen gescheitert. Es würden nur Ziffern der Fantasie verzeichnet werden können.

Im Verlaufe der nächsten fünf Jahre soll aber jede Gelegenheit benützt werden, um die Fortsetzung dieser Statistik auch in der gedachten Beziehung vollständiger zu machen.

Export

von Nahrungsstoffen aus dem Pflanzenreiche.

Nach dem detaillirten Ausweise, welcher unter der Rubrik „Import" die Mengen der in Niederösterreich eingeführten Nahrungsstoffe aus dem Pflanzenreiche in einem Werthe von 40,940.000 fl. darstellt, sind auch die Ueberschüsse der Production in Niederösterreich, durch deren Verkauf dieses Land einen Theil des Geldabflusses nach den Schwesterprovinzen und nach dem Auslande deckt, mit Mengen und Werthen verzeichnet.

Hier ist nun eine dreifache Berechnung durchzuführen, indem zuerst die Stadt Wien mit ihrer Bevölkerung vom Lande geschieden, lediglich als Consument in Anschlag, und die Einfuhr der Bodenproducte des Landes Niederösterreich nach Wien als Ausfuhr in Rechnung gebracht werden muss. Eine zweite Berechnung betrifft die Ausfuhr nach den Schwesterprovinzen; der dritten Aufzeichnung werden jene Producte zufallen, welche nach dem Auslande Absatz finden.

Der Absatz der Rohproducte und der Halbfabrikate nach Wien aus Niederösterreich ist in der Abtheilung „Import" detaillirt verzeichnet und repräsentirt für Getreide, Gemüse, Obst und Wein die Summe von 5,210.000 fl.

Der Absatz der Nahrungsstoffe aus der Bodenproduction nach den Nachbarprovinzen erstreckt sich nur auf Wein, da der ganze Verkehr mit verschiedenen anderen Producten sich wahrscheinlich ausgleicht. Obschon keine Verzeichnisse über diese Aus- und Einfuhr vorliegen, so ist doch anzunehmen, dass, wenn selbst an einer oder der anderen Grenze eine Differenz sich ergeben sollte, hiefür in anderen Gegenden wieder eine Ausgleichung stattfindet.

Welche Quantitäten nun von Wein nach den Nachbarprovinzen aus Niederösterreich zur Ausfuhr gelangen, ist nicht zu ermitteln, da letztere einer Controlle nicht unterliegen kann; sie dürfte aber mindestens .... 40.000 Eimer
mit einem Werthe von .... 600.000 fl.
betragen.

Jedenfalls ist der Absatz der niederösterreichischen Weine nach Mähren, Schlesien und Böhmen in den letzten Jahren um 20—30% des früheren Verkehrs gesunken, denn ungeachtet dreier aufeinandergefolgter Missjahre für die Weinernten, wodurch die Vorräthe auf ein Minimum gesunken sind, entbehrt Wein jeder Nachfrage und die Preise haben trotz des Misswachses noch einen Rückgang erlitten.

Mit der Steigerung der Bierconsumtion, welche in allen Ländern einen raschen Aufschwung genommen hat, hält die Abnahme der Weinconsumtion gleichen Schritt und es ist zu erwarten, dass diese Abnahme noch nicht ihren Stillstand erreicht habe. So ist die Bierconsumtion in Wien und dessen Umgebung binnen zwanzig Jahren von 1,400.000 auf 2,489.000 Eimer gestiegen und steigt nun jährlich nicht etwa dem Durchschnitte nach um 50.000 Eimer, sondern sie erhöhte sich in den letzten Jahren schon um mehr als 200.000 Eimer pr. Jahr. Unter solchen Verhältnissen, welche in allen Ländern zur Geltung kommen, ist an einen Aufschwung des Weinexports aus Niederösterreich nach den Provinzen kaum zu denken.

Die Ausfuhr von niederösterreichischen Bodenproducten nach dem Auslande ist eine höchst beschränkte, denn es ist eben wieder nur der Wein, welcher von den Nahrungsstoffen aus dem

Pflanzenreiche dahin einigen Absatz findet, indem Niederösterreich an sonstigen Nahrungsstoffen aus dem Pflanzenreiche keine Ueberschüsse zur Ausfuhr nach dem Auslande besitzt.

Welche Mengen von niederösterreichischem Wein nach dem Auslande Absatz finden, ist eben so unbekannt, als die Höhe des Exports nach den Schwesterprovinzen. Es dürften bei 30.000 Eimer im Werthe von .... 600.000 fl. ausgeführt werden. Sichergestellt ist aber, dass ungeachtet der Anstrengungen einzelner Weingrosshändler der Export nach dem Auslande abgenommen hat.

Das Land Niederösterreich (Wien ausgeschlossen) deckt sonach von dem Werthe der jährlichen Einfuhr von Nahrungsstoffen aus dem Pflanzenreiche, welcher .... 11,699.800 fl. beträgt, mit den Werthen seiner Producte gleicher Kategorie nur .... 5,330.000 fl. und ist somit den Schwesterprovinzen und dem Auslande nur allein für Rohstoffe aus dem Pflanzenreiche, welche zur Nahrung dienen, mit............... 6,369.800 fl. jährlich pflichtig, wovon in Silber . 3,934.000 fl. zahlbar sind.

Wir haben diesem noch beizufügen, dass der günstige Erfolg der Ausfuhr der niederösterreichischen Weine von dem einheitlichen Zusammenwirken verschiedener Factoren abhängig ist. Es müssen hiefür die Producenten durch eine vorzügliche Cultur, die Regierung durch Erzielung von Zollbegünstigungen für österreichischen Wein im Auslande, die Bahnen und die Schifffahrtsgesellschaften durch billige Frachten und die Weinhändler durch Thätigkeit und Einflussnahme auf eine gute Kellerbehandlung einig wirken; die isolirten Anstrengungen Einzelner sind fruchtlos.

Die Ausfuhr der Weine nach Amerika war nicht von gutem Erfolge gekrönt. Für England ist unser Naturwein zu leicht und daselbst auch die dem niederösterreichischen Wein eigenthümliche Säure nicht mundrecht. Den deutschen Markt überflutet Frankreich mit seinen wohlfeilen süffigen, nicht sauren, mehr oder weniger künstlich hergestellten Weinen. Wir erzeugen aber nur ausnahmsweise starke kräftige Weine, welche einen hohen Zoll und hohe Frachtkosten vertragen und noch preiswürdig nach Deutschland oder Russland Absatz finden können.

Producte aus dem Pflanzenreiche, welche Niederösterreich bei Aufnahme und Vermehrung verschiedener Culturen noch zur

10 **

Ausfuhr nach Wien, nach den Provinzen und dem Auslande bringen könnte, sind: Hopfen, Flachs, Obst, Safran und Rauhfutter (Heu).

Die Stadt Wien kann schon nach ihren Verhältnissen als Grossstadt und bei ihrer ganz unbedeutenden Bodencultur der Einfuhr von Nahrungsstoffen aus dem Pflanzenreiche eine Ausfuhr von gleichen oder ähnlichen Producten kaum entgegensetzen.

Das Wenige, was zur Ausfuhr kommt, sind einige Hunderttausend Zentner Dünger, welche aus der Thierhaltung gewonnen werden.

Der Gesammtdünger, welcher bei der Thierernährung abfällt, erreicht wohl die Menge von mindestens 1,000.000 Zentner, aber er wird grossentheils von den Gärtnern in Wien benützt. Die Ausfuhr auf das Land dürfte daher kaum mehr als 5—600.000 Ztr. mit einem Werthe von .... 240.000 fl. betragen; es werden dafür aber kaum .... 10.000 fl. baar bezahlt.

Der Werth des Strassenkehrichts und jener des Cloakeninhaltes, welche Stoffe nach Millionen von Zentnern zählen, werden nicht oder nur ausnahmsweise effectuirt, und es wird hievon kaum um 100.000 fl. im Jahre verkauft. Die Gründe der Nichtbenützung der Cloakeninhalte sind schon am Eingange dieses Abschnittes angegeben worden.

Es wird somit gegenwärtig von Dünger für 200.000 fl. aus Wien auf das Land geführt, womit letzteres auch bei Darstellung der Einfuhr zu belasten wäre.

Es ist der Zukunft vorbehalten, dass der Fortschritt in der Ausnützung werthvoller Dungstoffe, für welche Wien bei seiner Massenconsumtion Millionen Gulden Werthe sich zuwenden kann, auch dieser Stadt eine Quelle reicher Erträgnisse eröffnen wird.

Am Schlusse dieser Darstellung ist noch darauf hinzuweisen, dass zur weiteren Ausgleichung der Werthe der Ein- und Ausfuhr im Lande Niederösterreich noch die Ueberschüsse des Waldes, der Viehzucht und der Industrie in den folgenden Abtheilungen und Abschnitten zu dienen haben.

Uebersicht.

Im Ueberblicke des Vorliegenden tritt die Unzulänglichkeit der amtlich erhobenen Angaben auffällig hervor, und eben nur diese hat die unliebsame Veranlassung gegeben, im Verfolge der Berechnungen dreimal die Basis derselben wechseln und pag. 108 u. s. f. selbstständige Aufstellungen substituiren zu müssen, um schliesslich selbst aufzufinden, welche Mengen von Nahrungsstoffen in Niederösterreich producirt werden, da es eine Thatsache ist, dass das Land Ueberschüsse an Getreide, Gemüsen und Obst nach Wien verführt.

Schon Eingangs dieser Blätter wurden die Gründe dargelegt, welche der Durchführung einer treuen Aufnahme der Productionen entgegenstehen, und die Schwierigkeiten vollkommen gewürdigt, welche hierbei zu überwinden sind. Demungeachtet ist es dringend nothwendig, auch in Niederösterreich daran zu gehen, für die Zukunft unantastbare Ziffern über das liefern zu können, was uns so nahe berührt.

Das Resultat der Darstellung unserer landwirthschaftlichen Zustände ist, trotz der Erhöhung der Productionsziffer, dennoch kein günstiges: der Eindruck einer kritischen Umschau im Lande ist derselbe geblieben: das ganze Land bedarf für seine agricole Production dringlichst der Hilfe.

Der Gesammtgrundbesitz (pag. 95) ist über den dritten Theil des Hypothekarwerthes durch Buchschulden belastet, und diese Schulden sind in den letzten Jahren in Folge der Missernten durch neue Capitalsaufnahmen bedeutend angewachsen, ja selbst der Personalcredit musste mit hochpercentiger Verzinsung der Anlehen bedeutend ausgenützt werden.

Der Reinertrag des Grundes und Bodens (pag. 91) ist nach den Erträgnissen schuldenfreier Wirthschaften behördlich berechnet, und nach dem Ergebnisse dieser Berechnung (pag. 97) die Steuer bemessen, während eine Durchschnittsberechnung (pag. 90) der Jahre 1855—1864 unter gleichen Voraussetzungen einen weit niedrigeren Reinertrag beziffert. Nachdem aber die kleinen und grossen Güter so schwer belastet sind und die drückenden Schulden des persönlichen Credites selbst diese spärlichen Reinerträgnisse noch mehr verkümmern, ist der Landwirth gezwungen, selbst für Steuerzahlung seinen Credit neuerlich anzustrengen. Den Intelligenten rettet sein Wissen durch die Zweckmässigkeit des Betriebes seiner Wirthschaft; wenn aber, wie hier (pag. 20—27), der kleine Landwirth aus Mangel an Vorbildung es nicht versteht, sein Gewerbe zweckmässig zu betreiben und selbst das schon Erworbene nicht auszunützen weiss (pag. 20, 79 und andere), so müssen die nächsten Missernten, welche (pag. 21) in Niederösterreich in den kürzesten Perioden einander folgen, ihn völlig zu Grunde richten, und er ist gezwungen, ein Erbe zu veräussern, welches ihn nicht mehr nährt.

Es ist somit dringend nöthig, der Ungunst dieser Verhältnisse thatkräftig entgegenzutreten, Leben und Thätigkeit dort zu wecken, wo das Wohl der Nation durch Mangel an Wissen, durch Erlahmung der Kräfte gefährdet ist; es ist dringend nöthig, dahin zu wirken, dass (pag. 92) die Bodenproduction Niederösterreichs einen Aufschwung nehme, welcher jenem auf anderen Gebieten gleichkommt; es ist dafür zu sorgen, dass den ungünstigen Einflüssen der Witterungsverhältnisse (pag. 21) auf die Bodencultur Schranken gezogen und Verhältnisse zu Gunsten des Feldbaues ausgenützt werden, welche die Natur und die Lage dieses Landes im reichen Masse bieten.

Der Landwirth in Niederösterreich muss durch Belehrung, Unterstützung und Belohnungen aufgemuntert werden, seine Wirthschaft zweckmässiger zu benützen; seiner Thätigkeit müssen die Wege eröffnet werden, auf welchen mit Vortheil für sein Haus, mit Vortheil für den Staat ein lohnendes Ziel erreicht werden kann.

Es muss ihm gestattet sein, über sein Eigenthum nach Nothwendigkeit zu verfügen (pag. 20 u. s. f.); es müssen Institute geschaffen werden, welche ihm für solche Zinsen Geld vorstrecken, die er aus den spärlichen Erträgnissen der Landwirthschaft erschwingen kann.

Im Rückblicke auf alle in diesen Blättern dargelegten Verhältnisse, welche die Prosperität des Landes verkümmern, ist es immer der Mangel an Wissen, welcher den Ausfällen in den Erträgnissen der Wirthschaften zu Grunde liegt.

Unsere Volksschulen (pag. 16) erfüllen nicht den Zweck, welcher im Auge gehalten werden muss: das Volk durch geistige Bildung der erwünschten Wohlfahrt zuzuführen. Das Gewerbe der Landwirthschaft, welches der grösste Theil der Bevölkerung betreibt, von dessen Fortschritt das Glück des Landes und die Steuerfähigkeit des Grundbesitzes abhängig ist, muss in den einfachsten Grundzügen eines rationellen Betriebes schon an den ländlichen Volks- und Wiederholungsschulen gelehrt werden. Es ist diess um so dringlicher, als bei einem ferneren Vernachlässigen der Schulbildung Niederösterreich um so sicherer und schneller verarmen müsste, da schon unsere Nachbarprovinzen in Folge der grösseren Fruchtbarkeit ihres Bodens reichlicher und desshalb wohlfeiler produciren, und Niederösterreich mit seinen Producten selbst auf dem Wiener Markte (pag. 15) zurückdrängen, während das Ausland, getragen durch den raschen Aufschwung seiner Volksbildung, auch seine Landwirthschaft rationell betreibt, vorzügliche und begehrte Producte auf den Weltmarkt bringt. Von letzterem sehen wir uns bereits seit langer Zeit (pag. 79) selbst mit Producten ausgeschlossen, mit welchen Niederösterreich zu concurriren berufen ist, während wir (pag. 68) andere Producte, die hier mit Vortheil erzeugt werden könnten, um schwer erworbenes Geld von anderen Kronländern und von dem Auslande erkaufen.

II. Abtheilung.

Forstwesen und Torfgewinnung.

Verfasser: General-Domänen-Inspector **Josef Wessely.**

I. Der Wald.

Um die heutigen forstlichen Zustände Niederösterreichs zu verstehen, muss man den Blick auf das vorige Jahrhundert zurückwenden.

Noch um das Jahr 1780 hatte das Land so grossen Ueberfluss an Forsten, dass $^2/_5$ derselben wirklicher, d. i. gänzlich unbenützter oder halber Urwald waren, in welchem (Domäne Grosspertholz) höchstens die alten, sonst in keiner Weise verwerthbaren Bäume zu Pottasche verbrannt wurden.

Gleichwohl tauchten damals, namentlich in Bezug auf die Reichshauptstadt Wien, Befürchtungen wegen Holznoth auf. Dieselben sind aber keineswegs durch eigentlichen Mangel, sondern nur durch ungewohntes Steigen der Preise, d. i. Theuerung, entstanden. Das Holz war nämlich bereits eine selbstständige Waare geworden; es hob sich daher dessen Preis immer mehr über die blossen Kosten der Aufarbeitung und Zufuhr, und weil der Holzverbrauch der Hauptstadt sich mit dieser ununterbrochen vergrösserte, musste man zur Deckung des Bedarfes in immer weitere Kreise treten, was wegen der dadurch in gleichem Masse wachsenden Beistellungskosten die Wiener Holzpreise verhältnissmässig rasch steigerte. [1])

Die Regierung ihrerseits sorgte für die Zukunft der Hauptstadt durch Verleihung von Triftprivilegien, und so entstanden auf

[1]) Um 1788 kostete in Wien die Klafter dreischuhiger ungeschwemmter Buchenscheiter $6^1/_2$ Gulden oder 2 Metzen Weizen oder 3 Metzen Roggen.

11

den Haupt- und Nebengewässern der Flüsse Schwechat, Isper, Erlaf, Schwarzau, Weidenbach, Traisen und Pielach in Niederösterreich, sowie in Oberösterreich auf der Aist und Mühl, Holzschwemmunternehmungen, die bestimmt waren, die Hölzer der bisherigen Urwälder der Residenz zuzuführen, und von denen die meisten noch heute bestehen.

Mit alledem war aber die Furcht vor Holzmangel noch nicht gebannt. Sie gebar im Jahre 1812 die k.k. Forstlehranstalt Mariabrunn und 1813 die letzte Landes-Forstordnung, [1]) welche die Waldrodung verbot und die Privatforstwirthschaft unter die Vormundschaft der Regierung stellte. Mit der Schule wollte man dem drohenden Uebel durch Verbreitung forstlicher Intelligenz mittelst der beschränkenden Bestimmungen jener Forstordnung durch zwangsweise Erhaltung des Waldstandes vorbeugen.

Die jetzige Generation kann wohl die damalige Furcht vor Brennstoffnoth leicht als blosses Gespenst belächeln; in jener Zeit jedoch, welche die Steinkohle noch nicht beachtete, hatte sie ihren vollwichtigen Grund. Denn ungeachtet aller staatlichen Gegenmittel stiegen die Wiener Holzpreise fort und fort in einer Weise, dass sie sich bis 1851, d. i. bis zur Zeit, als man anfing, vom mineralischen Brennstoffe ausgiebigen Gebrauch zu machen, gegen 1780 vervierfachten [2]) und auf eine drückende, die Volkswirthschaft hemmende Höhe gelangt waren. Wenn auch diese Uebertheuerung gutentheils unseren Eisenbahnen zur Last fällt, welche den Brennholztransport versagten, oder als Monopol ausbeuteten, so steht doch fest, dass unsere heutige Industrie, welche sich fast gänzlich auf die Mineralkohle stützt, eine völlige Unmöglichkeit wäre, müsste sie ihren Brennstoff aus den Wäldern beziehen; denn wäre auch das ganze Land mit nichts Anderem als mit Wald bedeckt, so vermöchte es noch immer nicht so viel Brennstoff zu liefern, als unsere Haushaltungen und Gewerbe jetzt verbrauchen.

Mit 1851, von welchem Jahre man in Niederösterreich das Bürgerrecht der Steinkohle datiren kann, trat nicht nur in der Industrie, sondern auch in Bezug auf den Wald und seine Bewirthschaftung ein entschiedener Wendepunct ein. Das dräuende Gespenst des Brennstoffmangels verschwand, und der Forst hörte

[1]) Forstpolizeigesetz. [2]) Die Klafter dreischuhiger ungeschwemmter Buchenscheiter, welche 1788 auf 6½ Gulden zu stehen kam, kostete 1851: 24 Gulden oder 5¾ Metzen Weizen oder fast 8 Metzen Roggen.

auf ein Object zu sein, dessen Erhaltung man um der allgemeinen Wohlfahrt willen erzwingen musste; man konnte denselben sofort sich selbst und den eigenen Interessen überlassen.

Der Wald jedoch, der das Erzeugniss eines halben oder ganzen Jahrhunderts ist und nicht viel weniger lange braucht, um ungefährdet einen Turnus zu vollenden, vermag sich nicht ohne weiters in einen so plötzlich gekommenen Umschwung zu fügen. Und so treffen wir denn in Niederösterreich heute noch forstliche Zustände, welche in vieler Beziehung mehr den volkswirthschaftlichen Verhältnissen der abgelaufenen Decennien als denjenigen der lebendigen Gegenwart entsprechen. Und selbst die Ideen des Volkes vermochten sich noch so wenig dem jetzigen Stande der Dinge anzubequemen, dass Viele noch immer die Rodung des Waldes und selbst den bloss ausgiebigen Abhieb verdammen und vom Staate noch fortwährend verlangen, er möge der Forstwirthschaft jenen Zwang anlegen, der in allen übrigen Gebieten der Production schon längst zu den überwundenen Standpuncten gehört.

Die Steinkohle, abgesehen davon, dass sie den riesigen Aufschwung unserer Industrie vermittelt hat, macht dem Holze, welches jetzt von unseren Eisenbahnen zwar verfrachtet, aber ärger wie ein Stiefkind behandelt wird, so erfolgreiche Concurrenz, dass sie dessen Preise, namentlich in allerneuester Zeit, bedeutend herabbringt und damit einen Theil des vorhandenen Waldstandes wieder unbenützbar macht.

Dadurch sind wir in Bezug auf den Forst gewissermassen wieder in die Zustände des einstigen Waldüberflusses zurückgeworfen, welche sich um so fühlbarer machen, als sowohl die Rodung, zu welcher man sich gedrängt fühlt, wie das Bestreben der Waldbesitzer, den Entgang am Preise durch grössere Verkäufe zu ersetzen, ausser der gewöhnlichen (dem Jahres-Holzzuwachse der Wälder entsprechenden) Hiebsmenge auch noch grosse Massen jenes Holzes auf die Märkte wirft, welche als sogenanntes Materialcapital die Unvergänglichkeit des früheren Jahresabhiebes sicherzustellen hatten.

Dieses Verhältniss muss fest im Auge behalten werden, wenn man die gegenwärtige forstliche Situation des Landes richtig beurtheilen will.

Vor mehr als dreissig Jahren ist der niederösterreichische Waldstand (für die Grundsteuerzwecke) mit 1,108.000 Joch oder

11*

$33^1/_3$ Procent der productiven Bodenfläche, dann der nachhaltige Jahresertrag des Holzlandes mit 403.000, oder unter Hinzurechnung des Erzeugnisses der 14.850 Joch beholzten Graslandes mit 405.000 Cubikklaftern erhoben worden.

In Betracht, dass die consequent steigenden Holzpreise nicht zur Rodung einluden, dass der grössere Theil des Waldes sich in den Händen grosser Besitzer befindet und der übrige Theil weit überwiegend auf sogenanntem absoluten Holzboden steht, dürfte die genannte Bewaldungsziffer noch bis vor Kurzem gegolten haben und erst seit einigen Jahren mag sie auf etwa 33 Procent zurückgegangen sein.

Was aber die Jahresholzung betrifft, so überstieg sie bis zur Stunde den obigen Nachhaltsertrag sehr bedeutend, indem ohne Unterlass bisher wenig benützte Waldstrecken mit ihren Urvorräthen zum Hiebe kamen, die Umtriebszeiten successive herabgesetzt, und vielfältig auch durch rationellere und intensivere Waldbehandlung Zuwachs und Nachhaltsertrag gebessert worden sind. Selbst in diesem Augenblicke ist noch nicht alles Holzland zu voller Nutzung gezogen; Beweis an dem, dass die Domänen Grosspertholz und Gaming noch immer einigen (Pertholz 400 Joch) Urwald bergen.

Daher konnte man die neuere thatsächliche Jahresnutzung auf 648.000 Cubikklafter, [1]) d. i. gut um die Hälfte grösser als den vom Grundsteuerkataster vor 30 Jahren ermittelten perpetuirlichen Ertrag, anschlagen.

Die Jahresnutzung mag in letzterer Zeit (1860) sogar noch bedeutender gewesen sein; seit 1863 jedoch ist sie offenbar wegen ungenügenden Absatzes und am auffallendsten dort zurückgegangen, wo man das Holz bisher hauptsächlich in Kohle für die Eisenindustrie umwandelte.

Im Jahre 1865 dürfte die gesammte Nutzung, oder besser gesagt der Verbrauch heimischen Holzes, nicht mehr als etwa 512.000 Cubikklafter betragen haben und 1866 wird sie zweifelsohne noch bedeutend tiefer sinken.

Das Land theilt sich nach seiner wechselnden Natur in fünf

---

[1]) Der dem Waldstande und der jetzigen Wirthschaftsweise entsprechende perpetuirliche Hauptnutzungsertrag wird mit 460.000 Cubikklaftern angenommen; die übrigen 188.000 Cubikklafter sind Nebennutzung und verfügbar gewordene Holzcapitalüberschüsse.

Gruppen, welche der ganzen Cultur und auch dem Walde und seiner Bewirthschaftung ein eigenes Gepräge aufdrücken.

Als sechstes, zwar nicht producirendes, jedoch massenhaft consumirendes Gebiet kann man die Hauptstadt Wien (in der Ausdehnung ihres Polizeisprengels) betrachten.

Alpengebiet. Bei 60 Quadratmeilen Fläche an der Grenze von Steiermark, mit einer Bevölkerung von 2030 Menschen auf der Quadratmeile. Dieses Gebiet mit seinen schroffen, seichtkrumigen Kalkbergen von 3000—5500′ Seehöhe (Schneeberg 6600′) und seinem rauhen Hochgebirgsklima ist hauptsächlich auf die Viehzucht mit Sennbetrieb, dann auf die Forstwirthschaft angewiesen. Durchschnittlich entfällt die überreiche Dotation von 3 Joch Wald auf jeden Bewohner.

Der Forst bedeckt hier 64 Procent des tragbaren Bodens. Er ist beinahe ganz Hochholz und wird fast zur Hälfte durch die Fichte gebildet. Die Weissföhre der tieferen sonnigen Berglagen macht bloss 13, die Tanne 11, die hauptsächlich die Ostgehänge suchende Rothbuche 11, und die auf Kalk-, Sand- und Schotterböden hausende Schwarzkiefer 7 Procent des Waldstandes aus. Bezeichnend für dieses Gebiet sind die Legföhre und die Grünerle an der oberen Waldgrenze der Hochberge, dann die in den höheren Lagen der Fichte beigemengte Lärche (5 Procent), endlich die sogenannte Brandwirthschaft. [1])

Im Alpengebiete pflegt man den Abhieb kahl und im Uebrigen plenterweise zu führen. Die Kahlschläge überlässt man entweder der Selbstbesamung vom vorstehenden Hochholze her oder besäet sie aus der Hand. Für die Pflanzung würde die vorhandene Arbeitskraft nicht zureichen. Das Ueberwiegen der Coniferen (88 Procent) und günstige Absatzverhältnisse ermöglichen, ortweise mehr als die Hälfte (Guttenstein), im schlechtesten Falle ein Zehntel, im grossen Durchschnitte jedoch ein Viertel vom Fällungsquantum als Werkholz, u. z. hauptsächlich für den Sägemühlenbetrieb und zum Landbaue, zu verwenden. Das Uebrige wird zu Brennholz aufgearbeitet oder für die in diesem Gebiete zahlreich vertretene Eisenindustrie zu Kohle umgewandelt.

---

[1]) Ein Wechsel von Wald- und Feldbau, für welch' letzteren die Krume durch Verbrennung der Holzabfälle und der Bodenschwarte des letzten Waldwuchses gedüngt und vorbereitet wird.

Der Wienerwald. Dieses Berggebiet von etwa 50 Quadratmeilen Fläche und einer Volksdichte von 3975 Menschen besteht aus den zur Donau streichenden Alpenausläufern. Wir haben es hier hauptsächlich mit den sanft gerundeten Bergen des Wiener Sandsteins und dessen tiefgründigem, kalkhältigem Lehmboden zu thun, mit Erhebungen, von welchen selbst die höchste (Schöpfl) nur 2825′ Seehöhe aufweist. Ein Theil des Gebietes besteht jedoch aus schroffen, wenn auch niederen Kalkbergen.

Die Forste dieses Landestheiles nehmen 42 Procent des tragbaren Bodens ein, so dass auf jeden Kopf der Bevölkerung 1 Joch Wald entfält. Wir haben es hier hauptsächlich mit Rothbuchenhochwald (44 %) zu thun. Ausserdem sind noch die Fichten- (16 %), Tannen- (15 %) und Weissföhren-Bestände (9 %) von territorialer, und die Schwarzföhre (5 %) um ihrer grossen Nützlichkeit willen von Bedeutung.

Der Rothbuchen- und Tannenwald wird wegen erfolgreicher Selbstverjüngung in der Regel im sogenannten Dunkelschlage, u. z. in 3 bis 4 Hieben gehauen, von denen der 1. bis 2. die Selbstbesamung der Schlagfläche zum Zwecke hat.

Im Nadelwalde wird oft auch ein Viertel bis ein Drittel der Hiebmenge zu Werkholz verwendet. Der Rothbuchenwald jedoch wirft nur bei 5 Procent derlei werthvollere Sortimente ab. Im grossen Durchschnitte mag die Ausnützung auf Werkhölzer kaum ein Zehntel des ganzen Fällungsquantums betragen.

Die Hauptverwendung findet der Wald dieses Gebietes, und insbesondere der Rothbuchenwald (welchem auch jene grossen Staatsforste von 48.000 Joch Fläche angehören, die unter dem Titel des kais. Wienerwaldes einen gewissen Ruf erlangt haben) zu Brennholz, wovon das meiste nach der Reichshauptstadt und ihrer Umgebung geht, um dort den Bedarf des Haushaltes zu decken.

Das Manhartsgebiet, von beiläufig 90 Quadratmeilen Fläche und einer mittleren Bevölkerung von 3475 Seelen pr. Quadratmeile, besteht aus den von Böhmen kommenden Ausläufern des sogenannten hercynischen Gebirges, welche ein wellenförmiges, hauptsächlich aus Granit und Gneiss bestehendes Land von 1300—2500′ Seehöhe darstellen, in welchem die Gewässer sehr tief eingeschnitten sind, und aus dem nur einzelne flach gewölbte Rücken und Kuppen (bis 3500′ Meereshöhe) hervorragen. Die Silikatkrume ist grossentheils sandig und wird oft zu förmlichem Sandboden. Das Klima ist rauh.

Durchschnittlich sind zwar nur 35 Procent des tragbaren Bodens bewaldet; ortweise tritt jedoch der Forst so massenhaft auf, dass es noch immer nicht gelang, ihn gänzlich zur vollen Nutzung heranzuziehen. Im Mittel entfallen $0._{97}$ Joch Wald auf jeden Bewohner.

Auf dem besseren Boden treffen wir meistens einen Mengwald von vorwaltend Fichten, dann Tanne und etwas Weissföhre und Rothbuchen. Auf dem Sandboden herrscht in der Regel und oft ohne alle Beimengung die Föhre in trefflichem Wuchse und unglaublicher Ausdauer. In dieser Weise bilden die Fichte 41, die Weissföhre 24, die Tanne 23, die Rothbuche dagegen nur 6 und die Laubarten überhaupt bloss 11 Procent des gesammten Holzwuchses.

Die Verjüngung wird hier grossentheils noch mittelst des uralten Plenterhiebes bewirkt. Im Uebrigen führt man den Kahlhieb und erwartet die Besamung vom hohen Nachbarholze her, bei der Weissföhre häufig auch von übergehaltenen Samenbäumen, oder man forstet künstlich auf.

Bei so hochüberwiegendem Vorherrschen der Coniferen könnte der Wald grösstentheils zu Werkholz ausgebeutet werden, und die an Wald und besonders an Nadelholz sehr arme Ebene würde auch vortrefflichen Absatz sichern. Es gibt wohl auch Bezirke, wo man 60 Procent des jährlichen Schlagquantums in dieser Weise verwerthet. Da dieses Gebiet jedoch noch von keiner Eisenbahn durchzogen ist und die unregulirten Gewässer nur die Vertriftung kurzer Brennhölzer zulassen, so wird die Verfrachtung des Werkholzes so kostspielig, dass im grossen Durchschnitte kaum ein Fünftel der jährlichen Hiebmenge in dieser ertragreicheren Weise benutzt wird.

Die Hauptverwendung geht daher auf Brennholz, welches man grossentheils durch die Schwemmanstalten der Donau zutriftet und auf letzterem Strome nach Wien verschifft, oder das man auf der Achse in das waldarme niederösterreichische Hügel- und Flachland verführt.

Das Hügelland am Fusse des Manhartsgebirges und längs des rechten Donauufers gegen Oberösterreich zu nimmt etwa 76 Quadratmeilen ein und wird durchschnittlich von 4255 Menschen pr. Quadratmeile bewohnt. Es zeigt fast durchwegs einen Schwemmboden, der in seiner Zusammensetzung ausserordentlich, u. z. von feinem Löss (Lehm) bis zu grobem Schotter wechselt.

In diesem Gebiete sind nur mehr 18 Procent des tragbaren Bodens bewaldet, so dass bloss $0._4$ Joch Holzland auf den Kopf entfallen. Die forstliche Bestockung wechselt ungemein. Wohl überwiegen auf den mehr thonigen Strecken der Fichtenwald (22 Proc.) und auf dem sandigen und schotterigen Boden die Weissföhre (25 Proc.), auch die Tanne thut sich neben der Fichte hervor (11 Proc.); charakteristisch aber für diesen Landestheil sind der hauptsächlich weiche, jedoch durch edle Baumarten verbesserte Laubmengwald (22 Proc.), noch mehr aber die Eichenhaine (15 Proc.). Letztere (z. B. Ernstbrunner Wald) bestehen aus Traubeneichen mit bedeutender Beimengung von Stiel- und einigen Zerreichen, und sind entweder Nieder- oder Mittelwald, in welch letzterem Falle das Unterholz aus Eichen und Weichholz besteht, in dem sich die Haselnuss sehr breit macht.

Die Verjüngung hat weit überwiegend im natürlichen Wege statt.

Die Bestände werden hier, sofern sie dazu nur tauglich sind, gut auf Werkholz ausgenutzt, daher man dem Nadelwalde auch 30 und dem Eichenmittelwalde selbst 20 Procent von derlei Sorten abgewinnt. Im Durchschnitte jedoch kann man die Werkholznutzung nur mit 17 Procent des Schlagquantums ansetzen. Alles Uebrige wird zu Brennholz aufgearbeitet.

Die Ebene (das Wiener Becken) mit dem Marchfeld und der Neustädter Haide (Steinfeld) nimmt bei 66½ Quadratmeilen ein, und zählt einen mittleren Volksstand von 3560 Seelen pr. Quadratmeile. Sein von feinstem Löss bis zu grobem Gerölle wechselnder Schwemmboden ist nur zu 16 Procent bewaldet, so dass auf den Kopf der Bevölkerung kaum $0._{43}$ Joch Wald entfallen.

Diese Ebenen mit den dazwischen vorkommenden Hügeln sind mit Eiche (24 Proc.), Weissföhre (20 Proc.), Roth- und Weissbuche (je 12 Proc.), dann mit Schwarzföhre (6 Proc.), Tanne (6 Proc.), etwas Fichte und anderem Gehölze (32 Proc.) bedeckt. Das Eigenthümlichste derselben bilden jedoch die hauptsächlich durch Espen, Schwarzpappeln, Baumweiden, Silberpappeln und Erlen gebildeten Donauauen (⅕ des gesammten Waldstandes), in welchem Gemenge nur sehr vereinzelt Stieleichen,

Rüstern und Eschen eingesprengt erscheinen. Gleichfalls bezeichnend sind die künstlichen Föhrenanlagen der Haide, endlich die Thatsache, dass hier fast zwei Drittel des Waldstandes (die Laubbestände) in Ausschlagholz bestehen.

Die Verjüngung wird auf natürlichem Wege erzielt, jedoch veredelt man die Nachwüchse und bewaldet felduntaugliche Geröllflächen mittelst künstlicher Aufforstung.

Obwohl an manchen Orten gegen ein Drittel der jährlichen Hiebmenge zu Werkholz aufgearbeitet wird, beträgt doch die bezügliche Nutzung im grossen Durchschnitte nur bei 10 Procent und alles Uebrige kommt als Brennholz zur Verwendung.

Die Stadt Wien [1]), dieses Emporium von wenig mehr als 2 Quadratmeilen Fläche, aber mit 742.000 Einwohnern, ist in forstlicher Beziehung nicht productiv, sondern nur ein Gebiet der Consumtion. Diese letztere muss hier um so mehr besprochen werden, als sie in vieler Beziehung für die Forstwirthschaft des Landes massgebend wird.

Vor vierzig Jahren, als Wien die Mineralkohle noch unberücksichtigt liess, verbrauchte es im Durchschnitte $0._{428}$ Cubikklafter Brennholz pr. Kopf. Durch die Verbesserung der Heizapparate ging dieser Consum in den ersten Vierzigerjahren auf $0._{37}$ Cub. Klftr. herab. Als hierauf die Mineralkohle in Aufnahme kam, sank der Brennholzverbrauch noch viel rascher, und er beträgt jetzt, nachdem die Steinkohle sich der ganzen Industrie, ja selbst eines guten Theiles des Familienhaushaltes bemächtigt hat, und auf diese Weise mehr als zwei Drittel des ganzen Brennstoffbedarfes befriedigt, nur mehr $0._{186}$ Cub. Klftr. pr. Kopf.

So kam es, dass sich die Menge des im Ganzen verbrauchten Brennholzes seit 1840 — abgesehen von den durch ungewöhnlich milde oder harte Winter verursachten Jahresschwankungen — consequent verringerte, ungeachtet Bevölkerung und Industrie, und damit der Brennstoffconsum, rapid stiegen.

Beide Ziffern standen in der That, wie folgt:

---

[1]) Es ist hier nicht die Stadtgemeinde, d. i. Wien innerhalb der sogenannten Linienwälle, sondern Wien mit jenen Nachbargemeinden verstanden, welche den Wiener Polizeibezirk bilden, einschliesslich sogar des nur bis 1860 bestandenen Hietzinger Commissariates.

Jahr.	Einwohnerzahl.	Brennholzverbrauch. Cub. Klftr.
1840	459.000	182.000
1855	587.000	135.500
1865	742.000	134.000

So kam es ferner, dass der Geldwerth des in Wien verbrauchten Brennholzes, der von 1855 bis 1863 stets nahe an $5^1/_2$ Million Gulden stand, von da ab bis 1865 auf 5 Millionen herabsank. Hieraus folgt, dass im grössten Durchschnitte die einzelne Familie jährlich noch immer 33 Gulden für Brennholz ausgibt.

Beiläufig die Hälfte seines Brennholzes bezieht Wien auf der Donau, etwa ein Viertel mittelst Eisenbahn, und das letzte Viertel fast ganz durch gewöhnlichen Achsetransport. Das Land Niederösterreich liefert nur etwas über die Hälfte dieser Menge, das Uebrige kommt aus den Nachbarprovinzen und aus Baiern.

Die hochentwickelte Industrie und der Luxus Wiens haben zur Folge, dass sowohl an Mannigfaltigkeit, als an Menge ein Maximum von Werkhölzern verbraucht wird, zu welchem, ebenso wie bei dem Brennholze, auch die anderen österreichischen Länder und sogar Baiern höchst ansehnlich beisteuern.

Vermöge seines ausgebreiteten Handels ist Wien überdiess Stapelplatz für feinere Werkhölzer und einiger anderer Forstwaaren.

Sehr charakteristisch für diese Grossstadt ist die seltene Wohlfeilheit der gewöhnlichen weichen Bauhölzer. Die Schäfte stehen im Preise wenig höher als das Brennholz; die Schnittwaaren kosten in diesem Centrum des Verkehrs kaum mehr als in den abgelegenen waldüberreichen Winkeln des Landes.

Diesen Vortheil verdankt die Hauptstadt ihrer Lage an der Donau und dem Ueberreichthume der oberen Donaugegenden an Nadelwald. Die Donau ist überhaupt jener Factor, der auf die Stellung, welche Wien zum Walde einnimmt, in jeder Beziehung den grössten Einfluss behauptet.

Fassen wir nun den Waldstand Niederösterreichs als Ganzes auf, so ergibt sich, dass 33 Procent des productiven Bodens mit Holz bestockt sind, von welchem 70 Proc. Nadel- und 30 Proc. Laubarten sind, sowie dass die einzelnen Baumarten folgenden Antheil haben: Fichte 34, Rothbuche 17, Weissföhre 16, Tanne $14^1/_2$, Eichen 5, Schwarzkiefer 3, Lärche 2, sonstige Laubhölzer $8^1/_2$ Procent.

Bei alledem muss beachtet werden, dass wir in Niederösterreich fast überall noch die von der Natur selbst gezogenen Baumarten antreffen, was zur Folge hat, dass die meisten Bestände gemengt sind, und grössere Wälder einer und derselben Baumart nur dort erscheinen, wo die natürlichen Standortsverhältnisse der betreffenden Art so vortrefflich zusagen, dass sie mit einer Kraft vegetirt, welche andere Arten nicht neben sich aufkommen lässt. Hieher gehören: der Fichtenwald auf den westlichen Abhängen des Gebirges, die Rothbuchenbestände auf den östlichen Bergseiten des Wienerwaldes, die Weissföhrenflächen auf dem granitischen Sandboden des Manharts, der Schwarzföhrenwald auf dem Kalksande des Alpenfusses, der Pappel- und Weidenwald der Donauauen u. s. w.

Bei 77 Procent Holzland werden als Hochwald, 11 Procent als Nieder- und Mittelwald bewirthschaftet, 5 Procent sind Auen und $2^1/_2$ Procent Brände.

Nach der Dichte des Stoffes theilt sich der jährliche Einschlag in 19 Procent hartes, 5 Proc. mittelhartes und 75 Proc. weiches Holz.

Vom gesammten Fällungsquantum von 648.000 Cubikklaftern, wie es noch zur guten Zeit (bis 1861, höchstens bis 1863) bestand, mögen 454.000 Cub. Klftr. oder 70 Proc. zu Brennholz, 90.000 Cub. Klftr. oder 14 Proc. zu Kohlholz und 104.000 Cub. Klftr. oder 16 Procent zu Werkholz aufgearbeitet worden sein. Von der Gesammtmenge waren 462.000 Cub. Klftr. perpetuirlich beziehbare Hauptnutzung und 186.000 Cub. Klftr. Nebennutzung und überflüssig gewordenes Holzcapital.

Die Verkümmerung, an welcher unsere Eisenindustrie leidet, die von den schlimmen Zeitverhältnissen in der gesammten Volkswirthschaft herbeigeführte Stockung und auch der unnatürliche Druck, den die durch unsere Eisenbahntarife relativ bevorzugte Mineralkohle auf das Brennholz übt: diess Alles hat die Holznutzung des Landes so herabgebracht, dass sie 1865 nur mehr 512.000 Cub. Klftr. betragen haben mag, wovon 394.000 Cub. Klftr. Brennholz, 30.000 Cub. Klftr. Kohlholz und 88.000 Cub. Klftr. Werkholz gewesen sein mögen.

Der Waldstand Niederösterreichs ist zu 53 Procent bäuerlicher (Klein-) Besitz und 47 Procente desselben bestehen in Domänenforsten (ehemaliger Herrschaften), worunter 6 Procent Staatswälder und $0._2$ Proc. Forste von Staatsfonden. Die Kloster-, Stifts- und Kirchenwaldungen machen 9 Procent und die Gemeindewälder 4 Proc. der Landeswaldfläche aus.

Nach Stand und Wirthschaft unterscheiden sich die Staatsforste nicht wesentlich von demjenigen, was man auf den Privatdomänen findet. Das Gleiche gilt auch von den Wäldern der geistlichen Stifte (Abteien) und der (municipalen) Stadtgemeinden. Bedeutend anders steht es nur um die Bauern-, dann um jene Landgemeindewälder, welche als Gemeingut behandelt werden. Daher kann man den niederösterreichischen Waldstand in Bezug auf das Oeconomische nur in zwei Categorien scheiden, nämlich in (grosse) Domänenforste und in (kleine) Bauernwälder.

Das Domänen-Waldwesen hat ein aristokratisches Gepräge. Da es sich dabei gewöhnlich um grosse compacte Waldmassen handelt, so trifft man grosse systematische Schlagführung, Triftanstalten, grossartige Rieswerke, nennenswerthe Weganlagen, Sägewerke und andere industrielle Unternehmungen. Die Wirthschaft geht von Forstleuten von Beruf aus, die den Betrieb bereits nach wissenschaftlichen Regeln verfeinert und vervollkommnet haben. Man ist conservativ, arbeitet mit stetem Blicke auf die Zukunft und bringt der Mehrung und Besserung des Waldstandes gerne und oft grosse Opfer. Man ist hochherzig, nimmt viel Rücksicht auf die Bedürfnisse und Gewohnheiten der Bevölkerung und thut viel für die Armen und Unbemittelten. So kommt es denn, dass die Technik der Holzzucht und des Forstbetriebes überhaupt in den Domänenforsten durchschnittlich am höchsten steht, und dem Bauer als Muster und Schule dient; dass die Domänenwälder in der Regel in hohem Umtriebe stehen, wohl erhalten und nicht überhauen werden; dass man den Waldboden gerne arrondirt; dass man den In- und Anwohnern das Holz zu mässigem und die Nebenstoffe des Waldes zu halbem Preise oder unentgeltlich ablässt. Der Conservatismus artet zuweilen sogar in die schädlichen Extreme übergrosser Hiebsalter und Holzcapitalüberschüsse, Abscheu vor nützlicher Rodung, Aufforstung von Grundstücken, die besser Feld geblieben wären etc. aus. Man legt den Hauptwerth auf das Holz, beachtet wenig die Nebennutzungen und beschränkt sich meistens auf die Erzeugung der blossen Rohhölzer, ja theilweise sogar auf den Verkauf des Holzes auf dem Stocke.

Der Bauernwald ist in vieler Beziehung der Gegensatz zum Domänenforst. Von grossartigen Bringungsanstalten oder industriellen Werken kann da wegen der Kleinheit des Besitzes von vorneherein keine Rede sein; ebensowenig von grossen Schlägen. Im Gegentheile sind hier der Plenterhieb und der Miniatur-Kahl schlag Regel, und sie ersparen auch gewöhnlich die künstliche Verjüngung. Der Bauer legt auf Gras, Streu und andere Nebenstoffe ebenso hohen Werth als auf das Holz, weil er sie in seiner Wirthschaft sehr gut verwenden kann. Der Betrieb ist auf die Gegenwart berechnet, und das drängende Bedürfniss des Augenblickes verführt da öfter, der Zukunft Opfer für die Gegenwart zu entreissen. So kommt es, dass wir im Bauernwalde kurzen Umtrieb und eher Holzcapital-Mangel als Ueberschuss antreffen; dass manch solcher Grund fast ebenso Gras- als Holzland ist; dass Stücke davon gerodet werden — was Alles zuweilen sogar in wirkliche Devastation ausartet. Die Zugutebringung der Producte dehnt der Bauer gerne bis auf die Finalisirung und Verführung der Waare zum Markte aus, weil die damit verbundene Arbeit für ihn Werth hat.

Ungeachtet all' dieser Gegensätze kann man die bäuerliche Waldwirthschaft, wenn man sie vom allein richtigen Standpuncte, d. i. von demjenigen des Bauers, betrachtet, keineswegs schlecht nennen.

Nur der als Gemeingut behandelte Gemeindewald fällt gewöhnlich als Opfer dieses Missverhältnisses der Devastation anheim.

Wenn nun auch Wald und Wirthschaft des Landes durchschnittlich als gut bezeichnet werden müssen, so kann doch ebensowenig geläugnet werden, dass beide noch grosser Verbesserungen fähig wären, und dass Niederösterreich in Bezug auf Forstwesen nicht in erster, sondern erst in zweiter Linie steht.

Der Volksökonomie warf das Joch niederösterreichischen Waldes vor Eintritt unserer jetzigen wirthschaftlichen Katastrophe jährlich 16 Gulden ab, denn so hoch stand der Werth der Producte, welche das Forstwesen durchschnittlich der übrigen Volkswirthschaft lieferte. Nunmehr ist dieser nationale Ertrag auf blosse 12¼ Gulden pr. Joch zurückgegangen.

Das ökonomische Verhältniss für die Waldbesitzer wird aus der nachfolgenden Tafel ersichtlich, welche die finanzielle Waldgebarung pr. Joch nach dem Landesdurchschnitte darstellt. Bei der Beurtheilung dieser Ziffern darf jedoch nicht übersehen werden, dass wir, zu Gunsten der Klarheit des Gegenstandes, von den Erlösen aus den Producten bereits die sehr wechselnden Kosten für deren Aufarbeitung abgeschlagen haben, so dass diese Erlöse in jener weit geringeren Höhe erscheinen, welche dem Werthe der Stoffe im ungewonnenen Zustande entspricht.

Das Joch Wald im Landesdurchschnitte. [1])

Erlös:	1860	1865
	Gulden	
Aus dem Holze (Brennholz: 2·81 und 2·06, Werkholz: 1·57 und 1·01, Kohle: 0·28 und 0·03)	4·66	3·10
Aus den Nebenstoffen	0·67	0·67
	5·33	3·77

Auslagen:	1860	1865
	Gulden	
Für Holzzucht (3 bis 30 kr.)	0·07	0·07
Für Nutzungsanstalten (5 bis 225 kr.)	0·48	0·43
Verwaltungskosten (0 bis 375 kr.)	0·89	0·89
Oeffentliche Lasten (Steuern 20 bis 230 kr.). ...	0·52	0·56
	1·96	1·99
Reinertrag .	3·37	1·78

II. Brennholz.

An der Reichshauptstadt Wien hat das Land einen Consumtionsort, zu dessen Befriedigung auch die Nachbarländer beisteuern müssen und der dadurch auch massgebend, insbesondere für das übrige Niederösterreich wird.

Was das Brennholz betrifft, so würde zwar der Landeswaldstand am Ende auch für Wien zureichen; aber die Donau bietet seit jeher diesem schweren, keine hohen Transportkosten vertragenden Artikel eine so treffliche und wohlfeile Zufuhrstrasse, dass die Hauptstadt es schon lange zweckmässiger fand, die Holzvorräthe des weniger zugängigen niederösterreichischen Gebirges sich selbst (Manhart) oder der Eisenindustrie (Alpen) zu überlassen und denjenigen Theil des Bedarfes, welchen die Umgegend oder die heimischen Holzschwemmen nicht zu senden im Stande sind, durch Vermittlung der Donau aus Oberösterreich, Salzburg, Tirol und Baiern, und neuerer Zeit selbst stromaufwärts aus Ungarn und Slavonien zu beziehen.

[1]) Die Minima und Maxima beziehen sich keineswegs auf einzelne Joche, sondern auf ganze Besitzcomplexe.

Eine ähnliche, wenn auch bei weitem nicht so grosse Bedeutung haben seit Kurzem auch die Eisenbahnen gewonnen, denn sie liefern der Hauptstadt jetzt Brennholz aus Steiermark, Ungarn und Mähren, u. z. aus Gegenden, von denen die Beistellung in anderer Weise nicht thunlich wäre. Dass die Rolle, welche die Schienenstrassen in dieser Beziehung spielen, doch keine sehr hervorragende ist, liegt nur in den exorbitanten Frachtsätzen, welche die meisten dieser Verkehrsanstalten missverstandenerweise für diese Waare selbst jetzt noch stellen.

Im Jahre 1842, d. i. zu einer Zeit, als der Holzverbrauch des innerhalb der Linien liegenden Wiens 145.000 Cubikklafter betragen hat, sind durch die städtischen Holzsetzer geschlichtet, also nach Wien gesendet worden:

	Current-Klafter verschiedenster Scheiterlänge
Aus Baiern	30.000
„ Oberösterreich, Salzburg, Tirol	78.600
„ Ungarn	11.400
„ Niederösterreich	187.600
Zusammen	307.600

Davon waren 56 Procent weiche, 5 Procent gemischte und 39 Procent harte Sorten.

Die Preise standen in jenem Jahre für die beste Sorte Hartholz (ungeschwemmte dreischuhige Rothbuchenscheite) 17 fl. und für Weichholz (ungeschwemmte dreischuhige Tannenscheite) 12¼ fl.

Damals waren Brennhölzer der verschiedensten Sorten und Scheitlängen üblich.

Durch den Aufschwung, welchen der Volksstand und die Industrie Wiens nahmen (und von 1848 an wohl auch in Folge der Entwerthung des Papiergeldes) erhöhten sich ohne Unterlass die Brennholzpreise und schnellten insbesondere Ende 1850 und 1851 zu einem Maximum empor, welches mit dem Waldreichthume des Landes und der Nachbarprovinzen in schreiendem Gegensatze stand. Das beste Buchenholz kostete dazumal 23 fl. 70 kr., Weichholz 14 fl. 10 kr. (pr. dreischuhiger Klafter).

Die Eisenbahnen, welche den natürlichen Beruf gehabt hätten, dieser nachtheiligen Theuerung zu steuern, leisteten in diesem Puncte nichts; denn entweder versagten sie den Transport dieses Artikels, oder forderten Frachtlöhne, welche nichts weniger als geeignet waren, den Holzpreis zu ermässigen. [1])

[1]) Zwei dieser Transportanstalten nutzten die Theuerung sogar dadurch aus, dass sie sich selbst auf den Holzhandel verlegten.

Auch der grosse Waldbesitz und der Holzhandel, statt durch verstärkte Zusendungen ihrerseits nach Thunlichkeit der Uebertheuerung zu begegnen, meinten in ihrer Kurzsichtigkeit diese vielmehr ausbeuten zu können, oder thaten wenigstens nichts dagegen, dass Andere sie ausbeuteten.

Die Theuerung (insbesondere des für den Familienhaushalt bestimmten Hartholzes) trug übrigens eines ihrer Heilmittel in sich selbst. Sie drängte, die bisherige Scheu zu überwinden und ohne weiteres Bedenken zu jenem Stoffe zu greifen, der im Zimmerofen und in der Küche jedes waldreichen Landes mit Recht als Surrogat, als blosser Nothbehelf angesehen wird, nämlich zur Steinkohle.

So brach sich der mineralische Brennstoff nach allen Seiten Bahn und diess verhinderte nicht nur ein weiteres Steigen der Holzpreise in Wien, sondern brachte diese sogar allmälig wieder zum Sinken, obwohl Volksstand und Industrie noch rascher in die Höhe gingen, als diess bis dahin der Fall war.

Somit vollzog sich der grosse Process, welcher das als Brennstoff früher allein verwendete Holz aus dem Bereiche der Industrie fast gänzlich verdrängte und an dessen Stelle so zu sagen plötzlich die Steinkohle setzte.

Bis hieher muss der Volkswirth diesen Sieg willkommen heissen, denn nicht nur eignet sich die Mineralkohle wegen der grösseren Intensität ihrer Wärmeentwicklung und wegen des geringeren Raumes, den sie zur Bevorräthigung braucht, für die Grossgewerbe besser als das Holz und so gut, dass man sie mit vollem Rechte den Fabriksbrennstoff heissen kann, — sondern sie ermöglichte auch eine industrielle Entwicklung, welche durch das Verbleiben bei dem Holze für immer ausgeschlossen gewesen wäre.

Aber es vollzog sich noch eine andere Wandlung, welche man bedauern muss, weil sie in einem so waldreichen Lande völlig unnatürlich ist. Die Steinkohle drang nämlich mehr und mehr auch in die Haushaltungen und zwar so sehr ein, dass der Brennholzverbrauch, ungeachtet der Volksstand von 1851 bis 1865 um 27 Procent stieg, statt gewachsen, vielmehr um 10 Procent gefallen und das Holz fast ein Luxusartikel geworden ist, der nur mehr dem Wohlhabenden zur Verfügung steht.

Bedauern muss man diese letztere Thatsache, weil die Steinkohle wegen ihres oft beleidigenden Geruches, noch mehr aber um ihres gesundheitswidrigen und beschmutzenden Qualmes willen, als häuslicher Brennstoff gegen das reine und schmucke

Holz so sehr zurücksteht, dass sie für diesen Zweck nur waldarmen Ländern empfohlen werden kann.

Nach diesem nothwendigen Rückblick auf die jüngste Vergangenheit wollen wir zur Schilderung der Brennholzverhältnisse der Jetztzeit schreiten.

Abgesehen von den durch die Strenge oder Milde des Winters veranlassten Schwankungen ist sich der Wiener Brennholzconsum seit einem Decennium nahezu gleichgeblieben und betrug in den letzten fünf Jahren jährlich im Mittel 135.000 Cubikklafter, wovon 107.000 auf die Stadtgemeinde und 28.000 Klafter auf die Vororte (im Polizeibezirke Wien) entfielen.

Von dieser Gesammtmenge waren bei 50.000 Klafter hartes (meist Rothbuchen), 11.000 mittelhartes und Mengholz und 74.000 Klafter weiches Holz (meist Fichte, Tanne und Weissföhre).

Dieses Materiale gelangte nach Wien mittelst:

	1860	1865
	Cubikklafter	
Eisenbahnen [1])	21.800	39.240
Donau-Schifffahrt [2])	77.000	61.270
Wien-Neustädter Canal	6.000	7.750
Gewöhnlichen Transports	30.200	25.740
Zusammen	135.000	134.000

Was die Herkunft betrifft, so hatte das Holz folgende Abstammung:

	1860	1865
	Cubikklafter	
Aus Niederösterreich	79.980	79.200
Oberösterreich, Salzburg und Tirol	18.500	13.740
Ungarn [3]) und Slavonien	7.100	22.940
Mähren [4])	10.000	4.500
Böhmen [5])	10.000	5.800
Steiermark	420	320
Baiern	9.000	7.500
	135.000	134.000

[1]) Im Jahre 1860 waren die Nordbahn mit einer Million und die Südbahn mit 64.000 Zentnern betheiligt, 1865 die Nordbahn mit 654.000, die Südbahn mit 165.000, die Raaber Bahn mit 226.000 und die Westbahn mit 565.000 Zentnern.

[2]) 1865 war auch die österr. Donau-Dampfschifffahrts-Gesellschaft betheiligt, welche 4020 Cubikklafter stromaufwärts brachte.

[3]) Die stärkeren Zufuhren aus Ungarn sind durch die Ermässigung der Frachtsätze von Seite der Süd- und der Raaber Bahn ermöglicht worden.

[4]) Der mährische Bezug war jener der Nordbahn.

[5]) Das böhmische Holz ist jenes der Fürst Schwarzenberg'schen Mühlschwemme.

Die Länge des Feuerholzes und darnach die Tiefe der currenten Klafter wechselt noch jetzt zwischen 18 und 36 Zoll; jedoch sind das grosse Vielerlei und namentlich die ganz kurzen Sorten im Laufe der letzten fünf Jahre so ziemlich beseitigt worden, so dass 1865 das 3schuhige Holz 66, das $2\frac{1}{2}$schuhige 5, das 2schuhige 28, das $1\frac{1}{2}$schuhige nur bei 1 Procent der gesammten Holzmasse ausmachte.

Der stärkste Begehr nach Brennholz bestand neuester Zeit 1860—1861. Er war durch die damals in vollen Gang gekommene Stadterweiterung hervorgerufen. Allsobald griffen aber die Ziegeleien und Bierbrauereien, die bisher gewöhnlich noch Holz gebrannt hatten, zur Steinkohle, was das Fallen der Brennholzpreise, insbesondere bei dem Weichholze, förderte. Während das harte Holz von 1860 bis 1865 bloss um 9 Procent im Preise sank, fiel das weiche in der That um 16 Procent. [1])

Die Durchschnittspreise der dreischuhigen Currentklafter (halbe Cubikklafter) standen 1865 im Einzelverkaufe des Stadtgemeindebereiches (unverkleinert, loco Legstätte) auf folgenden Ziffern:

			Gulden
Rothbuche	Scheiter	ungeschwemmt	$22\frac{1}{4}$
		geschwemmt	$19\frac{1}{4}$
	Ausschuss	ungeschwemmt	$19\frac{1}{4}$
		geschwemmt	16
Eichenscheiter		ungeschwemmt	18
Rustenscheiter		ungeschwemmt	$18\frac{1}{2}$
Birken	Scheiter	ungeschwemmt	$18\frac{1}{2}$
	Ausschuss	geschwemmt	$11\frac{1}{2}$
Eschen	Scheiter	ungeschwemmt	$17\frac{3}{4}$
	Ausschuss	ungeschwemmt	15
Erlen	Scheiter	ungeschwemmt	$15\frac{1}{2}$
	Ausschuss	ungeschwemmt	$14\frac{1}{2}$
Mischling		ungeschwemmt	$14\frac{3}{4}$
Weiches Auholz		ungeschwemmt	$11\frac{3}{4}$
Weiches Nadelholz	Scheiter	ungeschwemmt	14
		geschwemmt	$11\frac{3}{4}$
	Ausschuss	ungeschwemmt	$12\frac{3}{4}$
		geschwemmt	$9\frac{1}{4}$

[1]) Das im Jahre 1866 noch stärkere Fallen des Preises bewog mehrere Ziegeleien und Brauereien, wieder zum Weichholz zurückzukehren.

Im Grossgeschäfte wird die Klafter hartes um 10, weiches um 16 Procent niedriger berechnet. [1])

Ausserhalb der Stadtgemeinde kam die halbe Cubikklafter jeder Sorte beiläufig um den Betrag der hier entfallenden Wiener Verzehrungssteuer, d. i. um 65 kr., wohlfeiler zu stehen.

Eine nicht ganz unbedeutende Menge Brennholz wird in Wien aus den sogenannten Trumpeln aufgescheitert, welche nichts Anderes sind als buchene Klötze (von 7—8' Länge und 7—9'' Dicke), die als besondere Stösse im Boden der oberösterreichischen Kleinholzflösse eingeflochten oder auf diesen aufgezogen nach Wien gelangen.

Die Trumpeln kamen 1860 auf 70 kr. per Stück zu stehen, sanken bis 1863 auf 60 kr. und kosteten 1865 nur mehr 45—50 kr.

Man schätzt das neueste Jahresquantum dieser Klötze auf 20.000 Stück, was 360 Cubikklaftern Brennscheiter entspricht.

Noch weniger darf man jenes Weichholz ausser Acht lassen, welches bei der Besäumung und Bezimmerung der Bauhölzer, dann durch die Aufarbeitung defecter Flossbäume und Kleinbauhölzer, endlich bei der Auflösung der Donauschiffe und Plätten abfällt. Die Menge dieses letzteren Materials dürfte immerhin 1640 Cubikklaftern gleichkommen. [2])

Der Wiener Brennholzverkauf liegt theilweise in den Händen der grossen Domänenbesitzer (k. k. Aerar, Fürst Schwarzenberg, Graf Festetits, Freiherr v. Hackelberg, Herzog Sachsen-Coburg-Gotha, Fürst Johann Liechtenstein, Freiherr Simon Sina, Graf Falkenhayn, Graf Bentink, Stift Lilienfeld), welche auf eigenen Legstätten hauptsächlich das Product ihrer Forste verkaufen. Zum Theil befassen sich die Eisenbahnen, u. z. insbesondere die Ferdinands-Nord- und die Elisabeth-Westbahn (die übrigen Bahnen wenigstens für das eigene Personale) mit dem Holzverkaufe und im

---

[1]) Die Brennstoff-Kleinhändler verkaufen das Holz in Klafterbruchtheilen (und buttenweise) in verkleinertem Zustande und die Fragner sogar kreuzerweise. Loco Magazin kommt hier der Zentner Holz auf 99 kr. (hartes) und 108 kr. (weiches), in das Haus gestellt auf 108 und 125 kr. zu stehen.

[2]) Jene Abfälle, welche sich bei der Verarbeitung der Werkhölzer ergeben und gleichfalls zum Brennen verwendet werden, kann man hier ausser Rechnung lassen, da sie durch dasjenige aufgewogen werden, was von Brennscheiten für Werkzwecke verbraucht wird.

12*

Uebrigen sind es Holzhändler von Beruf, welche das Publicum versehen.

Der Brennholzverschleiss Wiens ist jedoch namentlich gegenüber der rivalisirenden Steinkohle ungemein schwerfällig und macht im Detailgeschäfte stark überspannte Preise.

Während jedermann den mineralischen Brennstoff jeden Augenblick bis auf fünf Zentner herab um einen mässigen Preis gebrauchsfertig bloss darauf hin in die Küche gestellt erhalten kann, dass er bei den in allen Stadttheilen zahlreich vorhandenen Verschleissagenten mit einigen Worten die Bestellung macht, ist der Bezug des Brennholzes mit einer grossen Summe von Umständlichkeiten und mit Wagniss verbunden. Zuvörderst muss man sich auf die in die entlegensten Stadttheile verwiesenen Legstätten begeben, hier die Waare auswählen und allenfalls auch noch um den Preis feilschen. Alsdann müssen ein Fuhrmann, sowie die für die Verkleinerung nöthigen Arbeiter aufgenommen und mit ihnen der Lohn verglichen werden. Weiter ist man gezwungen, Zufuhr wie Verkleinerung wegen Diebstahls zu überwachen. Das kleingemachte Holz ist dann in den Keller zu schaffen und aufzuschlichten, um dann später partienweise für den täglichen Gebrauch wieder mit schwerer Mühe aus dem Keller in die Wohnung getragen zu werden. Zu dem allen kommt noch, dass man in dieser Weise den Bedarf nur dann zu mässigerem Preise befriedigen kann, wenn man mindestens 2 Currentklafter unter Einem kauft, also ohne weiters 35—50 fl. ausgibt.

Zwar besorgen viele Holzhändler schon seit längerer Zeit die Verkleinerung und selbst die Zustellung des bei ihnen gekauften Holzes gegen feste Taxen, [1]) andere verkaufen sogar völlig verkleinertes Holz und stellen es in das Haus; keiner dieser Vorgänge konnte jedoch durchdringen, grossentheils darum, weil die Händler sich noch immer nicht entschliessen konnten, vom Verkaufe nach dem Masse abzugehen, der Käufer daher nicht wohl in der Lage ist, die Richtigkeit und den Werth des Empfangenen zu controlliren.

Einen grossen Druck übt auch der theure Preis aus, welcher im Detailverkaufe des Brennholzes gefordert wird. Während der-

[1]) Einzelne haben sich für die Verkleinerung auch mit Pferdegöppeln betriebene Circularsägen hergerichtet. Zu diesen gehört P. Wertheimber vor der Favoritenlinie, welcher die Verkleinerung mit 60 kr. per Schnitt berechnet.

jenige, welcher die Steinkohle zentnerweise bezieht, nur 11 Procent aufzahlt, müssen die unbemittelten Leute, welche das Brennholz im Detail kaufen, selbes um 34 Procent theurer bezahlen, als bezögen sie es klafterweise.

Offenbar haben die vielen Unzukömmlichkeiten, welchen man sich in Wien bisher preisgeben musste, um das nöthige Brennholz gebrauchsfertig an die Feuerstellen zu bringen, viel zum unnatürlichen Ueberhandnehmen des häuslichen Steinkohlenverbrauches beigetragen.

Wenn daher die Holzhändler ihr eigenes Interesse verstehen, so werden sie endlich dasjenige thun, was schon lange am Platze gewesen wäre, d. h. sie werden das Holz verkleinert [1]) und mit allen den Bequemlichkeiten für den Consumenten verkaufen, welche bei der Kohle üblich sind.

Der Erste, der diess lebhaft genug würdigte, um zur That zu schreiten, war der Holzhändler Moriz Hirschl. [2]) Er construirte zuvörderst eine mit Dampf betriebene Maschine, in welcher die Scheite von Kreissägen zerstückt und hierauf von Hacken aufgespalten werden. Alsdann eröffnete er 1865 den Verkauf von verkleinertem, frei in die Keller (oder Küchen) zu stellendem Holze um den festen Preis [3]) von 90 kr. pr. Zentner. Da er aber bei den grossen Schwierigkeiten, denen in Niederösterreich und selbst in Wien jede, auch die zweckmässigste Neuerung begegnet, nicht sofort auf zahlreiche Kundschaft rechnen konnte, so betreibt er auch den klafterweisen Verkauf von ganzem Holze, sich gleichzeitig zur Verkleinerung [4]) und Zufuhr [5]) gegen den festen Preis von 2 fl. und 1 fl. pr. 3schuhige Klafter anbietend.

Fragen wir am Schlusse dieser kurzen Besprechung der Wiener Brennholzfrage nach dem Werthe des in dieser Hauptstadt verbrauchten Brennholzes, so ergibt sich, dass selber im Jahre 1860: 4,500.000 fl. oder 5,430.000 fl. betrug, je nachdem man ent-

---

[1]) Die Verkleinerung passt schon darum weit mehr für die Producenten oder grossen Händler, weil sie von diesen im Grossen, also ungleich wohlfeiler, u. z. von ersteren mit der wohlfeilen Arbeitskraft des Dorfes, von letzteren mittelst Maschinen, ausgeführt werden kann.

[2]) Leopoldstadt, am Schüttel Nr. 5.

[3]) Bei Abnahme von mindestens 5 Ztr.

[4]) Schneiden und Spalten in 4 Theile. Für Schneiden und Spalten in 5 Theile wird um 50 kr. mehr gezahlt.

[5]) Innerhalb der Stadtgemeinde.

weder die noch auf den Legstätten befindliche grobe Waare, oder das bereits für den Gebrauch verkleinerte Holz in den Kellern der Consumenten oder Kleinhändler versteht. Beide Werthe sanken bis 1865 auf 4,075.000 und 5,000.000 fl. herab.

Was die Brennholzerzeugung des **Landes** betrifft, so hat sie einerseits zur Befriedigung des localen Bedarfes, anderseits für den Verbrauch von Wien statt, und ein ganz kleiner Theil geht auch in die Nachbarprovinzen.

Der Consum der bedeutenderen Städte und die Art seiner Befriedigung unterscheiden sich nicht sehr von Demjenigen, was in Wien besteht. Selbst die Steinkohle spielt hier eine ähnliche Rolle.

Anders ist das Alles auf dem Dorfe. Zuvörderst kennt man hier im Hausgebrauche keine Mineralkohle, und dem Holze bleibt da die unbeschränkte Herrschaft überlassen. Grosse Waldbesitzer halten auch hier zuweilen Legstätten oder führen sich selber, ihrem Personale und den grossen Consumenten, das Holz vom Walde in das Haus. Gewöhnlicher jedoch verkaufen sie ihr Product, wenn nicht im Holzschlage, so doch auf den Ausrückplätzen des Forstes, u. z. meistens unmittelbar an die Verbraucher. Mancheuorts, insbesondere im Hügellande, [1]) wird der Brennholzstoff sogar strickelweise auf dem Stocke hintangegeben, so dass selbst die Aufarbeitung dem Käufer überlassen bleibt. Letzteres gilt anderwärts auch rücksichtlich der Abhölzer der Schläge, und allerorts in Bezug auf das den Unbemittelten verbleibende Klaub- (Raff-)holz.

Letzteres Raffholz kommt in den bevölkerten Gegenden immerhin in Betracht, zwar kaum als Gegenstand des Erlöses für die Waldbesitzer, wohl aber als Brennstoff der Armen. [2])

Unter solchen Umständen treten auf dem Lande auch noch Brennholzsorten auf, welche in der grossen Stadt nur ausnahmsweise vorkommen; es sind diess die Prügelklaftern, die Reisbündel-Pfunde und Schillinge, die Spanhaufen, und die Stock- und Wurzelholzklaftern.

Die neuesten Preise des an die Verbrauchsorte des ländlichen

---

[1]) Niederwald und Unterholz des Mittelwaldes.

[2]) Dem kais. Wienerwalde von 48.000 Joch wird alljährlich eine Klaubholzmasse entnommen, welche man auf 6000 Cubikklafter anschlagen muss.

Niederösterreichs (also ausschliesslich Wiens) gestellten Brennholzes gehen aus folgender Uebersicht hervor:

Die 3-schuhige, d. i. halbe Cubikklafter	1860 Schwankung	1860 Mittel	1865 Schwankung	1865 Mittel
	Gulden		Gulden	
Hartholz	4.50—16	10.05	4.50—14	9.25
Weichholz	2.50—11	6.40	2.33—10	5.40

Nach dem Allen hatte das im Lande Niederösterreich erzeugte Brennholz an den Verbrauchsstellen folgenden Werth, welcher zugleich als Massstab für die volkswirthschaftliche Bedeutung dieser Production betrachtet werden muss:

Eigene Landesproduction.	1860 Cubklftr.	1860 Gulden	1865 Cubklftr.	1865 Gulden
In Wien verbrauchtes Erzeugniss........	80.000	3,520.000	79.200	3,170.000
Das übrige Landeserzeugniss.........	374.000	5,376.000	314.800	3,951.000
	454.000	8,896.000	394.000	7,121.000

Wir haben also in diesem Artikel seit 1860 (richtiger seit 1861) einen wirthschaftlichen Rückgang zu verzeichnen, welcher in Bezug auf die Menge 13 und hinsichtlich des Werthes 20 Procente beträgt.

Die Bedeutung für die Forstbesitzer, d. i. für die Waldboden rente, ist natürlich eine ganz andere.

Sie lässt sich so ziemlich nach demjenigen beurtheilen, was den Waldbesitzern von den verkauften Brennhölzern nach Bestreitung aller für deren Zugutebringung bestrittenen Kosten verbleibt, d. i. nach dem Werthe des ungewonnenen Brennstoffes, indem von diesem Stockwerthe des Holzes nur mehr die sich ziemlich gleichbleibenden Kosten der Erziehung, Pflege und Verwaltung des Waldes, dann die Steuern abzuziehen sind, um den Antheil des Brennholzes an der reinen Bodenrente zu erhalten.

Die Stockwerthe des Brennholzes standen im Durchschnitte der sechs Jahre 1860—1865 auf folgenden Ziffern:

	Hartes Holz Schwankung	Hartes Holz Mittel	Weiches Holz Schwankung	Weiches Holz Mittel
	per Cubikfuss Kreuzer			
Alpengebiet...	3—7½	4½	2—4½	3
Wienerwald...	4—12	5¾	3—8	4¾
Manhartsgebiet.	4—9	6	2—6	3½
Hügelland.....	6—10	8	4—6	5
Ebene........	5—13	7¾	4—9	5

Hauptdurchschnitt für das ganze Land $4._{075}$ kr.

Bei dem Umstande, als der neueste Preisrückgang gänzlich den Waldbesitzern zur Last fiel, muss (mit Rücksicht auch auf den durch die Entwendungen verursachten kleinen Rentenentgang) der Erlös, welcher dem n. ö. Waldstande aus dem noch unaufgearbeiteten Brennholze zugeht, angeschlagen werden: für das Jahr 1860 auf 3,109.000 fl. und für 1865 auf 2,285.000 fl.

Schreiten wir nun zur Besprechung der in diesem Artikel statthabenden Ein- und Ausfuhr, was uns auch in die Lage setzen wird, den Landesconsum in seiner Vollständigkeit zu ermitteln.

Brennholz wird in das Land einzig nur der Hauptstadt Wien wegen eingeführt, was den Anlass gibt, nebenbei auch noch andere Orte zu bedenken.

Diese Einfuhr findet weit überwiegend auf der wohlfeilen und bequemen Donau aus den oberen Gegenden dieses Stromes, zum Theil jedoch auch aus Ungarn statt. Die Eisenbahnen bringen Brennholz aus Ungarn, dann aus Mähren und selbst aus Steiermark.

Das Nähere ist aus folgender Uebersicht zu ersehen.

Brennholzeinfuhr aus:	1860	1865
	Cubklftr.	
Mähren mittelst Nordbahn	9.100	4640
Oberösterreich, Salzburg, Tirol mittelst der Donau-Schifffahrt	21.580	16.760
Böhmen, mittelst Schwemme und Donauschifffahrt	10.000	5.800
Ungarn mittelst Nord-, Süd- und Raaberbahn und auf der Donau	7.500	23.200
Steiermark mittelst Südbahn	520	400
Baiern mittelst der Donau	9.000	7.500
	57.700	58.300

Die Ausfuhr kann bei der gewaltigen Anziehungskraft, welche Wien weit über die Marken des eigenen Landes übt, nur unbedeutend sein. In der That beschränkt sie sich auf wenige Puncte an den Landesgrenzen, welche wegen ihrer Abgelegenheit von Wien mehr zur Nachbarprovinz gravitiren.

So werden aus den Grenzbezirken Aspang und Kirchschlag etwa 370 Cubklftr. in das waldarme nachbarliche ungarische Tiefland (gegen Güns) abgeführt; die Domäne Weitra sendet 4600

Cubklftr. durch die Graf Bucquoi'sche Schwemme nach Budweis und die Westbahn führt von Amstetten gegen 600 Cubklftr. nach Oberösterreich hinüber.

So summirt sich die ganze Brennholzausfuhr des Landes auf nicht mehr als 5500 Cubklftr.

Wir sind nunmehr auch in der Lage, den Brennholz-Consum des ganzen Landes, einschliesslich der Reichshauptstadt und des geringen Verkaufes nach aussen, nachfolgend zu beziffern:

Brennholz-Verbrauch Niederösterreichs	1860 Menge Cubklftr.	1860 Werth Gulden	1865 Menge Cubklftr.	1865 Werth Gulden
Hauptstadt Wien	135.000	5,430.000	134.000	5,000.000
Das übrige Land	370.000	5,319.000	311.500	3,907.000
	505.000	10,749.000	445.500	8,907.000

Zum Schlusse dieses Capitels bleibt uns noch die Pflicht, die Verkehrsanstalten zu besprechen, welche für das Brennholz imLande vorhanden sind.

In erster Linie stehen die Schwemmunternehmungen.

Die niederösterreichischen Triftanstalten sind im vorigen Jahrhundert mit Rücksicht auf Wien in's Leben gerufen und vermöge der ungünstigen Beschaffenheit der unregulirten Flussbette und wohl auch wegen des verhältnissmässig hohen Werthes der Brennhölzer bis in die neueste Zeit nur für den Transport der letzteren benützt worden.

Jene Triftstrassen, welche auf den oberhalb Wien sich ergiessenden Flüssen bestehen und bestanden, werden bis zur Donaumündung benützt, hier aber wird das Holz in eigens gebauten Rechen angehalten, ausgespiesst und aufgestellt, um dann mittelst Schiff weiter nach Wien verfrachtet zu werden.

Die Weidenbachschwemme, welche in Weitenegg ihren Rechen hatte, ist nach Aufzehrung der Urvorräthe der Wälder ihres Gebietes bereits 1805 eingegangen.

Die 1780—85 begonnene, wegen des Genies und der Entschlossenheit, mit welchen sie vom Holzmeister Georg Huebmer und seinen Söhnen angelegt wurde, wie wegen des grossen Nutzens, den sie schaffte, mit vollem Rechte berühmte Triftanstalt auf der Schwarzau und ihren Nebenthälern ist im Jahre 1834 aufgelassen worden, nachdem die Urwaldsvorräthe jenes Flussgebietes und der daranstossenden steirischen Nachbargegend, für welche sie hauptsächlich berechnet war, aufgezehrt waren, und der laufende Zuwachs der dortigen Forste fast ganz von der heimischen Eisenindustrie in Anspruch genommen wurde oder von der Eisenbahn verfrachtet werden konnte.

Uebrigens besteht noch eine zweite kleinere Auflage dieser Triftunternehmung bis Hirschwang oberhalb Reichenau, um dem dortigen k. k. Eisenwerke Brennholz, hauptsächlich aber Kohlholz zuzuführen.

Auch die um 1767 begonnene und 1818 von Georg Huebmer bis Traismauer verlängerte Traisenschwemme ist im Jahre 1861 eingegangen.

Die 1723 errichtete Isperschwemmme, welche mit den Gütern, auf deren Waldstand sie berechnet war, 1802 an die k. k. Familie überging, und die bis 1811 ein jährliches Quantum von 36.000 bis 45.000 Klaftern lieferte, sank nach Aufzehrung der dortigen Wald-Urvorräthe auf das neueste Triftquantum von 10.000 bis 12.000 Klaftern herab, wovon der vierte Theil in 2schuhigem Hart- und das Uebrige in 3schuhigem Weichholze besteht.

Die Graf Festetits'sche Erlafschwemme stützt sich auf den grossen Waldstand der einstigen Staatsherrschaft Gaming. Sie brachte früher auch Hölzer aus dem jenseitigen Thalgebiete der steirischen Salza herüber, und war ein Vergnügungsobject der Touristen, hauptsächlich um des herrlichen Lassingfalles, wie um des Holzaufzuges bei Gross-Mariazell willen. Diese Schwemme hat den Bezug aus Steiermark schon längere Zeit aufgelassen und arbeitet nur mehr in Niederösterreich, woselbst sie in den Forsten für die Zubringung der Hölzer zur Triftstrasse ausser den althergebrachten Ziehwägen und Riesen auch Pferdeeisenbahnen angelegt hat.

Neuester Zeit hat sich die Unternehmung, welche ihre in Pöchlarn ausgespiessten Hölzer in eigener Regie nach Wien verschifft, um sie hier selbst zu verkaufen, im Durchschnitte jährlich 26.000 Klafter 3schuhiges Holz vertriftet, von welchem ein Sechstel Hartholz war und 23.500 Klafter nach Wien gingen.

Die Baron Hakelberg'sche Aistschwemme, obwohl sie hauptsächlich durch Oberösterreich führt, gehört doch insoferne dem Lande Niederösterreich an, als die Wälder, aus denen sie ihre Waare bezieht (hauptsächlich die Forste der Domäne Grosspertholz) niederösterreichisches Gebiet sind.

Um 1860 herum sind jährlich bei 20.000 Klafter vertriftet worden, wovon etwas über die Hälfte fremden Parteien gehörte, 4000 Klafter am Rechen ausverkauft, dagegen bei 16.000 Klafter, worunter ein Fünftel Hartholz, in den eigenen Wiener Verschleiss des Freiherrn von Hackelberg verschifft worden sind. Im Jahre 1865 wurden nur mehr 9100 Klafter nach Wien gebracht. wovon der sechste Theil hartes Holz war.

Auch auf der 1745 eingerichteten früher Fürst Corsini'schen, jetzt Graf Bentink'schen Pielachschwemme, welche sich auf den Waldbesitz der Domäne Kirchberg stützt, ihren Rechen bei Melk hat, und woselbst um das Jahr 1840 noch bei 12.000 Klafter vertriftet wurden, bringt man neuerer Zeit [1]) nur mehr 5700 Klafter. von denen bei 5000 Klafter auf die gräflichen Holzplätze nach Wien kommen.

Die dem Staate gehörige Schwechatschwemme, welche das Product der rückwärtigen Wienerwälder Reichsforste zu verwerthen hat, ist 1757 entstanden und besitzt seit 1805 ihre jetzige Gestalt, mit 13 Seitenclausen, der Hauptclause in Leopoldsdorf und dem Rechen oberhalb Baden.

Diese Triftanstalt hat bis 1864 jährlich 16.000 Klafter nach Baden gebracht, von denen 10.000 auf dem Wien-Neustädter Canal nach Wien auf die ärarische Legstätte (Bezirk Landstrasse) verschifft worden sind. Seit 1865 ist das Triftquantum 22.000 Klafter, wovon 14.500 Klafter nach Wien gingen, und man will die Schwemme sogar für 26.000 Klafter einrichten.

Ausser den bisher abgehandelten specifisch niederösterreichischen Schwemmunternehmungen müssen wir noch folgende ober-österreichisch-salzburgische erwähnen, welche gleichfalls ganz oder theilweise auf Wien berechnet sind.

Zuvörderst die Fürst Schwarzenberg'sche Mühlschwemme, welche mittelst eines sehenswerthen, fast 7 Meilen langen Canals grosse Mengen von Brennholz der böhmischen Domäne Krumau (und auch etwas von Winterberg) aus dem Gebiete der Moldau in die Mühl und auf dieser nach Bartenstein zur Donau herüberbringt. Hier wird das Holz ausgelandet und grösstentheils in den fürstlichen Holzverschleiss nach Wien verschifft.

Diese in den Jahren 1787—89 eingerichtete Schwemme hat

---

[1]) Mit Ausnahme von 1862—63, während welcher Zeit die Verschiffung sistirt und mit dem Verkaufe des Holzes am Rechen vertauscht war.

in der Zeit 1845—54 im Jahresdurchschnitte 31.500 Klafter Holz vertriftet. Neuester Zeit jedoch ist das Triftquantum auch hier sehr gesunken, und es sind 1861—65 jährlich nur 11.600 Klafter auf die fürstliche Legstätte in Wien gebracht worden.

Die Naarntrift des Herzogs Sachsen-Coburg-Gotha, mit ihrem Rechen zu Kandelau, hat um 1860 herum durchschnittlich 13.000 Klafter geschwemmt, wovon ein Fünftel Hartholz war und ein Drittel fremden Parteien gehörte. Neuester Zeit bringt diese Anstalt bei 10.000 Klafter in den eigenen Verschleiss nach Wien, wovon ein Fünftel hartes Holz ist.

Von dem Triftquantum der Mattingschwemme des oberösterreichischen Kobernauser Waldes, dann aus der Salza-Inntrift bringt der Schiffmeister Fink aus den dortigen Staatsforsten Holz sowohl auf eigene Rechnung, wie als Unternehmer des k. k. Militärärars nach Wien. Die diessbezüglichen Mengen betrugen in der Zeit von 1860—1865 : 12.000—15.000 und 4000—5000 Klafter, wovon bei zwei Drittel harter Gattung waren.

Kehren wir nun wieder zu Niederösterreich zurück.

Der 8.7 Meilen lange Wien-Neustädter Schifffahrtscanal wird gleichfalls für den Brennholztransport nach Wien benützt. Er gehört dem Staate; sein Betrieb ist jedoch an Unternehmer verpachtet. Der Frachtsatz kommt per 3schuhige Klafter und Meile auf 30—40, im Mittel aber auf 35 kr. zu stehen.

Auf diesem Canale werden wenig mehr als jene Hölzer verführt, welche die Regierung von ihrer Schwechatschwemme nach Wien bringen will. Es waren diess in früherer Zeit jährlich 10.000 Klafter; 1865 aber 14.500 Klafter.

Wie schon gesagt, werden alle Brennhölzer, welche in und für Niederösterreich zur Donau gelangen, also jährlich mehr als 70.000 Cubikklafter, auf diesem Strome, zum grössten Theile mittelst Ruderschifffahrt, im Uebrigen als Oblast der Flösse, nach Wien befördert.

Die Verschiffung ist in der Regel ein Unternehmen der Schiffmeister; nur die Graf Festetits'sche Erlafschwemme besorgt sich den Transport in eigener Regie.

Die Verschiffung kostet (ausschliesslich des Einladens und Ausladens) per Meile und 3schuhige Klafter 12—15 kr. bei hartem und 10—12 kr. bei weichem Holze. Die Flösse verfrachten das Holz noch um 20—25 Procent wohlfeiler, übernehmen jedoch bei diesem Preise keine Haftung für Unglücksfälle.

Sehen wir nun, was die Eisenbahnen für den Verkehr und für die Approvisionirung Wiens mit Brennholz thun.

Wie viel, oder besser gesagt, wie wenig die Eisenbahnen im Brennholztransporte leisten, haben wir schon weiter oben ersehen. In dieser Beziehung ist nur noch beizufügen, dass selbst das Minderwenig der Jetztzeit erst ein Ergebniss mässigerer Frachtsätze neuesten Datums ist.

Wie diess gar nicht anders sein könne, wird man sogleich begreifen, sobald man die folgende Zusammenstellung betrachtet, welche die Beträge verzeichnet, auf die gegenwärtig die Verfrachtung des Brennholzes [1]) auf den von Niederösterreich benützten Bahnstrecken zu stehen kommt.

Frachtsatz per Meile für ganze Wagenladungen	Für den Zoll-Zentner		Für die 3' Klftr. im Bereiche Niederösterreichs	
	Im Bereiche Niederösterr.	Aus d. Nachbarlande	Hartholz	Weichholz
	Kreuzer		Kreuzer	
Ferdinands-Nordbahn	2.43	1.75	65.50	54.50
Raaber-Bahn	2.36	1.00—1.74	63.75	53
Südbahn	1.26	0.77—0.86	34	28
Elisabeth-Westbahn .	1.22	1.00	32.50	27.25

Diese Tafel zeigt auf den ersten Blick die Uebertriebenheit der Raaber-, namentlich aber der Nordbahn-Frachtsätze. Erstere fallen minder schwer in die Wagschale, weil wenigstens jenes Holz, welches aus dem tieferen Ungarn anlangt, zu mässigen Preisen befördert wird. Die Nordbahnfrachtlöhne sind jedoch förmliche Prohibitivsätze, und es besteht bei dieser Gesellschaft sogar die beispiellose Anomalie, dass entgegen dem wohlbegründeten allgemeinen Brauche die Brennholzfracht nicht nur nicht wohlfeiler wie jene des Werkholzes, sondern sogar noch theurer berechnet wird. [2])

Offenbar will die Nordbahngesellschaft durch diesen unerhörten Druck auf das Brennholz ihrem eigenen Steinkohlenverschleisse Vorschub leisten; um aber aus dem Holze gleichwohl auch einen unmittelbaren Nutzen zu ziehen, hat diese Transportanstalt den Brennholzhandel selbst in die Hand genommen, und auf dem Wiener Bahnhofe einen bezüglichen Verschleiss eingerichtet.

[1]) Frachtsatz einschliesslich der unvermeidlichen Auf- und Ablade-, dann der allgemeinen Versicherungsgebühr

[2]) Im Bereiche von 8 Meilen zahlt Brennholz 1.93 kr. per Ztr. und Meile, während für Werkholz 1.6 kr. berechnet wird.

Unter solchen Umständen ist es leicht erklärlich, warum die Nordbahn von den Besitzern der nahen Donauauen gar nicht und auch aus den entfernteren Gegenden nur sehr wenig benützt wird.

Die Unverantwortlichkeit der bezeichneten Brennholz-Frachtsätze tritt noch klarer hervor, wenn man sie mit denjenigen vergleicht, welche für den andern Hauptbrennstoff, nämlich für die rivalisirende Steinkohle, bestehen. Obwohl diese letzteren von allen Seiten und mit Recht als der Volkswirthschaft und selbst den Eisenbahn-Interessen sehr abträglich getadelt werden und auf das Lebhafteste für ihre Herabsetzung gearbeitet wird, so stehen doch die Brennholzfrachtsätze durchschnittlich noch um 12 Procente höher.

Nur solch' unnatürliche Verhältnisse konnten die Abnormität zuwegebringen, dass in der Hauptstadt eines so waldreichen Landes wie Niederösterreich das Brennholz wegen überhohen Preises aus den Haushaltungen zu einer Zeit verdrängt wird, da noch in wenig fernen Gegenden ein Theil des zuwachsenden Holzstoffes unbenutzt im Walde verfault, und diess sogar durch eine Mineralkohle, welche fast durchwegs erst aus fernen Provinzen herbeigeführt werden muss.

Es ist daher die höchste Zeit, dass die Eisenbahnen auch bezüglich des Brennholzes den gerechten Forderungen der Volkswirthschaft wenigstens dadurch nachkommen, dass sie selbes im Porto der Steinkohle gleichsetzen. Der Einwand, dass das Holz voluminöser sei, kann schon darum nicht gelten, weil diesem grösseren Volumen der Vortheil zur Seite steht, dass das Heizäquivalent in Holz der Bahn das anderthalbfache Gewicht und damit auch einen anderthalbfachen Verdienst zuführt. Die Elisabeth-Westbahn ist hierin bereits vom ersten Augenblicke an mit gutem Beispiele vorangegangen.

Welche belebende Wirkungen übrigens die Frachtermässigungen auf den Brennholzverkehr üben, wird durch eine Reihe neuester Thatsachen ausnahmslos bestätigt. Die Südbahn verdankt das jüngste bedeutende Steigen ihres Brennholzvertriebes nur der Frachtermässigung. Die Raaber-Bahn bekam erst derlei Transporte, als sie den Satz für das von Neu-Szöny kommende Holz wesentlich herabsetzte. Und der Elisabeth-Westbahn, welche von vorneherein mit mässigen Sätzen auftrat, werden sogar wenige Meilen vor Wien Brennhölzer der Wienerwälder Reichsforste zur Verfrachtung übergeben, was bei höheren Frachtsätzen nie geschehen wäre.

Die Südbahn-Gesellschaft hat in ihren Denkschriften mehrmals offen bekannt, dass sie den Aufschwung im Holztransporte der Frachtermässigung verdanke, und dass letztere auch ihrem Reinertrage sehr förderlich war. Offenbar wäre die Frachtermässigung auch den Renten der übrigen Bahngesellschaften nichts weniger als abträglich; und diess ist der Grund, warum man sie mit vollstem Nachdrucke fordern kann.

III. Werkhölzer.

Wir verstehen hier unter Werkholz nach dem richtigen Sprachgebrauche des grossen Publicums alles Holz, welches in den Gewerben verwendet wird, ohne vorerst eine stoffliche Umwandlung zu erfahren, und zwar bis zu dem Puncte, wo die Ueberarbeitung bereits ein selbstständiges Gewerbe wird, welches mit dem Waldwesen in keiner Verbindung steht.

Es gehören also hieher alle Hölzer, welche weder zur Feuerung noch zur Verkohlung bestimmt sind, und bis zu jenem Stadium, in welchem sie dem Zimmermann, Tischler, Binder, Wagner etc. übergeben werden.

Angesichts der grossen Mannigfaltigkeit der Werkhölzer und bei dem Umstande, als die jetzige allgemeine Abgabenfreiheit derselben unsere Behörden nicht bemüssigt, selbst nur die in den grossen Verkehr gehenden Mengen jeder Kategorie nachzuweisen, ist es weder möglich, sämmtliche Sorten einzeln zu besprechen, noch über Production und Consum jeder Gattung genaue Rechenschaft zu geben.

Wir müssen uns daher darauf beschränken, nur die wichtigsten Kategorien zu erörtern und den Vertrieb in grossen Zügen summarisch nachzuweisen.

Bauschäfte. [1]

Der Bedarf an langem Bauholze war in der Reichshauptstadt von jeher sehr gross. Schon in der Zeit von 1840 – 1843 sind im Durchschnitte jährlich 113.000 [2]) Flossbäume und sicher bei 7000 Stück auf der Achse beigestellte Bauschäfte verbraucht worden.

[1]) Hieher rechnet man alle jene Hölzer, welche bis 1843, als die Verzollung an den Linien Wiens aufgehoben wurde, die Kategorie der „Oberländer“ und „Doppelgadenhölzer“ ausmachten.

[2]) In die Stadtgemeinde (Wien innerhalb der Linien) kamen 91.000 Stück Flossbäume.

Mit der Vergrösserung Wiens ist der Verbrauch consequent gestiegen. Ein noch nie dagewesenes Maximum hatte er aber 1860—1863, d. i. zur Zeit erreicht, in welcher die Stadterweiterung im lebhaftesten Gange war. Das hierauf folgende Sinken des allgemeinen Wohlstandes und der gewerblichen Thätigkeit, wie der Stillstand der Stadterweiterung, brachte jedoch bis 1865 in diesen Artikel wieder eine sehr bedeutende Ebbe.

Diess Alles drückte sich auch in den Preisen aus.

Um 1850 stand der Preis der Flossbäume auf 14—25 kr. pr. Cubikfuss. Das hieraus gewonnene scharfkantig behauene Bauholz kostete 30—54 kr. das schwache, 60—75 kr. das starke unter 30', und 80—100 kr. das starke über 30' Länge.

Im Jahre 1860 betrugen die Mittelpreise der Flossstämme 25—45 kr.; 1861: 24—35 kr.; 1862 und 1863: 23—33 kr.; 1864: 22—30 kr. pr. Cubikfuss, und 1865 gingen sie auf 18—29 kr., also fast auf die Ziffern des früheren Jahrzehends zurück. [1])

Nicht genug dass bereits das Heimatland wegen seiner vorherrschenden Nadelwälder überreich an Langholzstoff ist, senden auch Oberösterreich, Baiern, Salzburg und Tirol auf der Donau ein so reiches Contingent in Gestalt von Flossbäumen, dass nicht nur das fremde Product in Wien fast alleinherrschend ist, sondern auch eine grosse Wohlfeilheit dieses Artikels zu Stande gebracht hat, welche auf die Wiener Preise der weichen Schnittwaaren, wie auf die Bauholzpreise im übrigen Niederösterreich ermässigend zurückwirkt.

Man theilt gewöhnlich die Flossstämme in drei Kategorien: kleine bis 8" Durchmesser und 7° Länge; mittlere bis 12" und 10° und starke über die letzteren Dimensionen.

Die Durchschnittspreise dieser Kategorien standen 1865 auf 16—20, 20—24 und 24—30 kr. pr. Cubikfuss.

Im Mittel der Jahre 1860—1861 kamen 1354 Langholzflosse, bestehend aus 140.000 Bäumen, nach Wien, deren Holzgehalt 5,734.000 Cubikfuss im Werthe von 1,864.000 fl. betrug.

Im Durchschnitte der Jahre 1864 und 1865 gelangten 1110 Langholzflösse nach Wien, welche 117.000 Stämme im Holzgehalte von 4,700.000 Cubikfuss enthielten und daher 1,030.000 fl. werth waren.

---

[1]) Im Jahre 1866 setzte sich das Sinken fort, und wir gelangten gänzlich auf die Ziffern des Jahres 1850.

Nur etwa 6 Procent oder 280.000 Cubikfuss hievon waren niederösterreichischer Herkunft; gegen drei Viertheile der starken (Oberländer-) Flösse oder bei 2¼ Million Cubikfuss kamen aus Baiern, und die übrigen Flösse, d. i. ein Viertel der Oberländer und fast alle Gaden- und Doppelgaden-Flösse, im Betrage von fast 2 Millionen Cubikfuss, aus Oberösterreich.

Ein nicht ganz unbedeutender Theil Flossbäume wird auch leicht behauen versendet, so dass am Verbrauchsorte nur mehr eine Nachhauung bis zur Scharfkantigkeit nothwendig wird. Schwache derlei Bäume kosteten 1865: 17—23 kr., mittlere 25 bis 35 kr., starke 40 bis 50 kr. pr. Cubikfuss.

Ein kleiner Theil, etwa 4 Procent, der Flösse besteht aus Lärchenstämmen mittlerer Dimension. Derlei Lärchenholz wird gewöhnlich nur auf Bestellung gesendet, und kostete neuerer Zeit ohne wesentliche Schwankung 43—60 kr., im Mittel 50 kr. pr. Cubikfuss.

Schon seit Jahren hat man begonnen, die Bauschäfte auf der Schneidemaschine zu besäumen. Für diesen Zweck besitzen 6 Zimmermeister und Holzhändler [1]) 7 mit Dampf betriebene Werke.

Sofern ohne wesentliche Unterbrechung voll gearbeitet werden kann, ist das Besäumen auf der Säge der gewöhnlichen Bezimmerung weit vorzuziehen, weil bei ersterem Verfahren der Abfall grossentheils wieder zu Werkholz verschnitten werden kann, während er bei letzterem Vorgehen zu Spänen wird, welche nur mehr zur Feuerung verwendbar sind. Da bis in die neueste Zeit jeder Besitzer eines derlei Sägewerkes nur für sich arbeitete, so

---

[1]) Jacob Fellner hat 2 Werke, von denen das eine aus 2 Vertikalsägen zum Besäumen der Langhölzer, 2 Vertikalsägen zur Bretschneiderei, 2 Kreissägen, 1 Horizontalbretsäge und 1 Drehbank; und das andere aus 5 Vertikalsägen zum Besäumen, 2 Kreissägen, 1 Hobelmaschine, 1 Fug- und Felgmaschine und 1 Drehbank besteht

Carl Wisgrill hat 3 Gatter- und 3 Circularsägen, 1 Hobelmaschine und 1 Schweifsäge.

Carl Schultes hat 2 Gatter- und 2 Kreissägen, dann eine Hobelmaschine.

Franz Krumpholz hat 2 Gatter- und 2 Kreissägen und ist im Begriffe, eine Maschine zur Verkleinerung des Brennholzes aufzustellen. Derselbe erzeugt Schnittwaaren jeder Art auf Bestellung und übernimmt die Verschneidung fremder Hölzer.

Carl Weber zu Floridsdorf hat in seinem Werke 2 Gatter- und 2 Circularsägen.

Josef Reinhardt zu Ottakring hat 1 Vertikal- und 1 Kreissäge.

13

war es natürlich, dass nur die grössten Geschäftsleute sich auf die Maschinbesäumung verlegten, dagegen die kleinen, deren Werke nicht hätten voll beschäftigt werden können, bei der Handarbeit verblieben.

In dieser Weise wurde letzterer Zeit etwa die Hälfte des gesammten Langholzes in der einen und die andere Hälfte in der zweiten Weise besäumt.

Das scharfkantig bearbeitete Bauholz kostete 1865: 35—53 kr. der Cubikfuss schwaches; 42—63 kr. das starke unter 30′ Länge, und 50—83 kr. das starke über 30′ Länge.

Aus den bei der Maschinbesäumung sich ergebenden Abfällen werden wieder kleine Schnittwaaren gewonnen, und nur die eigentlichen Schwarten bleiben zum Verbrennen.

Jetzt, da sich nicht nur eine Schneidemaschine etablirt hat, welche für Jedermann arbeitet, sondern da auch die grossen Zimmermeister vernünftigerweise beginnen, auch für Andere zu schneiden, wird die Maschinbesäumung wahrscheinlich allgemein werden.

Ausser dem auf der Donau zugeführten Langholze kommt auch eine nicht unbedeutende Menge mittelst Eisenbahn und auf der Achse aus den östlichen Alpenausläufern Niederösterreichs (insbesondere aus der Gegend von Guttenstein und Kaumberg), dann aus Steiermark, und es ist diess vorzugsweise Lärchenholz. [1]) Wegen wohlfeileren Transportes werden die so gebrachten Schäfte (mit Ausnahme der lärchenen, deren Besäumungsabfälle vortheilhaft verschnitten werden können) früher leicht beschlagen.

Steiermark und Ungarn senden durch die Süd- und auch durch die Raaberbahn Einiges von eichenen Baustämmen.

Die Menge des in letzterer Zeit zu Lande nach Wien gekommenen Langbauholzes lässt sich immerhin auf 300.000 Cubikfuss im Werthe von 123.000 fl. schätzen.

Das gesammte in Wien zum Verbrauch gekommene Langbauholz kann man daher für das Jahr 1865 in unbearbeitetem Zustande auf 5 Millionen Cubikfuss im Werthe von 1,153.000 fl. ansetzen.

Für das Jahr 1860 stellten sich letztere Ziffern auf 6,100.000 Cubikfuss im Werthe von 2,084.000 fl. [2])

---

[1]) Die Südbahn brachte in letzter Zeit jährlich bei 50 000 Cubikfuss Lärchenholz aus Steiermark und zwar fast ganz bis Wien.

[2]) Unter Verbrauch ist hier nur der Verkauf an die Wiener Holzhändler

Berücksichtigt man, dass der Cubikfuss weichen Brennholzes in Wien 17—18 kr. werth ist, so zeigt sich auf den ersten Blick nicht nur die seltene Wohlfeilheit der Wiener fichtenen und tannenen Baustämme, sondern man begreift auch die Sitte dieser Hauptstadt, alle defecten Flossbäume ohne viel Bedenken zu Brennholz aufzuscheitern.

Ausserhalb Wiens ist der Verbrauch an Bauschäften wegen der verhältnissmässigen Kleinheit der meisten ländlichen Gebäude ungleich geringer und wird mit wenig Ausnahmen aus dem Waldstande des Landes befriedigt. Die Preise der zur Baustelle oder auf das Handelslager gelieferten Waare schwanken hier ausserordentlich und gehen bis 9 kr. per Cubikfuss, ausnahmsweise auch noch tiefer hinab, so dass man die gewöhnlichen Preisgrenzen bei den gangbarsten weichen Schäften für die Zeit von 1860 mit 35—9 kr. und für das Jahr 1865 mit 23—8 kr. ansetzen kann.

Klein-Bauholz.

Hieher rechnen wir alles runde und beschlagene schwache Schaft- und Gipfelholz von höchstens 3 Klafter; längere, aber sehr dünne Stangen; die Brunnenröhren, Rinnen etc.

Die vornehmste Rolle spielen in dieser Kategorie jene leicht beschlagenen 4—8zölligen und 18schuhigen Hölzer, welche man Trauner heisst, und die zu vielerlei kleinen Bauten und auch zum Belegen der Brücken verwendet werden.

Die Brunnenröhren und Rinnen sind gewöhnlich von der Schwarzföhre.

Aus all' diesen Hölzern werden dort, wo Wassertransport möglich ist, eigene Flösse formirt, welche, weil sie meistens auf der Traun zur Donau kommen, Traunflösse heissen. Nicht minder heisst man sie einfache Gadner.

Man baut diese Gattung Flösse nicht nur um der Bäume willen, aus denen sie bestehen, sondern mehr noch der Oblast wegen, welche man auf ihnen verfrachten will. Diese Oblast bestand frü-

---

und Industriellen gemeint. Der schliessliche Consum dieser letzteren war von 1860—63 grösser und von 1864—65 kleiner wie dasjenige, was nach Wien gelangt ist. Dieser Consum war 1862—63 am grössten und dürfte fast um die Hälfte bedeutender gewesen sein, wie jener von 1865.

13 *

her grösstentheils in Kohlen. Da die bezüglichen Versendungen jedoch sehr abgenommen haben, so gelangt neuester Zeit auch eine kleinere Zahl solcher Flösse nach Wien.

Ein anderer, nicht minder bedeutender Theil von Kleinbauholz und namentlich schwarz- und weissföhrenes, dann lärchenes, wird aus den östlichen Alpenausläufern des Landes per Achse und etwas davon auch auf der Südbahn nach Wien gebracht.

Im Durchschnitte der Jahre 1840—43 sind von derlei Kleinbauholz: 22.100 Balken, Klötze, Pfähle etc., dann 680 Brunnenröhren und Rinnen nach Wien gekommen. [1])

Im Mittel der Jahre 1860—61 kamen 346 einfache Gadenflösse auf der Donau nach Wien, welche aus 70.000 Bauholzstücken im Gehalte von 268.000 Cub. Fuss bestanden haben dürften.

Im Durchschnitte der Jahre 1864—65 langten auf der Donau 292 einfache Gadenflösse an, was 57.000 Holzstücken im Gehalte von 220.000 Cub. Fuss entspricht.

Das, was von dieser Gattung zu Lande gekommen ist, kann leicht 300.000 Cub. Fuss betragen haben.

Der Preis des fichtenen und tannenen Kleinbauholzes stieg zur Zeit der Wiener Stadterweiterung bei weitem nicht in dem Masse wie jener der starken Baustämme; dazu war die Nachfrage nicht gross genug, die Zufuhr zu bedeutend und der Stoff zu untergeordnet. Er hat 1860 durchschnittlich kaum 20 kr. pr. Cubikfuss betragen; 1863 stand der Preis im Mittel auf 18 kr.: 1865 schwankte er zwischen 12—20 kr., und mag im grossen Durchschnitte mit 16 kr. angesetzt werden können.

Bei der grossen Wohlfeilheit dieser Sorten Flossholzes ist es ganz natürlich, dass man alle Stücke, welche nicht von sehr guter Beschaffenheit sind, oder die man nicht bald an den Mann bringt, zu Brennholz verschneidet.

Was den Verbrauch ausserhalb Wiens betrifft, so hat die verhältnissmässige Kleinheit der gewöhnlichen ländlichen Gebäude zur natürlichen Folge, dass das meiste dort verwendete Bauholz in die vorliegende Kategorie fällt. Der Bedarf wird fast ausnahmslos aus dem Landeswaldstande befriedigt. Der Preis der zur Verbrauchsstelle oder auf das Verkaufslager gelieferten Waare schwankt ausserordentlich und geht bis 5 kr. pr. Cubikfuss herab, so dass man die

[1]) In die Stadtgemeinde, d. i. nach Wien innerhalb der Linien, kamen 17.700 Balken, Klötze, Pfähle etc. und 550 Brunnenröhren und Rinnen.

gewöhnlichen Preisgrenzen für 1860 mit 20—6 kr., für 1865 mit 16—5 kr. annehmen kann.

Gemeine Schnittwaaren.

Für die Erzeugung des Bedarfes der Tischler, Zimmerleute und anderer Gewerbetreibender an gewöhnlichem Schnittholze bestehen in Niederösterreich 707 Sägewerke, von denen 502 in den Alpen, 195 auf dem Manhart, 3 im Flachlande und 7 in Wien liegen.

Diese Mühlen haben, soferne sie Wasserwerke sind, meist eine primitive Beschaffenheit, und schneiden keineswegs so regelmässig und rein, dass den Tischlern der Gebrauch des Schlichthobels erspart bliebe. Neuester Zeit sind jedoch auch schon treffliche Sägen gebaut worden, und wir haben in dieser Hinsicht vornehmlich diejenigen zu nennen, welche von der Actiengesellschaft der ehemaligen Staatsdomäne Waidhofen a. d. Ybbs soeben in's Leben gerufen wurden, und deren grösste (zu Amstetten) eine Dampfsäge mit 5 vielblätterigen Gattern und ebensovielen Kreissägen ist, und die anderen (zu Waidhofen, Hollenstein und Gössling) Wasserwerke mit je 2 mehrblätterigen Gattern und 2 Kreissägen sind. Auch die sieben Sägewerke in Wien sind Dampfmaschinen mit je 1—4 mehrblätterigen Gattern, den dazugehörigen Kreissägen und allfälliger Hobel- oder Nuthmaschine. Sie sind jedoch vorzugsweise zum Beschneiden der runden Langhölzer und erst in zweiter Linie zur Breterzeugung bestimmt. Eben so nennenswerth ist die an der Nordbahn liegende Dürnkruter Dampfsäge der Firma S. L. Spitzer (2 mehrblätterige Gatter mit 2 Kreissägen).

Der Haupt-Schnittwaarenconsument ist natürlich wieder die Hauptstadt Wien. Schon in der Zeit von 1840—1843 [1]) betrug hier der bezügliche Verbrauch im Jahresdurchschnitte 1,630.000 Pfosten und Breter und 465.000 Latten. Wenn sich der Verbrauch nur nach Massgabe der Bevölkerung vermehrt hätte, so müsste er heute bereits 2,600.000 Pfosten und Breter und 735.000 Latten betragen.

Auf die Schnittwaaren haben die Stadterweiterung und die neueste Stockung des Gewerbewesens beiläufig den nämlichen Einfluss genommen, der schon bei dem Langholze geschildert worden ist. Diess gilt insbesondere von jener Gattung, welche in alles-

[1]) In den Bereich der Stadtgemeinde, d. i. nach Wien innerhalb der Linien gelangten 1,310.000 Pfosten und Breter und 372.000 Latten.

überwiegender Menge verbraucht wurde, nämlich von der weichen, welche wieder zumeist Fichte und Tanne, in zweiter Linie Weiss- und Schwarzföhre und erst in dritter Lärche ist.

Der Preis der gewöhnlichen weichen Schnittwaaren stand 1850 auf 29—40 kr. pr. Cubikfuss.

Durch die Stadterweiterung steigerten sich 1860 Begehr und Preis, und letzterer erreichte im Culminationsjahre 1862 die Höhe von 30—60 kr., um alsdann wieder zu sinken und bis 1865 auf das Niveau der früheren Zeit zu gelangen. [1])

Der reissende und gewinnreiche Absatz der Jahre 1861 und 1862 lockte so sehr die Concurrenz, dass diese ihre Waare massenhaft auf den Wiener Markt warf und dadurch beitrug, die Preise wieder auf das frühere Mass zurückzuführen, ungeachtet der Consum in diesen Artikeln nicht viel gefallen ist.

Die gewöhnlichen weichen Schnittwaaren [2]) haben in Wien die Länge von 12—18′; die harten [3]) 6—12′.

Die Preise all' dieser Schnittwaaren standen im Jahre 1865 wie folgt:

		der Cubikfuss Kreuzer
Gewöhnliche weiche Polsterhölzer		30
Laden und Staffeln		31
Pfosten	12 Zoll breit und darüber	40
	schmälere	30
Dachlatten [4])		$38\frac{1}{4}$
Lärchene Schnittwaare	bis 12′ lang	60
	über 12′ lang	70
Gewöhnliche Föhrenwaare		37—50

[1]) Der Gang der Preise lässt sich ganz gut aus folgenden Durchschnittsziffern entnehmen, um welche der grösste Zimmermeister und Holzhändler Wiens seine Schnittsorten neuester Zeit einkaufte. 1860: $37\frac{1}{2}$, 1861: $45\frac{1}{2}$, 1862: 50, 1863: $33\frac{1}{2}$, 1864: $32\frac{1}{2}$, 1865: 29 kr.

[2]) Die Pfosten sind 15—18′ lang, meistens 12″ breit und 2, $2\frac{1}{4}$ und $1\frac{3}{4}$″ dick. Die Schubladen sind 15—18′ lang und 1—$1\frac{1}{4}$″ dick; die Bankladen 15—18′ lang, 10″ breit, 1—$1\frac{1}{4}$″ dick; die Feilladen 15—18′ lang, 10″ breit und $\frac{3}{4}$″ dick; die Hofladen 12′ lang, 8—9″ breit und $\frac{5}{8}$″ dick. Alle diese Waare ist gesäumt.

[3]) Die Eichenpfosten sind gewöhnlich 2, 3 und 4″, die Eichenladen 1—$1\frac{1}{4}$″ dick. Die Eichenfriese sind 4—5″ breit und 1—$1\frac{1}{4}$″ dick. Der Preis dieser Friese steht auf 30—40 *kr.* pr. Currentklafter.

[4]) Die gewöhnlichen Dachlatten sind 12—18′ lang und als Ziegellatten $1\frac{1}{4}$ — 2″, als Schindellatten $\frac{3}{4}$—2″ dick und breit.

		der Cubikfuss Kreuzer
Ausgezeichnete Schwarz- und (rothe) Weissföhre		50—60
Harte Schnittwaare	Roth- und Weissbuche	50—90
	Esche	90 -110
	Eiche	90—130
	Ahorn	110—140

Diess sind die Holzhändlerpreise. Der Holzhändler selbst und wer überhaupt im Grossen an der Quelle kauft, zahlt um 20 Procent weniger. Im kleinen Detail stehen dagegen die Preise um ebensoviel höher.

Die in Wien verbrauchten gewöhnlichen Schnittwaaren kommen auf der Donau mittelst Ruderschifffahrt und als Flossoblast, zum Theil auch in Gestalt eigener Ladenflösse aus Nieder- und Oberösterreich; in den Zeiten grosser Nachfrage und hohen Preises selbst aus Baiern. Die Südbahn bringt neuester Zeit 125.000 Cubikfuss meist lärchene und schwarzföhrene Waare nach Wien, wovon ein guter Theil aus Steiermark kommt. Eichenes, eschenes und rustenes Schnittwerk kommt aus den Marchauen Niederösterreichs und Mährens, ersteres auch aus Ungarn und Slavonien.

Die schwarzföhrene und lärchene Waare der östlichen Alpenausläufer Niederösterreichs wird meistens auf der gewöhnlichen Strasse per Achse zugeführt.

Ungeachtet aller Bemühung war es nicht möglich, den Wiener Schnittwaarenverbrauch genau zu erheben. Auf Grund einer Reihe von Daten lässt sich derselbe jedoch für die Zeit von 1860 auf beiläufig $3\frac{1}{2}$ Million Cubikfuss im Werthe von 1,575.000 fl. und für 1865 auf 2 Millionen Cubikfuss im Werthe von 700.000 fl. schätzen.

Was den ländlichen Schnittwaarenverbrauch betrifft, so ist derselbe, weil ausserhalb der Hauptstadt die Industrie weit in den Hintergrund tritt, verhältnissmässig (zur Volkszahl) ungleich geringer.

Auffallend ist jedoch der hohe Preis, welchen die Schnittwaaren selbst in den waldreichsten Gegenden des Landes behaupten und wodurch sie so zu sagen zu Luxusartikeln werden. Die gewöhnlichen weichen Schnitthölzer kosten nämlich ausserhalb der Hauptstadt 20—60 kr. der Cubikfuss, so dass man den Mittelpreis mit einer Ziffer anschlagen muss, welche derjenigen so ziemlich gleichkommt, die für Wien besteht.

Diese bemerkenswerthe Erscheinung kommt offenbar daher, weil die Wiener Schnittwaarenpreise durch den mächtigen, von der Donau vermittelten Import sehr und zwar so sehr niedergehalten werden, dass die waldarme Ebene und namentlich das Marchfeld sich von Wien aus mit Schnittholz versehen.

So kommt es denn auch, dass die Schnittwaarenpreise im Gebiete der Ebene und des Hügellandes über, und nur im Alpengebiete und in einigen Strichen des Manharts, kurz in jenen Gegenden unter denjenigen Wiens stehen, welcheselbe nach dieser Hauptstadt zu liefern pflegen.

Uebrigens liefert das ganze Verhältniss einen Beleg für dasjenige, was auch aus anderen Umständen hervorgeht: dass nämlich der Sägemühlenbetrieb in Niederösterreich noch lange nicht genug entwickelt ist. Dessen Ausdehnung und Vervollkommnung würde die Schnittwaaren dort, wo sie jetzt theuer sind, zum Nutzen der allgemeinen Volkswirthschaft verwohlfeilern, ohne dass die Waldbesitzer dabei verlören. Im Gegentheile müsste sich die Forstrente steigern, indem der Entgang am Stückpreise durch den grösseren Verbrauch und die geringeren Productionskosten weit mehr als ersetzt würde.

Fourniere.

An Fournieren erzeugt Niederösterreich den grösseren Theil des eigenen Bedarfes auf 14 Fourniersägen, von denen sich 3 in Wien befinden.

Der Fournierbedarf von Wien allein wird auf jährliche 900.000 Quadratfuss inländische und auf 4000 Ztr. aussereuropäische [1]) Fourniere geschätzt.

Von der exotischen Waare wollen wir nicht weiter sprechen.

Der Wiener Consum an österreichischen Fournieren entspricht einer soliden Holzmasse [2]) von 5400 Cubikfuss.

Hievon sind etwa drei Viertheile Nuss, 12 Procent Ahorn, 6 Procent Eichen und der Rest sonstige Arten.

Der Mittelpreis dieser Waaren schwankte 1865 je nach der Holzart zwischen [3]) $2^1/_2$ und 15 kr., und betrug im ganzen Durch-

[1]) Mahagoni, Palissander, Zedern und Ebenholz etc.

[2]) Von den Eichenfournieren kommen 150 Blätter auf 1' Dicke, von den edleren Arten 168 Blätter.

[3]) Nuss: 2—15, Mittel 6 kr.; Eichen: 2—5, Mittel 3 kr.; Kirsche: $2^1/_2$—6, Mittel 4 kr.; Ahorn: 2—4, Mittel 3 kr.; Erlen, schlicht: 2—3,

schnitte $5\frac{1}{2}$ kr. per Quadratfuss oder $9\frac{1}{4}$ fl. per Cubikfuss. Diese letzte Ziffer zeigt auf den ersten Blick, dass die Verwerthung des Holzstoffes auf Fourniere fast jede andere übertrifft.

Die inländischen Fourniere werden mit Ausnahme des sogenannten ungarischen Eschenfladers (der aber meistens aus Siebenbürgen kommt) wohl grossentheils auch in Niederösterreich erzeugt; ein Theil derselben kommt jedoch aus Ungarn (Nuss, Eichen), dann aus Oberösterreich (Ahorn, Erlen, Deutsch-Eschen), endlich aus Steiermark (Deutsch-Eschen, Ahorn).

Wien hat 6 bedeutende und eine grosse Zahl kleiner Fournierhandlungen.

Edmund Weiler in Wien [1]) hat neuester Zeit den österreichischen Fournieren, und zwar insbesondere dem siebenbürgischen Eschenflader, einen Export nach England und Amerika verschafft.

Seit 1860 trat in den Nussfournieren ein Preisrückgang von etwa 15 Procent ein. Die übrigen Arten sind sich ziemlich gleich geblieben, mit Ausnahme des ungarischen Eschenfladers, der 1860, weil die jetzigen siebenbürgischen Bezugsquellen damals noch nicht eröffnet waren, mehr als dreimal so hoch im Preise stand. [2])

An diese feinen (edlen) Fourniere reihen sich jene eichenen Doppelfourniere, mit denen die Fusstafeln belegt werden.

Von dieser Schnittwaare kommen 3—6 Stück auf den Zoll Dicke. Ihr Preis stand 1865 auf 4—7 kr. per Quadratfuss, so dass sich der Cubikfuss Holz in dieser Form auf 2.4—2.9 fl. verwerthete.

Man könnte vielleicht annehmen, dass in Niederösterreich in letzter Zeit jährlich 650.000 Quadratfuss derlei Doppelfourniere verbraucht worden sind, wovon 500.000 Quadrasfuss auf Wien kamen. Etwa 37 Procent dieser Waare sollen aus Mähren, 30 Procent aus Niederösterreich, 25 Procent aus Böhmen und 8 Procent aus Baiern bezogen worden sein.

Resonanzhölzer.

Schade, dass den Resonanzhölzern früher, als noch der dafür nöthige Stoff (gleichförmiges, ganz reines, dichtes Fichtenholz)

Mittel $2\frac{1}{2}$ kr.; Erlenflader: 6—10, Mittel 8 kr.; Deutsch-Eschen: 3—6, Mittel $4\frac{1}{2}$ kr.; Ungarisch-Eschen: 8—30, Mittel 15 kr.; Birn: 2—4, Mittel 3 kr.

[1]) Niederlage: Mariahilf, Engelgasse Nr. 2. Im Jahre 1865 versendete diese Firma 2000 Ztr. siebenbürgischen Eschenflader nach England und Amerika.

[2]) 50 kr. der Quadratfuss.

in den Forsten des Manharts massenhaft vorhanden war, keine Aufmerksamkeit geschenkt wurde. Abgesehen vom Export, hätte Wien mit seiner schwunghaften Clavierfabrikation für diese Holzsorte eine herrliche Absatzgelegenheit geboten. Auch jetzt noch liesse sich der Wiener Bedarf aus Niederösterreich decken.

Man schätzt den Wiener Consum auf jährliche 15.000 Bund [1]) rohe und 15 Kisten [2]) gehobelte, zusammen 303.000 Resonanzbretchen, im Holzgehalte von 31.600 Cubikfuss.

Der Bund kostet loco Wien 3 fl., und die Kiste je nach der Qualität der Waare 60—80 fl., so dass sich die in Wien verbrauchte Menge auf 46.000 fl. und der Cubikfuss auf 1 fl. 45 kr. bewerthet.

Unseres Wissens erzeugt in Niederösterreich neuester Zeit nur die Domäne Ottenschlag auf dem Manhart einiges Resonanzholz; alles Uebrige wird aus den oberösterreichischen und baierischen Donaugegenden zu Schiff oder Floss und (in Kisten) aus Galizien, Böhmen, Schlesien und Siebenbürgen bezogen.

Der Wiener Fournier- und Resonanzholzhändler Edmund Weiler hat übrigens für diese Holzsorte (und zwar für die bereits gehobelte Waare) auch einen Export nach Amerika und England eröffnet und 1865 etwa 1000 Kisten dorthin versendet.

Fassholz.

Niederösterreich braucht für seine einer langen Lagerung bedürfenden Weine, wie für die grosse Menge seines Bieres, verhältnismässig sehr viel Fässer, welche bisher fast nur aus Stieleichenholz angefertigt worden sind.

Das eigene Land liefert hiezu einiges Materiale, nicht minder auch Mähren und die näheren Theile Ungarns; das meiste Fassholz wird aber von jeher aus Slavonien durch Vermittlung von Wiener Handelshäusern bezogen.

In den ersten Fünfzigerjahren eröffneten diese ihrem slavonischen Fassholze einen Absatz nach Deutschland, der sich bald auch auf die Schweiz, Frankreich und selbst England ausdehnte, und jetzt von siebenfach grösserer Bedeutung ist als der niederösterreichische Verkauf.

Am stärksten war der Vertrieb im Jahre 1863, zu welcher Zeit auch die Preise der Dauben um 8 Procent höherstanden.

---

[1]) Zu 20 Stück Bretchen von 6' Länge, 3—7" Breite und ½ Zoll Dicke.

[2]) Eine Kiste enthält 200 Bretchen und hat 6', 2' und 2' innere Lichte.

1865 sind sie wieder auf das Niveau von 1860 zurückgekehrt und betrugen im Mittel, je nach der Grösse der Fässer 68—85 kr., im grössten Durchschnitte 75 kr. vom Eimer Gehalt. [1])

Der Wiener Fassholzhandel liegt fast ganz in den Händen der vier Firmen: Josef Pfeiffer, Alexander Schoeller, Ganser & Knoll und Louis Lakenbacher.

Der Verkauf aller Handelsleute zusammen wird für 1865 auf 1½ Million Eimer im Werthe von 1½ Million Gulden geschätzt.

Ein guter Theil dessen, was hievon in das Ausland gesendet wird, kommt in Wien gar nicht zur Ausladung.

Das durch den Wiener Handel in den Verkehr gesetzte Fassholz [2]) mag 420.000 Ztr. oder 764.000 Cubikfuss Holzmasse repräsentiren, und der Holzstoff verwerthet sich in dieser Form auf 2.68 fl. per Zoll-Ztr. oder 1.47 fl. per Cubikfuss.

Wagnerhölzer.

Die Reichshauptstadt ist nicht nur als solche, sondern auch wegen ihres Exportes von Luxuswägen der ungleich bedeutendste Consument von Wagnerhölzern.

Während der Bedarf des Landes fast ausnahmslos durch die heimische Production gedeckt wird, müssen für Wien auch die Nachbarprovinzen beisteuern.

Von den in Wien verbrauchten Wagnerhölzern lässt sich Folgendes sagen:

Die Felgenhölzer, [3]) welche vorzugsweise aus Rothbuchen und Esche roh zugehauen werden, kosten 10—15, im Mittel 12 fl. das Hundert, oder 100 kr. der Cubikfuss. Die grossen Wagenfabrikanten schneiden jedoch schon die meisten Felgen aus Pfosten, wodurch sie ihnen wohlfeiler zu stehen kommen.

Die Speichen, durchwegs Eschen, werden gewöhnlich unzu-

---

[1]) Die verschiedenen Fasskategorien wurden per Eimer Rauminhalt verkauft: 1eimerige 85, 2eimerige 75, 5eimerige 70, 10eimerige 68, 15eimerige 75, 20eimerige 80, 60- und mehreimerige 85 kr.

[2]) Der Eimer grösserer Gefässe wiegt 23—33, kleinerer 31—38 Zollpfund. Gewöhnlich rechnet man, trockenes Holz vorausgesetzt, 25—33 Zollpfund per Eimer. Der Cubikfuss slavonisches Fassholz wiegt 48—65, im Mittel 55 Zollpfund.

[3]) 24—32, im Mittel 26″ lang und 3 und 2½″ im Gevierte; daher Holzgehalt vom Tausend 113 Cubikfuss. Man verkauft diese Holzsorte in Nieder- und Oberösterreich nach Pfunden zu 240 Stück; in Mähren nach Schock zu 60 Stück; theilweise auch nach Wagen zu 22 Stück

gerichtet in rohen Scheitchen [1]) an die Wagner geliefert und das Hundert um 8.30—10 fl., im Mittel um 9.20 fl., hintangegeben, so dass sich der Cubikfuss davon auf 54 kr. verwerthet.

Die Naben, in der Regel Ulmen, werden am besten aus Klötzchen, häufig aber auch aus Pfosten oder aus Kloben [2]) ausgehauen, von denen der Cubikfuss 40—60 kr. kostet.

Zu den Deichseln verwendet man allgemein Birkenstangen, [3]) von denen das Hundert gewöhnlich 100—167 fl. und der Cubikfuss 28 kr. kostet.

Das Gestänge für die Lastwägen [4]) ist gewöhnlich Ulme oder Esche und kostet 40—45 kr. per Cubikfuss.

Ausser diesen specifischen Wagenhölzern werden zum Wagenbau Laden und Pfosten aus Buche und Esche in der Stärke von 1¼—4" verwendet.

Die Wagenhölzer werden von den bedeutenden Wagnern unmittelbar aus der Provinz bezogen, und zwar die rustenen und eschenen aus den Donau- und Marchauen Niederösterreichs und Mährens, die rothbuchenen Felgen und ein Theil der Speichen auch aus Oberösterreich; desshalb bestehen in Wien keine nennenswerthen Händler in diesen Sortimenten.

Der Wiener Consum in Wagnerholz dürfte seit längeren Jahren ziemlich gleichmässig gewesen sein und wird von den ersten Wagenfabrikanten auf jährlich 50.000 Cubikfuss angeschlagen.

Die Preise sind hier seit 1860 nicht wesentlich gesunken.

Auf dem Lande ist das Wagnerholz natürlich billiger; aber selbst in den abgelegenen Waldgegenden dürften die Preise der dort vorhandenen Sortimente drei Fünftel der Wiener Preise betragen.

Leuchtspäne.

Die Sitte unserer Väter, die Stube mittelst wohlfeiler Holzspane zu beleuchten, ist bei dem Bauernstande der waldreichen Gegenden des Landes keineswegs erstorben. Auch zum Anzün-

---

[1]) 42" lang, im Mittel mit einer Stirnfläche von 7 Quadratzoll, also das Tausend 170 Cubikfuss Holzgehalt. Auch die Speichen werden nach Pfunden zu 240 Stück verhandelt.

[2]) 10" lang und 7" dick: das Tausend hat also 283 Cubikfuss Holzgehalt.

[3]) 24—36' lang und im Mittel 5" dick, daher jede 4½—5 Cubikfuss Holzgehalt. Die birkenen Stangen werden nach Schilling zu 30 Stück verhandelt.

[4]) Stangen von 10—22' Länge und 3—8" Dicke.

den des Herdfeuers bedient man sich dieser Späne, und selbst in der Hauptstadt Wien kommt das Unterzünden mit Kienholz noch immer vor.

Man verwendet Holz so zu sagen jeder Art, in lange dünne Späne verarbeitet und gedörrt; in den Föhrengegenden auch den verkleinerten Kien.

Wir treffen da auf gespaltene, gehobelte und sogar gedrechselte Leuchtspäne. [1]) Die ersteren werden einfach abgespalten, die zweiten aus zolldicken, in den Bock gespannten Scheitchen mittelst eines starken Hobels abgezogen. Die dritten pflegt man auf der Wagnerdrehbank aus Klötzchen abzudrehen, welche früher im Backofen gebäht worden sind. Der in dieser Weise concentrisch abfallende, endlose Span wird zur üblichen Gebrauchslänge abgestückt und die Stücke werden unter beschwerten Bretern gerade gedrückt.

Die Spanerzeugung ist in der Regel eine ländliche Hausindustrie. Jeder Hauswirth erzeugt sich den eigenen Bedarf, allenfalls unter Beihilfe der Nachbarsleute.

Die gedrechselten Späne sind von vortrefflicher Qualität und um so empfehlenswerther, als dazu Holzstücke jeder Art verwendet werden können: genug, dass sie nicht allzu ästig seien. Diese Gattung Späne scheint aber doch nur in der Gegend von Ottenschlag üblich zu sein.

Aus einer zweischuhigen Klafter Holz werden 10—13.000 Stück Späne erzeugt, von denen das Tausend 60—140 kr. kostet, so dass der solide Cubikfuss dieses Leuchtmateriales durchschnittlich 24 kr. gilt.

Dachschindeln.

In Bezug auf die Dachschindeln hat in Niederösterreich neuester Zeit eine Wandlung stattgehabt. Man sah ein, dass grosse und dicke Schindeln weniger lange dauern und sich stärker werfen, kurz weniger gut seien. In Folge dessen hat man die früheren Sorten starker Dimension nach und nach aufgegeben und sich zu dünner und kleiner Waare bekehrt, welche weit überwiegend im Wege des Spaltens erzeugt wird.

Auf den Schneidemühlen macht man wenig und hauptsächlich

---

[1]) Die Späne werden auch bis 30" lang und 1½" breit angefertigt: ihr gewöhnliches Mass ist jedoch 24" Länge und 1" Breite.

nur desshalb Schindeln, um die Abfälle der Bretschneiderei (Schwarten, Bruchstücke etc.) zu verwerthen. Man bedient sich dabei fast allgemein der Gangloff'schen Schindelmaschine.

Obwohl das Decken der Dächer mit Ziegeln (oder Schiefer) ungemeine Fortschritte gemacht hat, so ist doch der Schindelverbrauch des Landes noch immer kolossal.

Wien allein verbrauchte von dieser Waare 1840—43 [1]) jährlich im Durchschnitte 4,370.000 Stück. Vielleicht steht der Consum heute auf 6 Millionen Stück.

Die in Wien gewöhnlich verwendete Waare besteht aus gespaltenen Nutschindeln von Tanne und Fichte von 16" Länge, 2 $^{3}/_{4}$" Breite und $^{1}/_{4}$" mittlerer Dicke. [2]) Das Tausend kostete 1865 durchschnittlich 3—4 fl. [3]) Der Massenfuss Holz verwerthete sich daher in dieser Form auf 54 kr.

Im Jahre 1860 und bis 1863 standen die Schindelpreise in Wien um 30 Procent höher.

Die Wiener Schindeln sind hochüberwiegend niederösterreichisches und nur wenig oberösterreichisches Erzeugniss, das von den Donaustationen zwischen Krems und Grein hiehergelangt.

Weinstecken.

Niederösterreich mit seinen 66.360 Joch Weingärten, in denen die Reben durchwegs an Pfähle gebunden werden, bedarf einer grossen Menge von Stecken.

Sie werden überwiegend aus Weissföhrenholz, jedoch auch aus Fichte, Tanne und theilweise selbst aus Lärche, Akazie, Eiche und Rüster angefertigt und sind gewöhnlich ungehobelte Spaltwaare. Ausnahmsweise jedoch hobelt man sie oder erzeugt sie auf den Schneidemühlen, oder verwendet unterdrückte, im Wege der Durchforstung der Nadelmaisse gewonnene Stangen.

Der Jahresbedarf an derlei Pfählen hat sich gleich der Weingartenfläche seit 30—40 Jahren um 16 Procent vermindert. Er

---

[1]) In den Bereich der Stadtgemeinde, d. i. innerhalb der Linien, gelangten 3 $^{1}/_{2}$ Millionen Stück.

[2]) Das Tausend solcher Schindeln hat 6 $^{1}/_{2}$ Cubikfuss Holzmasse. Um jedoch ein solches Tausend zu erzeugen, sind bei 20 Cubikfuss Scheitholzmasse nothwendig.

[3]) Man hat auch noch eine geringere Sorte von 14" Länge und 2 $^{1}/_{2}$" Breite, welche 2·60 fl. das Tausend kostet: dann 18zöllige von 3" Breite, welche im Mittelpreise von 4·50 fl. stehen.

beträgt dermalen jährlich 72½ Million Stück,[1]) zu deren Erzeugung 45.000 Cubikklafter Holz nothwendig sind.[2])

Die Rebpfähle kosteten 1865 auf den Märkten je nach der Qualität 6½—24 fl., im Mittel 10 fl. das Tausend, so dass die Cubikklafter Rohholz durch diese Verwendung auf 16.10 fl. oder der Cubikfuss auf 11 kr. gebracht wird.

Die im Lande jährlich verbrauchten Weinstecken haben einen Werth von 725.000 fl.

Im Jahre 1860 und bis 1863 standen die Preise um etwa ein Drittel höher und es kann der Mittelpreis auf 13 fl. angeschlagen werden. Die nämlichen Weinpfähle gaben daher einen Erlös von 943.000 fl., so dass sich der Cubikfuss Rohholz mit 14 kr. verwerthet hatte.

Die Weinpfähle werden grösstentheils im Lande selbst erzeugt; zum kleinen Theile kommen sie aber auch als Oblast der Flösse aus Oberösterreich und selbst aus Baiern.

Holzstifte.

Die Fabrikation der Holzstifte[3]) für die Schuhmacher ist in Niederösterreich wenig vertreten, obwohl Stoff[4]), Arbeits- und Wasserkraft, dann der Absatz nicht fehlen würden.

Nur die Domäne Ottenschlag im Manhartgebiete erzeugt derlei Stifte von Secunda-Qualität.[5])

Der grösste Theil der im Lande verbrauchten Stifte ist amerikanisches Fabrikat, wovon die bessere Qualität als englische Waare verkauft wird.

Für die Holzstiftenfabrikation wären hier um so bessere Aus-

---

[1]) Das Joch Weingarten hat 10—15 Tausend Stöcke: es ist also das ganze niederösterreichische Weinland mit 796 Millionen Pfählen besteckt. Da die guten föhrenen Stecken 12, die fichtenen 9, die tannenen 10 und die lärchenen 15 Jahre dauern, so bedarf das niederösterreichische Weinland im Durchschnitte jährlich 72½ Million Stecken.

[2]) Die Pfähle haben eine Länge von 5—6½' und eine Stärke von 1½ bis 2". Eine Klafter bezüglicher Nutzscheiter wirft 1200—1800, im grossen Durchschnitte 1600 Stecken ab.

[3]) Man hat 32 Nummern (nach Dimension verschiedene) Stifte.

[4]) Zähes und namentlich Birkenholz.

[5]) Diese Domäne hatte auch ihre Waare bei der jüngsten land- und forstwirthschaftlichen Ausstellung in Wien (Prater, Mai und Juni 1866) zur Schau gebracht.

sichten, als von Wien aus grosse Mengen Stifte in die Türkei, nach Russland und in die Wallachei versendet werden.

Die erste bezügliche Wiener Firma ist Mahler und Eschenbacher. Sie verschleisst jährlich 4—5000 Zentner.

Der Zentner sporco Holzstifte erster Qualität kostete loco Wien 1850 : 36½, 1855 : 30⅓, 1860 : 25¼, 1865 : 16 fl. Gegenwärtig kostet Primawaare 10 - 14. Secunda 9 fl.

Der Massenfuss Holz kostet also in dieser Form den ansehnlichen Betrag von 2¾—4¼ fl. Das verwendete Rohholz jedoch verwerthet sich nur mit etwa 15—20 kr. pr. Cubikfuss.

Eisenbahnschwellen.

Die 60·9 Meilen Schienenstrassen Niederösterreichs, welche mit Hinzurechnung der zweiten Geleise eigentlich 91·3 Meilen ausmachen, bedurften zur ersten Anlage 2,650.000 Cubikfuss Schwellen. [1]) Ihre Erhaltung verlangt unter Voraussetzung von Eichenholz [2]) jährlich 378.600 Cubikfuss.

Aus dem ist zu ersehen, dass die Eisenbahnen auch in Niederösterreich bereits ansehnliche Werkholzconsumenten geworden sind.

Mit nicht bedeutenden Ausnahmen werden für den Körper der Landes-Eisenbahnen nur Stieleichenschwellen verwendet, die zwar theilweise auch in Niederösterreich erzeugt, mehr aber aus Mähren, vorzüglich jedoch aus Ungarn, bezogen werden.

Im Jahre 1865 kostete der Cubikfuss Schwellen 56 kr. und die zur Erhaltung der heimischen Bahnen nöthige Gesammtmenge solchen Holzes [3]) 210.000 fl.

Im Jahre 1860 stand der Schwellenpreis auf 70 kr. per Cubikfuss, so dass die damals für den gleichen Zweck verbrauchte Holzmenge mit 265.000 fl. bewerthet werden muss. [4])

[1]) Eine Meile eingeleisiger Eisenbahn verlangt 1350 Stossschwellen zu 3·5 Cubikfuss, 8650 Mittelschwellen zu 2·6 Cubikfuss, 360 Extrahölzer für 8 Wechsel und Kreuzungen im Gesammtbetrage von 1860 Cubikfuss, dann 600 Cubikfuss anderes Holz, zusammen also 29.000 Cubikfuss Holz.

[2]) Das im Unterbau verwendete Eichenholz dauert 3—10, im grossen Durchschnitte (in Niederösterreich mit seinen weder langen, noch sehr kalten Wintern) 7 Jahre.

[3]) Die Stossschwelle kostete 2·10, die Mittelschwelle 1·60, die Zwischenschwelle 1·40 fl.

[4]) Die Stossschwelle von 3·9 Cubikfuss Holzgehalt kostete 2·70 fl. Die Mittelschwelle von 3 Cubikfuss 2·12 fl. Die Zwischenschwelle von 2·3 Cubikfuss endlich 1·60 fl.

Das so auffallende Sinken der Schwellenpreise kam hauptsächlich von der Gier her, mit welcher Holzhändler und die durch die schlechten Zeiten gedrängten Waldbesitzer den slavonischen und ungarischen Eichenwäldern in letzter Zeit zu Leibe gingen.

Die Elisabeth-Westbahn verwendet theilweise auch Weissföhrenschwellen aus ausgezeichnetem rothen Kernholze, welche fast so lange wie die eichenen dauern und durchschnittlich 1 fl 20 kr. das Stück kosteten.

Flechtruthen.

Der Verbrauch an feinen Korbwaaren hat sehr abgenommen. Ueberdiess ist neuester Zeit deren Import aus Baiern und Sachsen sehr gestiegen, dagegen der Export nach Italien und den Donaufürstenthümern wesentlich gefallen, und in Folge alles dessen sind die Preise bedeutend gesunken.

Die Weidenruthencultur wird in Niederösterreich sehr vernachlässigt, daher auch die Wiener Korbflechter ihr Materiale 20 bis 30 Meilen weit aus Oberösterreich holen müssen.

Den grösseren Theil des Productes bringt die Donauschifffahrt nach Wien.

Büchsenschäfte.

Mit der durch die Waffenhändler sehr gesteigerten Einfuhr fertiger Gewehre aus dem Auslande und aus den anderen Provinzen unseres Kaiserstaates ist auch der Absatz von Büchsenschäften sehr gesunken.

Das k. k. Arsenal in Wien bedarf zwar einer grossen Menge von Flintenschäften; es bezieht selbe jedoch nicht nur aus Niederösterreich, sondern auch aus Mähren und Ungarn. [1])

Pfeifenrohre.

Von diesem Artikel verdienen die sogenannten Weichselrohre (aus *Prunus Mahaleb*) besondere Erwähnung. Während sie früher durchwegs aus dem Orient und namentlich aus Constantinopel und Persien bezogen worden sind, werden sie jetzt zu zwei Drittheilen mittelst sehr rationeller Zucht in der Nähe von Wien, u. z.

---

[1]) 100 Cubikfuss Rothbuchenholz geben 1·0 Schäfte für Militärgewehre im Werthe von 108 fl.

zu Baden, Kottingbrunn, und ein kleiner Theil sogar in Stockerau, gezogen.

Spazierstöcke.

Der Verbrauch von feinen Stöcken, welche gutentheils aus Paris kommen, hat sehr ab-, dagegen jener von wohlfeilen Naturstöcken (aus Schwarzdorn, Kornelkirsche, Haselnuss etc.) sehr zugenommen. Diese Naturstöcke werden von den Landleuten massenhaft erzeugt, roh, zum Theil aber auch schon verarbeitet, nach Wien gebracht und hier an die Drechsler und Händler, viel auch im Hausierwege verkauft. Dieselben werden vielfältig im Frevel gewonnen, und es hat namentlich der Wald der Wiener Gegend viel von den bezüglichen Sammlern zu leiden.

Spielwaarenhölzer.

Die Erzeugung hölzerner Spielwaaren ist in Niederösterreich wegen Mangels an Geschmack und Geschicklichkeit, und weil sie bloss als Kleingewerbe betrieben wird, der fremden Concurrenz nicht gewachsen. Von derlei Waaren wird daher nur sehr wenig exportirt (Mundharmoniken), dagegen von feinerer Waare sehr viel aus Thüringen und Sachsen, Manches sogar aus Frankreich importirt. In unserem Kaiserstaate concurriren Gmunden in Oberösterreich, Oberlentersdorf in Böhmen und Gröden in Tirol.

Sonstige Drechslerhölzer.

Der Absatz von feinen Drechslerwaaren, in denen das Ausland wesentlich concurrirt, hat seit 1862 bedeutend abgenommen, wesshalb auch die Preise fast auf die Hälfte zurückgegangen sind. In ordinären Waaren, in denen das Ausland der hiesigen Fabrikation wenig Eintrag thut, hat der Export zugenommen, daher ein geringerer Preisrückgang. Von diesen gewöhnlichen Waaren wird jetzt sehr viel aus Böhmen eingeführt (Spulen, Glockenzüge, Materiale für Vergolder und Tapezierer), was natürlich dem bezüglichen heimischen Holzverbrauche keineswegs zum Vortheile gereicht.

Waldwaarenhölzer.

Jene gemeinen Holzwaaren für den ländlichen und theilweise auch für den städtischen Wirthschaftsgebrauch, welche man hier Waldwaaren zu heissen pflegt (Butten, Schaufeln, Schaffeln, Scheibtruhen, Gefässe und Geräthe vielerlei Art), werden in allen Waldgegenden, namentlich aber in den Manhartsbezirken Gföhl, Litschau, Ottenschlag und Schrems in Menge erzeugt, während das niederösterreichische Flachland wieder das Hauptabsatzgebiet für sie ist.

Uebrigens werden diese Waaren auch in grosser Menge aus Oberösterreich und namentlich nach Wien eingeführt, woselbst sie auf den jährlichen zwei Geschirrmärkten verkauft werden, welche zusammen 12 Wochen dauern. Ausserdem bestehen in Wien vielerlei Niederlagen dieser Waaren.

Zum Schlusse sei gestattet, noch zweier Artikel aus dem einzigen Grunde zu erwähnen, um zu zeigen, wie in einer Grossstadt selbst dasjenige, was im Dorfe völlig nichtig ist, zu einer gewissen Bedeutung gelangen kann.

Die Sägespäne, welche im waldreichen Gebirge als werthloser, lästiger Ballast betrachtet werden, sind in Wien Gegenstand des Kleinhandels, der davon jährlich beiläufig 67.000 Metzen um (je 10—16 kr.) 8000 fl. bezieht. Auch die moderne Eleganz hat diesen Stoff schon berührt, indem sie ihn schön färbt und dann um 40 kr. per Pfund verkauft.

Weihnachtsbäume, auf dem Lande wenig üblich, oder doch als werthlos erachtet, werden in einer beiläufigen Menge von 100.000 Stücken nach Wien gebracht, und hier um (je 10—100 kr.) 25.000 fl. an die Händler hintangegeben. Fügt man noch die in die gleiche Kategorie gehörigen, aus belaubten Weiss- und Rothbuchen-Lohden bestehenden Frohnleichnahmsbüsche hinzu, so erhält man bloss für diese Kleinigkeiten einen Werth von 30.000 fl.

Nachdem wir nun die vornehmsten Werkholzgattungen einzeln besprochen haben, wollen wir die bezüglichen Productionen als grosses Ganzes mit besonderem Hinblicke auf den Wald zusammenfassen.

Was zuvörderst die heimische Erzeugung betrifft, so kann diejenige des rohen Werkholzstoffes[1]) auf Grund einer genügenden

[1]) Klötze, Schäfte, Stangen, Scheite, für die Verarbeitung zu den verschiedenen Werkholzsorten bestimmt.

Zahl von Thatsachen neuester Zeit auf 16 Procent des im Ganzen zur Fällung kommenden Holzes angeschlagen werden.

Es hat also in dieser Beziehung ein bedeutender Fortschritt stattgehabt, denn vor noch etwa anderthalb bis zwei Jahrzehenden ist dieser Procentsatz nach eben so guten Anhaltspuncten mit der blossen Ziffer 10 ausgeworfen worden.

Da aber der Werkholzstoff ungeachtet dieses Fortschrittes in weit grösserer Menge vorhanden ist, so könnte die Werkholzerzeugung noch viel ansehnlicher sein, wenn folgende schwerwiegende Umstände nicht entgegenständen.

Erstlich entbehren gerade mehrere der waldreichsten Gegenden, und zumal der Manhart, der Eisenbahnen, deren sie für die Werkholzverführung um so unbedingter bedürften, als die dortigen völlig unregulirten Wässer zwar die Schwemme der (kurzen und leichten) Brennscheite, nicht aber der Werkklötze oder gar der Bauschäfte gestatten.

Zweitens ist der Zug der Verkehrstrassen meistens den Richtungen entgegen, in welchen die Werkhölzer des Landes vortheilhaften Absatz finden und mit dem Producte anderer Länder concurriren könnten. Alle Waaren dieser Gattung müssen mittelst kostspieligen Transports per Achse auf gewöhnlicher Landstrasse [1]) erst an die Donau gebracht werden. Dieser Strom böte zwar eine vortreffliche Strasse in das natürliche Absatzgebiet, d. i. nach Wien, in das Marchfeld und in die ungarische Tiefebene, aber die Werkhölzer Niederösterreichs treffen da wieder auf die concurrirenden Hölzer Oberösterreichs, Salzburgs, Tirols, Baierns und der ungarischen Karpathen, welche grossentheils wohlfeiler zur Donau gebracht werden und desshalb die niederösterreichischen Producte aus dem Felde schlagen.

Drittens sind die Frachtsätze der wenigen zu Gebote stehenden Eisenbahnen zu hoch, als dass sich ihnen das Holz massenhaft zuwenden könnte.

Viertens drücken die oberen Donaugegenden selbst auf den heimischen Absatz, indem sie allerlei, namentlich aber grosse Massen Flossbäume, Langhölzer und Breterwerk, nach Wien bringen, welcher Hauptstadt sie durch den Donaustrom näher gerückt sind, als die äusseren Waldgegenden des Landes.

[1]) Strassen, deren Zug keineswegs kunstmässig ist, daher nichts weniger als eine Maximalladung gestattet.

Fünftens begünstigten die bis vor kurzem verhältnissmässig hohen Brennstoffpreise des grossen Consumtionsplatzes Wien die Aufnutzung zu Brennholz.

Es ist aber nicht minder wahr, dass eine sechste Ursache in einem gewissen Mangel an Unternehmungsgeist, Rührigkeit und Einsicht zu suchen ist, welcher es nur schwer über sich gewinnen kann, neue Absatzwege und Erwerbszweige zu suchen und die bestehenden Verfahrungsweisen und Productionsanstalten zu verbessern.

Das sich über 1865 hinaus fortsetzende Sinken der Preise und des Absatzes von Brennholz und Holzkohle sollte jedoch für die Domänenbesitzer und ihre Forstwirthe ein mächtiger Sporn sein, der ertragreichen Ausnützung ihrer Wälder auf Werkholz alle mögliche Sorgfalt zu widmen.

Die thatsächliche Werkholznutzung Niederösterreichs dürfte 1860 : 104.000 Cubikklafter Rohstoff betragen haben, wovon $13\frac{1}{2}$ Procent hartes, fast 4 Procente mittelhartes und das übrige weiches Holz gewesen sein mag.

Dieses Jahresquantum dürfte bis 1865 auf 88.000 Cubikklafter gesunken sein.

Der Geldwerth aller vom niederösterreichischen Forstwesen der übrigen Volkswirthschaft zur Verfügung gestellten Werkhölzer jeder Gattung mag im Jahre 1860 : $4\frac{3}{4}$ und im Jahre 1865 : $3\frac{1}{4}$ Million Gulden betragen haben.

Durch diese Summen ist nun allerdings der Werth ausgedrückt, den die Werkhölzer für die übrige Volkswirthschaft hatten, aber durchaus nicht deren Bedeutung für die Waldbodenrente, das ist für die Forstbesitzer.

Letzterer erhellt weit klarer aus der Betrachtung jener Ziffern, auf welche sich der ungewonnene Werkholzstoff verwerthete und von denen nur noch die wenig wechselnden Kosten der Erziehung und Verwaltung des Waldes, wie die Steuern, abzuschlagen sind, um daraus den reinen Gewinn des Forstbesitzers zu ermitteln.

Folgendes waren im Jahre 1855 die Erlöse aus dem Cubikfusse Werkholzstoff in unaufgearbeitetem Zustande:

	Hartes und mittelhartes Holz		Weiches Holz	
	Kreuzer			
	von bis	Mittel	von bis	Mittel
Alpengebiet	4—17	8	3—17	$6\frac{1}{4}$
Manhart	6—16	12	4—10	8

	Hartes und mittelhartes Holz		Weiches Holz	
	Kreuzer			
	von bis	Mittel	von bis	Mittel
Wienerwald....................	7—25	13	5—18	10
Hügelland....................	10—17	13	6—12	9
Ebene........................	7—35	17	6—17	11½
Im Durchschnitt des Landes.....		13½		8

Hiernach verwertheten die Waldbesitzer des Landes den gesammten, im Jahre 1865 genützten Werkholzstoff auf dem Stocke um 1,118.000 Gulden.

Die Stockwerthe des Jahres 1860 standen aber um 40 Procent höher, wesshalb sich der zu jener Zeit genutzte (ungewonnene) Werkholzstoff mit 1,852.000 fl. bezahlte.

Der Gegenhalt dieser beiden Ziffern zeigt am schlagendsten, wie verderblich der Rückgang der heimischen Volkswirthschaft auch in diesem Puncte auf die Rente wirkt, welche Grund und Boden abwerfen.

Die Werkholzerzeugung Niederösterreichs befriedigt zuvörderst den localen Bedarf der Provinz, dann versieht sie die Reichshauptstadt Wien, und Einiges geht auch in die Nachbarprovinzen.

Die Production selbst findet in sehr verschiedener Weise statt.

Es gibt Reviere, Holzsorten und Anlässe, bei denen die Forstverwaltungen den blossen Stoff, d. i. die stehenden Bäume, verkaufen, die Formung und Verführung der Waare gänzlich dem Käufer überlassend.

In anderen Fällen gehen die Forstämter zwar weiter, beschränken sich jedoch auf die Erzeugung der rohen Klötze, Schäfte, Scheiter, Stangen und Ruthen, aus denen grossentheils die schliessliche Waare noch weiter zu formen ist. Wo Leute, welche hinreichend Lust und Geschick für das Werkholzgeschäft haben, in einer Zahl vorhanden sind, die eine Monopolisirung nicht besorgen lässt, ist diess eine in jeder Beziehung sehr angezeigte Nutzungsweise.

Noch andere Verwaltungen unternehmen die Production bis in das Stadium der fertigen Waare, befassen sich zuweilen sogar mit dem Vertriebe dieser letzteren und haben für diesen Zweck oft sehr ansehnliche Anstalten eingerichtet (Schneidemühlen, Lagerplätze, Strassen etc.). Zu solchem Vorgehen wurden sie fast immer durch die Ueberlegung gebracht, dass ihre eigene nothwendig sei, die betreffende, der Waldrente so vortheilhafte Werkholznutzung einzuleiten. Bei dem verhältnissmässig geringen Unternehmungsgeiste, der in Niederösterreich herrscht, bleibt den Waldbesitzern, welche die Ausnützung ihrer Forste emporbringen wollen, selten etwas Anderes übrig, als in solcher Art selbst den Reigen zu eröffnen. Mit der Zeit befreunden sich dann Andere mit der neuen Production und lassen sich herbei, sie ganz oder wenigstens unter der Bedingung auf eigene Rechnung zu übernehmen, dass ihnen hiefür die von der Forstverwaltung errichteten Anstalten zur Benützung überlassen werden.

Sobald dieser Moment da ist, tritt dann die Forstverwaltung zweckmässiger Weise in das zweiterwähnte Stadium der Beschränkung auf die Rohproduction zurück, was der Waldrente gewöhnlich besser zu Statten kommt, indem sich ein Betrieb umsoweniger für eine grosse Verwaltung eignet, je umständlicher er ist.

Bei den kleinen bäuerlichen Waldbesitzern, welche ihre Wirthschaft selbst besorgen, ist diess anders, wesswegen sie ihr Werkholzgeschäft oft bis in das letzte Stadium ausdehnen.

Unter diesen Umständen kommen die oben geschilderten fertigen Werkhölzer bei den Domänenverwaltungen oft gar nicht vor, sondern statt ihrer bloss die für deren Erzeugung dienenden sogenannten Halbwaaren, und zwar: Bauschäfte, Säge- und andere Werkklötze, Nutzscheiter, Gestänge, (Reif-) Stäbe und Ruthen.

Sehen wir nunmehr, wie es um die Ein- und Ausfuhr der Werkhölzer bestellt ist.

Die Einfuhr der neuesten Zeit erhellt aus nachfolgender Zusammenstellung:

	1860 Cubikfuss	1865 Cubikfuss
Mittelst Donau-, Ruderschiff- und Flossfahrt: Flossbäume, Balken, Schnitt- und Spaltwaaren, fast ausschliesslich weiche Sorten aus Oberösterreich, Salzburg und Tirol	4,778.600	3,925.200
In derselben Weise: Bauholzschäfte und einige Schnitt- und Spaltwaaren aus Baiern	4,750.000	2,751.000
Fürtrag	9,528.600	6,676.200

	1860 Cubikfuss	1865 Cubikfuss
Uebertrag	9,528.600	6,676.200
Durch die Donau-Dampfschifffahrt: fast durchwegs Eichenholz und zwar: Fassholz, Bahnschwellen, Pfosten, Lafettenholz etc. aus Ungarn und Slavonien.........	424.000	918.000
Aus Ungarn durch die Raaberbahn: meistens Eichenholz..................	4.600	358.000
Aus Ungarn durch die Nordbahn: meist Eichenholz....................	80.000	100.000
Aus Ungarn durch die Oedenburger-Bahn: meist eichene Schwellen und Baustämme.........................	10.800	15.800
Aus Steiermark durch die Südbahn: weiches Bau- und Tischlerholz und anderes	211.000	257.000
Aus Mähren durch die Nordbahn: grösstentheils Eichen-, Eschen- und Rustenholz......................	201.000	145.000
Zusammen	10,460.000	8,470.000

Diese Werkholzeinfuhr geht fast gänzlich nach Wien. Zum Theil besteht sie wohl aus Eichenhölzern und damit aus Sorten, welche Niederösterreich vermöge seiner Naturverhältnisse nie genügend zu liefern vermöchte. Alles Uebrige jedoch könnte schliesslich, wenigstens zum grossen Theile, im Lande selbst erzeugt werden und bis auf ein Gewisses sogar mit Gewinn. Natürliche Berechtigung hat also nur ein Theil der Einfuhr; ein anderer Theil kommt nur wegen Mangels an Unternehmungsgeist und wegen ungünstiger Verkehrsverhältnisse (schlechte oder zu theure Communicationen etc.).

Die Ausfuhr von Werkholz ist wenig der Rede werth. Abgesehen vom kleinen localen Grenzverkehr, der beiläufig ebensoviel in das Land bringt, als er hinausführt, und daher hier ebenso unberücksichtigt bleiben kann, wie bei der Einfuhr, — kann nur Folgendes angeführt werden.

Aus den letzten Alpenausläufern an der ungarischen Grenze (Bezirke Aspang und Kirchschlag) geht Werkholz, und zwar insbesondere weiches Bauholz, nach Ungarn bis Güns. Der bezügliche Handel hatte bis 1861 sogar einigen Schwung, ist aber seitdem wegen der Concurrenz, welche die den Wäldern des Eisenburger

Comitates ausserordentlich zusetzenden Fürst Eszterházy'schen Generalpächter machen, bis 1865 auf 420.000 Cubikfuss herabgesunken.

Aus der nordwestlichen Ecke des Landes, welche theilweise nach Böhmen abdacht, gehen einige Werkhölzer in letzteres Königreich hinüber. Die Domäne Weitra hat sich seit 1859—60 einen solchen Absatz verschafft und versendet jährlich 150.000—180.000 Cubikfuss Sägeklötze, Schiff- und Landbauholz nach Budweis und auf die Moldau und Elbe, sich so am böhmischen Holzhandel nach Deutschland betheiligend. Unter diesem Holze befindet sich auch Zünddraht, der in Budweis verbraucht wird.

Die Domäne Grosspertholz gibt 70.000 bis 80.000 Cubikfuss weiche Schiffbaustämme und Blöcke an die Moldauschifffahrt ab. Rechnet man alles das zusammen, was aus jener Gegend, das ist aus den Manhartsbezirken Weitra, Schrems und Litschau, nach Böhmen geht, so mag sich eine Summe von jährlichen 530.000 Cubikfuss ergeben.

Ein dritter Ausfuhrpunct liegt an der Elisabeth-Westbahn, welche Transportanstalt 1865 von der Station Aschbach an bei 80.000 Cubikfuss weiche Schnittwaare nach Oberösterreich gebracht hat, hauptsächlich Erzeugniss der Schneidemühlen der Domäne Waidhofen a. d. Ybbs.

Was sonst noch aus dem Lande ausgeführt wird, ist fremdes, von Wien verhandeltes oder hier umgeformtes Erzeugniss, wie slavonische Fasshölzer, Fusstafeln etc.

Beleuchten wir nun die Transportanstalten, welche den Werkhölzern zur Verfügung stehen, und die Dienste, welche sie leisten.

Die wohlfeilste dieser Anstalten, nämlich die Schwemme, kommt für diese Holzsorten nicht in Betracht, weil die niederösterreichischen Seitengewässer der Donau (mit Ausnahme der March, die aber aus anderen Gründen hiefür nicht in Anspruch genommen wird) weder wasserreich noch geregelt genug sind, um Hölzer triften zu lassen, die länger und stärker sind, als Brennscheite.

Für die Flössung ist erst soeben die vordere Strecke der Ybbs von der Domäne Waidhofen eingerichtet worden, um Sägeklötze und Bauschäfte gebunden bis zur Donau zu bringen.

Der alte Donaustrom steht jedoch auch den Werkhölzern offen und leistet diesen so vortreffliche Dienste, dass er für sie die weitaus wichtigste Verkehrsader bildet.

Auf diesen Strom folgen in gewisser Entfernung die Eisenbahnen.

Vor Kurzem noch war die Donau in jeder Beziehung die Alles überwiegende Strasse Niederösterreichs und die Trägerin fast des ganzen Waarenzuges zwischen Westen und Osten. Und da es hauptsächlich der hochcultivirte Westen war, der den Osten mit Erzeugnissen versah, so gingen die Transporte fast gänzlich stromabwärts. So konnte die Ruderschifffahrt die Concurrenz des Dampfschiffes länger, und kann sie selbst jetzt noch einigermassen bestehen; so kam man dazu, die Mehrzahl der Donaufahrzeuge für die Thalfahrt (mit breitem Hintertheile) einzurichten.

Der grosse Waldreichthum der oberen Donauländer und die hohen Preise, um welche das Holz in Wien sowohl wie in der ungarischen Tiefebene abgesetzt wurde, drückten in einer anderen Richtung der Donauschifffahrt einen eigenen Stämpel auf; sie gebaren die Flösserei und gaben ihr eine grosse Ausdehnung; sie riefen dann die Construction von leicht gebauten Schiffen hervor, welche in der Regel nur nach Thal gehen, um nach Verrichtung dieses Dienstes aufgelöst und als blosses Holz verwendet zu werden.

Einst fiel der ganze Waarentransport der Ruderschifffahrt zu. Seit mehr als einem Decennium hat diese einen namhaften Theil ihrer Arbeit an die Dampfschifffahrt abgetreten und seit 1859 einen anderen Theil an die Elisabeth-Westbahn.

Dazu gesellte sich noch der neueste Verfall unserer Volkswirthschaft und so kommt es, dass die grosse Ruderschifffahrt heute fast nur mehr an das Holz und Einiges von anderen Naturproducten gewiesen ist, und bei Wien so ziemlich ihren Endpunct erreicht.

Die Fahrzeuge, welche die niederösterreichische Donau durchfurchen, theilen sich in vier Kategorien:

a. Dampfschiffe mit ihren Schleppern;

b. Ruderschiffe, für Berg- und Thalfahrt berechnet;

c. Plätten, für die Thalfahrt bestimmt und

d. Flösse, ausschliesslich für die Thalfahrt.

Die Fahrzeuge der Dampfschifffahrt haben eine Tragfähigkeit von 1100 bis 6000 Ztr.

Die Ruderschiffe für Berg- und Thalfahrt haben zwei Schnäbel, sind in der Regel ganz aus gehauenem Holze angefertigt und theilen sich in Kehlheimer von 3000 bis 4000 Ztr. und Gamsen von 1600 bis 2000 Ztr. Tragfähigkeit, welche beide Arten nur auf der Donau verkehren; dann in Siebnerinnen von 800 bis 900 und Sechserinnen von 600 bis 700 Ztr. Tragfähigkeit, welche von der oberösterreichischen Traun herauskommen. In diese Kategorie gehören auch noch die Obstzillen (Essigzillen) von 50 bis 60 Ztr. Tragfähigkeit, dann die allen grossen Fahrzeugen für den Localverkehr beigegebenen Waidzillen.

Die Plätten haben, weil bloss für die Thalfahrt gebaut, nur vorne einen Schnabel; ihr Hintertheil hingegen ist behufs Erhöhung der Tragfähigkeit breit.

Jene, welche für weite oder schwierige Fahrten (auf den Seitenflüssen) bestimmt sind, werden aus gehauenem Holze, überhaupt fester angefertigt und können unter dem generischen Namen „gehauene" Plätten zusammengefasst werden. Als Repräsentant kann die vom Inn kommende Tiroler Plätte betrachtet werden.

Die übrigen, fast durchaus Salzburger Erzeugniss, baut man aus geschnittenem Holze und überhaupt leichter.

Zur Gattung der gehauenen Plätten gehören die Rosenheimer und Tiroler von 1500 bis 2500 Ztr., Schwaben von 1000 bis 1500, Stockplätten von 900 bis 2000, Spitzplätten von 600 bis 1000 Ztr. Tragfähigkeit, endlich die auf die Traun berechneten Trauner von 800 bis 900 und die Traunerl von 450 bis 500 Ztr. Tragfähigkeit.

Die geschnittenen oder Salzburger Plätten haben eine Tragfähigkeit von 1000 bis 3000 Ztr. [1])

Früher hatte man noch mehr Unterarten von Fahrzeugen und baute sie auch in geringeren Dimensionen und mit minderer Tragfähigkeit.

Die Flösse theilen sich in Langholz-, Kleinholz- und Ladenflösse.

Die Langholzflösse bestehen bei sehr langer Waare aus 2, sonst aus 3 Feldern (Stössen oder Flügeln). Auf den Seitenflüssen verkehren in der Regel nur einfelderige und schmale (10—12 Fuss breite) Flösse. Sobald letztere jedoch in die Donau gelangen,

[1]) Die wenig vorkommenden Einstell-, dann die Futterplätten tragen ihre Namen nur nach ihrer besonderen Bestimmung; erstere für den Brückenbau, letztere für den Futtertransport.

werden sie, diesem Strome entsprechend, nach Länge und Breite doppelt oder dreifach zusammengesetzt. Diese grossen Flösse dürfen jedoch aus Strompolizeirücksichten die Breite von 7 Klaftern nicht überschreiten und müssen bei ihrem Einlaufen in den Wiener Donaucanal nach der Breite zerstückt werden, da nur Fahrzeuge bis 5 Klafter Breite diesen Canal passiren dürfen.

Die aus den Seitenflüssen kommenden Urflösse zählen je nach der Stärke ihrer Bäume zwischen 15 bis 20 und 40 bis 50 Stücke der letzteren.

Die grossen Donauflösse bestehen bei sehr starkem Holze aus 60 bis 80, bei mittlerem aus 100 bis 120, bei schwächerem aus 150 bis 200 Bäumen.

Der Holzgehalt der Langholzflösse schwankt zwischen 1500 und 8000 Cubikfuss, gewöhnlicher aber zwischen 3000 und 4500 Cubikfuss.

Die Kleinholzflösse bestehen aus den kleinsten Schaftholzsorten, die entweder 3 Klafterlängen nicht überschreiten, oder wenn diess der Fall ist, doch sehr schwach sind.[1]) Sie haben 3 bis 7 Flügel und werden häufig mit Stössen aus sogenannten Trumpeln, d. i. buchenen Brennklötzen, verbunden. Ein solcher Floss besteht aus 180 bis 260, oder wenn er mit Trumpeln verbunden ist, aus 120 bis 180, im Mittel aus 195 Stücken Werkholz[2]) und enthält (abgesehen von den etwaigen Trumpeln) 600 bis 1000, im Mittel 750 Massenfuss.

Weil diese Flösse gewöhnlich von der Traun kommen und viel von jenen Holzsorten enthalten, welche man Trauner heisst, so pflegt man sie auch Traunflösse zu nennen. Ein anderer Name ist „einfache Gadenflösse“.[3])

[1]) Mit Einrechnung der Trumpeln haben diese Flösse 200 bis 400 Stücke.

[2]) Für die Flösse aus geringerem Lang- und aus Kleinholz hat Berchtesgaden den Namen hergeben müssen, denn man heisst sie auch Gadenflösse. Diess ist insbesondere eine officielle Benennung der österr. Finanzbehörde, welche die Flosshölzer je nach ihrer Grösse in Oberländer, Doppelgaden und einfache Gaden theilt, von denen bis 1843 bei dem Eintritte nach Wien 1, 4 und 8 Stücke 1 kr. C. M. Abgabe zahlten.

[3]) Zu den einfachen Gaden rechnet man: den Halbbaum mit 3 Klafter Länge und 3 bis 4 Zoll im Gipfel; den Anzügel von 4 bis 9 Klafter Länge und 2 bis 4 Zoll Stärke; die Deichselstangen von 2½ bis 3 Klafter und 3 bis 6 Zoll Stärke; Zeugholzstämme von 1 bis 2 Klafter; einfache Trauner von 3 Klafter und bis 6 Zoll Stärke; ungarische Streuhölzer, 2½ bis 3 Klafter lang, 6 bis 7 Zoll breit und 2 bis 3 Zoll

Die Ladenflösse werden aus Bretern zusammengesetzt, welche zu Bünden zusammengebohrt wurden. Schwaches Langholz wird ihnen zur besseren Bindung beigegeben.

Die Tragfähigkeit der Flösse schwankt ausserordentlich, nicht nur nach ihrer Grösse und Form, sondern auch nach ihrer Schwere. Diejenigen aus starken Bäumen tragen 1500 bis 3000 Ztr., die aus mittleren Stämmen 800 bis 1200 Ztr., die aus geringem Langholze 400 bis 600 Ztr.; die Kleinholzflösse 250 bis 300 Ztr., endlich die Ladenflösse etwa 300 Ztr. Zuweilen ist aber ein Floss so schwer, dass ihm gar keine Oblast gegeben wird.

Von den Langholzflössen sind die nach ihrer gewöhnlichen Herkunft benannten Oberländer- oder Ausländerflösse, wozu die Tölzer von der Isar und die Schwaben vom Lech gehören, in der Regel die grössten und haben auch die stärksten Hölzer. Diesen stehen die österreichischen nahe, welche auf der Donau zusammengesetzt werden.

Inländerflösse heisst man aber überhaupt alle Flösse zweiten und dritten Ranges, u. z. die Doppelgaden [1]) und die einfachen Gaden. Die inländischen Flösse kommen fast durchwegs aus den Seitenflüssen der Donau und neuester Zeit hoch überwiegend aus dem Gebiete der Traun. Der Inn und die Salzach liefern in dieser Beziehung nur mehr sehr wenig. [2])

Im Durchschnitte der Jahre 1864 und 1865 sind mit Ausnahme der Dampfschiffe, welche wir für den vorliegenden Zweck ausser Betracht lassen können, in Wien durch die Thalfahrt angekommen:

Ruderschiffe:	Kehlheimer	285	
	Gamsen	490	
	Siebnerinnen	450	
	Sechserinnen	75	
	Obstzillen	3675	
	Zusammen ...		4975

dick; geschnittene Streu- oder Polsterhölzer (erstere nach der Länge durchschnitten).

[1]) Zu den Doppelgaden rechnet man: Schindelraffen von 6 bis 8 Klafter und 3 bis 5 Zoll im Gipfel, Bruckstreu zu 3 bis 5 Klafter und 5 Zoll Stärke, Doppeltrauner von 3 Klafter Länge und 6 Zoll im Gipfel.

[2]) Die Kohlen- und Kreideflösse bilden an und für sich keine eigene Kategorie, indem sie sich nur durch ihre Ladung unterscheiden. Erstere kommen gewöhnlich aus der Traun, letztere meistens von der baierischen Isar.

Plätten:	Rosenheimer und Schwaben ...	1123	
	Stockplätten	131	
	Spitzplätten	320	
	Trauner	1840	
	Traunerl	583	
	Einstellplätten	61	
	Gehauene Plätten	4058	
	Salzburger Plätten	937	
	Zusammen...		4995
Flösse:	Oberländer	733	
	Doppelgadner	466	
	Einfache Gadner	292	
	Ladenflösse	96	
	Zusammen...		1587

Von diesen Fahrzeugen gingen 1864 von Wien nach abwärts:

Gamsen	2	
Obstzillen	33	
Salzburger Plätten	3	
	67	
Flösse, von denen 26 auf der grossen Donau und 62 durch den Canal befördert wurden	88	
Zusammen...		155

Von unten (durch die Bergfahrt) kamen im Jahre 1864: 165 Traunerplätten, mit Bausand beladen.

Im Durchschnitte der Jahre 1860 und 1861 sind 1972 Flösse nach Wien gelangt, wovon 143 weiter nach Ungarn gingen, 1829 dagegen in Wien ausgeladen worden sind. Der Verkehr ist also in dieser Richtung seit 1860 um 20 Procent zurückgegangen.

Von den in Wien angekommenen Ruderschiffen und Plätten sind

1864	zerlegt worden	leer weitergegangen stromabwärts	stromaufwärts
Kehlheimer	38	–	247
Gamsen	35	2	453
Siebnerinnen	42	—	408
Sechserinnen	14	—	61
Obstzillen	234	33	3408
Rosenheimer und Schwaben	169	19	935
Stockplätten	61	—	70

1864	zerlegt worden	leer weitergegangen stromabwärts	leer weitergegangen stromaufwärts
Spitzplätten	92	—	228
Trauner	182	—	1658
Traunerl	48	—	535
Einstellplätten	4	—	57
Salzburger Plätten	265	32	640

Das Zurücktreiben der Fahrzeuge geschieht mit Pferden und es werden 2 grosse Schiffe, denen man rückwärts gewöhnlich auch eine Plätte anhängt, hiefür zu einem sogenannten Geschirr zusammengekuppelt. Dieses Zurücktreiben geht höchstens bis Neuhaus an die Lände der fürstlich Schwarzenberg'schen Mühlschwemme.

Die Schiffe dauern in der Regel 4 Jahre und machen während dieser Zeit meistens 30 Reisen. Die gehauenen Plätten machen etwa 7 und die geschnittenen 3 Reisen, bevor sie zur Zerschlagung kommen.

Zur Charakterisirung des Holzgehaltes und der Kosten der Donaufahrzeuge mögen folgende Daten genügen:

	Kehlheimer	Rosenheimer Plätten	Salzburger Plätten
Holzgehalt in Cubikfuss	780	600	280
Anschaffungskosten Gulden	1350	150	120
Erlös bei dem Verkaufe in Wien, Gulden 1860	200	70	50
Erlös bei dem Verkaufe in Wien, Gulden 1865	150	45	30

Durch die Auflösung der Donaufahrzeuge mag dem Wiener Platze jährlich eine Holzmasse von 417.000 Cubikfuss zugehen, welche je zur Hälfte als Werk- und Brennstoff in Verwendung kommen dürften. [1])

Die Frachten, welche die hölzernen Fahrzeuge nach Niederösterreich und Wien bringen, bestehen neuester Zeit hochüberwiegend aus Hölzern, denen sich auch noch einige andere Forstproducte beigesellen. Im Durchschnitte von 1864 und 1865 brachten sie insbesondere

Brennholz	Cubikklafter	73.000
Werkhölzer verschiedener Sorte	Cubikfuss	2,500.000 [2])

---

[1]) Dieses (ausgelaugte) Materiale verwendet man auch gerne dort, wo Holz sich nicht werfen und nicht reissen soll, also z. B. zu Fusstafelunterlagen.

[2]) Ohne Einrechnung der Flossbäume.

Hölzerne Ganzwaaren	Zentner	3500
Zünddraht	Zentner	1350
Fourniere	„	150
Weidenruthen	Cubikfuss	750
Holzkohlen	Zentner	4950
Fichtenlohe	„	450
Russ	„	450

Die Verschiffung wird in der Regel den Schiffmeistern in Unternehmung gegeben, welche letztere sich nebenbei auch selbst mit dem Handel befassen, ebenso wie einzelne Forstbesitzer (z. B. die Graf Festetits'sche Erlafschwemme) oder Holzhändler auch in eigener Regie verschiffen.

Die Flösserei ist gewöhnlich Sache der Holzhändler, zuweilen wird sie aber auch von Schiffmeistern unternommen.

Die bedeutendsten Schiffmeister (für die Ruderschifffahrt) sind: Michael Fink zu Braunau, Linz und Wien, Johann Georg Fischer zu Aschach, Franz Schweiger zu Strudel.

Auch die Dampfschifffahrt leistet neuester Zeit Beachtenswerthes im Werkholztransporte. In der Thalfahrt brachte sie zwar nur ausnahmsweise Einiges; [1]) der Handel mit slavonischem und ungarischem Fass- und sonstigem Eichenholze wendet sich ihr jedoch in steigender Proportion zu. Fast alle ihre Frachten gehen nach Wien.

Die erste österreichische Donau-Dampfschiffahrts-Gesellschaft führte auf diese Weise in Wien ein:

	Zentner		Zentner
1860	211.700	1863	731.200
1861	439.400	1864	522.000
1862	774.900	1865	446.800

Einzelne Schlepper mit slavonischen Fasshölzern wurden in Wien nur verzollt, aber unausgeladen weiterbefördert; sie erscheinen daher in obiger Ziffer nicht begriffen.

Die Dampfer der Wiener Schiffmeister-Compagnie brachten an Holz nur Weniges; im Jahre 1864 z. B. 12.000 Zentner eichene Bahnschwellen.

Das slavonische und ungarische Holz, wenn es in ganzen Schiffsladungen (1000 bis 5000 Ztr.) bergauf gesendet wird, zahlt

[1]) Aus Oberösterreich 1863 und 1865: 1100 und 1500 Ztr. nach Wien, 1864: 7880 Ztr. nach Hainburg.

von Essegg aus 0.5 bis 0.7 kr., von Pest 0.9 kr. per Zollzentner und Meile; die Ladung wird in solchen Fällen vom Versender besorgt, so dass nur noch die Assecuranz mit 0.17 kr. per Zollzentner daraufzuzahlen ist.

Im Uebrigen treten bei der ersten österreichischen Donau-Dampfschifffahrts-Gesellschaft deren gewöhnliche Frachtsätze ein, welche im Bereiche Niederösterreichs betragen:

Passau-Wien: Thalfahrt 1.2 bis 1.5, Bergfahrt 1.6 bis 2.0 kr., Wien-Pest: Thal- wie Bergfahrt 1.4 bis 1.9 kr. per Zollzentner und Meile. Hiezu kommt noch die Ladegebühr von 2 kr. und die Versicherung von 0.17 kr. per Zollzentner.

Die Höhe dieser Frachtsätze macht sogleich klar, warum der ganze Holztransport nach Thal bisher noch der Ruderschifffahrt verblieben ist.

Was die Eisenbahnen in quantitativer Hinsicht für den Werkholztransport geleistet haben, ist in der Hauptsache schon dort angeführt worden, wo wir von der Ein- und Ausfuhr sprachen. Es bleibt uns daher nur mehr übrig, die Tarife dieser Anstalten zu besprechen.

Folgende Tabelle verzeichnet die Beträge, auf welche in diesem Augenblicke die Verfrachtung [1]) der gewöhnlichen Werkhölzer (mit Ausnahme der Ganzwaaren) [2]) auf den von und für Niederösterreich benützten Bahnstrecken zu stehen kommt.

Bei Verfrachtung in ganzen Wagenladungen auf der	Der Zollzentner: Aus dem Nachbarlande	Der Zollzentner: Im Bereiche Niederöst.	100 Cubikfuss im Bereiche Niederösterr.: Hartholz	100 Cubikfuss im Bereiche Niederösterr.: Weichholz
	Kreuzer per Meile			
Kaiser Ferdinands-Nordbahn.				
Holz bis 30 Fuss Länge	1.74—2.08	2.08—2.42	104—122	75—85
Holz über 30 Fuss Länge	2.08—2.43	2.42—2.87	122—141	85—89
Süd- und Oedenburger-Bahn.				
Holz bis 30 Fuss Länge	1.6—1.7	1.7—2.10	126	85
Holz von 30—35 Fuss Länge	2.0	2.0—3.06	168	113
Holz über 30 Fuss Länge	2.4—2.47	2.47—3.06	180	121

[1]) Einschliesslich der unvermeidlichen Auf- und Ablade-, dann der allgemeinen Versicherungsgebühr

[2]) Wozu bereits die Zünddrähte, Holzstifte etc. gehören.

15

Bei Verfrachtung in ganzen Wagenladungen auf der	Der Zollzentner Aus dem Nachbarlande.	Der Zollzentner Im Bereiche Niederöst.	100 Cubikfuss im Bereiche Niederösterreichs: Hartholz	100 Cubikfuss im Bereiche Niederösterreichs: Weichholz
	Kreuzer per Meile.			
Raaber Bahn.				
Kürzeres Holz, auf einen 8räderigen Wagen ladbar	$1._{1}$—$2._{88}$	$2._{38}$	148	100
Langholz	$2._{48}$—$3._{14}$	$3._{14}$	195	132
Elisabeth-Westbahn.				
Holz bis 20 Fuss Länge	$1._{1}$—$1._{26}$	$1._{26}$	79	54
Holz über 20 Fuss Länge	$1._{1}$—$2._{2}$	$1._{26}$—$2._{21}$	79—139	54—95

Diese Tafel zeigt auf den ersten Blick, dass nur die durch die Concurrenz der Donau-Schifffahrt gedrängte Elisabeth-Westbahn mässige Werkholzfrachtsätze hat; sie lässt ferner erkennen, wie theuer im Allgemeinen die Eisenbahnen gegenüber der Wasserstrasse sind.

Es besteht übrigens noch die Unzukömmlichkeit, dass die Bahnen den Cubikfuss Werkholz zu den hochübertriebenen Ziffern von $62^{3}/_{4}$ und $42^{1}/_{2}$ Zollpfund annehmen, je nachdem es sich um Hart- oder Weichholz handelt. Nur die Kaiser Ferdinands-Nordbahn hat im Jahre 1865 diesen Uebelstand behoben und berechnet seitdem das harte Holz zu 50, das mittelharte zu 45 und das weiche zu 35 Zollpfund.

Als Schluss dieses Capitels über die Werkhölzer mag das Facit unserer Berechnungen gelten, wornach um 1860 in Niederösterreich $27^{1}/_{4}$ Million Cubikfuss derlei Hölzer im Werthe von $8^{3}/_{4}$ Millionen Gulden der übrigen Volkswirthschaft überantwortet worden sind, wovon $16^{3}/_{4}$ Millionen Fuss im Werthe von $4^{3}/_{4}$ Millionen Gulden aus dem eigenen Lande stammten.

Im Jahre 1865 bezog die Landes-Volkswirthschaft nur mehr $22^{1}/_{2}$ Million Massenfuss Werkhölzer im Werthe von $5^{1}/_{2}$ Million Gulden, wovon 14 Millionen Cubikfuss im Betrage von $3^{1}/_{4}$ Million Gulden niederösterreichisches Product waren.

IV. Holzkohle.

Die Verkohlung, welche ausserhalb des Alpengebietes betrieben wird, ist kaum der Rede werth; in den Alpen jedoch ist die Köhlerei von allererster Bedeutung, denn sie liefert der dortigen, bis vor

Kurzem noch sehr blühend gewesenen Eisenindustrie, ein äusserst kleines Quantum abgerechnet, den gesammten Brennstoffbedarf, gibt dem Bauer, der hier wegen der kargen Gebirgsnatur im Ackerbau lange nicht ausreichenden Erwerb finden könnte, lohnende Beschäftigung; sichert endlich grossen Massen abgelegenen Waldes eine rentirliche Benützung und damit pflegliche Existenz, und zwar Forsten, deren Bestand von der allgemeinen Wohlfahrt zur Bändigung der wilden Alpennatur unbedingt gefordert wird.

Die Eisengewerbe sind auch fast die einzigen Consumenten der Holzkohle, daher die Verkohlung gänzlich vom jeweiligen Stande der Eisenindustrie abhängt.

Da Hartholz im Alpengebiete so wenig vorkommt, dass es nicht einmal den localen häuslichen Feuerungsbedarf zu decken vermag, so wird die Holzkohle fast ausschliesslich nur aus Weichholz und insbesondere aus Fichte gewonnen. Das Wenige, was im Lande und namentlich in Wien als harte Kohle verkauft wird, ist auch keineswegs etwa reine Buchen-, sondern Meng- oder gar Erlen- oder Föhrenkohle.

In Niederösterreich wird ziemlich allgemein in liegenden Klotzmeilern, sogenannten Werken, gekohlt.

In dieser Meilergattung hat das Land noch seine uralte germanische Weise beibehalten, welche ganz auf die eigenen Verhältnisse, d. i. auf die Klötze unserer geradschäftigen Nadelarten und auf geneigte Kohlungsplätze (Berglehnen) passt, und die desshalb für uns eben so gut ist, wie der romanische stehende Scheitmeiler für den harten Wald der Länder lateinischer Race.

Das Product der niederösterreichischen Verkohlungsweise ist ganz befriedigend und steht unter Anderem auch demjenigen stehender Meiler vollkommen gleich.

Die Ländköhlerei, welche im Innern der österreichischen Alpen ungeheure, viele Meilen zusammengetriftete Holzmassen durch das ganze Jahr so zu sagen fabriksmässig verarbeitet, hat im niederösterreichischen Alpengebiete nur wenige Repräsentanten kleineren Massstabes. Der vornehmste derselben dürfte die Hirschwanger Kohlung des k. k. Eisenwerkes Reichenau sein. [1])

[1]) Für deren Betrieb werden jährlich 3000 Cubikklafter Holz 3 Meilen weit auf der Schwarza unter Benützung von vier Seitentriftstrassen zusammengeschwemmt.

15 *

Diese Ländkohlungen zeichnen sich durch verfeinerten Betrieb und vortheilhafte Theilung und Verbindung der Einzelarbeiten aus. Sie arbeiten daher auch verhältnissmässig wohlfeil und erzeugen viele und sehr gute Waare. Der Meilereinsatz beträgt 12—20 Massenklafter Klötze oder bei den ausnahmsweisen Scheitmeilern 40 bis 50 Klafter dreischuhige Scheiter.

Die Meiler werden hier fast nirgends mehr vergrasst, [1]) denn das Grass [2]) käme zu theuer; man legt statt dessen die Oberfläche sorgfältig mit Spaltlingen aus. Ebensowenig pflegt man die Meiler mehr mit Bretern zu umwanden, sondern hält die Lösche [3]) nach Art der stehenden Meiler mit schindelartigen, auf Stangen gestützten Spaltlingen.

Während des Sommers pflegt man gewöhnlich unmittelbar aus dem Rechen in die Meiler zu setzen, nur der Winterbedarf an Holz wird vorerst auf der Länd in Rauhzainen aufgestellt.

Man kohlt das ganze Jahr hindurch, ohne im Winter (langdauernde Schneefälle ausgenommen) ein wesentlich schlechteres Resultat zu erzielen. Das Schlagen der Meiler (Explosion) kommt nicht mehr vor.

Die Arbeiten werden fast durchwegs und zwar in zwei Theilen verdungen, wovon der erste die dem Anzünden vorangehenden Verrichtungen (Setzen und Schwärzen) und der zweite die nachfolgenden (Brennen, Stören und Kühlen) umfasst.

Für beide Theile hat man eigene Leute, öfter selbst für die einzelnen Arbeits-Unterabtheilungen. Das Einlegen und Schwärzen wird gewöhnlich mit den Passen (Arbeitergesellschaften) verdungen und häufig nach der Klafter gezahlt. Die nachfolgenden Arbeiten werden an die einzelnen Köhler per Fass Kohle gewöhnlich zu 2 bis 3 Preisen (für die Kohlen verschiedener Güte) überlassen.

Die Ländköhlerei wird von eigenen Meistern (öfter selbst von besonderen Beamten) geleitet.

Die Waldmasse eines und desselben Besitzers ist aber im niederösterreichischen Alpengebiete selten so gross, als dass es möglich wäre, eine grosse Ländkohlung einzurichten. Manchmal fielen auch Rechen und Länd nicht gross genug aus, um das

[1]) Mit Nadelreisig bedeckt.

[2]) Grünes Reisig der Nadelbäume.

[3]) Gemenge aus Kohlenklein und Erde zur Deckung der Meiler.

gesammte Holzproduct aufnehmen zu können. Ein andermal handelt es sich um Kohlen, welche in einer anderen als der Thalrichtung abgeführt werden müssen, was fordert, dass man die Hölzer nur so weit abbringt, als nothwendig ist, um sie überhaupt kohlen zu können. Kurz, in der grössten Mehrzahl der Fälle ist nur die sogenannte ständige Waldköhlerei angezeigt, welche zwar auf permanenten Plätzen, aber im Bereiche des Forstes arbeitet, und die gewonnene Kohle auf sehr lange Strecken per Achse oder Schlitten zu den Schmelzhütten verführt.

Am fernsten stehen diese Waldkohlungen jenen der grossen Länden dort, wo man sie am Fusse des Waldes errichtet hat, der das Holz spendete. Aber weil man stets so viel als möglich trachtet, im Grossen zu arbeiten, so schiebt man die Köhlerei thunlichst weit vor, so dass sie öfter auch eine Art Ländkohlung kleinsten Massstabes wird, deren Product man gutentheils im Vorrathsbarme lagert, um es nach Zeit und Bequemlichkeit abführen zu können.

Die bedeutenden Anlagekosten drängen dazu, auch dort, wo am Fusse des Waldes gekohlt wird, den Platz so zu wählen, dass er wenigstens durch ein oder einige Jahrzehende benützt werden kann.

Folgende Berechnung der niederösterreichischen Waldköhlerei für die gewöhnliche Jahreserzeugung von 30.000—40.000 Raumfuss Kohle mag eine Idee sowohl von der Einrichtung als von den Kosten einer solchen Anstalt geben.

	Anlagekosten Gulden
Gewöhnlicher Riesenholzfang (Moische) oder Schwellrechen mit Wasserriese zur Zuleitung des Holzes auf den Kohlplatz. Ein derlei Schwellrechen kostet 400 bis 1000 Gulden	20—1000
Kohlstätte auf 2 bis 3 liegende Meiler. Der Platz muss gewöhnlich mehr oder weniger aus der Berghalde herausgeschnitten und auf der anderen Seite aufgedämmt werden.....	20— 250
Wasserleitung für die Kohlstätte	15— 50
Kühlbarm von 3½ bis 5 Klafter Fläche	15— 30
Köhlerhüttchen von 3 bis 3½ Klafter Fläche....	50— 80
Fürtrag	120—1410

	Anlagekosten Gulden
Uebertrag	120—1410
Vorrathsbarm zur Aufbewahrung des im Sommer erzeugten Productes für die Wintermonate, 12 bis 30 Klafter Fläche	100— 260
Köhlerhaus mit Stall und Schoppen. Häufig muss dem Köhler in der Nähe der Köhlerei auch ein Wohnhaus für seine Familie gebaut werden. Ein derlei Haus hat 9 bis 20 Klafter Fläche und kostet 250 bis 550 Gulden	0— 550
Abfuhrweg. Wenn auch schon ein Weg im Thale vorhanden ist, so muss doch gewöhnlich ein Flügel zur Kohlstätte gebaut werden. Zuweilen sind jedoch lange Strecken anzulegen	20— 500
Zusammen	240—2720

In der Waldköhlerei arbeitet gewöhnlich nur Ein Köhler und betreibt 2 bis 3 Meiler. Die liegenden Klotzmeiler werden ihm in der Regel von den Holzknechten eingelegt. die ausnahmsweisen Scheitmeiler setzt er sich meist selber auf.

In der Zeit des ärgsten winterlichen Schneefalles wird selten gekohlt, weil nicht die Arbeitskraft vorhanden ist, oder zu kostspielig wäre, den hier sehr starken Schneefall unschädlich zu machen. Da in solchen Lagen das Grass oft noch leicht zu haben ist, so werden die Meiler, zumal die liegenden, häufig noch vergrasst.

Die Kohle wird zwar auch oft zur Sommerszeit abgeführt, meist jedoch für die Winterabfuhr im Vorrathsbarm aufbewahrt; einestheils, weil im Winter die Fuhrkraft sehr leicht zu haben ist, anderseits, weil die Schlittbahn (der schlechten Wege willen) eine weit grössere Ladung erlaubt.

Der ganze Process wird meistens eben so gut betrieben, wie auf den grossen Länden, nur hängt weit mehr von dem sich selbst überlassenen Köhler ab, dessen Fehler hier nicht corrigirt werden können.

Der Aufwand und die Resultate der niederösterreichischen Köhlerei sind in folgender Tafel verzeichnet.

Ländkohlung. Liegender Klotzmeiler, 12 bis 20 Massenklafter Einsatz.	Fichtenholz.	Ständige Waldkohlung. Liegender Klotzmeiler von 6—14 Massenklftr. Eins.
von bis Mittel	Jede Massenklafter kostet Handtagwerke und zwar:	von bis Mittel
0.8—1.3 1.1	Ausländung oder Abzainung	— —
1.3—1.4 1.3	Einlegen und Schwärzen	1.3—1.9 1.6
1.4—2.0 1.6	Kohlen, Stören, Kühlen (und allfälliges Eintragen in den Vorrathsbarm)..	1.8—2.1 1.9
3.6—4.7 4.0[1])	Zusammen	3.1—4.0 3.5[2])
200—220, im Mittel 210 Raumfuss, auf der Kohlstätte gemessen, d. i. 14½ bis 16, im Mittel 15 Zentner Kohle.	Ausbringen (Kohlproduct) aus der Massenklafter.	180 bis 230, im Mittel 205 Raumfuss, auf der Kohlstätte gemessen, d. i. 13 bis 16, im Mittel 15 Zentner Kohle.
	Handtagwerke	
1.7—2.0 1.9	auf 100 Raumfuss Kohle	1.5—2.0 1.7
2.3—2.7 2.6	auf 10 Zentner Kohle........	2.1—2.6 2.3

Die Wanderkohlung, welche das Holz am Erzeugungsorte verarbeitet und mit der Stätte fort und fort wechselt, kommt in Niederösterreich nur ausnahmsweise vor und weiset etwas geringere Resultate nach.

Die Abfuhr der Holzkohlen wird durchwegs von der Bauerschaft besorgt. Jene Bauern, welche selbst Wald besitzen, holzen und verkohlen diesen mit häuslicher Arbeitskraft, indem sie höchstens für das Brennen einen Köhler von Profession dingen. Andere trachten, von den Forstverwaltungen oder von jenen Gewerken, welche Wald auf Abstockung erwarben, die gesammte Kohlarbeit zu überkommen. Man kann annehmen, dass die kleine Waldköhlerei fast ganz bäuerliche Unternehmung sei.

Diese Waldarbeit und namentlich das Fuhrwerk sind im niederösterreichischen Alpengebiete ein nothwendiges Erforderniss für die Behäbigkeit des Bauers und für den Culturstand seines

---

[1]) Obige Zahlen umfassen bloss die unmittelbare Kohlungsarbeit. Hiezu kommen noch die allgemeinen Kosten der Kohlungsanstalt (Kohlmeister, Kohlwächter, Kohlstatt, Wasserleitung, Wachhäuschen, Barme, Werkzeuge, zeitweilige Fuhrkraft), welche in der Regel 30 bis 50 Procente der Handarbeit kosten.

[2]) Die Ausländung des Holzes fällt bei der Waldkohlung gewöhnlich weg, indem meist unmittelbar vom Holzfange in den Meiler eingelegt wird. Ausser der genannten Handarbeit entfallen noch 8 bis 12 Procent Erhaltungskosten der Kohlanstalt.

Besitzes. Denn seine Feldwirthschaft beschäftigt ihn nur im Hochsommer. Würde er für die übrige Zeit des Jahres nicht die Waldarbeit haben, so müssten Leute und Zugvieh feiern, oder vielmehr er müsste sie grösstentheils abschaffen und viele Aecker als blosse Wiesen und jetzige Wiesen nur als Weide benützen.

Im Jahre 1846 sind von der Eisenindustrie fast 9 und im Ganzen etwa 10 Millionen Cubikfuss Holzkohle verbraucht worden, für deren Erzeugung 80.000 Cubikklafter Holz nothwendig waren. Diese Kohlen hatten den Werth von (9¼ kr. pr. Cubikfuss) 820.000 Gulden.

Die Eisen verarbeitenden Industriegewerbe waren in solch einer glücklichen Entwicklung begriffen, dass sich der jährliche Holzkohlenverbrauch des Eisenwesens, ungeachtet wachsender Oekonomie im Brennstoffverbrauche, bis 1855 auf 12¼ Million und der gesammte Landes-Consum in dieser Waare auf 13¼ Million Cubikfuss im Werthe von (12 kr. pr. Cubikfuss) 1,590.000 Gulden steigerte.

Hiemit hatte das niederösterreichische Holzkohlengewerbe ein noch nie dagewesenes Maximum erreicht, welches unter der bäuerlichen Bevölkerung des Alpengebietes sichtlichen Wohlstand verbreitete, den Waldbesitzern die bessere Cultur der Forste ermöglichte und der gesammten Volkswirthschaft förderlich war.

Die Holzkohlen-Erzeugung dürfte im Jahre 1860 noch immer bei 11 Millionen Cubikfuss im Werthe von 1,210.000 Gulden gestanden haben, so dass etwa 88.000 Cubikklafter Holz verkohlt worden sein können.

Im Jahre 1861 brach jedoch über unsere Eisenindustrie die bekannte Katastrophe herein.

Eine ihrer nächsten Folgen bestand darin, dass der Verbrauch und die Preise der Holzkohlen plötzlich so sehr sanken, dass im Jahre 1865 nur mehr bei 3¾ Millionen Cubikfuss im Spottpreise von (7 kr. per Cubikfuss) 262.000 Gulden verbraucht und zu deren Bereitung bei 30.000 Cubikklafter Holz verkohlt worden sein mögen.

Wie mässig übrigens der Gewinn war, den der Waldbesitz selbst zur guten Zeit aus der Köhlerei zog, geht daraus hervor, dass sich der Cubikfuss ungewonnenen Holzstoffes damals auf dem Hauptschauplatze der Köhlerei, nämlich im Alpengebiete, mit bloss 1 bis 4, im Mittel mit nahezu 2¼ kr. und die ganze im Jahre 1860 verkohlte Holzmasse beiläufig nur mit 310.000 Gulden bezahlten, was dann noch immer keine reine Rente, sondern erst eine Einnahme war, aus der die Kosten der Holzzucht, der allgemeinen Regie und die Grundsteuern bestritten werden mussten.

Im Jahre 1865 wurde durch die Verkohlung für den Holzstoff nur mehr ortweise eine Verwerthung erzielt, die sich im Ganzen auf 30.000 Gulden anschlagen lässt; für den bei weitem grössten Theil des in dieser Weise verwendeten Holzes blieb aber kein Erlös übrig. [1])

Die über das niederösterreichische Eisenwesen niedergegangene Katastrophe hat nicht bloss den Gewerken, sondern auch den Waldbesitzern, der Forstwirthschaft und dem Bauernthume des Alpengebietes ausserordentlich geschadet.

Da die bisher für die Köhlerei benützten Wälder vor der Hand in keiner anderen Weise und zwar um so weniger verwendet werden können, als auch der Brenn- und Werkholzverkehr in Stockung gerathen ist, so hat die Eisenkatastrophe 113.000 Joch Wald völlig unnutzbar und andere 56.000 Joch für ihre Eigenthümer ertraglos gemacht, indem heutzutage vom Erlöse aus den Kohlen gewöhnlich nicht so viel übrigbleibt, um die Steuern und die Verwaltungskosten zu decken. Sie hat überdiess mehr als der Hälfte der Holzknechte, Köhler und Fuhrleute, sowie anderer Personen, die mit diesen in Verbindung stehen, kurz all' Jener, welche auf die bisherige Waldkohlung ihre Existenz gründeten, den Erwerb entzogen und auch den Uebrigen den Verdienst weit über Gebühr geschmälert. [2])

Mit der Zeit mag sich wohl für den Kohlwald, wie für die brachgelegte forstliche Arbeitskraft, eine andere nützliche Verwendung finden; vorderhand jedoch sind beide für die Volkswirth-

---

[1]) Ob der unbedingten Nothwendigkeit der Waldarbeit und des Fuhrwerkes für den Bauernstand wird die Katastrophe auch diesen und die Landwirthschaft sehr zurücksetzen. Der Bauer arbeitet jetzt in seinem Leid weit unter dem Preise und besitzt er selbst Wald, so begnügt er sich mit einem Kohlpreise, welcher ihm nicht einmal die Arbeit erträglich vergütet, viel weniger etwas für den Holzstoff zurücklässt.

[2]) Nach vollkommen genauen Daten hat z. B. die vornehmste Köhlereigegend, d. i. der Bezirk Waidhofen a. d. Ybbs, im Jahre 1853, 2,620.000 Cubikfuss Holzkohlen zum Preise von 9 kr. per Cubikfuss dem Eisenwesen übergeben, von denen der Cubikfuss $4^1/_4$ kr. Arbeit kostete. Im Jahre 1860 wurden 2,340.000 Cubikfuss noch zu gleichem Preise, aber mit etwas höheren Productionskosten, an den Mann gebracht. 1865 verkaufte man nur mehr 138.000 Cubikfuss zum Preise von $4^1/_2$ kr.

schaft verloren, — eine Einbusse, welche sich ohne Einrechnung alles Wehes, das sie über viele harmlose und fleissige Menschen gebracht hat, in Geld ausgedrückt vielleicht auf eine halbe Million Gulden beziffern mag.

Der Holzkohlenverbrauch in Wien ist von jeher beträchtlich gewesen. Im Jahre 1855, zu welcher Zeit die Preise dieses Artikels ihr Maximum erreicht hatten, betrug er 150.000 Zentner oder 1,700.000 Cubikfuss. Von da ab sank der Consum bis 1863 sehr wenig, dann aber bis 1865 rasch auf 114.000 Zentner oder 1,300.000 Cubikfuss. [1])

Der Preis stand 1855 auf 26 kr. per Cubikfuss für die weiche und auf 34 kr. für die harte Kohle. Im Jahre 1860 waren die Preise bereits auf 23 kr. für die weiche, 27 kr. für die gemengte und 33 kr. für die harte Kohle gesunken, 1865 betrugen diese Ziffern gar nur 20, 26 und 32 kr. [2])

Diess sind die Detailpreise des Kohlenmarktes. Im Grossen kaufte man um 20 Procente wohlfeiler, dagegen bei den Kleinverschleissern um 30 Procent theurer.

Wien wird mit der nöthigen Holzkohle fast ganz per Achse von den sogenannten Waldbauern der östlichen Alpenausläufer versehen. Die Stadt hat einen eigenen Kohlenmarkt.

Der Werth der in Wien verbrauchten Holzkohle stellte sich im Jahre 1855 auf 510.000, 1860 auf 448.000 und 1865 auf 338.000 Gulden.

V. Futter- und Nahrungsmittel.

Obwohl die Zeiten längst vorüber sind, da die Bauern allenhalben das Recht hatten und übten, in den grundherrlichen Forsten ihr Vieh zu weiden, so liefert doch der Waldstand Niederösterreichs noch heute, wenn auch in anderer Weise, eine grosse Menge Futterstoffe.

---

[1]) Die Holzkohle wird in Wien per Stübich mit einem kleinen „Gupf" verkauft. Der Stübich hat 2 Metzen und gestrichen 3.„ Cubikfuss; vermöge des Gupfes kann man aber den Stübich auf 4 Cubikfuss rechnen.

[2]) Die Holzkohle zahlt bei dem Eintritte in die Stadt Wien per Zentner $10^1/_2$ kr. Verzehrungssteuer.

Zur harten Waare rechnet man in Wien ausser der Buchenkohle auch jene von Birke und Schwarzföhre, ja selbst die gute Weissföhrenkohle. Als Mengkohle gilt auch die bessere Weich-, dann die gewöhnliche Weissföhrenkohle.

Die Waldweide wird zwar in rechtlicher Weise nur mehr im Gebiete der Alpen und in einigen Gegenden des Manharts regelmässig geübt; hier aber ist sie von Bedeutung. Zum Theile besteht sie noch als culturfeindliche Servitut (z. B. auf den Domänen Gaming und Waidhofen a. d. Ybbs), zum Theile ist sie Selbstnutzung des Eigenthümers (in den Bauernwäldern), zum Theile wird sie von Forstverwaltungen als freie Nutzung gegen Entgelt gestattet.

In den übrigen Gebieten hat die Cultur schon zu grosse Fortschritte gemacht, als dass von Waldweide viel die Rede sein könnte. Statt dessen wird das üppige Gras der Verjüngungsorte mit der Sichel ausgeschnitten, oder mit der Hand gerupft, und es werden in dieser Weise sehr ansehnliche Mengen guten Futters gewonnen, welches den wiesenlosen, viehbesitzenden kleinen Leuten sehr wohl zu Statten kommt und von ihnen entweder grün verfüttert oder zu Heu gedörrt wird.

In den Alpen und selbst anderwärts pflegt man auch ortweise das Baumlaub entweder grün zu verfüttern oder zu Heu für den Winterbedarf aufzutrocknen. Diese sogenannte Futterlaubwirthschaft wäre einer weit grösseren Ausdehnung würdig und fähig, und es sollten für selbe regelrechte Schneitelbäume und Buschwälder (Futterschläge) eingerichtet werden.

Die hauptsächlich auf den Buchelnüssen und den Eicheln beruhende Waldmast für Schweine ist wegen Abganges raumiger Althölzer der bezüglichen Baumarten so geringfügig, dass es genügt, sie kurz erwähnt zu haben.

In diesen Abschnitt gehört auch das Sammeln der sogenannten Ameiseneier (eigentlich Puppen), welches in der Umgegend der Reichshauptstadt vielen Familien einigen Erwerb gibt, indem die Vorliebe der Wiener für Singvögel grosse Mengen dieses Futterstoffes begehrt. Man kann die Quantität der so in die Hauptstadt gelieferten Waare auf 120.000 Mass anschlagen, welche an die Kleinhändler um 28.000 fl. und von diesen um 36.000 fl. verkauft werden mögen.

An Menschennahrung liefert der hochstämmige Wald grosse Mengen Schwämme, welche grün genossen oder für den Winter aufgetrocknet werden. Die Holzschläge und Jungwüchse verschaffen Himbeeren, Erdbeeren, Heidel-, Preissel- und Brombeeren. Diese Nebenstoffe fallen für die Ernährung der Bevölkerung, namentlich in Nothjahren, immerhin in's Gewicht. Einen Gegenstand des grossen Verkehres bilden sie jedoch nur in der Nähe der Städte, namentlich in der Umgegend von Wien. In diese Stadt allein dürften im Laufe eines Jahres bei 8000 Tragen jener Nahrungsmittel gebracht werden, welche an die Kleinhändler um 56.000 fl. und von diesen wenigstens um 70.000 fl. verkauft werden dürften.

Ameiseneier, Schwämme und Beeren werden den Sammlern von den Waldbesitzern, selbst in der Nähe der Residenzstadt, unentgeltlich überlassen. sind also wohl für die Volkswirthschaft. keineswegs aber für die Forste Gegenstände des Erlöses.

Alle Futterstoffe und Nahrungsmittel, wenn sie auch vom Joch grasreichen Holzschlages oder Jungwuchses 1 bis 6 fl. kostenfrei abwerfen. tragen doch im Durchschnitte ganzer Forstcomplexe (also einschliesslich auch aller graslosen Altbestände) nur 2 bis 26 kr. und im Durchschnitte des ganzen Landes vielleicht 15 kr. vom Joch.

Die Geringfügigkeit dieser Rente beruht darauf, dass erstlich ein guter Theil der betreffenden Stoffe wegen Schonung des Holzwuchses ganz ungenutzt bleibt; dass dann nicht nur die Menschennahrungs-, sondern auch ein Theil der Futterstoffe den unbemittelten Leuten unentgeltlich oder zu einem Minderpreise überlassen, und dass endlich ein dritter Theil entwendet wird.

Würden alle wirklich benutzten Futterstoffe gehörig vergütet, so dürften sie den durchschnittlichen Jochertrag auf 19 kr. erhöhen; und würden alle vorhandenen Futter- und Nahrungsstoffe von den Waldbesitzern ohne Rücksicht verwerthet, so möchte diess dem Landeswaldstande leicht kostenfreie 29 kr. pr. Joch eintragen und die nationale Oekonomie um Objecte im Werthe von einer Million Gulden bereichern.

Zu den Producten des Waldes muss man auch die Aesung rechnen, welche dieser dem Wilde bietet. Gering gerechnet lässt sich der Futterwerth dieser Aesung auf 6 kr. pr. Joch und daher für den ganzen Landeswaldstand auf 66.000 fl. anschlagen, wobei selbstverständlich der Schade keineswegs in Rechnung gezogen ist, den der ortweise übermässige Wildstand am Holzwuchse verursacht.

Uebrigens mögen heute die Wälder Niederösterreichs der übrigen Volkswirthschaft die folgenden Nährstoffe im beigesetzten Werthe liefern:

168.000 Ztr. Heu, darunter einiges Laubheu	252.000 fl.
840.000 Ztr. Gras, grün verfüttert	235.000 „
1,000.000 Ztr. Gras, mittelst Weide benützt	60.000 „
Aesung des Wildes	66.000 „
Waldbeeren und Schwämme	100.000 „
Ameiseneier	40.000 „
Zusammen	753.000 fl.

VI. Waldstreu.

Der Boden und das Klima Niederösterreichs sind von einer Beschaffenheit, dass Acker und Weingarten, der letztere sogar in sehr hohem Masse, nicht nur der Düngung überhaupt, sondern auch einer starken Humosität bedürfen. Desshalb streut der Landwirth dem Stallviehe mehr unter, als zu dessen Bettung eigentlich nothwendig wäre, und legt auf die Streu auch um ihrer Düngkraft willen einen hohen Werth.

Das Feldstroh wird in der Regel verfüttert, und nur in sehr fruchtbaren Jahren davon in der körnerreichen und waldarmen Ebene Einiges zum Einstreuen verwendet.

Und so muss denn der Wald den bei weitem grössten Theil der für das Land (mit Ausnahme von Wien) nöthigen Stallstreu liefern.

In der Regel gebraucht man die aus dem herbstlichen Laub- und Nadelabfalle — mehr dem Moose des Waldbodens — bestehende Rechstreu. Im Gebiete der Alpen jedoch verwendet man auch die aus Haide, Heidelbeeren, Gras und Farrenkraut bestehende Mähstreu der Blössen und Räumden, dann die aus dem grünen Gereis der Nadelbäume gewonnene Hackstreu.

Bei der Wichtigkeit, welche die Waldstreu von jeher für die bäuerliche Feldwirthschaft, zumal für den Weinbau hat, war es ganz natürlich, dass deren Bezug früher (ebenso wie jener des Hausbedarfes an Holz) auf den Domänenwaldungen als Servitut lastete. Dieses culturschädliche Rechtsverhältniss ist zwar jetzt fast durchwegs gelöst, die Streugewinnung jedoch als freie Nutzung derart geblieben, dass die Landwirthe den Streustoff kaufen und mit eigener Arbeitskraft gewinnen und nach Hause bringen.

Da die Streuentnahme den Holzwuchs zurücksetzt, und die dafür geleistete Zahlung fast nie ein genügendes Aequivalent für den bezüglichen Entgang ist, so sind die Verwaltungen des grossen

Güterbesitzes der Streunutzung schon lange entgegen und trachten sie ohne Unterlass zu beschränken.

Im bäuerlichen Walde jedoch, wo die Streunutzung für den eigenen Bedarf des Besitzers geübt wird, kommt diese Beschränkung nicht vor, und auch in den Domänenforsten wird sie theilweise wieder durch den Diebstahl und durch die Mehrung des Feld- und Viehstandes zunichte gemacht. Gleichwohl kann man sagen, dass das Streurechen, im Ganzen betrachtet, in Abnahme begriffen sei.

Auf Grund einer Reihe von verlässlichen Thatsachen und Stichproben muss man die Gesammtmenge der in Niederösterreich jährlich benutzten Waldstreu in runder Summe auf 4 Millionen Zentner (Trockengewicht) anschlagen.

Obwohl die Forstbesitzer öfter sogar (in den Weingegenden) 50 bis 70 kr. pr. Zentner Trockengewicht für den Streustoff einnehmen, so sind diess doch nur Ausnahmen, und er wird aus Rücksicht auf den alten Brauch und auf die Lage der Consumenten gewöhnlich so wohlfeil abgelassen (auch um 7 kr. pr. Ztr.) und so viel davon auch im Wege der Entwendung entnommen, dass man den Erlös im grossen Durchschnitte nur mit 12½ kr. pr. Ztr. und für das ganze Land mit ½ Million Gulden anschlagen kann.

Diese Einnahme müsste weit mehr als doppelt so gross sein, sollte sie die Einbusse vergüten, welche die Forste durch die Streuabgabe am Holzwuchse erleiden.

An der Streu gewinnt die Landwirthschaft einen Hilfsstoff, welcher, in die Verbrauchssorte gestellt, einen Kostenwerth von durchschnittlich 35 kr. pr. Ztr., also von 1.4 Millionen Gulden im Ganzen des Landes repräsentirt, und für die allgemeine Volkswirthschaft daher mindestens mit der gleichen Summe angesetzt werden muss.

Es wäre hoch an der Zeit, dass die Forstverwaltungen die Preise des Streustoffes allgemein auf jene Ziffern erhöhten, welche geeignet sind, die Zurücksetzung voll zu vergüten, die der Holzzuwachs durch die von der Streuentnahme herbeigeführte Ausmergelung des Bodens erleidet. Man muss diess nicht nur um der Forste willen, sondern auch im Interesse der Gesammtvolkswirthschaft wünschen, indem eine derlei entsprechende Preisregulirung das einzig wirksame Mittel wäre, die der Bodenkraft abträgliche Streunutzung in jene Schranken zurückzuweisen und darin zu erhalten, welche von der allgemeinen Wohlfahrt gefordert werden.

Geschähe diess, so müsste der heutige Streubezug den Waldeigenthümern mindestens 1½ Million Gulden rein eintragen, und die Waldstreu würde der Landwirthschaft auf beiläufig zwei Millionen Gulden zu stehen kommen.

VII. Schwarzföhre und Harzproducte.

Obwohl im Lande auch der Weisskiefer und selbst der Fichte Harz abgewonnen wird, so ist es doch nur die Schwarzföhre, bei welcher die Harzung in wesentlichen Betracht kommt.

Die *Pinus austriaca* ist nicht nur die harzreichste der Coniferen des österreichischen Kaiserstaates, sondern der aus ihr gewonnene Terpentin (Rohpech) enthält auch den bei weitem werthvollsten Bestandtheil, nämlich das (ätherische) Terpentinöl in grosser Menge. In beiden Beziehungen übertrifft die Schwarzföhre selbst die Seestrandskiefer (*Pinus maritima*) der europäischen Südländer, welche im südlichen Frankreich gleichfalls das Materiale für eine namhafte Harzindustrie liefert.

Hundert Pfund Schwarzföhren-Rohpech liefern 15 bis 20, im Mittel 19 Pfd. Terpentinöl und 62½ Pfd. Kolofonium. Der Abgang besteht aus Wasser, entwichenen ätherischen Theilen und festen Rückständen, d. i. Pechgrieven *) (die hauptsächlich von den das Pech verunreinigenden Nadeln, Rinden und Holzspänen herrühren).

Die Schwarzföhre kommt im Alpenfusse auf etwa 20.000 Joch Fläche als reiner Wald vor und ist ausserdem noch Beständen anderer Gattung beigemengt. Man hat sie von den Bergen auch auf den dürren Geröllboden des Neustädter Steinfeldes herabsteigen lassen, und sie zeigt sich in diesen Gegenden als jene Baumart, welche die Kalk-, Sand- und Schuttböden bedeckt, daselbst besser wie jede andere gedeiht und durch ihr schätzbares Holz, durch reichen und werthvollen Nadelabfall, durch exportfähigen Samen, vorzüglich aber durch eine sehr ansehnliche Production von Harz ungemein nützlich wird.

Diese Nützlichkeit ist auch schon sehr früh erkannt worden, und hat sogar die Bauern des Steinfeldes veranlasst, einen guten Theil ihrer sterilen Felder mit Schwarzkiefer aufzuforsten. Dem Ortsrichter Berger zu Saubersdorf im Bezirke Neunkirchen gebührt

*) Die Pechgrieven sind vor wenigen Jahren noch statt des Gruses zur Herrichtung der Wege verwendet worden; jetzt beutet man sie noch für die Wagenfetterzeugung und als Unterzündmateriale aus.

das Verdienst, mit dieser trefflichen Cultur, welche sich bereits über mindestens 2500 Joch Fläche verbreitet, vor achtzig Jahren den Anfang gemacht zu haben.

Die so erzogenen Bestände werden vom 17. bis 18. Jahre an sorgfältig auf Rech- und Hackstreu und Gereis, dann vom 40. bis 50. Jahre an zur Harzung ausgebeutet. um endlich 10 Jahre darauf gehauen zu werden.

In den Domänenforsten werden die Schwarzföhrenbestände bei weitem nicht so auf Streu ausgesogen, und auch erst in viel späterem Alter angeharzt und gehauen. was dem Wuchse und Holzertrage derselben sehr zu Statten kommt.

Die Harzung wird je nach der Stärke der Stämme an einem und demselben Baume durch 10 bis 18 Jahre betrieben und ebensolang vor dem Abtriebe desselben begonnen. Die Pechung setzt zwar den sofortigen Holzzuwachs (etwa um ein Drittel) herab und die Samen der so behandelten Stämme werden endlich taub; dagegen wird das Holz der geharzten Schäfte kienig und gewinnt dadurch als Brenn- und Kohlholz (im letzteren Falle um des Theeres willen) an Werth. so dass der Zuwachsverlust dadurch wieder einigermassen ersetzt wird, und die aus der Pechung sich ergebende Nutzung als ziemlich reiner Gewinn verbleibt.

Dieser Harznutzen kommt gewöhnlich 55 bis 90 Procenten des Holznutzens gleich, je nachdem ein Fünftel oder gar kein Stamm von der Pechung ausgenommen wird (Werkholzstämme müssen ungeharzt bleiben) Ja es sind Fälle und Zeiten vorgekommen, wo der Ertrag aus dem Harze jenen aus dem Holze sogar bedeutend überstiegen hat.

Im Durchschnitte ganzer Bestände gibt ein Altstamm jährlich 6 bis 10 Pfd. Rohpech. Warme Sommer und windgeschützte warme Lage, freierer Stand und Kronenreichthum der Bäume, dann Kalksandboden vergrössern sehr die Harzausbeute und den Reichthum des Rohpeches an dem theuersten Bestandtheile, d. i. dem Terpentinöle.

Die Harzung selbst wird gewöhnlich als besonderes Gewerbe derart betrieben, dass der selbstständige Harzer oder eine Pechsiederei diese Nutzung vom Forstbesitzer auf eigene Rechnung für eine Reihe von Jahren pachtet und im Vertrage die anzupechenden Stämme, die Zeitdauer der Pechung und die Zahlungsbedingungen festgestellt werden.

Der Pechzins wird per Stamm, gewöhnlich mit einem festen Procentsatze des wechselnden Jahres-Harzpreises (meistens $\frac{1}{7}$, des letzteren) verglichen und bewegt sich thatsächlich innerhalb der Gränzen von 10 bis 36 kr. per Stamm und Jahr.

Das Pechen der Schwarzkiefer ist uralt; seit etwa 25 Jahren jedoch hat es eine bedeutende Ausdehnung gewonnen, die noch im steten Wachsen ist, und welche man viel auch dem Auftauchen der wieder durch das Ueberhandnehmen des Maschinenwesens hervorgerufenen Wagen- und Maschinenfettfabriken verdankt.

Um 1838 herum, also zur Zeit, da die heimischen Producte hauptsächlich die amerikanische Concurrenz zu bestehen hatten, wurde die Harzwaarenproduction des Landes auf 30.000 Zentner angeschlagen, was 37.000 Ztr. rohen Terpentins entspricht. Dieser letztere stand bis zum Jahre 1862 im Preise von 8 bis 9 Gulden per Zentner, repräsentirte also einen Werth von 324.000 Gulden.

Durch den nordamerikanischen Krieg und die damit verbundene Sperrung der dortigen Häfen ist jedoch die fremde Concurrenz bis gegen Ende 1864 bloss auf die geringfügigere französische reducirt worden, in Folge dessen der niederösterreichische Harzpreis auf 15 bis 20 Gulden stieg, um Anfangs 1865 wieder auf nahezu die frühere Ziffer zurückzugehen.

Ersterer Zwischenfall eröffnete unseren Harzwaaren ganz neue ausländische Absatzwege, brachte in den bezüglichen Export wie in die Pechung einen grossen Aufschwung und bewog Pecher und Waldbesitzer, der Harzreisserei die grösste Ausdehnung zu geben. Daher griff diese nicht nur in den Schwarzföhrenbeständen um sich, sondern man begann sie auch auf die bis dahin wegen ihres geringeren Harzgehaltes hiefür kaum benützte Weisskiefer zu übertragen und führte die Pechung in den Föhrengegenden von Ungarn, Böhmen, Mähren und Croatien ein.

Die Terpentinölausbeute beträgt bei dem Weissföhrenharze nur 10 bis 12 Procent gelblicher Waare von scharfem Geruche.

Der neueste Preisrückgang der Harzwaaren war zwar ein gegen diesen Aufschwung gehender Schlag; gleichwohl dürfte die ausgiebigere Ausnutzung des Schwarzföhrenwaldes und die Pechung der Weissföhre um so wahrscheinlicher von Dauer sein, als das Sinken der Holzpreise die Waldbesitzer mehr als je auf sorgfältigere Beachtung aller Nebennutzungen verweiset.

Die neueste Jahres-Harzproduction des Landes (das wenige hier gewonnene Weissföhren- und Fichtenharz eingerechnet) mag gegen 90.000 Zentner im Werthe von 787.000 Gulden betragen.

16

Wiener-Neustadt ist gewissermassen der Mittelpunct der Erzeugung oder wenigstens des Vertriebes der Schwarzföhren-Harzproducte, daher man diese im Handel auch schlechthin Neustädter Waare heisst.

Die Pechsiederei, d. i. die Verwandlung des rohen Terpentins in die verschiedenen, für die Gewerbe nothwendigen Harzwaaren, früher als blosses Handwerk in ziemlich primitiver Weise betrieben, hat in neuester Zeit solche Fortschritte gemacht, dass deren Producte jetzt von untadelhafter Qualität sind und mit dem Auslande anstandslos concurriren können.

Diess konnte nur dadurch zu Stande kommen, dass die Pechsiederei die Kinderschuhe des Kleingewerbes theilweise auszog und fabriksmässig eingerichtet wurde.

Desshalb ist auch die Zahl der Pechhütten, welche 1860 27 betrug, auf 23 zurückgegangen, von welchen man 17 als kleine und 6 als grosse Unternehmungen betrachten kann, worunter drei förmliche Fabriken.

Die erste und älteste Firma ist Franz Ströbinger in Pottenstein. Sie hat mit ihrer nunmehr durch Dampf betriebenen Harzraffinerie auch eine patentirte Fettfabrik verbunden und mag jährlich neben einer grossen Menge Wagenfett bei 4000 Zentner Harzwaaren erzeugen.

Theodor Müllner (vormals F. Kouff) in Hinterbrühl arbeitet gleichfalls mit einer Dampfmaschine von 6 Pferdekräften. Die Fabrik verarbeitet jährlich 2500 bis 3500 Ztr. rohes Harz, von welchem fast vier Fünftel von Stämmen herrühren, welche sie selbst gepachtet hat. Aus diesem Rohmateriale werden 300 bis 400 Ztr. rectificirtes Terpentinöl, dann 1500 bis 2000 Ztr. Kolofonium und einiges Roth- und Weisspech, wie auch dicker Terpentin gewonnen.

Carl Singer in Pernitz arbeitet ebenfalls mit Dampf.

Von den Pechsiedern sind Kohl (Dismeisl) in Grabenweg, Gruls in Pottenstein, Steiner in Neusiedl und Steiner in Hörnstein die nächsthervorragenden.

Auf Fichtenharz berechnete Pechsiedereien, welche den Bedarf der Bierbrauereien befriedigen und ihre Rückstände zur Wagenschmiererzeugung verwenden, hat Niederösterreich nur zwei von Bedeutung.

Franz Wild und Sohn (aus Fürth in Baiern) erzeugen zu Brunn bei Horn jährlich 2800 bis 3000 Ztr. Fichtenpech, wozu sie das rohe Harz aus den Bezirken Waidhofen a. d. Thaya, Allentsteig, Litschau und selbst aus dem anstossenden Böhmen zusammenkaufen und in der Zeit der Harztheuerung mit 5 bis 7, jetzt mit $4\frac{1}{2}$ bis 5 Gulden per Zentner bezahlen. Die bei dem Versieden sich ergebenden Rückstände werden zu Wagenschmiere verarbeitet. 100 Pfunde Rohharz geben 58 Pfund reines Bräuerpech. Der Rohstoff wird wenig durch regelrechte Pechung, sondern meistens sehr rücksichtslos und grossentheils im Wege des Walddiebstahles gewonnen, daher denn auch dessen grosse Verunreinigung.

Johann Waysl, am s. g. Landgut vor der Favoritenlinie Wiens, erzeugt jährlich bei 2600 Zentner fichtenes Brauerpech aus 4000 Zentner Materiale, welches er fast ausnahmslos aus Kärnthen bezieht und dem er (wegen Verunreinigung) nicht viel mehr als 65 Procent reines Pech abgewinnt.

In den Harzwaaren machen, was den Landesverbrauch betrifft, nur Galizien, Mähren, Schlesien durch Terpentinöl (Kienöl) und Galizien durch seine Naphtarückstände, welche gleich dem Harze zur Wagenfetterzeugung verwendet werden, Concurrenz.

Folgende waren die Preise der Harzwaaren in den entscheidenden Momenten der neuesten Zeit.

	1861 vor	1862—63 während	1865 nach
	dem amerikanischen Kriege		
	der Wr. Ztr. Gulden		
Terpentinöl	28	40—50	22—25
Dicker Terpentin	9	18—20	11
Kolofonium	$5\frac{1}{2}$	10—15	$6\frac{1}{2}$—9
Weisspech	$4\frac{1}{2}$	10—13	$4\frac{1}{2}$—$6\frac{1}{2}$
Fichtenes Brauerpech	12	16	10—13

Die Pechfabriken und grossen Siedereien machen mit ihren Erzeugnissen auch selbstständige Geschäfte. Das Product der kleinen Hütten geht in die Hände der Kaufleute, von denen die bedeutendsten Johann Waysl und Johann Haberlander in Wien, dann Johann Schranzhofer in Wr.-Neustadt sind.

Die Föhren liefern auch noch ein anderes Harzproduct, nämlich den Theer, vulgo Wagenschmiere, und es eignet sich hiezu vorzugsweise das kienige (von Terpentin durchdrungene) Holz der geharzten Schwarzkieferstämme.

Dieser Theer wird seit uralter Zeit gewöhnlich als Nebenproduct der Verkohlung gewonnen und letztere hiefür derart einge-

16*

richtet, dass das ausschwitzende Harz sich am Boden des (liegenden) Meilers sammeln kann.

Hundert Massenfuss Schwarzföhrenholz geben auf diese Weise $0{\cdot}_{45}$ oder $0{\cdot}_{90}$ Eimer Theer, je nachdem das verkohlte Holz von geharzten oder ungeharzten Schäften herrührt.

Ausserdem wird auch noch in den Gegenden der Weissföhre Theer aus dieser letzteren Nadelholzart, und namentlich aus deren mehrjährigen und in Folge dessen kienig gewordenen Stöcken gewonnen. Bei dieser Production ist der Theer Haupt- und die Kohle Nebenerzeugniss.

Die kleinen Producenten des Manharts treiben diese Theerschwellerei in trichterförmigen ausgemauerten und mit Thon ausgeschlagenen Gruben. Auf der Fürst Liechtenstein'schen Domäne Feldsberg wird jedoch in einem gemauerten Hochofen geschwellt, der 3 Cubikklafter Stockholz fasst, welche bei 20 Eimer Theer und 150 Cubikfuss Kohle liefern.

Die fast nur im Manhart und seiner Nachbarschaft betriebene Weissföhren-Theerschwellerei gibt 6, und die auf der Schwarzkiefer beruhende des Alpengebietes 5 Wagenschmierhändlern volle und anderen eine nicht ganz unerhebliche Nebenbeschäftigung.

Erwähnung verdienen auch die Abfälle des Harzgeschäftes, weil sie in der nahen Reichshauptstadt zu einer gewissen Bedeutung gelangen. Es sind diess die Pecherspäne und die Pechgrieven. Erstere sind jene Späne, welche bei der (wöchentlich zweimaligen) Erweiterung der Lachen [1]) entfallen. Sie bestehen aus Rinde und Bast, mit einigem Harze beschmiert, und gelten als gerne gebrauchtes Unterzündmaterial. Nach Wien gehen davon jährlich etwa 1000 Säcke im Verkaufspreise von (je 60 kr.) 600 fl. im Ganzen. Von den bei dem Versieden des Harzes übrigbleibenden Grieven werden in Wien bei 2000 Metzen gleichfalls als Zündstoff verbraucht und dafür (1 bis $1{\cdot}_{20}$ fl. pr. Metzen) 2200 fl. eingenommen.

In dieses Capitel gehört auch der bereits bei Besprechung der Leuchtspäne erwähnte Kien. Die Gewinnung dieses Zünd- und Leuchtmateriales fällt im Dorfe zwar zur bäuerlichen Hausindustrie: in den Städten, namentlich aber in Wien, wird dasselbe auch Ge-

[1]) Die entrindeten, harzausschwitzenden Stellen der gepechten Föhrenschäfte.

genstand des Handels. Im Laufe des Jahres verkauft man hier bei 250 Zentner Kien im Werthe von ungefähr 3000 fl.

VIII. Gerbstoffe.

Da die alten, raumig stehenden Stieleichen in Niederösterreich fast ganz verschwunden sind, so bildet sich jetzt nur mehr auf den Randbäumen der wenigen reinen oder Mengwälder dieser Art, dann auf den Oberständern des Mittelwaldes, die von der österreichischen Rothgerberei vorzüglich geschätzte Knopper.

Das, was das Land an diesem Gerbestoffe hervorbringt, ist daher unbedeutend, beschränkt sich auf das Gebiet des Hügellandes und auf die March- und Donauauen, und kann in guten Knoppernjahren vielleicht auf 500 Zentner im Durchschnittswerthe von 5000 fl. angeschlagen werden.

Von desto grösserer Bedeutung sind die Lohrinden.

Die Fichtenlohe, für welche das Materiale massenhaft im Lande vorhanden, ist von jeher für die Rothgerberei und bei den schweren Pfundsohlen wenigstens zum Vorgerben verwendet worden.

Das reiche Vorkommen dieses Stoffes und die Concurrenz machen die fertige Waare so wohlfeil, dass ihr Preis zuweilen nicht einmal die Kosten der Schälung und Abbringung der Rinden zur Lohstampfe decken würde, wenn nicht eben die Schälung schon um des Holzes willen vorgenommen werden müsste.

So kommt es denn, dass die Fichtenrindennutzung in den grossen Forsten selten ein Object des Erlöses für den Forstbesitzer bildet, sondern vielmehr den Holzhauern als Sportel überlassen wird. Nur die bäuerlichen Waldbesitzer, welche ihr Holz eigenhändig aufarbeiten, ziehen einen unmittelbaren Gewinn daraus, der sie in Nothjahren, wie sie jetzt durch das Darniederliegen der Eisenindustrie in den Alpen entstanden sind, sogar dahinbringt, junge Fichtenorte früher zu hauen, als es sonst geschehen wäre.[1]

Die Fichtenrindennutzung ist überhaupt ein Prärogativ des Bauernwaldes, weil dieser gewöhnlich jung gehauen wird, also noch viel brauchbare (glatte) Borke liefert, und weil die Gehölze des Bauers meistens am Fusse der Berge, in der Nähe der Ortschaften liegen, die Abbringung des Productes also wenig beschwerlich fällt.

[1]) Bekanntlich muss auch die Fichtenrinde, um gut zu sein, glatt, d. i. jung sein.

In den Hochbergen, wo aus localen Ursachen allgemein die Sommerfällung üblich ist, ergeben sich die Lohrindenschalen von selbst, indem das zu dieser Zeit gehauene Holz bereits wegen Erhaltung seiner Qualität entrindet werden muss. In anderen Gebieten des Landes fällt man wenigstens die Fichten, der Rinde zuliebe, im Frühjahre, oder gewinnt den Lohstoff dadurch, dass man die im Winter in der Rinde aufgearbeiteten Bauschäfte, Gestänge und Bretklötze erst im Frühjahre zur Zeit entrindet, wo sie etwas in den Saft treten.

Der Preis der unverkleinerten Fichtenrinde, welcher im Jahre 1860 loco Verkehrsstrasse $1._{00}$ bis $1._{80}$ fl. pr. Ztr. [1]) betrug, ist in Folge der gesteigerten Holzfällungen und des Nothstandes der Bauern seit dieser Zeit bedeutend gesunken und schwankte 1865 zwischen 50 bis 100 kr. Im Mittel mag er 70 kr. betragen haben. [2])

Früher ist etwas Fichtenlohe aus Baiern eingeführt worden. Dieser Import hat zwar aufgehört; Ausfuhr konnte sich jedoch keine bilden, weil auch die Nachbarländer mit diesem Materiale (oder Ungarn mit dem Aequivalente desselben) reichlich versehen sind.

Die jetzige jährliche Fichtenrindenproduction, zugleich Consumtion Niederösterreichs, schätzt man auf 200.000 Zentner, was einen Werth von 140.000 fl. repräsentirt. Die Rohwaare wird den 40 Lohstampfen des Landes [3]) zur Verkleinerung übergeben, oder von den Producenten oder den Gerbern mittelst Dreschen verkleinert, und es erhöht sich dadurch und durch die Lieferung zum Markte oder an den Verbrauchsort ihr Werth auf 350.000 fl.

Die Fichtenlohe reicht aber nicht aus, um die dicken Sohlenhäute gehörig gar zu machen. Daher pflegt man die Ausgerbung derselben mittelst stärkerer Lohen zu bewirken. Bis vor etwa zehn Jahren geschah diess ausschliesslich durch Knoppernmehl, d. i. mit Hilfe jenes Stoffes, den Ungarn und Slavonien reichlich und gewöhnlich auch wohlfeil lieferten, und der sich umsomehr empfahl,

---

[1]) Loco Gerberei und in Wien kostete die gestampfte Lohe $1._{30}$ bis $2._{40}$ fl. und es wurde das Stampfen und Mahlen zu 35 kr. berechnet.

[2]) Der Preis der verkleinerten Fichtenrinde stand 1865 loco Wien auf $1._{70}$ bis $2._{00}$ fl.

[3]) Wovon 38 im Alpengebiete und nur 2 im Manhart (Bezirk Zwettl) liegen. In letzterem Gebiete, wo die Stampfen hauptsächlich wegen Spärlichkeit der Wasserkraft mangeln, wird die Rinde durch Dreschen verkleinert.

als er ermöglichte, den Gerbeprocess (gegenüber der Eichenrinde) in der halben Zeit durchzuführen.

Die grosse Knopperntheuerung, welche regelmässig nach jeder schlechten Knoppernernte eintrat, brachte aber schon damals die Gerber dahin, in derlei Nothjahren nach Eichenrinde zu lärmen. Da diese Gewerbsleute jedoch nach vorübergegangener Theuerung immer wieder zur gewohnten Knopper zurückkehrten, so blieb der Rindenabsatz so ungemein precär, dass kein Waldbesitzer sich mit Vortheil eine Schälwirthschaft einrichten konnte.

Da öffnete die freiere Zollgesetzgebung der neuen Zeit dem ausländischen Leder den Eingang. Dieses ist — weil mit Eichenrinde gegerbt — von viel besserer Beschaffenheit und musste daher auf das heimische Product einen grossen Druck ausüben. Solche unangenehme Concurrenz brachte endlich auch die niederösterreichischen Gerber dahin, die Vorzüge der Eichenrinde (die in den südlichen Provinzen des Kaiserstaates schon lange im Gebrauche steht) anzuerkennen, und es griffen insbesondere Jene darnach, welche anfingen, die Gerberei, die bisher blosses Kleinhandwerk war, rationell und fabriksmässig einzurichten.

Die Gebrüder Schmitt zu Rehberg bei Krems insbesondere waren hierin nicht nur die Ersten, sondern auch die Rührigsten, und um die durch frühere Erfahrungen misstrauischen Waldbesitzer für die Lohproduction zu gewinnen, verlangten sie von diesen nichts, als die Frühjahrsfällung des Eichenrindenwaldes und übernahmen selber die Aufarbeitung oder wenigstens die Schälung des zerstückten Holzes, kurz die ganze Lohrindenerzeugung gegen festen, nach der Klafterzahl oder nach der erzeugten Rindenmenge bemessenen Zins, in dieser Beziehung auch mehrjährige Contracte abschliessend.

Diesen Pionnieren der niederösterreichischen Eichenlohgerberei folgten andere, und als die Waldbesitzer sahen, dass für ihre Waare Abnehmer vorhanden seien, begannen mehrere derselben sich den neuen Erwerbszweigen zuzuwenden, ja sogar Rinden in eigener Regie zu erzeugen.

Graf August Breunner war der Erste, welcher mit gutem Beispiele voranging. Er begann mit dem Schälbetriebe bereits 1840 auf seinem Gute Asparn an der Zaya und hat denselben ununterbrochen fortgesetzt.

Die letzten Besorgnisse der Waldbesitzer konnten aber erst schwinden, als 1863 auch das deutsche Ausland begann, wegen

Eichenlohe in Oesterreich nachzufragen, bezügliche Lieferverträge anzubieten und sehr achtbare Preise zu gewähren.

Und so ist denn der Moment gekommen, in welchem die Zukunft des Schälbetriebes so sichergestellt ist, dass kein niederösterreichischer Waldbesitzer säumen soll, die schon bestehenden Eichenhaine für diese sehr lohnende Wirthschaft einzurichten und neuen Schälwald anzuziehen.

Wir sagen aber ausdrücklich, dass die Eichenbestände des Landes erst für die Lohwirthschaft eingerichtet werden müssen. Denn in ihrer jetzigen Verfassung taugen sie bei weitem nicht genug dazu, indem sie aus Mittelwald und aus Schlagholz im hohen Turnus von 25 bis 40 Jahren bestehen. Ersterer liefert (wegen des starken im Winter gefällten Oberholzes) wenig und zudem (wegen der Beschattung) minder kräftige, letzteres grösstentheils weniger brauchbare rauhe Rinde.

Wir würden angesichts des hohen Ertrages der Schälwirthschaft rathen, die gesammten Eichenbestände auf den Schälturnus von 10 bis 15 Jahren herabzusetzen und die Erziehung starker Werkholz-Eichen in jene Mengwälder zu verlegen, in denen die Eichen vereinzelt vorkommen. Durch Einsprengung von Eichen auf allen besseren Standorten der übrigen Waldgattungen liesse sich der Landesbedarf an Eichenwerkhölzern mehr als genügend befriedigen, so dass man dazu nicht mehr der jetzigen reinen Eichenbestände bedürfte.

Schade, dass der Eichenwald im Lande nicht ausgedehnter vertreten ist. Wir besitzen gegenwärtig nur bei 30.000 Joch Eichen-Mittel- und Niederwald, von dem zwei Drittel Domänen- und der Rest bäuerlicher Besitz sind. Ausserdem erscheint diese Baumgattung noch in den Auen, in den Rothbuchen- und Weissföhrenwäldern und zwar in einer Dichte eingemengt, welche 12.000 Joch reinen Eichenwaldes gleichkommen dürfte.

In ihrer jetzigen Verfassung könnten all' diese Wälder für die Dauer jährlich nur 128.000 Zentner Rinde geben, von welchem Quantum zudem mehr als die Hälfte rauhe Rinde wäre.

Durch entsprechende Herabsetzung der Umtriebszeit des Niederwaldes könnte jedoch dieses Product binnen wenig Jahren zu fast reiner Spiegelrinde werden. Und würde man auch noch die hochstämmigen Haine in Schälwald verwandeln, so könnte man nachhaltig bei 164.000 Zentner dieser werthvollen Waare liefern.

Um letzteres jedoch vortheilhaft zu machen, muss der Spiegelrindenpreis wenigstens 3 Gulden per Zentner betragen.

Uebrigens wirft die 3schuhige Klafter Schälholz 4 bis 6 Ztr. Rinde ab, schrumpft jedoch durch die Schälung um 15 bis 19 Procent zusammen.

Um 1860 stand der Preis der unverkleinerten Spiegelrinde loco Wald auf $1._{20}$ bis $1._{80}$ und loco Verkehrsstrasse auf $2._{20}$ bis $2._{60}$ Gulden per Zentner. Hievon verblieb dem Waldbesitzer reiner Gewinn $0._{70}$ bis $1._{80}$ Gulden und nach Abschlag des an der Rinde verlorenen Brennstoffes $0._{40}$ bis $1._{30}$ Gulden, so dass diese Nutzung den jährlichen Reinertrag des Joches Eichenniederwald um $1._{80}$ bis $6._{50}$ Gulden erhöhte.

Seitdem hat sich das Verhältniss sogar noch gebessert, denn im Jahre 1865 stand der Spiegelrindenpreis auf $1._{30}$ bis $1._{90}$ loco Wald und auf $2._{10}$ bis $2._{75}$ Gulden loco Verkehrsstrasse.

In quantitativer Beziehung hat übrigens die Eichenrindennutzung Niederösterreichs neuester Zeit keinen erheblichen Fortschritt gemacht, denn 1865 sind, so wie 1860, nur etwa 17.000 Ztr. gewonnen worden, von denen die Urheber dieser Nutzung, nämlich die Gebrüder Schmitt in Krems, 6000, die übrigen Gerber 5000 Ztr. verbrauchten und der Rest von 6000 Ztr. in das Ausland versendet wurde. [1])

Der Eichenschälbetrieb liefert also heute der Volkswirthschaft ein Product im Werthe von 42.000 fl.

Die genannten Gebrüder Schmitt haben die Schälung im Jahre 1860 auch in die ungarischen Gegenden der Waag, Neutra und Gran eingeführt, und sie hat dort bereits so sehr Wurzel geschlagen, dass im Jahre 1866 daselbst schon 130.000 Zentner Rinde erzeugt worden sind, wovon zwei Drittel nach Deutschland gingen und loco Wien mit $2._{70}$ bis $3._{00}$ Gulden per Zentner bester Waare bezahlt worden sind.

Ungarn wird also in diesem Zweige umsomehr concurriren, als nicht nur sein Eichenwaldstand viel ausgedehnter, sondern auch die Qualität seines Productes, wegen des wärmeren Klimas und als Erzeugniss unbeschatteten Niederwaldes, vorzüglicher ist

[1]) An diesem Export betheiligen sich auch die genannten Gebrüder Schmitt, dann die Domäne Schönborn, welche jetzt jährlich an die Firma Mayer in München 3000 Zentner Lohe versendet, die loco Wald mit $1._{80}$ Gulden per Zentner bezahlt wird.

Der Sumach kommt zwar in den Weingegenden des Landes vor, aber nicht häufig genug, als dass er Gegenstand nennenswerther Nutzung sein könnte.

Die gesammten Gerbstoffe also, welche die Forste Niederösterreichs der übrigen Volkswirthschaft liefern, wiegen 217.500 Ztr. und repräsentiren einen Werth von zusammen 187.000 Gulden, der noch durch die weitere Zubereitung von Seite der Industrie (Verstampfen, Dreschen und Mahlen) beträchtlich erhöht wird.

Die Knoppern, mit welchen man in Niederösterreich allgemein die starken Sohlenhäute auszugerben pflegt, werden mit Ausnahme des ganz unbedeutenden heimischen Erzeugnisses aus Ungarn und Slavonien durch Vermittlung des Wiener Handels bezogen.

Wien verkehrt gewöhnlich 120.000 Zentner Knoppern, von denen etwa ein Drittel in Wien selbst, das zweite Drittel im übrigen Niederösterreich verbraucht, und der Rest nach Oberösterreich versendet wird.

Der Knopperpreis richtet sich seit jeher nach dem sehr wechselnden ungarischen Ernteausfalle.

Der Preis der Hochprimawaare schwankte in Wien neuester Zeit zwischen 8 und 22 Gulden per Zentner und betrug durchschnittlich etwa $11\frac{1}{2}$ Gulden. Die Primawaare kostete 95, die Secunda 82, die Tertia 71 Procent der Hochprima.

Die ersten Wiener Knoppernfirmen sind: J. P. Frisch, H. Pollak's Sohn, J. N. Berger, Salomon Halm, Moises & Harmaz, Moriz Pinkas.

IX. Waldsamen.

Bis vor nicht vielen Jahren war das Waldsamengeschäft ein blosses Nebengewerbe der Forstverwaltungen und in dieser Form auch von keiner Bedeutung, weil die künstliche Verjüngung des Waldes nur ausnahmsweise vorkam.

In grösserem Massstabe begann man zuerst in Schwarzkiefer, Fichte und Weissföhre, d. i. in jenen Baumarten zu arbeiten, denen sich die künstliche Aufforstung vor Allem zuwendete. Man baute wohl auch die Lärche an, aber weil diese Holzart im Lande fast gar nicht vorkommt, bezieht man den Samen derselben von jeher aus Tirol.

In dem Masse aber, als das übrige Oesterreich, und namentlich das Ausland, die Vorzüge der Schwarzföhre würdigten und diese Holzart ausgedehnter anbauten, entwickelte sich ein solcher Begehr nach Schwarzkiefersamen, dass nicht nur die Domänen Merkenstein, Hörnstein, Vöslau, Brühl und Reichenau und die Staatsforstverwaltung, sondern auch die Bauern der Schwarzföhrengegenden anfingen, diese Waare für den Handel zu erzeugen.

Da vom civilisirten Europa Niederösterreich das einzige Land ist, wo diese nützliche Baumart in grösserer Ausdehnung vorkommt, so ist es ganz natürlich, dass man sich in Bezug auf den besprochenen Artikel gerade nach Wien wendete.

Die Vorliebe für die Schwarzföhre wächst im Auslande immer mehr und es hat insbesondere die französische Regierung dieser Baumart hinsichtlich der Wiederbewaldung ihrer verödeten Gebirge das Augenmerk zugewendet.

In Folge dessen hat das Samengeschäft angefangen, sich zu einem eigenen Gewerbe auszubilden, denn es entstanden auch grosse Klenganstalten als selbstständige industrielle Unternehmungen, welche nunmehr neben den Forstverwaltungen und kleinen bäuerlichen Producenten, jedoch selbstverständlich nur für den Handel, arbeiten. Es hat sich dessgleichen in Schwarzföhrensamen ein nennenswerther Export gebildet, welcher nicht nur in die anderen Länder des Kaiserstaates, sondern auch nach Frankreich, Deutschland und Holland, ja selbst nach England und Amerika geht.

Production und Preis richten sich natürlich nicht bloss nach der Nachfrage, sondern auch nach dem sehr wechselnden Ausfalle der Zapfenernte des Jahres.

Neuester Zeit dürften in den reichsten Jahren 120.000 Metzen Zapfen gesammelt und daraus bei 1500 Zentner abgeflügelter Same gewonnen werden, welcher zu zwei Dritttheilen auf den Wiener Platz gelangt. In schlechten Jahren schrumpft das Erzeugniss jedoch auf kaum 100 Zentner zusammen.

Diese Production liesse sich vermöge des Vorhandenseins der Wälder sehr wesentlich ausdehnen, sobald ein noch grösserer Begehr dem Mehr an Waare lohnenden Absatz sicherte.

Der Preis der Waare schwankte im letzten Decennium zwischen 84 und 160 Gulden und betrug im Mittel 97 Gulden. Er ist, seit dieser Artikel in das Ausland exportirt wird, um die Hälfte gestiegen.

Die Samenergiebigkeit des Schwarzföhrenwaldes schwankt nicht nur sehr nach der Fruchtbarkeit des Jahres, sondern auch nach dem dichten oder lichten Stande der Bäume, wie nach der Möglichkeit des Erlangens der Zapfen, indem diese von vielen Bäumen nur mit Lebensgefahr oder gar nicht gebrochen werden können. So kommt es denn, dass, während zuweilen auch 50 bis 60 Mtz. Zapfen dem Joche Wald entnommen werden, die höchste Durchschnittsernte doch nur auf 27, die mittlere auf 12 bis 15 und die schlechteste auf 3 Metzen im Gewichte von je 59 Pfund angeschlagen wird.

Uebrigens ist die Einsammlung der Zapfen nur dann rentabel, wenn ein fleissiger, unerschrockener Arbeiter täglich mindestens einen halben Metzen zusammenbringt.

30- bis 60jährige, nicht sehr geschlossene Stangenhölzer liefern in der Regel nicht nur das meiste, sondern auch das mindest kostspielige Product.

Der Metzen Zapfen gibt $1\frac{1}{4}$ bis $2\frac{1}{4}$ Pfund geflügelten und 1 bis $1\frac{3}{4}$ Pfund abgeflügelten, gereinigten Samen, welcher, falls er nicht verdorben wäre, zu neun Zehntheilen keimfähig ist.

Das Sammeln der Zapfen wird durchwegs den unbemittelten Landleuten überlassen, welche dieselben den Domänen (aus deren eigenen Wäldern) um den Sammellohn von 45 bis 75 kr. per Mtz., oder den Klenganstalten um den Verkaufspreis von 50 bis 80 kr. liefern.

Die Forstämter klengen den Samen gewöhnlich an der Sonne in sogenannten Puberten aus, welches Verfahren die beste Waare liefert, indem sich hier die Zapfen nicht höher als bis 35° R. erhitzen können.

Die Klenganstalten arbeiten mit warmer Luft von 32 bis 35° R. in Kammern, welche von unten geheizt werden und an der Decke mit Oeffnungen für den Abzug der den erhizten Zapfen entströmenden Dämpfe versehen sind.

Die Bauern gewannen früher den Samen dadurch, dass sie die Zapfen nach Entfernung des Schwarzbrotes in den Backofen steckten. Dadurch röstete sich jedoch der Same und verlor gutentheils die Keimkraft. Jetzt hitzen die Landleute für diesen Zweck ihre Zimmer und oft bis auf 40 bis 45° R. Abgesehen, dass letzterer Hitzegrad bereits an und für sich die Keimkraft schwächt, rösten sich auch die Körner, indem in solchen Gemächern die

Wasserdünste keinen Abzug haben, daher das Aufspringen der Zapfen sehr verzögern.

Auch der Weissföhren- und Fichtensame ist neuester Zeit ein Handelsartikel geworden, mit dem, namentlich mit ersterem, sich auch die heimischen Klenganstalten, wenngleich nur sehr wenig befassen. Die Erzeugung dieser Samenarten liesse jedoch eine bedeutende Ausdehnung zu, und es könnte ohne Widerrede der ganze Bedarf des Landes und des Wiener Handels hier gewonnen werden.

Die ausgeklengten Zapfen sind ein geschätzter Brennstoff, der vorzüglich gern zum Unterzünden und zum schnellen Heizen verwendet wird. In Wien verkauft ein hiefür aufgetauchter Unternehmer den Metzen Fichtenzapfen um 35 kr. und bei Abnahme von 10 Metzen um 30 kr., in das Haus gestellt.

Als selbstständige Industrie wird die Schwarzföhren-Samenerzeugung nur in den vier grösseren Klenganstalten von Johann Schranzhofer zu Wr.-Neustadt, Mathias Berger zu Saubersdorf, Schrottenbach zu Baden und Graf Fries zu Vöslau betrieben.

Auf Sonnendarren wird Same vorzugsweise für den eigenen Bedarf gewonnen auf den Domänen Liechtenstein (Fürst Johann Liechtenstein), Forst Hinterbrühl (k. k. Staatsverwaltung), Merkenstein (Graf Münch-Bellinghausen), Weikersdorf (Baron Doblhoff), Guttenstein (Graf Ernst Hoyos), Heiligenkreuz (Stift), Hörnstein (Erzherzog Leopold), Wr.-Neustadt (Stadt), Fahrafeld (Graf Wimpfen), Lilienfeld (Stift).

Die heimische Production von sonstigen Waldsamen ist kaum der Rede werth und beschränkt sich fast nur auf Einiges, was grosse Domänen für die eigenen Aufforstungen bedürfen.

Gleichwohl verkehrt der Wiener Platz auch in anderen als Schwarzföhrensamen und mag da durchschnittlich 400 Ztr. Weisskiefer-, 1000 Ztr. Fichten- und 150 Ztr. Lärchensamen an den Mann bringen. Erstere werden fast ganz aus Mähren, Böhmen und Schlesien, letzterer aus Tirol bezogen. Die Wiener Preise schwanken zwischen 50 bis 120 bei der weissföhrenen, zwischen 15 bis 60 bei der fichtenen und zwischen 35 bis 60 fl. bei der lärchenen Waare und können im Durchschnitte mit 77, 25 und 50 fl. angenommen werden.

Die vorzüglichsten Handelsfirmen für Waldsamen sind: Johann Waysl, M. Berkowitsch & Comp., Swoboda's Neffe und Andreas Markl in Wien, dann Johann Schranzhofer in Wr.-Neustadt.

Im Mittel einer Reihe von Jahren dürfte der Werth der im Lande gesammelten Zapfen 40.000 fl. und jener der gewonnenen Samen 85.000 fl. betragen. In reichen Jahren mögen beide Ziffern fast auf das Doppelte steigen. Der Wiener Platz verkehrt im grossen Durchschnitte jährlich um 116.000 fl. Waldsamen.

X. Forstliche Gesetzgebung.

Das jetzige Verhältniss des Waldes zum Staate ist hauptsächlich durch das allgemeine Forstgesetz von 1852 geordnet worden. Obwohl aus den bezüglichen Satzungen im Ganzen ein zweifelloser Fortschritt zum Besseren hervorleuchtet, so waren doch mehrere derselben nicht glücklich.

Zuvörderst gilt das Letztere von jenen Bestimmungen, welche das privative Waldwesen massregeln sollen. Es sind diess die §§. 2—8, welche allgemeine Wirthschaftsvorschriften mit dem Zwecke aufstellen, die Waldeigenthümer an der Verringerung und Verwüstung des Waldstandes zu hindern, sowie anderseits zur baldigen Wiederaufforstung und pfleglichen Behandlung des Waldgrundes zu zwingen; dann die §§. 22 und 23, welche die Berechtigung zur Verwaltung von Forsten an ein Regierungsattest über die nöthige Befähigung knüpfen und den politischen Behörden die Ueberwachung der gesammten Forstwirthschaft übertragen.

Diese Paragraphe stehen mit dem wirklichen Stande der Dinge in einem auffallenden und sogar befremdlichen Widerspruche. Denn erstlich hat Niederösterreich nichts weniger als Holzmangel zu besorgen, vielmehr an Minderung des Waldüberflusses zu denken; zweitens befindet sich der Landeswaldstand in einem durchschnittlich so guten Zustande, dass er durchaus nicht zu einem vormundschaftlichen Eingreifen in den Betrieb auffordert; und drittens ist es zum mindesten sehr zweifelhaft, ob die privative Wirthschaft, falls sie wirklich schlecht wäre, durch die Massregelung von Seite der Regierung thatsächlich gebessert würde. Die Vergleichung des Standes der Staatswaldungen mit jenem der Privatforste z. B. behebt durchaus nicht letztere Zweifel.

Bei solchem Bewandtniss erklärt sich leicht, wesshalb all' die genannten Bestimmungen des Forstgesetzes von 1852 todter Buchstabe geblieben sind, ungeachtet von mehreren Seiten zu deren Verwirklichung und namentlich zur Aufstellung eigener sachverständiger Forstpolizeiorgane gedrängt worden ist.

Sind nun auch diese Satzungen nie vom Papier in das Leben übergegangen, so kann man doch nicht sagen, dass sie desshalb unschädlich gewesen wären.

Massnahmen, die nur insoferne gelobt werden können, als sie unausgeführt bleiben, geben Anlass zu schädlichen Behelligungen der Volkswirthschaft, die nie in der Absicht des Gesetzgebers lagen. Sie untergraben im Volke die für die öffentliche Ordnung so nothwendige Achtung vor dem Gesetze, und was am schlimmsten ist: sie verwirren die öffentliche Meinung und ziehen die allgemeine Aufmerksamkeit vom wahren Sitze des Uebels ab, welches sie beheben sollen, verhindern also die Beseitigung der eigentlichen Ursachen und somit des Uebels selbst.

Offenbar war es die Thatsache, dass in verschiedenen Gegenden (Niederösterreichs zwar kaum, wohl aber anderer Länder) bedeutende Forste verwüstet und andere schlecht gehalten wurden, welche die Gesetzgebung für imperative Vorkehrungen stimmte. Jene Thatsache wird Niemand in Abrede stellen und ebensowenig die Nothwendigkeit geeigneter Vorkehrungen. Aber eben so bestimmt muss man versichern, dass die Ursachen des Missstandes weder in dem üblen Willen der Waldeigenthümer noch in der technischen Unfähigkeit der Forstbeamten, sondern vielmehr darin zu suchen sind, dass für jene Forste die Grundbedingungen gedeihlicher Cultur fehlen.

Die Herstellung dieser Grundbedingungen erscheint daher als der einzig richtige Weg zu reeller Abhilfe.

Vier dieser nothwendigen Culturbedingungen fehlten bisher und es sind eben solche, deren Zustandebringung nur von der Macht des Staates erwartet werden kann.

Wir müssen da nennen: Erstlich völlige Reinstellung des Waldgrundeigenthumes; zweitens ausgiebigen Schutz dieses Eigenthumes durch wohlverstandene Strafgesetze und gute Strafjustiz; drittens Gewährung jener Rechte, welche zur Entwicklung des Objectes nothwendig sind und durch die Bedeutung desselben für die allgemeine Wohlfahrt gerechtfertigt erscheinen; viertens Gewährung jenes höheren Fachunterrichtes, der weder von privativer noch von Seite der Länder zu erwarten ist, weil er deren Kräfte übersteigt.

Völlige Reinheit, d. i. jene Freiheit des Eigenthumes, welche die Früchte des Fleisses und der Cultur, statt sie Fremden zuzuwenden, dem Cultivator sichert, ist auch im Forstwesen eines der nothwendigsten Erfordernisse gedeihlicher Wirthschaft. Dieser

Freiheit stehen aber die noch auf den Forsten lastenden Dienstbarkeiten und verwandte Eigenthumsverstümmelungen, darunter der Genuss des Waldes als Gemeindegut, diametral entgegen.

Die Servituten geben Fremden die Gelegenheit, den Wald auszubeuten und zu schädigen, entziehen dagegen dem Eigenthümer Lust, Mittel und Möglichkeit, diess zu hindern und dem gemeinsamen Objecte die rechte Pflege angedeihen zu lassen. Die Benützung des Waldes als Gemeingut gibt denselben schutzlos der allgemeinen Plünderung und einer Verwüstung Preis, gegen welche der Idealeigenthümer — die Gemeinde — gar nichts vermag.

Soll daher die Forstcultur entsprechend vorschreiten, so muss nicht nur die auf Grund der Gesetze von 1853 und 1857 eingeleitete, jedoch unglaublich in die Länge gezogene Regulirung der Waldservituten und verwandten Rechtsbestände endlich zum Abschlusse gebracht, sondern es muss ihr die völlige Ablösung dieser culturfeindlichen Missverhältnisse auf dem Fusse folgen.

Es muss ferner die Benutzung der Gemeindewälder als Gemeingut förmlich verboten und die Einleitung getroffen werden, dass die Gemeindewälder, sofern sie nicht etwa ohne Weiteres in Privateigenthum zu überführen wären, sofort nurmehr als Gemeindevermögen (§. 288 des allg. bürg. Gesetzbuches) benützt werden können.

Was den Schutz des Waldeigenthumes betrifft, so leiden sowohl unsere Strafgesetze, als auch deren Anwendung noch an sehr bedeutenden Mängeln. Der §. 175 des allg. Strafgesetzes z. B., welcher den Diebstahl der Erzeugnisse und Geräthschaften des Waldes erst bei einem Werthe von mehr als 25 fl. zum Verbrechen stämpelt, während er die Entwendung der Producte und Werkzeuge des Feldes und Bergbaues schon bei einem Werthe von 5 fl. als solches qualificirt, schliesst eine Zurücksetzung des Waldes in sich, welche heutzutage jeder Begründung entbehrt und in schreiendem Widerspruche zu dem übrigens ganz gerechten Verlangen des Staates steht, der Wald müsse mit gleicher Sorgfalt behandelt werden, wie das Feld.

Ebenso ungerechtfertigt ist dieser Strafgesetz-Paragraph, soferne er nicht den Bannwald, dann die gebrückten Waldwege und Holzriesen jenen Objecten (sub I b) beizählt, bei denen der Diebstahl, ohne Rücksicht auf den Betrag, bereits aus der Eigenschaft der gestohlenen Sache zum Verbrechen wird.

Die besondere Bedeutung des Bannwaldes für die allgemeine Wohlfahrt, wie die schweren Pflichten, welche um der letzteren willen dem Eigenthümer in Bezug auf des ersteren Conservirung auferlegt werden, dann die Wichtigkeit der genannten Transportanstalten, fordern solch' eine schärfere Bestrafung hier ebenso wie bei den Wasserwerken, Brücken, Bergwerksvorrichtungen etc., denen dieser Vorzug gesetzlich gewährt worden ist.

Endlich ist es ein entschiedener Mangel des Forstgesetzes von 1852, dass es nicht die Pfändung des auf der That betretenen Forstexcedenten für zulässig erklärt, so dass dieser altherkömmliche Act wohlverstandenen Selbstschutzes im Hinblicke auf den §. 449 des allg. bürgerl. Gesetzbuches seitdem unterbleiben muss.

Der Forstschutz entbehrt auf diese Weise eines die Uebertreter keineswegs unbillig drückenden, sehr wirksamen Schutzmittels, welches selbst in den Ländern vorgeschrittenster Legislation und auch in mehreren Theilen des österreichischen Kaiserstaates noch immer mit bestem Erfolge gesetzlich geübt wird.

Was nun die Strafprocedur betrifft, so ist diese insoferne sehr mangelhaft, als sie, hauptsächlich wegen der Umständlichkeit des vorgeschriebenen oder üblichen Verfahrens, meistens mit einer Saumseligkeit betrieben wird, welche zuweilen sogar zur Verjährung der Excesse führt und somit den ganzen Gerichtszweck vereitelt.

Dieser grosse Uebelstand kann wohl nur dadurch beseitigt werden, dass man für die Verhandlung der forstlichen Uebertretungen jenes summarische Verfahren einführt, welches auch bei den Feldexcessen passend erscheint und in anderen Ländern mit gutem Erfolge geübt wird.

Wir in Niederösterreich sind zwar in Bezug auf Forstexcesse weit besser daran, wie mehrere unserer Schwesterländer, indem wir uns einer im Allgemeinen noch unverdorbenen Landbevölkerung erfreuen, welche das Forsteigenthum vergleichungsweise noch genügend achtet. Gleichwohl erscheint die angedeutete Verbesserung der Strafjustiz auch bei uns nöthig, damit sie mithelfe in der Bevölkerung die Begriffe von der Heiligkeit des Eigenthumes rege zu erhalten und weiter auszubilden.

Von den besonderen Rechten, welche dem Walde im Interesse der Volkswirthschaft zugestanden werden sollen, haben unsere Gesetze namentlich zwei übersehen.

Zuvörderst hat das Forstgesetz von 1852 vergessen, die Rechte, welche es der Holzbringung mittelst Trift und Riese gewährt, auch auf den Bau von Waldstrassen derart auszudehnen, dass für diese die Expropriation im Sinne des §. 365 des allg. bürgerl. Gesetzbuches jedesmal in Anspruch genommen werden könnte, als es sich um Strassen handelt, welche für die Ausnutzung volkswirthschaftlich bedeutender Forste nothwendig erscheinen.

Weiter hat dieses Gesetz in den §§. 19 und 20 zwar dort, wo das allgemeine Beste es erheischt, den Waldbann normirt, jedoch unterlassen, der Bannung dadurch genügende Ausdehnung und vollen Erfolg zu sichern, dass sie den betroffenen Waldeigenthümern die nöthige Entschädigung zugesprochen hätte. Beide letztgenannten Mängel sollen beseitigt werden.

Ueber die vierte der nothwendigen forstlichen Culturbedingungen, nämlich über den Fachunterricht, werden wir uns im nächsten Abschnitte aussprechen.

XI. Forstlicher Unterricht.

Die niederösterreichische Landwirthschaftsgesellschaft, welche die nunmehrigen Landesschulen für Acker-, Wein- und Obstbau errichtet hatte, wollte auch dem Forstwesen ein Zeichen ihrer Theilnahme geben und hat desshalb im Jahre 1865 zu Hinterbrühl eine niedere Waldbauschule für die empirische Ausbildung künftiger Forstgehilfen in's Leben gerufen.

Diese Anstalt, an welcher ein k. k. Förster unter Benützung seines Forstes den Unterricht ertheilt, ist auf 12 Zöglinge berechnet, welche die Volksschule mit gutem Erfolge besucht haben. Der Besuch ist durch das Bestehen von 5 ganzen und 4 Viertelplätzen mit freier Verpflegung erleichtert, welche von verschiedenen Güterbesitzern des Landes gestiftet worden sind. Der Lehrcurs dauert ein Jahr.

Mit dieser Schule wird die Ausbildung zur untersten technischen Forstdienststufe wesentlich gefördert. Was bisher in der unvollkommenen Art des reinen Handwerkes statthatte, geht auf dieser Schule von einem förmlichen wohlbefähigten Lehrer aus, dem auch die nöthige Zeit und die Unterrichtsbehelfe zur Verfügung stehen.

Während so für den Unterricht des untersten Personales zeitgemäss gesorgt wurde, ist für die weit wichtigere bessere Schulung der Candidaten des höheren und namentlich des administrativen Dienstes seit langer Zeit nichts geschehen.

Für letzteren Zweck ist im Jahre 1812 die k. k. Forstlehranstalt Mariabrunn gegründet worden.

Mit diesem Institute hatte Oesterreich den bezüglichen Reigen in Europa eröffnet und Epoche gemacht. Die Einrichtung desselben war dem damaligen Stande der Wissenschaften so entsprechend, dass sie als nachahmungswürdiges Muster gerühmt werden konnte.

Während aber die Realwissenschaften so kolossale Fortschritte gemacht haben, dass sie nunmehr in das Forstwesen die nämliche mächtige Entwicklung zu bringen vermöchten, welche wir an der heutigen Industrie anstaunen, hat sich die k. k. Forstlehranstalt Mariabrunn nur wenig vom Standpuncte des Jahres 1813 entfernt. Dieser benützte die Grundwissenschaften des Faches bloss zu einiger Geistesgymnastik und gab die Forstlehre nur als verständige Empirie und in der Beschränkung auf die Technik des Gewerbes.

Dieses Zurückbleiben jener Schule, welche stets als die Forstakademie des Reiches betrachtet wurde, hatte bereits — es lässt sich nicht läugnen — nachtheilige Folgen. Wir können demselben unbedenklich einen grossen Antheil an der Unzulänglichkeit des neuesten forstlichen Fortschrittes zuschreiben.

Man muss den höchsten forstlichen Unterricht vom Staate nicht bloss darum erwarten, weil dieser der grösste Waldbesitzer ist, sondern auch, weil eine wirkliche Forstakademie weit über die Kräfte der Bodencultur-Vereine und der Länder geht. Eine solche Schule ist für die Entwicklung dieses Faches von eminentester Bedeutung, weil die Wälder hochüberwiegend grossen Güterbesitzern oder Gemeinden und anderen Körperschaften gehören, daher von Beamten verwaltet werden, welche sich diesem Berufe ausschliesslich widmen und die Fachbildung durchwegs von der Schule holen.

Die Regierung hat die Nothwendigkeit einer radicalen Reform der Mariabrunner Forstlehranstalt anerkannt, im Jahre 1864 die bezüglichen Pläne ausarbeiten und, nachdem sie den k. k. Unterrichtsrath passirt hatten, die Instituts-Dotation im Ausmasse einer wirklichen Akademie in den Staatsvoranschlag für 1866 aufnehmen lassen.

Jetzt, da Oesterreich mehr als je Ursache hat, alle schlummernden Kräfte zu energischester Thätigkeit wachzurufen und ohne Säumen die Schleussen seiner vielgerühmten Naturreichthümer zu öffnen, wäre es hoch an der Zeit, die zweifellos spruchreife Reform des Mariabrunner Forstinstitutes zur wirklichen Hochschule endlich in's Leben treten zu lassen. [1])

XII. Forstliches Vereinswesen.

Da wir keine Agriculturkammer haben, sind die Bodenculturvereine von besonderer Wichtigkeit, indem sie erstere gewissermassen ersetzen sollen.

Die niederösterreichische Landwirthschaftsgesellschaft befasst sich auch mit dem Forstwesen und hat für diesen Zweck eine eigene Forstsection.

Ungeachtet der Gesellschaftsreform von 1862 will doch die Forstsection kein rechtes Leben entfalten. Es mag diess in einer übertriebenen Abhängigkeit der Sectionen vom Centralausschusse der Gesellschaft liegen, so dass eine autonome Stellung der Forstsection das gewünschte Leben einhauchen würde.

Den für den ganzen Kaiserstaat bestehenden Reichsforstverein kann man umsomehr auch für Niederösterreich in Anspruch nehmen, als sein ständiges Directorium den Sitz in Wien hat.

Diese Gesellschaft hat sich in richtiger Erkenntniss dessen, was fehlte, im Jahre 1863 ein neues Statut gegeben, vermöge welchem sie sich zu einer österreichischen Wanderversammlung mit einem in Wien residirenden ständigen Directorium umstaltete.

Die Zahl der Mitglieder hat sich seitdem zwar nicht wesentlich gemehrt (430 ständige Mitglieder und zeitliche in sehr wechselnder Zahl), wohl aber die Wirksamkeit des Vereines. Nicht nur zieht derselbe alle bedeutsamen forstlichen Fragen, mit Einschluss der staatlichen, in den Kreis seiner Discussion (mittelst der Vereinszeitschrift, [2]) der Generalversammlungen und der Directorialsitzungen), trachtet die öffentliche Meinung aufzuklären und stellt am geeigneten Orte bezügliche Anträge, sondern er verlegt auch seine Provinzialversammlungen in Gegenden, wo eben wichtige Fragen an der Tagesordnung sind. Im Jahre 1865 insbesondere hat der Verein seine auswärtige Generalversammlung in der küstenländischen Karstgegend abgehalten und dadurch der für die betreffenden Länder wie für das Reich sehr wichtigen Karstbewaldung wesentlichen Vorschub geleistet.

[1]) Während des Druckes dieser Abhandlung ist die Reform von Sr. Majestät genehmigt worden.

[2]) Oesterreichische Monatschrift (früher Vierteljahresschrift) für Forstwesen

XIII. Bedeutung und Zukunft des Waldes.

Fragt der Nationalökonom nach der Bedeutung des niederösterreichischen Forstwesens, so lässt sich die Antwort nunmehr leicht und präcise geben.

Zuvörderst helfen die $1._{1}$ Million Joch Wald, welche den dritten Theil des productiven Bodens bedecken, das Land wohnlich und culturfähig zu erhalten, indem sie die Witterungsextreme mässigen, die Salubrität der Luft herstellen und die wilde Natur der Berge und ihrer Gewässer zähmen.

Alsdann werfen sie ihren Eigenthümern neuester Zeit eine Bodenrente ab, welche zwar im Jahre 1865 auf kaum 2 Millionen Gulden sank, bis 1863 jedoch jährlich fast 3½ Millionen Gulden betragen hat. [1])

[1]) Der nachhaltige Reinertrag des niederösterreichischen Waldstandes ist für den Grundsteuercataster in den Dreissigerjahren unter Zugrundelegung der Producten- und Arbeitspreise von 1824 auf jährliche 1,754.200 fl. oder $1._{58}$ fl. vom Joch erhoben worden.

Wir haben uns die Mühe genommen, zur Kenntniss der wirklichen Reinerträge neuester Zeit von einer bedeutenden Zahl von Forstcomplexen der verschiedensten Gegenden des Landes zu gelangen und haben diese Renten den Reinertragsziffern entgegengehalten, welche der Grundsteuercataster den betreffenden Complexen beigelegt hat.

Das Resultat dieser Erhebungen ging dahin, dass die wirklich erzielte Rente neuester Zeit (ausschliesslich jedoch der letzten zwei Jahre der Verkehrsstockung) $1._{03}$ -$3._{47}$ und im Durchschnitte $2._{2}$mal so gross war wie diejenige, die im Steueroperate eingezeichnet steht.

Die so gewonnene Verhältnisszahl kann man wohl unbedenklich auf das ganze Land anwenden und daher die neueste, bis gegen 1863 erzielte wirkliche Waldbodenrente auf 3,476.000 fl. im Ganzen oder auf $3._{48}$ fl. vom Joch anschlagen.

Die grosse Stockung, welche letzterhand in den Forstwaarenverkehr gekommen ist, fällt gänzlich auf den Reinertrag zurück, indem weder die Steuern, noch die Verwaltungsausgaben, noch die Kosten der Benutzungsanstalten desshalb geringer geworden sind. Daher muss die Waldbodenrente von 1865 mit nur 1,972.000 fl. angesetzt werden.

Die oben für die letzten guten Jahre ermittelte reine Waldbodenrente liesse sich nicht ohne Weiteres als Grundsteuerbasis benützen. Abgesehen, dass für letzteren Zweck auch die geringen Ergebnisse der leider nicht bald vorübergehenden schlechten Jahre in Rechnung gezogen werden müssten, darf nicht vergessen werden, dass die erstgenannte Rente an und für sich keine perpetuirliche sein könnte, indem sie theilweise auch von der vorübergehenden Aufnutzung jener überflüssig gewordenen Holzmaterialvorräthe herrührt, die zum Capitalstocke gehören. Schlägt man das Letztbezügliche ab, so ergäbe sich — wenn nicht eben die jetzigen schlechten Jahre eingetreten wären — als perpetuirliche Rente 2,460.000 fl. oder das $1._{4}$fache

Zum öffentlichen Gemeinwesen steuerte die Waldwirthschaft vor 1860 jährlich 514.000, seitdem 610.000 fl. [1])

Dem Volke geben die Forste einen jährlichen Arbeitsverdienst, der bis 1863 13½ Million Gulden betrug, seitdem aber (bis 1865) auf fast 11 Millionen gefallen ist.

Der übrigen Volkswirthschaft endlich liefert der Wald jährlich Producte, bis 1863 im Werthe von 17½ und 1865 im Betrage von 13¾ Millionen Gulden. [2])

In diesen Finalziffern ist auch der Rückschritt genau ausgedrückt, welchen das niederösterreichische Forstwesen während der letzten Jahre gemacht hat.

Die Rente der Waldbesitzer ist um 1½ Millionen Gulden, d. i. um 43 Procent, gesunken; das Arbeitseinkommen, welches der

desjenigen, was unser Grundsteuercataster vor einem Menschenalter angesetzt hat.

Uebrigens zeigt diess nebenbei auch, dass sich die Reinerträge des Waldes nicht in dem Masse gehoben haben, wie diejenigen des Feldes, denn letztere sind anlässlich der von der Regierung unlängst veranstalteten Erhebungen (Denkschrift des k. k. Finanzministeriums von 1860: Die directen Steuern und ihre Reform) 2.4mal so hoch befunden worden, als die Ziffern des Grundsteuercatasters.

Es dürfte diess ein Beleg für das Unzureichende des neuesten forstlichen Fortschrittes Niederösterreichs sein.

[1]) Grundsteuer, Landeserfordernissbeitrag, Landesstrassen-Concurrenz, Gemeindezuschläge und die geringe Erwerbsteuer einiger forstlicher Nebengewerbe.

[2]) Nach Recht und Billigkeit sind in dieser Berechnung, ausser der Waldwirthschaft im engsten Sinne, auch jene Nebengewerbe einbezogen worden, welche man darum zum Forstwesen rechnen muss, weil sie, in der Regel keine selbstständige Industrie bildend, von den Waldbesitzern betrieben werden (Sägemüllerei, Harzreissen etc.). Nach gleich richtigem Principe sind die Erzeugnisse in jenem Stadium bewerthet worden, in welchem sie (Brennholz, Holzkohle, Streu, Futterstoffe) zum Verbrauche kommen, oder der Industrie zur weiteren Verarbeitung (Bau-, Tischler- und Wagnerhölzer, Harz etc.) oder dem Handel zum Export übergeben werden.

Nach diesen Principien und den Nachweisungen der vorangegangenen Capitel bewerthen sich die niederösterreichischen Forstproducte in folgender Weise:

	1860 fl.	1865 fl.
Brennholz	8,812.000	7,039.000
Werkhölzer	4,750.000	3,200.000
Holzkohlen	1,210.000	262.000
Streu	1,400.000	1,400.000
Futter- und Nahrungsstoffe	753.000	753.000
Harzwaaren	420.000	812.000
Gerbstoffe	187.000	187.000
Waldsamen	85.000	85.000
	17,617.000	13,738.000

Forst dem Volke gewährt, ist um 2½ Million, d. i. um 19 Procent, geringer geworden; endlich hat sich der Werth der zur übrigen Volkswirthschaft gelieferten Producte um starke 3¾ Millionen Gulden, d. i. um 22 Procent, vermindert.

In directem Gegensatze zu diesen traurigen Thatsachen ist die Besteuerung des Waldes grösser geworden.

Die Ursachen dieses bedauerlichen Rückganges sind in den früheren Capiteln bereits näher angegeben worden. Wir wollen hier nur nochmals erwähnen, dass sie hauptsächlich in der Stockung der ganzen Volkswirthschaft, im gänzlichen Herabkommen der Eisenindustrie des Landes und in der übermächtig gewordenen Concurrenz der Mineralkohle liegen.

Dieser Rückschritt liefert einen neuen Beleg für die Abhängigkeit der Forstwirthschaft von der übrigen nationalen Production, deren einzelne Zweige nun einmal von dem Wohl und Wehe des Ganzen nicht zu trennen sind. Niederösterreichs Waldwesen insbesondere ist Angesichts der Unthunlichkeit eines bedeutenden Forstproductenexportes noch viel abhängiger vom Flor der heimischen Arbeit, wie dasjenige mehrerer anderer Länder des Reiches.

Ungeachtet dieser Solidarität hat das Landesforstwesen doch auch in sich selber sehr beachtenswerthe Mittel zu einem unabhängigen, rein selbstständigen Aufschwunge, und gerade das jetzige Darniederliegen des allgemeinen Wohlstandes dürfte als mächtige Aufforderung gelten, diese Mittel sofort mit allem Eifer zu gebrauchen

Offenbar hat das Land für seine gegenwärtigen Verhältnisse bei weitem zu viel Wald.

Bei der Ausdehnung, welche jetzt der Steinkohlenbergbau und die Werkholzsurrogate gewonnen haben, ist es nicht einmal mehr möglich, den gesammten laufenden Jahresholzzuwachs der niederösterreichischen Wälder vortheilhaft zu nutzen, viel weniger die noch immer vorhandenen, aus früheren Zeiten herrührenden Holzcapitalüberschüsse; und hinter der Steinkohle harren noch grossartige, kaum erst in Angriff genommene Torflager.

Zum Glücke steht aber ein guter Theil des Waldes auf ackerund wiestauglichen Böden, namentlich in den Gebieten des Manharts und des Wienerwaldes. Es liegt daher sehr nahe, derlei Waldstrecken zu roden. Der Vortheil der Umwandlung wäre so enorm, dass wir diese Massregel als die wesentlichste zur Hebung der Waldbodenrente und als eine solche von segensreichstem Einflusse auf die gesammte Landescultur bezeichnen müssen. [1])

---

[1]) Am leichtesten und grossartigsten und von den wohlthätigsten Folgen begleitet könnte die Waldrodung im Manhartsgebiete, d. i. im soge-

Es genüge hier zu erwähnen, dass mehr als ein Fünftel der jetzigen Waldfläche umwandlungsfähig sein mag, und dass ein Joch Feld dem Besitzer wenigstens viermal und der Volkswirthschaft siebenmal so viel Ertrag abwirft, als das Joch Wald.

Ueberdiess wird durch die Rodung der Werth des noch verbleibenden Waldes gesteigert, nicht nur weil das Angebot an Forstproducten sinkt, sondern weil die Mehrung des Feldes auch die Bevölkerung vermehrt, und daher für die Waldwaaren eben so viele neue Abnehmer schafft.

Es scheint keine Uebertreibung, der Waldrodung eine Steigerung der Bodenrente um mehr als zwei Millionen Gulden zuzumuthen. [1])

Eine derartige Verminderung des Waldstandes kann bei richtiger Würdigung des Sachverhaltes zu keiner Besorgniss Anlass bieten, indem ihr zwei Corrective beigegeben werden können, welche auch das weitgehendste Bedenken heben und auf deren Wirksamkeit man umsomehr rechnen kann, als sie im eigenen Interesse des Waldbesitzes liegen, indem sie zugleich die nächst bedeutsamsten Mittel zur Hebung der Waldrente sind.

Wir meinen einerseits die Verbesserung der Zucht und der Nutzung des Waldes, anderseits die Anlage von Futterlaubhainen.

Anlässlich der Grundsteuercatastrirung hat man gefunden, dass das Joch niederösterreichischen Waldes nach dem Wirthschaftsstande der Dreissigerjahre im Durchschnitte perpetuirlich $0._{78}$ Klafter dreischuhiger Scheiter abwerfen kann.

Neuester Zeit schlägt man den dauernden Jahresertrag bereits auf $0._{84}$ derlei Klaftern an.

---

nannten Waldviertel, eingeleitet werden. Denn dort sind die Bauernhöfe meist vereinzelt oder in kleinen Gruppen im weiten Walde zerstreut, so dass es sich zunächst bloss um die allseitig dankbare Aufgabe handeln würde, die von Ursprung an commassirte Feldfläche dieser Höfe in den Wald hinein zu erweitern.

[1]) Dass die Waldrodung ungeachtet ihrer eminenten Nützlichkeit bisher noch nicht nennenswerth geübt wurde, lässt sich unschwer erklären. Seit Jahrhunderten schleudern die Waldordnungen ihr Anathem gegen die Rodung. Abgesehen von diesen positiven Verboten hat eine solche ununterbrochene Brandmarkung die öffentliche Meinung dahin gebracht, die Rodung als etwas Gemeinschädliches zu betrachten, zu dem kein ehrenhafter Mann sich herbeilassen kann. Die grossen Waldbesitzer — fast durchwegs Cavaliere — mussten daher dieser Massregel umsomehr entgegen sein, als sie von ihren Forstbeamten, welche (abgesehen von einzelnen erleuchteten Ausnahmen) in einseitiger Vorliebe für das Object des eigenen Berufes der Rodung im Principe gram sind, immer das nämliche Lied singen hörten.

Mit diesem Resultate gesteigerter Cultur ist die mögliche Ertragserhöhung aber nichts weniger als zum Abschlusse gebracht.

Schon jetzt kennt die forstliche Intelligenz auf das genaueste die Mittel, den laufenden Jahresertrag noch um mehr als die Hälfte zu steigern, und der nimmer rastende Fortschritt der Wissenschaft wird Entdeckungen zu Tage fördern, welche sicher noch über diese Ziffer hinausführen werden.

Niederösterreich wird also in der Lage sein, der durch die Rodung verminderten Waldfläche noch mehr Producte abzugewinnen, als uns bisher der jetzige übergrosse Waldstand lieferte.

Dieses Ziel des forstlichen Fortschrittes fordert aber, dass nicht nur all' jene Anliegen bald geeignete Erledigung finden, welche das Forstwesen mit der übrigen Bodencultur gemein hat, sondern es verlangt insbesondere, dass die forstliche Gesetzgebung wie der forstliche Unterricht [1]) in der bereits angedeuteten Weise sehr wesentlich verbessert werden. Dazu wäre es wohl hoch an der Zeit, denn bei aller Liebe zur Heimat lässt sich nicht läugnen, dass Niederösterreich in Bezug auf Forstcultur noch Manches nachzuholen hat. Wiewohl dieses Kronland den Vorzug geniesst, die Hauptstadt und die erste Forstlehranstalt des Kaiserstaates in seinen Marken zu haben, steht die Waldwirthschaft Niederösterreichs doch hinter jener von Böhmen, Mähren und Schlesien zurück.

Was die Ausnützung des Waldes betrifft, so müsste das Trachten der Forstleute einerseits dahin gerichtet werden, der heimischen Industrie Alles, was sie an Forsterzeugnissen braucht und jetzt theilweise aus anderen Provinzen oder gar aus dem Auslande beziehen muss, so viel nur immer thunlich selbst zu liefern, und anderseits auch alle Nebenstoffe des Waldes auf das sorgfältigste nutzbar zu machen.

Der allgemeine Gebrauch des Laubfutters wäre ein ungemeiner Gewinn für das Land, denn er würde uns in die Lage setzen, die Viehzucht, diesen hochwichtigen Zweig unserer Production, nicht viel weniger als zu verdoppeln. Eine derlei Verwendung des Baumlaubes würde den Futterlaubhainen [2]) so lohnenden Ertrag

---

[1]) Volle Intelligenz muss aufhören, das Privilegium weniger bevorzugter Personen oder eminenter Köpfe zu sein; vielmehr soll sie Gemeingut aller Jener werden, welche an der Spitze der einzelnen Wirthschaften des grossen Forstbesitzes stehen.

[2]) Grasland mit Kopfbäumen oder Schneidelstämmen bestockt, oder Ausschlagwälder in geeignetem, sehr kurzem Umtriebe.

sichern, dass man viele Strecken des bisher auf blosses Holz berechneten Waldes gerne für diese Wirthschaft einrichten würde.

Der Futterlaubhain thut aber in Bezug auf Klima und Zähmung der Bergnatur beiläufig denselben Dienst, wie der Holzwald, und diese Haine könnten sich um so leichter Bahn brechen, als sie gestatteten, Bodenstellen, welche der dichten Holzbestockung bedürfen, auch voll bewaldet zu erhalten.

In Bezug auf das Futterlaub müssten jedoch die Landwirthe Hand in Hand mit den Forstleuten gehen; denn es ist nicht genug, dass die bezüglichen Haine eingerichtet werden, sondern es müssen auch die Abnehmer für deren Product vorhanden sein.

Aus Allem, was jetzt vorgebracht worden ist, sehen wir zur Genüge, dass unser schönes Heimatland auch in forstlicher Beziehung wirklich sehr reiche Hilfsquellen besitzt, welche den Nutzen und die volkswirthschaftliche Bedeutung des Waldes leicht zu verdoppeln vermöchten.

Diese Quellen müssen jedoch in Fluss kommen, sollen sie das Feld unserer nationalen Arbeit wirklich befruchten.

Damit diess geschehe, darf die Volkswirthschaft nicht das Aschenbrödel der öffentlichen Fürsorge, die Bodencultur nicht das Aschenbrödel der Volkswirthschaft und das Waldwesen nicht das Aschenbrödel der Bodencultur bleiben.

XIV. Torfwesen.

Das Hochplateau des Manharts (eines Ausläufers vom böhmisch-hercynischen Gebirge, Kreis O. M. B.) ist reich an Torf. Schon jetzt sind bei 3000 Joch solcher Lager bekannt; die gesammte Moorfläche derselben dürfte aber noch weit grösser sein.

Es sind Hochmoore, welche namentlich die Mulden des dortigen granitischen Wellenlandes in mächtiger Entwicklung ausfüllen. Der eigentliche Granit sagt ihnen besonders zu: einen Boden, welcher alkalische Erden enthält, scheinen sie zu fliehen. Diese Lager beginnen an den Rändern mit 1 bis 1½ Fuss Dicke und werden gegen die Mitte immer mächtiger. Man weiss, dass viele derselben stellenweise 2 bis 3 und selbst 7 Klafter mächtig sind.

Die oberste Schicht ist roher Faserstoff, der aber nach unten immer besser, und bei 4 bis 5 Fuss Tiefe förmlicher Specktorf wird. Die allzutiefen Schichten sind jedoch in Folge grosser Nässe minder reif und gut. Wegen starken Aschen- und Phosphorgehaltes ist der hier gewonnene Brennstoff zwar meist nur zur Heizung verwendbar; öfter aber zeigt er sich so rein, dass man ihn zum Schmelzen der Metalle, und zwar selbst in unverkohltem Zustande, gebrauchen kann.

Ein Theil der hiesigen Moore kennzeichnet sich durch Torfmoos als seinen wesentlichsten Bestandtheil.

Dieses Moos, indem es das Wasser wie ein Schwamm zurückhält, vermag selbst an ziemlich steil geneigten Abhängen die Vertorfung der umgebenden Vegetation einzuleiten, und auf solche Art ist es gekommen, dass sich auch auf den Abfällen der höchsten Kuppen häufig Torf gebildet hat. So ergab sich eine Moorform, welche, in ihrer Vegetation mit dem Hochmoor theilweise übereinstimmend, vielleicht mit der Zeit in dieses übergeht. Die geringe Mächtigkeit, in welcher der Torf hier entwickelt ist, so wie der Umstand, dass auf den mit der Vertorfung beginnenden Wiesen häufig noch vereinzelte Baumgruppen stehen, unter denen sich Pflanzen vorfinden, welche sonst nur im Schatten dichter Wälder gedeihen: die Thatsache endlich, dass die meisten Lager im Walde vorkommen und vielfältig mit Holz (Zwergkiefern, einzelnen Fichtenkrüppeln und Birken) bestockt sind: diess Alles macht es höchst wahrscheinlich, dass viele jetzige Torfwiesen noch in historischer Zeit mit Wäldern bedeckt waren.

Für die vorhistorischen Zeiten ist die Bewaldung durch die Baumstämme erwiesen, die sich häufig in den tieferen Schichten der mächtigen Lager finden. Es ist sehr wahrscheinlich, dass die Moorbildung, welche auf den obgenannten Wiesen durch das angesiedelte Torfmoos eingeleitet wird, mehr und mehr um sich greift, und so die heutigen Wiesen nach und nach in Torfsümpfe umwandeln wird.

Dieses Umsichgreifen der Vertorfung ist der Wald-, wie der Wiesencultur entgegen. Zwar bringt sie einen neuen Brennstoff zu Stande; aber derselbe wird erst in so ferner Zeit benützbar werden, dass sein Werth verschwindet gegenüber dem nächstliegenden Entgange an Gras- und Holznutzen. Durch das Ausrotten des Torfmooses würde die beginnende Moorbildung am sichersten hintangehalten werden, und hiezu wäre besonders Bestreuen mit Kalk zu empfehlen, welch' letzteren das Torfmoos nicht vertragen kann. Ueberall, wo anderwärts die Torfbildung durch kalkhältiges Wasser eingeleitet wurde, bilden sich keine Hoch-, sondern vielmehr Grünlandsmoore, deren Vegetation vorwaltend aus Gräsern und Riedgras besteht.

Die meisten Torflager des Manharts liegen im Walde und sind oft mit Holz bestockt; ein Theil ist Morast, ein anderer Weide und

Wiese. Die durchschnittliche Mächtigkeit der Lager wird nur mit 4 bis 6 Fuss angenommen.

Auf den trockenen Torflagern gedeiht der Nadelwald im Allgemeinen bis zu einem Alter von 20 bis 30 Jahren recht gut, wird aber dann rothfaul und sehr bald überständig. In Windlagen unterliegen die Stämme sehr leicht dem Sturze, und in dürren Sommern trocknen sie ab. Neue Aufforstungen gedeihen auf solchen Torfflächen recht gut.

Die ersten Versuche zur ausgedehnteren Gewinnung von Torf sind zu Schrems im Jahre 1854 gemacht und daselbst ist auch 1856 der erste Stich angelegt worden.

Bei dem grossen Reichthume an Wald und der daraus folgenden Wohlfeilheit des Holzes drängte man sich aber keineswegs zur Ausbeutung dieses Stoffes. Im Haushalte zumal konnte sich die Torfheizung nur wenig Bahn brechen. Glashütten (zwei bei Schrems, welche mit Torfgas schmelzen). Fabriken mit Dampfmaschinen (mechanische Weberei bei Schrems), die Bierbrauerei. Ziegel- und Kalkbrennerei griffen darnach, so dass um das Jahr 1860 herum etwa 44.000 Zentner oder 5 Millionen Ziegel jährlich verwendet worden sein dürften.

Die Torfziegel werden (nass) gewöhnlich 12 Zoll lang, 6 Zoll breit und 4 bis 6 Zoll dick gestochen, welche Abmessungen sich durch die Trocknung bei Fasertorf um $\frac{1}{8}$ bis $\frac{1}{4}$, bei der besseren Waare jedoch um $\frac{1}{4}$ bis $\frac{1}{3}$ verringern.

Das Tausend Ziegel wiegt im trockenen Zustande 8 bis 14 Zentner und 1000 bis 2000 sind nothwendig, um eine $2\frac{1}{2}$schuhige Klafter weiches Scheitholz zu ersetzen.

Bei der Verkohlung gibt der Specktorf eine Ausbeute von 40 bis 45 Procent dem Volumen und von 30 bis 35 Procent dem Gewichte nach.

Auch das Wiener Becken beherbergt in der Gegend von Ebreichsdorf nennenswerthe Torflager, von denen das bedeutendste jenes von Moosbrunn mit einer Fläche von 40 Joch ist. Schon in der Zeit von 1856 bis 1859 hat man hier jährlich 40.000 bis 65.000 Ziegel gestochen. Neuester Zeit ist der Stich jedoch auf 2 bis 3 Millionen Ziegel oder 20.000 bis 30.000 Zentner gestiegen, und es hat der Eigenthümer im Jahre 1864 darauf eine Glasfabrik begründet, so wie die Erzeugung von Presstorf und Briquets begonnen.

Die Lager des Wiener Beckens sind Grünlandsmoore und kommen jenen südbaierischen gleich, welche der Naturforscher

Sendtner „Wiesenmoore" hiess. Selbst jenes Gebilde, welches dieser Gelehrte im Grunde der genannten Moore gefunden hat und das dort „Alm" geheissen wird, scheint dem Sumpfkalke unseres Moosbrunner Moores zu entsprechen.

Versuche, Torf aus Oberösterreich namentlich nach Wien zu bringen (Domäne Freistadtl der Grafen Kinsky), sind selbst in den Jahren der Holztheuerung nicht gelungen.

Drei Umstände stehen einer schwunghaften Ausbeutung der niederösterreichischen Torflager entgegen.

Zuvörderst die mässigen Preise des Holzes und der Steinkohle; zweitens das grosse Volumen des Stoffes, der die Verführung in das waldarme Flachland zu kostspielig macht; der Mangel einer Eisenbahn durch den Manhart; endlich der Abgang eines Wassergesetzes, das die Schwierigkeiten beheben würde, welche die Anrainer eines Torflagerbesitzers der Entwässerung seines Moores entgegenstellen.

Der Torfverbrauch hat neuester Zeit (seit 1861) entschieden abgenommen. Die Concurrenz der Steinkohle, das Sinken der Brennholzpreise und die allgemeine Stockung im Gewerbewesen sind die Ursachen davon.

So bilden denn die mächtigen Torfmassen Niederösterreichs einen Schatz, welcher — für die Gegenwart von keiner wesentlichen Bedeutung — künftigen Generationen zur Verwerthung bleibt und das Seine dazu beiträgt, jede Besorgniss etwaiger Brennstoffnoth zu bannen.

Nach dieser allgemeinen Darstellung des Gegenstandes wollen wir Näheres über die einzelnen Torflager vorbringen.

Bezirk Schrems. Gemeinde Rottenschachen. Im Ganzen sind 700 Joch Torflager vorhanden. Das Steinmoos mit 19 Joch, Villischmoos mit 32 Joch, Gemeindemoos mit 83 Joch, zusammen 134 Joch, sind bereits angegangen. Das Steinmoos wurde 1852 von dem Eisenwerke Franzensthal erworben und es werden in demselben neuester Zeit 500.000 Ziegel gestochen; im Jahre 1856 sind 656.000 Ziegel gewonnen worden. Der Fasertorf, mit Birkenholz durchzogen, ist wegen Phosphorgehaltes und starker Aschen- und Schlackenbildung für Schmelzöfen nicht, sondern nur als Heizmaterial zum Ziegel- und Kalkbrande verwendbar. Mächtigkeit des Lagers 6 Fuss; Ziegel 12, 6 und 6 Zoll im nassen, 8, 4 und 4 Zoll Abmass im trockenen Zustande. 2000 Ziegel kommen der 2½ schuhigen Scheitklafter Holzes gleich. Das Tausend Ziegel kommt einschliesslich Grundzins auf $1._{83}$ Gulden zu stehen. 5 Joch Fläche sind bereits abgebaut.

Der Torf des Villischer Mooses ist von gleicher Beschaffenheit, wird aber nicht gewonnen.

Das Gemeindemoos wurde 1865 von der Gemeine theilweise entwässert, um es zum Abstiche zu bringen.

Im Bezirke Schrems kommen ausserdem noch in den Gemeinden Schrems, Langenschwarza, Gebharts und Beinhöfen Moose vor, welche 650 Joch Fläche haben. Im Jahre 1859 sind auf denselben 10.000 Zentner Torf gewonnen worden.

Der Torf des Schremser Bezirkes geht bis Waidhofen an der Thaya und Gmunden und wird dann, je nach der Entfernung, um $2^1/_2$ bis $3^1/_2$ Gulden per Tausend Ziegel verkauft, die man in Bezug auf Hitzkraft einer Klafter 2schuhiger weicher Scheiter gleichhält.

Das Gut Kirchberg am Walde besitzt drei Moose von 33 Joch Waldboden und 4 Fuss Mächtigkeit. Der ist Torf zu jeder Feuerung und selbst im Hochofen, ja sogar unverkohlt verwendbar. Im Jahre 1857 wurden 324.000 Ziegel gestochen, neuester Zeit nur mehr bei 20.000. Die Ziegel haben 12 und 6 Zoll Abmessung und werden bis auf 4 Meilen Umkreis um $3._{30}$ Gulden per Tausend zur Zimmerheizung verkauft. Kostenpreis vom Tausend: $1._{60}$ Gulden. Die Waare ist dicht, fest, zerbröckelt nicht und ist daher gut transportabel. Der Stich wird nicht nachhaltig betrieben, die ausgestochenen Flächen werden mit Kiefern bebaut.

Bezirk Litschau. Das Gut Heidenreichstein hat eilf Moose von 580 Joch Fläche und 4 bis 6 Fuss Dicke, darunter das Schwarzmoos mit 200 und das Pisangmoos mit 191 Joch. 283 Joch dieser Moose sind Wald, 95 Joch Morast, 85 Joch Weide, 76 Joch Wiese. Im Abbaue sind nur 44 Joch, auf denen jährlich 30.000 Zentner, theils Faser-, theils Specktorf gewonnen werden; beide kommen bei der Glasindustrie in Verwendung.

Ausserdem ist noch ein Torflager bei Seifrieds vorhanden.

Bezirk Weitra. Freiherr v. Hackelberg'sche Domäne Gross-Pertholz. Lager in der Gemeinde Karlstift. Dieses 405 Joch grosse Torflager hat schon 1856 bei 300.000 Ziegel Specktorf vorzüglicher Qualität geliefert.

Die Torfmassen haben Lehm- oder Thonerde zur Grundlage, sind grösstentheils mit Zwergkiefern, Heiderich und Moos und nur zum kleineren Theil mit kümmerlichen Fichten und Birken bewachsen. An den Rändern sind sie zwar nur etwa 1 Fuss, in der Mitte jedoch auch 6 bis 7 Klafter mächtig. Die oberste, 1 bis $1^1/_4$ Fuss dicke Schichte ist leichter roher Faserstoff, der als blosser

Abraum in die ausgestochenen Schächte beseitigt wird. Uebrigens brennt er lebhaft, gibt aber nur eine sehr kurze Hitze und eignet sich nicht zur Verkohlung. Durch die Austrocknung verliert er gegen $^{1}/_{8}$ seiner Dimension. Unter diesem Faserstoffe erscheint der schwere Moortorf, der nach und nach (bei 4 bis 5 Fuss Tiefe) in Specktorf übergeht, welcher letztere über 2 Klafter mächtig ist. Das noch tiefer liegende Materiale ist wegen zu grosser Nässe minder reif und gut. Der Specktorf lässt die Pflanzen, aus denen er entstanden ist, nicht mehr unterscheiden, trocknet nur langsam aus, und verliert dabei $^{1}/_{4}$ seines Volumens.

Bei 2 bis 3 Klafter Tiefe zeigen die Lager Spuren ganzer riesiger Stämme und thierischer Knochen von auffallender Stärke.

Der Specktorf gibt eine vorzügliche Kohle und dem Volumen nach 40 bis 45, dem Gewichte nach 30 bis 35 Procent Kohlenausbeute. Aus 1000 Ziegeln gewinnt man 10 gegupfte Metzen oder 250 Cubikfuss (zu je 9 Pfund), d. i. $2^{1}/_{4}$ Zentner Kohle. Der Köhlerlohn beträgt 2 bis $2^{1}/_{4}$ kr. per Metzen. Die Wirkung von 1 Zentner Torfkohlen soll derjenigen von $2._{35}$ Zentner Holzkohlen oder $3._{0}$ Zentner lufttrockenen Holzes gleichkommen (was wohl zu bezweifeln steht). 3180 Torfziegel gemischter Beschaffenheit ($198^{1}/_{4}$ Cubikfuss Raum und 133 Cubikfuss Masse) wirken gleich einer 3schuhigen Klafter Buchenscheiter (zu 80 Cubikfuss Masse und 31 Zentner Gewicht). 2200 solche gemischte Ziegel ($138^{1}/_{2}$ Cubikfuss Raum und 93 Cubikfuss Masse) kommen einer Klafter weichen Scheitholzes (80 Cubikfuss Masse und 22 Zentner Gewicht) gleich. Im grossen Ganzen muss man jedoch 2000 Ziegel auf eine dreischuhige Klafter weichen Scheitholzes rechnen, was auch bei der Verwendung durch die industriellen Werke bestätigt wird

Der Torf wird in Gross-Pertholz und zwar im Brauhause, bei den Ziegelöfen und zur Beheizung der freiherrlichen Glashäuser verwendet. Ausserdem fand er bisher noch keine Anwendung.

Bezirk Ottenschlag. Die gesammte Torflagerfläche beträgt 220 Joch. Das bedeutendste Lager ist jenes von Guttenbrunn, es wird jedoch sehr wenig benützt. Bei Ottenschlag kommt gleichfalls ein Torfmoor vor, in welchem jedoch nur das Eisenwerk Voitsau einigen Torf stach und ihn mit Holzkohle gemengt verwendete.

Bezirk Gross-Gerungs. Es sind 71 Joch Torfmoor entdeckt, die aber äusserst wenig benützt werden.

Bezirk Allentsteig. Es kommt ein Lager bei Schwarzenau vor.

Bezirk Gföhl hat Lager zu Nieder- und Obergrünbach.

Bezirk Ebreichsdorf. Hier ist das Moosbrunner Lager von 40 Joch Fläche und Eigenthum des Glasfabrikanten Ignaz Wokaun. Schon in der Zeit von 1856 bis 1859 wurden dort jährlich 40.000 bis 65.000 Zentner Torf gestochen. In neuester Zeit werden jährlich 2 bis 3 Millionen Ziegel im Gewichte von 20.000 bis 30.000 Zentner gewonnen. Die Ziegel wiegen je nach der sehr wechselnden Qualität des Stoffes sehr verschieden, durchschnittlich jedoch 1 Pfund das Stück. Sie werden um 23 kr. per Zentner an die nahen industriellen Werke (hauptsächlich Baumwollspinnereien) verkauft. Herr Wokaun erzeugt auch seit 1864 Pressziegel aus gebaggertem Torfe und Torfbriquets und stützt darauf seine gleichzeitig nächst Moosbrunn errichtete Glasfabrik.

In den Gemeinden Ebreichsdorf und Unterwaltersdorf sind im Jahre 1856 gleichfalls bedeutende Torflager entdeckt worden.

Ein Versuch mit oberösterreichischem Torfe wurde von der Graf Kinsky'schen Domäne Freistadtl gemacht, welche die Waare im Königsauer Stiche gewann. In diesem Lager wurden früher 500.000, 1861 aber nur mehr 434.000 Ziegel gewonnen, von denen man das Tausend loco Stich um $1._{80}$ Gulden verkaufte.

Diese Domäne sendete in ihr Wiener Holzlager (in der Halterau) derlei Torfziegel, von denen das Tausend in lufttrockenem Zustande $7._{84}$ Zollzentner wog, und um $6._{70}$ Gulden verkauft werden sollte. Die Waare fand aber keine Abnehmer, wesshalb das Torfgeschäft wieder aufgelassen worden ist.

III. Abtheilung.

Viehzucht, Fischerei und Jagd.

Verfasser: Professor **W. F. Warhanek.**

I. Viehzucht.

Die Viehzucht ist nicht bloss wegen des Rohstoffes, den sie hervorbringt, wichtig, sondern sie hat auch einen bedeutenden Einfluss auf den Bodenertrag, liefert der Landwirthschaft einen Theil der Arbeitskräfte und den besten Dünger, und gewährt wieder die Verwendung einer Menge von Ackerbauerzeugnissen, welche sonst meistens gar nicht nutzbar zu machen wären, zu gewinnreicher Rohstofferzeugung. Auch bildet die Viehzucht denjenigen Bestandtheil des landwirthschaftlichen Capitals, dessen Productivität am meisten gesteigert werden kann.

Wie für den Ackerbau, so ergibt sich auch für die Viehzucht ein bestimmtes, vom Centralpuncte oder Markte beherrschtes Verhältniss, in welchem sich die einzelnen Arten der Viehzucht um diesen Mittelpunct gruppiren müssen, wenn sie ihre höchste Ertragbarkeit erreichen sollen. Was dort die Productionskosten bedingen, ist hier von der Menge und dem Werthe des nothwendigen Futters abhängig. Es machen natürlich Lage und Klima des Landes, die Fähigkeit des Landwirthes und der Stand seiner Wirthschaft, Art, Race und Alter der Thiere die Verhältnisse da und dort verschieden, allein im Durchschnitt kann man doch bei der Viehzucht genauer berechnen, was eine Quantität Heu oder sonstiges Futter bei der verschiedenartigen Verwendung bewirkt; ob daher diese oder jene den Vorzug verdient, je nachdem das Product im Preise steht.

Je rascher der Verbrauch vom Momente der Production an erfolgt und je kürzere Zeit die Production selbst erfordert, desto näher wird dieselbe dem Mittelpuncte liegen müssen; in ersterer Hinsicht, weil Transportkosten und Haltbarkeit eine weite Entfer-

18

nung nicht ertragen, in letzterer, weil schon gegenüber dem raschen und starken täglichen Verbrauche die Production nicht ferneliegen darf. Je längere Zeit aber zwischen der Production und dem Verbrauche liegen kann und je mehr Zwischenumwandlungen oder Arbeiten dafür nöthig sind, bis das Product zur eigentlichen Consumtion kommt, desto ferner wird die Production vom Mittelpunct erfolgen, indem das Product erst nach und nach zwischen dem Ursprungsorte und dem Centrum die weiteren Zwischenumwandlungen und Arbeiten empfängt. Aus diesem Grunde liegen die Milch- und Butterwirthschaften in der Nähe der Städte, werden Käse und gesalzene Butter in weiterer Umgegend erzeugt, wird Jungvieh mehr in den entlegenen Gegenden erzogen und in die inneren Bezirke zur Mästung gebracht, und können Viehzucht für Häutegewinnung und Schafzucht zur Wollproduction am entferntesten vom Markte liegen. Man könnte auch sagen: eine je edlere Nahrung ein Product der Viehzucht liefert, desto näher dem Centrum; je rohere Kräftigung sie erzeugen soll, desto ferner; am entferntesten Häute und Wolle als nur zum Schutze gegen Kälte und Nässe bestimmt. Wir sehen hiernach, dass die Gewinnung frischer Milch das Hauptziel der um eine grössere Stadt gruppirten Viehzucht ist und die Milchgewinnung um so höher steigt, eine je grössere Bevölkerung und je mehr gebildetere Elemente die Stadt enthält.

Die Milchwirthschaft selbst hat ungefähr dieselbe Ausdehnung um den Markt wie der Gartenbau, denn es wird die weitere Hinauslegung verhindert durch die leichte und rasche Verderblichkeit, welche eine ebenso rasche Consumtion verlangt, durch die Fracht und durch die Unmöglichkeit, mehr als einen Tagesbedarf aufzuheben. Letzterer Umstand bedingt wieder, dass regelmässig alle Tage dieselbe Quantität zu Markte gebracht wird und bei dem ebenso regelmässigen Verbrauche der Stadt der Preis auch keinen Schwankungen unterliegt.

Die Eisenbahnen mit ihrem rascheren und billigeren Transport haben es ermöglicht, den Kreis der Milchwirthschaft bedeutend zu erweitern, was für die grösseren Städte, namentlich für Wien, eine wahre Wohlthat ist, indem sie die furchtbaren Milchverfälschungen vermindert.

Wo die Milchwirthschaft auf eine höhere Stufe gediehen ist, verlohnt sich natürlich keine andere Viehhaltung, werden daher die Milchkühe aus den weiteren Kreisen in den engeren geführt und die Kühe, sobald sie nicht mehr genügend Milch geben, wieder hinaus verkauft, um daselbst gemästet zu werden und zur Schlachtung zu kommen. Ebenso leidet es eine hohe Milchwirthschaft nicht, dass daselbst die Kälber länger aufgesäugt werden, sondern man sendet sie ebenfalls hinaus, um sie zwei bis drei Monate lang zu mästen oder auch schon früher zu schlachten. In ganz ähnlicher Weise wird frische Butter in der Nähe producirt, wo man die Milch nicht täglich in die Stadt absetzen, aber immer noch rasch genug frische Butter dahin bringen kann.

Diese Production, wie überhaupt die Production von Butter und Käse, erlaubt nämlich, die Milch von mehreren Tagen dazu zu verwenden und in eine transportablere Form zu bringen, wogegen jedoch der Ertrag geringer als bei der Milchwirthschaft ist, indem schon die Zufuhr und der Verbrauch unregelmässiger sind und bei der leichten Verderblichkeit daher die Preise mehr schwanken. Die Butterwirthschaft hat ferner das Gute, dass sie sich sogar in die ferneren Kreise erstrecken kann, wenn man die Butter nämlich mehr salzt oder gar zu Schmalz auslässt, in welcher Form sie bekanntlich den weitesten Transport erträgt. In gleicher Weise verhält es sich mit der Käseproduction, die aber nicht für jede Gegend passt, auch mehr Capital verlangt, mehr Räumlichkeiten und längerer Zeitdauer bedarf. Es gehört dazu ferner eine stärkere Feldgraswirthschaft und hängt sehr viel von der Weide und dem Futter ab, wesshalb die Käse jeder besonderen Gegend auch ihre besonderen Eigenthümlichkeiten haben, welche man sonst nicht allgemein nachahmen kann.

Im Mittelgebirge und in der Ebene herrschen hauptsächlich diese Productionen vor, und zwar in ersterem besonders desshalb, weil die Landleute Vieh wegen des Düngers und die Arbeitskräfte doch halten müssen und sie so den besten Nutzen daraus ziehen, so lange sie noch nicht zur Mastwirthschaft selbst übergehen können und wollen, wie diess nun allmälig in den Donaugegenden geschieht. Man wird jedoch beobachten, dass, mit Ausnahme der Alpenbezirke, auch die Käse- und Butterwirthschaft mit der Mastwirthschaft mehr und mehr vertauscht wird, sobald die Eisenbahnen den weiteren Transport ermöglichen, denn sie können ganz leicht in die äusseren Kreise verlegt werden.

Die Aufzucht von Jungvieh verlangt den meisten Boden zu freier Bewegung, so dass also derselbe eine dünne Bevölkerung und daher noch wenig Werth hat, oder überhaupt für die Landwirthschaft weniger geeignet ist. Nur wo es sich um ganz junge

Kälber und Lämmer für sofortige Consumtion handelt, wird auch in den der Residenz nähergelegenen Kreisen ihre Zucht wegen des höheren Preises rentabel sein und mit der Zucht von Milchkühen verbunden. Regelmässig müssen sich aber nebst Wien alle grösseren Städte mit solchem jungen Schlachtvieh aus weiterer Ferne versorgen.

Wo die Mästung des Viehes stattfindet, hängt ganz allein von den Transportwegen und der Transportfähigkeit ab. Mageres Schlachtvieh geht leichter und verliert weniger durch den Transport und kann daher in weiterer Ferne und in den geeigneten Gegenden gezogen werden; die Mästung muss aber dem Markte viel näher erfolgen, weil gemästetes Vieh durch den Transport zu viel an Gewicht und Werth verliert und da, wo Eisenbahnen und Schifffahrt nicht benützt werden können, nicht einmal weit gehen kann. Die meisten grossen Centralpuncte werden daher so mit Fleisch versorgt, dass das magere Schlachtvieh aus der Ferne bezogen und dann in der Nähe gemästet wird, zumal Gegenden, die für die Zucht solchen mageren Viehes ganz geeignet sind, doch nicht das nothwendige Futter zur Mästung haben, das sich in Kreisen mit vorangeschrittener Cultur in grösserer Menge findet, z. B. die Abfälle der Brennereien, Brauereien, Rübenzuckerfabriken und dgl. Bei Wien ist das leider nicht der Fall, was seinen Grund in den verfehlten Massregeln des communalen Fleischcassenzwanges und der Begünstigung des Handels mit Fleisch von geringer Qualität in der Markthalle hat. Auch ist überhaupt eine ordentliche Mästung ohne Stallfütterung gar nicht denkbar, während die Weidewirthschaft für die Zuzucht, welche freiere Bewegung verlangt, viel vortheilhafter ist. Je mehr eine Gegend für die Mästung geeignet ist und daher das Futter höher im Preise steht, desto vortheilhafter ist es für den Landwirth, das magere Vieh zum Mästen nicht selbst aufzuziehen, weil ihm die Aufzucht theuer zu stehen kommt und das Futter in der Mästung mehr erträgt.

Die Schwierigkeit und der hohe Preis des Transports gegenüber dem Preise des Viehes selbst zieht hier aber eine enge Grenze und es ist für viele Oekonomen daher eine Nothwendigkeit, das Vieh selbst aufzuziehen, wenn es auch etwas theurer zu stehen kommt. Die Erweiterung des Eisenbahnverkehrs und des grossen Viehhandels wird auch hier die Verhältnisse nach und nach sachgemässer ordnen und jedem Theile der grossen Viehzucht eine richtige Stelle anweisen. Ausserdem ist ein solche bessere Eintheilung auch nur möglich, wenn die Fleischpreise regelmässiger und dauernder geworden sind, was wieder in Wien nicht der Fall ist, und man darnach die Wirthschaft überhaupt besser einrichten konnte, denn eine tüchtige Mastwirthschaft, die längere Zeit und mehr Capitalverwendung verlangt, darf nicht in Gefahr kommen, durch Unregelmässigkeit des Consums und Angebots alle Berechnungen durchkreuzt zu sehen.

Der Viehstand in Niederösterreich ist ein unzureichender und doch der Futtererzeugung gegenüber ein verhältnissmässig sehr grosser. Die Ernährung der Thiere nach dem richtigen Masse des Erhaltungsfutters zu dem Productionsfutter, die Rücksichtnahme auf das Stoffverhältniss des Futters gegenüber der Thierproduction wird hier im Allgemeinen noch immer nicht eingehalten; dagegen findet man nicht nur in vielen Wirthschaftshöfen des Grossgrundbesitzes, sondern selbst in ganzen Bezirken des Landes auch bei wohlhabenderen Kleingrundbesitzern eine rationellere Viehzucht.

Die **Rinderzucht** bildet in Niederösterreich schon desshalb den wichtigsten Zweig der Viehzucht, weil der grosse Bedarf an Milch und Milchproducten, welchen die Residenz besitzt, die beste Gelegenheit zu einer guten Verwerthung der Erzeugnisse derselben bietet. Sie beruht hauptsächlich auf einem Landschlag, dann der Mürzthaler und einer mährischen Race; in vielen Ställen der Grossgrundbesitzer findet man auch Holländer; die Zucht mit Schweizer und Tiroler Vieh nimmt einen grossen Aufschwung, da die Milchwirthschaft in der Nähe der Eisenbahnen, und namentlich in der Umgebung von Wien, grosse Vortheile gewährt. Als Zugvieh stehen im Gebirge meist Mürzthaler, in der Ebene mehr ungarische Rinder in Verwendung.

Der Stand des Rindviehes ist aber doch ungenügend, sowohl der Zahl als der Qualität nach. Die grösste Menge findet sich in den westlichen, mehr wiesenreichen Kreisen. Der in Oesterreich unter der Enns gezogene Landschlag gehört der germanischen, rothen und kurzgehörnten Race an. Sie tritt mit allen Uebergängen der Färbung und Grösse in den Kreisen unter und ober dem Manhartsberg vorwiegend auf, darunter ein schöner Mittelschlag um Horn, Raabs und Drosendorf, ein kleiner feiner Schlag bei Zwettl und Gföhl, wo auch eine Abart mit weissem Kopfe unter dem Namen „Helmvieh“ gezogen wird. Eine ähnliche Species, mit schwarzem Kopfe, um den Wechsel im Kreise U. W. W., führt den Namen „Brandvieh“. In den Kreisen U. W. W. und O. W. W. herrscht von der steirischen Gränze durch den gebirgigen Theil bis an das rechte Ufer der Donau und jenseits derselben in einem Theile des Marchfeldes der gedrungene Mürzthalerschlag vor und erreicht an den Ausläufern des Gebirges, wo die Stallfütterung eingeführt ist, eine ansehnliche Grösse. An der Leitha und March wird der lichtgraue, schlanke, ungarische Schlag und in den flachen Gegenden der beiden östlichen Kreise der durch Kreuzung entstandene Landschlag gehalten.

Diese grosse, durch den lebhaften Viehhandel hervorgerufene Verschiedenheit der Racen bildet zum Theile den Grund des weniger befriedigenden Standes der Rindviehzucht; grössere Schuld hieran trägt die — mit Ausnahme der Musterwirthschaften grösserer Gutsbesitzer — wenig rationelle Art des Betriebes. Hieher ist vor Allem die mangelhafte Fütterung zu zählen; dem Mastvieh wird weder die entsprechende Qualität, noch auch die gehörige Menge von Nahrung gereicht, so dass von dem gegebenen Quantum nur ein Drittheil auf die Erzeugung, der Rest auf die Erhaltung entfällt, während nach den Erfahrungen rationeller Landwirthe mehr als die Hälfte des Futters für die erstere dienen sollte. Zu geringer Stand der Sprungstiere, mangelhafte Weidewirthschaft, Verabsäumung der Salzbeimischung bei der Fütterung sind weitere Schäden, welche der gedeihlicheren Entwicklung der Rindviehzucht in Oesterreich hindernd im Wege stehen.

Bei 530.000 Stück Rindvieh in dem ganzen Lande unter der Enns kommen $33^{1}/_{25}$ auf 100 Bewohner. Diess gibt, wenn man auch die Schafe, Ziegen und das Borstenvieh dazurechnet, nur $21^{1}/_{8}$ Pfund Fleisch auf jeden Bewohner. Da aber die Verbrauchsmenge für jeden jährlich $32^{1}/_{3}$ Pfund beträgt, so muss viel Schlachtvieh (aus Ungarn und Galizien) eingeführt werden.

An der Zahl des Hornviehes nimmt der westliche Theil des Landes einen überwiegenden Antheil (334.000 Stücke gegen 196.000). Im Osten überwiegt, aber nicht bedeutend, der nördliche Theil den südlichen; im Westen ist dieses Verhältniss umgekehrt. In allen Kronländern der Monarchie ausser Dalmatien ist, der Milchwirthschaft wegen, die Zahl der Kühe grösser als die der Stiere und Ochsen zusammen, allein in sehr ungleichem Verhältnisse. Nimmt man die Zahl der Stiere und Ochsen zu 1 an, so verhält sich dagegen die Zahl der Kühe in Niederösterreich wie $2^{1}/_{2}$, in Oberösterreich und Salzburg wie 4, in Steiermark wie $2^{1}/_{5}$, in Kärnten und Krain wie $1^{2}/_{5}$, im Küstenlande wie $1^{1}/_{10}$ (hier ersetzt der Ochs das Pferd), in Tirol wie $3^{3}/_{5}$, in Böhmen wie $2^{2}/_{5}$, in

Mähren und Schlesien wie $5\frac{3}{8}$, in Galizien wie $1\frac{3}{4}$, in Dalmatien wie $\frac{4}{5}$, in der Militärgrenze wie $1\frac{3}{10}$, in Ungarn wie 2, in Siebenbürgen wie $2\frac{1}{5}$.

Wird die Gesammtzahl des Hornviehes verglichen, so besitzt Niederösterreich etwa den 33. Theil der Gesammtzahl oder beinahe 3 Percent, Oberösterreich $4\frac{1}{5}$ Percent, Steiermark $3\frac{1}{10}$ Percent, Kärnten $3\frac{1}{2}$ Percent, Krain $2\frac{1}{2}$ Percent, Küstenland nicht einmal $\frac{4}{5}$ Percent, Tirol $3\frac{1}{2}$ Percent, Böhmen nahe $8\frac{1}{3}$ Percent, Mähren $3\frac{1}{2}$ Percent, Galizien $14\frac{1}{2}$ Percent, Dalmatien zwischen $\frac{7}{10}$ und $\frac{8}{10}$ Percent, die Militärgrenze über 7 Percent, Ungarn über 37 Percent und Siebenbürgen 7 Percent (die letzteren nach Schätzung). Während in Niederösterreich auf 1 □M. 1537 Stück Rindvieh entfallen, kommen in ganz Europa 590, in Grossbritannien 2527, in Belgien 2318, in Frankreich 1398, in der Schweiz 1292, in der ganzen österreichischen Monarchie 1218, in Preussen 1121 und in Russland 225 auf eine Geviertmeile. Den höchsten Rindviehstand in Europa hat das Herzogthum Sachsen-Altenburg mit 3308 und den niedrigsten Norwegen mit 162 Stück auf 1 □M.

Das Verhältniss des Rinderstandes zur Einwohnerzahl stellt sich folgendermassen: 1 Stück Rind entfällt in Niederösterreich auf 3·3, in ganz Europa auf 2.7, in Grossbritannien auf 2, in der ganzen österreichischen Monarchie auf 2·5, in der Schweiz auf 2·6, in Frankreich auf 2·7, in Russland auf 3, in Preussen auf 3·3 und in Belgien auf 3·8 Einwohner. Die stärkste Rinderzucht besitzt Romanien (Moldo-Walachei), wo 1 Stück Rind schon auf 1·3 Einwohner kommt, die schwächste Portugal, wo 1 Stück Rind erst auf 6·2 Einwohner entfällt.

Dieselben Verhältnisse, welche in dem gesammten Kronlande im grossen Ganzen hervortreten, zeigen sich auch deutlich in den einzelnen Districten desselben. In den Bergbezirken Aspang und Kirchschlag z. B. wird das Vieh den Sommer hindurch auf der vorhandenen Weide und auf Brachfeldern, dann mit weniger Eingraserei des steirischen Klee's erhalten. Die Viehhaltung ist in keinem Verhältnisse zu den mit 15 bis 100 Joch und darüber bestifteten Wirthschaften. Auch im Bezirke Gloggnitz ist einer der vorzüglichen Zweige, so wie Einnahmsquellen der Landwirthschaft im Gebirge die Rindviehzucht. Sie wird dort thätig betrieben und strebt mit Erfolg an, veredelte Thiere zu züchten, wobei sie durch den Auftrieb des während des Sommers zu Hause entbehrlichen Viehes auf die Alpen und durch die Nähe des Mürzthales, von wo aus der grösstentheils aus der Mürzthaler Race bestehende Viehstand regenerirt wird, besonders begünstigt ist. In den Niederungen, mit vielen üppigen, zum Theil auch künstlich bewässerten Wiesen hingegen ist die Stallfütterung eingeführt.

Die Kleinbauern des Bezirkes Neunkirchen gewinnen von ihren Kühen nebst dem Hausbedarf Butter und Schmalz zum Verkauf. Der Gutensteiner Bezirk ist ganz auf Viehzucht zur Fleischerzeugung und Ausfuhr angewiesen. Die Viehhaltung wird mehr nach dem Bedürfnisse des Ackerbaues betrieben. Um und in Wiener-Neustadt besteht auch Milchwirthschaft, im Gebirge hingegen wird die Rindviehzucht zur Fleischerzeugung und Ausfuhr gepflegt.

Was die Viehzucht im Bezirke Baden betrifft, so hat der natürliche Unterschied zwischen Gebirgs- und Flachland einen grossen Einfluss. In dem ersteren ist die Viehzucht ganz vorzüglich zu Hause. Die guten saftigen Wiesen, die auch in minderen Jahren ein ziemliches Erträgniss geben, die ausgedehnten Haus- und Hutweiden unterstützen dieselbe nicht wenig; denn ist auch das Weidesystem in anderer Rücksicht zu verwerfen, und wird wirklich schon von den verständigeren Landwirthen, auch des Badner Bezirkes, die Stallfütterung angebahnt und eingeführt, so ist es anderseits dem kleinen Landwirthe durch das Weiden des Viehes im Sommer möglich, einige Stück zu unterhalten. Daher gibt es auch, abgesehen von den grossen Grundbesitzern, selbst unter den kleineren Landwirthen im Gebirge nicht wenige, welche einen Viehstand von 20 bis 30 Stücken unterhalten, indem sie ihre Erzeugnisse an Milch und Butter sehr gut in dem nahen Wien verwerthen können. Der ebene Theil des Bezirkes, der grösstentheils Wein- und Körnerbau treibt und aus diesem seinen Hauptnutzen schöpft, kann auch selbstverständlich einer ausgedehnteren Viehzucht jene Aufmerksamkeit nicht schenken, wie der Gebirgsbewohner. Doch sind auch hier in den einzelnen Gemeinden nicht selten Heerden von 120 bis 150 Stücken und darüber anzutreffen, freilich von etwas kleinerem Schlage, aber sehr ertragreich an Milch.

In den Bezirken Hernals und Klosterneuburg leben die Bewohner vom Milchnutzen, wofür die nahe Residenz den täglichen Abnehmer bildet, und sie verwenden desshalb auf den Futterbau ihre besten Kräfte. Im Umkreise von zwei Meilen um Wien ist der Wirthschaftsbesitzer auf den Milchertrag vorzugsweise angewiesen, der ihm einen täglichen sicheren Absatz gewährt. Sein

Hauptstreben geht daher bei seiner Viehzucht auf Milchproduction. Die dachsgraue Mürzthaler Race, welche täglich 6 Mass Milch gibt, ist hier vorzugsweise beliebt. Eine Kuh sammt Kalb wird mit 100 bis 120 fl. bezahlt, doch ist auch der braune kleine Schlag der Kühe des Kreises O.M.B., die auf den Märkten in Gars und Gföhl verkauft werden und durchschnittlich 4 bis 5 Mass Milch geben, sehr beliebt; allein bei dem Verkauf an den Fleischhauer tritt gewöhnlich ein Verlust ein, während eine gutgenährte, abgemolkene Kuh des Mürzthaler Schlages beinahe mit dem Einkaufspreise bezahlt wird. Da mit dem Tragen der Milch nach Wien in der Regel die ganze Nacht verbracht wird, so findet der wohlhabende Milcherzeuger es gerathener, die kuhwarme Milch im Sommer um 5, im Winter um 6 und 7 kr. pr. Mass vom Milchhändler ablösen zu lassen, der sie dann mindestens um den doppelten Preis in Wien absetzt. So lohnend dieser Handel scheint, so hat er viele Beschwerlichkeiten, zumal in der rauheren Jahreszeit. Er wird vorzugsweise vom weiblichen Geschlecht betrieben. Da die Milch einen guten Absatz findet, ist es erklärlich, dass hier weder Butter noch Käse daraus bereitet werden.

In den Bezirken Mödling und Hietzing wird die Viehaufzucht fast gar nicht betrieben, sondern es werden fortwährend neumelkende Kühe eingestellt, da auch hier die Milchwirthschaft sehr lohnend ist. Die Kühe werden im angränzenden Gebirge oder in Steiermark angekauft, und sind grösstentheils Mürzthaler Race. Alle Producte und Erzeugnisse werden entweder bei Hause verkauft oder nach Wien auf den Markt gebracht.

Bei dem landwirthschaftlichen Betriebe des Bezirkes Purkersdorf erscheinen die Viehzucht und die Milchwirthschaft als vorherrschend, welche sich bei der Nähe der Residenz und dem dadurch gebotenen guten Absatze der Milch als rentirlich erweisen. Diese Betriebszweige sind in der That die vorzüglichste Erwerbsquelle derEinwohner.

Die Viehzucht im Bezirke Schwechat ist aus verschiedenen Gründen, worunter namentlich die geringe Wiesenfläche der meisten Gemeinden, der wegen der klimatischen Verhältnisse schwierige Futterbau, die ungenügende Grundfläche der kleineren Wirthschaften, die geringe Anzahl und ungenügende Fruchtbarkeit der Weideplätze zu rechnen sind, im Verhältniss zur Bodenfläche eine sehr unzureichende; sie besteht grösstentheils aus Hornvieh (Kühen), das bei Stallfütterung erhalten und zur Milcherzeugung für den Hausbedarf sowohl als für deren Verkauf nach Wien benützt wird. Die Race dieses Viehes ist ausser dem gewöhnlichen Landschlage grösstentheils die Mürzthaler; Tiroler und Schweizer Racen finden sich nur vereinzelt in geringer Anzahl. Das in diesem Bezirke meistens nur von grösseren Geschäftsleuten und Fabriken zum Zuge verwendete Hornvieh gehört in überwiegender Mehrzahl der ungarischen Racean.

Günstigere Verhältnisse zeigt der Kreis ober dem Wiener Wald. So hat sich z. B. der Viehstand und die Viehzucht in den Bezirken Amstetten und Ybbs sehr gehoben; Kühe, grösstentheils steierischer Art, nur bei den Hofstättern noch böhmische Kühe, eigentlich von der Kremser und Zwettler Gegend.

Im Bezirke Atzenbrugg befinden sich keine ausgedehnten Steppen und Hutweiden, um dem Zucht- und Jungvieh die zu ihrem Gedeihen und zu ihrer Ausbildung unumgänglich nöthige Bewegung zu verschaffen. Die Kälber werden selten gute und ausgezeichnete Zuchtthiere, daher sie mit geringer Ausnahme unter das Schlachtmesser kommen, oder sammt den Müttern an die Milchleute in Wien vortheilhaft verkauft werden. Diess ist auch der Grund, warum der Wirthschaftsbesitzer bemüht ist, den Abgang im Stalle durch Ankauf von besserem Vieh aus besseren Gegenden zu decken.

Im Bezirke Neulengbach bildet sich bereits eine constante Race; es wird viel Jungvieh gezogen, und ein ziemlich lebhafter Handel nach Wien und St. Pölten getrieben. Der Milchhandel nach Wien ist von sehr grosser Ausdehnung. Ochsen werden grossentheils in Ungarn und Oedenburg gekauft.

Im Bezirke Hainfeld ist das Rindvieh grösstentheils sogenanntes Steirer oder Mürzthaler Vieh, von grauer oder weissgrauer Farbe, indessen zeichnet es sich nicht durch besondere Grösse aus. Da die Bauernwirthschaften zu ihrer beschwerlichen Ackerpflege, die durch abhängige und hochgelegene Gründe bedingt wird, gewöhnlich 4 bis 6 Zugochsen bedürfen, so haben selbst grössere Häuser verhältnissmässig nur wenig Melkkühe, deren Ertrag grösstentheils im Hause verbraucht wird; von Käsebereitung ist also keine Rede. Das Zugvieh wird gewöhnlich im eigenen Stalle aufgezogen, die älteren Ochsen werden etwas gemästet und an die Fleischhauer verkauft.

Im Bezirke Kirchberg an der Pielach ist die Viehhaltung so ziemlich gut, in den grösseren Wirthschaften 2 bis 4 Paar Ochsen, 4 bis 8 Kühe; in den mittleren 4 Ochsen, 3 bis 4 Kühe; in den kleineren 2 Ochsen, 2 bis 3 Kühe, übrigens Jungvieh überall und ordinäre Schafzucht. In den Kleinhäusern fast durchgehends 1 Kuh.

Im Bezirke Gaming sind die Wirthschaftsbesitzer in der Lage, einen um so grösseren Viehstand zu halten, da auf den grossen Weiden, namentlich der Gutsinhabung Gaming, und zwar am Oetscher, Herrnalm, Rothwald u. s. w. und den einiger anderen grösseren Grundbesitzer, einige tausend Stück Rindvieh gegen ein Entgelt pr. Stück von 1 fl. 20 kr. bis 4 fl. C. M. die Sommermonate über Nahrung finden. Eine nicht unbedeutende Menge Viehes wird auch auf entferntere Weiden, schon in der Steiermark gelegen, wie auf die Kränterin, Tonienalpe u. s. w., getrieben. Der Auftrieb geschieht in der Regel Anfangs Juni, der Abtrieb Anfangs bis Mitte September. Ochsen führt der Bezirk jährlich in nicht unbedeutender Zahl aus, dessgleichen die grösseren, nicht zur Aufzucht bestimmten Kälber, welche nach Wien gehen, während schwächere hier verzehrt werden. Als Zugvieh werden hauptsächlich Ochsen verwendet. Der Viehhandel wird schwunghaft betrieben, und namentlich viel Vieh aus Steiermark, selbst aus Kärnthen, zu den Grestner Viehmärkten zugetrieben. Diese Grestner Viehmärkte sind nicht nur die bedeutendsten im Bezirke, sondern in der ganzen Gegend: es sind deren drei: zu Medardi am 8. Juni, zu Bartholomae am 24. August und zu Martini am 11. November. Während auf erstere beide, schon längst bestehende, meist erwachsenes Ochsenvieh, in der Zahl von 1200 bis 1500 Stück und mindestens einen Werth von 120.000 bis 150.000 fl. repräsentirend, aufgetrieben wird, ist letzterer, erst in neuerer Zeit gegründet, weit schwächer, mit 600 bis 800 Stück, meist Jungvieh betrieben. Viehmärkte sind noch: zu Gaming am Montag vor Mariä Geburt mit circa 400 Stücken und zu Gössling im October, mit circa 200 bis 300 Stücken Auftrieb.

Im Bezirke Haag wird rother Klee in grossen Mengen erzeugt, und diese Pflanze liefert den hauptsächlichsten Bestandtheil zur Fütterung. Die Cultur von Rothklee ist auch eine wesentliche Quelle des fortgeschrittenen Wohlstandes geworden.

Nur dadurch wurde es möglich, eine grössere Anzahl Viehes zu halten, um damit wieder durch Vermehrung der Düngmittel die Hebung der Feldwirthschaft zu bewirken.

Die Viehzucht wird in Tulln selbst und in den Gebirgsortschaften, weniger in den Donauortschaften betrieben, und das Nutzvieh ist in vielen Gemeinden der grösste bewegliche Reichthum und Ernährungszweig der Landbewohner. Das Hornvieh ist im Allgemeinen gross, gut gebaut und nähert sich in allen Beziehungen der Mürzthaler Race. Die Kühe sind von guter Milchergiebigkeit, und eignen sich nach Umständen auch zur Mastung, was schon dadurch bewiesen wird, weil die Fleischhauer mit wenigen Ausnahmen meistens Fleisch von Kühen und Kalbinnen ausschrotten.

Ausser der constanten Race werden, besonders von ärmeren Landleuten, aus der Gföhlergegend viele Kühe kleinen Schlages angekauft, welche hier an Milchergiebigkeit zunehmen, und sich durch Kreuzung mit Tullner Vieh wesentlich verbessern. Obschon hier kein Viehmarkt besteht, wird doch ein bedeutender Zwischenhandel mit Kühen durch die ansässigen Händler nach Wien vermittelt, und dagegen wieder Vieh aus entfernteren Gegenden zugeführt. Die Preise des Hornviehes sind folgende: Stiere von 2 bis 3 Jahren 100 bis 140 fl., Kühe bis zum fünften Kalbe 80 bis 150 fl., Kalbinnen von 1 bis 2 Jahren 60 bis 80 fl.

Stiere werden leider sehr wenige nachgezogen und häufig aus ferneren Gegenden zugetrieben; es wäre jedoch lohnend und gemeinnützig, die Aufzucht kräftiger Stiere zu befördern. Ochsen werden hier fast gar nicht gezogen und die wenigen Zugochsen meistens in der Waldgegend und in Ungarn angekauft. Die Weidewirthschaft ist hier fast noch in allen Gemeinden üblich, und es besitzen mehrere derselben bedeutende Weidestrecken, welche bei zweckmässiger Bewirthschaftung zu besserer Cultur gebracht werden könnten.

In den Bezirken des Marchfeldes gibt die bestehende Dreifelder-Wirthschaft das betrübende Zeugniss einer noch immer sehr beschränkten Viehwirthschaft, obgleich der Absatz der Milch nach Wien allein schon zu einem grösseren Viehstand ermuntern sollte. Ochsen sind fast gar nicht oder doch nur in unbedeutender Zahl vorhanden, da alle Arbeit mittelst der Pferde verrichtet wird. Der Landschlag der Kühe ist von gut mittlerer Grösse, semmelfärbig oder grau, und nähert sich der Mürzthaler Race. Vorzüglich wird bei dem Ankaufe auf den Milchertrag wegen der Nähe der Residenzstadt Rücksicht genommen. Die Viehhaltung liegt in einzelnen Bezirken, wie z. B. Marchegg, sogar im Argen. Das Hornvieh wird nur vom gewöhnlichen Landschlage und wegen des allgemeinen Futtermangels im Verhältniss des ausgedehnten Grundbesitzbestandes in viel zu geringer Anzahl gehalten, daher auch nicht der erforderliche Dünger erzeugt werden kann, um den Boden in besser tragbaren Stand zu bringen und in solchem zu erhalten. Besonders muss bemerkt werden, dass sich kleinere Wirthschaftsbesitzer, Halblehner und Viertellehner ihre Kühe zum Zuge abrichten.

In den oberen Bezirken ist der Viehstand im Allgemeinen der gewöhnliche Landschlag, obwohl die Gutsinhaber und Gemeinden durch Ankauf schöner guter Zuchtkühe und Sprungstiere (grösstentheils von Mürzthaler Race) zur Hebung der Viehzucht in neuerer Zeit sehr viel beitragen. Die Viehzucht beschränkt sich bloss auf den Düngerbedarf; Viehaufzucht zum Verkauf wird nicht betrieben. Die grössten Bauernwirthschaften halten nicht über 6 Stücke, die minderen 3 und weniger. Die Viehhaltung steht somit durchaus nicht im richtigen Verhältniss zum Grundbesitze der bäuerlichen Wirthschaften, indem für 6 Joch Area durchschnittlich nicht mehr als 1 Stück Grossvieh entfällt. Günstiger stellt sich dieses Verhältniss bei dem grossen Grundbesitze, wo schon auf 3 Joch Area 1 Stück Grossvieh entfällt. Bei dem grossen Grundbesitze werden durchgehends ausgezeichnet schöne Rindviehracen gefunden, aus welchen sich geeignete Zugthiere anzuschaffen und den gewöhnlichen Landschlag durch Kreuzung zu verbessern, die Gemeinden bisher nicht unterlassen haben.

In den nördlichen Bezirken des Waldviertels ist das Rindvieh von kleinem, aber starkem Schlage, sogenanntem Waldschlage.

Es haben, damit die Viehzucht mit dem Feldbau gleichen Schritt halte, die Güterbesitzer der meisten Bezirke in Ermanglung aller früheren Robotzüge ihr Augenmerk und ihre Obsorge sowohl auf die Vermehrung als Veredlung ihres Viehstandes gerichtet. Diese wechselseitige, Hand in Hand gehende Nothwendigkeit zur Führung und Verwaltung einer wohlgeordneten Oekonomie trägt heut' zu Tage schon lohnende Früchte, und man kann behaupten, das das Aufblühen der Viehzucht zur freudigen Thatsache geworden ist. Die Sorgfalt und Betriebsamkeit der Güterbesitzer in der Bodencultur, ihr Bemühen in Hebung und Veredlung des Viehstandes, ist dem Bauer zum Segen geworden, der dieses Verfahren mit offenen Augen betrachtet und hierin seinen eigenen Vortheil für die Zukunft erblickt, der ihn zur Nachahmung anspornt. Der Feldbau wird mit dem Hornvieh betrieben, dessen Race man den Gföhler und Zwettler Schlag nennen kann und dem nebst dem grösseren Körperbau eine schnelle Mastfähigkeit und besondere Zugkraft eigen sind.

Die Rindviehzucht ist aber doch im Allgemeinen bei der Mehrzahl der Bevölkerung in keinem besonders rühmlichen Zustande; Ausnahmen davon finden sich nur bei vermöglichen Grundbesitzern, Müllern, Wirthen, Jägern; auch in Pfarrhöfen, bei herrschaftlichen Beamten etc. Ein grosses Hinderniss der Verbesserung des Rindviehschlages liegt in den elenden Gemeindestieren, die nach der Ordnung der Hausnummern von jedem einzelnen Wirthschaftsbesitzer beigeschafft, ein halbes oder ganzes Jahr gehalten, dann wieder verkauft werden; oft sind es fast nur Stierkälber (Jährlinge), die als Sprungstiere verwendet werden.

Die Weinbauerfamilien der südlichen Bezirke halten eine, zwei und wenige derselben mehrere Kühe des hiesigen Landschlages, welche sie mit dem kümmerlichen Futter aus ihren kleinen Hausgärten, Weinbergen und deren Rainen, und mit Rüben schlecht nähren. Die Milch derselben wird meistens zum eigenen dringenden Bedarfe verwendet und theilweise an die Städter verkauft. Einige Weinhauer verwenden die Kühe auch als Zugthiere, da nur sehr wenig Pferde und in der Weingegend gar keine Ochsen gehalten werden, welche aber in den Bauernwirthschaften der Waldgemeinden zu 2, 4 bis 6 Stück pr. Haus vorkommen. Die übliche Rinderrace ist der braune Zwettler Schlag.

Der mageren Triften, des schlechten Wieswachses und noch nicht allgemein verbreiteten Futterbaues wegen ist in den inneren Bezirken des Kreises die Rindviehzucht noch immer nur auf den Nothstand beschränkt. Das kalte und nasse Klima gestattet jede Beischaffung nützlicheren und schöneren Viehstandes aus besseren Gegenden hier nur ausnahmsweise, daher die Race nur ein gemeiner Waldschlag ist: doch hat die Nothwendigkeit mitunter dem Landmanne die Beischaffung von starken Zugochsen aus anderen Gegenden geboten.

Bei alledem muss man doch bekennen, dass dieser kleine, unansehnliche Waldschlag eine Art Ruf erlangt hat, weil die eben nicht unansehnlichen Wochenmärkte zu Zwettl und Gross-Gerungs häufig von Fremden, selbst von den Einwohnern des bei weitem mehr bevorzugten Kreises O. W. W. zum Zwecke des Ankaufes besucht werden, und wirklich gibt es ausnahmsweise Melkkühe, die täglich 6 bis 8 Mass Milch liefern; durchschnittlich könnten jedoch nur 2 bis 3 Mass angenommen werden. Dass von einem derlei Schlage auch nur schwache Kälber fallen, die bis zum Verkaufe ein Alter von 14 Tagen bis 3 Wochen erreichen, oder in einem Alter von höchstens 4 Wochen abgespänt werden und bis dahin nur ein Gewicht von höchstens 50 Pfund erlangen, ergibt sich von selbst. Mehr verwendet der Bauer für die Ochsen, wovon alljährlich ansehnliche Triebe nach Wien gelangen, die er aber weniger aus eigener Zucht als durch Ankauf von dem auf die Märkte getriebenen derlei Vieh, oder von der oberen Gegend des Mühlviertels erwirbt, und sodann der Mastung, aber nur mit Heu und Schrott, unterzieht und durchschnittlich auf 8 bis höchstens

10 Ztr. pr. Paar bringt. Einzelne Personen, wie Wirthe, Müller, Bäcker, erzielen jedoch nicht selten ein Gewicht von 14 bis 18 Ztr. Die benachbarten Güterbesitzer betreiben wohl auch Rindviehzucht, eine besondere Race jedoch. wie man sie in Tirol und Steiermark findet, ist auch da nicht zu finden.

Im Bezirke Raabs dagegen bildet die Rindviehzucht den Haupterwerb der Einwohner. Der Viehhandel wird sehr stark betrieben, wozu die vielen Märkte wesentlich beitragen; der bedeutendste ist jener zu Raabs, wo vom Frühlinge bis zum Herbst alle Samstage ein Wochenmarkt und viermal des Jahres ein Hauptmarkt stattfindet, woselbst jedesmal 1200 bis 1500 Paar Ochsen aufgetrieben werden. Der Rindviehschlag des Bezirkes ist ein reiner Landschlag von lichtrother Färbung, mittlerer Stärke, mit feiner, dünner Haut, geradem Kreuze, fleischfarbener Nase und lichten aufrechtstehenden, feinen Hörnern; vorzugsweise beliebt sind die licht semmelfarbigen Thiere, die sogenannten Schimmel. Die Haupttendenz der Viehhaltung ist die Aufzucht von Ochsen, welche der hiesige Viehschlag auch von besonderer Güte liefert; als Melkvieh verdienen die Kühe keine besondere Beachtung; doch sind sie sehr mässig im Futter und können bei guter Fütterung immerhin als gute Melkkühe bezeichnet werden. Die gewöhnlichste Zeit zum Abspänen der Kälber ist vom December bis März; in den Sommermonaten wird fast gar kein Kalb abgespänt. Bei der vorzugsweise starken Ochsenhaltung werden fehlerfreie Stierkälber nur selten dem Fleischer verkauft, während von den Kühkälbern nur der eigene nothwendige Bedarf abgespänt wird. Die Stierhaltung wechselt leider in den meisten Gemeinden von Haus zu Haus, wodurch meistens zu junge und zu schwache Stiere zur Verwendung kommen. Diess wäre ein Hauptgegenstand, welcher zur Hebung der Viehzucht beseitigt werden sollte.

In dem rauhesten Bezirke des Landes, in dem von Weitra, herrscht die leidige Gewohnheit der hiesigen Wirthschaftsbesitzer, so viel Vieh als nur möglich zu halten und zwar mehr, als durch eine ordentliche Fütterung erhalten werden kann; diess macht die Benützung der ganzen Brache zur Weide nothwendig, daher der Anbau von Futtergewächsen noch bei weitem nicht die Ausdehnung erreicht hat, welche besonders bei der Vorliebe für Haltung vielen Viehes nothwendig und jedenfalls lohnender wäre, um so mehr, da die tief gelegenen Wiesen meistens zu nass und versumpft sind und daher der Ertrag derselben, ausser an einigen wenigen Bachwiesen, sehr ungenügend und schlecht ist. Dass unter diesen Verhältnissen von einer zweckmässigen Viehzucht keine Rede sein kann, ist einleuchtend, denn es ist zwar die Quantität desselben sehr gross, doch der ganze Schlag des Rindviehes, ohnehin klein, bei dieser ungenügenden Fütterungsart sehr unansehnlich und schwächlich.

Aus dieser kurzen Darstellung zeigt sich, dass in landwirthschaftlicher Beziehung noch Vieles im Argen liegt, und bei dem seit Jahrhunderten eingewurzelten Schlendrian und der Hartnäckigkeit der Bevölkerung, an ihren alten Gewohnheiten zu halten, es noch eine geraume Zeit andauern dürfte, bis eine rationellere Bewirthschaftung im Allgemeinen in's Leben tritt; anderseits muss aber die erfreuliche Bemerkung gemacht werden, dass einzelne Ausnahmen schon immer mehr auftauchen und insbesondere die auffallenden Beispiele günstiger Resultate bei den grossen Grundbesitzern die kleinen Wirthschaftsbesitzer zum Nachdenken bringen und zur Nacheiferung anspornen, so dass nach und nach auch hier eine Besserung in den landwirthschaftlichen Verhältnissen zu erwarten ist.

Ganz eigenthümliche Verhältnisse zeigt die Alpenwirthschaft, welche gleichsam durch die Natur schon vorgeschrieben ist. Auf den Hochgebirgen ist Ackerbau nur in den Thälern und auf den nächsten Anhöhen möglich; wegen der Steile derselben und der hohen Lage verkümmern sogar allmälig die Bäume und hören daher auch die Wälder auf, und auf den höheren Bergen, wo der Schnee oft nur 6 bis 8 Wochen geschmolzen ist und eine Vegetation durchdringen kann, ist der Graswuchs gar nicht anders als zur Weide zu benützen, während die niederer gelegenen, von Ende Mai bis Ende September benutzbaren Wiesen zum Heumachen für die Stallfütterung in den Dörfern schon desshalb nicht zu verwenden sind, weil das Heu gar nicht herabtransportirt werden kann und auf dem grössten Theil derselben es nicht einmal haubares Gras gibt, so dass das Land ebenfalls nur als Weide zu benützen ist. Hier bleibt also der Bevölkerung nichts Anderes übrig, als Gewerbe oder Viehzucht oder die Verbindung beider. Erstere verlangen aber ein gutes Strassennetz und reichen Verkehr, der durch die hohen Berge und engen, steilen Thäler ungemein erschwert ist, so dass meistens nur die Viehzucht übrig bleibt, welche auch bloss eine dünne Bevölkerung mit den einfachsten Bedürfnissen zu ernähren vermag und sich wieder ganz nach den Verhältnissen gestaltet. Da man nämlich das Gras oder Heu nicht in die Thäler herabschaffen kann, oder der Ertrag nicht die Mühe verlohnte, treibt man einfach die Viehheerden auf die Weide in die Höhe und wird eine Art von wandernder Viehzucht in der Sennwirthschaft begonnen, die gewöhnlich von Anfangs Juni bis 25. September, auf den Hochalpen aber nur wenige Wochen dauert und zwar so, dass das Vieh allmälig höher getrieben wird und dann ebenso wieder heruntersteigt. In den einzelnen Sennhütten auf der Höhe wird dann die eigentliche Milchwirthschaft getrieben, denn einen anderen Nutzen zu ziehen ist nicht möglich, weil das Vieh durch das viele Gehen und Ausdauern im Freien keine grosse Fleischnutzung gewähren würde. Im Winter wird dann das Vieh in den Thälern gehalten, wo es besonders viele Gemeindewiesen gibt.

Diese Wirthschaft ist von der einfachsten Art, indem es sich dabei nur darum handelt, das Vieh zu überwachen und zusammenzuhalten, die Kühe zu melken und Käse zu bereiten, was durch drei oder vier Leute auf einer Sennhütte bewerkstelligt werden kann. Sie hat jedoch an grossen Uebeln zu leiden, namentlich wird auf die Alpen selbst allzuwenig Sorge und Pflege verwendet und sie werden in vielen Gegenden immer magerer und steinreicher, oder es geht die Bodenkrume verloren.

Ein Beispiel eigentlicher Alpenwirthschaft bietet, obgleich auch im Bezirke Gaming ähnliche Verhältnisse obwalten, doch nur der Bezirk Waidhofen an der Ybbs; die dortigen Gebirgsbauern sind in die vormals herrschaftlichen Wälder mit dem Weiderechte in der Art eingeforstet, dass sie nicht nur das Ochsen- und Galtvieh in die Forste treiben, sondern auch sogenannte Alpenwirthschaften, nämlich Sennereien, im Walde betreiben. In Folge dieser Alpenrechte findet auch bei dem Melkviehe keine Stallfütterung statt, sondern dasselbe befindet sich auch wie das Jung- und Zugvieh den ganzen Sommer hindurch im Freien. Ungeachtet die Weideberechtigten zum Schaden des belasteten Grundbesitzes und im eigenen missverstandenen Interesse, nur in der irrigen Meinung, die Servitut so viel als möglich auszubeuten, einen unverhältnissmässigen und derart grossen Viehstand halten, dass wegen Mangel des zur Ueberwinterung nöthigen Futters das ausgehungerte Vieh gleich nach Abgang des Schnees, ohne Rücksicht für die Forstcultur und ohne Rücksicht, ob schon hinlänglicher Gras- und Kräuterwuchs vorhanden ist oder nicht, auf die Weide getrieben werden muss; ungeachtet also dieser nachtheiligen Ueberstallung mit Vieh geht bei einem derartigen Wirthschaftsbetriebe ein grosser Theil des für die Oekonomiegründe unentbehrlichen Düngers verloren und kann der Ertrag der Grundstücke nicht über das vorangegebene geringe Mass erhoben werden.

Rücksichtlich der Vertheilung des Viehstandes auf die einzelnen Realitäten sollte allerdings der Grundbesitz massgebend sein; allein es gehen hiebei die weideberechtigten Güter von einer falschen Ansicht aus, indem sie sich im Hinblick auf das Recht der Waldweide mehr oder weniger überstallen, wodurch auch die Race nicht unerheblich herabgedrückt wird. Beinahe alljährlich kommen einzelne Fälle vor, dass in Folge solcher Ueberstallungen Viehstücke im Stalle verhungern, oder, kaum zur Weide getrieben, aus Hunger und Ermattung zu Grunde gehen.

Rindvieh.

K. U. W. W.

Im Bezirke	Stiere	Kühe	Ochsen	Kälber bis zu 3 Jahren	Zusammen	pr. □ Meile
Wien (Reichsh. u. Res.-St.)	—	4.494	88	17	4.599	4.599
Aspang	94	3.157	2.153	1.659	7.063	1.570
Baden	53	2.690	989	792	4.524	923
Bruck a. d. Leitha	74	3.095	502	1.626	5.297	1.324
Ebreichsdorf	59	3.078	893	1.510	5.540	1.065
Gloggnitz	300	2.891	1.886	1.534	6.611	1.180
Gutenstein	276	2.598	1.572	1.682	6.128	632
Hainburg	94	1.830	509	3.048	5.481	1.612
Hernals	12	2.204	17	63	2.296	3.280
Hietzing	21	2.276	83	92	2.472	2.746
Kirchschlag	312	3.511	2.753	1.529	8.105	1.885
Klosterneuburg	22	1.715	54	123	1.914	1.276
Mödling	44	3.470	457	774	4.745	1.216
Neunkirchen	413	3.686	2.984	1.817	8.900	1.348
Neustadt (Wiener-)	61	4.068	2.323	1.444	7.896	1.112
Pottenstein	29	1.722	1.162	1.059	3.972	864
Purkersdorf	36	2.448	208	704	3.396	809
Schwechat	65	3.870	729	945	5.618	1.170
Zusammen	1.965	52.812	19.362	20.518	94.657	1.229

K. O. W. W.

Im Bezirke	Stiere	Kühe	Ochsen	Kälber bis zu 3 Jahren	Zusammen	pr. □ Meile
Amstetten	186	6.512	2.421	2.144	11.263	2.560
Atzenbrugg	40	4.283	43	609	4.975	1.507
Gaming	145	4.985	2.775	5.354	13.259	1.173
Haag	264	8.413	846	1.621	11.144	2.592
Hainfeld	9	2.788	1.761	2.425	6.983	1.109
Herzogenburg	108	6.745	553	1.152	8.558	1.990
Kirchberg a. d. Pielach	40	2.481	2.056	2.395	6.972	1.516
Lilienfeld	31	3.215	1.357	3.049	7.652	773
Mank	302	6.709	2.037	2.460	11.508	2.557
Mautern	25	2.286	521	529	3.361	1.293
Mölk	107	4.119	1.128	1.121	6.475	1.904
Neulengbach	52	4.510	1.254	1.839	7.655	2.126
St. Peter in der Au	265	6.973	2.890	2.153	12.281	2.791
St. Pölten	233	10.741	1.803	2.667	15.444	1.861
Scheibbs	58	6.361	3.439	4.300	14.158	2.082
Tulln	70	4.610	289	1.549	6.518	1.629
Waidhofen a. d. Ybbs	123	4.813	2.904	3.899	11.744	1.450
Ybbs	184	4.559	1.682	948	7.373	2.107
Zusammen	2.247	95.003	29.749	40.214	167.213	1.713

K. U. M. B.

Im Bezirke	Stiere	Kühe	Ochsen	Kälber bis zu 3 Jahren	Zusammen	pr. □ Meile
Feldsberg	95	5.387	·300	1.287	7.069	995
Gross-Enzersdorf	78	4.042	151	2.033	6.304	927
Haugsdorf	27	1.821	101	184	2.133	969
Kirchberg am Wagram	61	5.102	371	553	6.087	1.193
Korneuburg	96	4.302	50	739	5.187	1.058
Laa	116	5.634	362	1.902	8.014	1.041
Marchegg	42	2.561	482	1.675	4.760	881
Matzen	62	3.701	138	941	4.842	913
Mistelbach	73	4.521	16	719	5.329	987
Oberhollabrunn	93	5.945	262	501	6.801	872
Ravelsbach	50	3.881	342	286	4.559	1.140
Rötz	34	2.534	508	99	3.175	1.134
Stockerau	84	5.220	69	1.209	6.682	1.028
Wolkersdorf	60	3.767	8	465	4.300	915
Zistersdorf	114	4.614	333	1.193	6.254	1.009
Zusammen	1.085	63.032	3.493	13.786	81.396	994

K. O. M. B.

Im Bezirke	Stiere	Kühe	Ochsen	Kälber bis zu 3 Jahren	Zusammen	pr. □ Meile
Allentsteig	92	4.188	4.459	6.164	14.903	2.739
Dobersberg	29	2.516	2.097	3.778	8.420	2.551
Eggenburg	28	2.017	821	1.103	3.969	1.280
Geras	48	2.548	1.491	2.095	6.182	1.261
Gföhl	32	4.132	3.972	4.240	12.378	2.171
Gross-Gerungs	111	5.070	3.687	3.345	12.413	2.216
Horn	87	3.646	2.194	2.568	8.495	1.517
Krems	18	2.537	735	431	3.721	1.691
Langenlois	18	2.197	642	386	3.243	1.406
Litschau	31	3.449	2.747	3.098	9.325	2.119
Ottenschlag	67	4.926	4.640	5.338	14.971	2.108
Persenbeug	48	3.834	2.371	1.656	7.903	1.647
Pöggstall	9	1.937	1.678	2.040	5.664	2.266
Raabs	52	3.313	2.690	4.221	10.276	2.053
Schrems	63	5.301	3.390	5.963	14.717	2.582
Spitz	26	2.718	1.645	1.320	5.709	1.679
Waidhofen a. d. Thaya	58	3.069	2.576	3.948	9.651	2.838
Weitra	81	5.614	4.402	6.503	16.600	2.406
Zwettl	93	5.668	5.751	6.493	18.005	2.813
Zusammen	991	68.670	52.188	64.690	186.539	2.127
Niederösterreich Summa	6.288	278.917	104.792	139.208	529.205	1.537

Die **Pferdezucht** des Landes ist eine ziemlich gedeihliche. Es werden in Niederösterreich aus dem Landschlage gut gebildete, kräftige und ausdauernde Pferde gezogen. Die vorzüglichen Hengste, welche aus den ärarischen Gestüten, zur Deckzeit im ganzen Lande vertheilt, stationirt werden, haben bereits mit grossem Erfolge zur Hebung der Qualitäten der niederösterreichischen Pferde beigetragen.

Es erübrigt nur noch, dass jede Stute zurückgewiesen werde, wenn sie zur Zucht als nicht tauglich erkannt wird.

Auf 100 Bewohner kommen 4·41 und auf 1 Quadratmeile der productiven Bodenfläche 208 Pferde. Bei den Pferden sieht man die auffallend geringe Zahl von 6 Percent auf dem hochliegenden Granit- und Gneisboden des Kreises ober dem Manhartsberge, wo meist Hornvieh zum Ackern verwendet wird, und des sterilen Bodens wegen auch nur wenige gut fahrbare Wege vorkommen. Wien allein, mit 9 Percent, zählt mehr Pferde als der ganze benannte Kreis. Dass die Pferde grossentheils eingeführt werden und die Pferdezucht im Lande überhaupt noch zurückblieb, geht wohl daraus hervor, dass im Lande nur 3 Percent Füllen vorkommen, während dieselben z. B. in der Bukowina 21 Percent betragen.

Im Lande unter der Enns fällt die Mehrzahl der Pferde, wie es der Zustand der Feldwirthschaft im voraus schliessen lässt, auf den nordöstlichen Theil des Landes (28.000 Stück, $^{8}/_{17}$ des gesammten Standes); daran reiht sich der südwestliche Theil mit 22.000 Stück; an diesen der südöstliche mit 21.000 Stück (ohne Wien, wo beiläufig 8000 Pferde sind). Auffallend gering ist die Anzahl im nordwestlichen Theile, 6200 Stück, also auf 88 □ Meilen viel weniger Pferde als in der Hauptstadt.

Niederösterreich zählt nur $2^{1}/_{2}$ Percent der Pferdezahl der Monarchie. In Ungarn (mit Banat etc.) wird die Anzahl auf eine Million geschätzt, in Galizien fehlen nur 9000 zu 600.000 Stück, in Siebenbürgen dürfte die Zahl 250.000 nicht zu gross sein; selbst die Militärgränze weiset über 200.000 Stück auf. Zunächst steht Böhmen mit nahe 150.000, Mähren und Schlesien mit 138.000 Stücken. In allen übrigen Kronländern sinkt die Zahl der Pferde unter die Menge Niederösterreichs herab; bedeutend in Tirol (unter $^{1}/_{3}$), noch bedeutender in Dalmatien (auf $^{1}/_{4}$), und sie steht am tiefsten im Küstenlande, wo sie nur $^{1}/_{8}$ beträgt. Ein Gestüte besitzt das Land nicht. Maulthiere und Esel sind nur in den südlichen Kronländern Oesterreichs in bedeutender Zahl als Lastträger und Saumthiere.

Während Niederösterreich nicht 200 zählt, steigt ihre Zahl in Krain auf 600, im Küstenlande über 3000, in Tirol über 5000, in Dalmatien auf 22.000.

In ganz Europa kommen 187 Pferde auf 1 □Meile, in Belgien 543, in Grossbritannien 445, in Preussen 326, in Frankreich 308, im Kaiserthume Oesterreich 295 und in Russland 161. Den höchsten Pferdestand hat England mit 639, den niedrigsten Norwegen mit 27 Stück auf einer Geviertmeile.

Im ganzen Erdtheile kommt 1 Pferd auf 8·6 Einwohner, in Russland auf 4·3, in der österreichischen Monarchie auf 10·1, in Preussen auf 11·1, in Grossbritannien auf 11·3, in Frankreich auf 12·1, in Belgien auf 16 und in Italien auf 27. Die stärkste Pferdehaltung zeigt Südrussland, wo 1 Pferd auf 2·2 Einwohner entfällt, die schwächste Sicilien, wo 1 Pferd erst auf 60 Bewohner kommt.

In ganz Europa kommen auf 1 □Meile 22 Esel und Maulthiere, in Malta, wo die meisten gehalten werden, 578, in Schweden aber, wo man sie am wenigsten findet, entfällt 1 Stück auf 27 □Meilen.

Wenn es wahr ist, dass deutsche Pferde durchschnittlich nur achtzehn Jahre alt werden, englische aber fünfundzwanzig, so ist es schon ein Ersparniss an Capital, die deutsche Race durch die englische zu verbessern. Doch macht gerade die Kreuzung und Racenverbesserung so viele Vorsicht und Würdigung aller Verhältnisse nothwendig, dass darin nur zu oft grosse Fehler begangen werden. Das Klima, die Nahrung und bei Pferden besonders auch der Gebrauch wirken so sehr auf die Viehzucht ein, dass die besseren Racen oft gar nicht für ein Land passen. Die von Buffon empfohlene Einführung der Kreuzung der Racen wird in neuerer Zeit weniger bevorzugt und man folgt allmälig mehr der Bakewell'schen Theorie der Inzucht, indem man durch Auswahl der besten Thiere zur Nachzucht, durch gute Behandlung der jungen Thiere und entsprechende Fütterung überhaupt die vorhandenen, an das Klima und Futter eines Landes gewöhnten Thiergattungen zu verbessern sucht und diess nach mehreren Generationen auch vollständig erreicht. Namentlich bei den Pferden, denen der Staat schon frühe seine besondere Aufmerksamkeit zuwendete, ist schon viel geschehen.

Pferdezucht besteht nur in den ebenen Bezirken. In den Bergbezirken geschieht grösstentheils die Bewirthschaftung nur mit Ochsen.

Die Pferde werden dort meistentheils nur zu Industrieunternehmungen verwendet.

In den flachen Bezirken südlich der Donau wird die Pferdezucht erst seit einigen Jahren betrieben, und es beschränkt sich die Zahl der gezogenen Pferde noch auf wenige Stücke: doch ist darin ein Aufschwung wahrzunehmen. Der hiesige Landmann zog es bisher vor, seine Pferde als Füllen in anderen Gegenden anzukaufen und für seinen Gebrauch heranzuziehen. In den wohlhabendsten Gegenden hat man eine Vorliebe für die grosse schwarze Pinzgauer Race und meistentheils für Hengste, der andere Theil wird durch Ankauf aus Böhmen bezogen.

Im Marchfelde haben einzelne Besitzer schöne Pferde aus der Belegung der heimischen Stuten durch die aufgestellten Militär-Landes-Beschälhengste erzielt. Die hier gezogenen Pferde eignen sich vorzüglich für die leichte Cavallerie und die von den Bauern benützten erhalten in der Regel nur im Winter an den vorderen Füssen leichten Hufbeschlag. Ein Theil der Pferde ist vom Oedenburger Schlage und diese werden vorzugsweise für das schwere Fuhrwerk verwendet.

In den hügeligen Gegenden des Kreises unter dem Manhartsberg werden ebenfalls ziemlich gute und recht brauchbare Pferde in grösserer Anzahl gezogen und es ist nicht zu verkennen, dass die aufgestellten k. k. Beschäler auf die Veredlung der Pferdezucht sehr günstig eingewirkt haben. Zu Mistelbach sind jährlich vier Hauptmärkte, mit denen immer auch Pferdemärkte verbunden sind, die meistentheils von schlesischen Pferdehändlern besucht werden.

In den rauhen Bezirken des Waldviertels bestehen keine Pferdegestüte und finden sich nur hie und da einzelne Landwirthe, welche ihre Stuten belegen lassen.

Bei den Vieh-Ausstellungen in Raabs werden auch immer Prämien für junge Pferde vertheilt, wodurch auf eine bessere Haltung und Pflege derselben hingewirkt wird; die bisherigen Erfolge haben den gehofften Erwartungen vollkommen entsprochen.

Pferde.

K. U. W. W.

Im Bezirke	Hengste	Stuten	Wallachen	Füllen bis zu 3 Jahren	Zusammen	pr. □ Meile	Maulthiere, Maulesel u. Esel
Wien (Reichshaupt- u. Residenzst.)	558	2.702	4.816	19	8.095	8.095	17
Aspang	19	21	202	5	247	55	14
Baden	15	222	841	16	1.094	223	17
Bruck a. d. Leitha	38	962	1.252	320	2.572	643	7
Ebreichsdorf	39	619	1.635	155	2.448	469	2
Gloggnitz	34	39	241	30	344	61	4
Gutenstein	8	17	280	47	352	36	6
Hainburg	35	494	784	144	1.457	428	3
Hernals	40	282	770	1	1.093	1.561	13
Hietzing	92	348	1.014	1	1.455	1.616	12
Kirchschlag	10	26	215	73	324	75	—
Klosterneuburg	30	127	472	21	650	433	1
Mödling	150	293	1.259	50	1.752	449	4
Neunkirchen	33	74	537	81	725	110	11
Neustadt (Wiener-)	29	311	1.446	120	1.906	268	11
Pottenstein	20	64	389	13	486	106	8
Purkersdorf	77	153	453	15	698	165	8
Schwechat	312	770	2.237	112	3.431	718	9
Zusammen	1.539	7.524	18.843	1.223	29.129	378	147

K. O. W. W.

Im Bezirke	Hengste	Stuten	Wallachen	Füllen bis zu 3 Jahren	Zusammen	pr. □ Meile	Maulthiere, Maulesel u. Esel
Amstetten	89	215	732	133	1.169	266	1
Atzenbrugg	115	703	800	136	1.763	534	—
Gaming	131	58	120	17	326	28	5
Haag	420	157	1.698	57	2.332	542	—
Hainfeld	31	22	195	8	256	41	2
Herzogenburg	114	719	1.070	81	1.984	461	7
Kirchberg a. d. Pielach	45	61	67	17	190	41	1
Lilienfeld	71	95	230	20	416	42	9
Mank	61	734	786	330	1.911	422	1
Mautern	32	64	202	5	303	116	1
Mölk	76	368	632	95	1.171	344	1
Neulengbach	110	510	408	125	1.153	320	12
St. Peter in der Au	111	113	855	61	1.140	259	—
St. Pölten	202	1.844	1.457	305	3.808	458	13
Scheibbs	115	182	520	104	921	135	2
Tulln	117	694	877	196	1.884	471	11
Waidhofen a. d. Ybbs	110	27	156	19	312	38	3
Ybbs	44	180	521	58	803	229	2
Zusammen	1.994	6.746	11.335	1.767	21.842	224	71

K. U. M. B.

Im Bezirke	Hengste	Stuten	Walachen	Füllen bis zu 3 Jahren	Zusammen	pr. □ Meile	Maulthiere, Maulesel u. Esel
Feldsberg	169	674	1.006	137	1.986	280	1
Gross-Enzersdorf	72	1.483	1.909	404	3.868	568	22
Haugsdorf	39	65	499	5	608	276	2
Kirchberg am Wagram	70	133	1.245	20	1.468	288	19
Korneuburg	124	187	1.530	20	1.861	380	6
Laa	164	778	1.479	204	2.625	341	—
Marchegg	18	1.295	943	428	2.684	496	11
Matzen	142	321	1.035	68	1.566	295	11
Mistelbach	216	89	859	8	1.172	217	9
Oberhollabrunn	129	122	1.813	9	2.073	265	8
Ravelsbach	47	59	848	1	955	239	—
Rötz	55	52	546	2	655	234	—
Stockerau	102	309	1.967	15	2.393	368	12
Wolkersdorf	94	140	1.101	33	1.368	291	—
Zistersdorf	312	635	1.093	175	2.215	357	12
Zusammen	1.753	6.342	17.873	1.529	27.497	335	113

K. O. M. B.

Im Bezirke	Hengste	Stuten	Walachen	Füllen bis zu 3 Jahren	Zusammen	pr. □ Meile	Maulthiere, Maulesel u. Esel
Allentsteig	6	115	344	7	472	87	1
Dobersberg	2	69	104	5	180	54	—
Eggenburg	21	50	425	17	513	165	5
Geras	19	56	389	20	484	99	—
Gföhl	10	67	193	4	274	48	—
Gross-Gerungs	6	43	95	1	145	26	—
Horn	44	99	521	4	668	119	3
Krems	22	54	314	—	390	177	—
Langenlois	20	24	121	1	166	72	2
Litschau	3	63	104	—	170	39	2
Ottenschlag	16	78	262	11	367	51	—
Persenbeug	26	13	107	2	148	31	—
Pöggstall	2	7	42	5	56	22	—
Raabs	14	149	364	71	598	119	4
Schrems	10	152	198	8	368	64	—
Spitz	36	20	95	—	151	44	—
Waidhofen a. d. Thaya	17	115	237	5	374	110	1
Weitra	6	120	145	5	276	40	1
Zwettl	17	124	272	13	426	66	—
Zusammen	287	1.418	4.332	179	6.216	71	19
Niederösterreich Summa	5.573	22.030	52.383	4.698	84.684	246	350

Bei der **Schafzucht** macht sich von vornherein ein grosser Unterschied geltend, je nach dem Zwecke nämlich, welchem sie dienen soll. Ist der Hauptzweck die Fleischbenützung, so ist die Schafzucht auch in dichtbevölkerten und hochcultivirten Bezirken um den Markt ertragreich; gilt es aber hauptsächlich der Gewinnung der Wolle, so muss die Schafzucht in den äusseren Bezirken gesucht werden, nach dem alten Sprichworte: „Das Schaf müsse der Cultur weichen."

Die Schafzucht verlangt überhaupt einen grösseren Raum mit trockenem und hügeligem Boden und guter Weide, also eine weniger bevölkerte Gegend, welche für andere Culturen nicht so geeignet ist, und bei grösseren Gütern den entferntergelegenen Theil, den man zugleich durch die Schafheerde düngen lässt. Wir finden desshalb in Oesterreich auch nur in solchen Gegenden Schafzucht, welche diese Vorbedingungen haben.

Die Schafzucht erfordert, soll bessere und feinere Wolle erzielt werden, sehr tüchtige Landwirthe und Arbeiter, Reinlichkeit und Aufmerksamkeit.

Man muss sich aber bei der Schafzucht immer vergegenwärtigen, dass zu gleicher Zeit nicht auf hohen Ertrag von Wolle und Fleisch gerechnet werden darf, ohne im Ganzen zu schaden. Soll vorzugsweise die Fleischproduction einen Ertrag liefern, so ist die Heerde reichlich zu nähren und weniger auf der Weide zu halten; diess verringert aber die Güte und Menge der Wolle, die bloss bei mässigem Futter erzielt wird. Es wird sich überhaupt auch bei der Schafzucht mehr und mehr das Gesetz geltend machen, dass sie sich schroffer in die beiden genannten Zweige theilt und in den cultivirteren Ländern Schafe vorzugsweise zur Mästung gezogen, die eigentlichen Feinschäfereien aber in die entlegeneren, weidereichen Länder verwiesen werden, wo ihr natürlicher Standort ist.

In Niederösterreich liefern die Landschafe, welche sich meist in der Hand des Kleingrundbesitzers befinden, nur ordinäre Wolle und schwaches, selten fettes Jungvieh für die Schlachtbank. Der Grossgrundbesitzer züchtet seine Electoral- und Negrettischafe, auch Rambouillets, und ist bestrebt, Schurgewicht und Fleischreichthum in hohem Masse zu gewinnen. Während seit 18 Jahren nach Aufhebung der gutsherrlichen Weiderechte der Schafviehstand, der Zahl nach, Rückschritte gemacht hat, ist die Schafzucht bei dem Grossgrundbesitze der Qualität nach vorgeschritten.

Man zählt im Lande mehr edle als gemeine Schafe, und die Schafzucht ist im Kreise unter dem Manhartsberge am meisten entwickelt; doch ist die Zahl der Schafe für die grossartige Industrie natürlich nicht zureichend, und es müssen bei der

Erzeugung von 10.000 Ztr. meist feinerer Schafwolle jährlich noch mehr als 125.000 Ztr. aus Ungarn eingeführt werden.

Von den 360.000 Schafen, welche das Land unter der Enns besitzt, fallen $^{1}/_{3}$ auf den südlichen und $^{2}/_{3}$ auf den nördlichen Theil. Im südlichen Theile ist im Kreise ober dem Wienerwalde die Zahl der Schafe wie 10 gegen 7 der im östlichen Theile vorkommenden Anzahl überlegen, im Norden der Donau aber beträgt die Zahl der Schafe östlich vom Manhartsberge das Doppelte von jener im westlichen Theile.

Uebertroffen wird Niederösterreich von Ungarn 34mal, von Siebenbürgen 4mal, von Galizien mehr als 3fach, von Böhmen etwa $2^{1}/_{2}$fach, von der Militärgränze mehr als 2fach. Zunächst kommt Mähren mit $^{3}/_{4}$ Millionen Schafen, meist ausgezeichneter Race; Dalmatien mit nahe $^{2}/_{3}$ Millionen; Tirol steht mit Niederösterreich gleich, und nun kommen der Reihe nach das Küstenland mit 370.000 Stück, Oberösterreich mit 320.000 Stück, Kärnten und Krain mit 260.000 Stück, zuletzt Steiermark mit 165.000 Stück. In ganz Europa kommen 1201 Schafe auf 1 □M.; in Grossbritannien 6770, in Frankreich 3610, in Preussen 3415, im Kaiserthum Oesterreich 1424, in Belgien 1230 und in Russland 428. Den höchsten Schafstand besitzt England mit 11.140, den geringsten Oberitalien mit 108 Stück auf 1 □ M.

In ganz Europa kommt 1 Stück Schaf auf 1·33 Einwohner, in Grossbritannien auf 0·75, in Frankreich auf 1·03, in Preussen auf 1·07, in Russland auf 1·5, in Oesterreich auf 2·05 und in Belgien auf 7·1. Die stärkste Schafhaltung besitzt Castilien mit 1 Stück auf 0·33 Einw., die schwächste Oberitalien mit 1 Stück auf 638 Einwohner. Die ungarische und mährische Wolle ist auch in Niederösterreich eine gesuchte Waare.

Im Kreise U. W.W., im Bezirke Bruck, ist die kaiserliche Schafzüchterei zu Mannersdorf von Bedeutung; dann sind auch die Züchtereien der Gutsinhabungen Rohrau u. Deutschaltenburg nennenswerth.

In den Bezirken der Wiener Ebene sind zum höheren Aufschwung der Veredlung von Schafen die fortwährenden heftigen Winde, der äusserst feine und die Wolle bläulich färbende Moorstaub, die sauren Gräser und schlechten Hutweiden ein mächtiges Hinderniss. Seit Verpachtung der Grundstücke bei mehreren Gutsinhabungen ist der frühere Schafstand beiläufig auf die Hälfte schon reducirt.

Die Schafzucht ist in den letzten Jahren überhaupt in diesem Kreise sehr zurückgegangen und der Landwirth hält nur mehr gemeine Schafe um des Fleisches willen.

Auch in vielen Bezirken des Kreises O. W. W. ist die Schafzucht nicht nennenswerth, der Bauer hält sich nur wenige Schafe ordinärer Race, die in das Feld ausgehängt werden, da man keine Viehhüter hält und die Holzeinfriedungen abgekommen sind.

Im Gebirge sind die Schafe nur von grobwolliger, gemeiner Race zur Beweidung der Brachen und zum Hausbedarfe der Bauern an Fleisch, Wolle und Käse. Schafe hält sich jeder Bauer so viele, als er zur Bekleidung, d. i. Lodenerzeugung für sein Haus benöthigt, und da die bäuerliche Bevölkerung den braungrauen Loden trägt, so werden bei jedem Hause circa eben so viele schwarze als weisse Schafe gehalten.

Im Kreise U. M. B. halten in einzelnen Bezirken die grösseren Grundbesitzer feinwolliges Schafvieh mit 130 bis 160 fl. pr. Ztr. Wolle Werth. Die Race des Schafviehes ist grösstentheils Merinos, die aus den besten Heerden Mährens, Schlesiens und Niederösterreichs stammen. Die Schafheerden Loosdorfs (Bezirk Laa) z. B. leiten ihren Ursprung von original spanischen Schafen her, welche Fürst Johann Liechtenstein durch den verstorbenen Oekonomierath Petri direct aus Spanien hatte kommen lassen; auch die Bauernschafe wurden theilweise durch bessere, edlere Widder, welche von den Gemeinden meistens bei Gutsherren gekauft werden, auf die erste Stufe der Veredlung gebracht. Doch sind auch manche grosse Schäfereien seit 1848 bis auf eine kleine, mehr aus Liebhaberei noch beibehaltene Heerde und die wenigen groben Bauernschafe verschwunden.

Im Kreise O. M. B. ist die Schafzucht seit der Aufhebung des Blumensuchrechtes gänzlich verfallen; bloss einzelne Güter halten noch Schäfereien, die hoch- und mittelfeine Wolle liefern. Ein Theil der Schäfereien stammt aus der Race der Merinos, wovon die Zuchtmütter und Stöhre aus Sachsen vor 56 Jahren ubertrieben wurden, und noch immer ganz constant dastehen. Der Bauer hält sich höchstens 2 bis 4 Stück grobe Schafe.

In den inneren Bezirken findet man auch **Ziegenzucht**, die sonst hauptsächlich nur den Gebirgen eigenthümlich ist. Schon der Umstand, dass man die Ziege die Kuh des Proletariers nennt, deutet darauf hin, dass sie in den Städten naheliegenden Districten nur wegen der grossen Bodenzerstückelung gehalten werden, welche das Halten einer Kuh nicht mehr erlaubt, während eine Ziege leichter zu ernähren, billiger zu kaufen und auch in kleinerem Raume zu beherbergen ist und doch einer Familie den Milchbedarf zu liefern vermag. Ist daher allerdings das Vorherrschen der Ziegen ein

Zeichen von ziemlich ärmlichen oder herabgekommenen Verhältnissen, so deutet es doch sonst vielfach an, dass auch die ärmere Classe Viehеigenthum anstrebt und somit ihre Verhältnisse zu bessern sucht. Mit dem Aufkommen der Industrie und der Zunahme der Bevölkerung pflegt die Ziegenzucht zuzunehmen.

Ziegen zählt das Land 40.000 Stücke. Der Milchertrag der Ziegen beläuft sich jährlich auf 13,000.000 Mass. Die Zahl der Ziegen in der Monarchie beträgt 2¼ Million.

Im Gföhler Bezirk ist die Zucht der Ziege eine Ertragsquelle für die Mehrzahl der Kleinhäusler und Inleute. Sie liefert nicht nur vielen Familien durch ihre Milchgiebigkeit und den Verkauf der Kitze den Lebensunterhalt, sondern es wird auch ein lebhafter Ziegenhandel auf dem Gföhler Viehmarkte betrieben.

Bei den Ziegen ist die grosse Zahl derselben in Dalmatien bemerkenswerth, über 400.000; während das Hochland Tirol nur 130.000 ernährt. In Böhmen werden nur 110.000 Ziegen angegeben. Deren Zahl in Niederösterreich überschreitet 43.000, und sie sind im Alpengebirge sehr häufig. In ganz Europa kommen 111 Ziegen auf 1 □M.; in Belgien 170, in Preussen 158, in Frankreich 146, in der österreichischen Monarchie 130, in Grossbritannien 129 und in Russland 17. Den höchsten Ziegenstand hat Griechenland mit 2080, den niedrigsten Russisch-Polen mit 11 Stück auf der Geviertmeile.

In ganz Europa kommt 1 Ziege auf 14·3 Einw., im Kaiserthume Oesterreich auf 22·1, in Preussen auf 23·4, in Frankreich auf 25·6, in Grossbritannien auf 36, in Russland auf 41 und in Belgien auf 52. Die stärkste Ziegenhaltung besitzt Süd-Griechenland, wo 1 Stück auf 0·5 Einw. entfällt; die schwächste Westpolen, wo 1 Stück auf 192 Einw. kommt.

Die **Schweinezucht** hat am besten ihre Zuzucht nur in niedrigerstehenden Gegenden zu suchen, wo die Thiere in den wenig benützten Wäldern Bucheln und Eicheln in Menge finden. Niederösterreich bekommt daher einen grossen Theil seiner Zuchtschweine aus den östlichen Ländern. Da wäre nun wohl auch die Mästung selbst billig zu bewerkstelligen, aber insoferne das Fleisch nicht geräuchert oder gesalzen wird, ist der Absatz zu schwierig, zumal in solchen Gegenden die Eisenbahnen zu fehlen pflegen, da sie sofort die für solche Zucht nöthigen Vorbedingungen aufheben würden. Gemästet werden sie daher mit mehr Vortheil in den dicht bevölkerten Bezirken durch die zahlreichen Abfälle der Landwirthschaft und der Küchen, zumal gemästete Schweine durch den Transport noch viel mehr als Ochsen verlieren würden. Die Selbstzucht der Schweine ist nur erträglich in sehr fruchtbaren Jahren, wenn die Bodenproducte billig sind; sonst aber ist sie noch theurer als jene des Schlachtviehes. Besonders wichtig für die Schweinezucht ist es, dass sie auch für die kleineren Wirthschaften noch geeignet ist.

Die Schweinezucht Niederösterreichs hat durch Kreuzung mit englischen Schweinen einen grossen Aufschwung genommen. Das Schwein findet man fast überall als das verhältnissmässig einträglichste Hausthier in jeder, auch der kleinsten Hauswirthschaft des Taglöhners. In einigen Theilen des Landes übersteigt die Consumtion des Schweinefleisches jene des Rindfleisches.

Namentlich in Gegenden mit Eichenwäldern oder auf den Alpen, wo die Fütterung durch die Molken und andere Abfälle erleichtert ist, wird Schweinezucht zu Handelszwecken betrieben. Die Zahl der Schweine ist im Reiche 7½ Million. Dabei ist Niederösterreich nur mit 444.000 Stück betheiligt, während Ungarn 3¾ Millionen nährt (½ der Gesammtzahl). Obwohl die Schweinezucht in unserem Kronlande nicht darniederliegt, so werden doch sehr viele eingeführt, vorzugsweise aus Ungarn (1½ Mill.), theils geschlachtet, theils lebend und theils als Ferkel zur Mästung. Die Militärgränze besitzt ⅜ Millionen, Siebenbürgen 650.000 Stück, Mähren mit Schlesien 280.000 Stück, Böhmen 250.000 Stück und die kleine Steiermark 300.000 Stück. In ganz Europa kommen 316 Schweine auf 1 □M., in Grossbritannien 1550, in Belgien 896, in der österreichischen Monarchie 667, in Preussen 529, in Frankreich 525, in der Schweiz 429 und in Russland 156. Den höchsten Schweinestand hat England mit 1670 Stück auf 1 □M., den niedrigsten Norwegen mit 19.

In ganz Europa kommt 1 Stück Borstenvieh auf 5 Einw., in Grossbritannien auf 3·2, in Russland auf 4·3, im Kaiserthume Oesterreich auf 4·4, in Preussen auf 6·8, in Frankreich auf 7·1, in der Schweiz auf 7·9, in Belgien auf 9·8. Die stärkste Borstenviehhaltung hat Serbien, wo 1 Stück auf 1·8 Einw. entfällt, die schwächste Südspanien, wo 1 Stück auf 180 Einw. kommt.

In einzelnen Bezirken werden hie und da kleine Schweinezuchten angetroffen; eine grössere Zucht von 200 bis 300 englischen Schweinen existirt bei Herrn Baron Ward in Urschendorf; die Schweine aus dieser Zucht werden gesucht und theuer bezahlt.

Im Allgemeinen zieht man es vor, kleine ungarische Schweine zu kaufen, und gross, wohl auch fett zu füttern.

Im Wiener Walde zieht man eine schöne deutsche Race, nur zum eigenen Bedarfe, nicht zum Handel. Häufig wird auch mit den Ferkeln von 4 Wochen Alter Handel getrieben.

Schafe, Ziegen, Schweine.

K. U. W. W.

Im Bezirke	Schafe	Ziegen	Schweine	Zusammen Kleinvieh	Kleinvieh pr. □ Meile
Wien (Reichsh.- u. Residenzstadt)	27	456	1.215	1.698	1.698
Aspang	3.585	413	4.091	8.089	1.797
Baden	2.929	535	3.589	7.053	1.439
Bruck a. d. Leitha	8.597	112	4.758	13.467	3.367
Ebreichsdorf	5.004	94	3.833	8.931	1.717
Gloggnitz	3.710	827	4.245	8.782	1.568
Gutenstein	1.343	545	1.793	3.681	379
Hainburg	15.334	98	2.378	17.810	5.238
Hernals	41	357	1.371	1.769	2.527
Hietzing	144	296	1.309	1.749	1.943
Kirchschlag	8.081	828	4.963	13.872	3.226
Klosterneuburg	33	324	1.529	1.886	1.257
Mödling	665	811	3.131	4.607	1.181
Neunkirchen	2.676	1.038	6.147	9.861	1.494
Neustadt (Wiener-)	3.213	538	4.717	8.468	1.192
Pottenstein	910	580	2.907	4.397	956
Purkersdorf	172	308	838	1.318	314
Schwechat	2.737	308	5.852	8.897	1.853
Zusammen	59.201	8.458	58.666	126.325	1.640

K. O. W. W.

Im Bezirke	Schafe	Ziegen	Schweine	Zusammen Kleinvieh	Kleinvieh pr. □ Meile
Amstetten	3.584	387	13.682	17.653	4.012
Atzenbrugg	1.580	190	6.364	8.134	2.465
Gaming	7.780	1.224	4.948	13.952	1.234
Haag	1.186	262	11.037	12.485	2.903
Hainfeld	3.031	339	4.108	4.578	727
Herzogenburg	2.494	249	13.969	16.712	3.887
Kirchberg a. d. Pielach	4.482	527	3.825	8.834	1.920
Lilienfeld	3.391	796	2.849	7.036	711
Mank	3.271	373	17.823	21.467	4.770
Mautern	126	354	4.180	4.660	1.792
Mölk	1.024	263	9.994	11.281	3.318
Neulengbach	1.454	601	7.825	9.880	2.744
St. Peter in der Au	4.006	192	9.901	14.099	3.204
St. Pölten	5.677	351	21.302	27.330	3.293
Scheibbs	7.090	838	15.853	23.781	3.497
Tulln	2.110	825	8.184	11.119	2.780
Waidhofen a. d. Ybbs	7.586	907	5.633	14.126	1.744
Ybbs	2.070	333	9.714	12.117	3.462
Zusammen	58.942	9.011	171.191	239.144	2.450

K. U. M. B.

Im Bezirke	Schafe	Ziegen	Schweine	Zusammen Kleinvieh	Kleinvieh pr. □ Meile
Feldsberg	16.299	477	7.696	24.472	3.447
Gross-Enzersdorf	14.225	225	7.487	21 937	3.226
Haugsdorf	5.382	1 552	3.060	9.994	4.543
Kirchberg a. Wagram	3.643	795	8.624	13.062	2.561
Korneuburg	8.574	904	9.383	18 861	3.849
Laa	27.874	485	14.048	42.407	5.507
Marchegg	8.519	97	3.035	11.651	2 157
Matzen	10.790	636	8.058	19.484	3.676
Mistelbach	13.945	787	8.606	23.338	4.403
Oberhollabrunn	11.561	994	9 528	22 083	2.831
Ravelsbach	4 176	512	6.359	11.047	2.762
Rötz	5.334	1.142	5.915	12 391	4.425
Stockerau	11.827	233	8.495	20.555	3 162
Wolkersdorf	7.192	834	6 754	14 780	3.145
Zistersdorf	15.532	723	9.238	25 493	4 112
Zusammen	164.875	10 390	116.286	291 551	3.560

K. O. M. B.

Im Bezirke	Schafe	Ziegen	Schweine	Zusammen Kleinvieh	Kleinvieh pr. □ Meile
Allentsteig	3.985	504	8.257	12.746	2 360
Dobersberg......	3.576	394	2 725	6.695	2.029
Eggenburg	8.396	407	5.058	13.861	4.471
Geras	11.479	452	5.765	17.696	3.611
Gföhl	3.268	687	7.045	11.000	1.930
Gross-Gerungs.....	3.158	1.129	3.440	7.727	1.380
Horn	9.589	438	7.343	17.370	3.102
Krems	77	279	4.567	4.923	2.238
Langenlois	1.572	394	3.918	5.884	2 558
Litschau	1.814	167	1.960	3.941	896
Ottenschlag........	2.636	1.033	7.189	10 858	1.529
Persenbeug	942	678	6.291	7.911	1 648
Pöggstall..........	1 901	1 231	3.609	6.741	2.696
Raabs	9.993	565	5.173	15 731	3.146
Schrems	1.905	324	4.770	6.999	1.228
Spitz	1 044	723	4.909	6.676	1 963
Waidhofen a.d. Thaya	1.322	393	4.690	6.405	1.884
Weitra	5 228	1.337	5.026	11.591	1.680
Zwettl	4.279	423	6.082	10.784	1.685
Zusammen	76.162	11.548	91.817	179.527	2.047
Niederösterreich Summa	359.180	39.413	443.960	842.553	2.448

Was den gesammten Viehstand anbelangt, so kommen in Europa 2427 Stück auf 1 □M., in Grossbritannien 11.447, in Frankreich 5950, in Preussen 5537, in Belgien 5212, im Kaiserthume Oesterreich 3796, in der Schweiz 3165 und in Russland 988.

An Grossvieh kommen in ganz Europa 801 Stück auf 1 □M., in Belgien 3062, in Grossbritannien 2998, in Frankreich 1720, im Kaiserthume Oesterreich 1519, in der Schweiz 1465, in Preussen 1433 und in Russland 384.

An Kleinvieh entfallen in ganz Europa 1627 Stück auf eine Geviertmeile, in Grossbritannien 8447, in Frankreich 4238, in Preussen 4104, in der österreichischen Monarchie 2277, in Belgien 2146, in der Schweiz und in Russland 504.

In ganz Europa kommen auf 1 Einw. 1·52 Stück (Gross- und Klein-) Vieh, in Grossbritannien 2·28, in Frankreich 1·61, in Preussen 1·5, in Russland 1·45, im Kaiserthume Oesterreich 1·26, in der Schweiz 0·93 und in Belgien 0·6.

Von Grossvieh kommt in ganz Europa 1 Stück auf 2 Einwohner, in Grossbritannien auf 1·58, in Russland auf 1·78, im Kaiserthume Oesterreich auf 1·98, in Frankreich auf 2·18, in der Schweiz auf 2·32, in Preussen auf 2·51 und in Belgien auf 2·85.

Von Kleinvieh kommt in ganz Europa 1 Stück auf 0.98 Einw., in Grossbritannien auf 0·6, in Frankreich auf 0·87, in Preussen auf 0.89, in Russland auf 1·13, im Kaiserthume Oesterreich auf 1·32, in der Schweiz auf 2 und in Belgien auf 4·09.

Der Viehwerth beträgt durchschnittlich pr. Stück in ganz Europa 42 fl., in Grossbritannien 92, in Belgien 82, in der Schweiz 61, in Frankreich 54, in Preussen 32, in Oesterreich 28 und in Russland 19 fl.

Auf 1 Einw. kommen an Viehwerth in ganz Europa 63 fl., in Grossbritannien 207, in Frankreich 85, in der Schweiz 57, in Belgien 49, in Preussen 48. im Kaiserthum Oesterreich 35 (der höchste Werth erscheint in Salzburg mit 82, der niedrigste in Istrien mit 21) und in Russland mit 28 fl. In Niederösterreich beträgt derselbe für 1 Stück Grossvieh 106, für 1 Stück Kleinvieh 36, im Durchschnitt für 1 Stück Vieh überhaupt aber 53 fl. öst. Währ.

Die **Geflügelzucht** kann nur da recht gedeihen, wo ein blühender Ackerbau oder viel Kornbau vorherrscht. Sie wird jedoch im Grossen nur wenig betrieben, sondern ist meistens nur ein Anhängsel ländlicher Wirthschaften.

Die Federviehzucht wird namentlich in der Gegend um Wien

stark betrieben. Im Marchfelde (bei Eipeldau) ist insbesondere die Gänsezucht verbreitet. Auf jeden Bewohner kann man circa 3 Hühner rechnen.

Ueber diesen bedeutenden Zweig der Viehwirthschaft fehlen genaue Angaben. Die blossen Register der Verzehrungssteuer sind kein verlässlicher Anhaltspunct und erlauben nur vage Schätzungen. Wien versorgt sich weit her, und nur ein Theil niederösterreichischer Brut wird auf die 4 Millionen Hühner und Tauben fallen, welche Wien allein verzehrt; eben das wird der Fall bei der $\frac{1}{2}$ Mill. Gänse, Enten, Truthühner etc. sein, welche die Linien Wiens passiren.

Gemeine Hühner zieht sich fast in allen Bezirken nach Massgabe seines Besitzthums jeder Bauer und Kleinhäusler, hie und da auch Gänse und Enten. Einen grossartigen Geflügelhof von den meisten Gattungen Geflügel, auch veredelter Art, findet man aber zu Urschendorf, bei Herrn Baron Ward.

Die Aufzucht der Gänse, Enten und Hühner, so wie auch der Tauben, ist in den Wien nahegelegenen Bezirken ziemlich bedeutend; im ungemästeten Zustande kostet ein Paar Gänse 3 bis 4 fl., Enten 1 fl. 50 kr. bis 2 fl., Hühner 1 fl., Tauben 50 kr.

Auch die Bienenzucht wird fast regelmässig mit der Landwirthschaft verbunden; doch ist sie im Allgemeinen ohne weiteren Einfluss auf die wirthschaftlichen Verhältnisse eines Landes. Im Grossen ist sie nur da zu treiben, wo es viele Wiesen und Haidepflanzungen gibt.

Der Betrieb der Bienenzucht ist fast allgemein verbreitet. Namentlich werden in der Tiefebene, wo die Cultur des Haidekorns im Grossen betrieben wird, und eine reiche Herbstweide den Bienen zu Gebote steht, sehr volkreiche Bienenstände gehalten, und die Züchter erfreuen sich eines reichlichen Gewinnes, so dass Gemeinden, welche ausgedehnte Bienenzucht betreiben, eine bedeutende Wohlhabenheit geniessen.

Man überführt aus allen Gegenden auf Entfernungen von Tagreisen die Bienenkörbe zur Zeit der Haidekornblüthe in das Marchfeld, um sie mit Honig von den Bienen füllen zu lassen, und die Besitzer gewinnen bei diesem Betriebe (der Schwarm-Wander-Bienenzucht in Strohkörben) für wenige Kreuzer Aufstellungsabgabe pr. Korb 20 bis 50 Pfund Honig.

Der Betrieb mit beweglichem Bau nach Dzierzon's Methode gewinnt auch in Niederösterreich immer mehr Ausdehnung. Man zählt über 18.000 Stöcke.

Von $1\frac{1}{2}$ Million Bienenstöcken der Monarchie fallen auf Ungarn fast $\frac{1}{4}$ Million, auf Galizien $\frac{1}{5}$ Million. Siebenbürgen $\frac{1}{6}$ Million und so abwärts bis 1000 Stück in Salzburg.

In einzelnen Bezirken des Kreises U. W. W., namentlich aber im Badner, findet die Bienenzucht einen grösseren und rationelleren Betrieb. Durch den landwirthschaftlichen Bezirksverein wird das Dzierzon'sche System immer mehr verbreitet; freilich ist auch insbesondere der gebirgige Theil des Bezirkes durch die reichen Wiesenfluren und den in den Nadelwäldern sich findenden Honigthau stark von der Natur begünstigt: 2 bis 4 Bienenstöcke trifft man in einzelnen Bezirken bei vielen Bauern an. Meist wird die Zucht mittelmässig betrieben, vielfach in Strohkörben nach althergebrachter Weise; der Preis eines Stockes ist 3 bis 5 fl., die Zucht ist noch wenig rentabel.

Wo die so nöthige Weide auf Haidefeldern mangelt, wie im Tullnerboden, indem diese Frucht nur selten gebaut wird, die Bodenverhältnisse derselben nicht zusagen, und auch die heftigen Winde störend einwirken, ist die Bienenzucht fast gar nicht vertreten.

II. Fischerei.

Die Fischerei ist entweder nur ein Handwerk oder ein sehr einförmiges, bescheidenes Vergnügen. Der Ertrag derselben ist in unseren Flüssen und Bächen nur gering.

Es könnte nur nützlich sein, wenn wenigstens für die Flüsse grössere Schonung befohlen würde, da sie ohnehin durch die stärkere Schifffahrt fischleerer werden und die der Gesammtheit nichts kostende, aber sehr nützliche Fischerei immerhin in gutem Ertrage erhalten werden sollte.

Fischteiche sind bei dichterer Bevölkerung und sorgfältigerer Bodenbenützung als Bodenverschwendung zu betrachten; in der Nähe von Städten, namentlich wenn dafür sonst nicht gut brauchbare Grundstücke verwendet werden, können sie aber allerdings eine recht gute Rentabilität erlangen.

Die Flussfischerei bietet in Niederösterreich eine reiche Ausbeute an vorzüglichen Fischen. Welse, Lachse, die berühmten Donaukarpfen und alle die Flossenthiere grosser und kleiner Gewässer sind ein massenhaftes Product des Hauptstromes und seiner Nebenflüsse. In den Gebirgsbächen ist die Forelle und der Saibling ein häufig vorkommender, sehr geschätzter Fisch. Krebse finden sich in allen Gewässern. An Fischteichen ist Niederösterreich arm.

Ueber die künstliche Fischzucht Niederösterreichs im Jahre 1865 ist Folgendes zu berichten: Die Fischzuchtanstalt am Brunnmühlbache, westlich von Traismauer am Ausgang des Traisenthales (Eigenthümer Freiherr v. Geymüller, Fischmeister Dobitsch), begonnen im Jahre 1862, ist zuerst nach den Angaben des Herrn Kuffer aus München angelegt, nachher aber bedeutend vergrössert und verbessert worden. Sie besteht aus einer über 300 □° grossen, den ganzen Quellencomplex des Baches umfassenden, eingefriedeten Anlage (mit 2 Brutrinnen, 1 Futterrinne, 11 kleinen Zuchtteichen, 1 Mutterfischteich) und dem 400 Klafter langen, im Durchschnitt $1\frac{1}{2}$ Klafter breiten Bach als Streckwasser; zum Einsammeln des Insectenfutters wird der Mühlbach, sowie eine Anzahl kleiner Gräben, Brunnadern und Tümpel benützt. Besetzt waren die Anlagen mit circa 150 Stück 2—3 Pfd. schweren Mutterfischen = 375 Pf.
„ „ 2000 „ $\frac{3}{4}$—1 „ „ 2jähr. Fischen = 1750 „
also circa 20 Ztnr. Kaufgut
und mit circa 5000 Stück Jährlingen.

Für das Jahr 1866 war angenommen, dass die Anstalt von jener Zeit an zwischen 30 und 40 Ztnr. Forellen, sowie 200 Mille Eier und 10,000 Setzlinge auf den Markt bringen könne.

Eine Bevölkerung des Traisengebietes wird von dieser Anstalt vorläufig nicht zu erwarten sein, da der Brunnmühlbach sich erst kurz vor dem Ausflusse des Traisenmühlbaches mit diesem vereinigt und etwas zu ängstlich auf den Zusammenhalt der ganzen Brut in der Anstalt gesehen wird. Dagegen wirkt die musterhaft geleitete Anstalt anregend auf die ganze Bevölkerung des unteren Traisenthales und es wird ihr Fischmeister häufig von den Fischwasserbesitzern der Umgegend consultirt.

Ein weiteres Verdienst um die Sache der künstlichen Fischzucht hat sich ihr Fischmeister durch seine rastlosen, schon jetzt mit dem schönsten Erfolge gekrönten Bemühungen, eine rationelle Fütterung einzuführen, erworben. Bis vor kurzem kannte man keine andere Fütterung als Hirn, Leber oder Eigelb für die jungen, gehackte Fische oder gehacktes Fleisch für die älteren.

Diess ist eine Methode, welche bedeutende, die Rentabilität in Frage stellende Barauslagen erfordert und Unfruchtbarkeit der Eier verursacht. Fischmeister Dobitsch hat es dahingebracht, die zwei ersten Jahrgänge bloss mit lebenden Insectenlarven, Crustaceen

20*

und Froschlarven ohne jede Barauslage zu füttern, und nur die Mutterfische erhielten im Jahre 1865 noch Fischfütterung, was hoffentlich später ebenfalls vermieden werden kann.

Die Fischzuchtanstalt in Pottenbrunn, letzte Station vor St. Pölten an der Westbahn, im Traisenthal (Eigenthümer Herr v. Perko), wurde erst vor wenigen Wochen begonnen. Diese Anstalt ist von der Natur ausserordentlich begünstigt. Der Mittelpunct ist ein prachtvoller, etwa 3 Joch grosser Teich rund um das Schloss Pottenbrunn; in ihn ergiesst sich ein 1000 Klafter langer, durchschnittlich 1½ Klafter breiter Bach mit täglichen 360.000 Eimern Wasser; weiter aufwärts am Bach sind zwei Forellenteiche, zusammen ½ Joch; ein vernachlässigter dritter, der erst in Stand gesetzt werden muss, von circa 2 Joch, endlich ein etwa 300 Klafter langer Bach im Park, der in etwa 10 langgestreckte Abtheilungen getheilt ist, und einige kleinere Brunnadern.

Die Leistungsfähigkeit dieser Anstalt dürfte mit 60—70 Ztnr. nicht zu hoch angeschlagen sein. Ihr Besatz bestand im Jahre 1865 erst aus einigen hundert Wildfischen, von denen circa 50—60 Mille Eier zu erwarten waren, zu deren Bebrütung eine Brunnader als natürliche Brutrinne benützt wird, indem man mit einem Kostenaufwand von 10 fl. ein kleines Breterhüttchen über sie stellte. Von hier aus dürfte eine Bestockung des ganzen unteren Traisengebietes und somit eine bedeutende Erhöhung des Fischereierträgnisses zu erwarten sein.

Da auch noch andere Fischwasserbesitzer des Traisenthales, die Herren Grafen Falkenhain und Montecuccoli, sowie das Stift Herzogenburg, durch die Fischzuchtanstalt am Brunnmühlbach angeregt, die Absicht haben, ihre Gewässer durch künstlich gebrütete Fische zu bevölkern, eventuell förmliche Anstalten zu errichten, so kann mit Recht von diesem Thale binnen einigen Jahren ein Erträgniss von vielleicht 1000 Ztnr. Forellen erwartet werden.

Auch an der Pielach dürfte bald eine Inangriffnahme der künstlichen Fischzucht durch das Stift Mölk und Grafen Falkenhain zu erwarten sein, und in Waidhofen a. d. Ybbs beschäftigte sich bereits im Jahre 1865 Herr Realschuldirector Hütter mit derselben.

Jenseits der Donau ist die Zahl der zur Fischzucht geeigneten Localitäten sehr gering; von Bestrebungen in dieser Richtung ist nur bekannt, dass Herr Graf Hardegg in Schmiedau nächst Stättelsdorf sich vom Fischmeister Dobitsch einen von diesem erfundenen, sehr sinnreichen Forellenfang einrichten liess und künstliche Vermehrung beabsichtigte.

An den Quellgebieten unterhalb Wiens ist bloss die Fischzuchtanstalt des Herrn Fichtner in Atzgersdorf zu nennen.

Die Fischerei wird auf der Donau von den Berechtigten ausgeübt, und die Ausbeute an Hechten, Karpfen, Schillen und anderen Gattungen, ausser den minderen Sorten, nach Wien abgesetzt. Dieselbe hat seit der grösseren Ausdehnung der Wasserbauten und dem Bestehen der Dampfschifffahrt sehr grosse Verminderung erlitten. Teichfischerei und jene in Bächen ist sehr gering.

III. Jagd.

Die Jagd besteht in der Erlegung und Erbeutung frei und wild lebender Thiere.

Sie wird häufig wieder in die wilde und zahme abgetheilt. Die letztere bezieht sich einzig und allein auf eingehegte Jagdbezirke, Kammerforste u. dgl., während alle andere Jagd nur eine wilde ist.

So lange die Jagd überhaupt nicht ein blosser Vernichtungskrieg gegen gewisse Thiergattungen sein soll, sondern zum Zwecke hat, den Menschen Nahrung und andere Rohstoffe zu liefern, wird wenigstens insofern eine Pflege und Sorgfalt für die Thiere stattfinden müssen, dass man die Ausbeutung nicht zu weit treibt, nach den Jahreszeiten richtet und so den Nachwuchs zu künftiger Ausbeutung nicht vermindert oder vernichtet.

Je weiter in einem Lande die wirthschaftliche Cultur voranschreitet und namentlich Bevölkerung und Ackerbau zunehmen, desto weniger ist Raum für die wilden Thiere. Die stärkeren Raubthiere, wie Bären, Wölfe, Luchse u. a., haben in Niederösterreich daher schon frühe der Cultur weichen müssen und anderes Wild hat sich in menschenleerere Gegenden zurückgezogen, wogegen jedoch auch nützliches Wild, wie Fasanen, eingeführt wurden, weil man deren Fleisch als Leckerbissen auf der Tafel liebt.

Der Ertrag der Jagd ist nur ein scheinbarer, weil die Kosten desselben nicht dagegen gestellt werden können, da viele Posten derselben sich sogar jeder Berechnung entziehen. Das Wild schadet nicht bloss den Waldungen, sondern ganz besonders den Feldern, indem es viel zertritt und frisst; auch das Begehen der Jagd bringt Nachtheile, die um so grösser werden, je intensiver die Landwirthschaft geworden ist. Ein bedeutender Forstmann berechnet, dass ein Stück Rothwild an Nahrungsbedarf fast so viel als ein Rind, ein Reh so viel wie ein Schaf verbraucht, abgesehen vom Schaden anderer Art, so dass also natürlich eine vorgerücktere Landwirthschaft alle Ursache hätte, nach und nach alle jagdbaren Thiere auszurotten.

Die Jagd in den Alpenforsten Niederösterreichs erscheint mit Rücksicht auf die Ortsverhältnisse ziemlich gut und lohnend. An Wildgattungen kommen vor: Hasen, Rehe, Hirsche, Gemsen, Füchse, Dachse und Marder, Repphühner und in einigen Bezirken auch etwas Fasanen.

Im Wienerwald ist der Nutzen der Waldjagd zwar im Ganzen nicht bedeutend, aber doch von einigem Belange. An Wildgattungen kommen vor: Hasen, Repphühner, Rehe, Hirsche wenig, im Hochgebirge auch etwas Gemsen, Fasanen nur in einigen Bezirken; von schädlichem Wilde allenthalben Füchse, auch Dachse und Marder.

Im Manhartsgebiete ist die Jagd im Ganzen ergiebig. Der Abschuss an Hasen und Repphühnern ist ziemlich stark. Rehe kommen verhältnissmässig viele, Hirsche nur sehr wenige, Fasanen nur in einigen Bezirken etwas zahlreicher vor. Die schädlichen Wildgattungen finden sich in durchschnittlich nur geringer Zahl.

Im Hügellande ist die Jagd ziemlich gut, und in einigen Bezirken sehr belangreich. Die am zahlreichsten vorkommenden Wildgattungen sind Hasen und Repphühner, dann Fasanen, Rehe verhältnissmässig weniger, Hirsche nur in sehr geringer Zahl, schädliches Wild unbedeutend.

Im Wiener Becken ist die Jagd im Ganzen nicht bedeutend. Am zahlreichsten ergeben sich Repphühner, Hasen und Fasanen, verhältnissmässig wenig Rehe und noch weniger Hirsche. Sehr zahlreich werden auch Kaninchen abgeschossen. Füchse und sonst schädliches Wild kommen wenig vor.

Die Hornviehzucht liefert an thierischen Producten Fleisch, Häute, Milch, Butter und Käse.

Das Milcherträgniss Niederösterreichs beläuft sich jährlich auf nahe $2\frac{1}{10}$ Million Eimer im Werthe von 7 Millionen Gulden.*)

*) Entgegen diesen auf directen amtlichen Erhebungen beruhenden Angaben wäre, wenn man den von der k. k. Landwirthschafts-Gesellschaft in Wien gemachten Berechnungen folgt, bei einem Stande von 285.000 Stück Kühen, die jährliche Milchproduction Niederösterreichs

Die Milchproduction hat in den letzten 12 bis 15 Jahren in den Gemeinden Grinzing und Klosterneuburg (Bez. Klosterneuburg), wo die Milcherzeugung einen Haupterwerbszweig der Bewohner ausmacht, einen merklichen Aufschwung genommen. In gleicher Weise gilt diess auch von den Gegenden Achau, Laab, Orth, Purkersdorf und Weidling. Die Gegend von Lilienfeld producirt sehr grosse Quantitäten Milch, die aber wegen ungenügender Communication keinen Absatz finden.

Thatsache ist die durch die Eisenbahnverbindungen geförderte Milchzufuhr aus den grossen gutsherrlichen Maierhöfen in Ungarn, Steiermark, Mähren und dem Salzkammergute, wodurch in Wien eine namhafte Steigerung der Milchpreise verhindert wurde. Die Milchpreise stellten sich in Wien während der Jahre 1861 bis 1864 stets auf 14 bis 32 kr. pr. Mass, im Jahre 1865 auf 10 bis 28 kr.

Butter und Rindschmalz werden hauptsächlich aus Oberösterreich, Mähren und Schlesien zugeführt. Was Käse betrifft, kommen die gewöhnlichen Laibkäse vorwiegend aus Vorarlberg und Tirol und auch aus Schlesien; Primsenkäse (Liptauer Käse) liefert Ungarn. Gewisse feinere Sorten werden noch immer aus dem Auslande bezogen, doch hat die Imitation derselben auch im Inlande Fortschritte gemacht; sie liefert ein anerkennenswerthes Fabrikat und hat durch ihre billigen Preise dem Import der ausländischen Käse schon einigermassen Concurrenz gemacht.

An Fleisch und Fleischproducten liefert Niederösterreich jährlich circa 525.000 Ztr. Da Wien allein jährlich über 90.000 Stück Ochsen consumirt, so wird zur Deckung des Fleischbedarfes in Niederösterreich Schlachtvieh aus anderen Kronländern, wie z. B. Ungarn, Galizien etc., und selbst vom Auslande, dann Stechvieh (insbesondere Kälber) aus Oberösterreich bezogen.

Ueber die Fleischconsumtion Wiens, über die Preise von Rind-, Kalb-, Schwein- und Schaffleisch, dann Pferdefleisch, über die ansehnliche Gewinnung von Schweinschmalz durch die Fleischselcher Wiens und über die zunehmende Fabrikation von Würsten enthält der Hauptbericht der Kammer über die Verkehrsverhältnisse Niederösterreichs in den Jahren 1861 bis 1866, Seite 53 bis 55 und Seite 151 bis 152, nähere Angaben.

---

mit 5,700.000 Eimern im Werthe von 18,240.000 fl. anzunehmen, indem der mittlere Milchertrag einer Kuh in Niederösterreich auf 800 Mass pr. Jahr und der Werth dieser Milch auf 8 kr. pr. Mass mit grosser Wahrscheinlichkeit gestellt werden kann.

Es ist natürlich, dass auf jene Länder, die vorzugsweise Viehzucht treiben, auch die Mehrzahl der thierischen Producte fällt. Wir finden daher der Zahl des Viehstandes angemessen Ungarn überall voran, und die Alpenländer den Flachländern verhältnissmässig überlegen. Ungarn liefert über $2^1/_2$ Million Häute und Felle, während das Küstenland nur 114.000 liefert und auf Niederösterreich über $^1/_4$ Million entfallen. Die stärksten Ziffern zeigen nach Ungarn: Siebenbürgen (über 1 Million), Böhmen (900.000 Stück); die schwächsten das Küstenland, Krain und Schlesien.

Der Milcherzeugung Niederösterreichs kommt ziemlich nahe die von Oberösterreich; Salzburg erreicht den halben Ertrag; in Steiermark steigt die Ziffer auf $4^1/_{10}$ Million Eimer, sinkt jedoch bei Kärnten auf $2^1/_2$ Million, in Krain auf $1^3/_4$ Million, im Küstenlande gar auf 1 Million Eimer. Dagegen finden wir in Tirol beinahe $9^1/_2$ Million Eimer, in Böhmen beinahe 20 Millionen, in Mähren $6^3/_4$ Millionen, in Galizien beinahe 22 Millionen Eimer. Von den noch ungenannten kleinen Kronländern zählen Schlesien $2^1/_5$ Millionen, die Bukowina $1^9/_{10}$ Millionen. Dalmatien (wo die Quantität Ziegenmilch $3^1/_2$mal jene der Kuhmilch übersteigt) weiset $1^7/_{10}$ Millionen auf. Der Milchertrag gibt in Ungarn $2^7/_{10}$ Millionen Eimer. Siebenbürgens Ausbeute beträgt $8^1/_{10}$ Millionen Eimer, ebenso jene Croatiens und Slavoniens und der Militärgränze mehr als 4 Millionen Eimer. Der jährliche Ertrag einer Milchkuh beträgt in der Lombardie 155 fl., in England 110, in Holland 100, in der Schweiz 95, in Frankreich 62, in der österreichischen Monarchie 37, in Niederösterreich 56 fl. (in Galizien nur 20 fl.). Die Hälfte der Milch wird in Butter, Schmalz und Käse umgewandelt, welche Erzeugung in Niederösterreich auf 64.000 Ztr. geschätzt wird (darunter 6500 Ztr. Käse). Die stärksten Ziffern entfallen, wie zu erwarten, auf Ungarn (600.000 und 120.000 Ztr.), Galizien (300.000 und 400.000 Ztr.), Böhmen (540.000 und 240.000 Ztr.), Tirol (150.000 und 140.000 Ztr.). Am meisten zurück bleibt das Küstenland (9000 und 3000 Ztr.). Niederösterreichs Quantum verhält sich zur Totalsumme (3 Mill. und 2 Millionen) wie 1 zu 37 und 333. Auf 1 Einw. kommt an Käse nach Gewicht und Geldwerth in der Schweiz 14·6 Kilogr. = 6 fl. 60 kr., in Holland 9·6 K. = 6 fl. 90 kr., in Oesterreich 3·2 K. = 2 fl. 20 kr., in Niederösterreich 4·8 K. = 3 fl. 85 kr.

Der Gesammtertrag an gewonnener Schafwolle beträgt für die Monarchie 588.000 Ztr. Daran nehmen Theil: Ungarn mit

$^1/_8$ Million, Böhmen mit 40.000, Siebenbürgen mit 40.000, Dalmatien mit 8000 und Galizien mit 30.000 Ztr. An diese schliessen sich: Die Militärgränze mit 23.000, Mähren mit 18,000, Tirol mit 16.000, endlich Niederösterreich mit 15.000 Ztr. Den Schluss der Reihe bilden Kärnten und Krain mit 5500, Salzburg mit 4000, Oesterreich ob der Enns mit 3000, Steiermark mit 3500 und das Küstenland mit 7000 Ztrn. Ein Schaf gibt im Durchschnitt Wolle in ganz Europa 1·58 Kilogr., in Grossbritannien 2, in Oesterreich 1·9 (in Niederösterreich 1·1), in Frankreich 1·7, in Russland 1·45, in Spanien 1·38, in Preussen 1·3.

Zur Hebung der Landwirthschaft ist Manches geschehen. So dienen z. B. zur Förderung der Pferdezucht, welche besonders in den Bezirken Gross-Enzersdorf, Marchegg, Hainburg und Raabs lebhaft und erfolgreich betrieben wird, die jährlich in Wien abgehaltenen Pferderennen mit Staatspreisen, von denen für Niederösterreich zwei bestimmt sind, und zwar einer mit 1000 Stück Ducaten und der zweite mit 600 Stück Dukaten; ferner die in Wien und abwechselnd in St. Pölten und Korneuburg stattfindende Vertheilung von Zuchtprämien. Die Anzahl der jährlich in Wien mit Zuchtprämien zu betheilenden Pferde beträgt 7 Stücke; der Gesammtbetrag der Prämien ist mit 100 Stück Ducaten festgesetzt.

In den Concursstationen St. Pölten und Korneuburg werden abwechselnd jährlich ebenfalls 7 Pferde durch Prämien im Gesammtwerthe von 50 Stück Ducaten ausgezeichnet. Die Bewilligung der hier erwähnten Preise und Prämien muss von drei zu drei Jahren nachgesucht werden.

Zur Förderung der Hornviehzucht wurden bisher von der k. k. Statthalterei Jahresbeträge auf Staatspreise aus dem Landesfonds bewilligt.

Zur Hebung der Landwirthschaft in allen Zweigen besteht die k. k. Landwirthschafts-Gesellschaft in Wien mit 35 Bezirksvereinen auf dem flachen Lande.

Im Nachfolgenden geben wir noch eine Uebersicht der wichtigsten in Niederösterreich gewonnenen thierischen Producte, sowie einen Nachweis über die Gewerbe, welche die Gewinnung, Verarbeitung und den Verkauf animalischer Nahrungsstoffe zum Zwecke haben.

Name des Steuerbezirkes	Honig Natural-Ertrag Zentner	Honig Durchschnittspreis fl.	Honig Durchschnittspreis kr	Honig Geldwerth fl.	Honig Geldwerth kr	Wachs Natural-Ertrag Ztnr.	Wachs Durchschnittspreis fl.	Wachs Durchschnittspreis kr	Wachs Geldwerth fl.	Wachs Geldwerth kr	Milch Natural-Ertrag Eimer	Milch Durchschnittsp. fl	Milch Durchschnittsp. kr	Milch Geldwerth fl.	Milch Geldwerth kr
Aspang	3	40		120		3	40		120		8.957	3	16	24.171	
Baden	1	50	66	50	66						41.300	3	75	154.875	
Bruck a. d. Leitha	16	16		256							19.005	3		57.015	
Ebreichsdorf	151	20	50	3.095	50	45	21	80	1.918	40	23.292	3	62	91.967	84
Gloggnitz	4	68		272		4	90		360		6.230	2	92	18.191	60
Guttenstein	9	42		328		1	100		100		5.244	4		20.976	
Hainburg											2.500	4		10.000	
Hernals	4	20		80							35.208	4	96	174.621	69
Hietzing	6	20	50	102	50	1	20	50	20	50	46.536	5	5	229.966	80
Kirchschlag	10	32	50	325		3	60		180		13.957	2	60	36.288	20
Klosterneuburg											27.170	4	25	115.472	50
Mödling	14	20		280		2	20		40		70.796	3	80	269.024	80
Neunkirchen	11	38	67	421	27	6	52	83	316	98	12.257	3	88	47.567	16
Neustadt (Wiener-	19	25	20	478	80	3	24		72		14.264	4	78	68.181	92
Pottenstein											7.071	3	50	24.748	50
Purkersdorf											36.544	3	50	127.904	
Schwechat	9	40		360		2	40		80		54.809	4		219.236	
K.U.W.W. Zusammen	256			6.672	73	11	3		3.207	88	413.240			1,789.218	
Amstetten	50	25	20	1.260		20	84		1.680		48.000	3	16	151.200	
Atzenbrugg	6	90		540		8	45		360		42.666	4	20	179.197	20
Gaming	10	25		250		4	25		100		50.000	4		200.000	
Haag	4	20		80		2	35		70		33.300	2	61	86.913	
Haidfeld	150	20		3.000		50	30		1.500		12.000	4		48.000	
Herzogenburg	2	80		160		1	60		80		50.000	3		150.000	
Kirchberg a. d. Pielach	4	130		520		4	100		400		2.400	4		9.600	
Lilienfeld	2 20/100	80		176		1 20/100	60		72		13.200	3		39.600	
Mank	2 25/100	60		135		1	85		85		15.572	2	80	43.601	60
Mautern											6.300	3		18.900	
Melk	24 25/100	40		970		16 70/100	70		1.169		30.300	4		121.200	
Neulengbach	1 30/100	21		27	30	1 10/100	21		23	10	60.700	4	80	291.360	
St. Peter in der Au	5	50		250		4	100		400		24.000	3		72.000	
St. Pölten	15	66	30	994	50	7	96	40	674	80	55.330	3	30	182.589	
Scheibbs	2	98	32	196	64	3	63	40	190	20	24.123	2	52	60.789	96
Tulln											42.452	3		127.356	
Waidhofen a. d. Ybbs	10	49	66	496	60	2	116		232		32.965	2	60	85.709	
Ybbs	15	55		825		10	65		650		29.365	3	15	92.499	75
K.O.W.W. Zusammen	313			9.681	04	135			7.666	10	572.673			2,060.515	61

Name des Steuerbezirkes	Butter Nat.-Ertrag Ztnr.	Butter Durchschnittspreis fl.	Butter Durchschnittspreis kr	Butter Geldwerth fl.	Butter Geldwerth kr	Käse Natural-Ertrag Ztr.	Käse Durchschnittspreis fl	Käse Durchschnittspreis kr	Käse Geldwerth fl.	Käse Geldwerth kr	Schafwolle Natural-Ertrag Zentner	Schafwolle Durchschnittspreis fl.	Schafwolle Durchschnittspreis kr	Schafwolle Geldwerth fl	Schafwolle Geldwerth kr	Gesammtwerth fl.	Gesammtwerth kr
Aspang	997	40		39.880		2	27		54		52	60		3.120		67.465	
Baden	25	45		1.125							21	136	66	3.279	84	159.330	50
Bruck a. d. Leitha	159	40		6.360							209	80		16.720		80.351	
Ebreichsdorf	40	38	55	1.542							80	79		6.320		91.863	74
Gloggnitz	242	46	80	11.354	64	12	34		408		76	43	42	3.299	92	33.886	16
Guttenstein	17	30		510		20	5		100		7	41	50	290	50	22.804	60
Hainburg																10.000	
Hernals																174.711	68
Hietzing																230.979	50
Kirchschlag	332	37	69	12.513	8	7	22	50	157	50	60	57	10	3.426		52.889	78
Klosterneuburg																115.472	50
Mödling																269.344	80
Neunkirchen	216	35	74	7.719	34	5	4		20		970	55	11	53.456	70	109.494	95
Neustadt (Wiener-	265	38		10.070		2	35		70		604	72	40	43.729	60	122.602	32
Pottenstein	66	39		2.574							6	59		354		27.676	50
Purkersdorf																127.904	
Schwechat	2	100		200							134	100		13.400		233.276	
K.U.W.W. Zusammen	2.361			93.848	56	48			809	60	2.222			147.396	56	1,982.153	23
Amstetten	1.400	42		58.800							200	68		13.600		226.540	
Atzenbrugg	1.884	40		75.360							20	55		1.100		256.557	20
Gaming	5.000	50		250.000							200	30		6.000		456.350	
Haag	2.050	38	37	78.666	50	7	8		56							165.777	50
Haidfeld	600	30		18.000							150	60		9.000		79.500	
Herzogenburg	2.000	40		80.000							40	50		2.000		232.220	
Kirchberg a. d. Pielach	210	50		10.500							60	63		3.780		24.890	
Lilienfeld	700	22		15.400							20	44		880		66.126	
Mank	1.597	35		55.895							19½	100		1.950		101.666	60
Mautern	340	30		10.200												29.100	
Melk	2.000	35		70.000							860	130		111.800		303.139	
Neulengbach	1.490	46		68.540							3½	60		210		360.160	40
St. Peter in der Au	1.300	40		52.000							56	75		3.600		128.250	
St. Pölten	3.476	38	20	132.783	20						118	68	50	8.083		325.124	50
Scheibbs	593	38	74	22.972	82						358	59	67	21.361	86	105.511	48
Tulln	484	40	60	19.650	40						28	64	60	1.808	80	148.815	20
Waidhofen a. d. Ybbs	904	36	90	33.357	60	32	12		384		84	44		3.696		123.875	20
Ybbs	1.000	40		40.000							50	50	5	2.502	50	136.477	25
K.O.W.W. Zusammen	27.028			1,062.117	52	39			440		2.267			199.272	16	3,061.992	33

33.978
4.567
1.600
27.810
7.797
35.778
13.200
35.264
171.600
24.000
50.400
120.000
23.034
8.400
26.420

Gewerbe,

welche die Gewinnung, Verarbeitung und den Verkauf animalischer Nahrungsstoffe zum Zwecke haben.

(Es sind hier auch jene Gewerbetreibenden berücksichtigt, welche neben einem in diese Gruppe gehörigen Gewerbe auch irgend ein anderes betreiben, und die in Folge dessen wiederholt gezählt werden.)

Namen der Gewerbe	Wien				Flaches Land			
	1860		1865		1860		1865	
	Zahl der Gewerbe	Erwerbsteuer Gulden	Zahl der Gewerbe	Erwerbsteuer Gulden	Zahl der Gewerbe	Erwerbsteuer Gulden	Zahl der Gewerbe	Erwerbsteuer Gulden
A. Industrialgewerbe.								
Fischer	11	105	9	90	90	303½	77	254½
Flecksieder	12	435	7	145	4	20	5	30
Fleischhauer (Freischlächter u. dgl.)	387	21.770	432	22.500	1590	17.557½	1668	18.572
Fleischselcher	138	4.235	170	4.310	207	1.937	205	2.271
Milchschänker (Erfrischungsanstalten, Molkenschänker)	—	—	1	5	2	15	3	14
Pferdefleischausschrott.	4	45	5	65	3	55	6	75
Sulzerzeuger	1	10	—	—	—	—	—	—
Wurst- u. Käsemacher	10	215	8	160	30	198	25	175
Zusammen	563	26.815	632	27.275	1926	20.086	1989	21.391½
B. Handelsgewerbe.								
Ameiseneierhändler	10	50	8	40	—	—	—	—
Butter-(Eier-, Schmalz-, Käse- etc.) Händler	51	560	150	1.105	664	2.608	651	2.687
Esswaarenhändler (Delicatessenhändler)	28	600	16	530	—	—	—	—
Fischhändler (Fischkäufler, Austern- u. Meerfischhändler)	84	650	83	570	36	139½	35	173½
Flecksiederwaarenh.	—	—	—	—	1	5	—	—
Geflügelhändler (Häringer, Koschergänseh.)	112	1.230	133	1.195	132	605	113	527
Honighändler	—	—	—	—	—	—	1	5
Kühehändler	—	—	—	—	15	72½	11	48
Milchhändler, Milchmeier	846	24.470	1008	21.760	614	4.558	728	5396
Pferdehändler	58	860	49	625	27	200	49	383
Schmalzversilberer	6	325	5	310	—	—	—	—
Selchfleischhändler	-	—	1	5	1	3	1	4
Viehhändler	17	475	14	310	798	5.446½	489	3319
Vogel- u. Taubenhändl.	36	280	47	280	16	80	14	67
Wildprethändler	28	690	37	675	52	236½	43	190½
Wurst- u. Käsehändler	3	60	19	165	2	7½	8	22
Würstelverkäufer	—	—	—	—	47	178½	54	206
Zusammen	1279	30.250	1570	27.570	2405	14.140	2197	13.028

II. Abschnitt.

Bergbau und Eisenindustrie.

Verfasst von einem Berg- und Hüttenmanne.

Mineralkohlenbergbau.

Das Vorkommen von Mineralkohlen ist in Niederösterreich auf die am rechten Ufer der Donau gelegenen Landestheile beschränkt. Die hier abgelagerten Mineralkohlen sind verschiedener Art, denn die vorkommenden Flötze führen theils Steinkohlen [1], theils Braunkohlen, und überdiess scheiden sich sowohl die Steinkohlen- wie auch die Braunkohlenflötze in Flötze verschiedenen Alters. Denn während die Steinkohlenflötze Niederösterreichs in den Bezirken Gaming, Hainfeld, Kirchberg a. d. Pielach, Lilienfeld, Waidhofen a. d. Ybbs und andere kleinere Steinkohlenflötze den Gresteuer Schichten (der unteren Lias) angehören, sind die Steinkohlenflötze im Neunkirchner und Wr.-Neustädter Bezirke in den Gosauschichten (Kreideformation) eingeschlossen. Die Braunkohlenflötze führen theils jüngere Braunkohlen (Lignite), wie jene in der Ebene südöstlich von Wr.-Neustadt bei Zillingdorf und Lichtenwörth, theils lignitartige Kohlen (nächst Gloggnitz) und schöne schwarze (ältere) Braunkohlen, wie die Flötze von Thallern, Leiding, Schauerleithen u. s. w.

Im Jahre 1865 bestanden in Niederösterreich für den Mineral-

---

[1]) In unseren früheren Berichten haben wir uns der Bezeichnung Schwarzkohlen bedient: wir finden aber dafür die allgemeiner gebräuchliche Bezeichnung „Steinkohlen" zu substituiren, weil nicht die Farbe der Kohle selbst das unterscheidende Merkmal zwischen beiden Arten der Mineralkohlen bildet, sondern vielmehr die anderen, durch das Alter des die Mineralkohlen einschliessenden Gebirges bedingten Eigenschaften hierbei massgebend sind.

kohlenbergbau 707 belehnte Grubenmaassen und 67 Ueberscharen, welche einen Flächenraum von zusammen 9,528.623 Quadratklaftern einnahmen. Von diesem für den Mineralkohlenbergbau belehnten Flächenraume entfielen 72 Percent für die Steinkohlenbergbaue, der Rest für die Braunkohlenbergbaue. Unter den sämmtlichen Mineralkohlenwerksbesitzern ist Heinrich Drasche in Wien der hervorragendste, denn von dem oben bezogenen, für den Mineralkohlenbergbau verliehenen Terrain sind an 48 Procent in Drasche's Besitze.

Vergleicht man den für Mineralkohlenbergbau im Jahre 1865 bestandenen belehnten Flächenraum mit jenem früherer Jahre, so ergibt sich:

	belehnte Gruben-maassen	belehnte Ueber-scharen	Gesammtflächen-raum in Quadrat-klaftern
im Jahre 1855	831	—	13,810.944
„ „ 1860	720	71	9,836.520
„ „ 1865	707	67	9,528.623

Der Bergbau auf Mineralkohlen ist in Niederösterreich vermöge der Lagerungsverhältnisse der Flötze ebenso auf Schachteinbaue wie auf Stolleneinbaue angewiesen, und es dürfte die erstere Art des Bergbaubetriebes die vorherrschende sein. Die Tiefe der Schächte wechselt bei den Steinkohlenbergbauen von 10 bis 90 Klafter, bei den Braunkohlenbergbauen von 5 bis 108 Klafter. Die Kohlenmittel, welche bis Ende des Jahres 1865 aufgeschlossen waren, werden für die Steinkohlenbergbaue auf 12 Millionen Ztr. und für die Braunkohlenbergbaue auf 11 Millionen Zentner geschätzt.

Die Erzeugung an Mineralkohlen betrug im Jahre 1865 zusammen 1,920.802 Wr. Zentner, wovon auf die Braunkohlenbergbaue 58 Percent entfielen. Wir sehen demnach, dass die Erzeugung der Stein- und Braunkohlenbergbaue im umgekehrten Verhältnisse zu dem belehnten Bergwerksbesitze steht, welches abnorm erscheinende Verhältniss in dem Umstande begründet ist, weil einestheils die Braunkohlenflötze in Niederösterreich eine bedeutend grössere Mächtigkeit besitzen, als die Steinkohlenflötze daselbst, und weil anderntheils auch die Braunkohlenbergbaue Niederösterreichs leichter Absatz finden, als die Steinkohlenbergbaue. Denn der Bergbaubesitzer Heinrich Drasche, welcher, wie wir bereits erwähnt haben, 48 Percent der sämmtlichen in Niederösterreich für Mineralkohlenbau belehnten Flächen sein Eigenthum nennt und 83 Procent von der oben aufgeführten Mineralkohlenerzeugung, 92 Procent aber von der ganzen Braunkohlenerzeugung aus den eigenen Kohlengruben gefördert hat, verwendet diese Kohlenförderung zum grössten Theile in seinen grossartigen Ziegeleien bei Inzersdorf nächst Wien. Die anderen Kohlenwerke fördern, mit Ausnahme des Lilienfelder Bergbaues, in welchem für den Bedarf des denselben Besitzern gehörigen Puddlings- und Walzwerkes mehr als 100.000 Zentner Kohlen abgebaut werden, meist nur unbedeutende Kohlenmengen, da sie auf den Absatz an die nächstgelegenen Fabriken und grösseren Gewerbe beschränkt sind.

Die Ursachen, warum die Mineralkohlen von Niederösterreich keinen entsprechenderen Absatz finden können, sind bei den Braunkohlen in ihrer vorherrschend minderen Qualität, bei den Steinkohlen in ihrem absätzigen Vorkommen und bei beiden, vorzugsweise aber bei den Steinkohlen, in der Entfernung der Ablagerungen von den Eisenbahnen zu suchen. Und so ist es möglich, dass in Wien nur verhältnissmässig sehr wenig Mineralkohlen aus Niederösterreich verbraucht werden, und dass ein nahe den südlichen Gränzen von Niederösterreich und in der Mitte seiner Kohlenablagerungen gelegenes Puddlings- und Walzwerk (in Ternitz nächst Wr.-Neustadt) seinen Steinkohlenbedarf hauptsächlich aus dem Ostrauer Reviere in Mähren und Schlesien bezieht. Diese Zustände bestanden schon in den früheren Jahren und dürften sich, weil in natürlichen, nicht zu bewältigenden Verhältnissen begründet, auch in der Zukunft nicht wesentlich ändern. Denn wenn einestheils die mindere Mächtigkeit der Braunkohlen und das absätzige Vorkommen der Steinkohlen natürliche, nicht zu ändernde Hindernisse darstellen, so ist anderentheils der Umstand, dass die Steinkohlenbergbaue, in Folge der grossen Absätzigkeit der Flötze, auf einem grossen Flächenraume zerstreut und häufig in von den Hauptverbindungswegen weitab entlegenen Gegenden des Gebirges eröffnet werden mussten, sowohl für eine billige Erzeugung, wie auch für die Concurrenzfähigkeit dieser Kohlen im hohen Grade abträglich. Demnach erscheint durch die vorherrschend mindere Qualität der niederösterreichischen Braunkohlen eine Concurrenz auf weite Entfernungen in der Regel sowohl in der Gegenwart, als auch für die Zukunft ausgeschlossen. Für die niederösterreichischen Steinkohlen aber ist aus dem Grunde keine wesentliche Erweiterung ihres Absatzgebietes zu gewärtigen, weil auch in dem Falle, als ihr Gebiet durch eine Eisenbahnlinie durchzogen sein würde, ihr zumeist weniger massenhaftes Vorkommen den meisten Bergbauen die Anlage von Zweigbahnen nicht lohnen könnte und demnach dieselben in keinem Falle ganz von der theuren Achsenfracht sich werden emancipiren können; weil ferner die Absätzigkeit und dabei mindere Mächtigkeit der Flötze jedenfalls immer höhere Abbaukosten bedingen werden.

Eine sprechende Illustration für diese Ansicht bietet die Vergleichung der Erzeugung der niederösterreichischen Mineralkohlenbergbaue der Jahre 1855, 1860 und 1865.

	Steinkohlen	Braunkohlen	Zusammen Mineralkohlen	Werth an der Grube
		Wiener Zentner		
1855	627.808	843.820	1,471.628	350.064 fl. 77 kr.
1860	785.008	1,315.787	2,100.795	403.518 „ 55 „
1865	806.137	1,114.665	1,920.802	461.333 „ 94 „

Man findet hiernach, dass in den letzten fünf Jahren die Steinkohlenförderung nahezu die gleiche geblieben ist, und dass die Braunkohlenförderung einen bedeutenderen Rückgang erfahren hat. Allein der letztere Umstand ist nur in der geringeren Ausbeute der Drasche'schen Bergbaue begründet, welche, wie schon bemerkt, zumeist bei den eigenen Ziegeleien zur Verwendung gelangt.

Der Bedarf an Mineralkohlen in Niederösterreich überragt weit dessen Erzeugung, namentlich aber verbraucht Wien sammt Umgebung sehr grosse Mengen mineralischen Brennstoffes. Es betrug dieser Verbrauch in Wien sammt Umgebung im Jahre

1857 4,130.000 Wr. Ztr. Mineralkohlen
1860 5,460.600 „ „ „
1865 6,628.600 „ „ „

Auf den Wiener Markt und für den Consum Niederösterreichs überhaupt werden nebst den Kohlen der niederösterreichischen Bergbaue hauptsächlich Steinkohlen aus Mähren und Schlesien (aus dem Ostrauer und Rossitzer Reviere), dann aus Preussisch-Schlesien, ferner aus Ungarn (Fünfkirchen) und Böhmen (aus dem Pilsener Reviere), Braunkohlen aber vorzugsweise aus Steiermark (von Leoben, Parschlug, aus dem Voitsberg-Köflacher und Eibiswalder Reviere), aus Oberösterreich (von den Wolfsegg-Traunthaler Gruben), dann aus Ungarn (Brennberg) und mitunter auch aus Mähren (Neudorf-Gödinger Revier) gebracht. Nachdem Wien für Mineralkohlen in Niederösterreich der bedeutendste Verbrauchsort ist, so sind auch die Wiener Marktpreise für das ganze flache Land massgebend. Diese Marktpreise waren in den Jahren:

	1857	1860	1865
	für 1 Wr. Ztr. Steinkohlen		
Ostrauer	115½ kr.	100 kr.	86 kr.
Preussische	115½ „	106 „	96 „
Rossitzer	114 „	96 „	89 „
	für 1 Wr. Ztr. Braunkohlen		
Gloggnitzer	61 kr.	57 kr.	50 kr.
Thallerner	58 „	50 „	48 „
Leobener	87½ „	92 „	90 „
Köflacher	— „	60 „	60 „
Wolfsegg-Traunthaler	61 „	57 „	46 „

Die Preise der Mineralkohlen sind demnach in Niederösterreich seit dem Jahre 1855 stetig herabgegangen, obwohl gleichzeitig der Verbrauch von diesen Brennstoffen zugenommen hat, u. z. eben in Folge des herabgeminderten Preises. Noch immer hat aber der Mineralkohlenverbrauch in Niederösterreich, namentlich in Wien, nicht jene Höhe erreicht, wie es im Interesse der Reservirung des Holzes für andere Zwecke und der gedeihlichen Entwicklung zahlreicher Industriezweige und Gewerbe höchst wünschenswerth, ja mit Rücksicht auf die diessfälligen Verhältnisse in anderen Staaten dringend nothwendig erscheint. Denn während in der österreichischen Monarchie zur Zeit an 90 Millionen Zentner Mineralkohlen per Jahr verbraucht werden, beträgt dieser Consum in England an 1700 Millionen, in Preussen 320 Millionen, in Belgien 300 Millionen und in Frankreich 150 Millionen Zentner. Und frägt man nach dem Grunde dieser auffällig geringen Ziffer des Mineralkohlenverbrauches in Oesterreich, so werden stets die hohen Eisenbahnfrachtsätze bezeichnet, welche in Oesterreich überhaupt, vorzugsweise aber in Wien und Niederösterreich, der Verwendung grösserer Mengen mineralischen Brennstoffes im Wege stehen. Denn da die Hauptstadt Wien vermöge der oben geschilderten Verhältnisse bezüglich ihres Mineralkohlenbedarfes auf weit entlegene Kohlenwerke angewiesen ist, so wird diese Stadt wegen des eben erwähnten Umstandes zwar immer verhältnissmässig höhere Kohlenpreise zahlen müssen, allein es scheint doch nur ein billiger Wunsch, dass die inländischen Eisenbahnen endlich auch jene Frachtsätze für Mineralkohlen adoptiren, wie dieselben in den vorgeschrittenen Nachbarstaaten bereits seit längerer Zeit bestehen, damit endlich einmal das Missverhältniss aufhöre, wornach beispielsweise von dem Marktpreise der Mineralkohlen in Wien nahezu zwei Drittheile für Frachtlöhne entfallen.

Doch auch für die in Niederösterreich selbst erzeugten Mineralkohlen entfallen ähnliche hohe Frachtlöhne wegen der bereits früher erörterten Verhältnisse. Es betrugen die Verkaufspreise der in Niederösterreich erzeugten Mineralkohlen an den Gruben durchschnittlich :

	1855	1860	1865
für 1 Wr. Ztr. Steinkohlen ..	31 kr.	$23._{9}$ kr.	$27._{9}$ kr.
„ „ „ Braunkohlen ..	$18._{8}$ „	$16._{4}$ „	$21._{1}$ „

welche, entgegengehalten den oben angeführten Marktpreisen der Braunkohlen von Gloggnitz und Thallern am Wiener Platze, ein ähnliches Missverhältniss zwischen Werth und Frachtlohn ergeben.

Bezüglich des Mineralkohlenhandels muss eines sehnlichen Wunsches sowohl der Kohlenwerksbesitzer, wie auch der Kohlenconsumenten gedacht werden, nämlich jenes nach baldigster Einführung des Zollzentners als gesetzlicher Gewichtseinheit. Denn indem die Eisenbahnen nur nach diesem letzteren Gewichte verfrachten, der Verkauf aber gesetzmässig nur nach dem Wr. Zentner stattfinden soll, sind für den Erzeuger und Händler zeitraubende Umrechnungen unerlässlich. Aber die Einführung des Zollgewichtes ist in Wien bezüglich des Kohlenhandels um so wünschenswerther, als thatsächlich im Kleinhandel theilweise auch nach dem Zollgewichte Mineralkohlen verkauft werden und unter der Bevölkerung gewiss Viele (namentlich Hausfrauen) die namhafte Gewichtsdifferenz zwischen Wiener- und Zollzentner gar nicht kennen.

Es wurde erörtert, dass die Verhältnisse des Mineralkohlenbergbaues in Niederösterreich weniger günstige seien und dass dieserwegen derselbe den eigenen Bedarf des Landes nicht zu decken vermag. Immerhin ist jedoch der Mineralkohlenbergbau für Niederösterreich von nicht zu unterschätzender Bedeutung sowohl wegen der für denselben benöthigten Materialien, als auch wegen der durch denselben beschäftigten Arbeitskräfte.

Es sei hier nur erwähnt, dass dieser Bergbau in nachstehend angeführten Jahren an Gruben- und Bauholz verwendet hat:

1855	246.888	Cubikfuss
1857	200.448	„
1865	280.171	„

Hiernach berechnet sich der Holzverbrauch für den Zentner der Mineralkohlengewinnung im Jahre

1855 mit $0._{17}$ Cubikfuss
1857 „ $0._{19}$ „
1865 „ $0._{14}$ „

Einen weiteren Maassstab für die Bedeutung des Mineralkohlenbergbaues in Niederösterreich gibt die durch denselben unmittelbar beschäftigte Arbeiterzahl, welche im Jahre

1855 1.392 Köpfe
1857 1.553 „
1865 1.135 „

betrug.

Allerdings ist die Zahl dieser Arbeitskräfte keine grosse, allein dieselbe repräsentirt auch nicht die ganze durch den Mineralkohlenbergbau beschäftigte Arbeitskraft, da zu dieser auch die vielen für die Bedürfnisse des Mineralkohlenbergbaues selbst, so wie der Bergarbeiter und ihrer Familien beschäftigten Landleute, Gewerbsunternehmer, Frächter u. s. w. zu rechnen sind. Diese Personen können zwar nicht der Zahl nach angegeben werden allein jedenfalls ist die Beschäftigung von Tausenden der Bevölkerung nicht gering anzuschlagen, und zwar um so weniger, als dieselben einen den Verhältnissen angemessenen Verdienst finden. Diess erhellt aus den bei dem Mineralkohlenbergbaue gezahlten Arbeitslöhnen, welche durchschnittlich für den Tag im Jahre 1855 mit $56._{7}$ kr., im Jahre 1857 mit $68._{4}$ kr. und im Jahre 1865 mit $76._{6}$ kr. sich ergaben.

Diese in den allgemeinen und theilweise auch in localen Verhältnissen begründete constante Erhöhung der Arbeitslöhne, zu welcher namentlich in den letzteren zwei Jahren (1857 und 1865) auch die aus Anlass des gestiegenen Agio's erfolgte Erhöhung aller Lebensbedürfnisse beigetragen hat, ist auch der hauptsächlichste Grund, warum die Grubenpreise der Mineralkohlen, wie oben gezeigt wurde, seit dem Jahre 1860 in die Höhe gegangen sind. Denn da wegen der erhöhten Arbeitslöhne und wegen der aus gleicher Ursache erhöhten Materialienpreise die Gestehungskosten der Mineralkohlen höhere geworden sind, so mussten auch ihre Verkaufspreise an der Grube aufschlagen, und zwar um so unvermeidlicher, als seit dem Jahre 1855 bis zum Jahre 1860 alle Anstrengungen gemacht worden sind, um die früheren unverhältnissmässig hohen Gestehungskosten durch die Regelung und Verbes-

21 *

serung des technischen Betriebes, so wie durch möglichste Erweiterung des Absatzes herabzumindern, was auch, wie die früher angeführten Werthe loco der Gruben beweisen, gelungen ist. Gleichwohl sind jedoch die Verkaufspreise der niederösterreichischen Mineralkohlen am Wiener Markte in den letzten fünf Jahren noch gefallen. Es liegt in dieser Thatsache — im Zusammenhange mit dem Umstande, dass in den letzten Jahren die Mineralkohlen-Production in Niederösterreich abgenommen hat — der Beweis, dass die Preissteigerung dieser Kohlen an der Grube selbst keine unverhältnissmässig hohe, sondern nur eine durch die Verhältnisse unumgänglich gebotene war. Denn es ist unzweifelhaft, dass durch eine erhöhte Production die Gestehungskosten eines jeden Productes herabgemindert werden, weil hierdurch die von den allgemeinen Auslagen auf die Productionseinheit entfallende Quote eine geringere wird. Die Herabminderung der Mineralkohlenpreise am Wiener Platze zeigt demnach, dass die Kohlenwerksbesitzer bemüht waren, den in ihrer unmittelbaren Umgebung geschädigten Absatz durch einen erhöhten Verschleiss am Wiener Platze zu ersetzen, was denselben jedoch nicht gelungen ist. Hingegen entnimmt man den Verwaltungsberichten der k. k. Berghauptmannschaft in St. Pölten, dass die Mineralkohlenpreise loco Grube in Niederösterreich in den Jahren 1862 bis 1864 namhaft höhere waren, als im Jahre 1865, und dass daher in dem letzteren Jahre auch die Preisermässigung für den Absatz in der nächsten Umgebung der Bergbaue (ungeachtet der gesteigerten Gestehungskosten) behufs allfälliger Erweiterung des Absatzes erfolgt ist.

Ein Fortschritt in dem technischen Betriebe des Mineralkohlenbergbaues ist in Niederösterreich während der letztverflossenen 10 Jahre unverkennbar. Man entnimmt diess aus dem Umstande, dass der Stand der bei diesem Bergbaue im Jahre 1855 verwendeten 2 Dampfmaschinen von zusammen 38 Pferdekräften im Jahre 1857 auf 4 Dampfmaschinen von 58 Pferdekräften, und im Jahre 1863 auf 12 Dampfmaschinen von 159 Pferdekräften angewachsen ist, welche Dampfmaschinen zur Kohlenförderung und theilweise auch zur Wasserhaltung verwendet worden sind. Ferner zeugt hiefür die Thatsache, dass die im Jahre 1858 in Niederösterreich bei dem Bergbaue überhaupt bestandenen 4331 Currentklafter Grubeneisenbahnen im Jahre 1860 auf 4601 Currentklafter und im Jahre 1865 auf 9256 Currentklafter vermehrt worden sind; von diesen Grubeneisenbahnen entfällt jedoch nur ein verschwindend kleiner Theil auf die anderen als Kohlenbergbaue.

Die Kohlenwerksbesitzer Niederösterreichs haben überdiess auch in anderer Weise in der letztverflossenen Zeit dem Fortschritte gehuldigt, u. z. namentlich in der Richtung der Verbesserung des Looses ihrer Arbeiter. Beweis dessen, dass zur Zeit bereits nahezu bei sämmtlichen Kohlenbergbauen in Niederösterreich Bruderladen bestehen, welche die Verpflegung der Arbeiter und ihrer Familien in Krankheitsfällen, dann die Versorgung derselben bei eingetretener Arbeitsunfähigkeit und die Unterstützung ihrer Familien nach dem Tode ihrer Ernährer zum Zwecke haben. Die sämmtlichen bei den Bergbauen Niederösterreichs bestehenden Bruderladen haben im Jahre 1855 einen Vermögensstand von 47.075 fl. 11 kr., im Jahre 1860 von 79.403 fl. 37 kr. und im Jahre 1865 von 117.557 fl. 95½ kr. nachgewiesen.

Als in den letzten zehn Jahren erflossene gesetzliche Bestimmungen und Verordnungen, welche den österreichischen Mineralkohlenbergbau, gleichwie auch alle anderen Bergbaue, nahe berühren, kommen zu erwähnen:

1. Verordnung, wodurch die zulässige Ausdehnung des Bergbaubetriebes in der Nähe der Eisenbahnen festgestellt wird. F.-M.-V. v. 2. Jänner 1859, Nr. 25 R.-G.-B.

2. Verordnung, wornach in ordentlich eingefriedeten Thiergärten das Schürfen von der Einwilligung des Grundeigenthümers abhängig ist. F.-M.-V. v. 19. April 1859, Nr. 95 R.-G.-B.

3. Verordnung, wodurch die Zulässigkeit der Ermässigung der Maassengebühren in rücksichtswürdigen Fällen bis zur Hälfte ausgesprochen wird. F.-M.-V. v. 30. September 1859, Nr. 181 R.-G.-B.

4. Verordnung, wornach das Expropriationsrecht und die Ertheilung der Baubewilligung für Bergwerks-Eisenbahnen überhaupt festgestellt, sowie die Baubewilligung für eine Bergwerks-Eisenbahn, welche in eine für den öffentlichen Verkehr bereits bestehende Eisenbahn einmünden soll, dem Ministerium für Handel und Volkswirthschaft im Einvernehmen mit den anderen dabei betheiligten Centralstellen vorbehalten ist. Vdg. d. Min. des Innern, der Justiz und Finanzen v. 1. November 1859, Nr. 200 R.-G.-B.

5. Verordnung, wornach an Stelle des Finanzministeriums als oberste Berglehensbehörde das neubegründete Ministerium für Handel und Volkswirthschaft tritt; v. 20. April 1861, Nr. 49 R. G. B. §. 3.

6. Gesetz über die Aufhebung der Bergwerksfrohne und über die Einführung der Einkommensteuer I. Classe an deren Stelle, sowie über die Freischurfgebühr von jährlich 20 fl. ö. W. für einen Freischurf. A. Pat. v. 28. April 1862, Nr. 28 R.-G.-B.

7. Verordnung, wornach die Bauhafthaltung mehrerer Freischürfe eines Besitzers mittelst eines Haupteinbaues, dann die Verleihung zusammengesetzter Grubenfelder zulässig ist. H.-M.-V. v. 14. Juni 1862, Nr. 38 R.-G.-B.

8. Verordnung, womit der Vorgang bei Bemessung der Einkommensteuer vom Bergbaue vorgezeichnet wird. F.-M.-V. v. 22. März 1864; F.-M.-V.-B. Nr. 25.

9. Verordnung, wornach die Bruderladen von dem Gebühren-Aequivalente befreit sind, nach T. P. 106 D., Anmerkung 2 lit. d, V.-B. Nr. 33 v. J. 1864.

10. Verordnung, wornach die am Lager des Erzeugers befindlichen Productenvorräthe kein Gegenstand der Einkommensteuerbemessung sind. M. f. H. u. V. v. 6. Juli 1865, Z. 8715—391.

Die meisten dieser gesetzlichen Bestimmungen sind zwar nur aus dem Grunde erflossen, um den aus dem Wortlaute des allgem. österr. Berggesetzes vom 23. Mai 1854 möglicher Weise entstehenden Zweifeln zu begegnen, oder um allgemeine gesetzliche Bestimmungen auch auf den Bergbau und seine Angehörigen wirksam zu übertragen. Es sind aber unter denselben auch solche Gesetze, welche für die Entwicklung, namentlich des Mineralkohlen-Bergbaues, von nicht zu unterschätzender Bedeutung erscheinen. So enthalten die Bestimmungen wegen Bauhafthaltung mehrerer Freischürfe durch einen Haupteinbau, dann die Aufhebung der Bergwerksfrohne Zugeständnisse an die Bergbautreibenden, welche unzweifelhaft die Interessen derselben zu fördern geeignet erscheinen. Noch mehr gilt diess aber von dem im Jahre 1866 erflossenen Gesetze, womit die Ermässigung der Bergwerksabgaben, und zwar der Freischurfgebühr von 20 fl. auf 4 fl. und der Maassengebühr von 6 fl. 30 kr. auf 4 fl., so wie auch andere Erleichterungen bezüglich der Bergwerksabgaben, namentlich die Zulässigkeit der ausnahmsweisen Ermässigung der Freischurfgebühr, eingetreten sind. (A. P. v. 29. März 1866, Nr. 42 R.-G.-B.)

Graphit.

Das Gebiet, in welchem der niederösterreichische Graphitbergbau betrieben wird, ist der Kreis ober dem Manhartsberge in einer Erstreckung von 10 Meilen, d. i. in der Richtung von der Donau zur mährischen Gränze. Der Graphit kommt dort in dem krystallinischen Schiefergebirge (Gneiss, Glimmerschiefer u. s. w.) und zwar stets in nächster Nähe des krystallinischen Kalkes vor, und wird in der Umgebung von Wollmersdorf, Brunn am Walde, Taubitz, Lichtenau, St. Marein, Persenbeug, Ober-Thumritz und Nieder-Ranna bergmännisch gewonnen. Am rechten Donauufer, bei Höhenbach im Bezirke Mautern, besteht zwar auch ein Graphitbergbau, allein derselbe wurde im Jahre 1865 bloss in Weilarbeit betrieben, hat keine Erzeugung nachgewiesen und scheint daher, vorderhand wenigstens, von keiner Bedeutung zu sein.

Die in Abbau stehenden Graphitlager sind nesterförmige Lager, denn sie wechseln sehr häufig in ihrer Mächtigkeit; sie sind oft mehr als 6 Fuss mächtig, und verdrücken sich eben so häufig auf schwache Schnürchen, oder keilen sich wohl auch ganz aus, um sich später wieder mit grösserer Mächtigkeit auszubauchen.

Im Jahre 1865 bestanden in Niederösterreich 9 Graphitgewerkschaften, welche zusammen mit 29 Grubenmaassen und 2 Ueberscharen im Flächenausmaasse von 373.892 Quadratklaftern belehnt waren. Unter diesen Gewerkschaften waren mit Rücksicht auf die Ausdehnung ihres Betriebes und die Strebsamkeit ihrer Leitung die bedeutendsten jene des Freiherrn von Kaiserstein in Wollmersdorf und Ober-Thumritz und des Josef Preindelsberger in Brunn am Walde und Taubitz. Die Freischurfunternehmung des A. Genthe nächst Lichtenau scheint vielversprechend und hat bereits im Jahre 1865 eine namhafte Erzeugung erzielt. Eine Gewerkschaft (in St. Marein) stand im Jahre 1865, angeblich wegen ungenügender, den Absatz hemmender Communicationen, ganz ausser Betrieb, und eine zweite Gewerkschaft (in Nieder-Ranna) hatte nur eine unbedeutende Erzeugung erzielt; die letztere soll aus nicht weiter erörterten Gründen der gänzlichen Auflassung entgegengehen.

Der Graphitbergbau ist in Niederösterreich theils ein Schacht-, theils ein Stollenbau; die Arbeitstiefe der Schächte wechselt von 5 bis 15 Klafter. Der Aufschluss, welcher in den Grubenbauen der sämmtlichen Graphitgewerkschaften bis Ende 1865 erzielt worden war, hat eine Ausdehnung, dass mittelst desselben an 60.000 bis 70.000 Zentner verkäuflichen Graphits gewonnen werden können.

Die Erzeugung von Roh- und geschlämmtem Graphit in den Jahren 1855, 1860 und 1865 betrug:

1855	5.505 Ztr.	im Werthe von	2.504 fl.	77 kr.
1860	11.489 „	„ „ „	8.190 „	68 „
1865	9.189 „	„ „ „	16.314 „	87 „

Behufs dieser Erzeugung wurden im Jahre 1865 (für die anderen Jahre fehlen bezügliche Nachweisungen) 12.098 Cubikfuss Gruben- und Bauholz verwendet und 58 Arbeiter beschäftigt, von welchen die Grubenarbeiter für 10stündige Arbeit Löhne von 46 bis 100 kr., die gewöhnlichen Taglöhner aber solche von 36 bis 40 kr. bezogen. Für die Förderung bestehen zur Zeit, mit Rücksicht auf die verhältnissmässig geringe Fördermenge und beziehungsweise geringe Arbeitstiefe, bei den Graphitbergbenen in Niederösterreich weder Grubeneisenbahnen, noch Förder-Dampfmaschinen, sondern es wird in den Grubenstrecken auf dem gewöhnlichen Ladenlaufe mittelst ungarischer Hunde und in den Schächten mittelst des Haspels gefördert. Dagegen bestehen bei allen Gewerkschaften Pochwerke, welche mittelst Wasserrädern und in Lichtenau mittelst einer zweipferdekräftigen Locomobile, die auch die Wasserhebung besorgt, in Betrieb gesetzt werden, so wie Schlämmvorrichtungen zum Schlämmen des minder reinen Rohgraphits.

Nach den oben ausgewiesenen Productionsmengen scheint der niederösterreichische Graphitbergbau in den letzten Jahren einen Rückschritt gemacht zu haben. Es ist diess aber nicht der Fall, denn thatsächlich geht das Streben der Graphitgewerkschaften in neuerer Zeit dahin, ein reineres Product auf den Markt zu bringen. Diess erhellt schon aus den oben angeführten Werthen der Graphiterzeugung. Aus diesen ergibt sich der durchschnittliche Werth des erzeugten Graphits im Jahre 1855 mit 45.₂ kr., im Jahre 1860 mit 71.₃ und im Jahre 1865 mit 177.₅ kr.

Dieses Streben der Graphitgewerkschaften nach Gewinnung reinerer Graphitsorten ist unzweifelhaft als ein Fortschritt zu bezeichnen und steht im innigen Zusammenhange mit den bestehenden Verhältnissen der Graphiterzeugung, so wie mit jenen des Graphitverbrauches, welche hier näher auseinandergesetzt werden sollen.

Die Verwendung des Graphits ist bisher eine ziemlich beschränkte; die grössten Mengen desselben werden zur Bleistiftfabrikation, zum Einstauben der Gussformen bei der Eisengiesserei, zum Schwärzen der Gusswaaren, zu Schmelztiegeln und feuerfesten Ziegeln verbraucht; andere Verwendungsarten, wie als Graphitschmiere, Polir- oder Schärfemittel u. s. w., benöthigen nur geringere Mengen Graphits. Der Verbrauch an Graphit im österreichischen Kaiserstaate selbst ist aber im Verhältnisse zu dessen Erzeugung ein sehr geringer, denn es wurden daselbst im Jahre 1865 von der ganzen Erzeugung ungefähr $^5/_6$ nach dem Auslande, und zwar vorzugsweise nach England, ausgeführt und nur der sechste Theil im Inlande abgesetzt. Der in Niederösterreich gewonnene Graphit wird direct nach Baiern, Belgien, in die Rheinprovinzen, theilweise nach Italien, Polen und am Wiener Platze abgesetzt; durch zweite Hand gelangen wohl auch kleinere Mengen nach England. Bei diesem Umstande ist es erklärlich, dass das reinere daher werthvollere Product grösseren Absatz findet, weil dieses eine weite Fracht viel leichter verträgt, als minder vorzügliche Waare. Da jedoch in der österreichischen Monarchie, namentlich in Böhmen, Graphitlager vorkommen, welche in der Reinheit des in ihnen erliegenden Graphits die niederösterreichischen Graphitlager übertreffen, und zwar derart, dass die Ansicht, nur der böhmische Graphit sei zu Bleistiften verwendbar, ziemlich verbreitet ist, so ist die Concurrenz dieser böhmischen Graphitwerke für jene in Niederösterreich eine sehr empfindliche. Diese Concurrenz ist aber um so drückender, als die böhmischen Graphitwerke, welche zur Zeit den englischen Markt fast ausschliesslich beherrschen, viel mächtigere Graphitlager abbauen und überdiess bereits eine bedeutend höhere Production erreicht haben, wodurch die Gestehungskosten sich namhaft günstiger bei diesen Werken stellen. Denn zur Zeit entfallen von der gesammten Graphiterzeugung in Oesterreich auf Böhmen circa 63 Percent, auf Mähren 21 Percent, auf Steiermark und Niederösterreich je 8 Percent; nebstbei werden nur noch in Kärnthen an 600 Zentner Graphit gewonnen.

Die Thatsache der Vorzüglichkeit des böhmischen Graphits kann und wird auch von Niemandem bestritten werden; sie ist sowohl im theoretischen Wege (durch vorgenommene Analysen), wie auch in der Praxis festgestellt. Die vorgenommenen Analysen haben nämlich ergeben, dass böhmischer Rohgraphit (von Mugrau) von ungewöhnlicher Reinheit $91._{15}$ Percent Kohlenstoff enthielt, während in ausgesuchten Stücken niederösterreichischen Graphits von Brunn am Walde und Taubitz nur $83._{08}$ Percent Kohlenstoff nachgewiesen worden sind.

Allein die Ansicht, dass nur der böhmische Graphit zu Bleistiften verwendbar sei, wurde von dem niederösterreichischen Graphitproducenten J. Preindelsberger in der Wochenversammlung des niederösterreichischen Gewerbevereins am 16. Februar 1866 bekämpft, [1]) indem er anführte, dass sibirischer Graphit zu ganz vorzüglichen Bleistiften (Faber's Polygrades) sich verwenden lässt, und dass in England auch chemisch gereinigter Graphit zu Bleistiften verarbeitet wird. Gewiss ist es Thatsache, dass auch minder guter Graphit durch mechanische Raffinirung (Schlämmen) sehr verbessert werden kann, und diese Ueberzeugung scheint auch die niederösterreichischen Graphitgewerkschaften in neuerer Zeit bestimmt zu haben, hauptsächlich nur so gereinigte Graphitsorten in Handel zu bringen.

Ebenso erscheint unzweifelhaft, dass die oben angeführte Ueberzeugung des Graphitgewerken J. Preindelsberger es war, welche ihn bestimmt hatte, Versuche mit dem von ihm geförderten Graphite Behufs dessen Reinigung auf chemischem Wege im Laboratorium der geologischen Reichsanstalt zu veranlassen. Durch diese von Carl Ritter von Hauer mit 2 Pfund dieses Graphits ausgeführten Versuche [2]) wurde ein Graphit dargestellt, welcher einen Kohlenstoffgehalt von 98 Percent hatte, also ein ausserordentlich günstiges Resultat erzielt. Unzweifelhaft wäre ein so gereinigter Graphit ein erfolgreicher Concurrent für den böhmischen Graphit, wenn sich die durch Versuche mit grösseren Graphitmengen zu eruirenden Kosten dieser chemischen Reinigung als entsprechend günstige ergeben.

Es wurde früher bereits bemerkt, dass die Graphitgewerkschaften des Freiherrn von Kaiserstein und des J. Preindelsberger die bedeutendsten in Niederösterreich waren; es muss hierzu noch gesagt werden, dass nur bei diesen zwei Graphitgewerkschaften Bruderladen für die Arbeiter mit dem zu Ende 1865 ausgewiesenen Vermögen von zusammen 787 fl. 60 kr. bestanden, und dass demnach diese zwei Gewerkschaften unter den niederösterreichischen Graphitwerken auch durch die thätige Sorge für die Interessen ihres Arbeiterpersonales hervorragten.

Die seit dem Jahre 1855 erflossenen Gesetze und Verordnungen, welche den Bergbau überhaupt und daher auch den Graphitbergbau nahe berühren, wurden bereits bei dem Mineralkohlenbergbaue aufgezählt.

---

[1]) Oesterreichische Zeitschrift für Berg- und Hüttenwesen, XIV. Jahrgang, Nr. 18.

[2]) Oesterreichische Zeitschrift für Berg- und Hüttenwesen, XIV. Jahrgang, Nr. 12.

Eisen.

Das wichtigste unter allen Metallen ist unbestritten das Eisen. In der Gegenwart kann es mit Recht als der Träger der Cultur bezeichnet werden; denn es gibt keinen Productionszweig, bei welchem nicht die mehr oder weniger ausgedehnte und zweckentsprechende Verwendung des Eisens den Maassstab für die erlangte Vollkommenheit geben könnte. Die Landwirthschaft, die Industrie und die Gewerbe sind die blühendsten nur dort, wo sich dieselben in der mannigfaltigsten und ausgedehntesten Weise des Eisens bedienen, und zwar schon aus dem Grunde, weil der sicherste und lohnendste Motor heut zu Tage die Dampfkraft ist und diese ohne Eisen nicht beschafft werden kann. Der Handel bedarf gleichfalls zu seiner kräftigen Entwicklung grosser Mengen dieses Metalls, welches allein demselben seine Wege zu kürzen vermag, sei es, um auf dem festen Lande oder auf der schwankenden See mittelst der Dampfkraft die Waaren aller Erdtheile schnell und sicher ihrer Wege ziehen zu lassen.

Und selbst der Schutz von Handel und Gewerbe, sowie eines jeden anderen Erwerbszweiges, durch die Erhaltung oder Erkämpfung des Friedens sind eben auch nur von einer ausreichenden und zweckentsprechenden Verwendung des Eisens bedingt. Denn der Kriegerstand zu Lande und zur See, welcher diesen Schutz zu bieten bestimmt ist, vermag nur durch das Eisen diesen Beruf wirksam zu erfüllen.

Oesterreich besitzt im Schoosse seiner Gebirge unermessliche Mengen dieses Metalles von vorzüglicher Qualität. Dieser letztere Umstand ist von grosser Bedeutung und, obgleich derselbe zur Zeit noch nicht allgemein genügend gewürdigt wird, so ist doch kaum zu zweifeln, dass in vielen Fällen nicht die Menge, sondern die Qualität den Ausschlag gibt, und es steht zu erwarten, dass sich diese Ueberzeugung in der Zukunft zu Gunsten des österreichischen Eisens mehr und mehr Bahn brechen werde. Indem wir diese Zeilen schreiben, ist unser Herz noch freudigst bewegt durch den überraschenden Sieg unseres Seehelden von Lissa, dessen mit vaterländischem Eisen gepanzertes Flaggenschiff die feindlichen Schiffe in den Grund rannte und kampfunfähig machte. Wir können zwar zur Stunde nicht unbedingt behaupten, dass und in welchem Maasse der Güte des österreichischen Eisens an diesem Erfolge der österreichischen Flotte ein Antheil zufällt, jedoch hoffen wir, gestützt auf die altbekannte vorzügliche Qualität unseres Eisens, dass diess jedenfalls constatirt werden wird; wir hoffen diess um so mehr und zuversichtlicher, als bei der bekannten hervorragenden Qualität des österreichischen Eisens die Annahme dieses Falles einige Berechtigung hat, und als im gegebenen Falle hierdurch unsere vaterländische Eisenindustrie eine kräftige Stütze für ihre in den letzten Jahren leider sehr geschädigte Existenz erhalten würde.

In Oesterreich, obgleich über die grössten Mengen des besten Eisens verfügend, ist zur Zeit der Eisenverbrauch im Verhältnisse zu anderen vorgeschrittenen Staaten ein sehr geringer.

Vergleicht man den Eisenverbrauch in Oesterreich vom Jahre 1863 mit jenem des Zollvereines und Grossbritanniens, so ergibt sich mit Rücksicht auf den Flächeninhalt und die Einwohnerzahl dieser Staaten das Verhältniss des Eisenverbrauches in diesen Ländern nach Abschlag und Hinzurechnung der Aus- und Einfuhr in nachstehender Weise:

Eisenverbrauch in Grossbritannien	71·$_{55}$	Percent
„ im Zollvereine	21·$_{10}$	„
„ in Oesterreich	7·$_{35}$	„
	100·$_{00}$	„

Das Jahr 1863 war aber das für die Eisenproduction in Oesterreich bisher günstigste; für das Jahr 1865 würde sich der bezügliche Percentantheil namhaft niedriger berechnen, nachdem die Eisenproduction in Oesterreich seit dem Jahre 1863 um nahezu 20 Percent und zwar in Folge der allgemeinen Abnahme des Eisenverbrauches im Inlande zurückgegangen ist, wogegen die Eisenvorräthe sich noch vor Kurzem immerwährend anhäuften; denn die Eisenwerke, welche in den Fünfzigerjahren in Anhoffung eines erhöhten Bedarfes für den Eisenbahnbau bedeutend erweitert wurden, mussten bestrebt sein, die in diesen erweiterten Etablissements angelegten Capitalien durch eine grössere Erzeugung möglichst auszunützen, wobei sie in den letzten Jahren immer über das Niveau des thatsächlichen Bedarfes gerathen sind, weil eben dieser Bedarf von Jahr zu Jahr wieder namhaft zurückgegangen war.

Es ist einleuchtend, dass die österreichische Eisenindustrie schon durch den geringen inländischen Eisenverbrauch im internationalen Handel, vorzugsweise gegen die oben angeführten Länder, im Nachtheile ist, da zuverlässig eine Massenproduction niedrigere Gestehungskosten für sich allein schon ermöglicht. Aber auch die natürlichen Verhältnisse sind der Eisenindustrie der genannten Länder viel günstiger als der vaterländischen, und namentlich das gleichzeitige oder doch nähere Vorkommen von Eisenerzen und Steinkohlen ermöglicht in England und im Zollverein viel niedrigere Roheisenpreise als in Oesterreich. Zudem besitzen jene Länder die Vortheile eines vorzüglich entwickelten Eisenbahnnetzes und der hieraus entspringenden billigen Frachtlöhne, deren sich Oesterreich nicht erfreut; auch desshalb stehen die österreichischen Eisenindustriellen bezüglich ihrer Concurrenzfähigkeit weit zurück. Nach einer durch das k. k. Ministerium für Handel und Volkswirthschaft im Jahre 1864 veröffentlichten Denkschrift zu einem Entwurfe eines neuen österreichischen Eisenbahnnetzes entfielen damals auf je 100 Quadratmeilen des Flächenraumes in England 46, in Sachsen 39, in Preussen 16, in Oesterreich aber nur 7 Meilen vollendete und in Betrieb gesetzte Eisenbahnen.

Ausser den eben erwähnten Vortheilen, welche die Eisenproducenten anderer Länder, namentlich Englands und des Zollvereines, auszunützen in der Lage sind, kommen ihnen aber auch noch die in jenen Ländern in ausreichender Menge vorhandenen und gegen billige Bedingungen zugänglichen Capitalien zu Gute, während in Oesterreich gerade das Gegentheil der Fall ist.

Diess sind die vorzüglichsten Gründe, auf welche gestützt die österreichischen Eisenindustriellen die Nothwendigkeit eines Zollschutzes zur Zeit noch dringendst betonen, und welche principiell berechtigt erscheinen, da als Grundregel für jeden Kampf, sei es auf dem Schlachtfelde oder auf industriellem Gebiete, die Gleichheit der Waffen anzunehmen ist, soll der Sieg anders nicht mehr oder weniger dem Zufalle anheimgegeben sein.

Desshalb ist auch jederzeit eine fieberhafte Erregung unter den österreichischen Eisenindustriellen (es sind hierunter die Eisen producirenden und nicht die Eisen verarbeitenden Industriellen gemeint) bemerkbar, so oft an eine Revision des österreichischen Zolltarifes Hand angelegt wird, oder Handelsverträge abgeschlossen werden wollen.

Diese Gründe waren es auch zuverlässig, welche den Ausschlag gaben, dass, als im Aprilvertrage vom Jahre 1865 die gegenüber dem Zollvereine bis dahin bestandenen Differentialzölle wegfielen, die Eisenzölle gegenüber dem Zollvereine erhöht worden sind. Diese Gründe waren es ferner, welche die österreichischen Eisenindustriellen aus allen Theilen der Monarchie wegen des englischen Handelsvertrages von vorneher mit schwerer Besorgniss erfüllten, und welche nach Abschluss dieses Vertrages am 16. December 1865 die genannten Industriellen bei Gelegenheit der behufs Berathung der Eisenzollsätze im April 1866 gepflogenen Verhandlungen der Zollcommission in einer fest geschlossenen Phalanx gegen eine vorgeschlagene weitere Ermässigung der zur Zeit bestehenden Eisenzölle anzukämpfen veranlassten.

Diese Gründe waren es endlich, welche auch andere Mitglieder der Zollcommission bewogen hatten, sich der aus dieser Veranlassung an Se. Excellenz den Herrn Handelsminister überreichten Vorstellung [1]) anzuschliessen, in welcher in der bestimmtesten Weise ausgesprochen wurde, dass ein weiteres Herabgehen unter die im Aprilvertrage von 1865 festgestellten Eisenzollsätze den allmäligen Verfall der österreichischen Eisenindustrie zur Folge haben müsste, sowie dass die im Vertrage vom 16. December 1865 vereinbarte Werthsgränze ein solches Herabmindern der Eisenzollsätze nicht nothwendig bedinge.

Was demnach der österreichischen Eisenindustrie für ihre weitere Entwicklung, ja für ihren weiteren Fortbestand hauptsächlich Noth thut, sind: Erweiterung des inländischen Eisenconsums, Herstellung eines den Anforderungen der Gegenwart entsprechenden Eisenbahnnetzes und Ordnung der finanziellen Verhältnisse, sowie die Aufrechthaltung des für diese eine zahlreiche Bevölkerung ernährende Industrie unumgänglich nothwendigen Schutzzolles. Denn der letztere erscheint in der Gegenwart um so dringender geboten, als ohnehin die allgemeine Consumtionsfähigkeit im Inlande sehr gesunken ist, wovon zahlreiche Ziffern in diesem

---

[1]) Dieses Schriftstück wurde gefertigt von den Herren: Anton Fischer für die Handels- und Gewerbekammer in Wien, Friedrich Wilhelm Haardt für die Handels- und Gewerbekammer in Wien, Josef Körösi für die Handels- und Gewerbekammer in Graz, Wirthschaftsrath Komers für die Landwirthschafts-Gesellschaft von Böhmen, Martin Miller, Experte, Johann Müller für die Handels- und Gewerbekammer in Kaschau, Libert von Paradis für die Handels- und Gewerbekammer in Klagenfurt, Alfons Pistel für die Handels- und Gewerbekammer in Olmütz, Julius Rittler für die Handels- und Gewerbekammer in Brünn, Gustav Edler von Rosthorn für den niederösterreichischen Gewerbeverein, Peter Ritter von Tunner für die Handels- und Gewerbekammer in Leoben, Carl Uhlig für die Handels- und Gewerbekammer in Troppau, und Franz Ritter von Wertheim, Experte.

Berichte deutlich sprechen. Es ist wohl nicht schwer, den Beweis zu führen, dass die Erhaltung der österreichischen Eisenindustrie eine Nothwendigkeit sei, da selbst erfahrene österreichische Landwirthe in diesem Sinne plaidiren, welche der Ansicht sind, dass die Landwirthschaft in der Eisenindustrie sichere und zahlreiche Käufer ihrer Producte verlieren würde, ohne dass dieselbe in der Lage wäre, diese Abnehmer, bei der gegenwärtigen Mangelhaftigkeit und Kostspieligkeit unserer Verkehrsmittel, stetig im Auslande zu finden.

Im Wege von gesetzlichen Bestimmungen und von Verordnungen der h. Regierung ist der österreichischen Eisenindustrie im Laufe der letzten zehn Jahre manche Unterstützung durch die bereits bei den Mineralkohlenbergbauen citirten Gesetze und Erlässe geworden. Nebstdem wurde aber auch der Eisenindustrie in der neuesten Zeit durch die in Folge des ebenfalls bereits bezogenen Allerhöchsten Patents vom 29. März 1866 (Nr. 42 R. G. B.) eingetretene Ermässigung der Einkommensteuer von den Eisensteinbergbauen, von 5 auf 3 Percent, eine wesentliche Erleichterung geschaffen. Diese Erleichterungen vermögen jedoch noch lange nicht die oben geschilderte Ungunst der Verhältnisse auszugleichen, welche thatsächlich die österreichische Eisenindustrie im Vergleiche zu anderen Eisen producirenden europäischen Ländern hart bedrängt.

An der österreichischen Eisenproduction nimmt Niederösterreich zwar nur einen sehr bescheidenen Antheil, denn es beträgt die jährliche Frisch- und Gussroheisenerzeugung von Niederösterreich kaum ein Percent der gesammten Production der Eisenschmelzwerke in der österreichischen Monarchie, und die jährliche Erzeugung der Eisenraffinirwerke von Niederösterreich ungefähr 7 Percent von der Gesammtproduction des Kaiserstaates.

Um so bedeutender ist hingegen der Eisenbedarf in Niederösterreich, welcher unbedingt der verhältnissmässig grösste im Umfange der österreichischen Monarchie ist. Denn in Niederösterreich bestehen die bedeutendsten der österreichischen Maschinenfabriken, welche grosse Mengen von allen Eisensorten benöthigen; in Wien ferner, als dem Sitze der Directionen fast sämmtlicher österreichischen Eisenbahnen und der Donau-Dampfschifffahrts-Gesellschaft, wird der sehr bedeutende Bedarf für diese Communicationen gedeckt; von Wien aus endlich, als dem Haupteisenmarkte der Monarchie, wird der Absatz grosser Mengen von Roheisen aus Ungarn, von Stabeisen und Stahl aus Steiermark, Kärnten und Ungarn in andere Länder der Monarchie geleitet und vermittelt.

Schon jene Eisenquantitäten, welche die Eisenbahnen in den Jahren 1860 bis 1865 unmittelbar von den Eisenwerken bezogen haben, vermögen die grosse Bedeutung des Wiener Eisenmarktes zu versinnlichen. Denn die sämmtlichen österreichischen Eisenbahnen hatten in diesen Jahren bezogen:

	Oberbaumaterial				Brückenmaterial				Material für Wasserleitungen, Reservoirs etc.				Zusammen	
	Rails		Kleinmaterial		Schmiedeisen		Gusseisen		Schmiedeisen u. Stahl		Gusseisen			
	Wr. Ztr	fl.	Wr. Ztr	fl.	Wr. Ztr.	fl.	Wr. Ztr.	fl.	Wr. Zt.	fl.	Wr. Ztr.	fl.	Wr. Ztr.	fl.
1860	355.815	3,324 724	44.923	694.461	5.084	109.977	1.449	25.709	179	3.028	2.104	15.835	409.554	4,173.734
1861	745.972	7,312.856	72 357	945.468	49.595	960.507	6.887	78.217	—	—	8.435	58.257	883.246	9,355.305
1862	1,038.001	9,343.532	72.626	925.754	74.072	1,421.136	12.023	129.414	1.688	25.974	16.798	90.482	1,215.208	11,936.292
1863	636 799	5,278.972	39.113	564.840	24.433	464.099	2.814	29.441	2.249	36.433	1.437	11.444	706.845	6,385.229
1864	506.938	4,313.574	44.071	539.944	51 956	1,001.904	3.864	39.980	133	3.882	969	6.480	607.931	6,905.764
1865	504.675	3,773 763	22.988	232.826	2 616	41.795	43	443	173	4.300	3.868	23.731	534.363	4,076.859
Summe	3,788.200	33,347 421	296.078	3,903.293	207.756	3,999.418	27.080	303.204	4.422	73.617	33.611	206.228	4,357.147	41,833.182
per Jahr durchschnittlich	631.366		49.346		34.626		4.513		737		5.602		726.191	

Nebst diesen Eisenmaterialien haben jedoch die Eisenbahnen noch andere Eisenwaaren bezogen, wie: Tyres, Stahl und Stabeisen für ihre Maschinen-Reparaturswerkstätten, welche nicht von allen Bahnverwaltungen für sich abgesondert ausgewiesen vorliegen, daher oben nicht einbezogen werden konnten. Die grosse Menge der von den Eisenbahnen bezogenen Locomotive, Tender, Maschinen, Maschinentheile, Drehscheiben, Ausweichen und Werkzeuge, deren Nachweisungen für die Jahre 1860 bis 1865 vorliegen, sind aber gleichfalls entweder ganz oder doch grossentheils von Eisen und Stahl. Wenn man aus den bezüglichen Nachweisungen die Menge des für diese Artikel verwendeten Eisens annäherungsweise berechnet, so findet man, dass nebst den eben ausgewiesenen, durchschnittlich in den letzten sechs Jahren für die Eisenbahnen verwendeten 726.191 Wr. Ztrn. Gusseisen, Schmiedeisen und Stahl, noch jährlich weitere ungefähr 175.000 Wr. Ztr. Eisen und Stahl für die Eisenbahnen in Verwendung gekommen sind. Es betrug demnach der jährliche Verbrauch der österreichischen Eisenbahnen an Gusseisen, Schmiedeisen und Stahl in den Jahren 1860 bis 1865 im Durchschnitte ziemlich genau 901.191 Wr. Ztr., welche Ziffer nahezu dem fünften Theile des in diesem Zeitraume jährlich in der ganzen Monarchie verbrauchten Eisens entspricht. Dieser grosse Bedarf der Eisenbahnen wurde fast ausschliesslich von Wien aus beschafft.

Dass in Niederösterreich ungeachtet seines grossen Eisenbedarfes so geringe Quantitäten dieses Metalles erzeugt werden, ist in den natürlichen Verhältnissen des Vorkommens der Eisenerze und des nöthigen Brennstoffes gelegen. Denn so wie die Roheisengewinnung in Niederösterreich durch diese beiden Umstände beschränkt wird, so erscheint auch die Stabeisenerzeugung, welche ohnehin fast ausschliesslich auf den Roheisenbezug aus weiterer Entfernung, aus Steiermark und Oberungarn, angewiesen ist, vorzugsweise durch den verfügbaren eigenen Brennstoff, dann durch den hohen Preis des allenfalls aus anderen Ländern zu beziehenden Brennstoffes, in ihrer weiteren Entwicklung gehindert.

Im Folgenden sollen nun, entsprechend der Gewinnungsweise und der Verwendung des Eisens, die Verhältnisse der einzelnen Manipulationszweige der Eisenindustrie, das ist des Eisenerzbergbaues, der Eisenschmelzwerke und der Eisenraffinirwerke, dann aber jene der Eisen- und Stahlwaarenerzeugung abgesondert zur Darstellung gelangen.

Eisenerzbergbau.

In Niederösterreich bestanden im Jahre 1865 7 Bergbauunternehmungen, welche die Gewinnung von Eisenerzen im Kreise unter dem Wiener Walde (Bezirk Gloggnitz, Neunkirchen, Wiener-Neustadt) und in jenem ober dem Manhartsberge (Bezirk Ottenschlag, Spitz, Raabs, Schrems, Geras) zum Zwecke hatten. Fünf dieser Unternehmungen hatten den Erzabbau behufs Verhüttung in den eigenen Schmelzhütten betrieben, welche theils in Niederösterreich (Pitten, Edlach bei Reichenau und Rudolfsthal nächst Marbach), theils in Böhmen (Franzensthal) und in Mähren (Wölkingsthal) gelegen sind; von diesen Bergbauen wurden aber nur in jenen der Schmelzwerke zu Pitten, Reichenau und Franzensthal Eisenerze abgebaut, obgleich in den erstgenannten nur in äusserst geringer Menge. Die zwei weiteren Bergbauunternehmungen verfügten über keine eigenen Schmelzwerke und haben ihren Eisensteinbergbau im Jahre 1865 bloss gefristet, wie diess auch in früheren Jahren geschehen ist. Der Eisenerzbergbau in Reichenau ist im Besitze der k. k. Hauptgewerkschaft in Eisenerz, zu deren Eigenthum auch die Eisenwerke (Schmelz- und Raffinirwerke) in Reichenau zählen; die anderen Eisenerzbergbaue werden von Privatgewerkschaften betrieben.

Die Eisenerzlagerstätten besitzen in Niederösterreich lange nicht die Ausdehnung und Mächtigkeit der benachbarten steirischen und kärntnerischen Eisenerzlager; immerhin aber geben ihre Erze, namentlich in Pitten und Reichenau, ein für Maschinenguss vorzüglich gesuchtes Eisen. Es soll hier nur noch bemerkt werden, dass bereits in den Berichten der niederösterreichischen Handels- und Gewerbekammer für die Jahre 1854—1856 und 1857—1860 die Lagerungsverhältnisse und das Erzvorkommen der niederösterreichischen Eisensteinbergbaue ausführlich geschildert worden sind und dass in denselben seither keine Aenderung eingetreten ist.

Der Besitzstand der oben erwähnten Eisenerzbergbaue in den Jahren 1855, 1860 und 1865 war nachstehender:

	Grubenmassen	Ueberschaaen	Flächeninhalt in Quadratklaftern
Im Jahre 1855	97	3	1,230.938
„ „ 1860	180	3	2,272.089
„ „ 1865	*) 5	—	666.112

*) Worunter 2 Tagmaassen.

Es ergibt sich hiernach, dass die Ausdehnung dieses Besitzstandes bis zum Jahre 1860 nahe auf die doppelte Höhe jener vom Jahre 1855 gestiegen, hingegen bis zum Jahre 1865 wieder auf die Hälfte ihres früheren Standes herabgegangen ist. Diese Erscheinung ist eine Folge der für die Eisenindustrie in jener zweiten Periode (1860—1865) eingetretenen ungünstigen Absatzverhältnisse, in Folge deren alle nicht unumgänglich nöthigen Ausgaben vermieden werden mussten, und wornach wegen der zu zahlenden Maassengebühren die nur halbwegs entbehrlichen Maassen heimgesagt wurden. Die Folgen des für die Eisenindustrie ungünstigen Geschäftsganges in der Zeitperiode 1860—1865 gelangen übrigens in allen Ziffern zum Ausdruck, welche die Erfolge dieser Industrie jener Jahre nicht nur in Niederösterreich, sondern im gesammten österreichischen Kaiserstaate darstellen.

Die Eisenerzgewinnung in denselben Jahren betrug:

1855	165.777	Wr. Ztr.
1860	169.051	„ „
1865	87.454	„ „

von welcher Erzeugung im Jahre 1855 488 Ztr. in Steiermark (Fröschnitz) und 10.657 Ztr. in Böhmen (Franzensthal) zur Verhüttung gelangten, in den Jahren 1860 und 1865 aber nur in Böhmen (Franzensthal) 14.256 Ztr. und 11.700 Ztr. in Niederösterreich gewonnene Eisensteine verschmolzen wurden.

Der unmittelbare Grund dieses ersichtlichen bedeutenden Rückganges in der Eisenerzgewinnung ist die während des Jahres 1865 erfolgte Einstellung des Betriebes der Schmelzwerke in Pitten und Rudolfsthal, welche noch später eingehender besprochen werden soll.

Eine natürliche Folge des eingeschränkten Abbaues ist auch die Reducirung der Arbeitskräfte bei den Eisensteinbergbauen, welche im Jahre

1855	mit	213	Köpfen
1860	„	276	„
1865	„	97	„

bestanden hatten.

Die Schichtenlöhne (für 10stündige Arbeit) bei den Eisensteinbergbauen haben im Jahre 1865 durchschnittlich 72 kr. für die Bergarbeiter und 42 kr. für die Taglöhner betragen; dieselben standen demnach etwas niedriger wie bei den Kohlenbergbauen und höher wie bei den Graphitbergbauen. Das erstere Verhältniss besteht

22 *

überall, weil der Kohlenbergbau der gefährlichere ist und die Arbeiter daher besser gelohnt werden; bei den Graphitbergbauen dürften aber aus dem Grunde niedrigere Löhne in Niederösterreich gezahlt werden, weil in den Bezirken, wo dieselben bestehen, andere industrielle Unternehmungen viel weniger Concurrenz in der Beschaffung der Arbeitskraft machen, wie in den Bezirken, wo die hauptsächlichsten Eisensteinbergbaue betrieben werden. An den bei den Eisenwerken zu Reichenau, Pitten und Franzensthal (Böhmen) bestehenden Bruderladen participiren auch die von diesen Eisenwerken beschäftigten Bergarbeiter. Der Verbrauch an Gruben- und Bauholz wurde bei den Eisensteinbergbauen im Jahre 1865 mit 13.840 Cubikfuss nachgewiesen, und die Menge der mit Schluss dieses Jahres aufgeschlossenen Erzmittel auf 1,300,000 Zentner geschätzt.

Eine Grubeneisenbahn bestand, und zwar schon seit längerer Zeit, nur bei dem Eisensteinbergbaue zu Pitten, und es hat dieselbe in den letzten Jahren keine Aenderung erfahren. Der Abbau hat übrigens nur mittelst Stollenbaues und theilweise auch, doch nur in untergeordnetem Masse, mittelst Tagbaues stattgefunden.

Als die Hauptursache, warum im Eisensteinbergbaue zu Pitten die Erzeugung sehr zurückgeblieben ist, muss der Umstand bezeichnet werden, dass die Erzmittel ober der Stollensohle bereits fast gänzlich abgebaut worden sind, und dass zur Inangriffnahme der Teufe der Gewerkschaft die Geldmittel fehlten. Denn ein Schacht, welcher in der Grube selbst abgeteuft worden war, musste, weil die Gewältigung seiner Wässer nur durch Menschenkraft eingeleitet und zu kostspielig war, aufgelassen werden; eine neue, die Aufstellung einer Dampfmaschine nothwendig bedingende Schachtanlage über Tags war für die Geldkräfte der Gewerkschaft zu kostspielig und musste daher unterbleiben. Nachdem jedoch im Jahre 1866 das Pittener Eisenwerk im Wege der executiven Feilbietung in andere Hände übergegangen ist, dürfte die Ausführung dieser unbedingt nöthigen Schachtanlage in nächster Zeit in Angriff genommen werden.

Eisenschmelzwerke.

Die Eisenschmelzwerke in Niederösterreich hatten seit ihrem Bestande gegen jene in anderen österreichischen Ländern stets höhere Erzeugungskosten und waren daher immer in ihrer Entwicklung gehemmt, abgesehen von dem Umstande, dass die denselben zur Verfügung stehenden Erzlagerstätten in der Mächtigkeit und Ausdehnung, und theilweise auch in der Gutartigkeit ihrer Erze den in den Nachbarländern vorhandenen Erzniederlagen weit nachstehen. Denn zunächst den Gestehungskosten der Erze nehmen auf die Roheisenpreise vorzüglich die Brennstoffpreise und Arbeitslöhne Einfluss. Nun ist aber erklärlich, dass in einem Lande, wo Gewerbe und industrielle Unternehmungen auf einem verhältnissmässig kleinen Flächenraume in der Umgebung der Hauptstadt in grosser Anzahl bestehen und sich rascher entwickeln, die Brennstoffpreise sowohl wie die Arbeitslöhne immer höhere sein müssen als in anderen Ländern, wo weniger Gewerbe und industrielle Etablissements vorhanden sind. Zudem sind die Eisenschmelzwerke an jene Orte gebunden, wo die Eisenerze selbst vorkommen, da diese einen weiteren Transport bei dem gegenwärtigen Stande unserer Verkehrsmittel nicht zulassen. In der Umgebung dieser Orte sind jedoch die Wälder fast ausschliesslich nur mit weichen Holzgattungen bestockt, welche die ausgedehnteste Verwendung in den verschiedenartigsten Gewerben finden. Für den Schmelzprocess taugliche Mineralkohlen kommen aber in der Nähe der Eisenerzlagerstätten in Niederösterreich nicht vor, und der Verwendung solcher Kohlen aus weiterer Entfernung steht ebenfalls die Unzulänglichkeit der Communicationsmittel im Wege.

Man sieht daher auch, dass die Eisenschmelzwerke in Niederösterreich in den letzten Jahren nur dadurch ihr Dasein gefristet haben, indem sie hauptsächlich die Erweiterung der Gusswaarenerzeugung anstrebten und ein für den Guss der Maschinenbestandtheile besonders geeignetes Roheisen erzeugten, für welches ein höherer Verkaufspreis erzielt werden konnte. Da überdiess diese Schmelzwerke gleichzeitig auch unter dem Drucke der allgemeinen Absatzstockung zu leiden hatten, so konnte ein bedeutender Rückgang in der Production nicht ausbleiben.

Der bei den in Niederösterreich bestehenden 3 Hochöfen in den letzten fünf Jahren eingetretene Productions-Rückgang ist aus nachfolgenden Ziffern zu entnehmen; wozu bemerkt wird, dass zur Vergleichung mit der Erzeugung der früheren Zeit aus dem Grunde statt der Erzeugung des Jahres 1855 jene des Jahres 1856 angesetzt wurde, weil im ersteren Jahre der Betrieb des Hochofens in Reichenau behufs dessen Umbaues während eines grossen Theiles dieses Jahres kalt gestanden ist, daher die bezüglichen Ergebnisse der Roheisenerzeugung sich zur Vergleichung nicht eignen. In Niederösterreich wurden

	Ztr. Roheisen	Ztr. Gusseisen	im Gesammtwerthe von
im Jahre 1856 mit 3 Hochöfen erzeugt:	45.101	4296	221.324 fl. — kr.
„ „ 1860 „ 3 „ „	54.665	3284	223.634 „ 60 „
„ „ 1865 „ 3 „ „	28.098	4705	122.822 „ 1 „

Hiernach hat bei den Eisenschmelzwerken die Roheisenproduction bis zum Jahre 1860 um 21 Percent zugenommen und die Gusseisenproduction um 24 Percent abgenommen, hingegen vom Jahre 1860 bis zum Jahre 1865 in entgegengesetzter Weise die Roheisenproduction um 49 Percent ab-, und die Gusseisenproduction um 45 Percent zugenommen. Im Ganzen haben die Eisenschmelzwerke seit dem Jahre 1860 einen Ausfall von 100.812 fl. 59 kr. des Werthes ihrer Erzeugung erlitten. Hierbei ist jedoch zu beachten, dass in Niederösterreich die Hochofenproduction im Jahre 1862 eine noch höhere Ziffer erreicht hatte, und dass mit diesem Jahre verglichen die Hochofenerzeugung des Jahres 1865 sogar einen Rückgang um 57 Percent in der Roheisen- und auch um $2._4$ Percent in der Gusseisenerzeugung, sowie um 161.002 fl. 21 kr. in dem Productionswerthe erlitten hat. Von der Roheisenerzeugung wurde nur zu Reichenau ein kleiner Theil in der eigenen Raffinirhütte, der grösste Theil jedoch zur Gusswaarenerzeugung verwendet, welcher an den Eisengiessereien in Wien und Umgebung seine Abnehmer fand.

Die von den Eisenschmelzwerken selbst erzeugten Gusswaaren wurden vorzugsweise in Niederösterreich und nur ein kleiner Theil nach Steiermark abgesetzt.

Die Verkaufspreise für die Erzeugung der Hochöfen stellten sich durchschnittlich:

im Jahre 1856 für Roheisen mit 4 fl. $14._4$ kr., für Gusseisen mit 7 fl. — kr.
„ „ 1860 „ „ „ 3 „ 65 „ „ „ „ 7 „ 41 „
„ „ 1865 „ „ „ 2 „ $93._4$ „ „ „ „ 8 „ $57._5$ „

Der obige durchschnittliche Verkaufspreis des Roheisens im Jahre 1865 konnte übrigens nur dadurch erreicht werden, dass etwa die Hälfte der Roheisenproduction an Giessereien abgesetzt wurde, weil die niederösterreichischen Raffinirwerke für ihre Zwecke vortheilhafter steirisches Roheisen beziehen konnten. Die Steigerung des Gusseisenpreises seit dem Jahre 1856 beweist eben nur, was früher bereits ausgesprochen wurde, dass die Eisenschmelzwerke in dem Streben, ihr Eisen so hoch wie möglich zu verwerthen, sich nur die Erzeugung höher bezahlter Gusswaaren angelegen sein liessen.

Es ist hiernach begreiflich, dass die Lage der niederösterreichischen Eisenschmelzwerke in den letzten fünf Jahren eine sehr gedrückte war, da sowohl der Absatz als auch die Verkaufspreise des Roheisens constant und sehr namhaft zurückgegangen sind. Zudem konnten die Gestehungskosten nicht im Verhältnisse des Preisrückganges herabgemindert werden, weil die Arbeitslöhne eher höher geworden sind, und weil, obgleich die Holzkohlenpreise vom Jahre 1863 bis zum Jahre 1865 einen sehr bedeutenden Rückgang (um 36 Percent) erlitten hatten, die Differenz des Preisrückganges beim Roheisen hierdurch nicht ausgeglichen worden ist.

Einen Beleg hierfür liefern die Gestehungskosten des Roheisens an der Reichenauer Schmelzhütte, verglichen mit den erzielten Verkaufspreisen des Roheisens in den Jahren 1861 bis 1864, welche sich in folgender Weise ergaben:

	1861	1862	1863	1864	
Gestehungskosten des Roheisens	3 fl. 40	3 fl. 32	3 fl. 36	3 fl. 28	kr.
Verschleisspreis	3 „ 72	3 „ 77	3 „ 51½	3 „ 35½	„
daher Gewinn	32 kr.	47 kr.	15½ kr.	7½ kr.	

Bei dieser Berechnung der Gestehungskosten wurde überdiess auf das Anlage- und Betriebscapital keine Rücksicht genommen. Im Jahre 1865 war jedoch der Roheisen-Verschleisspreis in Reichenau bis auf 2 fl. 90 kr. gefallen, wobei also selbstverständlich kein Gewinn resultiren konnte.

Und dieses ungünstige Verhältniss zwischen Gestehungs- und Verschleisspreis ist in Reichenau eingetreten, ungeachtet alle möglichen Anstrengungen gemacht wurden, um die Gestehungskosten herabzusetzen, was auch durch die geänderte Zustellung des Hochofens, mit welcher eine Kohlenersparniss von 20 Percent und die Erhöhung der Productionsfähigkeit um die Hälfte der früheren erzielt wurden, in höchst anerkennenswerther Weise gelungen ist, und ungeachtet die Kohlenpreise um 36 Percent [1] gefallen waren. Der durch diesen rapiden Preisrückgang der Holzkohlen im Jahre 1865 entstandene Kohlenpreis mit 70 kr. für ein Innerbergerfass (9½ Cubikfuss) ist aber nach der Versicherung competenter und vollständig glaubwürdiger Fachmänner ein solcher, dass von diesem Preise dem Holzkohlenerzeuger weder für die

[1] In anderen Theilen von Niederösterreich ist der Holzkohlenpreis in den Jahren 1861 bis 1865 sogar um 48 Percent gefallen.

Bodenrente, noch für die zu zahlende Grundsteuer irgend ein Betrag erübrigt, und nur die Arbeit der Holzabstockung, Verkohlung und Zufuhr zur Hütte gelohnt erscheint. Es ist unzweifelhaft, dass ein solcher Kohlenpreis kein erwünschter und bleibender sein kann, nachdem der Waldbesitzer hiervon gar keinen Nutzen zieht, ja auch noch hierbei die Steuer anderweitig beschaffen muss.

Der äusserst ungünstige Geschäftsgang bei den niederösterreichischen Eisenschmelzwerken in der letzten Zeit erhellt am untrüglichsten aus der Thatsache, dass im Jahre 1865, ungeachtet die Roheisenerzeugung so sehr eingeschränkt und der Verschleisspreis desselben herabgemindert worden war, mit Schluss dieses Jahres doch noch ein nicht unbedeutender Theil der Jahreserzeugung unverkauft am Lager geblieben ist.

Unter diesen Umständen ist es erklärlich, dass der Pittener Hochofen, dessen Besitzer der Erhaltung des Werksbetriebes keine Opfer zu bringen vermochten, mit Ende März 1865 gänzlich eingestellt worden ist, sowie dass das Rudolfsthaler Schmelzwerk in demselben Jahre bloss eine Erzeugung von 540 Zentnern Roheisen erreicht und dann ebenfalls den Betrieb eingestellt hatte. Das Schmelzwerk in Pitten ist, wie schon erwähnt, seither in andere Hände übergegangen und jenes in Rudolfsthal, welches erst im Jahre 1854 erbaut wurde, aber seither nie recht in Gang gekommen ist, dürfte den nun schon seit Jahren für die Eisenindustrie bestehenden ungünstigen Verhältnissen demnächst gänzlich erliegen, was daraus geschlossen werden kann, dass dieses Eisenwerk in der letzten Zeit keinen Erzabbau mehr betrieben hat und behufs seiner sehr geringfügigen Roheisenerzeugung von den noch vorhandenen Erzvorräthen zehrte.

Bei den Eisenschmelzwerken in Niederösterreich wurden im Jahre 1865 123 männliche und 8 weibliche Arbeiter (worunter 66 nur zeitweilig) beschäftigt und erhielten für die 10stündige Arbeit Löhne von 58 bis 87 kr.; wobei die denselben theilweise, nämlich in Reichenau, gewährten Begünstigungen, wie Quartierbenützung, Proviant- und Brennholzbezug, mit eingerechnet sind.

Die an den niederösterreichischen 3 Eisenschmelzwerken bestehenden Bruderladen, nämlich in Reichenau, Pitten und Rudolfsthal, besitzen ein Vermögen von 40.028 fl. 28 kr., 8105 fl. 88 kr. und 138 fl. 73 kr.; an diesen Bruderladen sind auch die sämmtlichen stabilen Bergarbeiter und in Reichenau auch die Arbeiter der Eisenraffinirwerke betheiligt.

In dem technischen Betriebe der genannten Eisenschmelzwerke sind in den letzten Jahren keine wesentlichen Veränderungen eingetreten. Erwähnenswerth ist bloss die schon angedeutete geänderte Zustellung des Hochofens in Reichenau, welche namentlich in einer Erhöhung des Ofenschachtes um 9 Fuss bestand, sowie die in Pitten eingeführte Manipulation der Erzeugung der Gusswaaren direct vom Hochofen aus; durch diese beiden Betriebsweisen wurden namhafte Brennstofffersparungen erreicht.

Eisengiessereien.

Nebst jenen Eisengusswaaren, welche bei den Eisenschmelzwerken aus dem direct vom Hochofen abgestochenen Eisen gewonnen werden, deren jährliche Production eben nachgewiesen wurde, erzeugen diese Schmelzwerke auch noch Gusswaaren, für welche das nöthige Roheisen in Cupolöfen umgeschmolzen wird. Die Menge dieser bei den Eisenschmelzwerken durch Umschmelzen des Roheisens erzeugten Eisengusswaaren ist übrigens nicht bedeutend und betrug im Jahre 1865 nur 1435 Zentner.

In Niederösterreich bestehen jedoch auch noch 22 andere Eisengiessereien, welche theils selbständige Gewerbe bilden, theils aber bloss Bestandtheile von Maschinenfabriken sind; gleichwohl aber arbeiten die letzteren nicht nur für den eigenen Bedarf dieser Maschinenfabriken, sondern erzeugen auch theilweise Commerzwaare. Diese Eisengiessereien schmelzen das nöthige Roheisen und Guss-Brucheisen in Cupolöfen um, und beziehen das Roheisen für ihren Giessereibetrieb zumeist von Oberungarn; im Jahre 1865 deckten sie ihren Roheisenbedarf annäherungsweise aus Oberungarn mit 66 Percent, dann aus dem Banate mit 16 Percent, von den niederösterreichischen Eisenwerken mit 13 Percent und durch schottisches Roheisen mit 5 Percent.

Die Production der Eisengiessereien in Niederösterreich, welche ihren Weg in alle Länder der österreichischen Monarchie nimmt, ist in den letzten Jahren sehr zurückgegangen, denn ihr Eisenverbrauch, welcher vom Jahre 1856 bis zum Jahre 1860 von nicht ganz 100.000 Zentnern auf 180.000 Zentner gestiegen war, ist im Jahre 1865 wieder auf 130.000 Zentner herabgegangen. Die Hauptursache dieses Rückganges ist wohl in der geringeren Beschäftigung der Maschinenfabriken zu finden, welche grosse Mengen schwer in's Gewicht fallender Eisengusswaaren benöthigen.

Obgleich die Gusswaaren der niederösterreichischen Eisengiessereien in alle Länder der Monarchie, namentlich mittelbar durch die von den Maschinenfabriken gelieferten Maschinen, deren Bestandtheile vorwiegend aus Gusseisen bestehen, sowie als Luxus-Gusswaaren, abgesetzt werden, so werden doch wieder grosse Mengen von Gusswaaren aus den Eisengiessereien in Böhmen, Mähren und Ungarn auf dem Wiener Markte in Verschleiss gebracht.

Gewöhnliche Eisengusswaaren werden von Niederösterreich nach dem Auslande nicht ausgeführt; ebenso ist auch eine Einfuhr dieser Waaren aus dem Auslande bei den jetzigen niedrigen Preisen derselben nicht möglich. Dagegen werden aber in Niederösterreich in drei Fabriken (von Brevillier & Comp. in Neunkirchen, des Berthold Fischer in Traisen und des Josef Hann in Hainfeld) Waaren aus hämmerbarem Gusseisen erzeugt, welche das gleiche ausländische Fabrikat, sowohl im Preise wie in der Qualität, zur Zeit noch übertreffen und daher auch nach Süd- und Norddeutschland, theilweise in die Donaufürstenthümer und in die Türkei ausgeführt werden. Die Erzeugung dieser Gusswaaren hat jedoch in der letzten Zeit wieder etwas abgenommen, weil das Militärärar den Bezug von diesen Artikeln im Jahre 1865 ganz eingestellt hatte. Nach dem Ausspruche der Fachmänner dürfte wohl das Ausland im Gestehungspreise dieser Artikel das inländische Fabrikat bald erreichen, in der Qualität jedoch nicht.

Eisenraffinirwerke.

Hierher zählen alle jene Werke, welche sich mit der Verarbeitung von Roheisen behufs Erzeugung von Schmiedeisen und Stahl befassen, wie die Puddlings- und Walzwerke, die Herdfrischhütten, gewöhnlich Hammerwerke genannt, und die Gussstahlhütten.

Mit Ausnahme von 5 Eisenraffinirwerken (in Furth, Kleinhollenstein, Lilienfeld, Reichenau und Ternitz), welche auch in Puddelöfen Schmiedeisen und Stahl erzeugten, wurde im Jahre 1865 in Niederösterreich bloss mittelst Frischfeuern Schmiedeisen und Schmelzstahl dargestellt, und noch zum grossen Theile mittelst gewöhnlicher Hämmer ausgestreckt; denn im genannten Jahre waren nur 10 der 61 in Betrieb gestandenen niederösterreichischen Eisenraffinirwerke im Besitze von Walzwerken. Es wurde demnach bisher die Eisenraffinirung noch grossentheils in zahlreichen kleinen Hammerwerken betrieben, so dass 30 Percent der ganzen Erzeugung der Eisenraffinirwerke vom Jahre 1865 auf diese kleinen Hammerwerke entfallen. Da aber unzweifelhaft der kleine Betrieb gegenüber der Massenproduction sich nicht erhalten kann, so ist es erklärlich, dass in Niederösterreich die Production der Eisenraffinirwerke in den letzten Jahren bedeutend zurückgegangen ist, indem viele der in Niederösterreich bestandenen Hammerwerke wegen der Concurrenz der grösseren Puddlings- und Walzwerke ihren Betrieb theils zu beschränken, theils gänzlich einzustellen gezwungen waren. Dieser Druck der Massenproduction auf den Kleinbetrieb war um so stärker, als in Oesterreich im Allgemeinen die Eisenconsumtion stark abgenommen hatte und daher die Eisenpreise auf eine Ziffer gefallen waren, welche die Hammerwerke nicht zu concediren vermochten, weil ihre eigenen Gestehungskosten höher reichten, ungeachtet die Holzkohlenpreise, wie schon früher erwähnt wurde, in den letzten Jahren so namhaft herabgegangen sind. Sie mussten daher ihren Betrieb auf die Höhe des Bedarfes ihrer unmittelbaren Umgebung einschränken, oder dort, wo grössere Eisenwerke auch in ihrem nächsten Umkreise in Concurrenz traten, die Arbeit gänzlich einstellen.

Die Production der niederösterreichischen Eisenraffinirwerke in den Jahren 1855, 1857,*) 1860 und 1865 ist nachstehend angesetzt:

a) Erzeugungsmengen.

Im Jahre	Gärb- und Streckeisen	Rails und Locomotiv-Achsen	Schwarzblech	Schmelzstahl und Cementstahl, ungegärbt	Gärbstahl	Gussstahl	Zusammen
	Wr.-Ztr.	Wr.-Ztr.	Wr.-Ztr.	Wr.-Ztr.	Wr.-Ztr.	Wr.-Ztr.	Wr.-Ztr.
1855	182.757	34.865	42.452	3.718	6.159	2.900	272.856
1857	217.962	38.032	43.194	4.632	4.561	2.793	311.174
1860	300.000	.....	40.000	9.000	6.000	15.000	370.000
1865	159.618	.....	39.819	16.472	7.728	6.124	228.761

b) Geldwerth.

Im Jahre	Gärb- und Streckeisen	Rails und Locomotiv-Achsen	Schwarzblech	Schmelzstahl und Cementstahl, ungegärbt	Gärbstahl	Gussstahl	Zusammen
	fl.	fl.	fl.	fl.	fl.	fl.	fl.
1855	1,926.364	366.401	548.480	40.286	94.417	63.423	3,039.371
1857	2,125.187	386.153	577.936	52.341	71.699	69.099	3,282.415
1860	3,000.000	......	520.000	105.000	120.000	370.000	4,115.000
1865	1,194.843	......	431.440	157.365	128.439	91.200	2,003.287

*) Die Production vom Jahre 1857 wurde desshalb mit einbezogen, weil die Ziffer vom Jahre 1860 bloss auf einer Schätzung beruht, jener vom Jahre 1857 aber, sowie der für 1855 und 1865, directe Erhebung zu Grunde liegt. Die Vergleichung der Ziffern der letztgenannten Jahre zeigt übrigens, dass die Ziffern für 1860 der Wahrheit sehr nahestehen müssen, weil bekannt ist, dass die Production der Eisenraffinirwerke bis zum Jahre 1860 noch namhaft gestiegen ist.

Berechnet man aus den obigen Werthangaben die Ziffern der einzelnen Eisen- und Stahlpreise, so findet man, dass durchschnittlich in den Jahren:

	1855		1857		1860		1865	
	fl.	kr.	fl.	kr.	fl.	kr.	fl.	kr.
Grob- und Streckeisen mit	10	54	9	75	10	—	7	48
Schwarzblech mit	12	92	13	38	13	—	10	83
ungegärbter Schmelz- und Cementstahl mit.............	10	85	11	30	11	66	9	57
Gärbstahl mit.............	15	33	15	72	20	—	16	62
Gussstahl mit	21	87	24	74	24	66	17	79

verwerthet wurden.

Man entnimmt hieraus, dass die Preise der Streckeisensorten in den Jahren 1855 bis 1860 keine auffallende Veränderung erlitten hatten; das wenngleich nicht bedeutende Zurückgehen derselben hatte, da der Bedarf und demnach der Begehr ein grösserer geworden war, nur in der Concurrenz der Puddlings- und Walzwerke seinen Grund. Dagegen war der Stahl in derselben Zeitperiode im Preise gestiegen, wofür die Veranlassung hauptsächlich in den höheren Brennstoffpreisen gegeben war. Denn bis zum Jahre 1860 wurde in Niederösterreich nur wenig Cementstahl und Puddlingsstahl erzeugt, und nachdem auch die Gussstahlerzeugung in den bezüglichen Werken mit Holzkohlenfeuerung betrieben wird, so gingen die Stahlpreise in Folge der wegen des vermehrten Holzkohlenverbrauches namhaft gestiegenen Holzkohlenpreise in die Höhe. Vom Jahre 1860 bis 1865 hingegen sind sowohl die Streckeisen-, wie auch die Stahlpreise stark gefallen, so zwar, dass die Preise des Jahres 1865 gegen jene vom Jahre 1860 durchschnittlich bei Grob- und Streckeisen um 25%, bei Schwarzblech um 17%, bei ungegärbtem Schmelz- und Cementstahl um 18%, bei Gärbstahl um 17% und bei Gussstahl um 28% niedriger gestanden sind. Diese Preisdifferenz ist aber eine noch viel grössere, wenn man die anfänglichen Eisen- und Stahlpreise des Jahres 1860 mit den schliesslichen Preisen des Jahres 1865 vergleicht. Nimmt man diese Vergleichung, gestützt auf die in den Marktberichten des „Vereines für die österr. Eisenindustrie“ für den Wiener Markt enthaltenen Preise, vor, so ergibt sich der Preisrückgang in dieser Zeit mit nahezu 30% für Streckeisen (für Grobeisen, sowie für Stahl, werden keine Preise notirt) und mit 20% für Bleche. Berücksichtigt man jedoch, dass in den letzten Monaten des Jahres

1865 stets nur nominelle Preise angesetzt wurden, nachdem nebstbei den Abnehmern von den Eisenwerken zu jener Zeit allgemein sehr empfindliche Concessionen zugestanden werden mussten, so dürfte der thatsächliche Preisrückgang für die in Rede stehende Zeit bei Streckeisen nicht viel unter 40% und bei Schwarzblech nicht viel unter 30% betragen.

Ein ähnlicher Preisrückgang ist in den letzten Jahren bei allen Erzeugnissen der Eisenraffinirwerke, namentlich bei jenen Eisenwaaren wahrnehmbar, welche von den Eisenraffinirwerken für die Eisenbahnen geliefert werden. Die Erzeugung solcher Eisenwaaren (Rails, Unterlegplatten, Verbindungslappen, Locomotivachsen u. s. w.) musste von den Eisenraffinirwerken in Niederösterreich, welche dieselben in früheren Jahren erzeugt hatten. gänzlich aufgelassen werden, weil deren Besitzer sich der Ueberzeugung nicht verschliessen konnten, dass sie in der nächsten Zeit mit den Eisenwerken anderer Länder, wo billigeres Roheisen und billigere Mineralkohlen zur Verfügung stehen, nicht würden concurriren können.

Aus den früher angeführten Werthen der in den Jahren 1860 bis 1865 von den österreichischen Eisenbahnen, und zwar fast ausschliesslich aus dem Inlande, bezogenen Oberbaumaterialien berechnen sich die Durchschnittspreise dieser Eisenwaaren in den genannten Jahren für den Wiener Zentner:

	Eisenbahnschienen	Kleinmateriale
im Jahre 1860	9 fl. 34 kr.	15 fl. 46 kr.
„ „ 1861	[1]) 9 „ 80 „	13 „ 6 „
„ „ 1862	9 „ — „	12 „ 75 „
„ „ 1863	8 „ 29 „	[2]) 14 „ 44 „
„ „ 1864	8 „ 50 „	12 „ 25 „
„ „ 1865	7 „ 48 „	10 „ 13 „

Hiernach sind die Preise der Eisenbahnschienen vom Jahre 1860 bis 1865 um 20 Percent, jene des Kleinmaterials aber um 34.5 Percent zurückgegangen. Der Preisrückgang der Schienen ist jedoch thatsächlich ein viel grösserer und mindestens ein eben so grosser wie beim Kleinmateriale gewesen; denn im Jahre 1865 wurden von den Eisenbahnen sehr viel Stahlschienen angeschafft.

[1]) Der Preis stellte sich höher, weil mehr Stahlschienen in Verwendung kamen.

[2]) Der Preis stellte sich höher, weil mehr kostspielige Eisenartikel, wie Schrauben etc., benöthigt wurden.

welche bekanntlich höher im Preise stehen, wogegen im Jahre 1860 die Verwendung der Stahlschienen noch eine sehr beschränkte gewesen ist. Nach den vorliegenden Nachweisungen der Eisenbahngesellschaften wurden im Jahre 1860 nur 3.4 Percent, im Jahre 1865 hingegen 20 Percent des ganzen Jahresbedarfes an Schienen durch Stahlschienen und Schienen mit Stahlköpfen gedeckt.

Die unmittelbare Veranlassung zu diesem abnormen (weil theilweise jeden Gewinn absorbirenden) Preisrückgange der Erzeugnisse der Eisenraffinirwerke ist wohl unzweifelhaft in dem sehr verminderten Bedarfe und in der hieraus entsprungenen äusserst geringen Nachfrage zu suchen, wesshalb auch die Erzeugung dieser Raffinirwerke, nachdem dieselbe von 1855 bis 1860 um 35 Percent zugenommen hatte, wie aus den bezüglichen Ziffern hervorgeht, vom Jahre 1860 bis zum Jahre 1865 um 38 Percent reducirt werden musste; wobei jedoch noch bedeutende Vorräthe am Lager verblieben sind.

Forscht man aber weiter nach der Ursache dieses verminderten Bedarfes in den letzten fünf Jahren, so erscheint als solche die verminderte Consumtionsfähigkeit der Bewohner Oesterreichs überhaupt, welche aus dem Mangel an Geld hervorgegangen ist.

Dieser immer mehr und in untrüglichen Wahrzeichen hervortretende Mangel an Geld kann aber nur daraus entstanden sein, weil das vorhanden gewesene Geld mehr als erspriesslich zu unproductiven Zwecken verwendet wurde, und weil die Bewohner nicht in der Lage waren, neue Geldmittel in ausreichender Weise zu erwerben. Und thatsächlich sind auch in Oesterreich diese beiden Umstände der Ansammlung des Capitals für industrielle Zwecke im Wege gestanden. Den ersteren als den weniger wichtigen nicht weiter berührend, soll bloss der letztere Umstand näher auseinandergesetzt werden.

Der Erwerb fliesst unzweifelhaft im Allgemeinen nur aus der Arbeit im weiteren Sinne des Wortes, und diese ist die lohnendste, wenn sie mit Verständniss ausgeführt wird, und wenn ihr zahlreiche Absatzwege gesichert sind. Hieraus folgt, dass derjenige, welcher arbeiten soll, zur Arbeit erzogen werden muss, und dass demselben Absatzwege für die erzeugten Producte geschaffen werden müssen. Die Grundbedingungen für eine lohnende Arbeit sind also: Bildung und Communicationen. Von dem Grade ihrer Entwicklung ist die geringere oder grössere Fähigkeit für die Arbeit und das Maas des zu erzielenden Gewinnes bei Individuen wie bei Nationen abhängig. Nur wo diese Grundbedingungen sich einer grossen Entwicklung erfreuen, findet man Wohlstand und Geld.

Es wird wohl heute nicht mehr bestritten werden, dass die erste dieser Grundbedingungen einer segensvollen allgemeinen Thätigkeit in Oesterreich noch lange nicht vollständig erfüllt ist. Denn es dürfte bei jedem Unbefangenen die Ueberzeugung feststehen, dass die allgemeine Volksbildung in einzelnen Theilen Oesterreichs noch viel zu wünschen übrig lässt, und dass diejenigen, welche deren Pflege bisher besorgten, von Anderen weit überholt worden sind. Ebenso sind auch die einsichtigeren unter den Gewerbetreibenden bestimmt schon zur Erkenntniss gelangt, dass der gewerbliche Unterricht im Allgemeinen in Oesterreich noch hinter jenem anderer Staaten zurücksteht.

Je niedriger die Bildungsstufe eines Menschen, desto geringer aber ist auch dessen Liebe zur Arbeit, weil er, seine Bedürfnisse auf ein Minimum beschränkend, die Nothwendigkeit des Erwerbens nicht fühlt und auch, seiner geringen Fähigkeit zur Arbeit sich bewusst, keinen lockenden Lohn aus derselben anhoffen kann. Je gebildeter hingegen der Mensch, desto fleissiger wird er und desto lohnender wird seine Arbeit sein. Wo aber der Fleissige mit dem Trägen, der Gebildete mit dem Unwissenden um den Preis ringt, da ist kein Zweifel, wer den Sieg davonträgt. Das ist eben die sich in unserer Zeit immer mehr und mehr Bahn brechende Wahrheit, „dass physische Kraft nur im Dienste der Geisteskraft grosse Erfolge erzielen kann."

Dass Oesterreich auch in der Schaffung der zweiten Grundbedingung noch weit zurück ist, dafür spricht am deutlichsten dessen Zurückbleiben im Eisenbahnbaue.

Es wurde bereits früher nach den im Jahre 1864 amtlich festgestellten Ziffern nachgewiesen, wie weit Oesterreich in dieser Beziehung unter den Staaten Europa's zurücksteht, und blickt man auf jene Anstrengungen, welche im Laufe der letzten zehn Jahre zur Behebung dieses Uebelstandes in Oesterreich gemacht wurden, so muss man mit Bedauern zugestehen, dass diese namentlich in den letzten fünf Jahren verhältnissmässig sehr gering gewesen seien. Denn mit Ende 1855 standen in der österreichischen Monarchie 373 Meilen Eisenbahnen im Betriebe, mit Ende 1860 dagegen 712 Meilen und zu Ende 1865 830 Meilen; in den Jahren 1856 bis 1860 wurden demnach Eisenbahnen in einer Länge von 339 Meilen, in den letztverflossenen fünf Jahren dagegen nur

Eisenbahnen mit einer Gesammtlänge von 118 Meilen gebaut und in Betrieb gesetzt; daher wurden durchschnittlich in den Jahren 1856 bis 1860 jährlich $67._{6}$ Meilen, in den Jahren 1861 bis 1865 aber nur $23._{6}$ Meilen gebaut. Ist schon dieses Versäumniss an und für sich ein höchst bedauernswürdiges, so ist hierbei noch weiter zu beklagen, dass der für den Bau dieser Eisenbahnen nöthige Bedarf an Schienen und sonstigen Eisenmaterialien in den Jahren 1856 bis 1860 in Folge der den Eisenbahnen bewilligten Zollbegünstigungen zumeist aus dem Auslande bezogen wurde. In den Jahren 1856 bis 1860 wurden nämlich für den Bau der neuen Eisenbahnen jährlich nur an Eisenbahnschienen im Durchschnitte 663.897 Wr. Ztr. benöthigt, wovon 624.563 Wr. Ztr. aus dem Auslande bezogen wurden; in ähnlichem Verhältnisse dürften für den Bedarf der Eisenbahnen, in Folge der denselben gewährten Ausnahmen vom Zolltarife, während dieser Zeitperiode auch die anderen für den Eisenbahnbau nöthigen Eisenmaterialien und Maschinen vom Auslande bezogen worden sein. Und auch noch in den Jahren 1861 bis 1865 wurden 105.110 Wr. Ztr. Eisenbahnschienen zollfrei eingeführt, und zwar im Jahre 1864 61.131 Wr. Ztr. und im Jahre 1865 43.979 Wr. Ztr.

Wenn auch durch diese Ausnahmen von den gesetzlichen Zollsätzen einzelnen Eisenbahngesellschaften und allenfalls dem Staatsschatze, mit Rücksicht auf die gewährte Zinsengarantie, Vortheile zugegangen sein sollten, so stehen diese doch in keinem Verhältnisse zu den Wunden, welche hierdurch der heimischen Arbeit geschlagen wurden.

Die vielen Millionen (bloss für die Jahre 1856 bis 1858 wurde die bezügliche Werthziffer von den Betheiligten auf 32 Millionen Gulden berechnet), welche für diese Artikel in das Ausland gesendet wurden, sind fast ganz der einheimischen Arbeit entzogen worden, und es hat dieser Verlust gewiss zu dem in späterer Zeit eingetretenen allgemeinen Rückgange der Consumtionsfähigkeit nicht unwesentlich beigetragen, da im gegentheiligen Falle die mit der Erzeugung dieser Waaren beschäftigten Arbeiter unzweifelhaft längere Zeit consumtionsfähiger geblieben wären. Denn indem diese Arbeiter einen grossen Betrag an ihrem Verdienste eingebüsst haben, wurde auch die Landbau treibende Bevölkerung in dem Absatze ihrer Producte geschädigt, ohne dass derselben gleichzeitig für ihre Producte Abnehmer im Auslande gesichert worden wären. Es ist überhaupt eine auch in der volkswirthschaftlichen Praxis bestätigte Regel, dass man eine Beschäftigung in so lange nicht aufgeben dürfe, als man statt derselben nicht mindestens eine gleich lohnende sich gesichert hat. Dem Landbauer aber seine sicheren Abnehmer entziehen oder doch deren Consumtionsfähigkeit schwächen, ohne demselben den hierdurch eingeschränkten Markt für seine Producte anderwärts sicherzustellen, erscheint für die Gesammtheit eines Staates nachtheilig, und dieser Vorgang hat sich auch bezüglich der in den bezogenen Jahren den Eisenbahnen gewährten Zollbegünstigungen in Oesterreich als ein verfehlter erwiesen.

Eine wichtige Erfahrung wurde jedenfalls aus den Erfolgen der von den Eisenbahnen in den Jahren 1856 bis 1860 ausgenützten Zollbegünstigungen gewonnen, und zwar jene, dass die inländische Eisenindustrie mit jener des Auslandes nicht zu concurriren vermöge, indem sonst gewiss die Eisenbahnen die inländischen, weil preiswürdigeren, Eisenwaaren den ausländischen vorgezogen hätten, und dass daher für diese, so wie jede andere vaterländische Industrie ein ausreichender Schutz in so lange nothwendig sei, bis die Grundbedingungen ihrer Entwicklung geschaffen sind, welche gleichzeitig auch der Landbau treibenden Bevölkerung zu Gute kommen.

Die Industrie schädigen, um hierdurch dem Landbaue Vortheile zuzuwenden, ist aber in Bezug der Eisenindustrie in Oesterreich zur Zeit gar nicht möglich, denn wenn auch die Eisenindustrie ganz geopfert werden wollte, so würde doch dem Landbaue keine fühlbare Erleichterung erwachsen, es wäre denn, man könnte dem letzteren den hierdurch entstehenden Ausfall an sicheren Consumenten seiner Producte gleichzeitig auf fremden Märkten sicherstellen.

Der Beweis ist leicht geführt. Es wurde früher gezeigt, dass die Eisenbahnen in Oesterreich jährlich im Durchschnitte 901.191 Wiener Zentner oder den fünften Theil des gesammten einheimischen Eisenconsums in den Jahren 1861 bis 1865 verbrauchten; nimmt man an, dass für alle anderen Zwecke, mit Ausnahme jener für den unmittelbaren Gebrauch des Landbaues, also für die verschiedenen Gewerbe, für Strassen- und Schiffsbau, für den Militärbedarf u. s. w., nur ein Zehntheil des ganzen Eisenverbrauches in Verwendung kommt, was ohnehin sehr niedrig gegriffen ist, so entfällt von der Eisenconsumtion des Jahres 1863 in Oesterreich für ein Joch seiner productiven Bodenfläche ein jährlicher Verbrauch von 3·2 Pfund Eisengusswaare, Schmiedeisen und Stahl, [1]) welcher Verbrauch nach einem höheren Durchschnittspreise des österr. Eisens und Stahles, mit 9 fl. per Zentner berechnet, einen Aufwand von 28·8 kr. für das Joch productiven Bodens erfordert. Nimmt man ferner an, dass durch das gänzliche Fallenlassen des Eisenzolles, wobei doch unbestritten die österreichische Eisenproduction gänzlich unterdrückt würde, bei dem Eisenbedarfe für den Landbau 2 fl. per Zentner in Ersparung kämen, so entfiele für ein Joch eine jährliche Ersparung von 6·4 kr.

Wendet man hingegen die Aufmerksamkeit einem anderen Verbrauchsgegenstande der Landbau treibenden Bevölkerung, dem Branntweine, zu so ergeben sich Verhältnisse, welche einige Beachtung verdienen.

Im Jahre 1864 wurden in Oesterreich in runder Summe 4 Millionen Eimer 20grädigen (der Beaume'schen Scala) Branntweines erzeugt. Hiervon kommen mit Rücksicht auf die Ein- und Ausfuhr 125.393 Eimer [2]) in Abzug, wornach für den inländischen Verbrauch 3,874.607 Eimer verbleiben. Nachdem die Menge des zu den verschiedenen gewerblichen Zwecken in Oesterreich verbrauchten Branntweines und Spiritus nach dem Ausspruche von Fachmännern nur einen kleinen Bruchtheil der ganzen Branntwein-Production darstellt, so dürfte, wenn für diese und sonstige häusliche Zwecke der fünfte Theil derselben veranschlagt wird, diese Ziffer gewiss nicht zu niedrig gegriffen sein. Allein selbst diese Ziffer von dem obigen Werthe abgerechnet, resultirt noch immer für den unmittelbaren Genuss der Gesammtbevölkerung Oesterreichs eine Menge von 3,099.686 Eimern 20grädigen Branntweins.

[1]) Die bisher höchste österreichische Eisenproduction des Jahres 1863 betrug 1,273.600 Wiener Zentner Eisengusswaare und 3,560.714 Wiener Zentner Schmiedeisen und Stahl; hiervon ab der Endesvorrath von Streckeisen und Stahl mit 309.821 Wiener Zentnern und die Mehrausfuhr von Streckeisen und Stahl dieses Jahres mit 56.190 Wiener Zentnern, bleibt für den inländischen Verbrauch 1,273.600 Wiener Zentner Eisengusswaaren, und 3,194.703 Wiener Zentner Streckeisen und Stahl, zusammen 4,468.303 Wiener Zentner Guss-, Streckeisen und Stahl; es verbleiben daher nach obigen Annahmen für den Verbrauch der Landwirthschaft hiervon 3,120.262 Wiener Zentner. Der Flächenraum des productiven Bodens aber ergibt sich mit 97,600.365 Joch (mit Einschluss des lomb.-venet. Königreiches); daher obige 3·2 Pfund per Joch.

[2]) Hierbei wurde angenommen, dass 37grädiger Branntwein ein- und ausgeführt wird.

Die Gesammtbevölkerung Oesterreichs beträgt nach den neuesten Quellen mit Einschluss des lomb.-venet. Königreiches 36,646.762 Köpfe, jene der Landbau treibenden Bevölkerung aber annäherungsweise 27,000.000 Seelen. [1]) Wollte man auch zugestehen, dass der Branntweingenuss in allen Schichten der Gesammtbevölkerung in Oesterreich ein gleicher sei, was thatsächlich nicht der Fall ist, so würde auch ungeachtet dieses Zugeständnisses der jährliche Branntweinverbrauch der Landbau treibenden Bevölkerung in Oesterreich sich noch mit 2,283.735 Eimern 20grädigen Branntweines berechnen, welcher zum approximativen Durchschnittswerthe des Jahres 1864, von 50 kr. für den Grad, einen Gesammtwerth von 22,837.350 fl. repräsentirt. Aus dieser Summe resultirt daher der jährliche Aufwand der Landbau treibenden Bevölkerung für Branntwein, auf das Joch des productiven Bodens umgelegt, mit 23·4 kr. Es wurde aber oben nachgewiesen, dass der jährliche Aufwand für Eisen und Stahl sich für das Joch des productiven Bodens mit 28·8 kr. ergibt, und dass das durch die gänzliche Auflassung des Eingangszolles im günstigsten Falle zu erzielende jährliche Ersparniss für diese Bevölkerung per Joch höchstens 6·8 kr. betragen könnte.

Diese Ziffern sprechen wohl deutlich genug, und wenn überhaupt Zahlen etwas zu beweisen vermögen, so scheinen es diese Zahlen zu sein. Hierbei kommt aber noch zu berücksichtigen, dass gerade in jenen Theilen Oesterreichs, wo die Landbevölkerung die grössten Mengen Branntweins consumirt, der Eisenverbrauch überhaupt, insbesondere aber für die Zwecke der Landwirthschaft, der geringste ist. Stünden die Behelfe zur Verfügung, um die für das Joch des productiven Bodens in diesen Gegenden entfallende jährliche Quote des Verbrauchswerthes von Eisen und Branntwein ermitteln zu können, so würde sich bestimmt ergeben, dass die Bewohner dieser Gegenden weit mehr Aufwand in Branntwein als in Eisen machen.

Wahrlich, die Interessen und Ziele der Landwirthschaft und der Industrie laufen in gleicher Richtung. Man schaffe den Bethei-

[1]) Berechnet man nach den in Hain's Statistik für die Landbau treibende Bevölkerung der einzelnen österreichischen Länder angeführten Verhältnisszahlen die Zahl dieser Bevölkerung, so erhält man dieselbe mit 27,447.304 Köpfen; da aber seither (seit 1853) die Industrie und die Gewerbe eine Ausdehnung erfahren haben, so dürfte die Zahl mit runden 27 Millionen näher der Wahrheit stehen.

ligten dieser Erwerbszweige die früher bezeichneten Grundbedingungen jedes Erwerbes, zeitgemässe Bildung und Communicationen, und es werden beide gedeihen. Denn die Entwicklung der Landwirthschaft in Oesterreich leidet unter dem Mangel dieser zwei mächtigsten Hebel des Wohlstandes noch mehr wie die Industrie, und wird gewiss in einer, wie gezeigt wurde, für dieselbe bedeutungslosen Herabsetzung der Eisenpreise hierfür keine Entschädigung finden.

Neben diesen in ausreichendem Maasse noch zu schaffenden Bedingungen für die Entwicklung aller Erwerbszweige bezeichnen aber die Eisenindustriellen, gleichwie die meisten Industriellen Oesterreichs, noch andere Massnahmen für das Gedeihen der Eisenindustrie als dringend nothwendig, namentlich: die Regelung der Valuta, das Festhalten an dem gesetzlich festgestellten, den thatsächlichen Verhältnissen entsprechenden Zollsatze, den Abschluss von Handelsverträgen mit Italien und Russland und eine genügende Vertretung ihrer Interessen im Auslande.

Es schien geboten, diese allgemeinen, weit über die Gränzen des Kammerbezirkes reichenden Verhältnisse hier zu erörtern, weil dieselben mit der gegenwärtigen Lage der niederösterreichischen Eisenindustrie im innigen Zusammenhange stehen, und weil eben durch dieselben mittelbar diese Industrie in den letzten Jahren sehr in's Mitleid gezogen worden ist. Denn wenn nicht die allgemeine Verminderung der Consumtionsfähigkeit eingetreten wäre, und in Folge derselben die Concurrenz der sämmtlichen österreichischen Eisenwerke sich auf dem Wiener Markte (als dem Haupteisenmarkte der Monarchie) in ausserordentlichem Maasse concentrirt hätte, so wäre in Niederösterreich einestheils die Ausserbetriebsetzung vieler Hammerwerke nicht so schnell eingetreten, anderentheils aber wären viele Hammerwerke zur zeitgemässen Umgestaltung ihres Betriebes veranlasst worden.

Aus diesem Grunde kann auch für die letztverflossenen Jahre kein nennenswerther Fortschritt bei den Eisenraffinirwerken in Niederösterreich verzeichnet werden; da die Thatsache des Rückganges in dem Eisenverbrauche zur Vermehrung des Anlage- und Betriebscapitales bei der Eisenindustrie nicht einladen konnte. Dagegen ist die bedauerliche Thatsache hervorzuheben, dass die niederösterreichischen Eisenwerke in der Vorschreibung der Gewerbesteuerschuldigkeit im Jahre 1865 gegen das Jahr 1860 zusammen um 1571 fl. zurückgesetzt werden mussten.

Der Einführung des wichtigsten Fortschrittes der Neuzeit in der Eisenraffinirung, d. i. des Bessemerverfahrens, standen in Niederösterreich Hindernisse entgegen, welche wohl auch in der Zukunft sich nie ganz werden beseitigen lassen. Denn zufolge der mit dem Bessemern bereits in Oesterreich (Steiermark und Kärnten) gemachten Erfahrungen wird dieser Process dort mit dem grössten Nutzen betrieben, wo die Verwendung des Roheisens unmittelbar aus dem Hochofen möglich ist, wobei auch der Brennmaterialaufwand für die Umschmelzung des Roheisens in Abfall kommt. Da aber in Niederösterreich, wie bereits erörtert worden ist, der Hochofenbetrieb gegen jenen in den Nachbarländern im Nachtheile ist, so dürfte diess auch bei dem Bessemern eintreten, und zwar um so mehr, als für den Bessemerprocess sich vorzugsweise ein hochgraues Roheisen eignet, dessen Darstellung einen sehr grossen Brennmaterialaufwand erfordert. [1])

Ein, wenn auch in die neueste Zeit (in das Jahr 1866) fallendes Ereigniss darf jedoch nicht mit Stillschweigen übergangen werden, nämlich der Bau und die Inbetriebsetzung eines Eisenwerkes so zu sagen an den Thoren der Hauptstadt Wien, des Puddlings- und Walzwerkes in Zwischenbrücken nächst der Taborlinie. Die Entstehung dieses Eisenwerkes erscheint wohl im ersten Augenblicke mit den früheren Behauptungen, dass die Eisenraffinirwerke in Niederösterreich gegen dieselben Werke anderer Länder unter ungünstigeren Betriebsverhältnissen arbeiten und dass die allgemeine Geschäftslage nicht zur zeitgemässen Erweiterung der bestehenden Etablissements einladen konnte, im Widerspruche zu stehen; allein dieselbe war thatsächlich nur eine Folge dieser allgemeinen, die Eisenindustrie insbesondere drückenden Calamität und der hieraus entstandenen Verhältnisse, welche zu der Anlage des Eisenwerkes in Zwischenbrücken mit der gegründeten Hoffnung eines rentablen Betriebes bestimmen konnten.

In neuerer Zeit hatten nämlich die Eisenbahngesellschaften ihren Bedarf an Schienen nur von jenen Eisenwerken gedeckt, welche die grössten Mengen alter Schienen, und zwar auch zu den höchsten Preisen, zu übernehmen sich herbeiliessen. Es ist einleuchtend, dass diess nur jene Eisenwerke im Stande sind, welche zunächst der Eisenbahnen liegen, da in diesem Falle der Transport der alten Schienen zu den Eisenwerken und der neuen Schienen

[1]) In letzter Zeit hat sich dessenungeachtet eine Actiengesellschaft behufs Errichtung einer Bessemerhütte in Ternitz gebildet.

zu den Eisenbahnen die geringsten Auslagen verursacht. Da aber in dieser Beziehung die Lage eines in Wien, als dem Knotenpuncte der meisten österreichischen Eisenbahnen, selbst gelegenen Eisenwerkes als die günstigste erscheinen musste, so fand sich die Graf Henckel von Donnersmark'sche General-Direction veranlasst, den Bau des Eisenwerkes in Zwischenbrücken unmittelbar an dem Schienenwege der a. p. Kaiser Ferdinands-Nordbahn in Angriff zu nehmen und vorzugsweise für die Aufarbeitung von alten Schienen und anderem Alteisen zu neuen Schienen einzurichten. Dieses Eisenwerk, dessen Bau im Februar 1866 begonnen und welches im Juli bereits in Betrieb gesetzt wurde, besteht aus 2 Puddelöfen, 6 Schweissöfen (mit angebauten Dampfkesseln), 1 Dampfhammer, 2 Walzenstrassen, den anderen für die Schienenerzeugung nöthigen Hilfsmaschinen und 3 Dampfmotoren. Die Puddelöfen werden bloss für die Erzeugung des für die Schienenköpfe nöthigen Stahls oder Eisens benützt. Die Rentabilität dieses Eisenwerkes steht um so mehr zu erwarten, als der Bau, obwohl in jeder Beziehung mit Sachkenntniss, doch auch in sehr ökonomischer Weise ausgeführt ist, wobei noch das Anlagecapital aus dem Grunde verringert werden konnte, weil entbehrliche Maschinen- und Walzenstrassenbestandtheile von dem Eisenwerke desselben Besitzers zu Zeltweg in Steiermark in die neue Eisenhütte zu Zwischenbrücken übertragen werden konnten.

Noch eines zweiten Unternehmens, welches in den letzten zehn Jahren entstand, aber wieder aufgegeben wurde, müssen wir hier gedenken.

Mittelst Vertrages, geschlossen in Wien am 5. April 1857, zwischen dem k. k. Finanzministerium einerseits und den Herren Arnstein & Eskeles, H. D. Lindheim, F. W. Haardt, Eduard Warrens, Th. von Cramer Klett und Robert Böker anderseits, gingen die k. k. hauptgewerkschaftlichen Hammerwerke Reichraming, Kleinreifling, Weyer und Hollenstein in den pachtweisen Betrieb der genannten Pächter über, welche nach der mittelst a. h. Entschliessung vom 10. November 1857 erfolgten Ratification des Pachtvertrags, sich zu diesem Zwecke in eine Commandite-Gesellschaft unter der Firma „k. k. priv. steiermärk.-österreichische Stahlwerksgesellschaft" constituirten.

Das Gesellschafts-Capital wurde auf zwei Millionen Gulden Conv.-Münze festgesetzt und durch Ausgabe von zweitausend Antheilscheinen à tausend Gulden C.-M. aufgebracht.

In Folge Genehmigung des k. k. Staatsministeriums vom 30. October 1861, Z. 21.143, ist die Umgestaltung der obigen Commandite-Gesellschaft in eine Actiengesellschaft unter gleicher Firma vor sich gegangen. Das Gesellschafts-Capital der letzteren wurde auf Eine Million zweimalhundert fünfundsiebzigtausend Gulden ö. W. festgesetzt und durch Ausgabe von 1275 Actien à 1000 fl. aufgebracht, wovon 425 Stück à 1000 fl. sofort ausgegegeben und einbezahlt wurden.

In Folge Ansuchens der Gesellschaft hat das k. k. Finanzministerium mit Erlass vom 4. October 1862, Nr. $\frac{54412}{928}$, die mit den ursprünglichen Pächtern am 5. April 1857 geschlossenen Verträge gekündigt und die sofortige Rückübergabe der gepachteten Werke in ärarische Verwaltung angeordnet, welche Uebergabe am 1. November 1862 thatsächlich erfolgte. Die hiernach eingeleitete Liquidation der k. k. priv. steir.-österr. Stahlwerksgesellschaft wurde durch einen von der letzten Generalversammlung bestellten Liquidations-Ausschuss in Vollzug gesetzt.

Gewerbe, welche sich mit der Verarbeitung von Eisen und Stahl beschäftigen.

Bezüglich dieser Gewerbe hat die Kammer nur äusserst lückenhafte und unvollständige Nachweisungen erhalten; sie muss sich daher darauf beschränken, den Stand dieser Gewerbe im Jahre 1865 auf Grund der von einzelnen Industriellen und Fachmännern eingelangten eingehenden Berichte, so wie der für dieses Jahr erfolgten Erwerbsteuervorschreibung darzustellen. Im Allgemeinen ist auch bei den meisten dieser Gewerbe seit dem Jahre 1860 ein Rückschritt eingetreten, der sich am deutlichsten sowohl in der Höhe der Erzeugung, wie auch in der hierwegen erfolgten Herabsetzung der Erwerbsteuervorschreibung wahrnehmen lässt. Denn obgleich die Zahl der hierher zählenden Gewerbeunternehmungen seit dem Jahre 1860 von 4588 auf 4687 gestiegen ist, folglich um 99 Gewerbe oder 2., Percent zugenommen hat, so wurden diesen Gewerben im Jahre 1865 doch bloss 38.101 fl. Erwerbsteuer, daher gegen das Jahr 1860 um 3655 fl. oder 8., Percent weniger in Vorschreibung gebracht.

Uebrigens einigen sich fast ausnahmslos die Ansichten der bezüglichen Gewerbeunternehmer in dem Ausspruche, dass, obgleich die Eisen- und Stahlwaaren seit dem Jahre 1860 im Preise sehr zurückgegangen sind, doch (namentlich während der letzten drei Jahre 1863 bis 1865) ein solcher Mangel an Absatz eingetreten ist, dass selbst die sehr, theilweise auf die Hälfte, eingeschränkte Erzeugung nicht an Mann gebracht werden konnte. Nebst den bereits bei den Eisenraffinirwerken hervorgehobenen hauptsächlichen Bedingungen ihres Gedeihens werden von den Eisen und Stahl verarbeitenden Gewerbeunternehmern bezeichnet: billiges Capital, billiger Brennstoff, ausreichender Markenschutz und radicale Umgestaltung der österreichischen Consulate. [1])

In Folgendem erscheint der Stand dieser Gewerbe nach den oben genannten, zur Verfügung gestandenen beschränkten Materialien geschildert, und zwar wie in früheren Jahren nach den hauptsächlichsten Waarengattungen gereiht, mit deren Anfertigung sich die einzelnen Gewerbszweige beschäftigen.

Wagenachsen.

Die Wagenachsenfabrikation beschränkt sich in Niederösterreich derzeit auf die Erzeugung von Last- und Kaleschachsen und der dazugehörigen Achsenbüchsen; Locomotivachsen werden seit der Einstellung des Werksbetriebes in Edlach (1858) nicht mehr erzeugt. Dieses Geschäft hat jedoch seit dem Jahre 1863 derart abgenommen, dass einzelne Achsenfabrikanten den Betrieb ganz eingestellt und die anderen denselben zumeist unter die Hälfte ihrer Erzeugungsfähigkeit eingeschränkt haben. Dessenungeachtet findet diese geringe Erzeugung keinen Absatz, nachdem die Consumtion an Wagenachsen um 60 Percent abgenommen hat. Denn zu den Ursachen dieses grossen Rückganges im Absatze der Wagenachsen, als welche die Verarmung des Landvolkes und theilweise auch die erweiterte Benützung der Eisenbahnen bezeichnet werden, gesellt sich auch noch der Umstand, dass die Waffenfabriken und Rohrhämmer, welche in der Waffenfabrikation sehr unzulänglich beschäftigt waren, sich auf die Achsenerzeugung geworfen haben. Die Preise der Achsen sind in Folge dessen, sowie des Rückganges der Holzkohlen- und Eisenpreise, in den letzten Jahren um 20 bis 25 Percent gewichen und nun solche, dass sie

[1]) Dass die Umgestaltung der Consulate ein dringendes Bedürfniss sei erhellt schon aus der Thatsache, dass über Bosnien schon seit Jahren kein Bericht der österreichischen Consulate zur Kenntniss der Industriellen gebracht worden ist, was sicher geschehen wäre, wenn überhaupt ein solcher Bericht bestände.

kaum die Gestehungskosten decken, eine Verzinsung des Anlage- und Betriebscapitales aber ganz ausschliessen. Dieser Umstand ist um so empfindlicher, als der Hauptabsatz von Achsen in das Frühjahr fällt und im Herbste ganz aufhört, wesshalb stets auf Vorrath gearbeitet werden muss. Zudem sind die begehrten Achsen in Form und Gewicht äusserst verschieden, und es muss daher stets ein grösserer Vorrath am Lager gehalten werden.

Die Erzeugung des Jahres 1865 wird mit 10.000 Ztrn. Achsen und Achsenbüchsen angegeben. Hierbei muss jedoch hervorgehoben werden, dass die Achsenfabrikation in Niederösterreich selbst unter diesen schwierigen Verhältnissen eine grosse Vollkommenheit erreicht hat. Wenn auch das Ausland mit Achsen nicht nach Oesterreich concurrirt, so werden andererseits auch keine österreichischen Achsen, mit Ausnahme unbedeutender Sendungen in die Donaufürstenthümer, exportirt.

Draht und Claviersaiten.

Die Erzeugung an Eisendraht belief sich im Jahre 1865 auf 30.000 Zentner; dieselbe ist demnach hinter jener des Jahres 1860 um 10.000 Zentner oder 25 Percent zurückgeblieben. Die Ursache dieses Productionsrückganges liegt in der Abnahme der Nachfrage, welche in den letzten vier Jahren mit 30 Percent angegeben wird; in derselben Zeit sind auch die Drahtpreise um mehr als 15 Percent gewichen.

Ausserdem wurden in Niederösterreich 500 Ztr. Stahldrah erzeugt, wovon ein Theil nach dem Auslande gegangen ist; ferner wurden 150 Ztr. Claviersaiten erzeugt, welche fast ganz nach Deutschland, Frankreich und England exportirt wurden. Bei den Claviersaiten zeigt sich demnach ein starker Rückgang in der Production gegen das Jahr 1860, wo die Erzeugung derselben mit 500 Ztrn. erhoben worden ist. Diese Abnahme erklärt sich durch die Abnahme in der Ausfuhr dieses Artikels.

Weissblech.

Die Weissblechfabrikation hat in Niederösterreich im Laufe der letzten Jahre abgenommen, weil der inländische Bedarf im Allgemeinen ein geringerer, die Concurrenz aber durch die Errichtung einer neuen, gleiche Qualität erzeugenden Weissblechfabrik in Steiermark (Johann-Adolfshütte) eine grössere geworden ist. Der Preis der in Niederösterreich erzeugten Weissbleche ist zwar in der letzten Zeit um 15 bis 20 Percent gewichen, gleichwohl hat noch der Verbrauch des böhmischen schlechteren Weissbleches zugenommen, weil letzteres billiger ist, und desshalb bei dem herrschenden Geldmangel mehr begehrt wird. Ueberdiess wurde der Verkehr in Weissblech mit dem Auslande durch die neueste Zolltarifirung erschwert, nachdem der österreichische Zoll von 5¼ fl. auf 4 fl. herabgesetzt, der zollvereinsländische Zoll jedoch von 2 fl. 62½ kr. auf 3 fl. 75 kr. erhöht worden ist: in Folge dessen auch mehr Weissblech ein- und weniger ausgeführt wird. Bisher wurde zwar noch aus Niederösterreich etwas Weissblech nach dem Zollvereine für besonders heikle Arbeiten geliefert, allein diese Ausfuhr dürfte in Folge des erhöhten Zolles ganz aufhören. Die Donauländer beziehen Weissblech nur aus englischen Fabriken, obgleich das niederösterreichische Weissblech von weit vorzüglicherer Qualität ist; die Ermässigung der hohen Tarife der k. k. priv. Donaudampfschifffahrts-Gesellschaft wird in dieser Richtung von Kaufleuten als sehr erwünscht bezeichnet. Ein namhafterer Export des in Niederösterreich erzeugten Weissblechs scheint übrigens nicht in Aussicht zu stehen, weil dasselbe ungeachtet der sehr zurückgegangenen Preise noch immer um 25 Percent höher steht, als die theilweise über Triest geschmuggelte englische Waare. Eine weitere Beeinträchtigung erfuhr die Weissblecherzeugung durch die um 25 Percent billigeren Zinkbleche, welche die für Bauzwecke dienenden stärkeren Weissbleche immer mehr verdrängen.

Die Erzeugung von Weissblech hat im Jahre 1865 4630 Kisten (6945 Ztr.) verzinntes Blech und 3073 Ztr. verzinktes Blech betragen; von verzinnten Blechen wurden demnach gegen das Jahr 1860 um 7.4 Percent weniger erzeugt, während die Production von verzinkten Blechen nahezu gleich geblieben ist. Hierbei ist aber zu erwägen, dass die Weissblechfabrikation in den Jahren 1860 und 1861 gestiegen, von da an aber rapid zurückgegangen ist, nämlich um 30 Percent der Erzeugung des Jahres 1861.

Als eingeführte Verbesserung in der Betriebsweise der niederösterreichischen Weissblechfabriken kann erwähnt werden, dass die Wöllersdorfer Fabrik nunmehr in eigenen Frischherden das für ihre Weissblecherzeugung nöthige Frischeisen selbst erzeugt und bereits auch Weissbleche aus Bessemermetall darstellt, welches sich für die Verzinnung besonders gut eignet.

Ackergeräthe, Werkzeugbestandtheile und dergleichen Eisenwaaren.

Alle Gewerbe, welche diese Waaren erzeugen, haben unter der Ungunst der Verhältnisse in den letzten Jahren sehr gelitten. Diejenigen derselben, welche Waaren für den Handel erzeugen, hatten neben der allgemein fühlbaren Absatzstockung auch mit der ausländischen Concurrenz zu kämpfen; die Zeughämmer in Niederösterreich hatten insbesondere auch die Concurrenz der ungarischen Zeughämmer zu bestehen, welche z. B. Schaufeln zu sehr niedrigen Preisen auf den niederösterreichischen Markt brachten. Jene der hierher zählenden Gewerbe, welche bloss für den Localbedarf arbeiten, berichten einen grossen Rückgang in dem Verbrauche des Landmannes an Eisenwaaren, und zwar in Folge der Entwerthung seiner Producte, der wiederholt in den letzten fünf Jahren missrathenen Weinernte und seiner hohen Besteuerung; dieselben Gewerbe beklagen sich, dass selbst für die dem Landmanne gelieferte Arbeit die Zahlung nur sehr langsam und schwer einlaufe. Sowie das Schmiedeisen sind auch die Zeugschmied- und andere Eisenwaaren im Preise zurückgegangen. Der Erwerbsteuercataster vom Jahre 1865 weiset 2497 hierher gehörige Gewerbe (175 Zeughämmer, 25 Bohrerschmiede, 13 Hackenschmiede, 6 Krautmesserschmiede, 3 Löffelschmiede, 5 Reifmesserschmiede, 11 Schermesserschmiede, 28 Ring- und Kettenschmiede, 13 Striegelschmiede. 2187 Zeug- und Hufschmiede, dann 31 andere dergleichen Gewerbe, wie Windenmacher, Sägeblätterschmiede u. s. w.) nach, mit einem Erwerbsteuerbetrage von 15.020 fl.: die Zahl dieser Gewerbe und ihrer Steuervorschreibung hat demnach seit dem Jahre 1860 um 96 Gewerbe und 215 fl. zugenommen. Die meisten dieser Gewerbe zeigen gegen ihren Stand vom Jahre 1860 keine oder nur geringe Unterschiede; eine Ausnahme hiervon machen die Zeughämmer, welche sich gegen 1860 um 12 vermindert haben und deren Erwerbsteuer um 294 fl. herabgesetzt erscheint, ferner die Zeug- und Hufschmiede, welche um 137 Gewerbe vermehrt wurden und deren Erwerbsteuerbetrag um 570 fl. erhöht worden ist. Es scheint, dass die Zeug- und Hufschmiede, weil überhaupt das Geld für neue Anschaffungen mangelte, um so mehr mit Reparaturen beschäftigt worden sind.

Messer- und Feinzeugschmiedwaaren.

In Messerwaaren hat zwar der Bedarf nicht abgenommen, um so mehr aber die Nachfrage nach dem inländischen Fabrikate, welches durch die ausländischen (englischen und deutschen) fabriksmässig erzeugten Messerwaaren immer mehr und mehr im Inlande selbst verdrängt wird, wie es bereits in den Donaufürstenthümern und in der Türkei fast ganz verdrängt ist. Die Messerwaaren sind wohl auch im Preise gewichen, jedoch nicht derart, um der ausländischen Waare Stand halten zu können. Die Messerschmiede beklagen sich, dass sie viele Rohstoffe, wie: Ebenholz, Schildpatt, Perlmutter, Elfenbein etc. aus dem Auslande zu Preisen beziehen müssen, die zu ihrem Nachtheile in keinem richtigen Verhältnisse zu jenen der daraus gefertigten importirten Waaren stehen. Die sämmtlichen Gewerbe der Messerschmiede und Feinzeugschmiede haben sich seit dem Jahre 1860 bis 1865 von 176 auf 167 und deren Erwerbsteuerbetrag von 1448 fl. auf 1284 fl. vermindert; wozu bemerkt wird, dass auch die Feinzeugschmiede durch die Abnahme des Absatzes in ihrem Erwerbe geschädigt wurden, mit Ausnahme der Laubsägenerzeuger, welche, obwohl im Inlande der Absatz sehr abgenommen hatte, für diesen Abgang durch ihr Geschäft nach dem Auslande (Deutschland, Frankreich, England, Amerika, Türkei u. s. w.) entschädigt wurden, weil dort ihre Laubsägen ungeachtet ihres hohen Preises sehr beliebt und gesucht sind. Die Zahl der besonders ausgewiesenen Zirkelschmiede hat sich nicht verändert, dagegen aber wurde deren Erwerbsteuer im Jahre 1865 gegen 1860 um 2½ fl. höher (statt 48½ mit 51 fl.) vorgeschrieben.

Feilen.

Obgleich die niederösterreichischen Feilen von anerkannt vorzüglicher Qualität, insbesondere durch die Firma A. Fischer in St. Egydi, geliefert werden, hat der Absatz derselben in Folge Abnahme des Bedarfes und der Concurrenz des Auslandes, namentlich mit Feilen aus Rheinpreussen, in den letzten vier Jahren um 25 Percent abgenommen, während der Preis derselben in der gleichen Zeit um 13 Percent zurückgegangen ist. Die Zahl der Feilhauergewerbe hat im Gegensatze zu diesen thatsächlichen, der Feilenfabrikation ungünstigen Verhältnissen seit dem Jahre 1860 um ein Gewerbe, eben so die Erwerbsteuervorschreibung dieser Gewerbe um 19 fl. zugenommen: denn im Jahre 1860 bestanden 54 Feilhauergewerbe mit einer Erwerbsteuervorschreibung von 378 fl., im Jahre 1865 aber 55 solche Gewerbe, für welche eine Erwerbsteuer von 397 fl. vorgeschrieben erscheint.

Sensen, Sicheln und Strohmesser.

In Sensen und Sicheln war das Geschäft in den letzten Jahren ein sehr ungünstiges. Die meisten Sensenfabriken des Kammerbezirkes, welche früher ihre Sensen und Sicheln in allen Theilen der Welt absetzten, mussten in den vier letzten Jahren ihre Production nahezu auf die Hälfte reduciren, andere den Betrieb gänzlich einstellen; im Bezirke Waidhofen a. d. Ybbs allein stehen seit zwei Jahren vier Sensenwerke ganz ausser Betrieb. Gleichzeitig sind die Preise der Erzeugnisse (Sensen und Sicheln) um 30 bis 40 Percent zurückgegangen. Der Grund dieser traurigen Thatsache liegt in einer Ueberproduction in diesem Industriezweige. Denn in den Jahren 1861 bis 1863 sind in Steiermark neue Sensenwerke entstanden, während der Bedarf im Inlande zurückgegangen ist, und im Auslande der Absatz der österreichischen Sensen und Sicheln durch das Fälschen der Zeichen bekannter solider Firmen, welches regelmässig in Tirol, Württemberg, Belgien und Westpreussen betrieben wird, sehr gelitten hat; in einzelnen fremden Ländern ist der Absatz österreichischer Sensen ganz vernichtet worden, wie überhaupt die Fälscher der renommirten Zeichen durch ihre schlechte Waare den alten Ruf der österreichischen Sensen empfindlich schädigen. Hiernach sind zur Zeit die österreichischen Sensenwerke mit dem Export ihrer Waaren nur mehr auf Südrussland, Polen, die Türkei, die Moldau und Walachei allein angewiesen; der Markt im Westen Europas und in Amerika ist denselben ganz verloren. Die Sensenwerksbesitzer halten demgemäss einen kräftigen Markenschutz sowohl gegen inländische wie ausländische Fälscher ihrer Zeichen für eine Hauptbedingung ihrer Existenzfähigkeit.

Im Sensenhandel genau unterrichtete Kaufleute heben aber auch hervor, dass die österreichischen Consulate mit politischen Geschäften überhäuft und daher für den Exporthandel viel zu wenig thätig sind, und dass der hohe Frachtentarif der k. k. priv. Donau-Dampfschifffahrt den Sensenhandel nach den Donaufürstenthümern sehr hemmt. In letzterer Beziehung wird angeführt, dass 100 Stück Sensen (circa 120 Pfund) nach dem Tarife der erwähnten Dampfschifffahrts-Gesellschaft von Wien bis Galatz 3 fl. Fracht bezahlen, während dahin aus französischen und englischen Häfen der Zentner um nur 60 kr. verfrachtet wird. Auch der hohe Zinsfuss und der Mangel an Capital, dann der Mangel an vorgebildeten Arbeitern werden als Gründe des Verfalles der Sensenindustrie angeführt.

Die Sensenfabrikanten in der Umgebung von Waidhofen an der Ybbs sind aber auch für die Zukunft wegen des Bezuges des nöthigen Brennstoffes sehr besorgt, da die an eine fremde Gesellschaft verkauften dortigen Staatsforste nun für Schiffsbauholz gänzlich abgestockt werden. Hierdurch entgehe der Benützung für die Sensenwerke eine namhafte Menge Brennstoffes und es liege daher die Befürchtung nahe, dass durch den Wegfall dieser Concurrenz die Holzkohlenpreise in der Zukunft in die Höhe getrieben werden dürften; zudem scheine den Sensengewerken auch keine Garantie gegeben, dass diese Wälder, wenn abgestockt, auch rechtzeitig und entsprechend würden wieder aufgeforstet werden. [1]) In den Mineralkohlen können aber die Sensenwerke für den Entgang der Holzkohlen keinen Ersatz finden, weil Mineralkohlen einestheils in der Umgegend nur sehr spärlich vorkommen, anderntheils aber, aus der Ferne bezogen, durch die hohen Frachtlöhne unverhältnissmässig vertheuert werden. Während aber die niederösterreichischen Sensenwerksbesitzer einstimmig, wenigstens so weit diess der Kammer aus den Berichten derselben bekannt ist, den Mangel an Absatz und die Fälschung ihrer Zeichen im In- und Auslande als die hauptsächlichsten Ursachen ihrer bedrängten Lage schildern, ist doch nicht vorgekommen, dass dieselben die hohen Preise des inländischen Rohmaterials für die Sensenerzeugung als die Hauptursache des Rückganges ihrer Production bezeichnen, wie diess die oberösterreichischen Sensenfabrikanten wiederholt durch ihre Vertreter gethan haben, im Gegentheile gestehen viele der ersteren zu, dass das Rohmateriale im Preise sehr herabgegangen ist.

Bezüglich der Strohmesser wird berichtet, dass der Verbrauch derselben in Niederösterreich in den letzten Jahren bei etwas ermässigten Preisen um ein Weniges sich vermehrt hat, so wie dass die österreichischen Strohmesser bloss auf den inländischen Verkehr beschränkt sind.

Im Jahre 1865 wurden in Niederösterreich an 520.000 Stück Sensen und Strohmesser, dann 300.000 Stück Sicheln erzeugt, von welcher Erzeugung jedoch grosse Quantitäten am Lager verblieben sind.

Es ist unzweifelhaft, dass die aufgezählten, den Bestand der Sensenwerke schädigenden Zustände zumeist nur durch die

---

[1]) Diese Angelegenheit wurde von der Kammer in umfassender Weise erörtert und die k. k. niederösterreichische Statthalterei als Landes-Forstaufsichtsbehörde am 8. März 1866 um Würdigung und Prüfung des Sachverhaltes ersucht.

unmittelbare Einflussnahme der Staatsverwaltung beseitigt werden können, allein ebenso ist auch nicht zu verkennen, dass noch Uebelstände bei diesen Etablissements durch langjährige Gewohnheit zur herrschenden Regel geworden sind, welche nur durch ein verständiges Zusammenwirken aller oder doch wenigstens der Mehrzahl der Sensenwerksbesitzer wieder ausser Uebung kommen können; es scheint diess um so dringender, als diese Uebelstände — nämlich das Feiern zahlreicher, nur für die Sensenschmiede bestehender Feiertage und der vorherrschende Verkehr der Sensenwerksbesitzer mit dem Auslande durch Vermittlung oft mehrerer Zwischenhändler — die Concurrenzfähigkeit der österreichischen Sensenwerke im Ausland nicht unwesentlich beeinträchtigen. Es ist hochwichtig für die Zukunft der österreichischen Sensenwerke, dass deren Besitzer sich in diesen beiden Richtungen einigen. Denn in einer Zeit, da alle Industriezweige auf eine billige Erzeugung hinzuwirken genöthigt sind, um hierdurch der sich immer mehrenden Concurrenz begegnen zu können, sollte gewiss auch die möglichst zweckmässige und vollständige Ausnützung der Arbeitskraft, sowie die Herabminderung der Verkaufsspesen in's Auge gefasst werden. In der ersten Beziehung genügt die einfache gegenseitige Verpflichtung der Sensenwerksbesitzer, dass fortan die Sensenschmiede nur jene Feiertage halten sollen, welche alle anderen Arbeiter im Lande feiern. In zweiter Richtung wäre in Erwägung zu ziehen, ob nicht eine gemeinsame directe Besorgung des Sensenverschleisses in das Ausland sich empfehlen würde, um die Vermittlung der Zwischenhändler, die auch theilweise für den Verkehr im Inlande in Anspruch genommen werden, zu beseitigen und auch wirksamer dem Fälschen der Zeichen begegnen zu können.

Dass die österreichische Sensenfabrikation durch die aus politischen Rücksichten verfügten Sensenausfuhrverbote nicht unerheblichen Schaden in den letztverflossenen Jahren erlitten hat, kann nicht in Abrede gestellt werden, nachdem die Ausfuhr von Sensen mit Ministerialerlass vom 11. Februar 1863 über sämmtliche russische Gränzen verboten, dieses Verbot am 18. April 1863 bloss auf die Gränzen von Russisch-Polen beschränkt und die Sensenausfuhr nach Russland erst am 8. October 1864 gänzlich freigegeben wurde. Die Sensenausfuhr nach Russland war demnach durch 19 Monate verboten und beziehungsweise sehr stark beschränkt, unter welcher Massregel die niederösterreichischen Sensenwerke besonders stark zu leiden hatten, da dieselben fast alle in Russland und Polen regelmässig ihre Waare auf den Markt bringen. Bei der grossen Bedeutung, welche in neuester Zeit die verbesserten Schusswaffen für die Kriegführung erlangt haben, dürfte wohl bald in allen Kreisen die Ueberzeugung Platz greifen, dass die Sense ebensowenig mehr wie der einst auch gefürchtete Dreschflegel als wirksame Waffe zu betrachten sei, wornach wohl die Entbehrlichkeit solcher Ausfuhrverbote allgemein anerkannt werden wird.

Schlosserwaaren.

Der Absatz in diesen Waaren ist seit 1860 wohl etwas zurückgegangen, da bis zum Jahre 1862 der Verbrauch an Schlosserwaaren zugenommen, von da an aber abgenommen hat. Es ist zwar diese Abnahme des Verbrauches nicht bedeutend, aber dem einzelnen Producenten aus dem Grunde empfindlicher, weil sich die Deckung des Bedarfes nun auf viel mehr Gewerbe vertheilt. Im Jahre 1860 bestanden nämlich im ganzen Kammerbezirke nur 1271 Schlossergewerbe, im Jahre 1865 hingegen 1336 solcher Gewerbe, daher mehr um 65 Schlossergewerbe. Die Erwerbsteuervorschreibung erscheint jedoch nicht in demselben Verhältnisse erhöht wie die Zahl dieser Gewerbe, da dieselbe nur um $310\frac{1}{2}$ fl. (von $11.990\frac{1}{2}$ auf 12.301 fl.) erhöht wurde. Der Export in Commerzial-Schlosserwaaren, welcher nach den Donaufürstenthümern und in die Türkei stattfindet, ist durch die Concurrenz der englischen und französischen sehr billigen, weil fabriksmässig und aus sehr billigem Rohmaterial erzeugten Schlosserwaaren ernstlich bedroht. Doch ist zu hoffen, dass diese Concurrenz besiegt werden wird, nachdem die niederösterreichischen Schlosserwaaren in Folge der inländischen Concurrenz und der bedeutend im Preise zurückgegangenen Rohstoffe in den letzten Jahren um 25 Percent im Preise niedriger geworden sind, und nachdem bereits der fabriksmässige Betrieb in einzelnen Etablissements Eingang findet und doch endlich auch allgemeiner Platz greifen wird.

Feuerfeste Cassen und Schränke.

Die österreichische Fabrikation feuerfester Cassen und Schränke hat ihren Hauptsitz in Wien, wo ein grösseres und fünf kleinere Etablissements sich mit derselben beschäftigen und 500 Menschen Arbeit schaffen. Dieser Industriezweig hat seit dem Jahre 1860 in Folge der erhöhten Nachfrage und der vorzüglichen

Beschaffenheit dieses Artikels um nahezu 40 Percent zugenommen, während der Preis dieser Waaren sowohl wegen der eingeführten verbesserten Fabrikseinrichtungen wie auch wegen der vermehrten Concurrenz um 20 Percent gefallen ist. Die gesammte Erzeugung von feuerfesten Cassen kann im Jahre 1865 in Niederösterreich an 2500 Stück im Werthe von 600.000 fl. betragen haben, wovon der grösste Theil auf die k. k. priv. Cassenfabrik der Firma Wertheim & Comp. entfiel, und wovon ungefähr die Hälfte über die südlichen und nordöstlichen Gränzen ausgeführt wurde. In Oesterreich bestehen ausser Wien nur noch in Prag und Pest Fabriken für feuerfeste Cassen, welche jedoch nur ungefähr den fünften Theil der von den Wiener Fabriken erzielten Gesammtproduction erreichen.

Eiserne Möbel.

Die Erzeugung eiserner Möbel hat in Niederösterreich, wo dieser Industriezweig auf Wien beschränkt ist, seit 1860 abgenommen, und zwar aus dem Grunde, weil im Inlande bei der allgemeinen Geschäftsstockung die Nachfrage nach diesen vorwiegend zu den Luxusartikeln zählenden Waaren eine geringere geworden ist, und weil in jenen Ländern, wohin diese Waaren exportirt werden, nämlich in der Türkei, in den Donaufürstenthümern und in Russland, die concurrirenden sehr billigen englischen, französischen, belgischen und deutschen Waaren theilweise den Absatz geschädigt haben. Das theurere inländische, wiewohl viel bessere Eisen ist die Ursache, warum die inländischen Fabrikanten den ausländischen im Preise der eisernen Möbel nicht folgen können; die inländischen Fabrikanten verwenden eben nur das beste Eisen, welches, obwohl die Eisenpreise in Oesterreich bedeutend gefallen sind, noch immer verhältnissmässig hoch im Preise steht; ausserdem geniessen ihre ausländischen Concurrenten auch den Vortheil billigerer Frachten. Das ausländische Eisen schildern die österreichischen Fabrikanten als wegen seiner schlechten Qualität für die Erzeugung eiserner Möbel nicht brauchbar. Der Werth der in Wien erzeugten eisernen Möbel kann für das Jahr 1865 mit 160.000 fl. angenommen werden.

Koch- und andere Geschirre aus Eisenblech.

Unter den aus Eisenblech gefertigten emailirten Koch- und anderen Geschirren behaupten noch immer die von A. Pleischl in Wien den wegen ihrer seit vielen Jahren anerkannten guten Qualität, besonders aber wegen ihres blei- und zinkfreien Emails erworbenen Ruf, und es ist die Fabrik der genannten Firma noch immer die erste und bedeutendste dieser Art in Oesterreich überhaupt. Der Verbrauch an jenen Geschirren hat sich seit dem Jahre 1860 nicht geändert, wohl aber ist der Preis derselben in Folge der ausländischen Concurrenz seit jener Zeit um 10 Percent zurückgegangen; die im Jahre 1865 in Niederösterreich erreichte Production solcher Geschirre repräsentirte hiernach einen Werth von 180.000 fl. Der Absatz der Pleischl'schen Geschirre hat in den letzten Jahren im Inlande, so wie nach der Schweiz und nach Baiern, stattgefunden, doch war in den Jahren 1863 bis 1865, wo der Silbercurs einen niedrigeren Stand wie in den beiden Vorjahren einnahm, auch verhältnissmässig der Verkehr mit dem Auslande ein schwächerer geworden.

Eine andere Fabrikation von Kochgeschirren aus Eisenblech hat sich jedoch in den letzten Jahren in Wien eingebürgert, welche die Firma F. W. Haardt zwar bereits im Jahre 1859 nach Oesterreich verpflanzt hat, deren fabriksmässige Erzeugung jedoch von dieser Firma erst im Jahre 1862 begonnen wurde; es ist diess die Fabrikation der im Auslande unter der Bezeichnung „Gesundheitsgeschirre" bekannten verzinnten Geschirre. Diese Geschirre wurden anfänglich aus Eisenblech getieft, bei grösseren Dimensionen wohl auch gefalzt, und ganz verzinnt. In neuerer Zeit wurden solche Geschirre auch auf der Aussenseite schwarz lackirt erzeugt. Diese Geschirre sind sehr haltbar und billig, und unterscheiden sich von anderen (gegossenen und emailirten) Kochgeschirren durch eine grössere Brennstoffersparniss.

Die Verzinnung dieser Geschirre lässt sich, wenn nach langjährigem Gebrauche abgenützt, ebenso wie das Email bei den Pleischl'schen Kochgeschirren, wieder erneuern. Diese verzinnten Kochgeschirre haben während der verhältnissmässig kurzen Einführung ihrer Erzeugung in Oesterreich bereits eine grosse Verwendung, namentlich auch bereits bei der k. k. Armee Eingang gefunden, indem zur Zeit nur nach Art dieser Geschirre gefertigte Feldkessel im Gebrauche stehen. Als ein neuester Zeit in dieser Fabrik eingeführter Fortschritt ist die Verwendung des Bessemermetalls für die Erzeugung der verzinnten Geschirre zu erwähnen, welches Metall sich vorzugsweise sowohl zum Pressen, wie auch zum Verzinnen eignet und für diesen Zweck zuerst in Oesterreich von der Firma F. W. Haardt im fabriksmässigen Betriebe verwendet wurde. Im Jahre 1865 erzeugte diese Firma schon 350.000 Stück verschiedener solcher verzinnter Geschirre, worunter ungefähr der sechste Theil in verzinnten Geschirren aus Bessemermetall bestand. Nachdem aber die vorzügliche Eignung des Bessemermetalls für getiefte Waare unzweifelhaft festgestellt ist, so werden gegenwärtig diese verzinnten Geschirre von der Firma F. W. Haardt ausschliesslich aus Bessemermetall erzeugt, und zwar in der Weise, dass Geschirre bis zu 12 Zoll Durchmesser aus einem Stücke getieft hergestellt werden. Absatz haben die Geschirre dieser Firma, welche bisher die einzige Fabrik dieser Art in Oesterreich besitzt, nicht nur in allen Theilen der österreichischen Monarchie, sondern auch in den Donaufürstenthümern und in Mexico gefunden.

Pfannen und Kessel.

Die Production der Pfannenhämmer wurde für das Jahr 1865 mit 1800 Zentnern Pfannen und Kesseln im Werthe von 40.500 fl. angegeben; es zeigt sich bei diesen Etablissements gegen das Jahr 1860 ein Rückgang in der Menge der Erzeugung um genau 50 Percent und im Verkaufspreise der Erzeugnisse um nahezu 28 Percent, während der Preis des von denselben verarbeiteten Eisens nach ihrer eigenen Angabe um 24 Percent gewichen ist. Die Pfannenhämmerbesitzer sind der Ansicht, dass ihre Erzeugnisse, welche gegenwärtig nur im Inlande Absatz finden, auch in das Ausland verkauft werden könnten, wenn denselben in dieser Richtung die Wege angebahnt würden.

Nägel, Drahtstifte, Schrauben und Nieten.

In den letzten Jahren wurden die geschmiedeten, sowie die geschnittenen Maschinennägel mehr und mehr von den Drahtnägeln und Drahtstiften verdrängt, welche zur Zeit in allen Grössen, Stärken und zu den verschiedenartigsten Zwecken in einer Qualität erzeugt werden, die kaum noch vorzüglicher erzielt werden kann. Auf der land- und forstwirthschaftlichen Ausstellung im Prater (Mai 1866) haben besonders die Fabrikate der Firma A. Fischer in St. Egydi sowohl durch die Reichhaltigkeit des Sortiments, als auch durch vorzügliche Ausführung die Aufmerksamkeit der Fachmänner auf sich gelenkt. Für das Jahr 1865 haben 5 Drahtnägel- und Drahtstiften-Fabrikanten (A. Fischer in St. Egydi, J. Hinterleitner in Wien, J. Ritter von Hohenblum in Vöslau, welcher seine Fabrik in letzter Zeit an E. Dobel veräussert hat, Gebrüder Quirin in Kirchberg am Wechsel und J. Strauss in Wien) eine Erzeugung von 6500 Zentnern Drahtnägel und Drahtstiften im Werthe von 115.000 fl. nachgewiesen; aus dem obigen Werthe berechnet sich eine Verminderung des Preises der Drahtnägel und Drahtstifte seit dem Jahre 1860 um nahezu 40 Percent. Die Drahtnägel- und

24*

Drahtstiften-Fabrikation dagegen hat seit dem Jahre 1860 jedenfalls zugenommen, obwohl auf Kosten der geschnittenen Maschinen- und geschmiedeten Nägel, was schon aus dem Umstande erhellt, dass die Zahl der gewöhnlichen Nagelschmiede sich seit dem Jahre 1860 in Niederösterreich um 21 Gewerbe (von 195 auf 174) vermindert und die Erwerbsteuervorschreibung dieser Gewerbe gleichzeitig um 105 fl. (von 965 auf 860 fl.) abgenommen hat, während eine Maschinennägelfabrik aus dem Erwerbsteuer-Kataster gleichfalls entfallen ist.

Die Erzeugung von Schrauben und Nieten ist zwar für das Jahr 1865 von den grösseren Fabriken, welche dieselben erzeugen, so ziemlich in der gleichen Höhe wie im Jahre 1860 angegeben worden, allein von einzelnen dieser Fabriken wurde gleichzeitig bemerkt, dass ein namhafter Theil dieser Waare mit Jahresschluss am Lager verblieben ist. Ebenso erscheinen im Erwerbsteuer-Kataster vom Jahre 1865 gegen jenen des Jahres 1860 um 3 Schrauben- und Nietenerzeuger (statt 30 nur 27), sowie um 2 Drahtstiftenerzeuger (statt 16 nur 14) weniger verzeichnet, während auch die Ziffer der vorgeschriebenen Erwerbsteuer eine bedeutend niedrigere geworden ist, welche Umstände auf einen Rückgang im Geschäfte schliessen lassen. Die in Niederösterreich in den letzten Jahren erzeugten Drahtnägel, Drahtstifte, Schrauben und Nieten wurden nur im Inlande und theilweise in den Donaufürstenthümern abgesetzt; in das übrige Ausland vermag diese Waare wohl in der Qualität, aber in den Preisen nicht zu concurriren.

Drahtgeflechte und Drahtgewebe.

Die Drahtseilfabrik von A. Fischer in St. Egydi, deren Erzeugung im Jahre 1860 als im Zunehmen begriffen geschildert wurde, besitzt 5 Drahtseilmaschinen, welche aber im Jahre 1865 kaum zum zwanzigsten Theile ihrer Erzeugungsfähigkeit beschäftigt waren. Der Absatz von Drahtseilen hat in den letzten vier Jahren um 40 Percent abgenommen, während ihr Preis gleichzeitig um 10 Percent gewichen ist, und zwar in Folge der grösseren Concurrenz sowohl im Inlande selbst, wie auch aus dem Auslande (Deutschland).

Die Erzeugung und die Preise der Drahtsiebe und der Metalltücher sind ebenfalls seit dem Jahre 1860 zurückgegangen, und zwar insbesondere die Erzeugung um nahezu die Hälfte jener vom Jahre 1860. Die Verminderung dieser Production war zum Theile eine Folge des wegen der Nothlage verminderten Bedarfes in Ungarn; der Preisrückgang aber ist durch die vermehrte Concurrenz hervorgerufen worden, welche in Niederösterreich mit ordinärer

Waare die mährischen Gebirgsbewohner, mit feiner Waare die ausländischen deutschen Fabriken machen. Namentlich vermögen die niederösterreichischen Fabrikanten mit Metalltüchern für die Papiererzeugung selbst im Inlande nicht zu concurriren, weil sie den Messingdraht hierzu aus Augsburg beziehen. In Oesterreich erzeugte Eisendrahtgewebe sind aus dem Grunde nicht exportfähig, weil die inländische Eisenindustrie unter ungünstigeren Verhältnissen arbeitet und daher theurer erzeugt wie das Ausland. Nichtsdestoweniger glauben die betheiligten Industriellen, dass für österreichische Drahtgewebe nach Italien, Russland und der Türkei ein Absatz zu erzielen wäre, wenn den Industriellen dahin die Wege gebahnt würden. Im Jahre 1860 bestanden in Niederösterreich 61 Siebmachergewerbe, im Jahre 1865 aber 64 solche Gewerbe, für welche an Erwerbsteuer in ersterem Jahre 356½ fl., im letzteren Jahre 412½ fl. vorgeschrieben worden sind.

Nadeln und Nadlerwaaren.

In Niederösterreich ist die bedeutendste Nadelfabrik jene von M. W. Schloss in Hainburg; dieselbe erzeugt allein nach englischem System Nähnadeln, und zwar auch feine Sorten. Die Fabriken in Fischamend, Strelzhof und Wr.-Neustadt, so wie einzelne kleinere Fabrikanten in Wien, erzeugen geringere Mengen meist ordinärer Nähnadeln. Sowohl die erstgenannte als die anderen Fabriken erzeugen nebstdem auch Strick-, Stick-, Haarnadeln und Hafteln. Die Nadelfabrik in Hainburg hat im Jahre 1865 150 Millionen Stück verschiedener Nähnadeln, 60 Millionen Stück Strick- und Stecknadeln, 10 Millionen Stück Haarnadeln und 150 Ztr. Hafteln erzeugt, zusammen im Werthe von 156.000 fl. Diese Erzeugung erscheint hiernach nahezu noch einmal so gross wie jene des Jahres 1860. Der Preis der Nadlerwaaren aber ist durch die ausländische Concurrenz in derselben Zeit bedeutend reducirt worden, während nur der Eisen- und Messingdraht im Preise herabgegangen ist, dagegen der aus dem Auslande bezogene Stahldraht aus später zu erörternden Gründen vertheuert wurde.

In Uebereinstimmung hiermit wird angegeben, dass der Verbrauch von Nadeln ungeachtet der Zunahme der Verwendung von Nähmaschinen in den letzten vier Jahren zugenommen hat. Diese Thatsache wird durch die Zunahme der Bevölkerung im Inlande, so wie durch den Umstand erklärt, dass wegen der misslichen Geldverhältnisse weniger neue Kleider angeschafft wurden, dagegen mehr die alten Kleider ausgebessert werden mussten. Keineswegs hat ein zunehmender Export in Nadeln die inländische gesteigerte Production hervorgerufen. Denn die österreichischen Nadlerwaaren werden nur noch nach den Donaufürstenthümern ausgeführt, sonst können dieselben im Auslande mit den billiger arbeitenden Nadelfabriken in England, Preussen und Belgien nicht concurriren, durch welche die österreichischen Nadeln in neuerer Zeit auch von dem früher beschickten italienischen und türkischen Markte (von letzterem seit dem Krimkriege) ganz verdrängt worden sind. Ueberhaupt haben sich die im Kammerberichte für die Jahre 1857 bis 1860 geschilderten Verhältnisse der österreichischen Nadelfabriken seither nicht zum Besseren gewendet, im Gegentheile sind denselben durch die neueste Zolltarifirung neue Hindernisse erwachsen. Bekanntlich sind die österreichischen Nadelfabriken mit dem Bezuge von Stahldraht und von rostfreiem Papier für die Verpackung der Nadeln auf den Bezug aus dem Auslande angewiesen; nachdem aber der Eingangszoll für diese beiden Artikel, und zwar namhaft, erhöht, dagegen der Zoll für die eingeführten Nadeln herabgesetzt wurde, so erscheint die Einfuhr von Nadeln aus dem Auslande sehr begünstigt. Daher ist auch eine Concurrenz im Auslande für die österreichischen Nadelfabriken, mit der oben angeführten Ausnahme, nicht nur ganz unmöglich, sondern es wird auch im Inlande der Verbrauch an Nadeln zumeist aus dem Auslande gedeckt; denn die österreichischen Nadelfabriken participiren an der Versorgung des inländischen Nadelbedarfes höchstens zum zehnten Theile.

Die österreichischen Nadelfabrikanten heben hervor, dass ihre ausländischen Concurrenten sich nicht nur wohlfeileres Materiale (Stahldraht und rostfreies Papier) beschaffen können, sondern dass die österreichischen Fabrikanten auch durch die weit ungünstigeren Geldverhältnisse und die höheren Steuern gegen jene im Nachtheile sind. In der Qualität der Waare scheuen die österreichischen Nadelfabrikanten die ausländische Concurrenz nicht, allein im Preise können sie dieselbe unter den bestehenden Verhältnissen nicht halten.

In den letzten vier Jahren wurden in der Hainburger Nadelfabrik mehrfache Verbesserungen eingeführt, namentlich wurden Maschinen für das Spitzen und Feilen der Nadeln aufgestellt, und die Arbeit des Scheuerns (Polirens) und Härtens der Nadeln wesentlich verbessert, wobei theils fremde Erfahrungen benützt, theils ganz neue Einrichtungen ausgeführt worden sind.

Die Zahl der Nadlergewerbe hat sich in Niederösterreich seit dem Jahre 1860 um zwei Gewerbe (von 160 auf 162) vermehrt.

dagegen erscheint die Erwerbsteuer in der Vorschreibung um 112½ fl. (von 1639½ auf 1527 fl.) vermindert.

Stahlschreibfedern.

Ueber die Productionsverhältnisse dieses Artikels sind der Kammer gar keine Berichte bezüglich der letzten Jahre zugekommen. In dem Erwerbsteuer-Kataster vom Jahre 1865 erscheinen jedoch die zwei in Wien bestehenden Fabriken, welche Stahlschreibfedern erzeugen, um 21 fl. höher besteuert wie im Jahre 1860, woraus eine Zunahme in der Production dieser Fabriken gefolgert werden könnte.

Feuergewehre und Schwertfegerwaaren.

Von jenen Gewerben, welche sich in Niederösterreich mit der Waffenfabrikation beschäftigen, findet man im Erwerbsteuer-Kataster für die Jahre 1860 und 1865 nachstehende Zahlen und Beträge ihrer Erwerbsteuervorschreibung verzeichnet:

Im Jahre 1860:

14	Waffenfabriken u. Rohrhämmer	mit Erwerbsteuer	1.444	fl.
12	Schwertfeger	„ „	463	„
7	Klingenschmiede	„ „	46	„
105	Büchsenmacher	„ „	3.612½	„
138			5.265½	fl.

Im Jahre 1865:

12	Waffenfabriken u. Rohrhämmer	mit Erwerbesteuer	894	fl.
13	Schwertfeger	„ „	310	„
7	Klingenschmiede	„ „	51	„
107	Büchsenmacher	„ „	2.022½	„
139			3.277½	fl.

Schon aus dieser Zusammenstellung entnimmt man den Rückgang des Geschäftsganges dieser Gewerbe, da die Erwerbsteuervorschreibung um nahezu die Hälfte ermässigt werden musste. Besonders auffallend ist aber unter diesen Gewerben die Erzeugung der fabriksmässig betriebenen Etablissements zurückgegangen, nachdem diese fast ausschliessend auf die Lieferungen für das k. k. Militär beschränkt sind, welche Lieferungen sich in den Jahren 1861 bis 1864 für alle inländischen Fabriken auf weniger als die Hälfte der in den Vorjahren gelieferten Gewehre, also auf jährlich ungefähr 87.500 Stück beschränkten, im Jahre 1865 aber gänzlich ausgeblieben sind. In den Jahren 1851 bis 1864 wurden hingegen nebst den oben bezeichneten Gewehren für das k. k. Militär noch zusammen an 100.000 Stück Gewehre nach Amerika, 50.000 Stück Gewehre nach der Türkei und 3500 Stück Gewehre und 1000 Stück Pistolen nach Mexiko ausgeführt; wornach sich die ganze jährliche Erzeugung an Militärgewehren in diesen Jahren auf circa 126.000 Stück belief, also noch hinter der Zahl der in den Vorjahren von den niederösterreichischen Fabriken allein verfertigten Militärgewehre um circa 12.000 Stück zurückblieb. Im Jahre 1865 aber blieben nebst den Bestellungen für das k. k. Militär auch jene für das Ausland ganz aus, und diese Fabriken hatten fast so gut wie keine Arbeit; denn von 5 Gewehrfabriken, von welchen der Kammer für dieses Jahr die Betriebsausweise vorliegen, hatten zwei ihren Betrieb gänzlich einstellen müssen, während die anderen zusammen 7757 Militärgewehre, 60 Luxusgewehre, 560 Pistolen, 1270 Pionirmesser, 340 Uhlanenlanzen, 640 Cavalleriesäbel, nebstdem aber nur Wagenachsen und andere Commerzialeisenwaaren erzeugten. Ebenso waren auch die Rohrhämmer im Jahre 1865 fast gar nicht für die Waffenfabrikation beschäftigt und es haben die meisten derselben vorzugsweise die Erzeugung von Wagenachsen betrieben. Im Jahre 1865 mussten von den die Waffenfabrikation betreibenden Etablissements in Folge der mangelnden Arbeit an 3000 Arbeiter entlassen werden. Als Hindernisse für den Aufschwung der österreichischen Waffenfabrikation werden in erster Reihe die häufigen Ausfuhrverbote bezeichnet. Und in der That findet man, dass in den abgelaufenen 5 Jahren nicht weniger als drei Ausfuhrverbote (am 15. Jänner 1861, 21. März 1861 und 11. Februar 1863) erflossen sind, während ein solches Ausfuhrverbot noch seit dem 16. März 1859 in Kraft bestand. Diese Ausfuhrverbote wurden erst am 3. Juni 1865 und 13. August 1865 gänzlich aufgehoben. Aber auch die Beschränkungen im Verkehr mit Waffen im Inlande selbst sind der Waffenerzeugung hinderlich obgleich einige dieser Beschränkungen in der letzten Zeit (am 24. November und 19. December 1865) bereits ausser Wirksamkeit gesetzt worden sind.

In der Erzeugung der Jagd- und Scheibengewehre ist die niederösterreichische Fabrikation gleichfalls in den letzten fünf Jahren, ungeachtet der gesunkenen Preise, zurückgeblieben, und zwar hauptsächlich wegen der erfolgreichen Concurrenz der sehr billigen belgischen Waare.

Als ein Fortschritt in der Waffenfabrikation kann die nunmehrige ausschliessliche Verwendung der Gussstahlläufe (aus inländischem Gussstahl) für Militärgewehre, sowie die Einrichtung bezeichnet werden, dass bei diesen Gewehren die früher angelötheten Theile aus dem compacten Gussstahllaufe selbst hergestellt werden.

III. Abschnitt.

Maschinen, Instrumente, Werkzeuge und Transportmittel.

Verfasser Rudolf Freiherr v. Kulmer, Adjunct am k. k. polytechnischen Institute in Wien.

Fabrikation von Maschinen und Maschinen-Bestandtheilen.

I. Maschinen-Erzeuger.

Die Maschinenfabrikation Niederösterreichs hat in Folge der Bedürfnisse der Manufactur-Industrie, der neuen Eisenbahnen u. s. w. bis zum Jahre 1860 einen raschen Aufschwung genommen und ungeachtet der Schwankungen, welche in jenen Jahren durch die den Eisenbahnen zugestandenen Zollbegünstigungen hervorgerufen wurden, an Leistungsfähigkeit gewonnen. Jedoch war die Rentabilität dieses Industriezweiges mit wenigen Ausnahmen bereits zu Anfang der Sechzigerjahre keine genügende, und sie hat sich in den letzteren Jahren derart vermindert, dass einige Fabrikanten, obwohl ihre Werkstätten in Bezug des rationellen Betriebes und der Vollkommenheit der inneren Einrichtung den meisten ausländischen nicht nachstehen, fast ohne Gewinn arbeiten und zwar nur, um ihre Fabriken durch Stillstand nicht gänzlich zu entwerthen und die tüchtigsten Arbeitskräfte sich zu erhalten, andere wieder ihre Arbeit gänzlich einstellten. Hohe Preise der Materialien, namentlich des Roheisens, theure Brennstoffe, schwer zu erlangende und theure Capitalien, hohe Arbeitslöhne, ferner der im Jahre 1865 fast auf ein Minimum reducirte Bedarf der inländischen Eisenbahnen (man sehe hierüber im Anhange die Ausweise über die Anschaffungen der Bahnunternehmungen) u. s. w. können als die Hauptursachen der Geschäftsstockung in diesem Industriezweige gelten. Uebrigens fanden die hier berührten Uebelstände bereits in den Enquête-Vorlagen der Kammer über den neuen Zolltarif für das Jahr 1865 ihre ausführliche Erörterung, in welcher die Beschaffung billigeren Roheisens und wohlfeilerer Brennstoffe als eine der Hauptbedingungen zum Gedeihen der österreichischen Maschinenindustrie hingestellt wurde.

Was die Geschäftsverhältnisse dieses Industriezweiges in den letzteren Jahren betrifft, so haben nur wenige Industrielle detaillirte Nachweisungen eingesendet; es konnten daher über die Production nur annähernde Schätzungen Platz greifen. Bezüglich der Zahl der Gewerbe, ihrer örtlichen Vertheilung und jährlichen Erwerbsteuer liegen jedoch ausführliche Ausweise vor. Nach diesen ergibt sich für die Maschinenindustrie Niederösterreichs folgender Status:

Im Jahre	1855		1860		1865	
Maschinen-Erzeuger	Zahl	jährl. Erwerbsteuer in fl. C. M.	Zahl	jährl. Erwerbsteuer in fl. C. M.	Zahl	jährl. Erwerbsteuer in fl. C. M.
In Wien	50	4915	59	6680	54	6840
Im K. U. W. W. . .	liegt kein Ausweis vor		24	2302	15	2807
„ „ O. „ „			1	2	—	—
„ „ U. M. B. . . .			1	100	—	—
„ „ O. „ „ . . .			1	3	2	18
Zusammen			86	9087	71	9665

Es hat sich sonach die Zahl der Maschinenerzeuger in Wien vom Jahre 1855 bis 1860 um 9 vermehrt. Wenn bezüglich des flachen Landes für 1855 auch keine Ausweise vorliegen, so steht es nach den Kammerberichten insoweit fest, dass die Zahl der Maschinenerzeuger im Jahre 1855 die Höhe von 1860 nicht erreichte und es kann somit für den ganzen Kammerbezirk bis zum Jahre 1860 eine Zunahme der betreffenden Etablissements angenommen werden. Von da an hat sich jedoch die Zahl derselben von 86 auf 71, somit um 15, vermindert. Die Verminderung, welche jedoch grösstentheils nur die Kategorie der Kleingewerbe betraf, bezieht sich hauptsächlich auf Wien und den K. U. W. W., wo die Maschinenfabrikation am stärksten vertreten ist. Eine Vermehrung zeigt sich nur im K. O. M. B. und zwar um ein Etablissement kleinerer Art.

Die folgende Tabelle gewährt einen Ueberblick über die Gesammtzahl der Maschinenerzeuger Niederösterreichs, nach drei Steuerkategorien geordnet; hiebei wurde angenommen, dass Gewerbetreibende mit einer Steuer

von 2 bis 30 fl. C. M. zur Kategorie I,

über 30 bis 200 fl. C. M. zur Kategorie II,
„ 200 „ 1500 „ „ „ „ „ III gehören sollen. Somit vertheilen sich nach den Steuerausweisen die Maschinenerzeuger unter jene drei Kategorien in folgender Weise:

	1860			1865		
unter die Kategorien	I	II	III	I	II	III
	2—30 fl.	30—200 fl.	200—1500 fl.	2—30 fl.	30—200 fl.	200—1500 fl.
	Zahl der Maschinenerzeuger			Zahl der Maschinenerzeuger		
in Wien	34	19	6	33	15	6
auf dem flachen Lande	18	5	4	11	1	5
zusammen	52	24	10	44	16	11

Es zeigt sich sonach eine Abnahme nur in der I. und II. Kategorie, während die III. eine Zunahme um ein Etablissement ausweiset.

Hinsichtlich des Geschäftsbetriebes liegen für das Jahr 1865 nur von 10 Maschinenfabriken (darunter 1 der I., 3 der II. und 6 der III. Steuerkategorie) ausführliche Daten vor. Sonach lassen sich bei jenen 10 Fabriken folgende im Betriebe gewesene Werksvorrichtungen summarisch nachweisen:

	13 Dampfmaschinen,	zusammen	von 207	Pferdekraft
	1 Locomobile		„ 8	„
	2 Turbinen	„	„ 13	„
Zusammen	16 Motoren	„	„ 228	„

ferner 599 andere Werksvorrichtungen, darunter: 6 Kupolöfen, 10 andere Oefen, 79 Schmiedefeuer, 8 Dampfhämmer, 255 Drehbänke, 80 Hobelmaschinen, 76 Bohrmaschinen, 11 Pumpwerke, 7 Pressen, 85 diverse Hilfsmaschinen, 12 Sägemaschinen (darunter 10 Circularsägen).

Die Zahl der beschäftigten Arbeiter belief sich auf 1215, unter diesen lassen sich anführen: 60 Giesser und Former, 75 Schmiede, 65 Schlosser, 133 Dreher, 53 Modelltischler und ausser diesen noch 829 Arbeiter, deren specielle Beschäftigung nicht nachgewiesen erscheint.

Der tägliche Arbeitslohn betrug 1886 fl. ö. W., somit durchschnittlich 1 fl. 55 kr. per Kopf.

An humanitären Anstalten bestanden bei 6 dieser Fabriken eigene Krankencassen.

Verarbeitet wurden:

Roh- und Gusseisen	39.420	Wiener Zentner
Schmiedeeisen (Blech, Draht und Bestandtheile)	29.942	„ „

25 *

Stahl und Stahlbleche	1680 Wiener Zentner
Eisenguss	10.608 „ „
Metall, Kupfer, Messing, Zinn etc.	3423 „ „
Diverse Halbfabrikate	3072 „ „
Hartes und weiches Holz	5782 Cubikfuss
Pfosten und Breter	6145 Stücke

Unter den hier angeführten Materialien wurden nur 900 Zentner Gusseisen und 453 Zentner diverse Halbfabrikate aus England, die übrigen theils aus Niederösterreich, theils aus Kärnten, Steiermark, Mähren und Ungarn bezogen.

An Brennstoffen wurden verbraucht:

	Für Motoren	Für Schmelz- und sonstige Oefen	Für Schmiedefeuer
Weiches Holz	103 Wr. Klftr.	—	—
Steinkohlen	70.056 Wr. Ztr.	55.700 Wr. Ztr.	12.032 Wr. Ztr.
Braunkohlen	3900 „ „	—	—
Coaks	15.000 „ „	11.000 Wr. Ztr.	1311 Wr. Ztr.
Holzkohlen	1007 „ „	55 „ „	10.532 „ „

Die aus jenen Rohmaterialien erzeugten Fabrikate bestanden aus Dampf- und Wassermotoren, Göppeln, aus Maschinen für Spinnerei, für Metall- und Holzbearbeitung, aus landwirthschaftlichen Maschinen, Pumpen, Pressen, diversen Arbeitsmaschinen und Apparaten. Der grösste Theil dieser Erzeugnisse wurde in die österreichischen Kronländer abgesetzt, während ein kleinerer Theil nach den Donaufürstenthümern, nach Russland und Norddeutschland ging.

Der Verkaufswerth dieser Erzeugnisse ergab sich theils nach directen Angaben, theils nach annäherungsweiser Abschätzung, wobei das Verhältniss des angegebenen Productionswerthes zur Zahl der beschäftigten Arbeiter als Grundlage diente, mit dem Betrage von 2,011.036 fl. ö. W.

Der Productionswerth je eines Arbeiters betrug durchschnittlich 1655 fl. ö. W.

Es erübrigen nun noch die Anstalten von 61 Maschinenerzeugern (darunter 43 der I., 13 der II. und 5 der III. Steuerkategorie), welche wegen Mangels an Daten in die vorausgehende Darstellung nicht einbezogen werden konnten. Da jedoch die Erwerbsteuer aus den vorliegenden Steuerausweisen bekannt ist, und sich bei den besprochenen 10 Fabriken zu jener der noch übrigen 61 wie 1 zu $1\frac{1}{4}$ verhält, so dürfte dieses Verhältniss eine Grundlage darbieten, auf welcher eine annähernde Abschätzung der Production der noch übrigen 61 gewerblichen Anstalten erfolgen könnte Nach diesem Verhältnisse würde der Productionswerth der letzteren sich auf 2,413.243 fl. ö. W., somit der Productionswerth sämmtlicher 71 Etablissements Niederösterreichs auf 4,424.279 fl. ö. W. belaufen. Obwohl diese Zahl im Vergleiche zu den früheren Jahren niedrig erscheint, so dürfte sie doch dem thatsächlichen Verhältnisse ziemlich nahekommen, um so mehr, als der Geschäftsbetrieb im Jahre 1865 eine so bedeutende Abnahme zeigte, dass bei einzelnen Fabriken, die in den früheren Jahren 60 bis 70 Arbeiter beschäftigten, im Jahre 1865 nur 6 bis 20 sich nachweisen lassen, während wieder einzelne den Betrieb fast ganz einstellten.[1])

[1]) Wie sehr der Geschäftsbetrieb im Jahre 1865 abgenommen, zeigt der Vergleich der Betriebsergebnisse von 7 Fabriken Niederösterreichs (darunter 1 der I., 2 der II. und 4 der III. Steuerkategorie), von denen für die Jahre 1857 und 1865 nähere Daten vorliegen.

Nach diesen wurden verarbeitet:

	im Jahre 1857	1865	Differenz pro 1865
	Wiener Zentner		
Roh- und Gusseisen	49.210	37.920	— 11.290
Schmiedeeisen	21.264	13.820	— 7444
Blech und Draht	5603	1670	— 3933
Verschiedene andere Metalle	7070	87	— 6983
deren Halbfabrikate	1251	503	— 748
zusammen	84.398	54.000	— 30.338

An Brennstoffen wurden verbraucht:

	im Jahre 1857	1865	Differenz pro 1865
Weiches und hartes Holz	10.100 Cub.-Fuss	—	10.100 Cub.-Fuss
	89 Wr.Klftr.	13 Wr.Klftr.	— 76 Wr.Klftr.
Stein- und Braunkohlen	29.000 Wr. Ztr.	32.760 Wr. Ztr.	— 3760 Wr. Ztr.
Coaks	9600 „ „	11.000 „ „	+ 1400 „ „
Holzkohlen	4637 „ „	42 „ „	— 4595 „

An Werksvorrichtungen waren im Betriebe:

	im Jahre 1857	1865	Differenz pro 1865
Oefen	8	6	— 2
Schmiedefeuer	74	30	— 44
Drehbänke	125	155	+ 30
Hobelmaschinen	29	42	+ 13
Andere Arbeitsmaschinen	119	96	— 23
zusammen	355	329	— 26

Die Zahl der beschäftigten Arbeiter belief sich im Jahre 1857 auf 981 und im Jahre 1865 nur auf 555, es waren somit um 426 weniger als im Jahre 1857.

II. Maschinenbestandtheile-Erzeuger.

(Maschinenschlosser, Feuerspritzen-Erzeuger, Mühlbauer u. s. w.)

Ausser den vorher nachgewiesenen 71 Maschinenerzeugern bestanden in Niederösterreich noch folgende in das Maschinenfach einschlägige Gewerbe, deren Zahl, örtliche Vertheilung und jährliche Erwerbsteuer aus der nachstehenden Tabelle ersichtlich ist.

In Wien.	1855 Zahl der Gewerbe	1855 Jährl. Erwerbsteuer fl. C. M.	1860 Zahl der Gewerbe	1860 Jährl. Erwerbsteuer fl. C. M.	1865 Zahl der Gewerbe	1865 Jährl. Erwerbsteuer fl. C. M.
Maschinenbestandtheile-Erzeuger und Maschinenschlosser	20	240	16	140	15	195
Erzeuger von lithograph. Druckwalzen, Papierpressen, Heiz- und Wasserleitungsapparaten, Gasbeleuchtungsgegenständen	—	—	2	70	6	105
Feuerspritzenerzeuger ...	1	100	3	125	2	305
Blasbalgerzeuger	3	25	2	10	3	115
Windenmacher	3	30	4	40	2	20
Kaffeemühlenerzeuger	—	—	—	—	1	5
Commerzialwaaren-Tischler ...	1	100	2	50	2	50
Zusammen	28	495	29	435	31	795

Auf dem flachen Lande, u. z.: im K. U. W. W.	1860 Zahl der Gewerbe	1860 Jährliche Erwerbsteuer fl. C. M.	1865 Zahl der Gewerbe	1865 Jährliche Erwerbsteuer fl. C. M.
Maschinenbestandtheile-Erzeuger und Maschinenschlosser .	—	—	1	50
Ventilations- und Feuerungsapparate-Erzeuger	1	50	1	50
Wag- und Windenmacher (Doppelgewerbe)...............	1	5	1	5
Ackerwerkzeug-Erzeuger	1	100	3	210
Mühlwerkbauer und Mühlbestandtheile-Erzeuger	4	53	4	770
Dreschmaschinen-Erzeuger ..	1	4	—	
Maschinentischler	1	10	1	8
Fürtrag	9	222	11	1093

	1860 Zahl der Gewerbe	1860 Jährliche Erwerbsteuer fl. C. M.	1865 Zahl der Gewerbe	1865 Jährliche Erwerbsteuer fl. C. M.
Uebertrag	6	222	11	1093
Im K. O. W. W.				
Maschinenbestandtheile-Erzeuger und Maschinenschlosser	2	24	4	47
Mühlwerkbauer und Mühlzurichter	3	11½	2	9
Windmühlbauer	1	4	1	4
Getreideputzmühlen-Erzeuger ..	1	2	2	6
Im K. U. M. B.				
Windenmacher	1	20	1	20
Mühlwerkbauer und Reparirer ..	3	23½	3	23½
Windmühlbauer	3	7	2	4½
Maschinentischler	1	4	1	4
Im K. O. M. B.				
Mühlwerkbauer und Reparirer ..	2	10	1	2
Windmühlbauer..............	1	2	—	—
Spinnraderzeuger .	2	4	1	2
Maschinentischler	1	5	1	5
Zusammen	30	339	30	1220

Die hier angeführten gewerblichen Anstalten vertheilen sich unter die 3 Steuerkategorien in folgender Weise:

Wien.	1860 I. 2—30 fl.	1860 II. 30—200 fl.	1860 III. 200—1500 fl.	1865 I. 2—30 fl.	1865 II. 30—200 fl.	1865 III. 200—1500 fl.
Maschinenbestandtheile-Erzeuger und Maschinenschlosser	16	—	—	15	—	—
Erzeuger von lithographischen Druckwalzen, Papierpressen, Heiz- und Wasserleitungsapparaten, Gasbeleuchtungsgegenständen	1	1	—	6	—	—
Feuerspritzenerzeuger	2	1	—	1	—	1
Blasbalgerzeuger	2	—	—	2	1	—
Windenmacher	4	—	—	2	—	—
Kaffeemühlenerzeuger	—	—	—	1	—	—
Commerzialwaaren-Tischler...	2	—	—	2	—	—
Zusammen	27	2	—	29	1	1

Flaches Land.	1860 I. 2—30 fl.	1860 II. 30—200 fl.	1860 III. 200—1500 fl.	1865 I. 2—30 fl.	1865 II. 30—200 fl.	1865 III. 200—1500 fl.
Maschinenbestandtheile-Erzeuger und Maschinenschlosser	2	—	—	4	1	—
Ventilations- und Feuerungsapparate-Erzeuger	—	1	—	—	1	—
Wag- und Windenmacher	1	—	—	1	—	—
Windenmacher	1	—	—	1	—	—
Ackerwerkzeugerzeuger	—	1	—	1	2	—
Mühlwerkbauer, Mühlbestandtheile-Erzeuger, Mühlzurichter und Reparirer	12	—	—	7	2	1
Dreschmaschinen- und Getreideputzmühlen-Erzeuger	2	—	—	2	—	—
Windmühlbauer	5	—	—	3	—	—
Spinnraderzeuger .	2	—	—	1	—	—
Maschinentischler	3	—	—	3	—	—
Zusammen	28	2	—	23	6	1

Sonach belief sich die Gesammtsumme der hier nachgewiesenen Gewerbe

	1860 Zahl der Gewerbe	1860 Jährliche Erwerbsteuer fl. C. M.	1865 Zahl der Gewerbe	1865 Jährliche Erwerbsteuer fl. C. M.
in Wien auf	29	435	31	795
auf dem flachen Lande auf . . .	30	339	30	1220
Zusammen	59	774	61	2015

Unter diesen gehörten im Jahre 1860: 55 zur I., 4 zur II. dagegen im Jahre 1865: 52 zur I., 7 zur II. und 2 zur III. Steuerkategorie.

Es hat sich sonach der Status dieser Gewerbe in Wien um 2 vermehrt, während derselbe auf dem flachen Lande gleichgeblieben ist. Auch sei erwähnt, dass die in einzelnen Kreisen hie und da bemerkbare Abnahme sich fast nur auf solche gewerbliche Anstalten bezieht, die der Kategorie der Kleingewerbe angehören, während eine Zunahme grösstentheils nur unter den grösseren Anstalten eintrat; daher auch die Erwerbsteuer im Jahre 1865, verglichen mit der vom Jahre 1860, sich als eine höhere herausstellt.

Was den Geschäftsbetrieb dieser 61 gewerblichen Anstalten betrifft, so stehen nur von 7 derselben (darunter 2 Maschinenbestandtheile-Erzeugern, einem der I. und einem der II., einem Feuerspritzenerzeuger der III., einem Mühlwerkbauer der II., 2 Ackerwerkzeugfabrikanten der II. und einem Commercialwaaren-Tischler der I. Steuerkategorie) nähere Daten zu Gebote. Nach diesen lassen sich für das Jahr 1865 folgende im Betriebe gewesene Werksvorrichtungen nachweisen:

9 Motoren, unter diesen 3 Dampfmaschinen, zusammen mit 33 Pferdekraft; 5 Wasserräder mit 30 Pferdekraft, und 1 Pferdegöppel.

Ferner 83 Werksvorrichtungen, darunter: 1 Kupolofen, 2 andere Oefen, 39 Schmiedefeuer, 5 Wasserhämmer, 16 Drehbänke, 3 Hobelmaschinen, 9 Bohrmaschinen, 1 Pumpwerk, 2 Pressen, 6 andere Hilfsmaschinen, 5 Sägemaschinen (unter diesen 4 Kreissägen).

Die Zahl der beschäftigten Arbeiter belief sich auf 163, darunter: 7 Giesser und Former, 48 Schmiede, 9 Dreher, 10 Modelltischler und 89 sonstige Arbeiter.

Der tägliche Arbeitslohn betrug 184 fl. ö. W., somit durchschnittlich 1 fl. 13 kr. per Kopf.

An humanitären Anstalten bestanden bei 3 dieser Fabriken (darunter eine Feuerspritzenfabrik und 2 Ackerwerkzeugfabriken) eigene Krankencassen.

An Rohmaterialien wurden verarbeitet:

Roh- und Gusseisen, auch Bestandtheile daraus	3400	Wr. Ztr.
Schmiedeisen und Bestandtheile daraus, auch Blech und Draht	6536	„ „
Stahl und Stahlbleche	694	„ „
Andere Metalle	238	„ „
Weissblech	50	Kisten
Werkholz	11140	Cubikfuss
Pfosten und Breter	7650	Stück.

Diese Materialien wurden aus dem Inlande, und zwar aus Ober- und Niederösterreich, Steiermark, Böhmen und Ungarn bezogen.

An Brennstoffen wurden verbraucht:

	für Motoren	für Oefen und Schmiedefeuer
Steinkohlen	6920 Wr. Ztr.	—
Coaks	360 „ „	500 Wr. Ztr.
Holzkohlen	15 „ „	151.000 Cubikfuss

Die von diesen 7 gewerblichen Anstalten erzeugten Fabrikate bestanden aus Fasshähnen, Pappendeckelmaschinen, Schermaschinen, Centrifugaltrockenmaschinen, Drahtwebstühlen, Feuerspritzen, diversen Pumpen, Feuerlöschgeräthen, Einrichtungen für Dampf- und Wassermühlen, Ackerwerkzeugen und Jacquard-Maschinen. Unter diesen Fabrikaten wurde der grössere Theil in die österreichischen Kronländer, der kleinere dagegen nach Russland, in die Donaufürstenthümer und in die Türkei abgesetzt.

Der Verkaufswerth dieser Fabrikate betrug 170.200 fl. ö. W., somit würde sich durchschnittlich der Productionswerth eines Arbeiters nahezu auf 1044 fl. ö. W. beziffern.

Es erübrigen nun noch 54 gewerbliche Anstalten, die fast sämmtlich der Kategorie der Kleingewerbe angehören, über die mit Ausnahme der Erwerbsteuer-Ausweise keine Daten vorliegen. Da nun nach diesen Ausweisen die Erwerbsteuer der besprochenen 7 Anstalten zu jener der noch übrigen 54 sich nahe wie 1 zu $3^1/_4$ verhält, so könnte nach diesem Verhältnisse über die Production, Arbeiterzahl u. s. w. nur eine annähernde Schätzung erfolgen.

Nach dieser Voraussetzung würde der Productionswerth jener noch übrigen 54 Anstalten sich auf 595.700 fl. ö. W., somit der Productionswerth sämmtlicher 61 Anstalten auf 765.900 fl. ö. W. belaufen.

Uebersicht.

Zieht man die beiden grossen Gruppen der Maschinenerzeuger und der Maschinenbestandtheil-Erzeuger zusammen, so umfasste die gesammte niederösterreichische Maschinen-Industrie im Jahre 1860 145 gewerbliche Anstalten (darunter 107 der I., 28 der II. und 10 der III. Steuerkategorie) mit einer jährlichen Erwerbsteuer von 9861 fl. C. M., im Jahre 1865 dagegen nur 132 (darunter 96 der I., 23 der II. und 13 der III. Steuerkategorie) mit einer jährlichen Erwerbsteuer von 11.680 fl. C. M.

Es zeigt sich sonach im Jahre 1865, verglichen mit dem Jahre 1860, im Ganzen eine Abnahme um 13 Etablissements. In der I. Steuerkategorie belief sich die Abnahme auf 11, in der II. auf 5, dagegen fand in der III. eine Zunahme um 3 Etablissements statt. Die jährliche Erwerbsteuer betrug um 1819 fl. C. M. mehr als im Jahre 1860.

Unter den nachgewiesenen 17 gewerblichen Anstalten, von denen 10 in der Gruppe der Maschinenerzeuger und 7 in jener der Maschinenbestandtheile-Erzeuger besprochen wurden, bedienten sich:

11 der Dampfkraft . . . . . . (	16 Dampfmaschinen m.	228	Pferdekrft.)
1 der Dampf- u. Wasserkr.	1 „	„ 20	„
und	2 Turbinen	„ 13	„
1 der Wasserkraft allein . .	5 Wasserräder	„ 30	„
1 des Pferdegöppels.			

Eigene Eisengiessereien besitzen 5 Fabriken.

Die Summe sämmtlicher im Betriebe gewesenen Werksvorrichtungen dieser 17 Fabriken ergibt: 7 Kupolöfen, 12 andere Oefen. 118 Schmiedefeuer, 8 Dampfhämmer, 5 Wasserhämmer, 271 Drehbänke, 83 Hobelmaschinen, 85 Bohrmaschinen, 12 Pumpwerke, 9 Pressen, 91 andere Hilfsmaschinen, 14 Kreis- und 3 andere Sägemaschinen.

An Rohstoffen und Halbfabrikaten wurden verbraucht:

Guss- und Roheisen	42.820	Wr. Ztr.
Schmiedeeisen und Bestandtheile, Blech u. Draht	36.478	„ „
Eisenguss	10.608	„ „
Stahl und Stahlbleche	2374	„ „
Andere Metalle	3661	„ „
Diverse Halbfabrikate	3072	„ „
Weissblech	50	Kisten
Werkholz	16.922	C.-Fuss
Pfosten und Laden	13.795	Stücke

Verbrauchte Brennstoffe:

Holz	103	Wr. Klftr.
Steinkohlen	144.708	Wr. Ztr.
Coaks	27.671	„ „
Holzkohlen	35.436	„ „

Die Gesammtzahl der Arbeiter belief sich in diesen 17 Fabriken auf 1378; unter diesen lassen sich nachweisen: 67 Giesser und Former, 123 Schmiede, 65 Schlosser, 142 Dreher, 63 Modelltischler und ausser diesen noch 918 Arbeiter, deren specielle Beschäftigung nicht nachgewiesen werden konnte.

Der tägliche Arbeitslohn sämmtlicher 1378 Arbeiter betrug 2070 fl. ö. W., somit durchschnittlich 1 fl. 50 kr. per Kopf.

An humanitären Anstalten bestanden bei 9 dieser Fabriken eigene Krankencassen.

Der Gesammtwerth der Production dieser 17 Fabriken ergab sich mit dem Betrage von 2,181.236 fl. ö. W., somit der Productionswerth je eines Arbeiters mit 1582 fl. ö. W.

Es erübrigen noch 115 industrielle Anstalten, deren grösster Theil der Kategorie der Kleingewerbe angehört. Der Productionswerth derselben würde sich nach den vorausgegangenen Schätzungen auf 3,008.945 fl. ö. W. belaufen. Rechnet man hiezu noch jenen der nachgewiesenen 17 Fabriken, so ergäbe sich der Productionswerth sämmtlicher dem Gebiete der niederösterreichischen Maschinenindustrie angehörenden Etablissements mit dem Betrage von beiläufig 5,200.000 fl. ö W.

In der statistischen Uebersicht der k. k. niederösterr. Statthalterei wurde der Productionswerth der gesammten niederösterr. Maschinenindustrie für das Jahr 1861 mit dem Betrage von 6,000.000 bis 7,000.000 fl. ö. W. angegeben. Es dürfte sonach der für das Jahr 1865 durch Schätzung erlangte Betrag von 5,200.000 fl. ö. W., verglichen mit jenem von 1861, in Anbetracht der bereits Eingangs erwähnten Geschäftsstockung, eher zu hoch als zu tief gegriffen sein, jedenfalls aber dem wahren Verhältnisse ziemlich nahekommen.

Was die Zahl der bei der gesammten niederösterreichischen Maschinenindustrie beschäftigten Arbeiter betrifft, so lässt sich dieselbe nicht bestimmt angeben, weil sie in den Ausweisen der Genossenschaften mit jener der Mechaniker (Verfertiger von astronomischen, physikalischen, optischen Instrumenten etc.) vereinigt erscheint.

Nach diesen Ausweisen waren bei den niederösterreichischen Maschinenfabrikanten, Maschinisten und Mechanikern im Jahre 1865 beschäftigt:

	Mitglieder	Gehilfen	Lehrlinge
In Wien	287	4000	200
Im K. U. W. W. (Grössere Gewerbsunternehmungen)	12	1503	—
(Kleinere Gewerbsunternehmungen)	15	35	9
Im K. O. W. W. (Kleinere Gewerbsunternehmungen)	2	3	—
Im K. U. M. B. (Kleinere Gewerbsunternehmungen)	3	4	—
Im K. O. M. B. (Kleinere Gewerbsunternehmungen)	1	—	—
Zusammen	320	5545	209

Anhang.

Die folgende Darstellung gibt einen gedrängten Ueberblick über die Erzeugnisse der niederösterreichischen Maschinenindustrie und deren hervorragendste Erzeuger.

Gattungen der Erzeugnisse.

Motoren.

Locomotive. Mit dem Baue derselben waren in den letzten Jahren beschäftigt: die k. k. priv. österreichische Staatseisenbahn-Gesellschaft in Wien (vor der Favoritenlinie) und Georg Sigl in Wien und Wiener-Neustadt.

Diese 3 Fabriken sind für die grössten Bestellungen mit ausreichenden, dem jetzigen Standpuncte dieses Industriezweiges vollkommen entsprechenden Fabrikseinrichtungen versehen und können zusammen jährlich mindestens 150 Stück Locomotive erzeugen.

Die genannten 3 Fabriken lieferten im Jahre 1857: 70, im Jahre 1858: 93, im Jahre 1859: 67 und im Jahre 1860: 64 Stücke. Die k. k. österr. Staatseisenbahn-Gesellschaft erzeugte im Jahre 1863: 28 Locomotive nebst dazugehörigen Tendern, und Sigl in Wr.-Neustadt im Jahre 1865: 28 Locomotive nebst 16 Tendern, worunter 16 Stücke (Locomotive nebst Tendern) theils nach Russland, theils nach Preussen abgesetzt wurden.

Die niederösterreichische Locomotivfabrikation steht auf einer anerkannt hohen Stufe und es wurden den Ausstellern für ihre hervorragenden und neuen Locomotivconstructionen, sowohl bei der Pariser Ausstellung im Jahre 1855, als bei der Londoner im Jahre 1862, Preise zu Theil.

Stabile Dampfmaschinen wurden erzeugt von: Baechlé & Comp., Bollinger Samuel, Dingler Heinrich, Dolainsky Fr., Dreissigacker J., Frey Aug., Henke A., Pfannkuche G., Prick V., Schultz Th., k. k. priv. Staatseisenbahn-Gesellschaft und Topham G. in Wien; Sigl G. in Wien und Wr.-Neustadt, Hurtz J. in Leobersdorf (Bez. Pottenstein), Martiensen Th. in Biedermannsdorf (Bez. Mödling), F. v. May-Escher in Leesdorf (Bez. Baden) und Schmid H. D. in Simmering (bei Wien).

Es sei hier erwähnt, dass die in Paris im Jahre 1855 ausgestellten Dampfmaschinen von H. D. Schmid wegen der Einfachheit der Construction, der vorzüglichen Ausführung aller Bestandtheile und wegen der billigen Preise die allgemeine Anerkennung fanden, in Folge dessen dem Aussteller auch die Medaille erster Classe zuerkannt wurde. Uebrigens zeichnen sich alle in Niederösterreich erzeugten Dampfmaschinen durch zweckmässige Construction und hervorragende Leistungsfähigkeit aus.

Locomobile. Die Nachfrage nach diesen Maschinen hat in den letzten fünf Jahren hauptsächlich in Folge der grösseren Verbreitung der Ackerbaumaschinen zugenommen und es werden dieselben von den meisten Fabrikanten, die sich mit dem Baue von Dampfmaschinen befassen, tadellos angefertigt.

Eiserne Wasserräder und Turbinen, auch Transmissionen, werden auf Bestellungen ebenfalls fast von allen grösseren Maschinenfabriken verfertiget. Vorwiegend war mit der Erzeugung der beiden ersteren Gattungen von Maschinen die Fabrik von F. v. May-Escher in Leesdorf beschäftigt.

Göppel wurden erzeugt von: Burg & Sohn, Clayton, Shuttleworth & Comp., Hubazy G., Kugler Franz, Sigl G. und Soukoup A. in Wien.

Von Motoren, die ausser dem Wasser und Dampf noch durch andere Elementarkräfte in Bewegung gesetzt werden, wurde in Niederösterreich ein zu geringer Gebrauch gemacht, und es ist daher die Erzeugung derselben nicht nennenswerth.

Arbeitsmaschinen und Apparate.

Für allgemeine Verwendung, als:

a) Maschinen zum Heben und Senken (Krahne, Flaschen- und Fallenzüge, Rüben- und Fruchtaufzüge, Aufzüge für Waarenmagazine und diverse Hebwerke) wurden verfertigt von: Bollinger S., Schultz Th., Sigl G., k. k. österr. Staatseisenbahn-Gesellschaft und Weiss J. M. in Wien; F. v. May-Escher in Leesdorf, Martiensen Th. in Biedermannsdorf und Schmid H. D. in Simmering.

b) Maschinen zur Fortschaffung von Wasser, Luft und anderen Flüssigkeiten (Pumpen, Schöpfräder, Gebläse, Ventilatoren etc.).*) Solche werden auf Bestellung in den meisten grösseren Maschinenfabriken verfertigt, vorwiegend jedoch wurden selbe erzeugt von: Bollinger S., Böttger K., Burg & Sohn, Dingler H., Frey A., Glas K., Hofmann K., Kernreuter Fr., Knaust W., Korrentsch L., Prick V., Schaller J., Sigl G., k. k. österr. Staats-

*) Gasbeleuchtungsapparate wurden verfertigt von H. Frey und H. D. Schmid.

eisenbahn-Gesellschaft, Schultz Th., Topham G. in Wien, Martiensen Th. in Biedermannsdorf, F. v. May-Escher in Leesdorf, Schmid H. D. in Simmering, Winiwarter J. & G. in Gumpoldskirchen.

c. Maschinen zur Pressung, Zerdrückung, Pochung und Formgebung (Pressen, Quetschwerke, Pochwerke, Mühlen Hammerwerke u. dgl.) wurden erzeugt von:

Bollinger S., Clayton, Shuttleworth & Comp. (Mahlmühlen, Schrot- und Quetschmühlen), Dingler H.,[1] Frey A., Henke A., Schultz Th., Scherb G. (Pressen), Soukup A., Topham G., Sigl G., Stolle A. in Wien; F. v. May-Escher in Leesdorf, Martiensen Th. in Biedermannsdorf, Becker G. (Mühlmaschinen) in Lichtenwörth, Nemelka Lor.[2]) in Fischamend, Schmid H. D. in Simmering.

Für specielle Verwendung.

Landwirthschaftliche Maschinen und Geräthe. Mit der Production derselben waren vorwiegend beschäftigt:

Burg & Sohn, Clayton, Shuttleworth & Comp., Hubazy G., Kugler Fr., Sigl G., Wänzel F. in Wien; Fischer A. & E. in Wr.-Neustadt, Siegl K. in Wr.-Neustadt; Zugmayer G. in Waldegg, (Bezirk Wr.-Neustadt) verfertigte Pflüge.

Ueberdiess wurde die Erzeugung von derlei Maschinen nebenher noch von vielen anderen Fabrikanten und namentlich die Erzeugung von Pflügen aller Art von vielen Zeugschmieden betrieben.

Unter den Fabrikanten wären noch anzuführen:

Dingler H., k. k. österr. Staatseisenbahn-Gesellschaft, Kinzle Joh. in Wien (Getreideputzmühlen), Fichtner & Söhne in Atzgersdorf, Hoffmann M. in Wien.

Maschinen für Bergbau und Hüttenwesen wurden erzeugt von Bollinger S., Hurtz J., Glas K., Martiensen Th., priv. österr. Staatseisenbahn-Gesellschaft, Schultz Th., Topham G.

Wechsel, Drehscheiben, eiserne Brücken und sonstige Eisenbahn-Erfordernisse. Mit der Erzeugung derselben waren vorwiegend beschäftigt: Bollinger S., Dolainsky F., Martiensen Th., Prick V., Schmid H. D., Schultz Th., Sigl G., österr. Staatseisenbahn-Gesellschaft.

---

[1]) H. Dingler erhielt bei der Londoner Ausstellung im Jahre 1862 für seine hydraulischen und anderen Pressen aus hämmerbarem Messing wegen Neuheit der Fabrikation und praktischen Erfolges die Medaille und

[2]) L. Nemelka für das Modell einer Kunstmühle die ehrenvolle Erwähnung.

Maschinen für Metall- und Holzbearbeitung werden von den meisten Maschinenfabrikanten nebenher erzeugt, vorwiegend waren jedoch damit beschäftigt: Bollinger S., Frey A., Horak A., Hipp J., F. v. May-Escher, Martiensen Th., Pfannkuche, Schmid H. D., Kernreuter F., Schultz Th., Sigl G., R. v. Werthheim F. (Maschinen für Holzbearbeitung), Topham G.

Maschinen für Spinnerei, Weberei, Druck und Appretur. Erzeuger: F. v. May-Escher (namentlich Vorbereitungsmaschinen für die Spinnerei), Schmidt Ph. in Wr.-Neustadt.

Webstühle für den Handbetrieb, vorzüglich Jacquardmaschinen nebst Dessinkarten und Mühlstühle wurden erzeugt von Schramm Willibald,[1]) Mühlberger F. und Seufert H. in Wien. Firnstahl J. M. und Krätze E. in Wien erzeugten Tücherdruckmaschinen, letzterer auch Perrotinen und Kalander.

Nähmaschinen wurden erzeugt von Bernhardt Gottfr., Bollmann M., Goreutschitz L., Kirsch Gebr., Koppitz Gebr., Riedel J., Rüdinger M., Wagner K. in Wien.

Unter den ausländischen Firmen, welche in Wien Niederlagen von Nähmaschinen halten, sind zu nennen: Grover & Baker Nähmaschinen-Compagnie in New-York (Agent M. Bollmann), Netuschill L. J. in Hamburg, Pollak, Schmidt et Comp. in Hamburg (Agent Pittner W.), Wheeler & Wilson in New-York (Agenten Gebr. Kirsch).

Maschinen für Papierfabrikation. Erzeuger: F. v. May-Escher, Sigl G. und Neuburger M. (letzterer erzeugte Pressen für Papierfabrikation).

Maschinen für Gärberei wurden vorwiegend von Frey A. in Wien erzeugt.

Maschinen für Buchdruckerei. Erzeuger: Hansen Th., Löser H., Ferstle G., Neuburger M., Sigl G. in Wien.

Maschinen für Stein- und Zinkdruckerei. Erzeuger: Fichtner A., Hansen Th., Neuburger M., Dillinger K. in Wien (Druckwalzen für Steindruckerei).

Autographische und Copierpressen wurden verfertigt von Fichtner A., Keck & Baars, Marth S., Schember L., R. v. Wertheim F., Wiese F. in Wien.

---

[1]) Die Jacquard-Maschinen von Schramm fanden sowohl bei der Pariser Ausstellung vom Jahre 1865, als auch bei der Londoner vom Jahre 1862 die allgemeine Anerkennung.

Maschinen für Münzwesen. An solchen Maschinen war in den letzteren Jahren kein Bedarf.

Maschinen und Apparate für Destillation, Brauerei und Zuckererzeugung. Mit der Erzeugung solcher Maschinen waren vorwiegend beschäftigt: Baechlé & Comp., Böttger L., Bollinger S., Dingler H., Dolainsky F. & Comp., Glas K., Kronig K., Prick V., Putz A., Schultz Th. in Wien; Grossmann J. in Braunhirschen (Bez. Sechshaus), Martiensen Th. in Biedermannsdorf, Schmid H. D., Simmering.

Feuerspritzen und Feuerlöschrequisiten. Vorwiegend waren mit der Erzeugung derselben Knaust W. und Eichen A. in Wien beschäftigt; nebenher noch Bollinger J., Böttger K., Einzinger A., Bujed F., Freudenthal A., Fux K., Graf J., Kernreuter F., Korrentsch L., Müller K., Reiss A., sämmtlich in Wien, und Schmid H. D. in Simmering.

Dampfkessel und derartige Blecharbeiten werden von vielen hiesigen Fabrikanten verfertigt, die sich mit dem Baue von Dampfmaschinen befassen; vorwiegend waren jedoch damit beschäftigt: Baechlé & Comp. in Wien und Breitfeld & Evans in Floridsdorf.

Maschinenbestandtheile wurden theilweise von Maschinenfabrikanten, die eigene Eisengiessereien besitzen, wie Schmid H. D., Sigl G., Martiensen und Prick, theils von Maschinenbestandtheileerzeugern und Eisengiessern verfertigt: unter den beiden letzteren Gewerben sind zu nennen: Bernhardt G., Collmann L., Göpfert J., Bierent S., Haut J., Kitschelt's A. Erben, Schmal J., Siwzyk A., Winkler M., Zischke A. in Wien; Brevillier in Neunkirchen, Fischer B. in Traisen, Fischer G. in Hainfeld, Grüllemeyer J. in Ottakring, Hurtz in Leobersdorf, Köberer in Hernals.

Was den Verkehr der Maschinenindustrie Oesterreichs mit dem Auslande betrifft, so gestaltete sich derselbe, wie folgt:

	Einfuhr im Jahre			Ausfuhr im Jahre		
A. Im allgemeinen österr. Zollgebiete.	1856	1860	1865	1856	1860	1865
	Zentner			Zentner		
Maschinen u. Maschinenbestandtheile aus Guss- und Schmiedeisen u. anderen nicht benannten Metallen, mit Inbegriff der Webstühle.....	120.248	108.907	165.103	10.650	24.097	27.276
B. In Oesterreich u. d. Enns.						
Dieselben Waarengattungen	51.497	39.402	25.997	3.557	5.570	10.479

26

Uebersicht

derjenigen Betriebserfordernisse, welche von den grösseren österreichischen Eisenbahn-Unternehmungen bei den Maschinen- und Werkzeugfabrikanten Niederösterreichs während der Jahre 1860 bis 1865 bezogen wurden.

Locomotive und Tender.

Bahnen	Anschaffung im Jahre											
	1860		1861		1862		1863		1864		1865	
	Stücke	Geldwerth in fl. B. N.	Stücke	Geldwerth in fl. B. N.	Stücke	Geldwerth in fl. B. N.	Stücke	Geldwerth in fl. B. N.	Stücke	Geldwerth in fl. B. N.	Stücke	Geldwerth in fl. B. N.
Kaiser Ferdinands-Nordb. .	—	—	6 L. 6 T.	169.200	16 L. 16 T.	454.200	5 L. 5 T.	141.000	—	—	—	—
Südbahn-Gesellschaft	Vom Jahre 1860 bis 1864 112 Stück Locomotive und 112 Tender im Werthe von 3,808.000 fl.										—	—
Oest. Staatsb.-Gesellsch. .	—	—	12 L. 14 T.	396.000	—	—	—	—	—	—	3 L. 3 T.	98.100
Kaiserin Elisabeth-Bahn. .	24 L. 24 T.	752.803	4 L. 4 T.	125.990	4 L. 4. T.	121.882	6 T. 6 L.	150.000	—	—	1 L. 1 T.	8273
Karl Ludwig-Bahn	2 L.	51.300	21 L.	544.150	18 L.	465.200	1 L.	25.650	4 L.	104.000	—	—
Mohács-Fünfkirchner Bahn	Reconstruction von Locomotiven.	15.969	1 L. 1 T.	31.134	Bestandtheile	6274	—	—	—	—	—	—
Brünn-Rossitzer Bahn	—	—	ohne Angabe	31.000	—	—	—	—	—	—	—	—
Böhmische Westbahn	—	—	8 L.	ohne Angabe	3 L.	ohne Angabe	3 L. 3 T.	ohne Angabe	—	—	—	—
Aussig-Teplitzer Bahn . . .	—	—	—	—	—	—	—	—	ohne Angab.	28.737	—	—
Summe	26 L. 24 T. u. Reconstruction von Locomotiven	820.072	52 L. 25 T. und ohne Angabe	1,266.384 31.000	41 L. 20 T. und Bestandtheile	1,047.556 für 3 Loc. ohne Angabe des Werthes	15 L. 13 T.	316.650 für 3 L. und 3 T. ohne Angabe d. Werthes	4 L. ohne Angabe	104.000 28.737	4 L. 4 T.	106.373

Hiezu kommen noch die von der Südbahn-Gesellschaft in den Jahren 1860 bis 1864 angeschafften 112 Locomotive und 112 Tender im Gesammtwerthe von 3,808.000 fl.

…fkirchner Bahn	2 und Räder	8000	—	—	2 und Räder	9150	—	—	—	—
Westbahn	—	—	17	ohne Angabe	52	ohne Angabe	1	ohne Angabe	—	—
Summe	12 nebst Rädern	29.000	29 nebst Rädern	100.731	39 nebst Rädern	184.260	8 nebst Rädern	59.529	—	—
			und 17 Wägen ohne Angabe des Werthes		und 52 Wägen ohne Angabe des Werthes		und 1 Wagen ohne Angabe des Werthes			

Hiezu kommen noch die von der Südbahn-Gesellschaft im Jahre angeschafften Personen- und Güterwägen im Werthe von 210.870 fl.

Dampf- und Arbeitsmaschinen.

Bahnen	Anschaffung im Jahre					
	1860	1861	1862	1863	1864	1865
	Geldwerth	Geldwerth	Geldwerth	Geldwerth	Geldwerth	Geldwerth
Kaiser Ferdinands-Nordbahn	18.665	3612	930	1990	7725	—
Staatseisenbahn-Gesellschaft		—		16.679	—	3300
Kaiserin Elisabeth-Bahn	—	800	—	—	—	—
Theiss-Eisenbahn	740	—		210	—	—
Mohács-Fünfkirchner Bahn	—	—	3900	—	1215	—
Summe	19.405	4412	4830	18.879	8940	3300

Werkzeuge
für Metall- und Holzarbeiter und für den Bahnbau.

Bahnen	Anschaffung im Jahre					
	1860	1861	1862	1863	1864	1865
	Geldwerth	Geldwerth	Geldwerth	Geldwerth	Geldwerth	Geldwerth
Kaiser Ferdinands-Nordbahn	13.635	13.603	13.300	4286	4268	—
Südbahn-Gesellschaft	9669	5883	19.280	2144	3663	6590
Staatseisenbahn-Gesellschaft	2024	2978	2996	1182	1186	92.275
Kaiserin Elisabeth-Bahn	15.199	4155	1768	624	970	536
Theiss-Eisenbahn	1400	2152	2576	3485	1016	876
Mohács-Fünfkirchner Bahn	—	38	—	328	100	—
Böhmische Westbahn	—	—	4636 Stück ohne Angabe des Werthes	—	—	—
Summe	41.927	28 809	39.920 und 4636 Stück ohne Angabe des Werthes	12.049	11.203	100.277

Erzeugung von Instrumenten und Uhren.

I. Mechaniker und Optiker.

Nach den Steuerausweisen der Kammer bestanden

	1855		1860		1865	
In Wien.	Zahl der Gewerbe	Jährl. Erwerbsteuer fl. C. M.	Zahl der Gewerbe	Jährl. Erwerbsteuer fl. C. M.	Zahl der Gewerbe	Jährl. Erwerbsteuer fl. C. M.
Erzeuger von mathematischen und physikalischen Instrumenten	71	1590	49	740	54	1070
Elektrisirmaschinen-Erzeuger	1	10	1	10	1	10
Erzeuger von Holzgestellen für Baro- und Thermometer	1	10	1	10	1	10
Massstab-, Pferdemass- und Reisszeugmacher	24	170	24	165	19	125
Erzeuger von Filtrir-, Kühl- und anderen physikalischen und pharmaceut. Apparaten	2	140	1	150	3	175
Wag- und Gewichtmacher, Gewichtadjustirer	15	180	20	250	19	240
Optiker	liegt kein Ausweis vor.		36	1010	44	1965
Zusammen	114	2100	132	2335	141	3595

Auf dem flachen Lande, und zwar:

	1855		1860		1865	
Im K. U. W. W.						
Mechaniker	Liegt für die einzelnen Kreise kein Ausweis vor, jedoch erscheint in der statistischen Uebersicht für Oesterreich unter der Enns die Zahl der Mechaniker, Optiker und Maschinisten für das Jahr 1855 mit 5 angegeben.		1	5	2	25
Reisszeug- und Zollstabmacher			2	10	2	10
Wagmacher			4	$19\frac{1}{2}$	4	22
Optiker und Augenglasmacher			1	5	1	5
Im K. O. M. B.						
Optiker und Augenglasmacher			1	$2\frac{1}{2}$	3	13
Zusammen	5	—	9	42	12	75

Diese Gewerbe vertheilen sich unter die 3 Steuerkategorien wie folgt:

Wien.	1860 I. 2—30 fl.	1860 II. 30—200 fl.	1860 III. 200—1500 fl.	1865 I. 2—30 fl.	1865 II. 30—200 fl.	1865 III. 200—1500 fl.
Erzeuger von mathematischen und physikalischen Instrumenten	44	5	—	48	5	1
Elektrisirmaschinen-Erzeuger	1	—	—	1	—	—
Erzeuger von Holzgestellen für Baro- und Thermometer	1	—	—	1	—	—
Massstab-, Pferdemass- und Reisszeugmacher	24	—	—	19	—	—
Erzeuger von Filtrir-, Kühl- und anderen physikalischen und pharmaceutischen Apparaten	—	1	—	2	1	—
Wag- und Gewichtmacher, Gewichtadjustirer	19	1	—	17	2	—
Optiker	30	5	1	29	14	1
Zusammen	119	12	1	117	22	2
Flaches Land.						
Mechaniker	1	—	—	2	—	—
Reisszeug- und Zollstabmacher	2	—	—	2	—	—
Wagmacher	4	—	—	4	—	—
Optiker und Augenglasmacher	2	—	—	4	—	—
Zusammen	9	—	—	12	—	—

Die Summe der unter die Gruppe der Mechaniker einbezogenen Gewerbe betrug:

	1855 Zahl	1855 Erwerbsteuer	1860 Zahl	1860 Erwerbsteuer	1865 Zahl	1865 Erwerbsteuer
in Wien	114	2100	132	2335	141	3595
auf dem flachen Lande	5	—	9	42	12	75
Zusammen	119	2100	141	2377	153	3670

Unter diesen gehörten im Jahre 1860: 128 zur I., 12 zur II. und 1 zur III. Steuerkategorie, dagegen im Jahre 1865: 129 zur I., 22 zur II. und 2 zur III. Steuerkategorie.

Die Zahl der hier angeführten Gewerbe war vom Jahre 1855 bis 1865 in fortwährender Zunahme begriffen und hat sich in Wien vom Jahre 1855 bis 1860 um 18, vom Jahre 1860 bis 1865 um 9, somit im Ganzen um 27 vermehrt. Auch auf dem flachen Lande betrug die Zunahme vom Jahre 1855 bis 1860 : 4 und vom Jahre 1860 bis 1865 : 3, somit im Ganzen 7.

Für den ganzen Kammerbezirk ergibt sich die Zunahme vom Jahre 1855 bis 1865 mit 34.

Hinsichtlich des Geschäftsbetriebes muss bemerkt werden, dass es die Beschaffenheit der wenigen zu Gebote stehenden Nachweisungen leider nicht gestattet, durch Zusammenstellung der Betriebsergebnisse eine ausreichende Grundlage zur Abschätzung der Production sämmtlicher 153 Mechaniker zu bilden. Auch liegen bezüglich der Zahl der beschäftigten Arbeiter keine speciellen Ausweise vor und es wurde dieselbe von Seite der Genossenschaften mit jener der Maschinenerzeuger vereinigt angegeben. (Man sehe hierüber Gruppe der Maschinenerzeuger Seite 384.)

Mit der Erzeugung von mathematischen Instrumenten waren in Wien in hervorragender Weise beschäftigt: Kraft & Sohn, Schablass Josef und die Werkstätte des k. k. polytechnischen Institutes. Unter den mannigfaltigen Erzeugnissen der Genannten sind besonders hervorzuheben: Theodolithen (namentlich von der Werkstätte des k. k. polytechnischen Institutes), Nivellir-Instrumente, Messtische und Planimeter, die sämmtlich in einem weitverbreiteten Rufe stehen und nicht nur nach den meisten Gegenden Deutschlands, sondern auch nach Spanien, Portugal, Italien, der Schweiz, Griechenland, Russland, der Türkei, Persien, in die vereinigten Staaten Nordamerika's, nach Brasilien und Californien Absatz fanden. Ueberdiess wurden mathematische Instrumente noch von mehreren anderen Mechanikern nebenher verfertigt.

Thermometer und Aräometer wurden in Wien in nicht unbedeutenden Quantitäten erzeugt durch die Mechaniker: Ludwig und Heinrich Kapeller, Stettinger Johann, Oehlmayer Ignaz, Wagner's Wwe. und Wondrich Adalbert. Was die Erzeugung von Barometern, namentlich solcher, die für genaue Messungen dienen, betrifft, so müssen vorzüglich die Leistungen der beiden Mechaniker L. und H. Kapeller hervorgehoben werden; ausser diesen verdienen noch genannt zu werden: Hauck W., Hofmann A., Jaro J. H.

Telegraphen-Apparate wurden vorwiegend verfertigt von: Ekling K., Heinitz Fr., Marcus S., Leopolder J., Siemens & Halske.

Elektromagnetische Instrumente und Apparate, ausser von den zuletzt Genannten, noch von Egger & Schäffler (vorzüglich Telegrafenapparate für Fabriken und Hotels), Hauck W., Jaro F. J. und Lenoir G.

Die Erzeugung von Elektrisirmaschinen wurde fast ausschliessend vom Mechaniker Winter Carl betrieben, der sich durch seine wesentlichen Verbesserungen an denselben einen europäischen Ruf erwarb.

Unter den Fabrikanten, welche grössere Lager von physikalischen und pharmaceutischen Apparaten halten, müssen noch angeführt werden: Lenoir G. A. und Kusché J.

Die Fabrikation von Wagen aller Art hat in Oesterreich durch Einführung wesentlicher Verbesserungen einen hohen Grad von Vollkommenheit erreicht und es sind die Erzeuger nicht nur im Stande, den inländischen Bedarf vollkommen zu decken, sondern sie haben ihren Erzeugnissen auch im Auslande Absatz zu verschaffen gewusst. Mit der Erzeugung von Brückenwagen waren in Wien hervorragend beschäftigt: Buganyi Ludw., Cherna J., Florenz A. und J., Schember L., P. Hofmann's Witwe, Wagner's W. und Schmid H. D. in Simmering. Gewöhnliche Wagen für verschiedenen Gebrauch wurden in Wien von Buganyi L., Florenz J., Hofmann P. Witwe, Wagner's Witwe und 15 anderen Wagmachern in bedeutender Anzahl und von vorzüglicher Construction verfertigt.

Chemische Wagen wurden vorwiegend von Kusché J. in Wien erzeugt und es sei erwähnt, dass dieselben allen Anforderungen der Wissenschaft vollkommen entsprechen und sich durch verhältnissmässig billige Preise auszeichnen.

Bezüglich der optischen Instrumente findet in Wien und überhaupt in Oesterreich kein fabriksmässiger Betrieb in grösserem Massstabe statt, daher auch der Export ein unbedeutender ist und der inländische Bedarf an derlei Artikeln, besonders solcher für den gewöhnlichen Gebrauch, wie Theaterperspective, kleine Fernröhre, Lorgnetten etc., wegen der billigeren Preise grösstentheils aus dem Auslande gedeckt werden muss. So lange die hiesigen Optiker auf die kostspieligen Rohmaterialien des Auslandes angewiesen sind, wird dieser wichtige und einträgliche Geschäftszweig, ungeachtet der ausgezeichneten Leistungen Einzelner, immer nur mehr als eine Art von geschäftlichem Dilettantismus fortbestehen und ein Aufblühen erst dann eintreten können, wenn die einheimische Industrie ein tadelloses und billiges Crown- und Flintglas zu erzeugen im Stande sein wird.

Als Vertreter des optischen Geschäftes müssen genannt werden: Plössl S., dessen Fernröhre (namentlich die dialytischen), Feldstecher und Mikroskope, den besten ausländischen Erzeugnissen dieser Art ebenbürtig zur Seite stehen. Ferner Anna (vormals C. J.) Rospini, Fritsch K. (vormals Prokesch), F. X. Waibl, J. Waldstein, dessen ausgezeichnete Brillen hier Erwähnung verdienen, und Dietzler L.

Nebst den Genannten sind in Wien noch 38 Optiker beschäftigt.

Auf dem flachen Lande ist die Erzeugung von mathematischen, physikalischen und optischen Gegenständen keine nennenswerthe, daher die vorige Darstellung sich nur auf Wien bezieht:

II. Uhrmacher und Uhrbestandtheile-Erzeuger.

In den vorliegenden Steuerausweisen wird für diesen Industriezweig folgender Status nachgewiesen:

	1855		1860		1865	
In Wien	Zahl	Erwerbsteuer in fl. C. M.	Zahl	Erwerbsteuer in fl. C. M.	Zahl	Erwerbsteuer in fl. C. M.
Gross- und Kleinuhrmacher	314	3595	324	3915	316	3640
Erzeuger von Thurmuhren	—	—	2	20	2	20
Erzeuger von Schwarzwälderuhren	2	15	2	10	1	10
Uhrbestandtheile-Erzeuger, Uhrzeigermacher, Uhrblattschmelzer u. s. w.	19	160	13	115	11	110
zusammen	335	3770	341	4060	330	3780
Auf dem flachen Lande u. z.:						
Im K. U. W. W.						
Uhrmacher	Nicht nachgewiesen.		119	598	145	723½
Holzuhrmacher			1	2	—	—
Uhrbestandtheile-Erzeuger			1	5	1	5
Im K. O. W. W.						
Mechaniker und Uhrmacher (Doppelgewerbe)			1	5	—	—
Schlosser u. Uhrmacher (Doppelgewerbe)			1	4	—	—

	1855		1860		1865	
	Zahl	Erwerb-steuer in fl. C. M.	Zahl	Erwerb-steuer in fl. C. M.	Zahl	Erwerb-steuer in fl. C. M.
Im K. U. M. B.						
Uhrmacher ...	Nicht nach-gewiesen		62	211½	66	256
Holzuhrmacher			3	7½	4	10
Im K. O. M. B.						
Uhrmacher			68	198	94	283
Spieluhrenerzeuger ..			1	2	1	2
Holzuhrmacher			20	42	1	4
Uhrbestandtheile- und Uhrfedern-Erzeuger .			5	10	3	6
zusammen			282	1085	315	1289½

Unter die 3 Steuerkategorien vertheilen sich diese Gewerbe folgendermassen:

	1860			1865		
	I.	II.	III.	I.	II.	III.
	2—30 fl.	30—200 fl.	200—1500 fl.	2—30 fl.	30—200 fl.	200—1500 fl.
Wien.						
Gross- und Kleinuhrmacher ..	310	14	—	299	17	—
Erzeuger von Thurmuhren ...	2	—	—	2	—	—
Erzeuger von Schwarzwälderuhren	2	—	—	1	—	—
Uhrbestandtheile-Erzeuger, Uhrzeigermacher, Uhrblattschmelzer, Uhrfedernerzeuger etc ...	13	—	—	11	—	—
zusammen	327	14	—	313	17	—
Flaches Land.						
Uhrmacher	249	—	—	305	—	—
Mechaniker und Uhrmacher (Doppelgewerbe)	1	—	—	—	—	—
Schlosser und Uhrmacher (Doppelgewerbe)	1	—	—	—	—	—
Holzuhrmacher	24	—	—	5	—	—
Spieluhren-Erzeuger	1	—	—	1	—	—
Uhrbestandtheile- u. Uhrfedern-Erzeuger	6	—	—	4	—	—
zusammen	282	—	—	315	—	—

Die Summe sämmtlicher hier angeführten Gewerbe betrug

	1855		1860		1865	
	Zahl	Erwerbsteuer	Zahl	Erwerbsteuer	Zahl	Erwerbsteuer
in Wien	335	3770	341	4060	330	3780
auf dem flachen Lande . .	liegt kein Ausweis vor.		282	1085	315	1269
		zusammen	623	5145	645	5069

Es hat sich sonach die Zahl der Uhrmachergewerbe in Wien vom Jahre 1855 bis 1860 von 335 auf 341, somit um 6 vermehrt, bis zum Jahre 1865 jedoch auf 330, somit um 11 vermindert. Auf dem flachen Lande zeigt sich dagegen in der Totalsumme eine Vermehrung um 33 Gewerbe.

Die Zahl der bei den Gross- und Kleinuhrmachern beschäftigten Arbeiter belief sich im Jahre 1865

	Gehilfen	Lehrlinge
in Wien auf.	320	198
im K. U. W. W. . .	37	15
„ K. O. W. W. . .	20	9
„ K. U. M. B.	8	5
„ K. O. M. B.	14	5
somit im ganzen Kammerbez. auf	399 Gehilfen	und 232 Lehrlinge.

Die Fabrikation der Stock- und Pendeluhren steht in Wien auf einer hohen Stufe; dieselben zeichnen sich durch genauen Gang, elegante Ausstattung und billige Preise aus. Es sind daher die hiesigen Uhrmacher nicht nur im Stande, den inländischen Bedarf vollkommen zu decken, sondern sie haben ihren Erzeugnissen auch nach Deutschland, der Schweiz, England, Russland und nach der Türkei Absatz verschafft, und es ist in diesen Artikeln vorläufig die Concurrenz des Auslandes nicht zu besorgen. Auch die Erzeugung von Reiseuhren wurde in den letzteren Jahren in nicht unbedeutender Ausdehnung betrieben, es hat jedoch die Fabrikation derselben, in Folge der Concurrenz Frankreichs, abgenommen.

Was die Fabrikation von Holzuhren betrifft, so wurde der Absatz derselben durch die Wohlfeilheit der ordinären Hängeuhren, deren Metallbestandtheile grösstentheils aus der Schweiz bezogen werden, fast gänzlich verdrängt, und es zeigte sich in Folge dessen auch im K. O. M. B., wo die Holzuhrenfabrikation vorwiegend vertreten war, eine bedeutende Abnahme unter den Holzuhrmachern.

Taschenuhren werden im Kammerbezirke nicht erzeugt, sondern in grossen Massen aus der Schweiz und zum kleinen Theile auch aus England importirt. Die Kleinuhrmacher Wiens und der Umgebung sind sonach grösstentheils auf die Repassirung der importirten Uhren, auf Reparaturen und auf den Uhrenhandel beschränkt, der übrigens auch von Trödlern und eigenen Händlern betrieben wird.

Mit der Erzeugung von Chronometern waren in Wien beschäftiget: Marenzeller Ignaz, Ruziczka Ignaz, Schenk A., Vorauer Josef (namentlich Schiffchronometer für die k. k. Marine), Weisskopf Josef. Die in Wien erzeugten Chronometer sind von ausgezeichneter Construction und entsprechen allen Anforderungen der Wissenschaft.

Uhrzifferblätter werden in Wien von 6 Uhrblattschmelzern in ziemlich grosser Anzahl verfertigt und nicht nur nach allen österreichischen Kronländern, sondern auch nach Preussen, Russland, Frankreich und nach Amerika abgesetzt.

Uhrbestandtheile für Stock- und Pendeluhren werden grösstentheils im Inlande aus inländischen Materialien erzeugt.

III. Erzeuger von chirurgischen Instrumenten und Apparaten.

Nach den vorliegenden Steuerausweisen ergibt sich für diese Gewerbe folgender Status:

	1855		1860		1865	
In Wien	Zahl der Gewerbe	jährl. Erwerbssteuer	Zahl der Gewerbe	jährl. Erwerbssteuer	Zahl der Gewerbe	jährl. Erwerbssteuer
Erzeuger chirurgischer Instrumente	Liegt kein Ausweis vor, weil sie früher unter den Feinzeugschmieden angegeben wurden.		16	275	13	220
Bandagenmacher ..	11	180	9	210	8	180
Erzeuger von elastischen Bougien u. Kathetern	1	20	—	—	—	—
	zusammen		25	485	21	400
Auf dem flachen Lande.						
Messerschmiede und Erzeuger chirurgischer Instrumente	—	—	—	—	1	5

Unter den hier angeführten Gewerben gehörten im Jahre 1860: 22 zur I. und 3 zur II. Steuerkategorie, dagegen im Jahre 1865: 19 zur I. und 3 zur II. Steuerkategorie.

Unter den in Wien erzeugten chirurgischen Instrumenten und Apparaten bilden die Verbandzeuge und geburtshilflichen

Instrumente den wichtigsten Zweig der Production. Dieselben wurden durch inländische Erfindungen und Verbesserungen auf eine hohe Stufe der Vollkommenheit gebracht und finden ihren Absatz nicht nur nach den österreichischen Kronländern, sondern auch in bedeutenden Mengen nach dem Auslande, namentlich nach Deutschland, England, Frankreich, Schweden, Holland, der Schweiz, der Türkei, Russland, Nordamerika, Mexiko. Der jährliche Productionswerth dieser Artikel dürfte sich auf 250.000 fl. belaufen.

Auch die Erzeugung orthopädischer Apparate und künstlicher Extremitäten hat sich in Wien Bahn gebrochen und es waren vorzüglich mit diesen beschäftiget: Vogel E., Hammer J., Schlecht G.

Die Erzeugung von elastischen Bougien, Kathetern und dergleichen ist in Oesterreich nicht von Belang, und es werden noch immer namhafte Mengen aus Frankreich, England und Preussen eingeführt.

IV. Erzeuger von musikalischen Instrumenten.

Gewerbe in Wien.	1855		1860		1865	
	Zahl	Erwerbsteuer fl. C. M.	Zahl	Erwerbsteuer fl. C. M.	Zahl	Erwerbsteuer fl. C. M.
Orgelbauer	9	125	11	180	11	170
Musikspielwerk-Erzeuger	7	100	5	55	4	50
Stahlspielwerk-Erzeuger	—	—	—	—	1	10
Claviermacher	114	2555	113	2495	101	2455
Clavierbestandtheile-Erzeuger	21	185	22	190	24	215
Clavierstimmer	1	5	—	—	—	—
Harmonika-Erzeuger	68	830	77	710	59	480
Harmonikabestandtheile-Erzeuger und Harmonikastimmer	78	590	58	430	37	265
Erzeuger von Blech- und anderen Blasinstrumenten	21	385	24	615	22	530
Erzeuger von Bestandtheilen zu Blech- und Blasinstrumenten	3	20	2	10	2	10
Geigen- und Lautenmacher	22	240	18	215	15	190
zusammen	344	5035	330	4900	276	4375
Auf dem flachen Lande und zwar:						
Im K. U. W. W.						
Orgelbauer	nicht nachgewiesen		3	30	2	15
Claviermacher			4	40	3	35
Clavierbestandtheile-Erzeuger			3	15	2	15
Fürtrag			10	80	7	65

	1855		1860		1865	
	Zahl	Erwerbssteuerfl. C M.	Zahl	Erwerbssteuerfl. C M.	Zahl	Erwerbssteuerfl. C M.
Uebertrag			10	80	7	65
Harmonika-Erzeuger			16	80	15	75
Mundharmonika-Erzeuger			1	5	—	—
Erzeuger von Blas- und anderen Musikinstrumenten .			8	46	5	25
Im K. O. W. W.						
Orgelbauer	nicht nachgewiesen		2	18	1	10
Claviermacher			1	3	1	3
Harmonikamacher			1	3	—	—
Geigenmacher			1	3	1	3
Im K. O. M. B.						
Musikspielwerk-(Drehorgel-)Erzeuger			—	—	1	2½
Claviermacher			—	—	1	5
Erzeuger von Musikinstrumenten			6	30	5	25
Geigenmacher			2	5½	1	2½
Im K. U. M. B.						
Erzeuger von Musikinstrumenten			2	5	2	5
zusammen			50	283½	40	221

Unter den vorhin angeführten Gewerben Wiens zählten im Jahre 1860: 313 zur I., 15 zur II. (unter diesen 1 Orgelbauer, 9 Claviermacher, 3 Blech- und Holzblasinstrumenten-Erzeuger, 2 Harmonika-Erzeuger) und 2 zur III. Steuerkategorie (2 Claviermacher). Im Jahre 1865 dagegen: 259 zur I., 15 zur II. (unter diesen 1 Orgelbauer, 10 Claviermacher, 4 Blech- und Holzblasinstrumentenmacher) und 2 Claviermacher zur III. Steuerkategorie. Die Uebrigen mit der Erzeugung musikalischer Instrumente beschäftigten Gewerbe des flachen Landes zählten sämmtlich zur I. Steuerkategorie.

Vergleicht man die vorstehenden Tabellen für das Jahr 1865 mit jenen der früheren Jahre, so ergibt sich sowohl bezüglich Wiens als des flachen Landes der Gesammtsumme nach eine Abnahme. Eine Vermehrung zeigt sich nur in Wien unter den Gewerben der Orgelbauer und Clavierbestandtheile-Erzeuger. Neu hinzugewachsen ist in Wien das Gewerbe der Stahlspielwerk-Erzeugung und eingegangen jenes der Clavierstimmer.

Was die Erzeugung von Orgeln, Musikspielwerken und Harmoniken betrifft, so liegen nur von einem Orgelbauer und einem

Mundharmonika-Erzeuger Ausweise vor, die jedoch zu unbedeutend sind, um auch nur einen oberflächlichen Ueberblick über den Betrieb und die Production gewinnen zu können. Bezüglich der Leistungen dieser Gewerbe gibt der Hauptbericht der Kammer vom Jahre 1861, Seite 50, eine ausführliche Schilderung und es kann demselben gegenwärtig nichts von Belang hinzugefügt werden.

Ueber die Zahl der bei den Orgelbauern beschäftigten Arbeiter liegt für Wien kein Ausweis vor. Für das flache Land wurde dieselbe mit jener der Claviermacher vereinigt angegeben und ist unter den letzteren zu finden.

Bei den Harmonikaerzeugern des flachen Landes waren beschäftigt: 3 Gesellen, 4 Lehrlinge und 8 Hilfsarbeiter; für Wien liegt ebenfalls kein Ausweis vor.

Die Fabrikation von Clavieren bildet einen der wichtigsten Zweige der Wiener Industrie. Die Wiener Claviere zeichnen sich durch einfache Mechanik, klangvollen Ton, schöne Austattung und insbesondere durch billigere Preise vor den ausländischen aus. Es haben in Folge dessen die hiesigen Claviererzeuger nicht nur keine Concurrenz von Seite des Auslandes zu bestehen, sondern es finden im Gegentheile ihre Instrumente Absatz nach allen Ländern Europas und sogar nach Asien, Afrika und Amerika. Die Materialien werden fast durchaus vom Inlande bezogen, und es sind unter diesen namentlich die ausgezeichneten Stahlsaiten Miller's hervorzuheben, die noch immer das Uebergewicht über die ausländischen behaupten. Eine Ausnahme bilden nur die Hammer- und Dämpferfilze, die grösstentheils aus England und Sachsen bezogen werden, ferner überseeische Fourniere und Leder, letzteres jedoch in unbedeutenden Quantitäten.

Hinsichtlich des Geschäftsbetriebes liegen für das Jahr 1865 von 11 Clavierfabrikanten Wiens (darunter 8 der I., einem der II. und 2 der III. Steuerkategorie) Ausweise vor. Nach diesen waren bei jenen 11 Fabrikanten 150 Arbeiter beschäftigt. Der tägliche Arbeitslohn betrug durchschnittlich 1 fl. 60 kr. ö. W. per Kopf. Erzeugt wurden in jenen 11 Fabriken 897 Claviere (darunter auch Stutzflügel und Pianinos) im Verkaufswerthe von 334.170 fl. ö. W.

Nach den Ausweisen der Genossenschaften waren bei sämmtlichen Claviermachern Wiens 340 Gesellen und 34 Lehrlinge beschäftigt. Es bietet sonach das Verhältniss des aus den Daten jener 11 Etablissements gewonnenen Verkaufswerthes zur Zahl der beschäftigten Arbeiter eine Grundlage dar, auf welcher die Anzahl der in sämmtlichen 101 Fabriken Wiens erzeugten Claviere und deren Verkaufswerth annäherungsweise bestimmt werden konnte. Demnach würde die Anzahl der in Wien im Jahre 1865 erzeugten Claviere sich circa auf 2000 Stücke und deren Verkaufswerth auf 757.000 fl. belaufen. (Bei dieser Abschätzung wurde die Zahl der Lehrlinge nicht berücksichtigt.)

Auf dem flachen Lande ist die Clavierfabrikation nicht von Belang, indem dieselbe nur von 5 Claviermachern, die sämmtlich der Kategorie der Kleingewerbe angehören, betrieben wird. Die Zahl der bei den Claviermachern und Orgelbauern des flachen Landes beschäftigten Arbeiter belief sich auf 6 Gesellen, 3 Lehrjungen und einen Hilfsarbeiter.

Die Erzeugung von Blech- und Holzblasinstrumenten steht in Wien auf einer hohen Stufe; dieselben zeichnen sich durch zweckmässige Mechanik, vollen und kräftigen Ton, sowie durch leichte Ansprache aus, und es ist insbesondere die letztere Eigenschaft, durch welche die österreichischen Blasinstrumente, namentlich aber die aus Blech verfertigten, nicht nur im Inlande, sondern weit über die Grenzen desselben zur Beliebtheit und Präponderanz gelangten. Das Material wird fast durchaus vom Inlande bezogen, namentlich aber das Messingblech, welches der Kammerbezirk selbst von ausgezeichneter Qualität liefert. Leider gestattet die Beschaffenheit der wenigen vorhandenen Daten keinen Einblick in die Betriebsverhältnisse. Nach einer oberflächlichen Schätzung dürfte sich der Verkaufswerth sämmtlicher in Wien im Jahre 1865 erzeugten Blasinstrumente auf 60.000 bis 70.000 fl. belaufen haben.

Unter den hervorragendsten Erzeugern von Blasinstrumenten können angeführt werden: Hell Ferdinand, Lang Johann, Meinl Daniel, Riedl K., Stehle Johann, Stowasser Ignaz, Uhlmann Leopold, Ziegler Johann, sämmtlich in Wien.

Bezüglich der Streich- und anderen Saiteninstrumente besteht im Kammerbezirke keine Fabrikation billiger Marktwaaren, dagegen werden in Wien Instrumente für künstlerische Zwecke von vorzüglicher Qualität verfertigt. Namentlich muss hier der Wiener Zither erwähnt werden, die ihres ausgezeichneten Klanges wegen zur allgemeinen Beliebtheit gelangte und nicht nur in allen Ländern Europas, sondern in allen Welttheilen, Australien nicht ausgenommen, ihre Verbreitung fand. Die Erzeugung von Zithern ist in Wien hervorragend durch Kiendl Anton, jene von Guitarren durch Enzenberger B. und Scherzer Johann vertreten.

Mit der Erzeugung von Streichinstrumenten waren vorwiegend beschäftigt: Bittner David, Enzensberger B, Fischer A., Lemböck G. und Scherzer Johann.

Der Verkehr mit Instrumenten aller Art gestaltete sich in den Jahren 1854, 1860 und 1864 wie folgt:

Werth der Einfuhr in das allgemeine österreichische Zollgebiet in fl. ö. W. im Jahre			Werth der Ausfuhr aus dem allgemeinen österreichischen Zollgebiete in fl. ö. W. im Jahre		
1854	1860	1864	1854	1860	1864
265.000	449.000	559.000 fl.	1,739.000	1,102.000	1,670.000 fl.

Werkzeuge.

Nach den vorliegenden Steuertabellen waren mit der Erzeugung von Werkzeugen beschäftigt:

	1855		1860		1865	
In Wien	Zahl	Steuer	Zahl	Steuer	Zahl	Steuer
Werkzeugmacher	2	120	3	210	7	135
Erzeuger von Holzsägevorrichtungen	2	10	3	20	—	—
Tischlerwerkzeug-Erzeuger	1	80	—	—	—	—
Drahtzieheisen-Erzeuger	1	20	—	—	—	—
Schuhmacherwerkzeug-Erzeuger	15	85	9	45	2	10
Gärberwerkzeug-Erzeuger	1	10	1	10	—	—
Weberschützen-Erzeuger	4	20	2	10	1	5
Weberkamm-Erzeuger	12	160	17	200	14	200
Kratzkartätschen-Erzeuger	4	50	3	20	3	20
zusammen	42	555	38	515	27	370
Auf dem flachen Lande und zwar:						
K. U. W. W.						
Werkzeugmacher			—	—	1	5
Tischlerwerkzeugmacher			1	5	—	—
Weberschützenmacher			1	5	1	5
K. O. W. W.	nicht nachgewiesen.					
Werkzeugmacher			3	62	2	70
Eisenschneidwerkzeug- und Falschschmuckerzeuger			1	50	1	50
K. O. M. B.						
Schindelschneidwerkzeug-Verfertiger			—	—	1	8
Fürtrag			6	122	6	138

27

	1855		1860		1865	
	Zahl	Steuer	Zahl	Steuer	Zahl	Steuer
Uebertrag			6	122	6	138
K. U. M. B.						
Werkzeugschmiede	Nicht nachgewiesen.		1	2	2	6
Leder- und Schuhmacherwerkzeugverfertiger			--	—	1	10
Zusammen			7	124	9	154

Die Summe sämmtlicher oben angeführten Gewerbe betrug:

	1855		1860		1865	
	Zahl	Steuer	Zahl	Steuer	Zahl	Steuer
in Wien	42	555	38	515	27	370
auf dem flachen Lande	Liegt kein Ausweis vor.		7	124	9	154
Zusammen			45	639	36	524

Unter die 3 Steuerkategorien vertheilen sich dieselben, wie folgt:

	1860			1865		
	I.	II.	III.	I.	II.	III.
Wien.	2–30 fl.	30–200 fl.	200–1500 fl.	2–30 fl.	30–200 fl.	200–1500 fl.
Werkzeugerzeuger	1	2	—	6	1	—
Weberkammerzeuger	16	1	—	13	1	—
Sämmtliche noch übrige Gewerbe gehören zur I. Kategorie und es betrug ihre Anzahl	18	—	—	6	—	—
Zusammen	35	3	—	25	2	—
Flaches Land.						
Eisenschneidwerkzeug- und Falschschmuck-Erzeuger	—	1	—	—	1	—
Werkzeugerzeuger	2	1	—	1	1	—
Sämmtliche noch übrige Gewerbe gehören zur I. Kategorie und es betrug ihre Anzahl	3	—	—	6	—	—
Zusammen	5	2	—	7	2	—

Nach den vorigen Tabellen lässt sich für Wien im Jahre 1865, verglichen mit den Vorjahren, nur unter den Werkzeugerzeugern eine Vermehrung constatiren; sämmtliche noch übrige Gewerbe haben abgenommen. Dasselbe gilt vom flachen Lande.

Die Fabrikation von Holzwerkzeugen, nämlich solchen, bei welchen die Holzfassung den vorwiegenden Theil bildet, wie Hobel, Sägengestelle etc., steht in Oesterreich auf einer so hohen Stufe, dass sie bisher vom Auslande nicht erreicht wurde. Namentlich hat es die Fabrik von Franz Ritter v. Wertheim so weit gebracht, Hobelkästen aller Art und andere Holzfassungen fast durchaus mit der Maschine herzustellen, so dass es nur einer geringen Nacharbeit zu ihrer Vollendung bedarf. Hiedurch wurde es möglich, derlei Werkzeuge in jener Vollkommenheit und Billigkeit herzustellen, die ihnen den Absatz, abgesehen vom Inlande, nicht nur nach vielen Ländern Europa's, sondern auch nach fernen Welttheilen sicherte. Auch wird diese Fabrikation durch den ziemlich billigen Bezug des in den meisten österreichischen Provinzen vorkommenden Weissbuchenholzes von ausgezeichneter Qualität wesentlich unterstützt. Ebenso bilden die von der genannten Fabrik erzeugten Hobeleisen, zu denen das beste englische Gussstahlblech verwendet wird, einen im In- und Auslande gesuchten Artikel.

Die im Kammerbezirke erzeugten Holzwerkzeuge dürften, so weit nach den wenigen mangelhaften Daten eine Schätzung möglich war, den beiläufigen Werth von 150.000 fl. repräsentiren, wobei jedoch die Holzfassungen (Hobelkästen u. dgl.), die einen eigenen Fabrikationszweig bilden, wegen Mangels an Daten in die Berechnung nicht einbezogen wurden.

Ausser den Holzwerkzeugfabriken von Franz Ritter v. Wertheim in Wien und Scheibbs sind noch hervorzuheben jene von J. Weiss & Sohn in Wien und von Hermann Josef in Neustift (Bez. Scheibbs).

Die Zahl der bei den Werkzeugmachern beschäftigten Arbeiter wurde nur für das flache Land nachgewiesen und es bestanden dort im Jahre 1865 49 Werkzeugmacher mit 95 Gehilfen, 27 Lehrlingen und 22 Hilfsarbeitern.

Die Weberkammfabrikation ist in Wien gut vertreten und von 14 Industriellen betrieben, unter denen Bearzi Johann der bedeutendste ist. Die von ihnen erzeugten Weberkämme wurden im Inlande abgesetzt. Eine Concurrenz von Seite des Auslandes war nicht vorhanden.

Transportmittel.

Nach den Steuertabellen der Kammer lässt sich für den Industriezweig der Transportmittelerzeuger folgender Status nachweisen:

Wien.	1855		1860		1865	
	Zahl	Erwerbsteuer	Zahl	Erwerbsteuer	Zahl	Erwerbsteuer
Sattler u. Wagenfabrikanten	167	3540	179	3205	157	3445
Wagner	94	1495	110	1785	105	1395
Wagenlackirer...........	53	810	55	865	49	695
Wagenschmiede	—	—	3	40	—	—
zusammen	314	5845	347	5895	311	5535

	1855		1860		1865	
	Zahl	Erwerbsteuer	Zahl	Erwerbsteuer	Zahl	Erwerbsteuer
Flaches Land.						
K. U. W. W.						
Wagenfabrikanten			1	60	1	60
Wagner			291	1489½	290	1383½
Wagenlackirer			3	25	6	23½
K. O. W. W.	Liegt kein Ausweis vor.					
Wagner			256	904	256	944
Wagenbestandtheile-Erzeuger............			1	80	1	200
K. U. M. B.						
Wagner			250	1027	237	953½
K. O. M. B.						
Wagner			300	867	270	790
Zusammen			1102	4452½	1061	4354½

Ausser den vorgenannten Gewerben waren noch beschäftigt:

K. O. W. W.	1860		1865	
	Zahl	Erwerbsteuer	Zahl	Erwerbsteuer
Flossbauer	1	4	1	4
K. U. M. B.				
Schiffswerftebesitzer	1	200	1	200
Zusammen	2	204	2	204

Es belief sich sonach die Gesammtsumme der hier nachgewiesenen Gewerbe:

	1855		1860		1865	
	Zahl	Erwerbsteuer	Zahl	Erwerbsteuer	Zahl	Erwerbsteuer
In Wien (Wagenbau)	314	5845	347	5895	311	5535
Auf dem flachen Lande:						
Wagenbau	Liegt kein		1102	4452	1061	4354
Floss- und Schiffbau	Ausweis vor.		2	204	2	204
	Zusammen		1451	10551	1374	10093

Unter diesen zählten im Jahre 1860: 1427 zur I., 23 zur II. und 1 zur III. Steuerkategorie; im Jahre 1865 dagegen: 1351 zur I., 21 zur II. und 2 zur III. Steuerkategorie.

Sonach ergibt sich im Jahre 1865, verglichen mit 1860, eine Verminderung um 77 gewerbliche Anstalten. Dieselbe zeigte sich am stärksten in Wien und in den Kreisen O. und U. M. B., jedoch fast nur unter den Kleingewerben.

Nach den Ausweisen der Genossenschaften waren beim Wagenbau des Kammerbezirkes im Jahre 1865 beschäftiget: 1111 Wagner (Mitglieder) mit 645 Gehilfen, 249 Lehrlingen und 13 Hilfsarbeitern, unter letzteren 2 weibliche; ferner 602 Sattler (Mitglieder), mit 398 Gehilfen und 253 Lehrlingen.

Von diesen entfallen auf Wien: 163 Wagner mit 237 Gehilfen, 111 Lehrlingen und 3 Hilfsarbeitern, ferner 193 Sattler mit 200 Gehilfen, 140 Lehrlingen und 2 Hilfsarbeitern.

Was die Wagenlackirer Wiens betrifft, so erscheinen dieselben mit der Genossenschaft der Anstreicher und Vergolder vereinigt, und es lassen sich bei dieser vereinigten Genossenschaft nachweisen: 496 Mitglieder mit 730 Gehilfen und 198 Lehrlingen. Auf dem flachen Lande belief sich nach den Genossenschafts-Ausweisen die Zahl der Lackirer auf 36 mit 26 Gehilfen, 17 Lehrlingen und 6 Hilfsarbeitern.

Nach den vorhandenen Daten von 8 gewerblichen Anstalten belief sich der Productionswerth derselben circa auf 65.000 fl. ö. W., sonach dürfte der Productionswerth sämmtlicher mit Wagenbau beschäftigten Gewerbe Wiens im Jahre 1865, soweit nach den Daten und dem Steuerverhältnisse jener 8 Industriellen eine Schätzung möglich war, sich auf die Summe von 800.000 fl. belaufen haben. Hiervon würde ungefähr der Betrag von 600.000 fl. auf Luxus- und Reisewägen fallen, deren Zahl sich circa auf 2000 bis 2300 Stücke belief.

Die Rohmaterialien wurden mit Ausnahme von Leder- und Tapeziererartikeln fast durchaus vom Inlande bezogen.

Die Wagenfabrikation Wiens steht auf einer hohen Stufe und es werden besonders Luxuswägen mit einer Vollkommenheit erzeugt, vermöge welcher sie den besten ausländischen Fabrikaten ebenbürtig zur Seite stehen. Es wird von der einheimischen Wagenindustrie nicht nur der inländische Bedarf vollkommen gedeckt, sondern es werden noch Luxuswägen exportirt, insbesondere nach dem Orient, den Donaufürstenthümern und Russland. Jedoch gestaltete sich die Ausfuhr im Jahre 1865 nicht so günstig wie in den Vorjahren; dieselbe betrug im Jahre 1856: 705, im Jahre 1860: 536 und im Jahre 1865 nur 425 Stücke. Die Ausfuhr an Lastwägen und Schlitten war in den letzten 10 Jahren keine nennenswerthe.

Die Fabrikation von Eisenbahnwägen ist im Kammerbezirke vertreten durch die k. k. österreichische Staatseisenbahn-Gesellschaft, Spiering J. in Wien und Schmid H. D. in Simmering. Die Etablissements derselben besitzen eine Gesammt-Leistungsfähigkeit von beiläufig 600 Personenwägen und 1500 Lastwägen per Jahr. Die Fabrikation von Personenwaggons lag im Jahre 1865 fast ganz darnieder, indem von Seite der österreichischen Eisenbahnen keine Anschaffungen vorkamen, dagegen gestaltete sich der Absatz an Eisenbahnfrachtwägen günstiger. Derselbe belief sich

im Jahre	1860	auf	649	Stücke	im Werthe	von	1,042.198	fl.
„ „	1861	„	760	„	„	„	1,263.913	„
„ „	1862	„	360	„	„	„	580.552	„
„ „	1863	„	166	„	„	„	246.487	„
„ „	1864	„	25	„	„	„	30.333	„
„ „	1865	„	179	„	„	„	116.913	„

Was die Erzeugung von Dampfschiffskörpern, von eisernen und hölzernen Waarenbooten betrifft, so stehen die einheimischen Erzeugnisse den ausländischen in keiner Beziehung nach; die Erzeugung war jedoch keine bedeutende, indem der inländische Bedarf gedeckt zu sein scheint, während der Absatz nach dem Auslande durch unsere hohen Eisenpreise verhindert wurde. Auf Ruston's Schiffswerfte in Floridsdorf wurden im Jahre 1865 gebaut: 3 Remorqueurs, 1 Personen-Dampfboot und 2 eiserne Schleppschiffe. Sämmtliche Materialien hiezu wurden aus dem Inlande bezogen.

Bezüglich der hölzernen Schiffe, Kähne und Zillen, welche fast durchaus von Oberösterreich bezogen werden, verweisen wir auf das II. Heft, Seite 215 u. ff.

Was den Verkehr an Transportmitteln mit dem Auslande betrifft, so gestaltete sich derselbe wie folgt:

A. Im allgemeinen öst. Zollgebiete	Einfuhr			Ausfuhr		
	1856	1860	1865	1856	1860	1865
	Tonnen Tragfähigkeit			Tonnen Tragfähigkeit		
Hölzerne Schiffe und andere Wasserfahrzeuge	—	—	—	93.192	164.870	137.586
Eiserne Schiffe, wie auch Dampfschiffe	2571	—	—	—	200	—
	Stücke			Stücke		
Lastwägen u. Schlitten	89	—	—	60	179	285
Personenwägen und Schlitten	50	—	—	2840	2561	2388
Eisenbahnwägen	794	—	6		1	—
B. In Oesterreich unter der Enns.	Tonnen Tragfähigkeit			Tonnen Tragfähigkeit		
Hölzerne Schiffe und Wasserfahrzeuge	1513	*	—	*	—	—
	Stücke			Stücke		
Lastwägen u. Schlitten		*	—	3	2	4
Personenwägen und Schlitten	78	*	—	705	536	425
Eisenbahnwägen		70	—	*	1	—

(Die mit * bezeichneten Posten sind für die betreffenden Jahre nicht in gleicher Unterabtheilung wie für die Vorjahre nachgewiesen.)

Selbstständig besteuerte Handelsunternehmungen.

	1855		1860		1865		1860 Steuerkategorien			1865 Steuerkategorien		
	Zahl	Erwerbsteuer fl. C. M.	Zahl	Erwerbsteuer fl. C. M.	Zahl	Erwerbsteuer fl. C. M.	I.	II	III.	I.	II.	III
In Wien												
Uhrenhändler	—	—	5	200	5	360	3	2	—	1	4	—
Händler mit mathematischen, physikalischen und optischen Instrumenten	1	100	4	155	4	160	3	1	—	3	1	—
Clavierhändler u. Ausleiher	5	275	10	410	9	780	4	6	—	5	3	1
Clavierbestandtheile-Händler	—	—	1	30	2	50	1	—	—	2	—	—
Musikinstrumenten-Händler und Ausleiher	—	—	7	75	7	115	7	—	—	6	1	—
Händler mit chirurgischen Instrumenten u. Bandagen	—	—	2	60	3	50	1	1	—	3	—	—
Geräthelträger	82	960	88	895	90	905	87	1	—	90	—	—
Retiradenhändler	—	—	1	40	—	—	—	1	—	—	—	—
zusammen	88	1335	118	1865	120	2370	106	12	—	110	9	1
Auf dem flachen Lande und zwar: Im K. U. W. W.												
Uhrenhändler	liegt kein Ausweis vor		—	—	1	5	—	—	—	1	—	—
Holz- und Tischlerwerkzeug-Händler			2	10	—	—	2		—		—	—
Geräthelträger			46	$279\frac{1}{2}$	32	225	46	—	—	32	—	—
Im K. O. W. W.												
Getreideputzmühlen- und Holzuhrenhändler			1	2	1	2	1	—	—	1	—	
Händler mit Holz- u. anderen Uhren			2	6	2	$4\frac{1}{2}$	2	—	—	2	—	—
Kleinuhrenhändler			1	$2\frac{1}{2}$	1	$2\frac{1}{2}$	1	—	—	1	—	—
Händler m. o. tischen Waaren				—	1	3	—	—	—	1	—	—
Wagnerholz-Händler			1	2	2	8	1	—	—	2	—	—
Geräthelträger			2	8	4	24	2	—	—	4	—	—
Im K. O. M. B.												
Geräthelträger			6	20	5	19	6	—	—	5	—	—
Geräthelträger und Eisenhändler			1	5		—	1	—	—	—	—	—
Geräthelträger und Lederer			1	20	1	20	1	—	—	1	—	
Schuhmacher-Werkzeughändler			1	$2\frac{1}{2}$	3	13	1		—	3	—	—
Im K. U. M. B.												
Musikinst umentenhändler			1	5	1	5	1	—	—	1	—	
Geräthelträger			15	$55\frac{1}{2}$	27	146	15	—	—	27	—	—
zusammen			80	418	81	477	80	—	—	81	—	—
Es bestanden sonach:												
Handelsunternehmungen in Wien	88	1335	118	1865	120	2370	106	12	—	110	9	1
Handelsunternehmungen auf dem flachen Lande	liegt kein Ausweis vor		80	418	81	477	80	—	—	81	—	—
zusammen			198	2283	201	2847	186	12	—	191	9	1

IV. Abschnitt.

Metallarbeiten (mit Ausnahme solcher von Eisen und Stahl).

Verfasser: Dr. Alexander Dorn.

Vorbemerkung.

An den Verfasser statistischer Abhandlungen tritt geradezu die Pflicht heran, das Entstehen seiner Arbeit offen darzulegen. Die Erfüllung dieser Pflicht bietet auch die willkommene Gelegenheit, für die dem Verfasser selbst am besten bekannten Mängel seiner Arbeit jene Ursachen darzulegen, die nicht ihm zur Schuld gerechnet werden können. Diese Erwägung mag es rechtfertigen, wenn ich mir erlaube, der nachfolgenden Darstellung einige Worte über das zur Bearbeitung vorgelegene Materiale, über die Weise seiner Benützung und die dabei einwirkenden Verhältnisse vorauszuschicken.

Die von den Handels- und Gewerbekammern hinausgegebene Instruction für die Verfassung der Statistik, sowie den darin vorgeschriebenen Vorgang kann ich füglich als bekannt voraussetzen. Die an die einzelnen Producenten zur Ausfüllung versendeten Tabellen lassen an Vollständigkeit nichts zu wünschen übrig und sie würden unläugbar für die Bearbeitung des Gegenstandes eine treffliche Vorlage bilden — wenn sie alle ausgefüllt vorgelegt würden; allein so schön und gut die Sache in der Theorie ausgedacht war: die praktische Durchführung scheiterte vielfach an dem Fehlen dieser unerlässlichen Mithilfe von Seite derjenigen Factoren, in deren Interesse doch eigentlich das ganze Unternehmen zu Stande gebracht werden sollte.

Nicht hier ist der Ort, die Gründe zu untersuchen, welche die Mehrzahl der Befragten bewogen haben mögen, die erhoffte und eindringlich erbetene Antwort zu versagen; die Thatsache muss aber constatirt werden, dass es so war und dass für die hier in Frage stehende Gruppe von 198 ausgegebenen Tabellen nur 66 und auch diese theilweise nur sehr mangelhaft ausgefüllt zurückkamen. Es war also dieses Materiale keineswegs genügend, um ein einigermassen befriedigendes Resultat möglich zu machen.

Angesichts der geringen schriftlichen Hilfsmittel musste ich natürlich darauf bedacht sein, durch Aufsuchung mündlicher Mittheilungen im Wege des persönlichen Verkehres — so zu sagen von Haus zu Haus gehend — diejenigen Daten zu sammeln, welche für die Herstellung eines Gesammtbildes die nöthigen Anhaltspuncte bieten konnten. Dieser Vorgang musste gruppenweise durchgeführt werden und es lag nahe, zuvörderst jenen Productionszweigen nachzuforschen, deren Thätigkeit dem örtlichen Umfange nach von den Wällen Wiens begränzt erscheint; da bot sich nun in erster Linie die Verarbeitung der Edelmetalle dar, und ich begann damit. Mit dem Erfolge meines Bemühens konnte ich leidlich zufrieden sein, und wenn ich auch in der Darstellung der Verhältnisse dieses Zweiges nicht das Ideal einer Statistik erblicken kann, wenn ich auch insbesondere bedauern muss, bei manchen Angaben nur auf Schätzungen fussen zu können, so nähert sich doch dieser Abschnitt noch am meisten dem, was geleistet werden sollte, und es wäre immerhin ein ziemlich befriedigendes Resultat, wenn es mir gelungen wäre, mit den anderen Abschnitten auf das gleiche Niveau zu kommen.

Leider konnte der begonnene Vorgang nicht ebenmässig bei allen Abschnitten eingehalten werden: Waffengetöse und Kanonendonner drängten sich ungestüm zwischen Frage und Antwort; das Unglück, welches noch ganz andere Folgen hatte, als die Unterbrechung statistischer Arbeiten, gebot der Arbeit des Friedens ein trauriges Halt; es ist schwer, die Erfolge des Schaffens zu verzeichnen, wenn Vernichtung die Parole des Tages ist.

Da die Arbeit denn doch zu Ende geführt werden musste, so war die trübe Nothwendigkeit vorhanden, eben mit dem Gegebenen zu rechnen. Auch hier war es natürlich leichter, jene Industrieen darzustellen, welche ganz oder doch der Hauptsache nach in der Residenz concentrirt sind, da ich einerseits die schon früher eingezogenen persönlichen Erkundigungen verwerthen konnte und anderseits doch ab und zu Gelegenheit fand, das vorhandene Materiale im Wege der Nachfrage zu ergänzen. Anders ist es mit den auf dem Lande vertheilten Productionsstätten, worunter insbesondere die Fabriken von Bedeutung sind; da musste ich mich auf Mittheilung des in den Vorlagen Enthaltenen beschränken, und habe dort, wo diess für die Gewährung eines Ueberblickes absolut ungenügend war, zu dem Auskunftsmittel gegriffen, ältere Daten als Anhaltspuncte der Beurtheilung zu bieten.

So muss ich denn eine Arbeit abgeben, die leider nicht allen jenen Anforderungen entspricht, die ich selbst an derlei Leistungen stelle.

Nachträgliche Bemerkung. Zwischen der Beendigung dieser Arbeit und deren Drucklegung liegt ein erheblicher Zeitraum; die Verhältnisse waren aber — wie männiglich bekannt — nicht dazu angethan, um die eben beklagten Lücken auszufüllen. Was mittlerweile an Zusätzen nothwendig geworden, fügte ich gelegentlich der Correctur als „nachträgliche Bemerkung“ bei.

Rohstoff-Erzeugung.

Um mit der Rohstoff-Erzeugung zu beginnen, sei hervorgehoben, dass ausser dem Eisen, dessen Besprechung Gegenstand der zwei vorhergehenden Abtheilungen ist, in Nieder-Oesterreich nur Antimon bergmännisch gewonnen wird. Es ist diess in einem Bergbaue zu Mattern in der Gemeinde Hochneukirchen (Bezirk Kirchschlag). In der ersten Hälfte des vorigen Decenniums wurden die Antimonerze von einem dortigen Bauer bei dem Pflügen aufgeackert, hierauf wurde von Herrn von Körmendy ein Lager von 18″ dem Verflächen nach angefahren, welches in einem zu Sand aufgelösten Gneiss eingelagert war. Das Erz enthält je nach den verschiedenen Gängen 70 bis 90% grauen Spiessglanzes, wovon jedoch in der Regel nur 2 Drittheile reines Metall (Regulus) sind. Das Eigenthum des Werkes ist seither an Herrn Victor Fischl übergegangen, welcher jedoch selbst wieder den Betrieb des Werkes verpachtet hat. Die Production, die im Beginne allerdings einige Bedeutung versprochen hatte, indem sie im Jahre 1857: 40, im Jahre 1859: 836 und im Jahre 1860: 547 Zentner betrug, verliert mehr und mehr an Umfang, so zwar, dass der bergämtliche Ausweis für das Solarjahr 1865 gar keine Production mehr anführt. *)

*) Eine nennenswerthe Production von Antimonerzen und Antimon haben in der Monarchie nur Böhmen und Ungarn aufzuweisen. Im Jahre 1864 wurden folgende Mengen und Werthe erzeugt:

	Antimonerz		Antimon	
	Wr. Ztr.	Werth in fl.	Wr. Ztr.	Werth in fl.
Böhmen	129	774	1543	15.430
Ungarn..........	10.678	46.550	4645	75.215

Die in Bezug auf die hiehergehörigen Metalle im rohen Zustande im Verlaufe der letzten fünf Jahre erschienenen Gesetze beziehen sich lediglich auf deren Behandlung an der Gränze. Sie sind aber alle durch den neuen Zolltarif antiquirt und finden daher hier keine nähere Erwähnung.

Halbfabrikate.

In der Erzeugung von Halbfabrikaten aus unedlem Metalle — natürlich wieder mit Ausschliessung des Eisens — spielt Niederösterreich eine hervorragende Rolle, indem Bleche, Platten und Draht sowie auch Röhren in bedeutender Menge erzeugt werden. Zuerst sei der Fabrikation von Bleiplatten und Bleiröhren Erwähnung gethan, welche in zwei Fabriken in grösserem Massstabe betrieben wird. Es ist diess zunächst in Wien die Fabrik von Franz v. Mayr, vormals Eigenthum des Herrn Carl Sztriberny. Diese Fabrik hat zwei Dampfmaschinen, eine zu 18 und eine zu 3 Pferdekraft, [1]) ein Walzwerk für Bleiplatten mit 8 Schuh langen Walzen, ferner eine hydraulische Compressionsmaschine zur Erzeugung der Bleiröhren, sowie noch einige andere kleinere Hilfsmaschinen. Die Erzeugung der Fabrik umfasst ausser den Bleiplatten und Bleiröhren auch noch Bleisiegel, Bleidraht, Bleiasche, Blei- und Zinnfolien. Der Bezug des nöthigen Bleies geschieht theils aus Preussen, zum grösseren Theile aber aus Oesterreich, während das Zinn ausschliesslich englisches ist. [2])

Die mit glücklichem Erfolge in und bei Wien betriebene Gewinnung von Zinn und Eisen aus Blechabfällen gehört in die Gruppe der chemischen Gewerbe.

Die Erzeugung von Erzen und Metallen in den übrigen Theilen der Monarchie wird, soweit Daten darüber vorliegen, übersichtlich mitgetheilt werden, sobald von ihrer Verarbeitung die Rede ist.

[1]) Es muss bemerkt werden, dass von der Triebkraft der grösseren Dampfmaschine ein Theil zum Betriebe einer kleinen nebenan befindlichen Drahtstiftenfabrik und ein anderer für das Wiener Filial-Etablissement der Berndorfer Chinasilberwaarenfabrik, wovon später die Rede, verwendet, resp. vermiethet wird.

[2]) Die Erzeugung von Bleierz, Glätte und Blei in der österreichischen Monarchie ergab im Verwaltungsjahre 1864 an den wichtigeren Productionsorten folgende Ausbeute:

	Bleierz		Glätte		Blei	
	Wr. Ztr.	Werth in fl.	Wr. Ztr.	Werth in fl.	Wr. Ztr.	Werth in fl.
Kärnten......	96.200	740.607	—	—	57.642	777.057
Krain.......	4446	29.816	—	—	3058	38.356

Ausserdem ist hier zu nennen die Blech- und Bleiwaarenfabrik des Hrn. Georg Ritter v. Winiwarter in Gumpoldskirchen, woselbst auch die Herstellung von verzinktem Eisenblech, die eigentlich ursprünglich der Hauptzweck dieser Fabrik gewesen, betrieben wird. Das Etablissement wurde im Jahre 1850 gegründet, zu einer Zeit, in welcher verzinktes oder galvanisirtes Eisenblech in Oesterreich kaum dem Namen nach gekannt war. In dieser Fabrik wurde also zuerst in Oesterreich verzinktes Eisenblech im Grossen fabricirt und die jährliche Erzeugung dieser Fabrik beläuft sich jetzt auf circa 1700 Wr. Ztr. verzinkten Eisenblechs und 300 Ztr. an Draht und anderen Eisenwaaren, welche der Fabrik zum Verzinken überbracht werden. Dieses geringe Erzeugungsquantum von 2000 Ztr. könnte leicht auf das Zehnfache gebracht werden und würde noch keine andere Einrichtung erheischen, wenn selbst jetzt die grossen Vortheile, welche das Verzinken gewährt, richtig erkannt und allgemein gewürdigt werden möchten und wenn nicht die verhältnissmässig noch immer hohen Eisenblechpreise und die Preisschwankungen des Zinkes für das verzinkte Eisenblech höhere Preise ergeben würden, als für das einfache Zinkblech. Weil übrigens in den ersten Jahren des Fabriksbestandes, trotz der mannigfachsten Anstrengungen, für das verzinkte Eisenblech kein genügender Absatz erzielt werden konnte, hat der Gründer dieser Fabrik, welche übrigens auf allen Ausstellungen den ersten Preis davontrug, bereits im Jahre 1856 die Bleiwaarenfabrikation mit der Verzinkungsfabri-

---

	Bleierz		Glätte		Blei	
	Wr. Ztr.	Werth in fl.	Wr. Ztr.	Werth in fl.	Wr. Ztr.	Werth in fl.
Tirol........	6662	33.814	37	582	1873	19.666
Böhmen	15.440	119.826	12.670	222.789	10.574	128.197
Ungarn	3113	14.876	8395	99.034	25.230	256.270
Siebenbürgen..	5361	33.736	2105	26.733	2585	34.380

Im ganzen Reiche betrug die Erzeugung von Bleierz 133.025, von Glätte 32.207 und von Blei 101.345 Zentner.

Zinnerz wurde im Jahre 1864 in Böhmen in der Menge von 96.760 Zentner im Werthe von 24.190 fl. erzeugt; dann Zinn: 462 Zentner 88 Pfund im Werthe von 31.843 fl.

Der Verkehr mit dem Auslande betrug:

	Einfuhr		Ausfuhr	
	1865	1864	1865	1864
	Ztr.	Ztr.	Ztr.	Ztr.
Blei, rohes, gegossenes und Bleiglätte.	5785	2116	32.672	24.070
Zinn, roh	6701	8427	138	342

kation vereinigt und es werden ausser den 2000 Ztrn. verzinkten Eisens noch 3500 Ztr. Bleiröhren und Bleiplatten in derselben Fabrik erzeugt, und auch dieses Quantum könnte ohne Aenderung der Fabrikseinrichtung leicht verdoppelt werden, wenn nur der Bedarf in Oesterreich es verlangen würde, oder wenn die Zustände der betreffenden Werke das Rohblei aus den reichen Bleierzen, welche Oesterreich hat, billiger zu erzeugen erlaubten. Die Verzinkungsfabrik bezieht zum Verzinken steirische, aus reinem Holzkohleneisen erzeugte Eisenbleche, welche ihrer Qualität nach in verzinktem Zustande gewiss zum Export geeignet wären, wenn nur auch der Herstellungspreis entsprechend heruntergebracht werden könnte; die hohen Frachtsätze allein hindern diess aber schon, wenn auch sonst kein Hinderniss dem vermehrten Absatz im Wege stehen würde. Uebrigens erscheint es dennoch nothwendig, die Aufmerksamkeit der österreichischen Eisenwerksbesitzer auf das Verzinken als ein Mittel, dünnes Eisenblech zum überseeischen Export geeignet zu machen, immer wieder von Neuem hinzulenken. England bringt beinahe gar kein schwarzes dünnes Eisenblech nach den Colonien, sondern Alles in verzinktem Zustande, weil eben verzinktes Eisenblech dem Rosten nicht ausgesetzt ist, während unverzinktes Eisenblech in feuchter Luft alsbald siebartig durchrostet; selbst das verzinnte Blech kann der Zerstörung durch Eisenrost auf die Dauer nicht widerstehen.

Für Zinnfolien, deren wegen der grossen Verwandtschaft gleich hier Erwähnung gethan werden mag, ist die Fabrik des Herrn Mandlik (früher Joh. Georg Stuböck) in Wien hervorzuheben, welche nebst der obengenannten Fabrik des F. v. Mayr das einzige Etablissement ist, welches in grösserem Massstabe diese Fabrikation betreibt. Eine Dampfmaschine von 6 Pferdekraft setzt die Walzen und sonstigen Hilfsmaschinen in Bewegung und von dem Fabrikate bilden namentlich die gefärbten Zinnfolien einen gesuchten Exportartikel.

Die Fabrikation von Kupferblechen wird in Niederösterreich in drei Etablissements in grösserem Massstab betrieben.

J. Liebieg & Comp. haben gegenwärtig das ursprünglich von V. Prick gegründete Walzwerk in Gutenstein (Bezirk Gutenstein) in Besitz. Es werden in dieser Fabrik, welcher der kalte Gang mit 14 Fuss Gefälle durch Einwirkung auf 3 Wasserräder als Triebkraft dient, Bleche, Schalen, Kessel und Nagelzain erzeugt. Die Erzeugnisse dieser Fabrik erfreuen sich eines guten Rufes.

Josef Perger in Hirtenberg (Bezirk Pottenstein) erzeugt kupferne Bleche und Kessel, zuweilen auch Zinkbleche. Als Triebkraft dient der Triestingbach mit 10 Fuss Gefälle und 4 Wasserrädern.

Georg Zugmayer in Waldegg (Bezirk Gutenstein) hat eine doppelte Fabrikation, indem er ausser der Kupferverarbeitung auch noch die Erzeugung von Eisenpflügen betreibt. Aus Kupfer werden in diesem Etablissement Bleche, Locomotiv-Feuerkästen-Platten, Kesselschalen und Böden erzeugt; auch Packfongbleche werden hier gewalzt. Der kalte Gang in einem Gefälle von 4 und 10 Fuss treibt 10 Wasserräder. Durch eine Fabriks-Krankencasse ist für die Arbeiter in der Nothlage vorgesorgt.

Ueber den Umfang des Betriebes, die Gesammtheit des Rohstoffverbrauches und die Erzeugung kann eine nähere Angabe nicht gemacht werden, da nur von einer einzigen der vorgenannten Fabriken ein Ausweis eingelangt ist. Es liegen aber vom Jahre 1856, in welchem Jahre das mittlerweile aufgelassene Kupferwalzwerk der Frau Katharina v. Schickh in Pottenstein noch bestand, folgende Angaben des Handelskammerberichtes vor:

Diese vier Fabriken verarbeiteten im Jahre 1856: 13.824 Ztr. Kupfer und erzeugten hieraus 12.477 Ztr. Kupferblech, 530 Ztr. Kupferkessel, 420 Ztr. kupferne Kesselschalen und 116 Ztr. Nagelzain. Ferner wurden aus 1060 Ztr. preussischen Zinks 1000 Ztr. Zinkblech und aus 60 Ztr. Nickel, Kupfer und Zink 55 Ztr. Packfongblech erzeugt. *)

*) Im österreichischen Kaiserstaate wurde während des Verwaltungsjahres 1864 in der Erzeugung der obengenannten Metalle Folgendes geleistet:

	Kupfererz		Kupfer		Kupfervitriol	
	Wr. Ztr.	Werth fl.	Wr. Ztr.	Werth fl.	Wr. Ztr.	Werth fl.
Krain.......	—	—	65	2.915	—	—
Steiermark ..	5.975	24.732	—	—	—	—
Tirol	83.301	151.300	3.931	248.317	—	—
Salzburg	115.694	134.205	2.439	142.492	297	4.900
Böhmen.. ..	31.419	5.634	260	14.777	800	6.400
Bukowina ...	12.354	11.489	373	20.125	—	—
Ungarn	475.864	1,217.620	35.907	1,963.225	1.834	35.791
Siebenbürgen	214 776	178.984	3.912	219.334	—	—
Militärgränze	6.507	31.724		—	—	—
Lombardie u. Venetien..	379.186	125.628	3 945	211.889	—	—

An Brennstoffen wurden 280 Klafter harten, 1850 Klafter weichen Holzes und 112.800 Cubikfuss Holzkohlen verbraucht.

Im Betriebe standen 11 Walzenpaare (hievon eines für die Packfongblech-Erzeugung), 19 Hämmer, 7 Blechscheren, 3 Schmelz- und 9 Glühöfen.

	Zinkerz		Zink	
	Wr. Ztr.	Werth fl.	Wr. Ztr.	Werth fl.
Steiermark	6.255	1.641	—	—
Kärnten	59.911	36.348	—	—
Tirol	5.325	4.257	1.294	16.239
West-Galizien	189.450	90.379	16.527	145.435
Croatien und Slavonien	2.600	1.300	2.080	28.080
Lombardie und Venedig	3.000	3.000	752	7.520
Krain	—	—	6.264	78.392

	Nickel- u. Kobalterz		Nickel	
	Wr. Ztr.	Werth fl.	Wr. Ztr.	Werth fl.
Böhmen	—	—	47.64	11.567
Ungarn	11.075	394.643	480.70	29.080
Steiermark	309	7.725	32.11	8.612
Salzburg	7.449	9.066	256	10.752

Der Verkehr mit dem Auslande in den hier genannten Metallen und in Metallwaaren wird in folgender Höhe nachgewiesen:

	Einfuhr		Ausfuhr	
	1865	1864	1865	1864
	Ztr.	Ztr.	Ztr.	Ztr.
Zink, roh, auch alt gebrochen und in Abfällen (1865 bis Ende Juni)	874	2.394	9.022	1.181
aus dem freien Verkehr des Zollvereines (1865 bis Ende Juni)	28.160	36.213		
(nachher: ohne Unterschied 1865)	23.610	—		
zollfrei	—	343		
Zink in Platten, Blechen, Drähten und Röhren (1865 bis Ende Juni)	74	293	1.953	1.028
zollfrei	—	1.180		
aus dem freien Verkehre des Zollvereines (1865 bis Ende Juni)	565	4.572		
(1865 nachher: 1. Zink in Platten und Blechen	155	—		
2. Zink in Drähten und Röhren)	17	—		
Die unter 1. und 2. genannten Gegenstände mit Einschluss von Zink in Stangen aus dem freien Verkehr des Zollvereines	519	—		
zollfrei	648	—		
Zinkguss, roher	—	1	1	15
aus dem freien Verkehre des Zollvereines	4	21		

Beschäftigt waren 131 erwachsene Arbeiter.

Die erzeugten Kupferwaaren wurden nach allen Richtungen der österreichischen Monarchie abgesetzt, und nach Italien, den Donaufürstenthümern, wie nach der Türkei ausgeführt.

	Einfuhr 1865 Ztr.	Einfuhr 1864 Ztr.	Ausfuhr 1865 Ztr.	Ausfuhr 1864 Ztr.
Kupfer, roh, d. i. in Blöcken, Rosetten, Spleissen, Stangen und Klumpen, auch alt, gebrochen, dann Kupferasche	2.393	7.287		
aus dem freien Verkehr des Zollvereines (1865 bis Ende Juni)	8.958	10.856		20.126
zollfrei aus anderen Gegenden	282	1.192		
(1865 nachher: ohne Unterschied)	12.810	—	16 300	
Nickel, d. i. sowohl roher metallinischer Nickel, als Nickelschwamm (1865 bis Ende Juni)	36	19		—
aus dem freien Verkehr des Zollvereines	40	57		—
nachher	63			—
Messing, **Packfong** und andere im Tarife nicht besonders benannte unedle Metalle und Metallgemische roh, d. i. in Blöcken, Rosetten, Spleissen, Stangen und Klumpen, auch alt gebrochen und in Abfällen (1865 bis Ende Juni)	461	813		
aus dem freien Verkehre des Zollvereines mit Ausnahme des Packfongs, Tombaks und des Aluminiums (1865 bis Ende Juni)	54	119	3.638	2.482
(nachher ohne Unterschied 1865)	619			
Kupfer in Tafeln, Platten, Blechen und Drähten, dann Kupferschalwaaren	—	—	6.760	7.236
Messing in Tafeln, Platten, Blechen und Drähten, dann Messingsaiten	—	—	2.447	2.101
Nickel, **Packfong**, **Zinn** und andere nicht besonders genannte unedle Metalle und Metallgemische, gegossen, gezogen, gestreckt, dann rohe Gussstücke	—	—	1 276	2 019
Metallwaaren, nicht besonders benannte, d. i. Arbeiten aus Kupfer, Zink, Zinn, Messing, Tombak und anderen nicht besonders benannten unedlen Metallen und Metallgemischen, auch in Verbindung mit anderen Materialien (1865 bis Ende Juni)	—		3.091	
(Nachher 1865):				
Zink und Zinkwaaren, gemeine	—	—	119	8 478
Metallwaaren, nicht besonders benannte, gemeine	—	—	2.666	
Metallwaaren, feine	—	—	2.469	

Nach dem Kammerberichte von 1860 liefern die genannten Fabriken jährlich (im Durchschnitte von 1858, 1859 und 1860 gerechnet) 16.000 Ztr. Kupferbleche und Stangen im Werthe von 1.360.000 fl., 2500 Ztr. Kupferschalen im Werthe von 237 500 fl. und 240 Ztr. kupferner Nieten und Essformen im Werthe von 26.400 fl. Die Gewerkschaften, welche gemäss ihrer Einrichtung bei entsprechendem Bedarfe leicht das Doppelte der angegebenen Production erzeugen könnten, beziehen das Halbfabrikat grösstentheils von den ungarischen Schmelzöfen und kaum 3000 Ztr. bei günstiger Conjunctur aus dem Auslande.

Von den Erzeugnissen gehen circa 3500 Ztr. im Werthe von 303.000 fl. in das Ausland (Walachei, Serbien, Bosnien und Türkei), bei 6300 Ztr. im Werthe von 546.000 fl. gelangen an die Eisenbahn- und Dampfschifffahrts-Gesellschaften, Locomotiv-Bauanstalten und Maschinenfabriken des Inlandes, 2500 Ztr. Kupferkreuzer im Werthe von 216.750 fl. durch J. Perger an das k. k. Münzamt und 5700 Ztr. im Werthe von 494.000 fl. an die Kupferschmiede und sonstigen Blecharbeiter der verschiedenen Provinzen.

Was den Kupferdraht betrifft, so wird seiner Fabrikation nur in dem von der Rosthorn'schen Fabrik in Oed eingesendeten Ausweise mit einer jährlichen Erzeugungsziffer von 129 Wr. Ztrn. erwähnt. Der letzte Handelskammerbericht weist aus:

pro 1857	390	Zentner
„ 1858	319	„
„ 1859	604	„

Dann für die Umarbeitung ausgewechselter Telegrafendrähte

im Jahre 1857	396	Zentner
„ 1858	230	„
„ 1859	285	„

Ueber den heutigen Betrag der Erzeugnisse zu urtheilen, gestattet die Mangelhaftigkeit des vorliegenden Materiales nicht; zu bemerken ist nur, dass durch die Verallgemeinerung der Verwendung von Eisendraht bei Telegrafenleitungen der Verbrauch von Kupferdraht abnimmt.

Sehr blühend ist in Niederösterreich auch die Erzeugung von Blechen und Drähten aus Kupferlegiruren. Es sind für diesen Zweig folgende Fabriken zu nennen: Cornides & Comp. (in Unterberndorf, Bezirk Pottenstein), welche Messingbleche erzeugt; dann eine Fabrik derselben Firma in St. Veit a. d. Triesting, woselbst Messing-, Tombak- und Packfongbleche und Drähte und ausserdem

Messingröhren erzeugt werden. Für beide Fabriken dient der Triestingbach als Triebkraft, und zwar in Unterberndorf mit $4^1/_2$ Fuss Gefälle und 2 Wasserrädern, in St. Veit mit 6 Fuss Gefälle und 4 Wasserrädern. Ausserdem besitzt dieselbe Firma noch eine Fabrik zur Erzeugung von leonischem Draht in Mannersdorf (Bez. Bruck a. d. Leitha), dann Josef v. Cornides und Carl v. Cornides, jeder eine Leonisch-Drahtfabrik in Weissenbach, Bez. Pottenstein. (Die beiden letztgenannten Fabriken haben zusammen 160 Arbeiter.)

In Nadelburg (Bezirk Wr.-Neustadt) erzeugt die Fabrik von M. Hainisch Messingblech und Messingdraht, ausserdem Fingerhüte, Schellen und Messinggusswaaren. Bewegende Kraft ist der Fischabach mit $9^1/_2$ Fuss Gefälle, 1 Turbine und 4 Wasserrädern.

Die Fabrik von Gustav Neufeld in St. Veit a. d. Triesting erzeugt Bleche und Drähte von Messing und Tombak. Die bewegende Kraft ist der Triesting-Bach.

Gebrüder v. Rosthorn in Oed (Bez. Gutenstein) erzeugen Messingbleche und Draht, Tombakbleche und Draht, Kupferdraht, Packfongbleche und Draht, Eisendraht, Leonisch-Draht und Aichmetall. Triebkraft ist der Triestingbach mit 9 Wasserrädern und 2 Turbinen.

Endlich ist noch zu nennen die gräfl. Dietrichstein-Mensdorff'sche Metallwaaren- und Streckfabrik in Wien, welche Packfong-, Messing- und Tombakbleche erzeugt. Die Triebkraft ist der Wr.-Neustädter Canal mit 12 Fuss Gefälle und 4 Wasserrädern, und ausserdem noch eine Dampfmaschine mit 15 Pferdekraft.

Ausweise liegen nur vor für die Fabriken von Cornides in St. Veit, Neufeld in St. Veit, Rosthorn in Oed, Hainisch in Nadelburg und Mensdorff-Dietrichstein in Wien.

Nach diesen Ausweisen waren in den genannten Fabriken beschäftiget: 14 Beamte, 7 Aufseher und bei 360 Arbeiter. In den Fabriken von Cornides bestehen Krankenvereine der Arbeiter. Die Löhne der Arbeiter schwanken zwischen 5 bis 10 fl. wöchentlich.

An Oefen und Feuern bestehen in diesen vier Fabriken: 25 Schmelzöfen, 14 Glühöfen, 10 Schmiedfeuer und 6 Trockenöfen.

An Hilfsmaschinen sind beschäftigt: 17 Walzwerke, 14 Hammerwerke, 175 Drahtzüge, 26 Drehbänke, 1 Polierwerk, 1 Walzenschleifmaschine, 1 Röhrengiessmaschine, 2 Hobelmaschinen, 2 Schabmaschinen, 3 Bohrmaschinen, 1 Hebelschere, 1 Cylinderschere, 1 Egalisirmaschine, 3 Schneid- und Druckpressen.

28 *

An Brennstoffen wurden verwendet:

50	Klafter	harten Holzes
2300	„	weichen „
3600	Zentner	Steinkohlen
1600	„	Coaks
90.000	Cubikfuss	weicher Holzkohlen.

An Rohstoff wurde verwendet:

Kupfer (fast nur englisches und schwedisches)	10.000 Ztr.
Zink	5300 „
Zinn	25 „
Blei	56 „
Antimon	12 „
Nickel	17 „
Walzendraht	1000 „

Daraus wurden erzeugt:

Messingblech und Draht	19.500 Ztr.
Tombakblech „ „	2900 „
Packfongblech „ „	400 „
Kupferdraht	200 „
Eisendraht	1000 „
Leonerdraht	26 „
Aichmetall	17 „
Messing und Metallgussartikel	850 „
Glocken	180 „
Fuhrmannszeug	95 „
Fingerhüte (15.000 Gros)	95 „
Schellen (50.000 Stück)	10 „

Der Gesammtwerth dieser Erzeugnisse betrug bei 1,100.000 fl.

Zum Schlusse wäre noch zu erwähnen: die Fabrikation von Kupfer- und Messingröhren der Caroline Müller in Wilhelmsburg (Bez. St. Pölten), die Fabrik von Gold-, Silber- und leonischem Draht von Kottal & Lampe in Hinterbrühl (Bez. Mödling), sowie die Erzeugung von Packfongblechen in der Metallwaarenfabrik von Alexander Schöller in Berndorf (Bez. Pottenstein); von dem letzteren Etablissement, welches sich vorzugsweise mit der Erzeugung von Alpacca- und Chinasilberwaaren beschäftiget, wird später ausführlicher gesprochen.

Was die Absatzverhältnisse für diese hier besprochenen Artikel betrifft, so haben sich dieselben in den letzten Jahren namentlich verschlechtert.

Die Ursachen des Rückschrittes sind allgemein bekannt; sie bestehen in dem vollständigen Darniederliegen aller Gewerbe, welches durch die stets fortschreitende Verarmung in allen Kronländern hervorgerufen wird. Einen wesentlichen Einfluss übte auch der amerikanische Krieg, indem die einst sehr bedeutende Ausfuhr von Kurzwaaren nach Amerika ungemein abgenommen hat. Insbesondere waren es Wanduhren, Blase-Mundharmonika's und unechte Schmuckwaaren, wofür sehr viel Messing-, Tombak- und Packfongbleche und Drähte verwendet wurden und die dann nach Amerika gingen.

Ausser den angeführten Ursachen sind es die traurigen Geld-, Credit- und Valutaverhältnisse, die enorme Besteuerung und der geringe Verdienst der unteren und mittleren Bevölkerungsclassen, welche die Consumtionsfähigkeit beeinträchtigen. Uebrigens machen sich die in Oesterreich bestehenden Fabriken gegenseitig die furchtbarste Concurrenz, indem sie alle kaum zur Hälfte mit ihrer Leistungsfähigkeit in Anspruch genommen sind und jede Fabrik es der andern zuvorthun will, um durch stets herabgeminderte Preise Kunden an sich zu reissen. Es ist das keine Concurrenz, welche dazu ansporut, durch vorgeschrittenen Fabriksbetrieb und billigere Erzeugungskosten einen Vortheil über die anderen Bewerber zu erlangen, sondern es ist ein Vernichtungskrieg, dessen Ende durch das Aufhören der meisten Fabriken herbeigeführt werden wird und wobei nur diejenigen fortbestehen werden, deren Capital gross genug ist, um alle Verluste zu ertragen.

Vom Auslande wird unter solchen Umständen nahezu keine Concurrenz gemacht.

Nennenswerthe Verbesserungen in diesen Fabrikszweigen sind nicht eingeführt worden. Die Metallwaarenfabrikation ist in Oesterreich auf einer hohen Stufe angelangt und sie wird von keiner ausländischen Fabrik übertroffen.

Die Metallwaarenfabrikation in Niederösterreich ist exportfähig und exportirt insbesondere nach Italien und dem Oriente.

Neue Absatzwege wurden in den letzten vier Jahren nicht erschlossen, im Gegentheil gingen jene nach Egypten ganz verloren.

England und Frankreich machen unbesiegbare Concurrenz in Egypten. Auch in Constantinopel, Mailand, Rom und in Sicilien ist diese Concurrenz sehr fühlbar. England hat nach Egypten und

Constantinopel eine um 2 bis 5 fl. per Zentner billigere Fracht als Niederösterreich.

Die Ausfuhr einer der vorgenannten Fabriken betrug:

	nach Fremd-Italien	nach dem Orient	Summe
1861	481 Ztr.	190 Ztr.	671 Ztr.
1862	419 „	146 „	565 „
1863	286 „	175 „	461 „
1864	316 „	84 „	400 „

In den letzten vier Jahren sind bedeutende Preisänderungen vorgekommen, welche zum Theil durch die Kupferpreise und durch die Schwankungen der Valuta herbeigeführt wurden.

Zur Fabrikation wird ausschliesslich nur Kupfer aus Russland und Australien verwendet. Die Kupferpreise sind steten Veränderungen unterworfen und ausserdem werden sie von dem Stande der Valuta beeinflusst.

Die Durchschnittspreise des australischen Kupfers stellten sich für 100 Pfund:

1861	fl. 85 ö. W.
1862	„ 75 „ „
1863	„ 67 „ „
1864	„ 69 „ „
1865 bis Juni	„ 63 „ „

Die Messing-, Tombak-, Packfong- und Aichmetallpreise änderten sich im Verhältnisse der Kupferpreise und es kamen in der abgelaufenen fünfjährigen Periode mehr als zwölfmal Preisänderungen der Metalllegirungen vor.

Kupferwaaren.

Im Kupferschmiedgewerbe zeigt sich eine entschiedene Abnahme, welche sich zwar weniger in der Anzahl der Gewerbetreibenden, desto mehr aber in der Menge der Arbeit geltend macht. Im Jahre 1855 bestanden in Wien 38 Kupferschmiedgewerbe.

Die Genossenschaftsausweise zeigen folgende Abnahme:

1861 : 35 Kupferschmiede
1862 : 33 „
1863 : 34 „
1864 : 32 „
1865 : 30 „

Selbst von den übriggebliebenen betreiben gegenwärtig mehrere ihr Geschäft nicht, während andere theils im Concurs, theils im Vergleichsverfahren befindlich sind.

Das Kupferschmiedgewerbe wird bloss in Wien in grösserem Massstabe betrieben und auf dem flachen Lande befinden sich nur einige derlei Gewerbe ganz ohne Bedeutung.

Die steuerbehördlichen Ausweise verzeichnen als im Betriebe stehend pro

1855 : 38	Kupferschmiede mit	990 fl. Erwerbssteuer
1860 : 36	„ „	880 „ „
1865 : 35	„ „	750 „ „

Die Steuerquoten betragen für die einzelnen Gewerbe 5 fl. bis 200 fl.

Die Wiener Kupferschmiede haben mit Ausnahme einer einzigen grösseren Fabrik keine Dampfmaschinen in Verwendung. Als Arbeits- und Hilfsgeräthe wird vorzugsweise Handwerkzeug verwendet; technische Fortschritte wurden in diesem Industriezweige nicht gemacht. Der Natur der Sache nach werden in diesem Fache bloss männliche Hilfsarbeiter verwendet und es waren beschäftiget:

im Jahre 1855 :	64 Gesellen,	48 Lehrlinge
„ „ 1861 :	109 „	60 „
„ „ 1862 :	100 „	67 „
„ „ 1863 :	92 „	62 „
„ „ 1864 :	74 „	70 „
„ „ 1865 :	70 „	50 „

Der Arbeitslohn beträgt durchschnittlich 10 bis 12 fl. per Woche bei täglich 12 Arbeitsstunden. Da alle die Gehilfen betreffenden Auslagen aus der Genossenschaftscasse bestritten werden, so hat jeder Gehilfe einen, den Erfordernissen angemessenen Beitrag an dieselbe zu leisten, welcher jedoch nicht höher als mit 3 kr. vom Lohngulden bemessen werden darf und für jede in Arbeit zugebrachte Woche zu entrichten ist. Die Krankenunterstützungen und sonstigen Beiträge werden jedoch vom Genossenschaftsvorstande nur dann erfolgt, wenn die Quittung des Betreffenden von dem Gesellenausschusse in glaubwürdiger Weise zur Zahlung angewiesen ist.

Die Kupferschmiede verwenden zu ihren Arbeiten Kupfer, Eisen und Zinn; die Kupferbleche beziehen sie von Zugmayer in Waldegg, Liebieg & Comp. in Gutenstein, Perger in Hirtenberg, dann Tlach & Keil in Schlesien.

Der Brennstoffverbrauch beläuft sich auf ungefähr 3000 Stübich Holzkohlen. Die Gattungen der Erzeugnisse sind im Wesentlichen Kupfergeschirre und Schalwaaren, Dacheindeckungen, Apparate für Spiritusbrennereien und Bierbrauereien, ferner für die Zucker-, Stearin-, Paraffin- und Seifenfabrikation etc. Die Wiener Erzeugnisse dieser Art, deren Gesammtheit einen Werth von 600.000 bis 700.000 fl. im Jahre repräsentiren mag, haben mit Recht einen trefflichen Ruf.

Hervorzuheben sind wegen des grösseren Betriebes und der Vortrefflichkeit der Arbeiten die Firmen: F. Dolainsky, V. Prick, M. Eberhard, J. Pauker, F. Klemm, St. Jaschka und J. Weibel.

Blechwaaren.

Die Erzeugung von Blechwaaren hat ihren Hauptsitz in Wien, wo sie ausser einigen grösseren Fabriks-Etablissements von den Spänglern betrieben wird. Das Gewerbe der Spängler, welches sich mit der Erzeugung einer grossen Menge von verschiedenartigen, zum Theil ganz unentbehrlichen Haushaltsgegenständen, sowie auch mit der Besorgung einiger für die Herstellung von Bauten nothwendigen Arbeiten befasst, zeigte im Verlaufe des verflossenen Decenniums eine erfreuliche Zunahme. Die Zahl der selbstständigen Gewerbe in diesem Zweige stieg von 196 im Jahre 1855 auf 211 im Jahre 1860 und weiterhin zählte die Genossenschaft im Jahre

1861 :	selbstständige	Mitglieder	236
1862 :	„	„	240
1863 :	„	„	299
1864 :	„	„	301
1865 :	„	„	315

Wie bereits erwähnt, ist dieses Gewerbe nur in Wien von grösserer Bedeutung; auf dem flachen Lande gibt es fast nur kleine Meister, die nur in den Fabriksorten durch die daselbst häufiger vorkommenden Bauarbeiten etwas ausgiebigere Beschäftigung finden: sonst befassen sie sich vornehmlich mit Reparaturen und dem Vertriebe von Wiener Erzeugnissen. Die Zahl der auf dem flachen Lande in Niederösterreich vertheilten Spängler wird in den Steuerlisten auf 206 angegeben.

An directer Erwerbssteuer zahlen die Spängler von Wien (nach dem Steuerregister 251 an der Zahl [1]) 3160 fl. in Einzelnbeträgen von 5 bis 60 fl.; die Landmeister zahlen zusammen 1062 fl. in Einzelnbeträgen von 2 bis 16 fl.

Als Motor wird in diesem Erzeugungszweige bis nun fast ausschliesslich Menschenkraft verwendet: nur eine einzige der hiehergehörigen Fabriken hat eine Dampfmaschine in Thätigkeit. Zur Herstellung der Arbeit dienen Rundmaschinen, Blechscheren und verschiedene Pressen; an technischen Fortschritten oder Verbesserungen ist jedoch aus letzter Zeit nichts zu verzeichnen.

Als Hilfsarbeiter finden in diesem Gewerbe fast nur männliche Individuen Aufnahme, indem nur einige wenige Frauenspersonen in denjenigen Geschäften, wo feinere Waare erzeugt wird, mit Poliren und ähnlichen Arbeiten beschäftiget sind. Die Zahl der zum Wiener Bezirke gehörigen Hilfsarbeiter betrug:

1855 :	406 Gehilfen,	390 Lehrlinge
1861 :	799 „	484 „
1862 :	798 „	488 „
1863 :	725 „	498 „
1864 :	620 „	416 „
1865 :	585 „	364 „

Es zeigt sich hiebei der merkwürdige Umstand, dass dem Zunehmen der Gewerbezahl ein in den letzten Jahren rapides Abnehmen in der Zahl der Gehilfen entgegensteht, so zwar, dass gegenwärtig nicht einmal zwei Gehilfen auf einen Meister kommen, nachdem sich im Jahre 1861 das Zahlenverhältniss der Meister zu den Gehilfen wie 10 : 33 gestellt hatte. Der Grund dieser Erscheinung mag wohl darin zu suchen sein, dass einerseits in Folge des durch die Gewerbefreiheit angespornten Dranges nach Selbstständigkeit viele Gehilfen lieber einen kleinen Betrieb auf eigene Rechnung beginnen, als bei anderen Meistern dienen, während andererseits in der neuesten Zeit, durch das fortschreitende Abnehmen der Baulust und der Baukraft, gerade jener Zweig des Späng-

[1]) Die Differenz zwischen den Angaben der steuerämtlichen Ausweise und des Mitgliederverzeichnisses der Genossenschaft erklärt sich aus dem Umstande, dass die Steuerbehörde natürlich bloss die innerhalb der Linien Wiens ansässigen Gewerbetreibenden anführt, während der Genossenschaft alle Spängler der benachbarten Ortschaften und auch einige aus entfernteren Orten des flachen Landes angehören.

lergeschäftes in Abfall kam, zu dessen Besorgung das Mitwirken der Gehilfen am nothwendigsten ist. [1])

Der Lohn der Spänglergehilfen beläuft sich auf 6 bis 14, auch 15 fl. per Woche mit 12 Stunden täglicher Arbeit; bei Accordabmachungen kann der wöchentliche Verdienst auch auf 20 fl. steigen. Zur Aushilfe in besonderen Fällen besteht in der Genossenschaft eine Gesellencasse, an welche jeder der Gesellen einen den Erfordernissen angemessenen Beitrag zu leisten hat, der jedoch nicht höher als mit 3 kr. per Lohngulden bemessen werden darf. Diese Beiträge (Auflagen) hat der Arbeitsgeber allwochentlich vom Lohne abzuziehen und dem zur Eincassirung bestimmten Ansager gegen genaue Abstampelung des Auflagebuches zu übergeben.

Nach den bestehenden Verordnungen haftet jeder Arbeitsgeber für die richtige Einzahlung der Auflagen.

Aus der Gesellencasse werden bestritten:

a. die für Verpflegung und Heilung der erkrankten Gesellen aufgelaufenen Kosten in Krankenhäusern;

b. Unterstützungen überhaupt, insbesondere aber die Beiträge an jene kranken Gesellen, welche sich auf eigene Kosten häuslich verpflegen lassen;

c. Leichenbeiträge, insoweit es die Umstände der Casse gestatten;

d. das Honorar des besoldeten Hilfspersonales;

e. der Herbergszins und

f) sonstige Regieauslagen.

Jene Gesellen, welche mit einem Rückstande ihrer Auflage aushaften, haben auf eine Unterstützung oder einen Beitrag überhaupt keinen Anspruch.

Die bei dem hier besprochenen Industriezweige in Verwendung kommenden Rohstoffe sind vorzugsweise Eisenblech, schwarz und weiss, Zinkblech, Messing-, Packfong- und auch Kupferblech.

Als Brennstoff wird vorzugsweise Holzkohle verbraucht und zwar in der beiläufigen Menge von 8000 bis 10.000 Stübich.

Es werden in Wien alle zu diesem Fache gehörigen Waaren erzeugt, und dürfte die gesammte hiesige Spänglerarbeit etwa einen Werth von jährlich 2,500.000 fl. repräsentiren. Hievon entfallen ungefähr:

---

[1]) Ueber die Zahl der auf dem flachen Lande beschäftigten Gehilfen fehlen verlässliche Angaben; man kann jedoch annehmen, dass die Zahl der Gehilfen sowohl als jene der Lehrlinge nicht viel von jener der Meister unterschieden sein dürfte.

180.000 fl. auf lackirte Blechwaaren.
700.000 „ „ Lampen und Luster,
140.000 „ „ Gasluster und Gaseinrichtungsstücke,
650.000 „ „ Bauarbeiten,
60.000 „ „ Kaffee- und Theemaschinen.
70.000 „ „ Wagenlaternen,
700.000 „ „ sonstige Spänglererzeugnisse.

Alle hier angeführten Waaren werden in vortrefflicher Qualität erzeugt, und diese sowohl, als auch ihre Billigkeit verschaffte ihnen einen höchst ehrenvollen wohlverdienten Ruf und — soweit sie überhaupt der Natur der Sache nach für eine Versendung geeignet sind — auch einen ausgebreiteten Markt im Inlande sowohl, als auch über die Gränzen des Reiches hinaus.

Es zeichnen sich für die oben angeführten Arbeitszweige insbesondere folgende Etablissements aus:

Zuerst für die Erzeugung von lackirten Blechwaaren die Fabrik von Herrn Carl Kronig. Diese Fabrik wurde im Jahre 1832 durch Hrn. August Becker, Schwiegervater des gegenwärtigen Besitzers, in Compagnie mit Hrn. Friedrich Arlt unter der Firma A. Becker & Comp. gegründet und beschäftigte sich ausschliesslich mit der Erzeugung von Tassen nach einem damals neuen privilegirten Systeme, dieselben vermittelst einer Presse aus einem Stücke zu erzeugen. Dieser Artikel war und ist heute noch von grosser Bedeutung, namentlich für den Orient, wo bei der Sitte des niedrigen Sitzens auf Divans und der Nichtverwendung von Tischen grosse runde, lackirte Tassen deren Stelle vertreten, und seine Fabrikation würde sich an Ausdehnung verzehnfachen, wenn unsere Blechwalzwerke hinsichtlich der Reinheit ihrer Erzeugnisse nur im Entferntesten mit den englischen concurriren könnten.

Im Jahre 1848 trat Herr Carl Kronig in das Geschäft, welches er zwei Jahre später gänzlich übernahm, und von diesem Zeitpunct an datirt die immer grössere Ausdehnung desselben und dessen Verzweigung auf alle möglichen Fächer, sowohl in Eisen- als Papier-Maché-Artikeln, so dass im Jahre 1858 die Fabrik bereits über 200 Arbeiter beschäftigte und erst wieder durch die schlechten Zeitverhältnisse zur Reducirung gezwungen wurde.

Die Erfindung der lackirten eisernen Zuckerformen stammt von Hrn. Kronig. Einige Jahre später hat in dieser Beziehung Herr Kronig durch seine Erfindung der Zuckerformen aus Papier-Maché, welche mit einem Male allen Uebelständen der bisher bekannten

Zuckerformen — zum Eingiessen und Trocknen der Zuckermasse in Raffinerien — abhalten, der Zuckerfabrikation einen wesentlichen Dienst geleistet.

Die Wichtigkeit dieser Erfindung bewährte sich durch die Verpflanzung derselben nach Cöln, Paris und New-York, woselbst Herr Kronig neue Fabriken einrichtete; der Gebrauch der Zuckerformen aus Papier-Maché ist nunmehr über ganz Europa verbreitet.

Vor zwei Jahren hat Herr Kronig die neue wichtige Erfindung gemacht, alte, schlechte eiserne Formen rostfrei und daher ebenso verwendbar wie neue zu machen.

Die Fabrik umfasst ausser den angeführten alle möglichen in das Lackirfach einschlagenden Artikel von den billigsten ordinärsten Hausgeräthschaften bis zu den feinsten Luxus- und Kunstgegenständen; sie wurde auch auf allen Industrieausstellungen mit den ersten Preisen ausgezeichnet.

In der Lampenfabrikation ist zuvörderst die Fabrik des Hrn. R. Ditmar zu nennen. Da über diese Fabrik kein Ausweis vorliegt, es aber doch interessant erscheint, gerade über dieses Etablissement einige nähere Daten zu geben, so möge hier im Auszuge der Inhalt eines längeren Artikels folgen, den die „Austria" im Jahre 1863 der Ditmar'schen Lampenfabrik gewidmet hat.

Ein kleiner Rückblick auf die Lampenfabrikation in Wien dürfte für die Beurtheilung der nachfolgenden Thatsachen von Interesse sein. Im Jahre 1838 bestanden in Wien vier grössere Lampenfabriken, jedoch unter Verhältnissen, die nur eine Verwerthung der Fabrikate im Detail zuliessen. Ferner erzeugten die Fabriken von Wagemnann & Böttger nebst Lampen noch diverse Blech- und Gusswaaren (letztere aus Zinkcomposition) nach dem Muster gleichnamiger Berliner Geschäfte.

Die nicht befriedigenden Resultate führten, bei dem Hinzutreten eines besonderen, den einen Theilnehmer treffenden Umstandes die Veräusserung der Fabrik herbei.

Im Jahre 1840 übernahm R. Ditmar das Geschäft und führte es durch ungefähr ein Decennium ohne besseren Erfolg, wenngleich R. Ditmar fortwährend bemüht war, Neues zu bieten und Verbesserungen im Betriebe einzuführen.

Die Zollreform (1851) traf die Lampenfabrikation in völlig unvorbereitetem Zustande, indem z. B. Lampen in Wien um 14 fl. C. M. verkauft wurden, welche in Paris 10 Francs kosteten.

An R. Ditmar trat demnach die Nothwendigkeit heran, entweder einen wichtigen Theil der bisherigen Fabrikation, die Lampenerzeugung, fallen zu lassen, oder dieselbe mit den grössten Opfern als Specialität aufzunehmen. Der Wurf geschah; die bisherige vage und Verlust bringende Richtung wurde aufgegeben und auf rationeller Basis eine neue Aera begonnen.

Die leitenden Grundsätze waren: Specialisirung, Theilung der Arbeit, Betheiligung der Werkführer und der bei dem Betriebe thätigen Personen an den Erfolgen, vollkommene Evidenz des Betriebes, Sorge für das Wohlergehen der Arbeiter, Billigkeit bei guter Qualität, mässiger Gewinn bei möglichst grossem Umsatz.

Diese von der Wissenschaft längst anerkannten Principien haben sich auch glänzend bewährt. R. Ditmar's Lampen finden sich bereits 1854 im Zollverein und seit dem englisch-französischen Handelsvertrage auf dem Weltmarkte. In Berlin, Köln, München, Leipzig, Amsterdam halten anerkannte Firmen grosse Lager Ditmar'scher Erzeugnisse für den Engros-Verkehr, Exporteure in England und Havre beziehen das dem französischen gegenüber viel billigere Fabrikat für den überseeischen Handel.

Die Fabrik ist gegenwärtig in den drei Häusern des Eigenthümers und drei Nebenhäusern mit einem Flächenraum von circa 2 Joch untergebracht, zerfällt in 9 Werkstätten und eine Glasschleiferei, welche von 1 Oberwerkführer und 9 Werkführern geleitet werden. Ferner bildet die Porzellanmalerei eine besondere Abtheilung mit einem Vorstande. Die Werkführer haben nur die Arbeit zu überwachen, nicht selbst zu arbeiten und werden durch die bereits früher erwähnte Betheiligung an dem Erfolge nach Massgabe des Umsatzes zu grösserer Aufmerksamkeit bestimmt. Die Fabrik beschäftigt im Durchschnitte 500 Arbeiter, täglich durch 11 Stunden (im Herbst und Winter wird in mehreren Werkstätten bis 10 Uhr Nachts gearbeitet). In der Regel wird nach dem Stück gearbeitet, wobei ein gewisser Wochenlohn als Basis dient und dem Arbeiter zu Ende der Woche, der darüber entfallende Betrag jedoch nach Vollendung der übergebenen Partie ausgezahlt wird.

Der wochentliche Verdienst eines Arbeiters ist je nach der Beschäftigung 3 fl. 50 kr. bis 20 fl.

Ein strenges Reglement ordnet das Verhalten der Arbeiter in der Fabrik und beugt allen Streitigkeiten mit den Mitarbeitern und Werkführern vor.

Die Lehrlinge erhalten auf Grundlage des Lehrvertrages die Hälfte des für die Arbeit entfallenden Accordbetrages, haben jedoch hievon 15 Percent als Caution zu hinterlegen; der Werkführer, welchem der Lehrling zugewiesen ist, erhält 15 Percent von der anderen gleichsam zu Gunsten der Fabrik ersparten Hälfte. Das durch die Abzüge gebildete Cautionscapital wird dem Lehrling nach vollendeter Lehrzeit ausbezahlt, verfällt hingegen, wenn das Lehrverhältniss durch Verschulden des Lehrlings gelöst wird, der Krankencasse.

Im Wochenlohn stehende Individuen, als: Hausknechte, Kutscher, Packer und andere, erhalten für jede Zeitersparniss geregelte Gratificationen, endlich werden Leistungen ausser den Arbeitsstunden nach einer besonderen Scala entlohnt. Jeder Arbeiter wird nur zu Fabrikszwecken und der von ihm übernommenen Arbeit verwendet. Versäumnisse, unmotivirte Abwesenheit, Fehler in der Arbeit werden durch fixirte Abzüge zu Gunsten der Krankencasse bestraft. Bei der vollendeten Evidenz ist es möglich, Fehler bis zu ihrem Urheber zu verfolgen.

Jede in Arbeit kommende Partie wird der Fabrik mit einem numerirten Laufzettel aufgegeben, auf dem für das Materialmagazin, alle Werkstätten und das Waarenmagazin mit derselben Zahl versehene Coupons angebracht sind. Dieser Zettel begleitet die Waare in ihren verschiedenen Stadien der Vollendung, bei dem Uebertritt aus einer Werkstätte in die andere wird auf dem betreffenden Coupon der Empfang bestätigt und der Coupon abgelöst. In der Frühstunde versammelt der Chef alle Werkführer im Comptoir zur Conferenz, in welcher die abgelösten Coupons abgeliefert und in dem Evidenzbuche mit Angabe des Datums und den etwaigen Bemerkungen eingetragen werden. Bei dieser Conferenz werden neue Einrichtungen besprochen, Fehler gerügt und alle Dispositionen, die in der Fabrik zu treffen sind, berathen.

Die Krankencasse wird durch einen kleinen, wöchentlich von jedem Arbeiter zurückgelassenen Betrag, durch die Strafgelder und durch die verfallenen Lehrlingscautionen dotirt. Die Verwaltung führt unter Aufsicht des Chefs ein von den Arbeitern gewählter Ausschuss, welcher über die Würdigkeit zur Betheilung, über Straffälle, Cautionsverfall der Lehrlinge und alle anderen einschlägigen Angelegenheiten entscheidet. Jeder Kranke erhält wöchentlich eine Unterstützung von 3 fl. 60 kr. ö. W. aus der Krankencasse, welche auch die Arzeneimittel zahlt. Die Rechnungen werden im Comptoir geführt, der Chef hat die Gegensperre. Der Arzt wird von Seite der Fabrik honorirt.

Die Fabrik erzeugte in den letzten Jahren durchschnittlich 180.000 Stück Lampen im Werthe von circa 800.000 fl. ö. W., welche Zahl im laufenden Jahre durch die neu eingeführte Fabrikation von Petroleumlampen (wöchentlich verlassen 4000 bis 5000 Stücke die Fabrik) bedeutend vergrössert wird.

Der Betrieb geschieht durch die zwei Niederlagen in Wien, die Niederlagen in Prag und Pest, in Berlin, München und Leipzig, endlich durch eine grosse Zahl von Engros-Abnehmern im In- und Auslande. Die fortlaufende Ausdehnung der Fabrik und ihres Marktes ist, abgesehen von der Qualität der Waare, eine Folge der besonderen Vortheile, welche die Engros-Abnehmer geniessen, sowie des Umstandes, dass trotz aller Anstrengungen der in- und ausländischen Concurrenz die Preise stets um 15 bis 20 Percent billiger sind als die anderer Fabriken. Die Basis des Engros-Verkehres bildet ein nach englischem Muster eingerichtetes Rabatsystem, indem nach der Grösse des jährlichen Umsatzes den betreffenden Abnehmern bedeutende Percentualnachlässe berechnet werden.

Ditmar's Leistungen haben auf allen Ausstellungen, wo sie erschienen, die höchsten Preise errungen.

Die im Vorstehenden gemachten Angaben beziehen sich natürlich auf das Jahr 1863; seither mag wohl eine wesentliche Aenderung nicht eingetreten sein, nur dürfte die Erzeugung von Petroleumlampen nicht unerheblich zugenommen haben.

Die Fabrik der Gebrüder Brünner erzeugt bloss Lampen für die Beleuchtung mit Photogen, Petroleum und dergleichen. Das Etablissement, welches alle hiehergehörigen Arbeitszweige, wie: Spängler-, Gürtler-, Giesser-, Dreher-, Drucker- und dergleichen Arbeiten, in sich vereinigt, besteht seit 7 Jahren und kann in guten Zeiten bei 200 Arbeiter beschäftigen, welche bei 100.000 Stück Lampen im Jahre fertig bringen.

Die Erzeugnisse der Fabrik zeichnen sich insbesondere durch grosse Billigkeit aus und finden zahlreich ihren Weg in das Ausland, insbesondere nach Deutschland, Russland und dem Orient.

In Gaseinrichtungsgegenständen sind die Waaren von Müller, Demuth und E. Scheler & Comp. die hervorragendsten, auch hat Friedrich Weichmann einen bedeutenden Absatz in diesen Artikeln

Die Bauarbeiten, welche einen wichtigen Theil des Spänglergewerbes bilden, haben sich in den letzten Jahren bedeutend gehoben, und zwar durch grössere Baulust, sowie durch die Billigkeit des Materials; übrigens macht sich in der letzteren Zeit wieder einige Abnahme geltend, da, wie früher schon bemerkt, weniger gebaut wird.

Hervorragend erscheint in dieser Gattung von Arbeiten das Etablissement des Herrn C. Diener, der auch auf der Londoner Ausstellung 1862 mit der Medaille ausgezeichnet wurde. Dieses Etablissement besteht seit etwa 7 Jahren und nimmt gegenwärtig in der Anfertigung von Zinkornamenten für Bauarbeiten unbestritten den ersten Rang ein; es sind daselbst in guten Geschäftsperioden über 30 Arbeiter beschäftigt. Die Erzeugnisse zeichnen sich durch Solidität und gute Ausarbeitung aus, bilden aber keinen Handelsartikel, da derlei Arbeiten bloss auf Bestellung und nach den von den Architekten von Fall zu Fall gegebenen Zeichnungen angefertigt werden. Ausserdem sind hervorzuheben Johann Schlerka sen., L. Schwayer, R. Geburth und Eduard Piatkowsky.

Ein bedeutender Artikel des Spänglergewerbes ist die Kaffee- und Theemaschinenfabrikation. In früheren Jahren waren Italien und die Türkei von französischen Erzeugnissen überschwemmt, seit mehreren Jahren aber liefert A. Reiss in Wien nach Italien, der Türkei, Russland und Deutschland, selbst nach England und Frankreich allein jährlich im Werthe von 25.000 bis 30.000 fl. Auch fabricirt A. Reiss die verschiedenartigsten Douche- und Bade-Apparate und hat einen bedeutenden Absatz nach Italien, der Türkei etc. Er wurde auf der Londoner Ausstellung 1862 mit der Medaille ausgezeichnet.

Kolbenheyer und Puntschert machen ebenfalls, ersterer in englisch oxydirtem Kupfer und Brittannia-Metall (nur feine Waare, wofür er auch die Londoner Medaille erhielt), letzterer hauptsächlich in Mittelwaaren namhafte Umsätze, und es finden ihre Erzeugnisse bedeutenden Absatz nach den Provinzen, sowie auch nach Italien, der Türkei, Russland und den Donaufürstenthümern.

Ein bedeutender Export nach der Türkei und den Donaufürstenthümern wird in unseren Wagenlaternen realisirt, in deren Erzeugung die Firma L. Kowarz (früher Fasching) als die hervorragendste genannt werden darf.

Einen ganz neuen Zweig von hiehergehöriger Metallarbeit hat A. M. Beschorner in Schwung gebracht; es ist diess die Erzeugung von

Metallsärgen; in den wenigen Jahren seines Bestandes hat sich das Etablissement von einem ganz geringen Anfange zu einem ansehnlichen Umfange aufgeschwungen.

Von sonstigen Arbeiten wären noch hervorzuheben die Feuerzeuge von J. Haba und die allbekannten Vogelkäfige von F. Rewolt.

Hieher sind auch die Metalldrucker und Dreher zu rechnen, über welche aber nähere Angaben nicht zu erhalten waren. Sie gehören in die Genossenschaft der Drechsler, und da liess sich über Gesellen und Lehrlinge nichts feststellen; nur so viel geht aus dem Genossenschaftsverzeichnisse hervor, dass sich gegen hundert Mitglieder der Genossenschaft theils ausschliesslich, theils nebenbei mit der Erzeugung von Metallwaaren beschäftigen.

Für die Gehilfen besteht bei dieser Genossenschaft, welche übrigens ein sehr schönes Haus besitzt, eine Krankencasse. Dieselbe steht unter der Verwaltung von 6 Ausschussmännern der Gehilfen, welche von den Gehilfen auf drei Jahre gewählt werden und unter sich einen Obmann wählen; ferner unter dem Vorsitze zweier Ausschussmänner der Genossenschaft, welche von dem Vorsteher gewählt werden.

Als Beitrag zur Pflege und Unterstützung der Kranken hat jeder Arbeiter oder Gehilfe ohne Unterschied monatlich 20 kr. ö. W. zu entrichten, wogegen derselbe in Krankheitsfällen verpflegt und nach Verhältniss des günstigen Cassastandes nach überstandener längerer Krankheit mit einem Geldbetrage unterstützt wird.

Zum Eintritte in das Spital hat jeder Gehilfe eine Anweisung gegen Vorzeigung des Auflagenbuches vom Vorsteher einzuholen, indem ohne dieselbe die Aufnahme und Unterstützung durch die Genossenschaft nicht stattfinden kann. Ferner ist jeder Gehilfe verpflichtet, den Austritt aus dem Spitale wegen genauer Controlle sogleich bei dem Vorsteher anzuzeigen. Zugleich werden alle Kranken angewiesen, wo möglich nur in das allgemeine Krankenhaus in Pflege zu gehen.

Kranke, deren Verhältnisse ihre Pflege in eigener Behausung gestatten, haben als Vergütung auf eine wöchentliche Unterstützung während der ganzen Dauer ihrer Krankheit Anspruch, und zwar in demselben Betrage, welcher für dieselben dem allgemeinen Krankenhause geleistet werden müsste. Sollte jedoch durch diese Art der Unterstützung die Casse zu viel geschwächt werden, so würde ein den Verhältnissen entsprechend minderer Betrag ausgefolgt werden.

Die Fabrikation von Metallknöpfen wird in Wien ziemlich

schwunghaft betrieben, da der Absatz in Uniform- und Livréeknöpfen in der ganzen österreichischen Monarchie, sowie auch nach den Donaufürstenthümern, ein sehr bedeutender ist. Es liegen leider nur die Ausweise von zwei Etablissements vor, während deren über 20 bestehen. In den letzteren Jahren hat die Menge der Fabrikation zwar etwas abgenommen, indem der Militärbedarf auf das Allernothwendigste beschränkt wurde und überdiess noch durch die mittlerweile eingetretene neue Uniformirung bei allen Truppengattungen, wo sie eingeführt wurde, 10 Knöpfe per Mann in Ersparung kamen. Im Ganzen genommen kann man die Erzeugung immerhin auf nahezu 250.000 Gros im Werthe von ungefähr eben so vielen Gulden annehmen.

Gusswaaren.

Die Zahl der selbstständigen Giesser hat in den letzten zehn Jahren, insbesondere in Folge der mittlerweile eingetretenen Gewerbefreiheit, bedeutend zugenommen, indem gegenüber einer Zahl von 40 im Jahre 1855 das Verzeichniss der Genossenschaftsausweise folgende Veränderung zeigt:

1861: 35 Mitglieder
1862: 42 „
1863: 48 „
1864: 105 „
1865: 115 „

Uebrigens umfasst diese Genossenschaft gegenwärtig ausser den Gelbgiessern noch Zinngiesser, Bleiröhren- und Bleiplatten-Erzeuger, Buchstabengiesser und Eisengiesser; jedoch ist von den letzteren eine grosse Anzahl noch nicht eingetragen. Von Bedeutung in diesem Zweige sind nur die Wiener Gewerbe, während jene auf dem flachen Lande, etwa 20 bis 30 an der Zahl, ganz untergeordneter Natur sind.

Was die Steuer betrifft, so zeigen die Ausweise für das Jahr

1855: 50 Gelbgiesser *) mit 880 fl. Steuer,
1860: 57 „ „ 1910 „ „
endlich 1865: 76 „ „ 1865 „ „

Die Steuerquoten schwanken zwischen 5 bis 200 fl.

Was Motoren betrifft, so hat nur eine der hiehergehörigen Fabriken eine Dampfmaschine. Hilfsgeräthe sind nebst den Formflaschen und den zum Gusse nöthigen Vorrichtungen nur Drehbänke zur Ausarbeitung der gegossenen Waare.

*) Mit Einschluss der Metallgusswaaren-Erzeuger.

An technischen Fortschritten ist in diesem Gewerbe nichts zu verzeichnen, ausser dass im Ganzen die Arbeit eine bessere, die darauf verwendete Sorgfalt eine grössere geworden ist.

Es werden in diesem Gewerbe bloss männliche Individuen als Hilfsarbeiter beschäftigt; es waren in Verwendung:

im Jahre 1855:	160	Gesellen	und	120	Lehrlinge
„ „ 1861:	300	„	„	62	„
„ „ 1862:	300	„	„	74	„
„ „ 1863:	350	„	„	70	„
„ „ 1864:	350	„	„	110	„
„ „ 1865:	380	„	„	140	„

Zur Bestreitung der nothwendigen, die Gehilfen der Genossenschaft treffenden Auslagen ist eine eigene Casse (Gesellenlade) vorhanden, an welche jeder Gehilfe, welcher zur Genossenschaft gehört, eine vierteljährige Auflage von 65 kr. ö. W. zu entrichten hat, die ihm der Arbeitgeber vom Lohne abzieht und an den hiezu bestimmten Ansager gegen Eindrückung der Controllmarke in das Auflagebuch abführt. Jeder Arbeitgeber hat für die richtige Einzahlung der Auflagen zu haften.

Dieses Gesellenlade-Vermögen steht unter der Verwaltung und Verrechnung des Genossenschafts-Vorstehers und von vier aus dem Gesellenstande gewählten Ausschüssen.

Aus demselben sind folgende Auslagen zu bestreiten:

a) Sämmtliche für Verpflegung und Heilung der erkrankten Gehilfen in den Krankenhäusern aufgelaufene Kosten.

b) Jedes Mitglied findet im Erkrankungsfalle mittelst Anweisung von Seite des Vorstehers Aufnahme und Verpflegung in einem der hiesigen öffentlichen Krankenhäuser und erhält wöchentlich die Unterstützung von 50 kr. während einer Krankheitsdauer von 6 Monaten. In rücksichtswürdigen Fällen bleibt es dem Krankencasse-Ausschuss anheimgestellt, eine fernere Unterstützung dem Erkrankten über dessen Ansuchen angedeihen zu lassen.

c) Diejenigen Mitglieder, welche sich bei Hause verpflegen lassen, haben hievon, wenn sie die Unterstützung geniessen wollen, binnen drei Tagen unter Angabe ihrer Wohnung dem Vorsteher oder zwei Ausschussmitgliedern Anzeige zu erstatten, worauf nach Beibringung eines ärztlichen, im letzteren Falle von zwei Ausschussmitgliedern mitgefertigten Zeugnisses die Wochenunterstützung von zwei Gulden in Geld gegen classenmässig gestämpelte Quittung vom vierten Tage der Krankheit angefangen, während einer Krankheitsdauer von sechs Monaten verabfolgt wird; nach dieser Zeit erhalten sie in den nächsten sechs Monaten wöchentlich einen Gulden, wonach die statutenmässige Unterstützung in der Regel aufhört.

d) Nach dem Ermessen des Vorstehers und der Gesellenausschüsse Aushilfen für die aus dem Spitale ausgetretenen Gehilfen, welche wegen körperlicher Schwäche nicht gleich in Arbeit treten können oder von hier abreisen wollen, bis zu dem Betrage von zwei Gulden.

e) Als Leichenbeitrag einen Betrag von zehn Gulden.

f) Die Gebühr für den Ansagemeister für das Einsammeln der Auflagen.

g) Die Remuneration des Schriftführers.

h) Die Kosten für Beheizung und Beleuchtung der Gehilfenzimmer in der Genossenschaftsherberge und die Anschaffung der nöthigen Schreibrequisiten.

i) Die Vergütung des Postporto-Stempels und sonstiger Bedürfnisse.

Die in diesem Gewerbe verarbeiteten Rohstoffe sind vorzugsweise Kupfer und Bruchmessing in der Menge von etwa 8000 Zentnern, im Werthe von circa 300.000 fl.; an Brennstoffen wurden ungefähr 20.000 Ztr. Coaks verwendet. Die Erzeugnisse sind vorzugsweise sogenannte Nürnbergerartikel, Leuchter, Bügeleisen, Mörser; ferner Maschinenbestandtheile, wie Ventile, Kolben u. dgl., Bauarbeiten, wie Thürdrücker, Riegelknöpfe u. dgl. Beschläge etc., endlich Kunstguss. Der Gesammtwerth der Erzeugnisse dürfte ungefähr 1,000.000 fl. betragen. Was die Qualität betrifft, so ist dieselbe eine vortreffliche.

Unter den bedeutenden Etablissements ist insbesondere zu nennen die Messinggusswaarenfabrik von Schweiger & Föst, vormals Kindl. Diese Fabrik wurde anfangs der Fünfzigerjahre gegründet und hat eine grosse Ausdehnung gewonnen; sie besitzt eine Dampfmaschine für die nöthigen Dreharbeiten und beschäftigt in guter Zeit bis 80 Arbeiter. Hauptgegenstände ihrer Erzeugung sind: Leuchter, Bügeleisen, ferner Mörser und ähnliche Haushaltungsgegenstände.

Die Metallwaarenfabrik der Gebrüder Winkler in Kaiser-Ebersdorf (Bezirk Schwechat) erzeugt gegossene, gepresste und gefirnisste Metallwaaren, sowie auch Bleche und Drähte. Als Triebkraft dient dieser Fabrik, deren Erzeugnisse vortrefflich sind, die Schwechat mit 6 Wasserrädern. Das Etablissement beschäftigt über 50 Arbeiter und ist mit allen zum Betriebe gehörigen Arbeits- und Hilfsmaschinen versehen.

Die Fabrik von August Kitschelt's Erben wurde im Jahre 1835 als Giesserei gegründet und verlegte sich später erst auf die Erzeugung von Eisenmöbeln, welche gegenwärtig eigentlich ihre Hauptbeschäftigung ist, so dass ihre eingehendere Besprechung der Eintheilung dieses Werkes zu Folge nicht in diesen Abschnitt gehört. Hier sei nur erwähnt, dass auch die Güsse des Etablissements, insbesondere der Figurenkunstguss, den anderen Erzeugnissen dieser in jeder Beziehung hervorragenden Fabrik vollkommen ebenbürtig sind.

Die ersten Medaillen fast aller Ausstellungen zieren den Preiscourant dieser Fabrik, welche einen ausgebreiteten Absatz in der ganzen Monarchie, sowie auch über die Gränzen des Reiches, insbesondere nach dem Orient hat und ausser Wien Niederlagen in Pest, Prag, Graz, Brünn, Lemberg, Linz, Temesvár, Fünfkirchen, Triest, Agram und Bukarest hält.

Als in diese Gruppe gehörig ist auch H. Hilzer in Wr.-Neustadt anzuführen, gegenwärtig der einzige Glockengiesser von Bedeutung in Niederösterreich. Das Geschäft geniesst mit Recht einen ausgezeichneten Ruf und hat ausgedehnte, über die ganze Monarchie verbreitete Kundschaft. Vortreffliche Geläute der bedeutendsten Kirchen sind aus Hilzer's Giesserei hervorgegangen und durch die Zeit von 20 Jahren — so lange hat er dieses Geschäft — lieferte er über 1100 Glocken im Gesammtgewichte von 8500 Ztrn.

Ausserdem sind als vorzügliche Firmen in Bezug auf Gusswaaren zu nennen: Aschauer's Witwe, J. Diepold, Willfort, A. Gottschalk, J. Grüllemeyer, Hang, Pearle & Türk, J. Lenz, B. Mohrenberg.

In die Genossenschaft der Giesser gehören auch die Zinngiesser und es sind daher, wie bereits bemerkt, unter den oben angeführten Zahlen die selbstständigen Gewerbetreibenden dieses Zweiges sowohl, als auch die ihnen angehörigen Hilfsarbeiter mitbegriffen.

Im Ganzen genommen ist die Zinngiesserei als selbstständiges Gewerbe gänzlich im Verfall, da der Bedarf an Zinnwaaren ein äusserst geringer ist. Zinngeschirr ist nahezu gänzlich ausser Gebrauch gekommen und so beschränkt sich die Erzeugung auf Kerzenformen, chemische Apparate, Gefrierbüchsen, Spielwaaren, höchstens noch Schankgefässe und ab und zu Geschirre für öffentliche Anstalten.

Die Erzeugung von Metallbuchstaben erlangte in Wien

eine grosse Vollkommenheit, obwohl nach der Natur des Geschäftes, dessen Erzeugnisse nicht zu den gangbaren Handelsartikeln gehören, eine quantitativ grosse Ausdehnung nicht erwartet werden kann. Leider liegen mit Ausnahme eines einzigen gar keine Ausweise über die einzelnen Etablissements dieses Zweiges vor; um aber diessfalls die in Wien erreichte hohe Stufe zu kennzeichnen, sei erwähnt, dass auf der Londoner Ausstellung zwei Wiener, und zwar Wenzel Saidan und Michael Winkler, für Metallgussbuchstaben und derlei Aufschrifttafeln mit der Medaille ausgezeichnet worden sind.

Bronzewaaren.

Die Zahl der Gürtler und Bronzearbeiter hat im Vergleich mit dem Jahre 1855 zugenommen; sie betrug vor zehn Jahren etwa 150 und für das Jahr 1866 weist das Verzeichniss der Genossenschaft deren 219 aus. Die Erzeugung von Bronzewaaren concentrirt sich in Wien, und zwar nicht nur für Niederösterreich, sondern für die ganze Monarchie, da sonst nirgends in diesem Industriezweige Bedeutenderes geleistet wird.

Die Steuerregister zeigen

für 1855 : 48 Gewerbetreibende mit 1440 fl. Erwerbsteuer.
„ 1860 : 211 „ „ 2890 „ „
„ 1865 : 225 „ „ 3290 „ „

Die Steuerquote wurde von den einzelnen Gewerbetreibenden in Beträgen von 5 bis 300 fl. entrichtet.

Motoren werden von den in diese Gruppe gehörigen Gewerbetreibenden nicht verwendet, im grossen Ganzen sind aber die Arbeiten solche, zu deren Ausführung eine stetige Triebkraft nicht nöthig ist, da die Handarbeit eine vorwiegende Rolle spielt. Als Arbeits- und Hilfsmaschinen kommen ausser den gewöhnlichen Werkzeugen in Anwendung: Fallwerke, Pressen, Walzen, Durchschnitte und Drehbänke.

Im Ganzen muss bei diesem Erzeugungszweige gerühmt werden, dass darin seit seinem Entstehen, insbesondere aber in der letzten Zeit, grosse Fortschritte gemacht worden sind. Vorzugsweise steht bei uns die Vergoldung der Bronzewaaren auf einer hohen Stufe der Vollkommenheit und braucht den Vergleich mit den besten Erzeugnissen des Auslandes nicht zu scheuen; ausserdem hat sich aber der Geschmack in den Formen, die Feinheit der Ausarbeitung und überhaupt die ganze Qualität der Waare zu einer Höhe emporgehoben, auf welcher das Wiener Erzeugniss, soweit es überhaupt Handelsartikel ist, kühn jeder Concurrenz auf dem Weltmarkte die Spitze bieten kann und auch in der That bietet. Am auffallendsten ist der Fortschritt in den falschen Schmuckwaaren, in welchem Artikel sich erst seit wenigen Jahren Wien von der Ueberflutung mit ausländischem Erzeugniss emancipirt.

Als Gehilfen werden in den hiehergehörigen Gewerben fast nur männliche Individuen verwendet, nur ab und zu wird leichtere Arbeit, wie Poliren u. dgl., weiblichen Händen überlassen.

Die Zahl der Gehilfen betrug ungefähr

1855: 400 Gesellen, 130 Lehrlinge, 30 Arbeiterinnen,
1865: 500 „ 200 „ 20 „

Der Lohn schwankt für die Gesellen zwischen 6 und 10 fl. per Woche, dürfte aber im Durchschnitt mit 7 fl. richtig angenommen werden.

Damit die Kosten der Verpflegung erkrankter Gesellen bestritten, solche in der Reconvalescenz unterstützt und den bedürftigen Ankömmlingen Aushilfen verabreicht werden können, dann dass der Herbergszins bezahlt und Beiträge zur Bestattung der Verstorbenen ermöglicht werden und um die unabweislichsten Regiekosten zu decken, entrichtet jeder Geselle von vier zu vier Wochen einen bestimmten Betrag an die Gehilfencasse. Dieser Betrag darf jedoch drei Percent vom Lohngulden nicht übersteigen.

Ein jeder aus der Fremde angekommene Geselle, welcher sich als Angehöriger der Genossenschaft legitimirt, erhält eine Unterstützung von 1 fl. 25 kr. ö. W. und hat Anspruch auf eine den Kräften der Casse entsprechende Aushilfe in Fällen der Erkrankung und sonstigen Nothlage, wenn er nicht von früher her mit einem Rückstande an die Gesellencasse aushaftet.

Jedes Mitglied der Gesellenschaft erhält, wenn es seinen Verpflichtungen nachkommt, im Falle des Erkrankens gegen eine vom Vorsteher ausgestellte Anweisung auf Kosten der Casse die Aufnahme und Verpflegung im allgemeinen Krankenhause und überdiess noch eine Unterstützung in Geld.

Die verarbeiteten Rohstoffe sind: Messing, Kupfer, Zink, Zinn, Tomback, Packfong, Gold und Silber; die benöthigte Menge wird zum grössten Theile in Wien gekauft, lässt sich aber vorläufig ziffermässig genau nicht angeben. An Brennstoffen dürften ungefähr 10.000 Stübich Holzkohlen und 5000 Ztr. Coaks verbraucht werden.

Die Erzeugnisse dieser Gruppe, deren Gesammtwerth im Jahre etwa eine Million Gulden betragen mag, theilt sich der Hauptsache nach in vier verschiedene Zweige, welche wohl naturgemäss in der praktischen Ausführung nicht streng geschieden bleiben und sich auch gar nicht scharf begränzen lassen: es sind diess:

grössere Gegenstände, insbesondere Luster, Candelaber und sonstige zur Beleuchtung und ornamentalen Decorirung dienende Artikel; dann

Kirchenparamente, ferner sogenannte

Nippesgegenstände, wie Schreibtischgarnituren, Tischleuchter, Uhrständer u. dgl., endlich

Schmuckwaaren.

In Erzeugung von grösseren Gegenständen sind vor Allem die Etablissements von David Hollenbach und Wilhelm Bröse zu nennen.

Diese beiden Industriellen waren ursprünglich in Compagnie und können für sich das Verdienst in Anspruch nehmen, dass sie zuerst im Jahre 1840 unter der Firma Bröse & Hollenbach die Erzeugung von derartigen Gegenständen in grösserem Massstabe in Wien eingeführt haben; im Jahre 1841 trennten sie sich jedoch und seitdem arbeitet jeder der Beiden selbstständig fort.

Herr David Hollenbach liess es sich sofort nach seiner Trennung ernstlichst angelegen sein, nur originelle inländische Zeichnungen und Modelle zu verwenden, und durch die grosse Sorgfalt und Ausdauer, womit er sich bemühte, gelang es ihm, sich von der französischen Industrie und den französischen Originalien, welche damals allein Geltung hatten, vollständig zu emancipiren. Durch alle seine Erzeugnisse zieht sich eine strenge künstlerische Auffassung, stylgerechtes Zusammenpassen und treffliche Ausführung bis in das kleinste Detail. Die Solidität und Schönheit des Fabrikates haben in Vereinigung mit den Erfolgen auf den verschiedenen Ausstellungen, deren letzte die Medaille der Londoner Ausstellung 1862 war, dem Etablissement einen grossen und wohlverdienten Ruf erworben und auch eine bedeutende Ausdehnung — es werden in guten Zeiten bei 80 Arbeiter beschäftiget — ermöglicht.

Herr Wilhelm Bröse setzte gleichfalls, wie oben bemerkt, die gemeinschaftlich mit Herrn Hollenbach begonnene Fabrikation allein fort; er beschäftigt in guten Zeiten 15 bis 20 Arbeiter.

Die Fabrikation der beiden genannten Industriellen ist vorzugsweise auf die Erzeugung feiner Bronzegusswaaren, wie Luster, Leuchter, Girandoles, Uhren und Decorationsgegenstände für reiche Ameublements, gerichtet; sie beschäftigen sich nicht mit der Herstellung von gangbarer Handelswaare, sondern sind hauptsächlich bedacht, den von Fall zu Fall ergehenden Bestellungen zu entsprechen; aber nichtsdestoweniger verbreiten sich die Erzeugnisse dieser Fabrikanten über die ganze Monarchie, nach Russland und in die Donaufürstenthümer. In der Richtung nach Norden und nach Westen über die Gränzen Oesterreichs steht übrigens die französische Concurrenz noch mächtig im Wege.

Herr Sigmund Wand, dessen Fabrik seit 26 Jahren besteht, hat früher Schmuckgegenstände aller Art erzeugt, sich jedoch seit 14 Jahren ausschliesslich auf die Fabrikation von Lustern für Kerzen und Gas in allen Dimensionen, Ampeln, Wand-, Tisch- und Clavierleuchtern verlegt. Die Luster werden aus gezogenem Tombackrohr (Bronze estampé) fabricirt, was den englischen Fabrikaten genau nachgeahmt wird, mit dem Vortheile, dass es bedeutend billiger zu stehen kommt. Bei starkem Geschäftsgange beschäftigt die Fabrik bei 30 bis 36 Arbeiter und es erstreckt sich der Absatz nach Russland, Italien, Spanien, Deutschland, der Moldau und Walachei. Die ehrenvolle Erwähnung auf der Londoner Ausstellung 1862 bezeugt die Güte seiner Fabrikate.

Für die Erzeugung von Kirchenparamenten, welche namentlich für Landkirchen ärmerer Gemeinden vielfach in Bronze hergestellt werden, ist die Fabrik des Herrn W. Bachmann hervorzuheben, welche aber vorzugsweise in Alpacca-Silber arbeitet und daher weiter unten besprochen werden wird.

In der Erzeugung von Gegenständen für den Kirchendienst speciell aus Bronze mit Vergoldung ragt die Firma Brix & Anders hervor, welche eine grosse Zahl der kleinen Landkirchen, für deren Ausstattung mit edelmetallenen Cultusgeräthen die disponiblen Fonds nicht ausreichen, mit ihrem Bedarfe versorgt. Im Jahre 1847 gründeten die Herren: E. Brix, Modelleur und Bronzearbeiter, und H. Anders, Gold- und Silberarbeiter, das jetzt bestehende und seit 1852 unter der Firma Brix & Anders protokollirte Geschäft; sie erzeugten anfangs Militär-Artikel und wurden im Jahre 1851 vom Kriegsministerium beauftragt, Muster von Adjustirungs-Artikeln, wie Helmen, Cartouchen, Adlern u. dgl., anzufertigen; diese Muster erhielten die a. h. Sanction und bestehen noch dermalen in der Armee. Ferner erzeugten sie sämmtliche Muster für die k. k. Garden, adjustirten die Hofburgwache mit Pickelhauben, Epaulettes und Riemenbeschlägen, die Burg-Gendarmerie und die Trabanten-Leibgarde. Im Jahre 1851 begannen sie gleichzeitig die Ausführung von Kirchen-Arbeiten und stellten zunächst einen silbernen

Kelch für S. M. den Kaiser Ferdinand her; später verlegten sie sich auf die Anfertigung stylgerechter Arbeiten im romanischen und gothischen Styl. Die Firma befasst sich übrigens gleichfalls mit der Verarbeitung von Edelmetall für dieselben Zwecke und ihre Erzeugnisse geniessen mit Recht einen vorzüglichen Ruf.

Die Erzeugung von Nippessachen hat vor ungefähr 24 Jahren Herr Conrad Schumacher in Wien eingeführt; er hat seither rüstig fortgearbeitet und dieser Industrie einen festen Bestand gesichert. Bei grösserer Entwicklung hat sich dieselbe in zwei Zweige getheilt, nämlich in die Erzeugung der mittleren Waare und die der ganz feinen; die mittlere Waare ist die Specialität des Herrn Schumacher und er ist darin der erste Erzeuger. Er exportirt seine Erzeugnisse vorzugsweise nach England und Frankreich, sowie auch nach Italien.

In den ganz feinen Artikeln dieser Gattung excellirt die Firma Dziedzinsky & Hanusch, welche in diesem Zweige den ersten Platz einnimmt. Diese Fabrik besteht seit dem Jahre 1847; im Jahre 1855 begann sie die Erzeugung von ganz glatten Gegenständen, welche sich sofort, insbesondere in England, eine grosse Beliebtheit erwarben, so dass diese Gattung den Namen „englische Façon" bekam; es entwickelte sich daher auch ein bedeutender Export dieser Artikel nach England, später auch nach Frankreich, obwohl hier der Zoll, in der Höhe von 36% des Werthes, die Concurrenz wesentlich erschwert. Das Etablissement, welches ausser diesen Gegenständen ab und zu auch grössere, wie Luster u. dgl., erzeugt, beschäftiget in guter Zeit bei 80 Arbeiter, ja zuweilen auch deren 120.

Nachträgliche Bemerkung. In dem Augenblicke, als sich diese Arbeit unter der Presse befindet, vollzieht sich ein höchst günstiger Umschwung in Hinsicht auf den französischen Eingangszoll. Während nämlich bis jetzt für den Zollzentner von derartigen Galanteriewaaren 212 Frcs. 50 Cent. gezahlt werden mussten, beläuft sich dieser Zollsatz jetzt auf 30 Frcs. oder 10% ad valorem.

Um die Hebung der Schmuckwaaren-Industrie hat sich Herr Gustav Lerl besondere Verdienste erworben. Der grössere Aufschwung, den seine Fabrikation genommen, datirt seit fünf bis sechs Jahren und findet seinen Grund darin, dass er sein beständiges Augenmerk darauf richtet, jeden, auch den kleinsten Gegenstand auf das reinste und geschmackvollste auszuführen und eine solide, dauerhafte Vergoldung und Versilberung herzustellen. Durch ihre Mannigfaltigkeit und den steten, zeitgemässen Wechsel der

Formen erringen die Erzeugnisse dieses Etablissements eine grosse Beliebtheit und finden Absatz in Russland, der Moldau, Walachei, Deutschland, England, Amerika, besonders aber in Italien trotz der grossen Concurrenz französischer Fabrikate; den Ausschlag gibt wesentlich der billigere•Preis bei gleicher Qualität der Waare, sowie auch die gefällige Form der eigenen Muster und Modelle, welche als Originalien in den Verkehr gesetzt werden und selbst Nachahmung finden. Was die Menge der Erzeugung betrifft, so ist in der Fabrik die Einrichtung getroffen, dass, wenn Modeartikel besonders stark auftreten, dieselbe durch Zuhilfenahme externer Arbeitskräfte im Stande ist, allen Anforderungen zu genügen, somit alle Aufträge ohne Rückstand und Verspätung auszuführen.

Ausserdem sind noch zu nennen: Josef Kopf als vorzüglich in der Erzeugung von Pfeifenbeschlägen; Florian Eule für Militärarbeiten, Alfred Podjus, Josef Schmal, Franz Bechmann für Bronzeguss, Ignaz Strauch für gezogene Bronzewaaren; Alois Böhm und L. Faber für galvanoplastische Arbeiten; Georg Roth für Beschläge und Galanteriewaaren; J. Kraulitz für Schmuckwaaren.

Silber-Imitations-Waaren.

Einen bedeutenden Industriezweig bildet die Fabrikation von solchen Artikeln, sowohl Gebrauchs- als Verzierungsgegenständen, welche mit den Vortheilen oder wenigstens dem verlockenden Aeusseren der edelmetallenen Waare zugleich eine solche Mässigkeit des Preises vereinigen, dass sie auch minderbemittelten Kreisen in grösserem Umfange zugänglich sind. Zu diesen Gegenständen sind wohl zum Theile schon die im unmittelbar vorhergehenden Abschnitte besprochenen Erzeugnisse und unter diesen vorzugsweise wieder die falschen Schmuckwaaren zu zählen; allein ihre Fabrikation hat ihre Anfänge schon im Alterthume, und es hat sich insbesondere das Bronze unter den Metallen schon eine selbstständige Ehrenstelle erworben, so dass es selbst schon unter eigenem Namen auftretend eine gewisse Würde als Materiale für sich in Anspruch nimmt, die es den Edelmetallen sehr nahe stellt; es tritt in den allermeisten Fällen seiner Verwendung direct als Bronze auf, und es kommt ihm gar selten bei, sich für Gold zu geben. Das Gold selbst findet für grössere Gegenstände, sowohl der Verzierung als des Gebrauches, nur in Ausnahmsfällen Anwendung, und Goldgeräthe zu besitzen, war nie eine Forderung socialer Gewohnheit. Anders bei Silber. Dieses letztere Metall hat sich seit jeher für

Gegenstände, deren Benützung eine häufige unmittelbare Berührung mit sich bringt, und die zugleich in verhältnissmässig grosser Anzahl vorhanden sein müssen, besonders empfohlen, und zwar mit Bezug auf den Gebrauch durch seine Eigenschaft als Edelmetall, in Bezug auf die Nothwendigkeit einer umfangreichen Anschaffung durch seinen im Vergleich zum Golde bedeutend geringeren Preis. Die Schönheit der daraus verfertigten Gegenstände, sowie der Umstand, dass denn doch immer ein grosser unzerstörbarer Werth im Materiale selbst vorhanden, brachte denn auch das Silber zur Anfertigung von Tischgeräthen aller Art in allgemeine Verwendung für alle Jene, welche eben reich waren, oder doch zu jenen Ständen gehörten, wo sie mindestens bis zu einem gewissen Grade für reich gelten mussten. Die ärmeren Classen, das bescheidenere Bürgerthum, welche ohnehin mit den bevorzugten Ständen in eine nähere sociale Berührung, die bis in das Familienleben gedrungen wäre, nicht kamen, konnten sich allerdings zum Silber nicht aufschwingen — sie griffen zum Zinn; es ist leidlich weiss, der Oxydation wenig ausgesetzt, und bei dem Mangel einer Nebeneinanderstellung wurde auch der Abstand gegen das Silber des Vornehmen nicht verletzend bemerkbar.

Der Umschwung der Zeiten, „der so viel des Getrennten vereinte, so vielem Unvermittelten Uebergänge schuf," arbeitete an dem Aufhören der Sonderung der Stände, er musste die Kluft ausfüllen zwischen Zinn und Silber. Viele von Jenen, die gewohnt waren, auf Silber und mit Silber zu speisen, das Licht auf silberne Arme zu stecken, die ihren Genossen, ihrer gewohnten Gesellschaft Lebewohl sagen mussten in dem Augenblicke, als gemeines Zinn ihren Tisch verunzierte, waren in der peinlichsten Verlegenheit, die etwa nöthigen Nachschaffungen zu besorgen, ja oft auch nur den bereits in ihrem Besitze befindlichen Vorrath sich zu erhalten. Andererseits wieder wollten Jene, die bis nun für sich allein gestanden, ferne von den Günstlingen des gesellschaftlichen Schicksals, jetzt, da die Scheidewand gebrochen war, es doch auch jenen gleich thun in der Art zu leben, um die Annäherung zu erleichtern, und den Unterschied, den die Anderen lange nicht vergessen, wenigstens im Aeusseren verschwinden zu machen; da aber war es wieder gar schwer, den Vorsprung plötzlich auszugleichen, den das Sammeln und Aufhäufen Geschlechter hindurch geschaffen. Von allen Seiten war das Haupterforderniss, den Schein zu wahren — das musste geschehen, und wäre es um den Preis einer Fälschung!

Das Nothwendige geschah wirklich und Kupferblech, mit

einer Silberschichte belegt, vertrat die Stelle des Silbers, wo dieses nicht beschafft werden konnte. Die Plattirwaaren, so nannte man Erzeugnisse aus diesem Blech, fanden bald allüberall Eingang und in diesem Scheine reichten sich die Kasten der Gesellschaft die Hände; allein eine grosse Unzukömmlichkeit zeigte sich in dem Umstande, dass dieser Schein nicht lange aufrecht zu erhalten war. Einem einigermassen häufigen Gebrauche konnte die gleissnerisch weisse Schichte auf die Dauer nicht widerstehen, und in nur zu kurzer Zeit fand das vorwitzig durchschimmernde Kupfer unwillkommenen Wiederschein in der Schamröthe auf dem Antlitze des Wirthes, der seinen Gästen Silber vorgelogen. Das war nun ein arger Fehler; dem musste abgeholfen werden. Man musste ein anderes Surrogat finden, das weiss war und weiss blieb. Compositionen mit den verschiedensten Namen wurden nun erfunden; Packfong, Alpacca, Argentan, Neusilber und andere Bezeichnungen bedeuten Leguren, welche Silber vorstellen sollen und im Wesentlichen alle aus Kupfer, Zink und Nickel bestehen.

Diese Mischungen haben nun zwar allerdings den Vortheil, dass sie so weiss bleiben, wie sie anfangs sind — aber eben schon von Beginne an fehlt ihnen das Ansehen des Silbers. Da trat nun der elektrische Strom als Retter und Helfer hinzu und bannte die Verlegenheit; eine möglichst weisse Metallcomposition wird galvanisch versilbert und ist: Chinasilber, das vollkommenste Silbersurrogat. Die genaueste Silberähnlichkeit ist hergestellt, da ja doch die Oberfläche wirkliches Silber in beliebig dichter Lage deckt; wird nun der Gegenstand wenig oder gar nicht berührt und gerieben, so leidet auch natürlich die Weisse nicht — bei stark benützten Gegenständen aber wird das Verschwinden der Silberschicht nicht so leicht auffällig, da das Grundmetall in seiner Farbe dem Silber wenigstens nahekommt.

Die Wiener Industrie, welche für diesen Zweig in Oesterreich wohl fast allein in Betracht kommt, ist den in dem angedeuteten Sinne gemachten Fortschritten stets aufmerksamen Auges gefolgt, wie schon der Umstand zeigt, dass das Etablissement von Mayerhofer & Klinkosch bereits im Jahre 1797 als Plattirwaarenfabrik gegründet worden ist; zu Anfang der Vierzigerjahre war bereits die Erzeugung von Packfongwaaren in lebhaftem Betriebe, und die Chinasilberwaaren-Erzeugung wurde sofort nach ihrer Erfindung in Wien eingeführt. Alle diese verschiedenen Erzeugnisszweige wurden anfänglich streng von einander getrennt betrieben; allein die Aufrechthaltung der Trennung wurde nachgerade unmöglich, und man kann sagen, dass wohl fast Alle, welche sich mit der Herstellung von solchen Silberimitationen befassen, alle Arten dieser Industrie nach Bedarf in Anwendung bringen; es wurden daher auch alle in einen Abschnitt zusammengezogen, und die Bezeichnung eines Geschäftes im Steuerregister kann keineswegs im ausschliesslichen Sinne genommen werden.

Diese Register weisen aus:

	für 1855	1860	1865
Chinasilberwaaren-Erzeuger....	2	2	2
Packfongarbeiter..	14	14	11
Plattirer...........	48	51	40

Es muss aber bemerkt werden, dass viele Gewerbsleute, welche sich mit der Erzeugung von hiehergehörigen Waaren beschäftigen, unter anderen Bezeichnungen vorkommen; so sind manche, die ursprünglich Gürtler oder Bronzearbeiter waren und noch als solche gelten, zu dieser Fabrikation übergegangen; viele Metalldrucker, Spengler u. s. w. arbeiten in Alpacca oder Plaqué. Leider sind die Ausweise, welche zu Gebote stehen, gerade für diesen interessanten Zweig höchst mangelhaft, und nur von zwei grossen Etablissements liegen detaillirte Nachweisungen vor.

Die hervorragendsten Erzeugungsstätten für die hier besprochenen Artikel sind folgende:

Die Fabrik von Mayerhofer & Klinkosch in Wien, welche aber, da sie in der Erzeugung von Silberwaaren eine besonders hervorragende Rolle spielt, in der nächsten Rubrik ausführlicher besprochen werden wird.

Die Plattirwaarenfabrik von Hermann in Wien. Die Begründung dieses Etablissements fällt in das dritte Decennium unseres Jahrhunderts und es gehörte in seinem damals höchst bescheidenen Beginne mit zu den ersten Stätten in Wien, wo Silberplattirwaaren erzeugt wurden. Die Billigkeit und rasch steigende Beliebtheit dieses Artikels machte das Geschäft ungemein gewinnreich und es entwickelte sich aus dem kleinen Anfang eine umfangreiche Fabrik, in welcher mittelst Pferdegöppel die Walzen getrieben werden und wo in ausgedehnten Räumen zu Zeiten bis zu 300 Arbeiter mit der Anfertigung von plattirten (oder Plaqué-) Waaren, wie: Leuchtern, Tassen, Thee- und Kaffeegeschirren, Tafelaufsätzen, dann auch Kelchen, Monstranzen, Bischofstäben und dergleichen, beschäftigt waren. Gegenwärtig erstreckt sich die Fabrikation dieses Etablissements auch auf die Herstellung aller dieser Arbeiten aus Packfong und Chinasilber.

Die Metallwaarenfabrik von Alexander Schöller in Berndorf. Diese im Jahre 1845 gegründete Fabrik hat wesentlich zum Aufschwunge der Alpaccawaaren-Erzeugung in Oesterreich beigetragen, indem ihr Gründer zuerst das früher nirgends angewendete System der Fabrikation von Löffeln und dergleichen im Grossen mittelst Walzmaschinen in Geltung brachte und seiner Waare durch geschickte commercielle Manipulation den Weg in weite Absatzgebiete zu öffnen verstand.

In diesen beiden Fabriken (von Hermann und Schöller), welche allein Ausweise über ihre Thätigkeit eingesendet haben, sind in Verwendung:

1 Pferdegöppel, 3 Wasserräder mit 50 Pferdekraft.

Es wurden daselbst im Jahre 1865 beschäftigt:

An 130 männliche Arbeiter, an 150 Arbeiterinnen.

Es sind in Thätigkeit:

14 Oefen, 4 Walzwerke, 6 Fallwerke, 13 Schnitte und Pressen, 15 Drehbänke, 4 Löffelmaschinen, 4 Codronirmaschinen und verschiedene andere Hilfsmaschinen.

Verbrannt wurden im letzten Jahre:

7150 Zentner Coaks, gegen 3000 Cubikfuss harte Holzkohlen und 30.000 Cubikfuss Gas.

An Materiale wurden verarbeitet:

1060 Zentner Kupfer, 400 Zentner Zink, 250 Zentner Nickel, 16 Zentner Packfong, 19 Zentner Blei, 800 Mark Silber.

Aus diesen Materialien wurden erzeugt: Packfongblech, Löffel, Tassen, Geschirre u. s. w., deren Werth jedoch nicht angegeben ist.

Die Firma Schöller besitzt übrigens auch eine Filiale in Wien, von welcher ich schon früher zu bemerken Gelegenheit hatte, dass sie einen Theil der Dampfkraft aus der Mayr'schen Bleiplatten- und Bleiröhrenfabrik zu ihrem Betriebe verwendet.

Die Fabrik von Wenzel Bachmann in Wien besteht seit dem Jahre 1842; ursprünglich für die Erzeugung von Bronzewaaren bestimmt, beschäftigt sie sich seit 1853 vorzüglich mit der Erzeugung von Alpaccasilberwaaren im Gebiete aller Kirchenornamente, Gasthaus- und Kaffeehauseinrichtungen und verschiedenen Luxusgegenständen. In guten Geschäftsperioden beschäftigt die Fabrik an 100 Arbeiter und erfreut sich eines namhaften Absatzes; in neuerer Zeit beschäftigt sich die Fabrik wesentlich mit der Erzeugung patentirter Eisenlöffel in vorzüglich schöner Verzinnung, eines Artikels, dessen Schönheit und ausserordentliche Billigkeit (60 kr. und 1 fl. 20 kr. per Dutzend) ihm einen ausgedehnten Absatz sichert.

Hieher gehören noch die bekannten Fabriken von Couraetz & Dittler, dann K. Forst, Ed. Lackner & Comp., J. Nowotny und — wie schon oben bemerkt — eine ziemliche Anzahl von kleineren Etablissements.

Verarbeitung der Edelmetalle.

Schon zu der Zeit, als sich am Fusse des Kahlengebirges und zunächst dem dortigen Ufer der Donau grössere Ansiedlungen bildeten und als später um diese und neben ihnen ansehnliche Mönchs- und Nonnengemeinden als Pflanzstätten der christlichen Cultur entstanden, machte sich die rege Geschmeidesucht der Menschen und insbesondere der Frauen geltend; die im Allgemeinen schon frühzeitig geschehene Einführung des Gebrauches edelmetallener Trinkgefässe bei Tische, sowie die in Folge der Berührung mit den Römern gesteigerte Lust an Geräthen aus kostbaren Metallen überhaupt, endlich das im kirchlichen Sinn begründete Streben, dem Dienste des Allerhöchsten nur Geräthe aus edlem Stoffe zu widmen, begünstigten das frühzeitige Erblühen des Handwerkes der Goldschmiede in Niederösterreich, welches damals vielleicht der Fundorte für edles Metall nicht ganz entbehrt haben mag. Namentlich ist das Bestehen und selbst eine starke Vertretung dieses Gewerbes in Wien schon für das 12. Jahrhundert ausser Zweifel gestellt, denn bereits aus jener Zeit sind Namen einiger Goldschmiede bekannt, und wenn man dem von Zappert der kaiserlichen Akademie der Wissenschaften vorgelegten ältesten Plane von Wien glauben darf, existirte hier schon in der ersten Hälfte des 12. Jahrhunderts, aus welcher Zeit dieser Plan datirt, in Uebereinstimmung mit der herrschenden Gepflogenheit, den verschiedenen Gewerben gewisse Strassen und Plätze zum Betriebe derselben und zum Verkaufe ihrer Erzeugnisse ausschliesslich anzuweisen, der Strassenname „strata aurifabrorum".

Die Goldschmiede in und um Wien standen, als an der Gränze Ungarns wohnhaft, unter allen Goldschmieden Süddeutschlands, der hochwichtigen und reichen Bezugsquelle edler Metalle am nächsten, und die Einfuhr der letzteren aus Ungarn nach Wien war als eine wichtige ungarische Handelsquelle durch besondere den österreichischen Kaufleuten von den ungarischen Königen ertheilte Privilegien begünstigt. Für das Vorräthigerhalten der Edelmetalle in Wien zum Behufe der Verarbeitung zu Münzen und Geräthen etc. sorgten die österreichischen Fürsten mittelst kräftiger

Ausfuhrverbote, von denen hier nur das vom Jahre 1192 hinsichtlich der Silberausfuhr gegenüber den Regensburgern erlassene hervorgehoben werden möge, welches Verbot der glorreiche Herzog Leopold auch auf Gold ausdehnte.

Gleichwie eine Bezugsquelle für edelmetallene Rohstoffe, war Ungarn auch ein bedeutendes Absatzland für die Erzeugnisse der Wiener Goldschmiede, die bereits im XIV. Jahrhundert ihre Verkaufsbuden in der heutigen Goldschmiedgasse hatten. Man kann mit Grund annehmen, dass der grössere Theil der Kirchengeräthe, mit denen nach der Bekehrung Ungarns die zahlreich dortselbst erbauten Kirchen und gestifteten Klöster bedacht wurden, aus den Werkstätten der Wiener Goldschmiede hervorgegangen ist, da hier das Christenthum bereits feste Wurzel gefasst hatte und die Meister mit der Anfertigung solcher Gefässe und Geräthe längst vertraut waren.

Gewiss ist übrigens auch, dass der schon frühzeitig in Oesterreich benöthigte fürstliche Schmuck und Hausrath aus edlen Metallen grösstentheils in Wien angefertigt wurde. Aber nicht bloss in der Kirche und bei Hochgestellten fanden sich silberne und goldene Gefässe; auch im Schreine und in der Truhe des schlichten Bürgers, dessen Wohlstand sich seit den Kreuzzügen wesentlich gehoben, fehlten nicht kostbare Schaustücke, werthvolles Geschmeide und insbesondere edelmetallene Trinkgefässe, von denen gar manches, der damaligen Sitte gemäss, der Braut überreicht und nach der Hausmutter Tode einer ferneren Stiftung zugewendet wurde.

Kirchenschatz-Inventarien und die ziemlich zahlreich erhaltenen Bürgertestamente des 15. Jahrhunderts zählen häufig Gegenstände aus edlem Metalle als Paramente, Schaustücke und Bestandtheile des Hausrathes auf. Es ist Thatsache, dass im XV. Jahrhundert trotz der gewaltigen Stürme, die von innen und aussen Oesterreich durchwühlten, der Wohlstand der Bevölkerung und mit ihm der Luxus sich sehr gehoben hatte, wodurch auch die namhafte Menge der Goldschmiede, deren Namen sich bis zur Gegenwart erhalten haben, erklärlich wird. Merkwürdigerweise finden wir unter diesen Namen viele mit dem Beisatze: aus Nürnberg, aus Augsburg etc., ein Zeichen, dass eine Einwanderung derartiger Gewerbetreibender nach Wien, trotz der schon zahlreichen hiesigen Gewerbsgenossen, erfolgreich war.

Vom XV. Jahrhundert an waren Gegenstände aus edlem Metalle keineswegs mehr blosse Schaustücke, und insbesondere Becher das gebräuchlichste Ehrengefäss eines Hausrathes; man konnte verehrten Personen — selbst den höchsten — nichts Besseres und

30

Angenehmeres zum Geschenke bringen, als ein Trinkgefäss, das durch Stoff und Form sich des Beschenkten würdig erwies. Eine vorzügliche Gelegenheit für solche Geschenke waren die Hochzeiten, und es hatte sich diese Sitte bis in das XVII. Jahrhundert bei Hofe und im Adel, wie im Bürgerstande erhalten; selbst jetzt besteht sie noch, wenn auch in abgeschwächter Form.

Die einzelnen Arten der Thätigkeit der Goldschmiede betreffend, unterschied man anfänglich nach der Verschiedenheit des verwendeten Rohstoffes zwischen Silber- und Goldschmieden; später hörte diese Abgränzung auf, um im XV. Jahrhundert einer anderen Platz zu machen, nämlich jener zwischen Goldschmieden und Goldschlägern, welche letztere die Aufgabe hatten, die zum Vergolden und Versilbern nöthigen Metallplättchen anzufertigen, und edelmetallenen Draht zu ziehen. Sie wurden von den Goldschmieden förmlich getrennt und gehörten sogar einer anderen Künstlerzeche an, nämlich der St. Lucaszeche, die neben ihnen die Maler und Glaser umfasste.

Die Thätigkeit der Goldschmiede beschränkte sich nicht bloss auf die Erzeugung edelmetallener Gegenstände, sondern auch auf das Belegen und Ueberziehen von, hinsichtlich des Stoffes minder werthvollen Gegenständen mit Silber- und Goldblechen und Blättchen, auf das Einsetzen von Edelsteinen und Perlen, auf Anfertigung von Email und Niellirungen, durch welche letztere Ausschmückung man bestrebt war, der angefertigten Arbeit, über ihren inneren Werth hinaus, nebst zierlicher stylgemässer Form einen höheren, einen Kunstwerth zu geben. Als besondere Werke der Wiener Goldschmiedekunst im XV. Jahrhunderte sind hervorzuheben die mit Niello geschmückte Patene, die Ergänzungen des prachtvollen Ciboriums und des Emailaltares im Stiftschatze zu Klosterneuburg, die, wie urkundlich sichergestellt, in Wien angefertigt wurden, und einen Beleg für die schon zu Anfang des XIV. Jahrhunderts sehr entwickelte Fertigkeit dieses Kleinkunsthandwerkes geben *).

Noch sei erwähnt, dass nur die Goldschmiede Siegel anfertigen durften und ihre Fertigkeit darin bei dem Meisterstück darthun mussten. Eine besondere Stellung nahmen die Goldschmiede ge-

*) Dieser Altar, ein Kunstwerk des XIV. Jahrhunderts, angefertigt von Nicolaus de Verdun, besteht aus drei Stücken, nämlich einem Mittelstück und zwei davor zusammenlegbaren Flügeln. Jeder dieser Theile ist mit Emailbildern von vorzüglicher Arbeit, die in drei Reihen geordnet sind, belegt. Die Flügel haben früher als Lectorium gedient und wurden, nachdem sie in Folge der bedeutenden Beschädigung

genüber dem Landesfürsten ein, indem einige von ihnen (Hausgenossen benannt), mit einem Münzmeister an der Spitze, mit Anfertigung der landesfürstlichen Münze betraut waren. Daher kam es, dass keines der Handwerke unter seinen Gliedern Individuen aufführen konnte, die in so naher Beziehung zum Hofe standen, als die Goldschmiede, die sich selbst im Jahre 1366 und 1446 als zur Kammer gehörig benennen *).

Mit dem Laufe der Jahrhunderte hatte sich das Streben und Begehren nach edelmetallenen Gegenständen wesentlich gesteigert und damit auch die Anzahl der Goldschmiede und ihrer verschiedenartigen Producte. Während aus der älteren Zeit nur wenig mehr von den Producten dieses Kleinkunstgewerbes aufgezählt werden kann, haben sich mit der allmälig näherrückenden und jüngeren Vergangenheit, dem jetzigen Jahrhundert, auch immer mehr Erzeugnisse dieser Art erhalten. Die Schatzkammern des Hofes, der Kirchen und von Privaten enthalten gediegene Zeugen der erworbenen Kunstfertigkeit; übrigens war die Verarbeitung der Edelmetalle schon im vorigen Jahrhundert unter mehrere Zünfte vertheilt und es bildeten als selbstständige Gewerbe sich heraus: die Gold-, Silber- und Juwelenarbeiter, die Pfeifenbeschläger, Uhrgehäusmacher, Gold- und Silberdrahtzieher, Gold- und Silberplättner und Flinserlschläger, Goldschläger und Krätzmüller.

Was den heutigen Stand der Verarbeitung von Edelmetallen in Niederösterreich betrifft, so muss vor Allem bemerkt werden, dass im Verlaufe der verflossenen zehn Jahre manche Veränderung stattgefunden; insbesondere hat in der Zahl der beschäftigten Hilfsarbeiter, sowie in der Menge der Erzeugung in der allerletzten Zeit eine bedeutende Abnahme Platz gegriffen, welche mit Rücksicht auf die beispiellos ungünstige Geschäftszeit in dem Augenblicke, wo diese Zeilen geschrieben werden, ihren Culminationspunct erreicht hat, obwohl sie für jetzt begreiflicher Weise nicht ziffermässig nachgewiesen werden kann.

durch einen Brand restaurirt werden mussten, was urkundlich nachgewiesenermassen in Wien geschah, in ein Retabulum umgestaltet, zu welchem Zwecke man das Mittelstück um 9 neu angefertigte Bilder vergrösserte.

*) Wegen der grossen Wichtigkeit des hier besprochenen Industriezweiges schien es mir zweckmässig, diese kurze geschichtliche Uebersicht seiner Entwickelung vorauszuschicken; ich verdanke die Zusammenstellung der hier mitgetheilten Daten der Freundlichkeit meines verehrten Collegen Dr. Carl Lind.

30*

Die Gewerbe, welche Edelmetalle verarbeiten, concentriren sich in der Residenz, wo sie in drei verschiedenen Genossenschaften vertheilt sind. Eine davon ist die Genossenschaft der Gold-, Silber- und Juwelenarbeiter, welcher auch die Pfeifenbeschläger und Uhrgehäusmacher angehören; eine andere eigene Genossenschaft bilden die Goldschläger. Die Gold- und Silberplättner, sowie die Gold- und Silberdrahtzieher sind in die Genossenschaft der Posamentirer eingereiht.

Gold- und Silberdrahtzieher.

Die Gold- und Silberdrahterzeugung wird nur in Wien betrieben und es bestanden hier in diesem Zweige selbstständige Gewerbe im Jahre 1855: 14, im Jahre 1860 : 26, im Jahre 1865: 19; die Erwerbsteuer, welche im Jahre 1860 : 950 fl. ausmachte, erreichte 1865 nur den Betrag von 320 fl. in Einzelnbeträgen von 5 bis 60 fl. Die Fabrikation geschieht auf Drahtzügen, für die feinere Sorte durch gebohrte Edelsteine; für die Erzeugung der Bouillons und Gespinnste werden Spinnräder verwendet. Die bewegende Kraft ist ausschliesslich die der Menschenhand. An technischen Fortschritten oder Verbesserungen ist in der letzten Zeit nichts geschehen. Die Anwendung der gebohrten Edelsteine datirt schon seit mehr als 50 Jahren her; nachdem eine Zeit lang davon war Umgang genommen worden, begann man vor etwa 20 Jahren in Oesterreich wieder darauf zurückzukommen, da man auch in der feinen Bohrung bedeutende Fortschritte gemacht hatte. Heute wird der feine Draht ausschliesslich durch Edelsteine gezogen.

Zur Arbeit in diesem Gewerbe werden vorzugsweise männliche Individuen verwendet, welche speciell für diese Erzeugung ausgebildet sind. Es waren beschäftiget:

im Jahre 1855 : 98 Gesellen, 40 Lehrlinge
„ „ 1865 : 70 „ 15 „

Der Lohn beträgt für den Gesellen 8 bis 10 fl. per Woche; die Bemessung erfolgt nach dem Gewichte der bearbeiteten Waare. Die Hilfsarbeiter dieses Gewerbes nehmen Theil an der Genossenschaftskrankencasse der Posamentirer.

Die Drahtzieher waren bisher gesetzlich darauf angewiesen, für ihre Arbeiten ausschliesslich den aus dem k. k. Münzamte gelieferten groben Draht zu verwenden, wobei für 1 Ducaten Gold 7 kr. und für eine Mark Silber 5 kr. Taxe zu zahlen war *). Die

*) Die Bestimmungen des neuen Gesetzes vom 26. Mai 1866 werden am Schlusse dieses Absatzes mitgetheilt.

Ausweise des genannten Amtes liefern zugleich die genauen Daten über die Menge des verwendeten Stoffes; sie ergeben für die letztverflossenen neun Jahre Folgendes:

Verwaltungs-Jahr	Anzahl der aufgelegten Ducaten	Gewicht des aufgelegten feinen Goldes		Gewicht des zum Draht verwendeten feinen Silbers	
	Stücke	Mark	Loth	Mark	Loth
1857	53.788	669	—	50.687	9
1858	31.629	393	6	29.192	14
1859	35.330	439	6	29.201	5
1860	30.060	373	14	27.286	7
1861	25.299	309	7	23.276	4
1862	30.396	371	4	28.552	6
1863	34.501	420	10	31.801	8
1864	29.018.$_5$	354	11	26.298	10
Nov. u. Dec. „	4.051	49	8	3.706	7
1865	25.370	316	10	22.931	13

Als Brennstoff werden bei dieser Fabrikation bloss Holzkohlen verwendet und es dürfte sich der Gesammtbedarf auf etwa 1000 Stübich im Jahre belaufen. Der Werth des Gesammterzeugnisses kann in guten Geschäftszeiten auf 1,200.000 fl. jährlich geschätzt werden. In der Qualität nimmt der hiesige Gold- und Silberdraht einen vorzüglichen Rang ein und zeichnet sich bei dem Vorhandensein der amtlichen Zwangscontrolle durch die stets gleichbleibende Verlässlichkeit seines Feingehaltes aus. Die Preise des Erzeugnisses wechseln natürlich nach dem Stande der Valuta. Was den Absatz betrifft, so findet derselbe zum Theil im Inlande statt, der grösste Theil der Drähte und Gespinnste findet aber seinen Weg nach dem Orient; leider muss jedoch constatirt werden, dass der Absatz im Ganzen eine stetige Abnahme zeigt. Es wurden, um ein genaues Bild von dem Geschäftsverlaufe zu geben, oben die Ergebnisse aller Jahre, angefangen von 1857, als dem besten, bis zum letztverflossenen unter einander gestellt; der Verbrauch ist zufällig bei diesem Gewerbe, wie leider bei keinem anderen, genau nachweisbar und da ist es wohl wenig tröstlich, die Ziffern von

1857 mit 53.788 Ducaten und 50.687 Mark Silber
und von 1865 „ 25.370 „ „ 22.931 „ „

zusammenzuhalten und zu bemerken, dass der Verbrauch des letztverflossenen Jahres nicht einmal die Hälfte von dem des erstgenannten betrug. Der Grund dieser Verminderung liegt zum Theile wohl in der allgemein nothgedrungenen grösseren Sparsamkeit, welche natürlich bei Luxusgegenständen zunächst beginnt; mehr aber noch dürfte darauf zu schieben sein, dass leonische Drähte und Gespinnste mehr und mehr die Stelle der echten Waare einnehmen.

Eine Einfuhr von ausländischen Gold- oder Silberdrähten findet hier nicht statt.

Gold- und Silberplättner und Spinner.

Die Gold- und Silberplättner und Spinner gehören, wie schon bemerkt, gleich den Drahtziehern, gegenwärtig der Genossenschaft der Posamentirer an; es bestanden in diesem Zweige in Wien im Jahre 1855 : 15, im Jahre 1860 : 12 und im Jahre 1865: 11 selbstständige Gewerbetreibende; sie zahlten zuletzt an Erwerbsteuer die Summe von etwa 130 fl. in Einzelnbeträgen von 5 bis 20 fl.

Die Fabrikation geschieht mittelst Plättwalzen und Spinnrädern; die Plättwalzen, bei denen auf Gleichmässigkeit des Materials, Härte und Dauerhaftigkeit ein grosses Gewicht zu legen ist, sind zum Theil aus Gussstahl, zum Theil aus einer eigenen Composition und der Preis beträgt für die erstere Sorte bei 200 fl., für die letztere bei 500 fl. per Paar.

Als Hilfsarbeiter waren beschäftiget:

Bei dem Plätten:

1855: 6 Gesellen, 8 Lehrlinge
1865: 6 „ 6 „

Bei dem Spinnen:

1855: 25 Arbeiterinnen, 8 Lehrmädchen
1865: 20 „ 6 „

Die Höhe des Lohnes stellt sich nach Art des Dienstvertrages verschieden; ein Theil der Gesellen ist im fixen Dienstverbande und diese beziehen 3 fl. wöchentlich und die ganze häusliche Versorgung (Wohnung, Kost, Licht, Heizung, Wäsche); diejenigen Gesellen, welche in Stücklohn (nach der Mark) arbeiten, verdienen 6 bis 7 fl. die Woche. Die Arbeiterinnen arbeiten alle nach der Mark und verdienen 3 fl. wöchentlich.

Bei diesem Gewerbe wird der von den Drahtziehern gelieferte Draht verarbeitet; eine selbstständige Erzeugung von Waare erfolgt aber hier nicht, sondern sämmtliche Plättner und Spinner arbeiten im Lohn für die Drahtzieher oder Posamentirer.

Goldschläger.

Das Goldschlägergewerbe ist gleichfalls in Wien und Umgebung concentrirt. Es wurde betrieben im Jahre 1855 von 17 und

1860 von 16 selbstständigen Meistern; heute umfasst die Genossenschaft 20 selbstständige Gewerbe, welche zusammen eine Erwerbsteuer von 450 fl. in Beträgen zwischen 5 bis 60 fl. bezahlen. Auch bei diesem Gewerbe wird eine andere Kraft als die menschliche nicht verwendet und die Arbeits- und Hilfsgeräthe sind höchst einfache: Walzen und Hämmer. Nur mag bemerkt werden, dass die nöthigen Walzen fast ausschliesslich von Krupp in Essen bezogen werden; das Paar solcher Gussstahlwalzen kostet 200 fl. und es hat sie, nach Angabe eines der ersten diesem Zweige angehörenden Gewerbetreibenden, an Güte noch kein anderes Fabrikat erreicht. In diesem Gewerbe waren in Verwendung:

1855: 65 Gesellen, 20 Lehrlinge
1865: 68 „ 16 „

Der Lohn für die Gesellen beträgt 1 fl. 30 kr. bis 2 fl. pr. Tag mit 10 bis 12 Arbeitsstunden und in Krankheitsfällen ist durch eine Genossenschafts-Krankencasse für sie gesorgt. Als Rohstoff kommen Ducaten, dann Gold und Silber in granulirtem Zustande in Verwendung, welches Materiale von Wechslern oder dem k. k. Münzamte in dem jährlichen Werthe von ungefähr 40.000 Ducaten und 250 Mark Silber bezogen wird. Der jährliche Brennmaterialverbrauch beträgt bei 1000 Stübich harter Holzkohlen und 200 Ztr. Coaks.

Die Erzeugungsmenge betrug ungefähr:

	Blattgold	Blattsilber	Zwischgold	
im Jahre 1855	18,000.000	6,500.000	3,000.000	Blätter
„ „ 1865	15,000.000	2,500.000	1,000.000	„

Der Werth des Erzeugnisses beträgt:

per 1000 Blatt	Gold	15 fl.
„ „ „	Silber	3 „
„ „ „	Zwischgold	8 „

Es repräsentirt somit die Erzeugung von 1865 einen Gesammtwerth von mehr als 240.000 fl.

In der Qualität ist das Wiener Erzeugniss das beste in ganz Deutschland, findet jedoch nur im Inlande Absatz. Eine bedeutende Concurrenz hat es auch hier durch Brüsseler und Nürnberger Erzeugnisse zu bestehen, wovon beiläufig halb so viel als hier erzeugt wird, zur Einfuhr kommt. Einen grossen Schaden für den Absatz bringen auch die unechten Gold- und Silberfolien, deren Verbrauch sich immer mehr und mehr verbreitet; ebenso für die Vergolderarbeiten das sogenannte Waschgold, welches lediglich Silber mit einem gelben Firnissüberzuge ist. Diese Verhältnisse erklären die aus obigen Ziffern erkennbare Abnahme in der Thätigkeit dieses uralten Gewerbszweiges.

Gold-, Silber- und Juwelenarbeiter.

Die Zahl der Gold-, Silber- und Juwelenarbeiter, welche gegenwärtig für Wien und Umgebung mit Einschluss der Pfeifenbeschläger, Uhrgehäusmacher und Krätzmüller eine eigene Genossenschaft bilden, betrug hier:

im Jahre	1855 an selbstständigen Gewerbetreibenden	472
„ „	1861 „ „ „	521
„ „	1862 „ „ „	599
„ „	1863 „ „ „	585
„ „	1864 „ „ „	574
„ „	1865 „ „ „	590

Es hat also die Zahl dieser Gewerbe im Laufe der letzten zehn Jahre nach diesen Ziffern gerade um 25% zugenommen. Von den hier Angeführten haben 35 Goldarbeiter in den benachbarten Orten des Polizeirayons ihren Wohnsitz. Auf das übrige Land Niederösterreichs kommen etwa 30 bis 40 Goldarbeiter ganz ohne Bedeutung. Wien ist in diesem Erwerbszweige für das ganze Reich massgebend, indem nur noch in Prag und Pest in diesem Fache Einiges geleistet wird. Das Mitgliederverzeichniss der Wiener Genossenschaft weiset nebst den eigentlichen Gold-, Silber- und Juwelenarbeitern aus: 10 Uhrgehäusmacher, 4 Pfeifenbeschläger, 2 Krätzmühlinhaber, 8 Galvaniseure, 3 Guillocheure, 7 Edelsteinschneider u. a. m.

Der Gesammtbetrag der von diesen Gewerbetreibenden geleisteten Erwerbsteuer beläuft sich auf etwa 15.000 fl. in Einzelnbeträgen von 5 bis 300 fl.

Die Natur des Gewerbes bringt es mit sich, dass vorzugsweise menschliche Kraft zur Verrichtung der nöthigen Arbeiten verwendet wird. Nur zwei Etablissements, welche sich vorzugsweise mit der Erzeugung grösserer Gegenstände (Bestecke und Gefässe) befassen, sind im Besitze von Dampfmaschinen. Als nothwendigste Hilfsgeräthe für den Goldarbeiter müssen Walze und Drahtzug genannt werden, welche Jeder braucht, der selbstständig Goldwaaren erzeugt. Freilich findet sich auch dieses Geräth nicht bei Allen vor, indem ein grosser Theil der sogenannten Goldarbeiter, ungefähr ¹/₄ der Gesammtzahl, lediglich mit Goldwaaren handelt;

ein anderer Theil beschränkt seine Arbeitsthätigkeit auf geringfügige Reparaturen. Ausserdem finden sich in den grösseren Etablissements Fallwerke für Prägung und Pressung, Formdruckmaschinen u. s. w. Technische Fortschritte oder Verbesserungen sind aus der letzten Zeit nicht zu verzeichnen. Der letzte wichtige Fortschritt war die Anwendung des galvanischen Stromes im Dienste der Goldarbeit, und diese datirt schon seit lange her. Es werden in diesem Fabrikationszweige für die Hauptarbeiten nur männliche Arbeiter verwendet, während ein Theil der Hilfsarbeiten, wie Schleifen und Poliren (Priniren), weiblichen Händen überlassen bleibt.

Es waren an Hilfsarbeitern beschäftigt:

	männliche	weibliche	Lehrlinge
im Jahre 1855	500	40	300
„ „ 1861	634	40	538
„ „ 1862	594	36	402
„ „ 1863	512	34	417
„ „ 1864	594	36	405
„ „ 1865	652	40	418

Der Lohn für die Hilfsarbeiter beträgt bei den männlichen Individuen 7 bis 8 fl. per Woche, bei den weiblichen 4 bis 5 fl. Die Arbeitszeit ist 12 Stunden per Tag.

Es besteht eine Krankencasse, deren Zweck ist, jedem Erkrankten, welcher zur Genossenschaft der bürgerl. Gold-, Silber- und Juwelenarbeiter gehört, ohne Ausnahme der Krankheit, ärztliche Pflege und Unterstützung angedeihen zu lassen.

Als Mitglieder derselben sind zu betrachten die Gold-, Silber-, Juwelen- und Filigranarbeiter etc. und deren Gehilfen, welche das Geschäft ordnungsmässig erlernt haben.

Jeder in Wien arbeitende Gehilfe ist verpflichtet, binnen 8 Tagen vom Vorsteher der Genossenschaft, gegen Entrichtung von 52½ kr. als Aufnahmsgebühr zu Gunsten der Casse, in den Krankenverein sich eintragen zu lassen und es soll ohne Aufnahmsschein in denselben kein Gehilfe in Arbeit treten dürfen.

Jeder Lehrling hat bei dem Beginne seiner Lehrzeit 2 fl. 50 kr. an die Krankencasse, als Aufnahmsgebühr, für die ganze Dauer der Lehrzeit, ein für allemal zu entrichten, ohne dass ein Anspruch auf Rückerstattung geltend gemacht werden kann. Er geniesst im Falle der Erkrankung während der Dauer seiner Lehrzeit Verpflegung in einem öffentlichen Krankenhause ohne einen Anspruch auf Unterstützung.

Die jährliche Auflage der Gold-, Silber-, Juwelen- und Filigranarbeiter und ihrer Gehilfen ist auf 3 fl. festgesetzt. Dieselbe ist in vierteljährigen Raten à 75 kr. zu entrichten, und es wird für die richtige Einzahlung von Seite der Arbeiter der Arbeitgeber verbindlich gemacht.

Die in diesem Gewerbe verarbeiteten Rohstoffe sind Gold, Silber *) und Kupfer. Die Goldarbeiter verarbeiten vorzugsweise Bruchmetall, so weit sie es für ihren Bedarf aufbringen; wo diess nicht der Fall ist, sind sie darauf angewiesen, Münzen bei Wechslern zu kaufen und zu verarbeiten, obwohl das Gesetz für einheimische Münzen einen solchen Vorgang verbietet; allein das kaiserl. Münzamt gibt nur an die Drahtzieher und Goldschläger das erforderliche Materiale ab, während den übrigen die Edelmetalle verarbeitenden Gewerben diese Begünstigung vorenthalten bleibt. Es ist daher geradezu die Noth und das dringende Geschäftserforderniss, welches die Vertreter dieser Industrie zwingt, dem gesetzlichen Verbote der Münzeinschmelzung mitunter entgegenzuhandeln; dieser Umstand bringt übrigens den bedeutenden volkswirthschaftlichen und geschäftlichen Nachtheil hervor, dass die Prägekosten gänzlich unverwerthet verloren gehen und dass diese sowohl, als auch die nothwendige Provision für den Zwischenhändler den Bezug des Arbeitsstoffes, sohin den Preis der fertigen

*) Die einschlägige Production erreichte in Oesterreich 1864 folgende Höhe:

	Golderz		Gold	
	Wr. Ztr.	Werth in fl.	Wr. Münzpfd.	Werth in fl.
Tirol..........	22.511	7.653	14.$_{3302}$	9.678
Salzburg	41.797	23.831	36.$_{8162}$	24.850
Ungarn.........	32.321	5.832	1485.$_{0738}$	1,002.424
Siebenbürgen ...	62.856	400.348	2061.$_{7234}$	1,391.663

	Silbererz		Silber	
	Wr. Ztr.	Werth in fl.	Wr. Münzpfd.	Werth in fl.
Tirol...........	—	—	567.$_{000}$	25.515
Salzburg........	—	—	145.$_{216}$	6.534
Böhmen	98.890	1,393.676	28.968.$_{127}$	1,303.551
Ungarn.........	2,476.005	1,729.770	48.360.$_{478}$	2,176.221
Siebenbürgen....	—	—	3.885.$_{052}$	174.827

Der Verkehr mit dem Auslande betrug:

	Einfuhr		Ausfuhr	
	1865	1864	1865	1864
	Münzpfd.			
Gold....................	120	101	—	7
Silber..................	10.676	31.918	—	113

Waare nicht unerheblich vertheuern. Hiedurch wird nun die auch durch mancherlei andere Verhältnisse erschwerte Concurrenz mit der ausländischen Industrie noch schwieriger gemacht.

An Brennstoff dürfte diese Industrie 10.000 Stübich Holzkohlen und 5000 Ztr. Coaks im Jahre verbrauchen.

Die Wiener Gold- und Silberwaaren-Industrie umfasst alle Gattungen der in dieser Richtung vorkommenden Erzeugnisse, und es werden weiter unten einzelne hervorragende Leistungen besonders hervorgehoben werden.

Was die Menge und den Geldwerth der Erzeugnisse betrifft, so fehlt es wohl an Anhaltspuncten, verlässliche Daten darüber zu geben, indem selbst der Ausweis der Punzirungstaxen kaum einen genügenden Anhaltspunct bietet. Das k. k. Hauptpunzirungsamt weist folgende Zahlen aus:

Verwaltungsjahr	Gewicht der Goldwaaren Ducaten	Gewicht der Silberwaaren Mark	Lth.
1860	2.442.5	33.607	15
1861	1.229	25.098	10
1862	1.610	35.584	8
1863	2.241	37.321	7
1864	2.036	31.328	7
Nov. u. Dec. „	283	4.850	10
1865	1.388.5	26.827	14

Jahr	Punzirungstaxen von Gold pr. Ducaten 17.5 kr. fl.	kr.	von Silber pr. Loth 10.5 kr. fl.	kr.	Zusammen fl.	kr.
1860	427	44	56.461	33.5	56.888	77.5
1861	215	7.5	42.165	69	42.380	76.5
1862	281	75	59.781	96	60.063	71
1863	392	17	62.700	1.5	63.092	19
1864	356	30	52.631	77.5	52.988	7.5
Nov. u. Dec. „	49	52.5	8.149	5	8.198	57.5
1865	242	99	45.007	83	45.313	82

Es ist hierüber zu bemerken, dass dieser Ausweis nicht einmal für die Menge des verarbeiteten Stoffes einen verlässlichen Massstab gibt, indem nach den Bestimmungen des bisherigen Punzirungsgesetzes Goldwaaren nur, wenn sie über 4 Ducaten schwer waren, und Silberarbeiten nur, wenn sie ohne Verunstaltung bezeichnet werden konnten, der Punzirungspflicht unterlagen. Wenn daher auch angenommen werden kann, dass von den Silberwaaren die weitaus überwiegende Mehrzahl der Punzirung unterzogen wurde, so kann diess hinwiederum bei den Goldwaaren nur von einem verschwindend kleinen Theile gelten. Nach einer approximativen Schätzung dürfte aber der Werth der in Wien erzeugten Goldwaaren in guten Geschäftsjahren bei 3 Millionen und der der Silberwaaren bei $1._6$ Millionen Gulden betragen.

Die Qualität der Erzeugnisse ist eine vortreffliche, insbesondere gehört Wien in der Erzeugung feiner und schwerer Goldarbeiten, sowie der eigentlichen Juwelierarbeiten, zu den Plätzen ersten Ranges. Was die Silberwaaren betrifft, muss es wohl im Ganzen gegen ausländische Plätze zurückstehen, da durch den Punzirungszwang und durch die Nothwendigkeit, sich an den bestimmten Feingehalt zu binden, die Concurrenz erschwert wird. Anderseits ist freilich der Vortheil damit verbunden, dass die aufgedrückte Punze für sich die grösste Verlässlichkeit in Anspruch nehmen kann. Fortschritt und Entwicklung ist aber in dieser Industrie vielleicht mehr noch als in irgend einer anderen durch ein lebhaftes Geschäft und befriedigende Zeitverhältnisse bedingt.

Den Absatz finden die Erzeugnisse vorzugsweise im Inlande; es geht aber auch ein ziemliches Quantum nach England, nach dem Orient und Russland, doch fehlen die näheren Anhaltspuncte für ziffermässige Angaben.

Um der einzelnen hervorragenden Etablissements zu gedenken, sei zuerst die Fabrik von Mayerhofer & Klinkosch hervorgehoben. Diese Fabrik, in welcher, wie bereits früher erwähnt, auch die Erzeugung von Chinasilberwaaren in grossem Massstabe betrieben wird, ist eines der ältesten Etablissements in Wien. Sie wurde im Jahre 1797 zuerst als Plattirwaarenfabrik gegründet und begann 1822 die Erzeugung von Silberwaaren; sie zählte damals bereits zu den Unternehmungen ersten Ranges und wurde auf der ersten österreichischen Industrieausstellung im Jahre 1839 mit der grossen goldenen Medaille ausgezeichnet. An den grossen Ausstellungen in England und Frankreich hat sich diese Firma nicht betheiligt, weil jedesmal die Agio- und allgemeinen Geschäftsverhältnisse für eine solche speciell in diesem Zweige höchst bedeutende Auslage äusserst ungünstig waren. In guten Geschäftsperioden waren in dieser Fabrik, in welcher eine Dampfmaschine von 14 Pferdekraft thätig ist, über 100 Arbeiter beschäftigt; die im Allgemeinen ganz ausserordentlich herabgedrückten Geschäftsverhältnisse mussten natürlich auch bei dieser Fabrik den Betrieb momentan sehr beschränken, und es kann auch der gegenwärtige Stand nicht als der normale betrachtet werden. Von dem in der Fabrik befindlichen Walzwerk mag als beachtenswerth mitgetheilt werden, dass es das erste von Krupp in Essen nach Wien gelieferte ist, und dass seit dem Bezugsjahre 1841 noch immer dasselbe Gussstahlwalzenpaar zur grössten Zufriedenheit der Eigenthümer in Gebrauch steht.

Die Erzeugung dieser Fabrik umfasst vorzugsweise grössere Gegenstände aus Silber, und verschiedene Prachtarbeiten (Rennpreise, Ehrengaben u. dgl.), gleich vorzüglich in der Conception wie in der Ausführung, haben dem Etablissement seinen wohlbegründeten ausgezeichneten Ruf verschafft.

Die Silberwaarenfabrik von Ig. Theuer & Sohn (vormals Eduard Schiffer), welche seit Ende 1857 besteht, ist gleichfalls im Besitze einer Dampfmaschine, und zwar von 10 Pferdekräften; sie beschäftigt in guter Geschäftszeit 20 Arbeiter und befasst sich vorzugsweise mit der Erzeugung von Essbestecken *)

Die Goldkettenfabrik von Heinrich Bolzani & Comp. geniesst für ihre Specialität einen über die Gränzen Europa's hinausgehenden Ruf; sie excellirt in der Erzeugung von Goldketten, welche in guten Zeiten mit 60 und mehr Arbeitern betrieben wird, sowohl nach Quantität als nach Qualität und effectuirt in diesem Artikel einen namhaften Export bis über den atlantischen Ocean; das Etablissement wurde auf der Londoner Ausstellung 1862 mit der Medaille ausgezeichnet.

Die Gebrüder Vaugoin haben sich im Jahre 1846 als Goldarbeiter etablirt und den Betrieb des Geschäftes durch Fleiss und Benützung günstiger Zeitverhältnisse mehr und mehr vergrössert, bis sie zu einem förmlichen fabriksmässigen Betriebe aufstiegen, in welchem sie in günstigen Geschäftsperioden bis zu 60 Arbeiter beschäftigen. Der Hauptzweig ihrer Thätigkeit ist die Erzeugung feinster Silberschmucke im englischen und französischen Genre, sowie auch die Verfertigung mittelcouranter Goldwaaren. Was insbesondere die Silberschmuckwaaren betrifft, so spielen sie in

*) Im gegenwärtigen Augenblicke werden in diesem Etablissement für eine grosse Bestellung Packfongbestecke verfertiget: allein diess ist nur vorübergehend, und sobald die Erzeugung von Gegenständen aus Edelmetallen wieder einigermassen lohnend werden wird, wird sich auch diese Fabrik dem Zwecke, für den sie angelegt worden ist, wieder zuwenden.

Oesterreich in diesem Artikel die Hauptrolle. Der Absatz geht vorzugsweise in das Ausland und ihr Hauptgeschäft findet an in- und ausländischen Badeorten Statt.

Der k. k. Hofgoldarbeiter Christian Friedrich Rothe, dessen Geschäft seit dem Jahre 1844 besteht, cultivirt nicht die Verfertigung couranter Gegenstände, bei welchen ein fabriksmässiger Betrieb und massenhafte Erzeugung möglich wäre, sondern sein Hauptaugenmerk ist auf die Herstellung von werthvollen Erzeugnissen der Gold-, Silber- und Juwelenarbeit gerichtet, bei welchen eine tadellose und bis in die feinsten Einzelheiten sorgfältige Ausführung eine unbedingt geforderte, aber auch nie vermisste Eigenschaft ist. In guter Geschäftszeit sind bei Herrn Rothe bei 60 Arbeiter in Thätigkeit.

Die Gold- und Silberwaarenfabrik von Hermann Ratzersdorfer, seit 26 Jahren bestehend, lässt in ihren Erzeugnissen insbesondere das künstlerische Element in den Vordergrund treten; alle zum Fach gehörigen Arbeiten, als: Modelliren, Giessen, Ciseliren, Emailliren, Juwelenfassen etc., werden in dem Etablissement selbst vollführt und es sind dabei ungefähr 30 Arbeiter beschäftigt. Eine besondere Specialität ist die Herstellung von Gegenständen im antiken und Rococco-Genre.

Ausser den Genannten wären noch hervorzuheben: der k. k. Hofjuwelier Franz Kobek, welcher wegen Vorzüglichkeit der Arbeit und Zeichnung von Juwelenartikeln im Jahre 1862 auf der Londoner Ausstellung die Medaille erhalten hat; ferner Bernhard Netz, mit derselben Medaille ausgezeichnet und eine Specialität in der Erzeugung feiner Ringe, die er fast sämmtlich nach England exportirt; Julius Dietrich, hervorragend in der Erzeugung von Siegelringen; Thomas Dub, vorzüglich in der Erzeugung von silbernen Essbestecken; endlich die Herren: Godina & Nemetz, Lorenz Resch, Scheiringer & Bacher und Robert Weigert, alle ausgezeichnet in Gold-Bijouteriewaaren.

Es erübrigt nur noch die Wiener Münzstätte zu nennen; auch die Thätigkeit in diesem prachtvollen Etablissement gibt ein Bild der allgemein gedrückten wirthschaftlichen Lage, indem daselbst der überwiegende Theil der Maschinen stillesteht und in den Räumen, welche schon 600 Arbeiter Tag und Nacht in voller Betriebsamkeit gesehen haben, nunmehr deren nur 120 bis 130 beschäftiget sind. Die Ausmünzungsausweise der Zeit seit Einführung der neuen Währung zeigen folgende Resultate:

Goldmünzen.

	Kronen	Halbkronen Stück	Halbkronen Kronen	Ducaten Stück	Ducaten Kronen	Vierfache Ducat. Stück	Vierfache Ducat. Kronen	Zusammen Stück	Zusammen Kronen
bis 31. Octob. 1858	46.880	20.268	10.134	513.862	176.877.3	25.245	34.758.5	606.255	268.649.9
1859	10.235	402.302	201.151	1,151.458	396.345.5	13 129	18.076.6	1,577.124	625.807.9
1860	557	200.854	100.427	1,061.260	365.298.1	6.303	8 678.2	1,268.974	474.960.4
1861	3.010	2.868	1.434	1,588.256	546.696.3	7.664	10.552.2	1,600.798	560.692.5
1862	.	.	.	1,204.020	414.437.6	8.944	12.314.1	1,212.964	426.752.3
1863	1.000	40	20	2,598.364	894.387.9	22.358	30.783.3	2,621.762	926.190.6
bis Ende Dec. 1864	1.530	980	490	596.230	205.229.4	45.331	62.413.1	644.071	269.563.5
1865	2.800	1.350	675	293.840	101.143.3	12.643	17.407.2	310.633	122 025.4

Silbermünzen.

Jahr	Zweithaler-Stücke Stck.	Zweithaler-Stücke Guld.	Vereinsthaler Stck.	Vereinsthaler Guld.	Zweiguldenstücke Stck.	Zweiguldenstücke Guld.	Guldenstücke	Viertelguldenstücke Stck.	Viertelguldenstücke Guld.	Levantiner Thaler Stck.	Levantiner Thaler Guld.	Zusammen Stck.	Zusammen Guld.
bis 31. Octob. 1858	1.644	4.932	7.006.701	10.513.061	—	—	15.571.025	31.196.724	7.799.181	3.030.125	6.060.250	58.808.219	39.948.439.58
1859	—	—	3.942.900	5.914.350	37.908	75.816	18.101.091	27.413.267	6.853.816.7	833.333	1.754.024.30	60.330.499	32.699.098.05
1860	—	—	1.577.280	2.365.920	—	—	21.628.438	2.409.264	602.316	22.650	47.674.40	25.637.632	24.644.848.40
1861	—	—	2.199.906	3.299.859	—	—	12.966.333	5.296.904	1.324.226	—	—	20.463.143	17.590.418
1862	—	—	662.110	993.165	16.489	30.978	3.922.597	14.399.248	3.599.812	45.390	95.638.3	19.044.834	8.642.090.1
1863	—	—	1.124.310	1.686.465	24.316	48.632	8.464.686	800.048	200.012	767.474	1.615.402.3	6.180.833	7.015.196.5
bis 31. Dec. 1864	—	—	1.157.334	1.736.001	31.137	62.274	872.326	4.843.836	1.210.959	1.657.060	3.487.830.4	8.561.692	7.369.389.8
1865	7.425	22.275	904 772	1.357.158	72.348	144 696	1.339 330	80.000	20.000	1.231 672	2.592.460.7	3.635.547	5.476.919.1

Silberscheidemünzen.

Jahr	10 Neukreuzerstk.		5 Neukreuzerstücke		Zusammen	
	Stücke	Gulden	Stücke	Gulden	Stücke	Gulden
bis 31. Oct. 1858	.	.	.	.	.	.
1859	85.500	8.550	2,405.583	120.279.$_{15}$	2,491,083	128.829.$_{15}$
1860	.	.	.	.	.	.
1861	.	.	.	.	.	.
1862	.	.	.	.	.	.
1863	631.250	63.125	1,012.500	50.625	1,643.750	113.750
bis 31. Dec. 1864	1,050.000	105.000	1,922.500	96.125	2,972.500	201.125
1865	.	.	.	.	.	.

Kupferscheidemünzen.

Jahr	4-Neukreuzerstücke		1-Neukreuzerstücke		$^5/_{10}$-Neukreuzerst.		Zusammen	
	Stücke	Guld.	Stücke	Guld.	Stücke	Guld.	Stücke	Guld.
bis 31. Octob. 1858	.	.	30,304.336	303.043.$_{36}$	14,610.000	73.050	44.914.336	376.093.$_{36}$
1859	.	.	112,007,000	1,120.070	24,360.000	121.800	136,367.000	1,241 870
1860	1,558.875	62 355	108,817.500	1,088.175	19,635.000	98.175	130,011.875	1,248.705
1861	16,066.875	642.675	35,167.500	351.675	5,670.000	28.350	56,904.375	1,022.700
1862	.	.	22,275 000	222.750	12,495.000	62.475	34,770.000	285.225
1863	856.875	34.275	.	.	.	.	856.875	34.275
bis 31. Dec. 1864	.	.	.	.	2,100.000	10.500	2,100.000	10.500
1865			.	.	2,850.000	14.250	2,850.000	14.250

Ausser der Verfertigung von Münzen befasst sich die kaiserliche Münzstätte auch mit der Prägung von Medaillen u. z. wurden theils für Rechnung des Staates, theils für Private ausgeprägt:

Medaillen.

Jahr	Goldene		Silberne		Bronzene		Zusammen	
	Stk.	Betrag fl.	Stk.	Betrag fl.	Stk.	Betg. fl.	Stk.	Betrag fl.
bis 31. Oct. 1861	205	10.055.$_{01}$	1.980	4.295.$_{80}$	834	675.$_{25}$	2019	15.026.$_{06}$
1862	117	6.384.$_{38}$	1.115	3.617.$_{85}$	1271	1150.$_{75}$	2503	11.152.$_{98}$
1863	96	5.241.$_{60}$	3.922	7.281.$_{795}$	1184	864	5202	13.387.$_{595}$
1864	153	7.912.$_{04}$	1.460	3.933.$_{62}$	1266	1150.$_{70}$	2879	12.996.$_{36}$
Nov. u. Dec. 1864	256	3.124.$_{58}$	47	357.$_{075}$	499	497.$_{20}$	802	3978.$_{855}$
1865	338	7.484.$_{78}$	1.767	6.814.$_{78}$	6293	6677.$_{35}$	8398	20.976.$_{91}$

Am Schlusse dieses Abschnittes möge nun noch der neuesten auf die Edelmetalle und ihre Verarbeitung Einfluss nehmenden gesetzlichen Verfügungen gedacht werden. Zunächst sei, um chronologisch vorzugehen, folgende Anordnung erwähnt:

Mit der Allerhöchsten Entschliessung vom 27. Februar 1866 haben Se. k. k. Apost. Majestät allergnädigst zu gestatten geruht, dass die im Artikel VIII. des Gesetzes vom 2. October 1865 über die gebührenfreie Benützung der Postanstalt bei Versendung von gemünztem Gelde zugestandene Portobefreiung auch auf das zur

Ausmünzung bestimmte Gold- und Silbermaterial in Anwendung gebracht werde.

Weitaus wichtiger, ja in vieler Beziehung auf die Existenz und Entwicklung der ganzen Edelmetall-Industrie directen Einfluss nehmend ist das neue, soeben publicirte Punzirungsgesetz. Dieses Gesetz „über den Feingehalt der Gold- und Silberwaaren und dessen Ueberwachung", dessen Entwurf in den Verhandlungen des Reichsrathes der Gegenstand lebhafter Controversen war, erhielt am 19. Juli 1865 die Zustimmung des Herrenhauses, wurde am 19. August desselben Jahres vom Kaiser sanctionirt und hat laut der kais. Verordnung vom 26. Mai 1866 mit 1. August 1866 in Wirksamkeit zu treten. Die das Gesetz im Vergleich zu den bisher in Wirksamkeit gewesenen Bestimmungen — insbesondere dem Patente vom 30. Jänner 1824 — vorzugsweise charakterisirende Eigenschaft ist die Tendenz der Verschärfung, indem zwei ganze Kategorien von Waaren, die bisher einer Controlle nicht unterlagen, nunmehr gleichfalls der ämtlichen Prüfung und Bezeichnung unterzogen werden müssen; es sind diess die weniger als 4 Ducaten wiegenden inländischen Goldwaaren und alle aus dem Auslande kommenden Gold- und Silberwaaren.

Es bestimmt das neue Gesetz im Wesentlichen Folgendes:

Die im Inlande verfertigten, sowie die vom Auslande eingeführten Gold- und Silberwaaren unterliegen hinsichtlich des Feingehaltes der amtlichen Controlle. *)

In Absicht auf die Controlle und Bestätigung werden die Gold- und Silberwaaren unterschieden in:

a) Barren,

b) Geräthe (mit Einschluss der Geschmeide),

c) Draht und aus Draht verfertigte Gegenstände.

A. Die im Inlande zum Handel verfertigten Gold- und Silberbarren müssen mit dem Namen des Verfertigers versehen sein und sind dem betreffenden Punzirungsamte zur Untersuchung des Feingehaltes vorzulegen.

Bei Bestimmung des Feingehaltes der Gold- und Silberbarren hat das den Münzstätten vorgeschriebene Probirverfahren und insbesondere bei Silber die Probe auf nassem Wege stattzufinden.

Die Controllgebühr ist bei Goldbarren auf Einen Gulden, bei Silberbarren auf fünfzig Kreuzer für das Pfund festgesetzt.

*) Nach dem bisher in Geltung gewesenen Punzirungsgesetze unterlagen der amtlichen Controlle bloss die im Inlande verfertigten Gold- und Silberwaaren und von den Goldwaaren nur solche, welche über 4 Ducaten schwer waren.

Für Barren über dem Gewichte von fünf Pfund ist für das Mehrgewicht nur die halbe Gebühr zu entrichten.

Vom Auslande eingeführte, mit dem Probezeichen einer ausländischen öffentlichen Behörde versehene Barren unterliegen der Controllbehandlung und Gebührenentrichtung nicht.

Eingeführte, mit einem solchen Probezeichen nicht versehene Barren sind dagegen dem in diesem Abschnitte vorgeschriebenen Verfahren zu unterziehen, wenn nicht die Partei deren Wiederausfuhr vorzieht.

B. Es dürfen nur solche Gold- und Silbergeräthe verfertiget werden, welche keinen geringeren als den gesetzlich festgesetzten niedersten Feingehalt besitzen.

Jedes neu verfertigte Gold- oder Silbergeräthe ist der controllamtlichen Untersuchung des Feingehaltes und Bezeichnung desselben (Punzirung) zu unterziehen.

Zur Ausfuhr ausser das Zollgebiet bestimmte Gold- und Silbergeräthe können von der amtlichen Punzirung und der Entrichtung der Gebühren ausnahmsweise enthoben werden:

Die gesetzlichen Feingehaltsgrade sind: *)

Für inländische Goldgeräthe:

1.	920	Tausendsttheile	(22	Karat	$0._{96}$	Grän)
2.	840	„	(20	„	$1._{92}$	„)
3.	750	„	(18	„	—	„)
4.	580	„	(13	„	$11._{04}$	„)

Für inländische Silbergeräthe:

1.	950	Tausendsttheile	(15	Loth	$3._{6}$	Grän)
2.	900	„	(14	„	$7._{2}$	„)
3.	800	„	(12	„	$14._{4}$	„).
4.	750	„	(12	„	—	„)

Nur die entsprechende Nummer dieser Feingehaltsgrade wird auf den Geräthen amtlich bezeichnet. Andere Feingehaltsgrade werden gleich dem nächst niedrigeren gesetzlichen Feingehaltsgrade behandelt.

---

*) Seither kannte das Gesetz nur drei Feingehaltsgrade für das Gold und zwei für das Silber, u. z. für Gold:

1) 7 Karat 10 Grän auf die Wiener-Mark,
2) 13 „ 1 „ „ „ „ „
3) 18 „ 5 „ „ „ „ „

für Silber:

1) 13 Loth feines Silber auf die Wiener-Mark,
2) 15 „ „ „ „ „ „ „

Vergoldete oder mit Gold überzogene Silbergeräthe werden als Silbergeräthe punzirt.

Verfertiger oder Verkäufer von Gold- und Silberwaaren sind verpflichtet, die in ihrem Besitz befindlichen Vorräthe an derlei noch nicht punzirten Waaren — soferne solche mehr als ein Viertheil von dem Gesammtgewichte an edlem Metalle enthalten — binnen einem Jahre nach eingetretener Wirksamkeit dieses Gesetzes der amtlichen Bezeichnung zu unterziehen, welche gebührenfrei zu erfolgen hat.

Diese Amtshandlung wird sich aber nur darauf beschränken, nach gepflogener Untersuchung und richtigem Befunde durch eine besondere Punze anzuzeigen, dass das Gewicht des in dieser Waare enthaltenen edlen Metalles mehr als ein Viertheil von dem Gesammtgewichte derselben betrage.

Ausländische Gold- und Silbergeräthe, welche in das Zollgebiet eingeführt werden, unterliegen der Feingehaltscontrolle.

In den Zollausschlüssen müssen derlei Geräthe nur dann dieser Controlle unterzogen werden, wenn sie zum Handelsverkehre bestimmt sind.

Bei den aus dem Auslande eingeführten Gold- und Silbergeräthen hat sich die Controlle auf die Erhebung zu beschränken, ob dieselben wenigstens den geringsten für das Inland bestimmten Feingehaltsgrad besitzen.

Hat die Waare den geforderten Feingehalt, so ist sie mit der Bezeichnung des ausländischen Ursprunges zu versehen und zum inländischen Verkehre zuzulassen.

Jedes im Inlande neu verfertigte und zur amtlichen Controllsbehandlung überbrachte Gold- und Silbergeräth muss mit der Namenspunze des Verfertigers oder dem von der Behörde genehmigten Fabrikszeichen desselben versehen sein.

Die bei der vorgenommenen Untersuchung probehältig befundenen Gold- und Silbergeräthe werden mit folgenden Punzen bezeichnet:

a) mit der Feingehaltspunze,

b) mit dem Controllamtszeichen.

Die Gebühr für die Controlle des Feingehaltes ist bei Goldgeräthen auf zwölf Gulden, bei Silbergeräthen auf einen Gulden fünfzig Kreuzer für das Pfund rauh bemessen. Für Geräthe unter dem Gewichte von 100 Ass ($^{10}/_{1000}$) des Pfundes ist die Gebühr für dieses Mindestgewicht zu entrichten. *)

*) Die bisher zu entrichtende Taxe betrug für Gold: $17._5$ kr. pr. Ducaten für Silber: $10._4$ kr. pr. Wienerlot

Das zu Draht verarbeitete Gold und Silber unterliegt der controllamtlichen Feingehaltsprobe.

Das Silber soll die Feine von wenigstens 985 Tausendsttheilen, das Gold von wenigstens 997 Tausendsttheilen besitzen.

Die Goldplättchen, welche zur Vergoldung der zu Draht auszuziehenden Silberstange bestimmt sind, müssen bei der vorgeschriebenen Feine das Gewicht von mindestens 17 Ass haben.

Die Vergoldung der Silberstangen findet nach drei Abstufungen statt. Es werden nämlich auf eine Stange im Gewichte von $1._{4000}$ bis $1._{4300}$ Pfund entweder 28, oder 20 oder 12 Goldplättchen aufgelegt, so dass der Gehalt des aus der Stange ausgezogenen Golddrahtes an feinem Golde bei der ersten Sorte Golddraht von 33 bis mindestens 30 Tausendsttheilen, bei der zweiten Sorte von 24 bis mindestens $21._5$ Tausendsttheilen, bei der dritten Sorte von 14 bis mindestens 13 Tausendsttheilen beträgt.

Ausschliesslich für die Ausfuhr über die Zollgränze wird die Anfertigung einer vierten Golddrahtsorte gestattet, wobei auf eine Silberstange im Gewichte von $1._{4000}$ bis $1._{4300}$ Pfund sechs Goldplättchen aufgelegt werden und darnach der Goldgehalt des solchergestalt ausgezogenen Golddrahtes 7 bis mindestens $6._4$ Tausendsttheile beträgt. Die Ausfuhr dieser Golddrahtsorte hat unter Controlle des Punzirungsamtes stattzufinden, das Feilbieten derselben im Inlande aber ist verboten.

Die Controllgebühr ist für Silberdraht auf einen Gulden, für Golddraht

erster Sorte auf	1 fl.	40 kr.
zweiter „ „	1 „	25 „
dritter „ „	1 „	15 „
vierter „ „	1 „	10 „

für das Pfund rauh festgesetzt.

Nachträgliche Bemerkung. Zu diesem Gesetze muss noch bemerkt werden, dass mit Erlass des k. k. Finanzministeriums vom 20. Juli 1866 der Beginn der Wirksamkeit des Gesetzes auf den ersten Jänner 1867 verschoben wurde. In der allerneuesten Zeit ist eine Durchführungsvorschrift mit Erlass des k. k. Finanzministeriums vom 30. November 1866, Reichsgesetzblatt LIX., Stück Nr. 149, herausgegeben worden. Es folgen hier die wichtigsten Theile ihres Inhaltes:

Zur Prüfung und Ueberwachung des Feingehaltes der Gold- und Silberwaaren sind folgende Controllämter berufen:

Das Hauptpunzirungsamt in Wien.

Punzirungsämter in den einzelnen Ländern, welche in Ausübung jener Controlle dem Hauptpunzirungsamte untergeordnet sind.

Punzirungsstätten, welche bei anderen landesfürstlichen Aemtern aufgestellt sind und dem Punzirungsamte unterstehen, in dessen Bezirk sie sich befinden.

Die Amtswirksamkeit des Hauptpunzirungsamtes und der Punzirungsämter erstreckt sich in ihrem Bezirke auf alle Gattungen Gold- und Silberwaaren (Barren, Geräthe mit Einschluss der Geschmeide, Draht und Drahtwaaren). Sie sind auch berufen, ihre Controlle auf die Amtsbezirke der ihnen unterstehenden Punzirungsstätten auszudehnen.

Dem Hauptpunzirungsamte wird der bisher dem Hauptmünzamte untergeordnete Aerarial-Drahtzug in Wien einverleibt. Ueberdiess wird dem Hauptpunzirungsamte ausnahmsweise auch die Controlle der im Amtsbezirke anderer Punzirungsämter, jedoch von dem Standpuncte derselben entfernter als von Wien gelegenen Privat-Gold- und Silberdrahtzüge übertragen.

Die übrigen Punzirungsämter haben nebst den oben erwähnten Obliegenheiten auch die Einlösung des Goldes und Silbers nach den hierüber bestehenden Bestimmungen zu besorgen.

Den Punzirungsstätten ist die Controlle der Gold- und Silbergeräthe, sowie der Gold- und Silberdrahtwaaren überwiesen. Die Controlle der Barren und der Verfertigung des Drahtes, sowie die Gold- und Silbereinlösung, gehören nicht in ihre Amtswirksamkeit.

In Niederösterreich sind folgende Controllämter bestimmt:

Haupt-punzirungs-Amt	Unterstehende Punzirungsstätten		Zeichen	Amtsbezirk	
	Standort	Amt		Finanzbezirk	Steuerbezirke eines mehreren Controllämtern zugewiesenen Finanzbezirkes
Wien			A	Wien, Korneuburg	—
	Wr.-Neustadt	Steueramt	A1	Wr.-Neustadt	—
	St. Pölten	Berghauptmannschaft	A2	St. Pölten	St. Pölten, Atzenbrugg, Kirchberg, Tulln. Mölk, Neulengbach, Mautern, Hainfeld, Herzogenburg, Lilienfeld.
	Waidhofen a. d. Ybbs	Steueramt	A3	St. Pölten	Waidhofen, Haag. Seitenstetten, Amstetten,
	Ybbs	Steueramt	A4	St. Pölten	Ybbs, Gaming, Scheibbs, Mank,
	Krems	Steueramt	A5	Stein	—

Der Stämpel der Punzirungsämter, mit welchem die von ihnen geprüften Gold- und Silberbarren unter Angabe des Feingehaltes in Tausendstheilen bezeichnet werden, besteht aus dem kaiserlichen Adler und trägt als Umschrift die Bezeichnung des Punzirungsamtes.

Die Feingehaltspunzen für grössere inländische Geräthe enthalten mythologische Figuren, und zwar jene für Goldgeräthe den Kopf des Phöbus-Apollo mit den Sonnenstrahlen, und jene für Silbergeräthe den Kopf der Diana mit der Mondessichel nebst der Nummer des Feingehaltes der Waare (§. 20 des Gesetzes); die Punzen der verschiedenen Feingehaltsgrade unterscheiden sich durch die Feingehaltsnummer und deren Stellung, sowie durch die Form der äusseren Einfassung.

Zur Bezeichnung kleinerer inländischer Geräthe der häufiger vorkommenden niedrigeren Feingehaltsgrade dienen kleinere Punzen. Dieselben enthalten:

für Gold Nr. 3 den Kopf einer Gemse,
„ „ Nr. 4 „ „ eines Fuchses,
„ Silber Nr. 3 „ „ eines Windspiels,
„ „ Nr. 4 „ „ eines Löwen

mit der betreffenden Feingehaltsnummer und knapperen Einfassung.

Die Vorrathspunze und die Punze für ausländische Gold- und Silbergeräthe enthalten die im Gesetze vorgeschriebenen Zeichen mit unterschiedener Fassung.

Die zur Ausfuhr bestimmten unpunzirten Gold- und Silbergeräthe, sowie der Golddraht vierter Sorte, sind unter der unmittelbaren Aufsicht des Controllamtes zu verpacken und unterliegen bei der Ausfuhr besonderen zollämtlichen Vorsichtsmassregeln.

Bei den aus dem Auslande eingeführten Gold- und Silbergeräthen ist zu erheben, ob dieselben wenigstens den geringsten für das Inland bestimmten Feingehalt mit der von dem Gesetze geforderten Beschaffenheit der Metallmischung besitzen und nicht etwa zur Täuschung des Käufers fremdartige Körper eingeschlossen enthalten.

Bei Privatdrahtzügen ist der amtliche Verschluss an die Grobdrahtzugsvorrichtungen, d. i. diejenigen, welche zur Ausziehung des Drahtes bis zur Dicke von $4\frac{1}{2}$ Linien herab dienen, derart anzuwenden, dass die Verwendung derselben ohne Verletzung des Verschlusses nicht möglich ist.

Der Inhaber eines Drahtzuges ist gehalten, das betreffende Punzirungsamt von der beabsichtigten Vergoldung der Silberstangen und Ausziehung des Grobdrahtes mindestens 24 Stunden vor jenem Zeitpuncte in Kenntniss zu setzen, an welchem der zur Controlle abzuordnende Beamte abzugehen hat.

Diesem Beamten sind die Silberstangen und Goldplättchen zur Ermittlung des Gewichtes und zur Abnahme von Probestückchen, welche zur Untersuchung des Feingehaltes dienen, zu übergeben.

Von den zu untersuchenden Gegenständen sind je zwei Probestückchen zu nehmen und abgesondert unter gemeinschaftliches Siegel des Amtes und der Partei zu legen. Die Untersuchung des Feingehaltes wird bei dem Punzirungsamte vorgenommen und nach dem Richtigbefunde derselben das Materiale der Partei zugestellt.

Der amtliche Verschluss des Drahtzuges wird von dem Beamten nach Uebernahme der Probestückchen abgenommen und wieder angelegt, sobald die controllpflichtige Ausziehung des Drahtes, welcher er beizuwohnen hat, beendiget ist.

Die nach dem Gesetze unter amtlicher Aufsicht stehenden Verfertiger und Verkäufer von Gold- und Silberwaaren sind verbunden, ihre Gewerbsbücher dem Controllamte oder dem von demselben abgeordneten Beamten zur Einsicht vorzulegen.

———

Um der vorangehenden Darstellung einen übersichtlichen Abschluss zu geben, folgen hier zwei nach den Mittheilungen der Steuerbehörden zusammengestellte Tabellen, deren eine für Wien den Stand der in die hier besprochenen Gruppen gehörigen Gewerbe, so wie der ihnen auferlegten Erwerbsteuerbeträge für die Jahre 1855, 1860 und 1865 angibt, während die andere ähnliche Daten, jedoch nur für die Jahre 1860 und 1865, in Bezug auf das sogenannte flache Land enthält.

Wien.

Gewerbe	Zahl			Erwerbsteuer		
	1855	1860	1865	1855	1860	1865
Blechlackirwaaren-Erzeuger	3	6	20	450	695	1285
Bronze- u. Eisengusswaaren-Fab.	2	—	—	400	—	—
Bronzearbeiter und Gürtler	213	211	225	2795	2890	3290
Chinasilberwaaren-Erzeuger	2	2	2	600	600	—
Drahtzieher (leon.)	11	16	11	105	135	90
Folioschläger	—	3	3	—	65	75
Flinserlschläger	2	3	3	10	20	15
Gold-, Silber- u. Stahlw.-Erzeuger	1	1	—	30	30	—
Gold-, Silber- u. Galant.-Handl.	16	24	29	2650	3800	2880
Gold-, Silber- u. Juwelen-Arbeit.	577	522	558	12360	10305	12800
Gold-, Silber- u. Stahlwaaren-Fab.	1	1	—	30	30	—
Gold- und Silberplättner	15	12	—	230	150	—
Gold- und Silber-Drahtzieher	22	26	19	900	940	320
Goldschläger	19	21	20	445	485	450
Gold- und Silber-Krätzmacher	1	1	1	40	40	40
Glockengiesser	2	2	2	50	30	20
Galvanisch-Vergold. u. Versilberer	5	11	11	35	70	75
Gelbgiesser	51	54	53	880	1010	780
Kunstgiesser	10	16	1	250	245	5
Kupferschmiede	38	36	35	990	980	750
Kaffeemaschinen-Erzeuger	1	1	1	5	5	5
Metallwaarenhändler	1	3	4	10	500	210
Metallgusswaaren-Erzeuger	—	3	23	—	900	1085
Möbel-, Spiegel- u. Halbgussw.-Erz.	—	1	—	—	250	—
Münzlieferanten	9	8	4	235	120	80
Metallbuchstaben-Erzeuger	5	6	10	55	85	135
Metallfasser f. optische Geräthe	1	—	—	10	—	—
Metallknopfmacher	21	21	16	495	500	395
Metallgalanterie-Arbeiter	21	23	22	200	180	670
Metallschläger	12	14	11	145	135	90
Metallpresser	17	19	17	325	245	155
Metallschlaglotherzeuger	1	—	—	5	—	—
Metallcomposition-Erzeuger	1	—	—	10	—	—
Plattirer	48	51	40	1440	1690	825
Packfongarbeiter	14	14	11	185	160	130
Pfeifenbeschläger	51	44	35	460	375	265
Röhren- u. Bleiplatten-Erzeuger	4	2	2	70	20	80
Spängler	201	211	251	2835	2760	3160
Silberausschneider	1	—	—	5	—	—
Stockbeschlag-Erzeuger	3	2	2	15	10	10
Waschapparate-Erzeuger	1	—	—	5	—	—
Zinngiesser	25	23	4	350	345	330
Zinkobjecte-Erzeuger	1	—	—	100	—	—

Flaches Land Nieder-Oesterreichs.

Gewerbe	Zahl		Erwerbsteuer	
	1860	1865	1860	1865
Bleiröhren- u. Bleiplatten-Erzeuger	1	1	20	20
Bronzearbeiter	2	2	12	12
Bronze- und Kurzwaarenhändler	1	7	5	37½
Chinasilber- und Bronzewaaren-Fabrikanten	1	—	80	—
Eisen-, Kupferhammer- u. Walzwerksbesitzer	1	—	100	—
Eisen- und Metallwaaren-Fabriken	1	—	16	—
Eisen - Schneidwerkzeug - und Falschschmuckerzeuger	1	1	50	50
Falschschmuck-Erzeuger	12	10	48	36
Fingerhuterzeuger	2	1	20	5
Galvaniseure	1	—	5	—
Gelbgiesser	26	31	177½	229
Glockengiesser	2	1	30	15
Glocken- und Gelbgiesser	1	1	5	5
Geschmeidehändler	7	2	31	7
Goldarbeiter	62	50	425½	355
Gold- und Silberwaarenhändler	1	—	5	—
Gold- und Bijouteriewaarenhändl.	1	—	5	—
Goldschläger	1	1	20	20
Gürtler	35	352	170½	204
Kupferhammerbesitzer	2	1	350	100
Kupferschmiede	56	50	393½	351½
Kupferschmiede und Spängler	—	1	—	8
dto. und Waffenfabr.	—	1	—	200
Krätzmühlenbesitzer	1	1	10	10
Leonisch-Draht-Erzeuger	1	—	5	—
Lampenhändler	—	9	—	48
Metallwaaren-Fabriken	4	8	2600	3910
Messingdraht- dto.	1	—	100	—
Messing-Fabriken	1	—	300	—
Metalldrechsler	1	1	5	5
Metallbuchstaben-Erzeuger	1	1	3	10
Messingwaaren-Fabrikant	1	—	300	—
Metall- und Eisengiesser	1	—	20	—
Metallgalanteriewaaren-Erzeuger	6	—	60	—
Metallknopfmacher	2	—	15	—
Metallwaaren- und Drahtfabrikant	1	—	300	—
Metall-Küchengrthschft.-Verschl.	3	2	20	10
Pfeifenbeschläger	10	11	80	75
Plattirer	—	1	—	5
Schrauben- und Metallw.-Fabr.	1	7	1500	40
Särge- (Metall-) Verfertiger	1	—	3	—
Silberarbeiter	2	1	15	5
Silberarbeiter und Gürtler	—	1	—	2
Spängler	210	206	1172½	1062
Schlosser und Geschmeidehändler	1	—	5	—
Steingut- und Spänglerwaarenh.	1	2	2½	5½
Zinngiesser	13	10	64	49

V. Abschnitt.

Erzeugnisse aus nichtmetallischen Mineralstoffen.

Verfasser: Carl M. Paul, Sectionsgeologe der k. k. geologischen Reichsanstalt in Wien.

Vorkommen nichtmetallischer Mineralstoffe.

Die Gewinnung nutzbarer Mineralstoffe ist so direct abhängig von der geognostischen Zusammensetzung des Bodens, dem sie entnommen werden, dass einer rationellen Beleuchtung dieser wichtigen Industriezweige wohl naturgemäss eine kurze Uebersicht der geognostischen Verhältnisse Niederösterreichs nach dem gegenwärtigen Stande der Wissenschaft vorausgeschickt werden muss. Hiebei soll aber, in Anbetracht der praktischen Aufgabe des vorliegenden Werkes, alles rein Theoretische nach Möglichkeit beiseite gelassen werden.

Niederösterreich zerfällt in geologischer und orographischer Beziehung in drei Haupttheile, wovon der eine den nordöstlichen Theil der Alpen, der zweite den südlichsten, nach Niederösterreich hereinragenden Theil des böhmisch-mährischen Gebirges, der dritte das zwischen diesen beiden Gebirgsgegenden gelegene ebene und hügelige Land begreift.

Das Alpengebiet.

Die Alpen bestehen aus einer Anzahl parallel und regelmässig von der Schweiz in ostnordöstlicher Richtung nebeneinander fortstreichender Zonen verschiedener Gesteinsarten, welche, im Norden und Süden des Gebirges ziemlich analog, einen im Ganzen sehr regelmässigen Gebirgsbau darstellen, der jedoch im Innern der einzelnen Zonen durch zahlreiche und grossartige Störungen, Verwerfungen, Abrutschungen und Umkippungen der Schichten zu einem stellenweise sehr verwickelten sich gestaltet.

Diese Zonen sind:
die nördliche Sandsteinzone,
die nördliche Kalkzone,
die nördliche Grauwackenzone,
die Centralkette,
die südliche Grauwackenzone,
die südliche Kalkzone,
die südliche Sandsteinzone.

Von diesen Zonen treten nach Niederösterreich herein die östlichen Theile der Centralkette, der nördlichen Grauwackenzone, der nördlichen Kalkzone und der nördlichen Sandsteinzone. Es sind diess die Gebirge im südlichsten Theile des Landes, nördlich bis an die Hügelländer und Ebenen des Donauthales, östlich bis an die auffallende Bruchlinie, welche von Nussdorf über Mauer, Rodaun, Mödling und Baden bis gegen Gloggnitz zieht. Die isolirten Berggruppen des Rosaliengebirges, des Leithagebirges und der Hainburger Berge stellen die nördliche Fortsetzung der Centralkette und Grauwackenzone, und eine Verbindung derselben mit dem krystallinischen Centralstocke der kleinen Karpathen dar. Als eine Fortsetzung der Sandsteinzone muss am nördlichen Ufer der Donau der Bisamberg und eine grössere Anzahl kleiner isolirter Sandsteinkuppen bezeichnet werden, welche sich bis Nieder-Kreuzstetten erstrecken.

a. Die Centralzone erreicht Niederösterreich mit dem Wechsel, setzt somit die hier gegen Süd etwas vorspringende südöstlichste Ecke des Landes zusammen, und findet, wie bereits erwähnt, ihre Fortsetzung im Rosaliengebirge, Leithagebirge und in den Hainburger Bergen. Die hier auftretenden durchgehends krystallinischen Gesteinsarten sind:

Granit nur in sehr beschränkter Ausdehnung in den Hainburger Bergen; dem Leitha- und Rosaliengebirge fehlt er. Er wird zu Strassenschotter und Baustein gebrochen.

Gneiss bildet die Hauptmasse des krystallinischen Theiles des Leitha- und Rosaliengebirges, und den Ostabhang des Wechsels; den Hainburger Bergen fehlt er fast gänzlich.

Glimmerschiefer, wenig verbreitet im Leithagebirge, häufiger im Rosaliengebirge, doch stets in enger Verbindung mit dem Gneiss und mannigfach in denselben übergehend.

Hornblendeschiefer bei Wiesmath und Hochneukirchen (Bez. Kirchschlag) im Rosaliengebirge und bei St. Johann (Bez. Neunkirchen).

Serpentin bei Schwarzenbach (Bez. Wr.-Neustadt) und St. Johann (Bez. Neunkirchen).

Talkschiefer bei der Rosaliencapelle im Rosaliengebirge und an den von hier nördlich sich anschliessenden Höhen.

Körniger Kalk bei Pitten (Bez. Neunkirchen), Kirchberg (Bez. Aspang) und an einigen anderen Puncten des Rosaliengebirges.

Forellenstein bei Gloggnitz.

b. Die Grauwackenzone tritt in Niederösterreich mit dem Semmering ein und setzt die Umgebung von Schottwien, Gloggnitz und den vorderen Theil des Reichenauer Thales zusammen. Ihre Gränze gegen die nördlich sich anschliessende Kalkzone ist durch die Ortschaften St. Johann (Bez. Neunkirchen), Prigglitz (Bez Gloggnitz), Reichenau und den Sattel am Gschaid bezeichnet. Fortsetzungen derselben finden sich auch an den westlichen Abhängen des Rosalien- und Leithagebirges und in den Hainburger Bergen. Die Hauptmasse hiehergehöriger Gesteine zwischen dem Wechsel und Reichenau gliedert sich von unten nach oben folgendermassen:

Dunkler Thonschiefer bei Mayerhof und Trattenbach (Bez. Gloggnitz).

Dunkler Grauwackenkalk, in Dolomit und Rauchwacke übergehend, am Sonnwendstein und Otterberg (Bez. Gloggnitz).

Dolomitische Kalkschiefer, Talkschiefer und Quarzschiefer, namentlich zu beobachten auf der Strecke zwischen Schottwien und dem Semmeringsattel und am grossen Tunnel am Semmering. Diese Etage erhält eine grössere Wichtigkeit durch die ihr angehörenden bedeutenden Gypslager, welche bei Schottwien abgebaut werden.

Lichter Grauwackenkalk bildet die bekannten felsigen Partien in den Adlitzgräben, die Weinzettelwand etc.

Grünliche Schiefer und Conglomerate im Thal der Schwarza zwischen Gloggnitz und Reichenau, in der Prein etc. In diesen Schiefern treten an mehreren Puncten westlich von Gloggnitz (so am Aichberg, am Kobermannberg etc.), ziemlich bedeutende Stöcke von Magnesitfels auf, der durch seinen hohen Gehalt an kohlensaurer Magnesia (bis 90 Proc.) ausgezeichnet ist.

Die in dieser Gegend vielfach abgebauten Spatheisensteinlager gehören ebenfalls der Grauwackenzone an.

c. Die Kalkzone bildet den grössten Theil des in Niederösterreich gelegenen Alpengebietes. Ihre Südgränze gegen die

Grauwackenzone ist, soweit dieselbe nach Niederösterreich fällt, schon oben angegeben worden. Ihre Ostgränze gegen die Tertiärbildungen des Wiener Beckens bildet der bekannte Gebirgsabfall zwischen Mauer und Gloggnitz, welcher oben als die östliche Gränze der nordöstlichen Alpen überhaupt bezeichnet wurde. Ihre Nordgränze gegen das sich hier anschliessende Gebiet der Sandsteinzone läuft nächst den Orten Mauer (Bez. Hietzing), Kaltenleutgeben (Bez. Mödling), Kleinzell (Bez. Pottenstein), Hainfeld (Bez. Hainfeld), Rabenstein (Bez. Kirchberg), Gresten (Bez. Gaming), Ybbsitz (Bez. Waidhofen), Waidhofen (Bez. Waidhofen) und Neustift (Bez. St. Peter).

Das tiefste, geologisch älteste Glied der in dieser Zone auftretenden Gesteine bilden die sogenannten Werfener Schiefer, rothe oder grünliche glimmerreiche Schiefer, welche der unteren Triasformation angehören; da die zum Theile mächtigen Gypsstöcke der Kalkalpen auf diese Schiefer beschränkt sind, so ist ihre Verbreitung von praktischem Interesse, und soll daher hier näher detaillirt werden. Sie kommen vor in einem schmalen Gränzzug am Rande der Grauwackenzone, wo sie die Grauwackengebilde unmittelbar überlagern. Dieser Zug beginnt bei Lorenzen westlich von Neunkirchen und läuft, nur auf eine kurze Strecke durch das Thal des Sirningbaches unterbrochen, über Prigglitz, Reichenau und Hirschwang bis zum Gschaid, umsäumt also, soweit er Niederösterreich angehört, den Südfuss des Schneeberges und der Raxalpe. Ausser diesem Gränzzuge durchziehen die Werfener Schiefer aber auch in einigen nur wenig unterbrochenen Zügen das Innere des Alpenkalkgebietes. Diese Züge bezeichnen Risse im Kalkgebiete, bei denen die Werfener Schiefer als das tiefste Glied der Zone in den Tiefen der Thäler blossgelegt wurden.

Der auf die grösste Erstreckung zu verfolgende Zug ist zugleich der nördlichste; er beginnt westlich von Mödling in der Brühl nahe am Ostrande der Kalkzone und läuft in südwestlicher Richtung über Sparbach, Sittendorf (wo er auf eine kurze Strecke von Gosaugebilden und Tertiärschotter verdeckt ist), Heiligenkreuz, Reisenmarkt, Altenmarkt, Laab, Kleinzell, über den Muckenkogel, Lehenrott, Ternitz, Annaberg, Josefsberg, um den Nordfuss des Oetschers nach Lackenhof, und am Lunzersee vorbei über Gössling nach Lassing im Bezirk Lilienfeld, wo er Niederösterreich verlässt, und weiter gegen Windischgarsten fortsetzt.

Ein zweiter Zug läuft aus der Gegend von Willendorf (westlich von Wr.-Neustadt) über Buchberg, Schwarzau, die Frein bis gegen Mariazell; ein dritter Zug zweigt in der Gegend von Altenmarkt von dem Brühl-Windischgarstener Zuge ab und setzt in südsüdwestlicher Richtung über Furth bis Guttenstein fort.

Gyps kommt in diesen Zügen an zahlreichen Puncten vor und zwar zwischen Gloggnitz und Reichenau, bei Buchberg, bei Weidmannsfeld, in der Hinter-Brühl, bei Füllendorf, Preinsfeld, Altenmarkt, Ramsau, Reitter, Lehenrott, Annaberg, Joachimsberg und Gössling; ausser den genannten an zahlreichen Puncten in geringerer Menge.

Ueber den Werfener Schiefern erhebt sich die Masse der eigentlichen Alpen-Kalksteine, welche aber auch untergeordnete Lagen von Dolomit, Sandsteinen und Mergeln enthalten, und nach ihrem verschiedenen geologischen Alter in folgende Etagen (von unten nach oben) gegliedert sind:

Trias. Guttensteinerkalk (unmittelbar über den Werfener Schiefern und noch eng mit ihnen verbunden).

Reiflinger oder Gösslinger Kalke.

Wenger Schiefer.

Reingrabner Schiefer und Lunzer Sandstein (mit der ältesten Alpenkohle).

Hallstädter Marmor und oberer Triaskalk, im nördlichen Theil des Gebietes dolomitisch und mit dem Namen Opponitzer Dolomit und Kalk bezeichnet.

Rhätische Formation. Dachsteinkalk und Dolomit, Starhemberg-Schichten, Kössener-Schichten und Lithodendron-Kalk.

Lias. Grestener Sandstein (mit der mittleren Alpenkohle), Grestener Kalk, Fleckenmergel, Hierlatz-Kalk, Enzesfelder Kalk, Adnether Kalk, Posydonomyen-Schiefer.

Jura. Brauner Jura von St. Veit. Klauskalk. Jurassische Aptychenkalke.

Neocomien. Neocom-Aptychenkalk und Schiefer (Rossfelder Schichten).

Gosauformation. Hippuritenkalk, Orbitulitensandstein, Conglomerate, Sandsteine und Mergel (mit der jüngsten Alpenkohle).

Die älteren dieser Schichten bilden die höheren Berge, während die Gosaubildungen in den tieferen Thälern unregelmässig eingelagert, und, die ebenfalls in den Tiefen der Thäler zu Tage tretenden Werfener Schiefer vielfach verdeckend, auftreten.

Es würde zu weit führen, hier die petrographische Beschaffenheit und die Verbreitung dieser einzelnen Etagen, deren Reihenfolge erst bei den in den Jahren 1863 und 1864 durchgeführten Specialaufnahmen der k. k. geologischen Reichsanstalt in dieser Vollständigkeit gewonnen wurde, näher zu detailliren. Ueber ihre Verbreitung und Begränzung gegen einander gibt überdiess die bei den erwähnten Specialaufnahmen ausgeführte geologische Detailkarte, auf welcher alle hier aufgezählten Etagen durch besondere Farbenbezeichnungen unterschieden sind, Aufschluss.

Die meisten der Kalke werden zur Kalkgewinnung, einige davon, namentlich der Hallstädter Marmor, auch stellenweise zu Bausteinen benützt; die Dolomite liefern ein gutes Strassenbeschotterungsmaterial; die Mergel der Gosauformation finden zur Erzeugung künstlichen Cementes Verwendung.

d. Die Sandsteinzone. Die Südgränze dieser aus Sandsteinen mit untergeordneten Lagen von Kalkmergeln und Schiefern zusammengesetzten Zone ist als die Nordgränze der Kalkzone oben angegeben worden. Ihre Nordgränze läuft vom Bisamberg über Königstetten und Rappoltenkirchen (Bez. Tulln), Neulengbach, Pyhra und Wilhelmsburg (Bez. St. Pölten), Kilb (Bez. Mank), Oberndorf, Purgstall und Steinakirchen (Bez. Scheibbs), Neuhofen (Bez. Amstetten) und Seitenstetten nach Steyr in Ober-Oesterreich. Die Ostgränze läuft von Mauer über Ober-St. Veit, Hütteldorf, Dornbach und Nussdorf nach dem Bisamberge. Die Sandsteine dieses Gebirgszuges, gewöhnlich Wiener Sandstein genannt, sind meistens von blaugrauer, grünlicher oder gelblicher Färbung mit zahlreichen Glimmerblättchen. Sie bestehen aus etwas zugerundeten Quarzkörnern, die durch ein kalkigthoniges Bindemittel fest zusammengekittet sind. Stellenweise ist dieses Bindemittel auch quarzig, und es entsteht hiedurch ein sehr hartes Gestein, welches in dichten Hornstein mit glasigem oder splitterigem Bruche übergeht. Andere Lagen gehen durch Ueberhandnehmen des Kalkgehaltes in Kalksandstein über.

Der Wiener Sandstein wird seit langer Zeit, namentlich für den Wiener Bedarf, als Baustein gebrochen. Obwohl er, besonders für Grundmauern, vielfach verwendet wird, so bietet er doch immer ein der Verwitterung stark unterliegendes und daher wenig haltbares Material. Der Luft ausgesetzt, verändert er zuerst seine Farbe an der Oberfläche in ein gelbliches Braun; es lösen sich concentrische Schalen von seiner Oberfläche ab, und er zerfällt endlich gänzlich. Aus diesem Grunde wird er als Baumaterial niemals jene Bedeutung erlangen, wie manche Gesteine der Tertiärformation, von denen später die Rede sein wird.

Eine weitere Verwendung des Wiener Sandsteines ist die zu Schleifsteinen, von denen eine bedeutende Menge zu Waidhofen an der Ybbs gewonnen wird.

Der Wiener Sandstein wird von zahlreichen Zügen eines mergeligen Kalkes durchzogen, welcher, zweckmässig gebrannt, einen guten hydraulischen Kalk liefert, da er meistens bei 20 Procent Thon und Kieselerde als Beimengung seines Kalkgehaltes enthält. Diese hydraulischen Kalke bilden schmale Lagen und finden sich namentlich entwickelt am Bisamberge, bei Klosterneuburg, östlich und südlich von Purkersdorf, am Kaiserbrunnberg, in den Thälern von Klausen-Leopoldsdorf und am Hollerberge. Auch die Lager des sogenannten Ruinenmarmors, von denen besonders die vom Bisamberge sehr schöne, denen des berühmten Florentiner Ruinenmarmors ganz gleiche Zeichnungen zeigen, gehören diesen Zügen hydraulischen Kalkes an.

Der Nieder-Oesterreich angehörige Theil des böhmisch-mährischen Gebirges.

Dieses wie die Centralzone der Alpen fast ausschliesslich aus krystallinischen Gesteinen zusammengesetzte Gebiet nimmt den nordwestlichen Theil Niederösterreichs ein, so dass dasselbe gegen Westen an Oberösterreich und gegen Norden an Böhmen und Mähren gränzt. Die Ostgränze läuft nächst den Orten Krems, Langenlois, Maissau, Grafenberg, Pulkau und Rötz; die Südgränze ist ungefähr das Donauthal, doch gehören auch einzelne Bergpartien am rechten (südlichen) Donauufer hieher, so die in der Gegend von Mautern, St. Pölten, Mölk und St. Leonhard und bei Wieselburg sich erhebenden Berggruppen.

Das Gebiet zerfällt seiner geologischen Zusammensetzung nach in zwei Theile. Der westliche besteht fast ausschliesslich aus Granit, dessen östliche Begränzung durch die Ortschaften Neustadtl und Hirschenau (Bez. Ybbs), Isper (Bez. Persenbeug), Gutenbrunn und Grafenschlag (Bez. Ottenschlag), Zwettl und Sallingstadt (Bez. Zwettl), Hirschbach (Bez. Schrems), Göpfritz (Bez. Waidhofen) und Kautzen (Bez. Dobersberg) bezeichnet ist. Nördlich setzt das Granitmassiv nach Böhmen, westlich nach Oberösterreich fort. An vielen Puncten dieses Gebietes werden Bau- und Werksteine aus dem Granite gewonnen.

Oestlich von der angegebenen Linie wird das Gebiet von krystallinischen Schiefergesteinen zusammengesetzt, von denen Gneiss das vorherrschende ist. Granit kommt hier nur bei Zwettl am Kamp und zwischen Maissau und Pulkau vor. Dem Gneiss untergeordnet treten Syenit und Diorit und zahlreiche Varietäten von Schiefergesteinen auf, so Granulit, Glimmerschiefer, Quarzschiefer, Chloritschiefer, Talkschiefer und Hornblendeschiefer. Von grösserer praktischer Bedeutung sind die Vorkommnisse von körnigem Kalk, Serpentin, Graphitschiefer und eines eigenthümlichen Verwitterungsproductes der krystallinischen Gesteine (besonders des Granulits), welches unter dem Namen »Tachert« bekannt ist, und als Töpferthon Verwendung findet.

Der körnige Kalk findet sich in einem zusammenhängenden Zuge zwischen Drosendorf (Bez. Raabs) und Artstetten (Bez. Marbach), bei Waidhofen an der Thaya, zwischen Hardegg (Bez. Geras) und Pernegg (Bez. Horn), bei Schönbüchel (Bez. Mölk) etc. Die grauen Partien der Kalke werden überall zur Kalkbrennerei benützt, in den Bezirken Spitz und Allentsteig werden auch Werksteine daraus gewonnen; doch könnte das stellenweise vortreffliche Material in letzterer Beziehung mehr Verwendung finden, als es gegenwärtig wirklich findet.

Serpentin erscheint in den Bezirken Raabs, Allentsteig, Horn, Gföhl und am rechten Donauufer bei Mautern und Mölk. Er wird seiner Härte wegen als gutes Strassenbeschotterungsmaterial verwendet, könnte jedoch, da er an manchen Stellen eine schöne Färbung besitzt und grössere ebenflächige Stücke aus ihm gewonnen werden können, auch als Werkstein, zu Platten, Säulen etc. benützt werden.

Töpferthon findet sich in bedeutenden Lagern, so bei Ober-Fucha (Bez. Mautern), Dross (Bez. Krems) und Mayersch (Bez. Horn); er wird in bedeutender Menge, aber in ziemlich primitiver Art gewonnen und zur Erzeugung von Töpferwaaren, feuerfesten Geschirren, Wasserleitungsröhren etc. verwendet.

Graphit kommt im Gebiete der krystallinischen Schiefergesteine theils in linsenförmigen Lagern und stockförmigen Massen, theils auch in den Graphitschiefern als Gemengtheil des Gesteines vor. Meistens sind Lagen krystallinischen Kalkes in naher Verbindung mit den graphitführenden Gesteinen. Das Gebiet, in dem

Graphit vorkommt, erstreckt sich von Marbach an der Donau in einer Längenausdehnung von etwa 10 Meilen bis an die mährische Gränze; die bedeutendsten Massen finden sich bei den Orten Thumritz, Wollmersdorf, St. Marein, Brunn am Walde, Nieder-Ranna, Amstall, Geiereck, Fürholz und am südlichen Ufer der Donau in den Bezirken Mölk und St. Pölten; der Abbau derselben wird bei den meisten der genannten Puncte nördlich von der Donau betrieben.

Unbedeutende Auflagerungen von Kreidesandstein und Tertiärbildungen auf den krystallinischen Gesteinen können als praktisch unwichtig hier übergangen werden.

Das ebene und hügelige Land.

Dieses wird vorzugsweise von Gebilden der Tertiär- und Diluvialzeit zusammengesetzt, aus denen nur stellenweise einzelne Inseln älterer Gesteine hervorragen, so der Bisamberg und dessen Ausläufer, welche schon oben als Fortsetzung der Sandsteinzone erwähnt wurden, und die Kalkberge, welche sich bei Ernstbrunn im Bezirke Korneuburg und an einigen Puncten der Bezirke Laa und Feldsberg erheben. Diese Kalksteine werden zur Kalkbrennerei und Strassenbeschotterung verwendet.

Das Gebiet lässt sich in das Wiener Becken zwischen den Alpen, dem Leitha- und Rosaliengebirge und der Donau, in das obere Donaubecken und in das Tertiärgebiet nördlich von der Donau eintheilen.

Im oberen Donaubecken bestehen die Tertiärschichten aus sandigem Thon und Mergel mit untergeordneten Lagen von Conglomerat und Schotter, und werden von bedeutenden Massen von Diluvialschotter und Löss überlagert. An Bildungen von hervorragender praktischer Bedeutung sind nur die den Thonen eingelagerten Braunkohlenflötze von Thallern und Obritzberg zu erwähnen.

Das Wiener Becken und das Tertiärgebiet nördlich von der Donau und östlich vom böhmisch-mährischen Gebirge zeigen grosse Uebereinstimmung, nur ist das Vorkommen von Menilitschiefern auf den nördlichen Theil beschränkt.

Unter den Tertiärablagerungen dieser Gegend, die aus Leithakalk und Conglomerat, Tegel und Sanden verschiedenen Alters, Cerithien-Sandstein und Kalk, Tertiärschotter und Süsswasserkalk bestehen, verdienen vor Allem die Leithakalke ihrer hohen praktischen Bedeutung wegen hervorgehoben zu werden. Es sind diess weisse feste Kalksteine, welche ihrer Hauptmasse nach aus Resten von Korallen und anderen Seethieren zusammengesetzt sind und nach der Verschiedenheit dieser letzteren Nulliporenkalke, Amphisteginenkalke und Bryozoenkalke genannt werden. Man findet sie als eine Uferbildung des Tertiärmeeres nur am Rande des Beckens und zwar am Westrande des Wiener Beckens von Nussdorf bis Gloggnitz (wo sie jedoch häufig von Conglomerat ersetzt werden), am Ostrande desselben am Leithagebirge, das ringsum von einer Zone von Leithakalk eingefasst ist, und am Rande der Hainburger Berge; nördlich von der Donau bei Zistersdorf (am Steinberge) zwischen Porzhof und Herrnbaumgarten, bei Mailberg, Pulkau, Eggenburg und im Horner Becken.

Der Leithakalk ist das beste Baumaterial, das Niederösterreich besitzt. Es können hier nicht alle Puncte, an denen er zu diesem Zwecke gewonnen wird, aufgezählt werden; die bedeutendsten Brüche bestehen bei Nussdorf, Heiligenstadt, Baden, Wöllersdorf, Mannersdorf, Kaisersteinbruch etc. Der gesuchteste ist der sogenannte Wöllersdorfer Stein, unter welchem Namen auch Gesteine anderer Gewinnungsorte, namentlich die von Mannersdorf, in den Handel kommen. Die letzteren sind übrigens denen von Wöllersdorf an Qualität vollkommen gleich, indem ein Cubikschuh dieses Gesteins im Durchschnitte ein Gewicht von 148.$_{6}$ Pfund besitzt, während ein Cubikschuh Wöllersdorfer Stein durchschnittlich 149.$_{4}$ Pfund wiegt; auch bestehen beide Gesteine fast ausschliesslich aus reinem kohlensaurem Kalk. Zahlreiche und werthvolle Winke über die technische Verwendbarkeit der verschiedenen Leithakalke hat Suess in seinem „Boden von Wien" (Wien 1862) gegeben, auf welche hier verwiesen werden kann.

Auch die festen Cerithienkalke und Sandsteine werden vielfach zu Bausteinen gebrochen, liefern jedoch ein weicheres und weniger haltbares Material als die Leithakalke, und das Vorkommen zahlreicher, von Muscheln und Schnecken herrührenden Hohlräume verhindert die Verwendung des Gesteines zu feineren Werkstücken, so dass höchstens grobe Bruchsteine oder Quadern daraus gewonnen werden können, während bei den Leithakalken meistens feinere Bearbeitung zu Sculpturen etc. möglich ist. Brüche auf Cerithienschichten bestehen auf der Türkenschanze bei Wien, bei Hetzendorf, Atzgersdorf und Mauer (Bez. Hietzing), Perchtoldsdorf, Mödling und Gumpoldskirchen (Bez. Mödling) etc.

Die Tegel des Wiener Beckens enthalten, wie die Thone des

oberen Donaubeckens, an den Rändern des Beckens Braunkohlenlager, welche bei Sollenau, Ober-Hardt, Schauerleithen, Klingenfurth, Zillingsdorf und Lichtenwörth abgebaut werden. Als Rohmateriale der Ziegelfabrikation soll der Tegel, sowie der Diluviallehm oder Löss, am Schlusse dieses Absatzes noch mit einigen Worten Erwähnung finden.

Die tertiären Sande werden als Bausand, namentlich in der Nähe von Wien, wo hiefür ein bedeutenderer Bedarf ist, in zahlreichen Sandgruben gewonnen. Die Tertiär- und Diluvial-Schotterablagerungen finden als Strassenbeschotterungs-Materiale vielfach Verwendung.

Aus vorstehender Skizze ergibt sich die örtliche Vertheilung des Vorkommens und der darangeknüpften Gewinnung der nutzbaren nicht metallischen Mineralstoffe in Nieder-Oesterreich, wie folgt:

Schottersteine im ganzen Gebiete, indem auch dort, wo feste Gesteinsschichten nicht vorkommen, die Alluvien der Flüsse zu diesem Zwecke verwendet werden.

Rohe Mauer- und Bausteine, vorwiegend im Wiener Becken (K. U. W. W.) und in der Sandsteinzone (d. i. im grössten Theile des K. O. W. W. und dem nordwestlichen Theile des K. U. W. W.); vereinzelter auch in den übrigen gebirgigen Partien des Landes.

Feinere Werksteine im Wiener Becken (K. U. W. W.), in den Ausläufern des böhmisch-mährischen Gebirges (d. i. im grössten Theile des K. O. M. B. und im nördlichsten Theile des K. O. W. W.); untergeordnet in der Kalkzone.

Schleif- und Wetzsteine in der Sandsteinzone (im grössten Theile des K. O. W. W. und im nordwestlichsten Theile des K. U. W. W.).

Gemeiner Kalk. Vorwiegend in der Kalkzone (d. i. im westlichen Theile des K. U. W. W. und im südlichsten Theile des K. O. W. W.), untergeordneter in der Centralzone (d. i. im südlichen Theil des K. U. W. W.) und im böhmisch-mährischen Gebirge (d. i. im grössten Theile des K. O. M. B. und dem nördlichsten Theile des K. O. W. W.).

Hydraulischer Kalk und Cement, vorwiegend in der Sandsteinzone (grösster Theil des K. O. W. W. und nordwestlicher Theil des K. U. W. W.), untergeordneter in der Kalkzone und Grauwackenzone (K. U. W. W.).

Gyps ausschliesslich in den Werfener Schieferzügen der Kalkzone (westlicher Theil des K. U. W. W. und südlicher Theil des K. O. W. W.) und in der Grauwackenzone (südlicher Theil des K. U. W. W.).

Graphit. Ausschliesslich in den Ausläufern des böhmisch-mährischen Gebirges.

Töpferthon zu feuerfesten Geschirren ausschliesslich im böhmisch-mährischen Gebirge (K. O. M. B.).

Porzellanerde bei Krumnussbaum (Bez. Mölk), im böhmisch-mährischen Gebirge (K. O. M. B.).

Gemeinen Thon zur Ziegelfabrikation liefern in Nieder-Oesterreich drei verschiedene Bildungen: der tertiäre Thon des Wiener Beckens (Wiener Tegel), der Diluvial-Lehm (Löss) und die thonigen Alluvial-Absätze der Donau (Silt). Der Wiener Tegel zerfällt, je nachdem er aus reinem Meerwasser, Mischwasser oder beinahe süssem Wasser niedergeschlagen ist, in den marinen, brackischen und Congerien-Tegel. Dem marinen Tegel gehören die Ziegelgruben von Baden, Vöslau und Möllersdorf, dem brackischen die in Breitensee, Ottakring, Hernals und Nussdorf, dem Congerien-Tegel die in Laa, Inzersdorf, Erlaa, Schellenhof, Brunn am Gebirge und Hungelbrunn an. Der Werth eines Thones für die Ziegelfabrikation, dessen Feuerfestigkeit und Plasticität, steigt mit seinem Thonerdegehalte; ferner hängt dessen Güte ab von der Anwesenheit grösserer oder geringerer Mengen von Gyps und Kalk, welche beide auf Feuerfestigkeit und Plasticität schädlich wirken, daher das Schlämmen des Thones, bevor er zur Verarbeitung kommt, wobei die beiden letzteren Substanzen theilweise ausgelaugt werden, zur Verbesserung des Productes wesentlich beiträgt. Wegen der Wichtigkeit der chemischen Zusammensetzung der Tegel wurden einige derselben im Jahre 1865 im Laboratorium der k. k. geologischen Reichsanstalt analysirt, und wir lassen die Resultate dieser Analysen, insofern sie von allgemeinem Interesse sind, hier folgen.

	Mariner Tegel von Baden Proc.	brackischer Tegel von Nussdorf Proc.	brackischer Tegel von Ottakring Proc.	Congerientegel von Inzersdorf Proc.
Kieselerde	51.8	53.3	57.7	50.1
Thonerde	12.4	15.2	11.1	13.1
Eisenoxydul	7.2	9.1	7.3	7.6
Kalk	7.5	7.6	10.6	7.0
Magnesia	0.7	1.7	0.6	1.5
Wasser	14.0	8.8	6.4	12.2
Rest	6.8	4.3	6.1	7.9

Der Rest besteht aus Alkalien, Schwefelsäure, Phosphorsäure, Chlor und Manganoxydul.

Wo Tegel fehlen, wird Löss zur Ziegelfabrikation verwendet (z. B. bei Krems); doch ergibt seine Zusammensetzung, dass er ein den Fabrikaten aus Tegel weit nachstehendes Product liefern muss. Diese Zusammensetzung ist:

	Proc.
Kieselerde	48.5
Thonerde	11.4
Eisenoxyd	3.2
Kohlensaurer Kalk	24.6
Kohlensaure Magnesia	1.0
Wasser	8.3

Der Rest von 4 Procent besteht wie bei den Tegeln aus Alkalien, Schwefelsäure, Phosphorsäure, Chlor etc.

Da die der Stadt Wien nahegelegenen Tegellager theils schon occupirt, theils wegen der Höhe der Bodenpreise der Ziegelfabrikation ungünstig sind, Löss aber ein für viele Zwecke ungenügendes Material liefert, so musste sich die Industrie bei dem durch die Wiener Stadterweiterung gesteigerten Bedarfe an Ziegeln um ein anderes Rohmateriale umsehen und fand dieses im Alluvialthon der Donauufer, welche z. B. in der Freudenau bei Tulln gewonnen werden. Der Tullner Thon enthält:

	Proc.
Kieselerde	50
Thonerde	15
Kalk	24
Wasser	11

kann somit ein demjenigen des Wiener Tegels nahezu gleichkommendes Product liefern.

Steinbruchbetrieb, Kalk- und Gyps-Erzeugung.

Mit der Stein-, Kalk- und Gypsgewinnung beschäftigten sich in den vier Kreisen des Kammerbezirkes selbstständige Gewerbtreibende, und zwar:

Steinbruchbesitzer und Steinbrecher:

Im Jahre 1860 : 90 mit einer Gesammtsteuer von 604 fl. ö. W.
„ „ 1865 : 89 „ „ „ „ 733 „ „

Erzeuger von gemeinem Kalk:

Im Jahre 1860 : 296 mit einer Gesammtsteuer von 1670 fl. ö. W.
„ „ 1865 : 260 „ „ „ „ 1531 „ „

Erzeuger von hydraulischem Kalk und Cement:

Im Jahre 1860 : 5 mit einer Gesammtsteuer von . . 42 fl. ö. W.
„ „ 1865 : 7 „ „ „ „ . 117 „ „

Gypserzeuger:

Im Jahre 1860 : 30 mit einer Gesammtsteuer von 538 fl. ö. W.
„ „ 1865 : 25 „ „ „ „ 205 „ „

Zusammen:

Im Jahre 1860 : 421 mit einer Gesammtsteuer von 2854 fl. ö. W.
„ „ 1865 : 382 „ „ „ „ 2887 „ „

Händler mit Steinen und Steinwaaren, Sand, Kalk und Gyps bestanden auf dem flachen Lande:

Im Jahre 1860 : 78 mit einer Gesammtsteuer von 365 fl. ö. W
„ „ 1865 : 64 „ „ „ „ 338 „ „

In Wien:

Im Jahre 1855 : 24 mit einer Steuer von . . . . 520 fl. ö. W.
„ „ 1860 : 37 „ „ „ „ . . . . 825 „ „
„ „ 1865 : 36 „ „ „ „ . . . . 735 „ „

Hieraus ergibt sich, dass in der Erzeugung von gemeinem Kalk und Gyps seit dem Jahre 1860 eine Abnahme sowohl der Gewerbetreibenden als auch der Steuerleistung eingetreten ist; der Steinbruchbetrieb zeigt zwar in Bezug auf die Anzahl der Gewerbetreibenden eine unbedeutende numerische Abnahme, doch ist die Steuerleistung im Jahre 1865 gegen das Jahr 1860 eine erhöhte. In beiden Beziehungen ist eine bedeutende Zunahme in der Erzeugung hydraulischen Kalkes bemerkbar.

Der Handel zeigt vom Jahre 1855 bis 1860 eine Zunahme, vom Jahre 1860 bis 1865 eine Abnahme, was wohl in der, bei Beginn der Wiener Stadterweiterung erhöhten, seit 1863 aber wieder bedeutend gesunkenen Baulust seinen Grund haben dürfte.

Was die örtliche Vertheilung der hiehergehörigen Gewerbe betrifft, so ist dieselbe von den Fundorten der zu gewinnenden Mineralstoffe abhängig, und in dieser Beziehung schon in der Einleitung zu diesem Abschnitte besprochen worden.

Steinbrecherei und Kalkbrennerei werden in Nieder-Oesterreich nicht immer als selbstständige Gewerbe, sondern häufig nur als ein Zweig der sogenannten landwirthschaftlichen Nebenbeschäftigung von den Landleuten betrieben; ebenso ist auf dem flachen Lande der Handel mit Kalk und Gyps meistens in den Händen der Landkrämer und Gemischtwaarenhändler.

Die zur Gewinnung von Steinen und Kalk verwendete Kraft ist meistens die Menschenkraft; in Gypsmühlen und Fabriken von hydraulischem Kalk und Cement wird Wasserkraft verwendet, und zwar mittelst gewöhnlicher hölzerner Wasserräder und Turbinen. Dampfmaschinen stehen im Kammerbezirke in Verwendung:

In der Gypsmühle zu Buchberg: eine stehende Dampfmaschine von 20 Pferdekraft.

In der Cementkalkfabrik zu Klosterneuburg: eine stehende Dampfmaschine von 20 Pferdekraft.

In der Cementkalkfabrik zu Magdalenenhof: eine stehende Dampfmaschine von 16 Pferdekraft.

In der Cementkalkfabrik zu Stollhof: eine stehende Dampfmaschine von 25 Pferdekraft.

An eigentlichen Hilfsarbeitern und Taglöhnern finden bei diesen Industriezweigen jährlich 360 bis 400 Beschäftigung. Die Arbeitslöhne stellen sich gegenwärtig bei gewöhnlichen Arbeitern auf 40 kr. bis 1 fl. pr. Tag; bei technisch gebildeten Arbeitern (Maschinisten etc.) steigt der Taglohn bis 1 fl. 65 kr.

Brennstoff wird in grösserer Menge namentlich bei der Kalkbrennerei und Erzeugung von hydraulischem Kalk und Cement verbraucht. Die Menge der bei diesen Industriezweigen aufgewendeten Brennstoffe kann annähernd mit jährlich 90.000 Ztrn. Mineralkohlen und 18.000 Klftrn. Holz angenommen werden.

Die in diesem Abschnitte besprochenen Erzeugnisse theilen sich in solche, welche in nahezu rohem Zustande zur Verwendung kommen (Schottersteine, Bausand, rohe Bruchsteine); in solche, welche erst einer gewissen mechanischen Bearbeitung unterzogen werden, bevor sie zur Verwendung kommen (Quadersteine, Pflastersteine, Thür- und Treppensteine, Obsttröge, Mühlsteine, Schleifsteine etc.); in solche, welche vor ihrer Verwendung einer Veränderung ihres inneren Bestandes unterzogen (gebrannt) werden (Kalk und Cement), endlich in solche, welche im gemahlenen Zustande in den Handel kommen (Gyps). Der letztere wird wieder auf zweierlei Art verwendet: der unreinere als Feldgyps zur Bodenverbesserung, der reinere als Stuccador-Gyps zu ornamentalen und ähnlichen Zwecken.

Als nennenswerthe Verbesserung in der Erzeugung von Aetzkalk, hydraulischem Kalk und Gyps während der letzten Jahre kann höchstens die bei mehreren der bedeutenderen Kalkgewerkschaften (z. B. in der Hinterbrühl) eingeführte Kohlenheizung statt der bisher üblichen Holzheizung verzeichnet werden. Dagegen hat die Erzeugung von Mühlsteinen durch die Darstellung von Quarzmühlsteinen nach französischem Muster, wie sie seit dem Jahre 1862 von Oser in Krems und Dum in Zwettl geliefert werden, einen wesentlichen Fortschritt gemacht. Eine weitere Verbesserung ist durch die Ersetzung des bisher üblichen Bindemittels dieser Mühlsteine (Gyps) durch Portland-Cement eingeführt worden, wodurch das Fabrikat in mehrfacher Beziehung an Güte gewinnt.

Die Preise der Erzeugnisse sind bei den meisten Gattungen derselben während der letzten Jahre etwas herabgegangen, und zwar der des Aetz- oder Weisskalkes am bedeutendsten (um 4 bis 5 kr. pr. Cubikfuss), da die zunehmende Vorliebe für hydraulischen Kalk und Cement den Aetzkalk, sowie den Gyps zu verdrängen beginnt. Doch konnten sich auch die Preise des hydraulischen Kalkes und Cementes wegen des Zuwachses neuer Fabriken und der Concurrenz des Kufsteiner Cementes nicht heben. Bei den Preisen der Werk- und Mauersteine sind die Fluctuationen als unbedeutend zu bezeichnen.

Unter den hiehergehörigen Erzeugnissen sind es namentlich Mühlsteine, welche in bedeutender Anzahl exportirt werden und zwar nach Ungarn, Mähren, Galizien, Siebenbürgen und ausserhalb Oesterreichs: in die deutschen Zollvereinsstaaten, nach Russland, Russisch-Polen, Serbien, in die Donaufürstenthümer und die Türkei. Ferner werden exportirt: Schleifsteine nach Ober-Oesterreich und Steiermark; Wetzsteine nach Ober-Oesterreich, Böhmen und Mähren; hydraulischer Kalk nach Böhmen und Mähren, der Export nach Ungarn hat seit der Etablirung einer Fabrik hydraulischen Kalkes in Pest so ziemlich aufgehört; Gyps nach Böhmen, Mähren, Ungarn und seit 1863 sogar nach Cairo in Afrika. Aetzkalk ist wegen seiner geringen Haltbarkeit in der Luft auf weite Strecken nicht transportirbar und daher nicht exportfähig; ebenso sind rohe Bau- und Mauersteine wegen des grossen Gewichtes und relativ geringen Werthes des Materials keine Exportartikel, und es werden daher die beiden letztgenannten Erzeugnisse theils in unmittelbarer Nähe des Erzeugungsortes, theils in Wien verbraucht.

Importirt werden in Nieder-Oesterreich (und zwar namentlich für den Wiener Bedarf): Granit zu Pflastersteinen aus Mauthausen in Ober-Oesterreich, Leithakalke als Bausteine aus Kaisersteinbruch, Margarethen, Oszlop und Mühlendorf in Ungarn, Kreidekalk zu Bausteinen vom Karst, Marmor aus Salzburg, Cement aus Kufstein in Tirol; aus dem Auslande: Jurakalk zu Bodenplatten etc. aus Baiern. Mühlsteine aus Frankreich, Belgien und Sachsen.

Da Nieder-Oesterreich keine Dachschieferlager besitzt, so muss selbstverständlich auch der Bedarf an diesem Artikel durch den Import gedeckt werden, und in dieser Beziehung liefern namentlich Böhmen, Mähren und Ungarn das meiste Material. Hiemit dürften mit Ausnahme einiger unbedeutender Artikel die wichtigsten in diesen Abschnitt gehörigen Importartikel erschöpft sein.

Graphitbau.

Graphit wird gegenwärtig in Nieder-Oesterreich in 11 Bergbauen gewonnen; diese sind:

1. Der Graphitbau des Frhrn. v. Kaiserstein zu Wollmersdorf, Bez. Geras, K. O. M. B.
2. Der Graphitbau des Frhrn. v. Ehrenfels zu Brunn am Walde, Bez. Gföhl, K. O. M. B.
3. Der Graphitbau des Jos. Preindlsberger zu Taubitz, Bez. Gföhl, K. O. M. B.
4. Der Graphitbau des R. Barth und der Rosa Heyer zu Taubitz, Bez. Gföhl, K. O. M. B.
5. Der Graphitbau von F. Kertschka und A. Genthe zu Lichtenau, Bez. Gföhl, K. O. M. B.
6. Der Freischurf des A. Genthe zu Lichtenau, Bez. Gföhl, K. O. M. B.
7. Der Graphitbau von Cramer und Stucky zu St. Marein, Bez. Horn, K. O. M. B.
8. Der Graphitbau von Ferdinand und Josepha Kleiss zu Persenbeug, Bez. Persenbeug, K. O. M. B.
9. Der Graphitbau des Frhrn. v. Kaiserstein zu Ober-Thumritz, Bez. Raabs, K. O. M. B.
10. Der Graphitbau des J. Scheckelberger zu Nieder-Ranna, Bez. Spitz, K. O. M. B.
11. Der Graphitbau der Louise Ullinger zu Höhenbach, Bez. Mautern, K. O. W. W.

Diese Baue nehmen bei 30 Grubenmassen oder einen Gesammtflächenraum von 373.892 □Klaftern ein.

Da über das geognostische Vorkommen des Graphits und seine örtliche Vertheilung in Nieder-Oesterreich schon in der Einleitung das Nöthigste bemerkt wurde, so braucht hier nur mehr Weniges beigefügt zu werden.

Vergleicht man die gegenwärtige Production an Graphit mit derjenigen früherer Jahre, so ergibt sich für das Jahr

1855: Zahl der Bergbaue 8; Production an Graphit 7549 Ztr.
1860: „ „ „ 9; „ „ „ 11489 „
1865: „ „ „ 11; „ „ „ „ 9189 „

woraus die Zu- und Abnahme der Production ohne weitere Bemerkung erhellt.

Die Anzahl der bei dem Graphitbau beschäftigten Arbeiter betrug im Jahre 1860: 100 (93 Männer, 6 Weiber, 1 Kind); im Jahre 1865: 57 (54 Männer, 3 Weiber); die Arbeitslöhne stimmen mit den für Steinbrucharbeiter angegebenen nahezu überein.

Der Geldwerth des im Jahre 1865 in Nieder-Oesterreich gewonnenen Graphits beträgt 16.314 fl.

Die Qualität des niederösterreichischen Graphits ist nach den an der k. k. geologischen Reichsanstalt vorgenommenen Analysen eine gute, wenn sie auch die des englischen und manches böhmischen Productes nicht erreicht.

Der Graphit kommt theils roh, theils in geschlemmtem Zustande in den Handel, und wird zur Fabrikation von Farben, Schwärze, Bleistiften, Metallschmiere, Eisengussformen und feuerfesten Geschirren, namentlich Schmelztiegeln, verwendet.

Der geschlemmte Graphit findet zum Theile in Nieder-Oesterreich Absatz, der rohe und ein Theil des geschlemmten wird in die deutschen Zollvereinsstaaten, nach Frankreich, England, Holland, Belgien und Amerika exportirt.

Thonwaaren-Industrie.

Da die wichtigsten Erzeugnisse der Thonwaarenindustrie, die Ziegel, im vorliegenden Berichte an anderer Stelle, bei den Baugewerben, eingereiht sind, so kommen hier nur die übrigen Producte dieser Industrie, nämlich Terracottawaaren, Steingut, Oefen und Geschirre, dann Porzellan, in Betracht zu ziehen.

Fabriken zur Erzeugung von Terracottawaaren, Steingut, Thonpfeifen und sonstigen Thonwaaren (mit Ausschluss von Porzellan) waren im Kammerbezirke im Betriebe:

im Jahre 1855: 8 mit einem Steuersatze von .... 560 fl.
„ „ 1860: 8 „ „ „ „ .... 580 „
„ „ 1865: 6 „ „ „ „ .... 400 „

Hafner, welche grösstentheils Oefen, dann glasirte Herdkacheln und Geschirre erzeugen, bestanden in Wien:

im Jahre 1855: 31 mit einer Gesammtsteuer von .... 1005 fl.
„ „ 1860: 42 „ „ „ „ .... 1095 „
„ „ 1865: 34 „ „ „ „ .... 940 „

Geschirrhändler, welche sich bloss mit dem Verkaufe fertiger Erzeugnisse befassen, waren selbstständig etablirt in Wien:

im Jahre 1855: 162, Gesammtsteuerbetrag .... 2295 fl.
„ „ 1860: 170 „ .... 2675 „
„ „ 1865: 169 „ .... 2575 „

Auf dem flachen Lande, nämlich in den vier Kreisen Nieder-Oesterreichs, ist das Hafnergewerbe beinahe durchgehends mit dem Geschirrhandel vereinigt; es waren derartige Gewerbetreibende selbstständig etablirt:

im Jahre 1855: 414, Gesammtsteuerbetrag .... 1980 fl.
„ „ 1860: 590 „ .... 2864 „
„ „ 1865: 532 „ .... 2549 „

Aus dem Vergleiche der eben angeführten Zahlen ist ersichtlich, dass das Thonwaarengewerbe und mit diesem das Erzeugniss vom Jahre 1855 bis 1860 sich in quantitativer Hinsicht bedeutend gehoben hat, von diesem Jahre bis zum Schlusse des Jahres 1865 aber nicht unbeträchtlich gesunken ist. Die Ursachen dieser Erscheinung, welche in der numerischen Zahl der selbstständigen Gewerbe und der Steuerziffer ihren beredten Ausdruck findet, sind einerseits in dem Umstande zu suchen, dass die in Folge der Stadterweiterung Wiens und der dadurch hervorgerufenen zahlreichen Neubauten vermehrte Nachfrage nach Bauornamenten (Terracotta) und Zimmeröfen, im Jahre 1863, als die Baulust plötzlich zu stagniren begann, naturgemäss wieder aufhören musste; andererseits, bezüglich der Kochgeschirre, aber darin, weil diese durch die Concurrenz der aus Blech und emaillirtem Eisen erzeugten Geschirre immer mehr vom inländischen Markte verdrängt werden.

Die früher erwähnten Fabriken beschäftigen zusammen durchschnittlich jährlich bei 280 Arbeiter verschiedener Kategorie, deren Anzahl während der verflossenen zehn Jahre mit geringen Schwankungen ziemlich unverändert blieb.

Die Hafner in Wien beschäftigten zusammen

im Jahre 1855: 130 Gesellen und 40 Lehrjungen
„ „ 1860: 118 „ „ 53 „
„ „ 1865: 109 „ „ 46 „

während die in den vier Kreisen Nieder-Oesterreichs domicilirenden Hafner im Jahre 1855: 228 Gesellen und 74 Lehrjungen
„ „ 1860: 240 „ „ 81 „
„ „ 1865: 185 „ „ 70 „
Beschäftigung gaben.

Die Arbeitslöhne für Thonwaarenarbeiter schwanken je nach der Art der Arbeit und der Geschicklichkeit des Individuums zwischen 45 kr. und 1 fl. 50 kr. für den Tag; am besten werden die Dreher bezahlt. Angenommen werden im ganzen Bezirke 300 Arbeitstage im Jahre. Doch wird, besonders in Wien, der Arbeitslohn meist nach dem Stück berechnet, und variirt je nach dem speciellen Uebereinkommen zwischen Arbeitsgeber und Arbeitsnehmer. Die Löhne sind während des abgelaufenen zehnjährigen Zeitraumes beinahe unverändert geblieben, stellten sich jedoch, insbesondere bei den Oefenarbeitern, in Folge der seit dem Jahre 1863 eingetretenen Disponibilität vieler Arbeiter und des verminderten Bedarfes zum Schlusse dieser Periode etwas niedriger.

Besondere Humanitätsanstalten für die Arbeitsleute dieser Branche bestehen zwar im Kammerbezirke keine, es ist jedoch überall seitens der Arbeitsgeber und der Genossenschaften specielle Fürsorge getroffen, dass jene in Erkrankungsfällen in den nächstgelegenen Spitälern, für Wien und Umgebung in dem Spitale der barmherzigen Brüder, genügende Wartung und Pflege finden.

Der Jahresverbrauch an Rohstoffen beträgt für die gesammte Thonwaarenerzeugung im Kammerbezirke durchschnittlich 342.000 Zentner, welche sich wie folgt vertheilen:

272.000	Ztr.	Thonerde aus Ober-Oesterreich (Göttweih u. Pöchlarn),
20.000	„	Thonerde aus Nieder-Oesterreich (Inzersdorf, Gumpoldskirchen und von anderen Orten),
14.000	„	weisse Thonerde (Kaolin) aus Nieder-Oesterreich (Krumnussbaum),
600	„	Porzellanthon aus Baiern,
9.000	„	Quarz und Feldspath aus Nieder-Oesterreich und Donaukiesel,
10.000	„	Blei und Bleiglätte aus Kärnthen und Wien,
3.000	„	Zinn aus Sachsen und Wien,
4.000	„	Kochsalz aus Wien,
5.500	„	Pottasche aus Nieder-Oesterreich und Ungarn,
3.000	„	Alaun aus Wien,
900	„	sonstige Glasur- und Farbstoffe aus Wien.

Der Consum an Brennstoffen stellt sich nach annäherungsweiser Schätzung auf jährlich circa 7500 Klafter weichen Brennholzes und 6000 Zentner Steinkohlen, welche letztere aus möglichster Nähe, meist Traunthaler Braunkohle, bezogen wird.

Die Quantität der Thonwaaren-Erzeugnisse (ausgenommen das Porzellan) betrug im Kammerbezirke im Jahre 1865 nach einer annäherungsweisen Schätzung:

Terracottawaaren, als: Bauornamente, Figuren, Vasen u. dgl.	im	Werthe	von	250.000 fl.
Zimmeröfen, Kaminöfen, glasirt und unglasirt, 8000 Stück	„	„	„	250.000 „
Ofenkacheln, 190.000 Stück	„	„	„	15.000 „
Feuerfeste Ziegel, 350.000 Stück....	„	„	„	35.000 „
Kochgeschirre, 1,200.000 Stück	„	„	„	100.000 „
Gartengeschirre, 1,000.000 Stück ...	„	„	„	20.000 „
Steingutgeschirre, Tischgefässe, Waschkannen, Apothekertöpfe u. dgl., 280.000 Stück	„	„	„	40.000 „
Thonpfeifen 2,500.000 Stück.......	„	„	„	25.000 „

Der Gesammtwerth dieser Production erreicht daher die Summe von 735.000 fl.

Die Preise der erwähnten Fabrikate erlangten vom Jahre 1856 bis zum Jahre 1863 eine steigende Besserung; von diesem Zeitpuncte angefangen machte sich jedoch eine, wenn gleich nicht beträchtliche Verschlechterung derselben bemerkbar. Die betreffenden Preise waren bis zum Schlusse des Jahres 1865 am tiefsten gesunken, und haben sich auch nicht wieder gehoben. Die Ursache dieses Rückganges ist in der bereits erwähnten, vom Jahre 1863 datirenden Verminderung der Neubauten in Wien zu suchen, da jene Erzeugnisse eben hier vorzugsweise Absatz gefunden hatten.

Die Qualität der im Kammerbezirke erzeugten Terracottawaaren, Bauornamente, Vasen und Figuren, ebenso die der Wohnungsöfen und Kamine ist eine vorzügliche. Insbesondere sind in dieser Beziehung die Fabrikate der Etablissements des Heinrich Drasche in Inzersdorf, dann des Josef De Cente in Wr.-Neustadt hervorzuheben. Die Erzeugnisse von Drasche's Fabriken sind weltbekannt und berühmt, deren Statuetten, Vasen und Figuren aus Terracotta sind bisher nicht erreicht worden. Die Fabrik ist in derartigem Massstabe angelegt, dass dieselbe jeden Auftrag, auch im doppelten und dreifachen Betrage der jetzigen Jahresproduction.

auszuführen im Stande ist. Die Steingutwaarenfabrik des Josef De Cente in Wiener-Neustadt hat ihren Betrieb in den letzteren Jahren fast gänzlich bloss der Erzeugung von Oefen und Kaminen zugewendet; sie liefert Producte, welche bezüglich der Dauerhaftigkeite sorgfältigen Materialbehandlung, Correctheit der Zeichnung und, Ornamentik allen Anforderungen vollkommen entsprechen.

Anders verhält es sich jedoch mit der Erzeugung von Geschirren, insbesondere von Kochgeschirren, im Bezirke. In dieser Richtung ist leider in keiner Weise irgend ein Fortschritt, sondern weitaus das Gegentheil bemerkbar. Sowohl die Behandlung, die Glasur, die Form, als auch die Dauerhaftigkeit der Geschirre letzterer Gattung lassen sehr Vieles zu wünschen übrig. Es dürfte in diesem Umstande vorzugsweise begründet sein, dass die Nachfrage nach derartigen Waaren eine rapid abnehmende geworden ist.

Die im Kammerbezirke erzeugten Thonwaaren finden zum überwiegend grösseren Theile ihren Absatz im Bezirke selbst, da bei dem relativ grossen Gewicht der Fabrikate, auch wenn sie sonst vollkommen concurrenzfähig wären, an eine weite Verfrachtung nicht gedacht werden kann. Doch wird, wo es die billige Fracht auf dem Wasserwege — der Donau — ermöglicht, ein Theil des Erzeugnisses, vorzüglich weisse Kachelöfen, nach Ungarn, in die Donaufürstenthümer, nach Constantinopel und Odessa ausgeführt.

Ein nennenswerther Import findet aus demselben Grunde auch in den Kammerbezirk nicht statt. Doch werden aus Gmunden und Ober-Oesterreich mit Benützung des Donauweges Steingutwaaren und Oefen in geringerer Anzahl, dann aus Böhmen Steinzeug und Kochgeschirre, endlich zum kleinen Theile auch aus Ungarn Kochgeschirre, letztere meist im Wege des Kleinhandels, in den Kammerbezirk eingeführt. Ueber die Quantität dieser Ein- und Ausfuhr liegen keine Nachweise vor.

Porzellan.

Seitdem mittelst a. h. Entschliessung vom 24. August 1864 die k. k. Porzellanfabrik in Wien aufgelassen wurde, und sich deren Betrieb nur mehr auf die Abwicklung der Liquidirungsgeschäfte und die allmälige Räumung des Waarenvorrathes beschränkt, besteht im Kammerbezirke kein Etablissement zur Porzellanerzeugung.

Die genannte Fabrik wurde im Jahre 1718 errichtet und im Jahre 1744 in die Regie des k. k. Aerars übernommen. Der Zweck der Umwandlung dieser Fabrik in ein ärarisches Institut bestand darin, eine Musteranstalt zu gründen, um durch deren stetiges Fortschreiten auf der Bahn der Erfindungen und Verbesserungen, durch fortwährende Versuche und Experimente, welche wegen ihrer Kostspieligkeit den Privaten, besonders zu jener Zeit, oft ganz unmöglich waren, diesem Industriezweige Eingang und Einbürgerung im Staate zu schaffen. Dieser Zweck ist vollständig erreicht worden. Es hat sich, wie allgemein bekannt, vorzüglich in Böhmen die Porzellanerzeugung, begründet auf unerschöpfliche Lager der trefflichsten Porzellanerden, auf eine Stufe gehoben, welche die weitere unmittelbare Fürsorge der Staatsverwaltung durch den Selbstbetrieb einer Fabrik als Versuchs- und Musteranstalt dermalen vollkommen entbehrlich erscheinen lässt.

Die Qualität der Erzeugnisse der ärarischen Fabrik in Wien war stets eine ausgezeichnete. Sowohl in Beziehung auf Materiale, Festigkeit, Reinheit und Weisse des Porzellans, als auch bezüglich der Formen und der Ornamentik, nahmen diese Fabrikate stets einen hervorragenden Rang ein. Insbesondere wurde in der Malerei und Vergoldung stets Vollendetes geleistet.

Die locale Situirung dieses Fabriksetablissements in der Residenzstadt war jedoch die Ursache, dass der Betrieb desselben in commercieller Beziehung sich fortwährend ungünstiger gestalten musste. Die weite Entfernung der Rohstofflagerstätten und desshalb sehr hohen Frachtkosten, die namhafte Theuerung der Brennstoffe und die Höhe der Arbeitslöhne innerhalb der Stadtgränzen mussten auch die Erzeugungskosten des Fabrikates derart erhöhen, dass bei dem Aufschwunge, welchen die Porzellanfabrikation während der letzten 40 Jahre allerorten genommen hatte, und der sohin erzielten massenhaften Production an einen, auch nur die eigenen Gestehungskosten der erwähnten Fabrik deckenden Verkaufspreis der Waare nicht mehr gedacht werden konnte.

Da sich bei so bewandten Umständen und bei der sich dauernd gleichbleibenden Production die Vorräthe an fertigen Waaren fortwährend in der genannten Fabrik ansammelten, so wurden in den letzten zehn Jahren, und schon früher, regelmässig von Halb- zu Halbjahr die sattsam bekannten sogenannten Auctionen veranstaltet, und bei diesen Verkäufen die Erzeugnisse nicht nur weit unter dem eigenen Kostenpreise, sondern auch tief unter den Marktpreisen losgeschlagen, somit geradezu verschleudert; durch welche Procedur einerseits die Fabrik selbst stets ein beträchtliches Gebarungsdeficit aufzuweisen hatte, andererseits aber auch die Preise im Allgemeinen derart herabgedrückt und verschlechtert wurden, dass die übrigen den Markt versorgenden österreichischen Fabriken hiedurch nicht unerheblichen Nachtheil erleiden mussten.

Wenn gleich die Auflassung der erwähnten Fabrik speciell für den Kammerbezirk zu bedauern ist, indem bei derselben eine bedeutende Anzahl (circa 600) Arbeiter Beschäftigung und Erwerb fanden, so dürfte dennoch mit Rücksichtnahme auf die oben berührten Verhältnisse durch das Eingehen dieses Etablissements der Porzellanindustrie des Gesammtstaates durchaus kein Schaden erwachsen, umsoweniger als die durch die somit entfallende Concurrenz für die anderweitigen Porzellanfabrikate verstärkte Nachfrage den übrigen inländischen Fabriken zu Gute kommen und deren Production naturgemäss erhöhen muss.

Der Verkehr mit Porzellanwaaren beschränkt sich demnach im Kammerbezirke dermalen bloss auf den Handel, welcher sich in Wien concentrirt.

Die meisten der grösseren Porzellanfabriken, besonders der böhmischen, halten in Wien ihre besonderen Niederlagen. Zu den hervorragendsten Etablissements dieser Art gehören, nebst der noch bestehenden Niederlage der k. k. ärarischen Wiener Fabrik, die Niederlage der gräflich v. Thun'schen Fabrik zu Klösterle, dann die der Prager Actiengesellschaft, der Fabriken des J. Möhling zu Aich, des S. Urfuss zu Dallwitz, des A. Novotny & Comp. zu Alt-Rohlau, sämmtlich bei Carlsbad; die Niederlagen der Fabrik des A. Haas zu Schlaggenwald und von W. Haidinger zu Ellbogen; endlich die im Jahre 1863 von E. Wahliss neuerrichtete Niederlage der wegen der Qualität ihrer Erzeugnisse derzeit unbestritten den ersten Rang in Oesterreich einnehmenden Fabrik von Fischer und Mieg zu Pirkenhammer bei Carlsbad. Das letztgenannte Niederlagsetablissement hält auch das einzige in den k. k. österreichischen Staaten befindliche Depot der königlich sächsischen Meissner Porzellanfabrik.

Der Umsatz an Porzellanwaaren im Kammerbezirke ist ein bedeutender, und kann nach verlässlichen Angaben jährlich mit der Summe von durchschnittlich 2,000.000 fl. angenommen werden; er ist in den letzteren Jahren beinahe unverändert geblieben, so wie auch die Verkaufspreise, geringe Fluctuationen ausgenommen, sich gleichbleibend gehalten haben.

Ein grosser Theil der hier zu Markte gebrachten Porzellanwaaren findet im Kammerbezirke selbst, besonders in Wien, Absatz, da der Bedarf und Consum an diesen Artikeln ein beträchtlicher ist. Es wird jedoch von Wien aus auch eine ansehnliche Menge von Porzellanwaaren in die südlich gelegenen Kronländer, nach Steiermark, Kärnthen, Triest und Venedig, dann in die Donaufürstenthümer, den Orient, nach Aegypten und nach Russland ausgeführt.

Aus dem Auslande kommen keine derartigen Fabrikate hier zu Markte, da die aus Frankreich und Preussen in verschwindend geringem Masse hier importirten Porzellanerzeugnisse schon wegen der Preise, ebenso aber auch wegen der Qualität der inländischen Producte, kaum concurrenzfähig sind.

Genaue ziffermässige Nachweise über den Porzellanwaarenverkehr im Bezirke fehlen leider gänzlich.

Glas und Glaswaaren.

Die mannigfaltigen Uebelstände und Missverhältnisse, welche die gesammte Industrie des Kaiserstaates in ihrem Gedeihen und ihrer Fortentwicklung hemmen, ja einige Zweige derselben sogar in der Existenz bedrohen, lassen auch die Glasindustrie nicht unberührt; um so erfreulicher ist es, wenngleich keinen raschen, auffälligen Aufschwung dieses Industriezweiges, aber doch einen stetigen Fortschritt desselben constatiren zu können, welcher dessen Lebensfähigkeit auch unter minder günstigen Verhältnissen neuerdings erweist.

Es ist hier nicht der Ort, diese allgemein bekannten ungünstigen Umstände näher zu detailliren; ebensowenig als hier eine Erörterung der Glasindustrie des ganzen Kaiserstaates Platz finden kann, da es sich im vorliegenden Berichte nur um die Darlegung der industriellen Verhältnisse im Kammerbezirke Nieder-Oesterreich handelt.

Was nun die eigentliche Glasfabrikation in diesem Kronlande während des letztverflossenen Decenniums betrifft, so ist zwar zu Anfang dieses Zeitraumes ein derartiges Fabriksetablissement (Joachimsthal) aufgelassen worden, dafür entstand jedoch im Jahre 1863 im Bezirke Ebreichsdorf, zu Moosbrunn bei Grammatneusiedl, eine neue derartige Fabrik, welche zu Anfang des Jahres 1864 in Betrieb gesetzt wurde. Es bestehen demnach dermalen (zum Schlusse des Jahres 1865) im Kammerbezirke nachstehende Glasfabriken:

Im Bezirke Schrems:

1. Sophienwald bei Gmünd; Eigenthümer: Eugen Richter (bewegende Kraft: der Braunaubach und zwei Teichabflüsse).

2. Eugenia; Eigenthümer: C. Stölzle & Söhne (bewegende Kraft: der Braunaubach).

3. Eilfang bei Eibenstein; Eigenthümer: C. Stölzle & Söhne (bewegende Kraft: der Loinsitzbach).

4. Ludwigsthal; Eigenthümer: C. Stölzle & Söhne (bewegende Kraft: ein Teichabfluss).

Im Bezirke Litschau:

5. Schlag, Josephsthal; Eigenthümer: Graf v. Seilern (bewegende Kraft: der Donnerbach und Hörmannserbach).

6. 7. Nagelberg, Althütte und Neuhütte; Eigenthümer: C. Stölzle & Söhne (bewegende Kraft: Teichabflüsse).

Im Bezirke Ottenschlag:

8. Gutenbrunn; Besitzer: Carl Wagner (bewegende Kraft: Teichabflüsse).

Im Bezirke Ebreichsdorf:

9. Moosbrunn, bei Grammatneusiedl; Eigenthümer: Ignaz Wokaun (bewegende Kraft: eine Dampfmaschine, Locomobile mit 16 Pferdekraft).

Der Aufschwung, den die Glasfabrikation Nieder-Oesterreichs in quantitativer Beziehung genommen hat, wird am besten durch Vergleichung der Ziffer der Erzeugung in den letzten zehn Jahren ersichtlich. Während im Jahre 1855 die Gesammterzeugung der verschiedenen Waaren in den Fabriken dieses Kronlandes 173.529 Schock oder 26.030 Zentner mit einem Waarenwerthe von circa 280.000 fl. ö. W. betrug, erreichte dieselbe im Jahre 1860 die Zahl von 201.000 Schock oder 30.600 Zentner im Werthe von 335.000 fl., stieg im Jahre 1861 auf 227.260 Schock oder 35.000 Zentner, welche einen Werth von 370.000 fl. repräsentiren, um im Jahre 1862 mit der auch im Jahre 1865 constant gebliebenen Erzeugungsziffer von 206.000 Schock oder 30.900 Zentner, gleich einem Werthe von 340.000 fl. ö. W. zu schliessen, auf welchem Puncte die quantitative Glasproduction Nieder-Oesterreichs dermalen steht.

Wenngleich nach diesem ziffermässigen Ausweise seit dem Jahre 1861, in welchem Jahre die Production am stärksten war, bis zum Schlusse des Jahres 1865 eine kleine Abnahme derselben bemerkbar ist, so bietet diese Wahrnehmung doch nicht etwa ein Symptom des Rückschrittes in dem gegenwärtigen Augenblicke, da die Erzeugung vom Jahre 1861 bis zum Jahre 1864 sich zwar in unbedeutendem Masse stetig etwas verringert, jedoch im Jahre 1865 sich wieder derart gehoben hat, dass sie die Production des Jahres 1862 vollkommen erreichte.

Die Ursachen, welche einen rapideren Aufschwung dieses Industriezweiges bisher niederhalten, sind einerseits das stetige Weichen der Devisen- und Valutencurse, welche bisher in demselben Masse den Export begünstigten, als sie den Import erschwerten, und andererseits jene in örtlichen Missverhältnissen wurzelnden Hemmnisse, die jeden Industriezweig, also auch den besprochenen, in Oesterreich betreffen, und zu welchen vorzugsweise die ausnehmende Theuerung der Frachten auf den inländischen Eisenbahnen, die enorme Unsicherheit der privaten Creditverhältnisse, die theuren Arbeitslöhne und mangelhafte Ausbildung der Arbeiter, endlich die durch die gesteigerten Staatserfordernisse unvermeidlich gewordene Höhe der l. f. Abgaben gezählt werden müssen.

In qualitativer Hinsicht blieben sich die Erzeugnisse der Glasfabrikation in diesem Kronlande während der verflossenen zehn Jahre ziemlich gleich, und es ist aus der vermehrten Production und dem dieser Production entsprechenden Waarenabsatze mit Befriedigung wahrzunehmen, dass auch in Beziehung auf die Qualität gewiss kein Rückschritt in der Erzeugung stattgefunden hat.

Die genannten Glasfabriken des Kronlandes waren zusammen zu Ende des Jahres 1865 mit einer directen Erwerbsteuer von jährlich 522 fl. ö. W. belastet; wobei aber die mehr als diese Ziffer betragenden Einkommen- und sonstigen Steuerzuschläge ebensowenig als die Grundsteuern für das nothwendige Areale mitgezählt sind. Selbstverständlich sind nebst diesen mannigfachen directen auch die entrichteten, hier nicht erwähnten beträchtlichen indirecten Steuern in Erwägung zu ziehen, so dass schon mit Rücksicht auf die gegen das concurrirende Ausland unverhältnissmässig höhere Besteuerung unsere Glasfabrikation dem Auslande gegenüber im Nachtheile steht.

Mit alleiniger Ausnahme der vor drei Jahren in Moosbrunn errichteten Fabrik, welche eine Dampfmaschine, Locomobile von

33 *

16 Pferdekraft, im Betriebe hat, bedienen sich alle übrigen Glasfabriken Nieder-Oesterreichs der Wasserkraft als bewegenden Motors. Bei diesen Fabriken waren am Schlusse des Jahres 1855 bis zum Jahre 1862 14 oberschlächtige, 10 unterschlächtige Wasserräder und 2 Turbinen im Gebrauche, welche zusammen beiläufig 60 Pferdekräfte repräsentiren. Im Jahre 1865 bestanden die im Betriebe befindlichen derartigen Motoren aus 15 oberschlächtigen, 6 unterschlächtigen Wasserrädern und gleichfalls zwei Turbinen, wobei sich trotz der numerischen Verminderung um drei Wasserräder dennoch keine Abnahme der bezüglichen Kraft ergab, weil durch zweckmässige Regulirung der Gefälle die Wasserkraft selbst gesteigert wurde.

Die Zahl aller in den sämmtlichen erwähnten Fabriken im Betriebe befindlichen Glasschmelzöfen war im Jahre 1855 13 mit 104 Glashafen, im Jahre 1861 12 Schmelzöfen mit 96 Glashafen und stellte sich mit Schluss des Jahres 1865 auf 14 Schmelzöfen und 111 Glashafen. In dem letztgenannten Jahre bestanden nebst diesen bei den genannten Fabriken noch 91 Kühl-, Calcinir-, Streck- und sonstige Oefen, 10 Pochwerke, 3 Schleifmühlen und 122 Schleifstände, endlich 2 Gasometer zur Torfgaserzeugung. Ausser den ebenerwähnten mit den Fabriken vereinigten Schleifanstalten bestehen im Kronlande Nieder-Oesterreich noch beiläufig dreissig Haus-Schleifereien, welche von einzelnen, nicht dem eigentlichen Fabrikspersonale angehörenden Arbeitern betrieben werden; auch in Wien befassen sich 15 selbstständige Gewerbetreibende mit 4 Gehilfen ausschliesslich mit der Glasschleiferei.

Die bemerkenswerthesten Verbesserungen im technischen Betriebe wurden in der zweiten Hälfte des abgelaufenen Decenniums bezüglich der Heizung der Schmelzöfen gemacht. Während in Nieder-Oesterreich sonst durchgängig weiches Brennholz oder an der Luft getrockneter Torf zu der ebenerwähnten Feuerung verwendet wird, wurden in den Glasfabriken zu Eugenia und Eilfang Gasometer erbaut und mit dem aus Torf erzeugten Gase die Schmelzöfen mit bestem Erfolge geheizt. Ebenso führte der Eigenthümer der Fabrik in Moosbrunn, Hr. Wokaun, daselbst eine besondere Heizung mit selbsterfundenen Torfbriquets und in neuester Zeit mit Theer ein, und erzielt durch dieses Feuerungsmaterial in Verbindung mit einer Brennvorrichtung eigener Construction bei den Oefen eine der Reinheit des erzeugten Glases sehr zuträgliche, fortwährend gleichbleibende Hitze des Schmelzofens und überdiess eine Ersparung von fünfzehn bis zwanzig Percent der bei dem Schmelzprocesse mit anderem Brennmateriale sonst erforderten Zeit.

Das bei allen Fabriken in Verwendung gestandene Arbeiterpersonale betrug:

im Jahre 1855: 369 Männer, 64 Weiber, 82 Knaben (unter 14 Jahren);
im Jahre 1861: 475 Männer, 54 Weiber, 72 Knaben;
im Jahre 1865: 412 Männer, 37 Weiber, 60 Knaben.

Die Arbeitslöhne waren in den Jahren 1859 und 1860 schon wegen der damaligen Höhe der Lebensmittelpreise und des italienischen Feldzuges am höchsten, und sind seit dieser Zeit, wenngleich nicht in erheblichem Masse, etwas gefallen, wozu die vielseitige Beschäftigungslosigkeit einerseits und die Verwohlfeilung der unentbehrlichen Nahrungsmittel wesentlich beitrug. Doch sind tüchtige Arbeiter, besonders Schmelzer, Glas- und Tafelmacher, gesucht und beharren auf den ziemlich hohen Arbeitslöhnen.

Im Jahre 1865 stellten sich die Arbeitslöhne nach den verschiedenen Kategorien folgendermassen:

Glasmacher.......	per Tag	1 fl. 40 kr.	bis 1 fl. 70 kr.	12	Arbeitsstunden
Hohlglasmacher ...	" "	1 " 80 "	" 2 " — "	11	"
Tafelmacher	" "	2 " — "	" 2 " 30 "	10	"
Schmelzer..	" "	2 " — "	" — " — "	16—18	"
Glasmachergehilfen .	" "	— " 16 "	" — " 20 "	12	"
Schleifer..........	" "	1 " — "	" 1 " 40 "	12	"
Schleifergehilfen ...	" "	— " 25 "	" — " 40 "	12	"
Sonstige Arbeiter ..	" "	— " 60 "	" — " 80 "	12	"
Tagwerker	" "	— " 40 "	" — " 50 "	14	"

Die Anzahl der Arbeitstage in sämmtlichen Fabriken zusammengenommen betrug annäherungsweise 110.000 Tage mit einem Gesammtarbeitslohne von circa 70.000 fl. ö. W. Die Arbeiter geniessen ausser dem Lohne beinahe durchgängig freie Wohnung und Beheizung.

Nebst der eben angeführten Anzahl der Fabriksarbeiter waren in dem Jahre 1865 bei den genannten Etablissements auch 31 Beamte in Thätigkeit, welche zusammen eine Besoldung von annäherungsweise 12.000 fl. ö. W. nebst freier Wohnung, Holz, Licht und sonstigen Naturalemolumenten bezogen.

An besonderen Humanitätsanstalten für die Arbeiter und Werkleute bestehen dermalen bloss eine von den Fabrikseigenthümern erhaltene Fabriksschule zu Nagelberg, und auf der Fabrik zu Gutenbrunn ein vom Besitzer derselben speciell angestellter Fabriksarzt.

Im Jahre 1855 betrug der Gesammtverbrauch an diversen Roh- und Hilfsstoffen zur Glaserzeugung im Kammerbezirke 27.107 Zentner, im Jahre 1860: 36.000 Zentner. Im Jahre 1865 wurden 42.280 Zentner verbraucht, welche sich bezüglich dieses Jahres mit gleichzeitiger Rücksichtnahme auf die betreffenden Bezugsquellen wie folgt vertheilen:

Quarz	5748	Zentner,	aus Böhmen und Moosbrunn.
Quarzsand	14.469	„	aus Böhmen und Nieder-Oesterreich, K. O. M. B.
Bruchglas	13.003	„	aus Nieder-Oesterreich, Wien und sämmtlichen Kronländern, als Rückfracht.
Pottasche	2421	„	aus Steiermark, Illyrien, Ungarn und Nieder-Oesterreich.
Kalk	2269	„	aus Salzburg und Ober-Oesterreich.
Glaubersalz	1603	„	aus Wien.
Soda	1464	„	aus England (via Prag) und Wien.
Herdglas, Glasgalle	456	„	Gutenbrunn, eigenes Erzeugniss.
Thon	400	„	Böhmen und Nied.-Oester.
Braunstein	63	„	aus Sachsen.
Arsenik.	57	„	aus Wien und Triest.
Verschiedene, als: Kochsalz, Blei, Kalisalpeter, Farbstoffe	300	„	meistens aus Wien.

Die Preise der verarbeiteten Roh- und Hilfsstoffe sind während der abgelaufenen zehnjährigen Periode beinahe unverändert geblieben. Eine obgleich nur unerhebliche Preisverminderung trat bei Kalk, Soda und den meisten, jedoch wegen der quantitativen Geringfügigkeit nur unbedeutend in Betracht kommenden chemischen Hilfsstoffen ein. Von einigem Belange ist nur die Preisherabsetzung der Soda zu erwähnen, da deren Erzeugung im Inlande bereits einen solchen Aufschwung genommen hat, dass dieser Artikel wohl bald der inländischen Nachfrage gänzlich entsprechen und den Bezug der im Preise höheren englischen Soda, besonders für die Glasfabrikation, vollkommen entbehrlich machen wird.

Der Gesammtverbrauch an Brennstoffen betrug:

im Jahre 1855:	11.808 Klftr.	weiches Holz,	2054 Klftr. Stockholz,
im Jahre 1861:	16.634 „	„ „	497 „ „
			825 Ztr. Holzkohlen, 30.000 Ztr. Torf,
im Jahre 1862:	14.783 „	weiches Holz,	95 Klftr. Stockholz,
			750 Ztr. Holzkohlen, 50.000 Ztr. Torf,
im Jahre 1865:	14.182 „	weiches Holz,	24 Klftr. Stockholz,
			6200 Ztr. Holzkohlen, 66.000 Ztr. Torf.

Es ist demnach während der letztverflossenen fünf Jahre eine Abnahme im Verbrauche des weichen Brennholzes wahrzunehmen, während der Consum von Holzkohlen, besonders aber von Torf, eine rasche Zunahme zeigt; der Grund dieser Erscheinung ist darin zu suchen, dass, wie bereits früher erwähnt wurde, in den Glashütten zu Eugenia und Eilfang am Orte selbst erzeugtes Torfgas zur Heizung der Schmelzöfen seit dem Jahre 1861 verwendet wird.

Ueber die in Moosbrunn neuester Zeit eingeführte Heizung mit Theer und über den quantitativen Verbrauch dieses Brennmateriales lassen sich dermalen noch keine bestimmten Daten anführen, da diese Feuerungsmethode erst seit einem kurzen Zeitraume angewendet wird.

Heizungen mit mineralischer Kohle, Stein- oder Braunkohle wurden zur Glaserzeugung im Kammerbezirke bisher nicht in Gebrauch gesetzt, da vorläufig noch der äusserst niedere Preis des weichen Brennholzes und die unbedeutenden Gestehungskosten des Torfes die Benützung dieser Brennmaterialien, abgesehen von der besseren Brauchbarkeit für den speciellen Zweck, auch schon wegen der relativen Billigkeit, der Glasfabrikation gestatten, und überdiess die vorhandenen Glashütten, als nicht im Kohlenreviere liegend, wegen der theuren Frachtkosten schwer eine brauchbare Kohle zu jenen Bedingungen erhalten könnten, welche die Erzeugung des Fabrikates, bei gleichbleibender Qualität, nicht kostspieliger machen würden, als bisher.

Die Gesammtproduction der Glasfabriken in Nieder-Oesterreich betrug, wie bereits erwähnt, im Jahre 1865 zusammen 206.000 Schock, oder, das Schock zu fünfzehn Pfunden gerechnet, 30.900 Zentner, welche sich nach der Gattung der Waare wie folgt vertheilen:

Tafelglas, fein und ordinär	83.834	Schock
Hohlglas, Kreidenglas, ordinär und geschliffen	77.711	„
Krystallglas, weiss und gefärbt	19.665	„
Bouteillenglas, grün	11.090	„
Schleifglas	13.145	„
Verschiedene Glassorten	555	„

Der Geldwerth dieses Gesammterzeugnisses beträgt annäherungsweise die Summe von 350.000 fl. ö. W.

Der überwiegend grösste Theil dieses Erzeugnisses besteht aus ordinärer und mittelfeiner Waare, nur zum kleinen Theile wird auch feinere und ganz feine Waare fabricirt. Der Mangel an tüchtigen Zeichnern und Modelleuren macht sich in Beziehung auf die letztgenannte Gattung besonders fühlbar, und es ist bezüglich der ganz feinen und feinst raffinirten Glaserzeugnisse im Kammerbezirke noch immer der Import aus Böhmen vorherrschend. Doch entsprechen die in Nieder-Oesterreich erzeugten ordinären und mittelfeinen Glasfabrikate wegen ihrer aus der geschickten chemischen Zusammensetzung resultirenden Leichtigkeit, Festigkeit und der durch die fortschreitenden Verbesserungen im Schmelzprocesse erzielten Reinheit des Glasflusses, ebenso auch wegen der Billigkeit des Preises allen an sie gestellten Anforderungen.

Die Preise der Glasfabrikate erfuhren vom Jahre 1855 bis zum Jahre 1861 eine langsam steigende Aufbesserung; von diesem Jahre angefangen bis zum Schlusse des Jahres 1865 erlitten dieselben jedoch eine, wenngleich nicht im bedeutenden Grade, doch stetig fortschreitende Verminderung. Diese Preisverschlechterung betraf beinahe alle Sorten des genannten Erzeugnisses, mit Ausnahme des Tafelglases, welches seinen Preis ziemlich unverändert behauptete.

Die Ursachen, welche in den letztverflossenen vier Jahren die ebenerwähnten Preisrückgänge veranlassten, liegen zum grossen Theile in dem verminderten Export dieser Fabrikate aus dem Gesammtstaate. Der amerikanische Bürgerkrieg schädigte in grossem Masse die Ausfuhr nach Nordamerika. England, das bisher die Erzeugnisse der österreichischen, besonders der böhmischen Glasindustrie willig aufgenommen hatte, begann seinen binnenländischen und überseeischen Bedarf aus Frankreich und Belgien zu decken, da bei der überaus raschen Entwicklung der Glasfabrikation in diesen beiden Staaten eine massenhafte Production entstand, mit welcher das österreichische Erzeugniss bezüglich des Preises, schon wegen der weiteren Entfernung und der hiedurch resultirenden grösseren Transportkosten für den Markt in England nur schwer Schritt halten kann. In den italienischen Ländern haben die österreichischen Glasfabrikate den dort sonst fast ausschliesslich beherrschten Markt seit dem Jahre 1860, in Folge des italienischen Feldzuges, beinahe gänzlich eingebüsst. Nicht minder ist die seit vier Jahren in Ungarn eingetretene wiederholte Misserute und die hiedurch bewirkte allgemeine Nothlage in diesem Lande, welche die ehedem bedeutende Glasconsumtion daselbst beinahe gänzlich aufhob, ein wesentlicher Factor des Weichens der inländischen Glaspreise. Es war nämlich in den zuletzt verflossenen vier Jahren die Production, besonders in den niederösterreichischen Fabriken, eine sich quantitativ jährlich ziemlich gleichbleibende; da jedoch Amerika, England, die italienischen Länder und Ungarn während mehrerer Jahre nicht in dem bisherigen Masse als Consumenten aufgetreten waren, und sich auch mittlerweile kein neuer Absatzweg in das Ausland für österreichische Glasfabrikate eröffnet hatte, so war die natürliche Folge hievon, dass die vorhandene Waare den Markt füllen und die Preise drücken musste. Insbesondere im Kammerbezirke und für die Fabrikation dieses Bezirkes, die im Inlande ihren bedeutendsten Markt hat, war diese momentane Ueberproduction fühlbar, da aus allen Kronländern, vorzüglich aus Böhmen und Mähren, die sonst vom Export aufgenommenen Erzeugnisse nach Wien, als dem Mittelpuncte für Handel und Verkehr im Staate, strömten, und hier eine Ueberfüllung des Platzes mit disponibler Waare und vermehrtes Ausgebot derselben bewirkten.

Diese Ueberproduction und die dadurch hervorgerufene Preisverschlechterung sind jedoch keineswegs bedeutend im Bezuge und Vergleiche zu der Ausbreitung dieses Industriezweiges im Staate, und es ist mit Sicherheit anzunehmen, dass, wenn nicht aussergewöhnliche, abseits jeder Berechnung liegende Zufälle eintreten, das richtige Verhältniss zwischen Angebot und Nachfrage, zwischen Production und Absatz, auch ohne zeitweilige bedeutendere Sistirung der Erzeugung sich in kurzer Zeit wieder herstellen dürfte, wornach auch die betreffenden Preise die weichende Richtung verlassen müssen.

Von den im Kammerbezirke erzeugten Producten fanden im Jahre 1865 annäherungsweise Absatz:

in Nieder-Oesterreich .... 60 Percent

in Ungarn .... 10 Percent
im Venetianischen .... 10 „
in den übrigen Kronländern, besonders in Steiermark,
Kärnten, Tirol .... 20 „

Von den in Nieder-Oesterreich abgesetzten Erzeugnissen wurde ein Theil von Wien nach den Donaufürstenthümern, der Türkei und Griechenland ausgeführt, so wie auch von Triest ein unbedeutender Theil der niederösterreichischen Glasfabrikate nach den italienischen Ländern und Egypten exportirt wurde. Die Quantität dieser Ausfuhr lässt sich jedoch mit Bestimmtheit nicht einmal schätzungsweise feststellen, da aus Wien zugleich mit den Erzeugnissen des Kammerbezirkes nach den erwähnten Ländern auch die gleichartigen Producte Böhmens und Mährens cumulativ ausgeführt werden.

Ebenso lassen sich über die Gesammtziffer des Imports und Exports des Kammerbezirkes leider bei dem gänzlichen Mangel positiver Daten keine nur halbwegs verlässlichen Angaben machen, daher auf den Verbrauch der Glasfabrikate kein auch nur annäherungsweise richtiger Schluss zu ziehen ist, indem sich nur aus der Ziffer der Production im Vergleiche mit der Ein- und Ausfuhr und dem Nachweise über verbliebene Lagerbestände die wirklich stattgehabte Consumtion richtigstellen lässt.

Aus der vorliegenden Zusammenstellung ist ersichtlich, dass, obgleich es den Glasfabrikanten im Kammerbezirke gelungen ist, durch fortschreitende Verbesserungen, besonders in der Heizmethode, dann wegen der etwas gesunkenen Arbeitslöhne und Preisverminderung einiger Hilfsstoffe ihre Fabrikate in einem, wenngleich nicht bedeutenden Grade billiger zu erzeugen, dieser Vortheil doch während der letztverflossenen Jahre durch die erwähnte Preisverschlechterung der Waare wieder paralysirt wurde, so dass die genannten günstigen Momente es eben nur ermöglichten, diesen gewichenen Preisen ohne empfindlichen Verlust Rechnung tragen zu können.

Mit Bedauern muss bemerkt werden, dass auch in der letztabgelaufenen zehnjährigen Periode noch kein anderes Mass, als die Berechnung nach dem Schock Eingang bei den Glasfabrikanten gefunden hat, da dieses ungleichmässige, nicht einmal genau bestimmte Einheitsmass einerseits den Verkehr selbst benachtheiligt, anderseits auch dem Exporte in das Ausland sehr abträglich ist.

Ebenso ist der noch immer vollständige Mangel an Schulen zur Heranbildung tüchtiger Arbeiter zu beklagen. Auch wäre es wünschenswerth, wenn in diesem Kronlande, wie es bereits in Böhmen mit bestem Erfolge an vielen Orten geschieht, Versuche gemacht würden, durch zweckmässig construirte Oefen auch die Feuerung mit mineralischer Kohle einzuführen, da die Brennholzpreise fortwährenden Steigerungen fürder nicht entgehen können, durch welchen Umstand für die Zukunft eine concurrenzfähige Fabrikation in Frage gestellt wird, wesshalb auf Vorbeugung dieser die ganze Industrie betreffenden Eventualität bei Zeiten Bedacht genommen werden sollte.

Aus dem vorliegenden Berichte ergibt sich folgender Ueberblick der Glasfabrikation des Kammerbezirkes im Jahre 1865:

Es bestanden in diesem Jahre Glasfabriken..		9
Verbrauch an Roh- und Hilfsstoffen........		42.280 Zentner
Verbrauchtes Brennmateriale, und zwar:		
weiches Brennholz		14.182 Klafter
Stockholz..............................		24 „
Holzkohlen, weiche.....................		6.200 Zentner
Torf...................................		66.000 „
Theer, in nicht festgestelltem Quantum.		
Arbeiter waren beschäftigt:		
Männer	412	
Knaben unter 14 Jahren............	57	
Weiber	37	
Mädchen unter 14 Jahren...........	3	
Zusammen Individuen		509
Arbeitstage im Durchschnitte zu 12 Stunden		110.000
Arbeitslöhne, annäherungsweise		70.000 fl. ö. W.
Fabriksbeamte..........................		31
mit einem Durchschnittsgehalte von		12.000 fl. ö. W.
Verwendete Motoren:		
1 Dampfmaschine mit..................		16 Pferdekraft
15 oberschlächtige, 6 unterschlächtige Wasserräder, 2 Turbinen		60 „
Im Gebrauch gewesene Oefen und Apparate:		
Schmelzöfen		14
darin Glashafen......................		111
Streck-, Kühl- und andere Oefen..........		91
Pochwerke..............................		10

Schleifmühlen		3
Schleifstände		122
Gasometer		2
Hausschleifereien in Nieder-Oesterreich	30	
„ in Wien	18	
Zusammen		48
Erzeugte Waaren		206.000 Schock
	oder	30.900 Zentner
Geldwerth dieser Fabrikate		350.000 fl. ö. W.
Gesammtbetrag der directen Erwerbsteuer		522 fl. ö. W.

Nächst der Erzeugung von Glasfabrikaten und deren Absatze ist im Kammerbezirke auch jener Verkehr mit Glaswaaren zu berücksichtigen, welcher nicht durch die Fabrikation unmittelbar hervorgerufen wird, nämlich der Handel mit nicht hier producirten Glaswaaren und das Glasergewerbe.

Mit Bezug auf den von dem betreffenden niederösterreichischen Fabriksbetriebe unabhängigen Handel mit Glaswaaren, welcher bloss in Wien seinen Sitz hat, ist vor Allem zu erwähnen, dass hier mehrere der bedeutenderen böhmischen und mährischen Glasfabriken ihre eigenen Niederlagen halten, deren Waarenabsatz im Kammerbezirke selbst und von da nach den Kronländern und theilweise in das Ausland, die Donaufürstenthümer besonders, ein bedeutender ist, umsomehr als in jenen Glasfabrikaten, welche in Nieder-Oesterreich nicht erzeugt werden, nämlich Spiegelglas, Lustersteinen und feinstraffinirter, sogenannter Luxuswaare, in Wien ein beträchtlicher Umsatz stattfindet.

Die bedeutendsten Fabriksniederlagen aus den Kronländern in Wien waren zum Schlusse des Jahres 1865:

J. Schreiber & Neffen; Fabriken und Raffinerien zu St. Sidonia in Ungarn, St. Stefan, Tscheitsch und Gr. Ullersdorf in Mähren; Marienwald, Josefsthal, Franzensthal, dann Haida in Böhmen. Alle Sorten Waaren, besonders gefärbtes, ganz- und halbweisses Hohlglas.

Jos. Zahn & Comp.; Fabriken zu Blumenbach und Kreibitz in Böhmen; weisses Hohl- und Tafelglas, Lustersteine.

S. Reich & Comp.; Fabriken zu Krasna, Karlowitz, Gaya in Mähren. Alle Sorten feine und ordinäre Glastafeln, Schleif- und Hohlglas, Prismen und Lustersteine.

J. & L. Lobmeyr; Fabrik und Raffinerien zu Blottendorf und

Haida in Böhmen. Alle Gattungen feinster Krystall-, Farben- und gewöhnlicher Hohlgläser, Spiegel- und Tafelglas, Glasluster.

Andreas & Peter Ziegler; Fabriken zu Sofienhütte, Neuhurkenthal, Hochofen, Johannesthal und Elisenthal in Böhmen. Geblasenes und gegossenes Spiegelglas.

Hofmann & Ulrich; Fabrik und Raffinerie zu Prag in Böhmen. Feinste und feine Hohl- und Tafelgläser, Krystallglas, Luster.

Graf Harrach; Fabriksniederlage der Herrschaft Starkenbach in Böhmen. Alle Sorten, vorzüglich ganz feine Krystallglaswaaren.

Nebst den genannten bestanden zu Ende 1865 noch zehn Niederlagen auswärtiger Glasfabriken in Wien. Auch betreiben nebst den Glashändlern die meisten Glaser den Detailhandel mit verschiedenen Glaswaaren, welche diese wieder theils von den hiesigen Glasfabriksniederlagen, theils directe aus den niederösterreichischen und sonstigen Fabriken des Kaiserstaates, besonders aus Böhmen und Mähren, beziehen.

Mit Abschluss des Jahres 1865 bestanden im Kammerbezirke Glashändler und Glaser, und zwar:

In Wien: selbstständige: 156 mit 194 Gehilfen und 75 Lehrlingen;

auf dem flachen Lande: selbstständige: 473 mit 138 Gehilfen und 64 Lehrlingen, zusammen daher 629 selbstständige Gewerbetreibende dieser Branche mit 332 Gehilfen und 139 Lehrlingen, welche zusammen den Betrag von 5105 fl. ö. W. an directer Erwerbsteuer entrichteten.

Im Jahre 1855 war die Anzahl der Glashändler und Glaser in Wien: selbstständige: 112 mit 129 Gehilfen und 50 Lehrlingen; auf dem flachen Lande: selbstständige: 257 mit 87 Gehilfen und 30 Lehrlingen, zusammen daher 369 selbstständig Etablirte mit 216 Gehilfen und 80 Lehrlingen. Die Anzahl der selbstständigen Gewerbetreibenden hat sich daher in dem abgelaufenen zehnjährigen Zeitraume um 260 vermehrt und es hat die der Gehilfen um 9 und die der Lehrlinge um 59 zugenommen.

Ueber den in diesen Gewerben erzielten Umsatz, über die betreffende, den Kammerbezirk berührende Ein- und Ausfuhr, über den Localconsum und die allfällige Erweiterung oder Einschränkung des bezüglichen Waarenverkehres, sowie über die genauen Preisverhältnisse lassen sich keine auch nur annäherungsweise verlässlichen Ziffern aufstellen, daher auch ein Vergleich dieser äusserst wichtigen Verkehrsmomente mit denen der früheren Jahre entfallen muss, indem nur aus der Zusammenstellung der mit möglichster Genauigkeit von sämmtlichen einzelnen Industriellen verfassten Geschäftsbetriebs-Ausweise sich die betreffenden nothwendigen Daten ergeben, diese Zusammenstellung aber desshalb unmöglich ist, weil eben diese Betriebsausweise in der erforderlichen Vollständigkeit leider nicht zu erlangen sind.

Noch ist des Agentur-Geschäftes mit Glaswaaren im Kammerbezirke zu erwähnen. Viele Fabriken der Kronländer, ja selbst des Auslandes, halten nämlich in Wien specielle Agenten, welche hier Waarenbestellungen entgegennehmen, um diese sodann directe durch das von ihnen vertretene Fabriksetablissement effectuiren zu lassen. Wenn nun gleich die Waare selbst in solchen Fällen nur äusserst selten und ausnahmsweise den Kammerbezirk berührt, so werden doch diese Geschäfte eben in Wien vermittelt und sind demnach nicht ohne Einfluss auf den Verkehr im Bezirke, weil sich sonst die betreffenden Bestellungen und resultirenden Versendungen den hier vertretenen Fabriken zuwenden müssten. Ueber den Umfang dieser durch Agenten hier vermittelten Geschäfte lassen sich jedoch selbstverständlich nicht die geringsten Angaben machen.

Betreffend die den Glaswaarenhandel berührenden Preisfluctuationen muss bei der Unmöglichkeit ziffermässiger Nachweise das angenommen werden, was bezüglich des Verkehres der Glasfabrikate in Nieder-Oesterreich bereits erwähnt wurde. Was von den Preisen der hier erzeugten Glaswaaren gesagt worden ist, hat auch volle Geltung bezüglich des von der Fabrikation unabhängigen Glashandels; daher auch bei diesem letzteren Industriezweige vom Jahre 1855 bis 1861 ein regerer Aufschwung und bessere Preise, von 1861 bis zum Schlusse des Jahre 1865 jedoch ein Stillstand des Jahresverkehres und daraus resultirende Verminderung der Verkaufspreise bemerkt werden müssen. Auch darf hier nicht unerwähnt bleiben, dass zu diesem Zeitpuncte, d. h. zum Schlusse des Jahres 1865, in allen Niederlagen des Kammerbezirkes beträchtliche Vorräthe von unverkaufter Waare am Lager zurückgeblieben sind.

Spiegelwaaren.

Spiegelfabriken im eigentlichen Sinne, welche sich mit dem Schleifen der rohen Glastafeln, dem Douciren, Poliren, Facettiren und dem Belegen der fertigen Gläser mit Zinnfolien befassen, bestanden zum Schlusse des Jahres 1865 im Kammerbezirke keine

Der Verkehr mit Spiegeln wird hier nur durch die in Wien befindlichen Niederlagen einiger Spiegelglasfabriken aus Böhmen und durch die Spiegelrahmenfabrikanten, welche die fertigen Spiegel beziehen und in den Handel bringen, bewirkt.

Die bedeutendsten Spiegelfabriken Böhmens, welche in Wien Niederlagen halten, sind die der Herren Joh. Anton, Andreas und Peter Ziegler zu Sofienhütte, Neuhurkenthal, Hochofen und Johanneshütte, dann zu Elisenthal.

Während in allen übrigen Fabriken geblasenes Tafelglas zur Spiegelerzeugung verwendet wird, wurde in dem letztgenannten Etablissement im Jahre 1857 eine Spiegelgiesserei in Betrieb gesetzt, deren Erzeugnisse in Farbe und Stärke, so wie auch bezüglich der Reinheit, den ausländischen Fabrikaten ganz gleichstehen. Eine weitere Verbesserung ist in den letzten Jahren durch die Belegung der Spiegelplatten mit Silber anstatt der Merkurbelegung eingeführt worden. Jene Belegungsart ist zwar kostspieliger, aber auch weit haltbarer und der Gesundheit der Arbeiter viel weniger schädlich als die mit Quecksilber.

Grössere Etablissements, welche sich mit der Erzeugung von Spiegelrahmen und Lustern, dann der Einrahmung von Spiegeln in fabriksmässiger Weise befassen, bestanden zu Ende des Jahres 1865 in Wien 23, welche auch den grössten Theil des Handels mit Spiegeln vermitteln. Dieselben beziehen jedoch die Spiegel nicht bloss von den erwähnten inländischen Fabriken, sondern, besonders seit dem Fallen der Valutencurse, auch zum grossen Theile aus Frankreich, Belgien und dem deutschen Zollvereine.

Nebst den im Kammerbezirke selbst consumirten Spiegeln findet ein beträchtlicher Theil derselben von Wien aus Absatz in die südöstlichen Kronländer der Monarchie und theilweise auch nach den Donaufürstenthümern und in die Türkei, sowie nach Persien und Kleinasien.

Der Gesammtverkehr mit Spiegelwaaren war gleich dem mit Glasfabrikaten vom Jahre 1855 bis 1861 ein lebhafter und steigender, von diesem Zeitpuncte jedoch bis zum Schlusse des Jahres 1865 nahm derselbe von Jahr zu Jahr ab.

Als Hindernisse eines regeren Aufschwunges der Spiegelerzeugung und sohin als Ursachen der betreffenden Verminderung des Handels mit diesem Artikel müssen die theuren Brennstoffe, die Höhe der Frachtsätze, die Unsicherheit der Creditverhältnisse und die mangelhafte Schul- und sonstige Ausbildung der Arbeiter, welche wegen dieses Uebelstandes kaum mehr als mechanische Handlanger sind, bezeichnet werden.

Glas- und Perlbläserei.

Im Kammerbezirke bestanden mit Ende des Jahres 1865 28 selbstständige Glas- und Perlbläser, welche das zu ihren Erzeugnissen erforderliche Halbfabrikat, nämlich Stangenglas und Glaspasten, aus inländischen Fabriken beziehen. Der Verbrauch dieses Halbfabrikates ist jedoch quantitativ derart unbedeutend, dass derselbe kaum in Betracht zu ziehen ist.

Die Glasbläser, welche die zu chemischen und physikalischen Apparaten erforderlichen feinen Glasröhrchen u. dgl. verfertigen, erlitten an ihrem, an und für sich nicht ausgedehnten Geschäftsbetriebe in den letzten Jahren keine Einbusse, da sich die Nachfrage nach ihren Erzeugnissen und deren Preis ziemlich gleich bleibt.

Anders verhält es sich jedoch mit den Perlenbläsern. Nachdem deren Erzeugnisse, welche sonst gewöhnlich bloss in Polen, Ungarn und Serbien Absatz gefunden hatten, in den Jahren 1859 und 1860 auch nach den Zollvereinsstaaten, nach England und nach Amerika exportirt worden waren, hörte diese Ausfuhr im Jahre 1862 fast gänzlich auf, und es ist auch der Absatz nach den erstgenannten drei Ländern dermalen nur mehr ein sehr geringer. Abgesehen von der starken Concurrenz, welche die massenhafte Glasperlenfabrikation Venedigs und Muranos den Erzeugnissen des Kammerbezirkes macht, drückte auch die Concurrenz des Auslandes, besonders Frankreichs, dessen Waaren, besonders die feinen Wachsperlen, sich sogar auf dem inländischen Markte zur Geltung gebracht haben, diesen Industriezweig sehr, wesshalb auch die Preise der bezüglichen inländischen Erzeugnisse seit vier Jahren erheblich gefallen sind.

Die folgende Vergleichstabelle für die Jahre 1860 und 1865 macht ersichtlich, dass im Kammerbezirke bezüglich der Gesammtindustrie und des Verkehres mit Glaswaaren bei einigen Zweigen zwar ein geringer Rückschritt, im Ganzen jedoch ein erfreulicher Fortschritt constatirt werden muss, indem sich sowohl die Anzahl der verschiedenen Gewerbetreibenden dieser Branche, als auch die Ziffer der von denselben entrichteten Erwerbsteuer während dieses fünfjährigen Zeitraumes nicht unbedeutend erhöht hat.

Gattung der Gewerbe	im Jahre	in Wien		in den vier Kreisen Nieder-Oesterreichs		Zusammen	
		Zahl der Gewerbe	directe Steuer in fl.	Zahl der Gewerbe	directe Steuer in fl.	Zahl der Gewerbe	directe Steuer in fl.
Glasfabriken..	1860	—	—	8	690	8	690
	1865	—	—	9	522	9	522
	Unterschied	—	—	+ 1	— 168	+ 1	— 168
Glashändler und Glaser.......	1860	131	2580	357	1771	488	4351
	1865	156	2830	473	2275	629	5105
	Unterschied	+ 25	+ 250	+ 116	+ 504	+ 141	+ 754
Glasschleifer, Glasschneider, Glasschmelzer,	1860	13	125	19	54	32	179
	1865	16	155	13	32	29	187
	Unterschied	+ 3	+ 30	— 6	— 22	— 3	+ 8
Glas- und Perlbläser, Perlfasser, Glaspapiererzeuger	1860	25	160	5	25	30	185
	1865	28	195	2	10	30	205
	Unterschied	+ 3	+ 35	— 3	— 15	—	+ 20
Summa......	1860	169	2865	389	2540	558	5405
„	1865	200	3180	497	2839	697	6019
vergleichender Standpunct...	Unterschied	+ 31	+ 315	+ 108	+ 299	+ 139	+ 614

Von gesetzlichen Bestimmungen, welche auf die Glaswaarenindustrie einen unmittelbaren Einfluss nehmen, ist in den letzteren Jahren nur eine einzige, und zwar die Ministerialverordnung vom 4. October 1861, R.-G.-Bl. XLIII, Nr. 100, erschienen, welche die Salzbezugsbegünstigungen auf die Glas-, Thon- und Seifenwaarenerzeugung ausdehnt.

VI. Abschnitt.

Die Production von Chemikalien im engeren Sinne und die sogenannten Sanitäts-Gewerbe.

Verfasser: Vincenz Kletzinsky, Professor der Chemie
und k. k. Landesgerichts-Chemiker.

Die chemische und die sanitätsgewerbliche Production innerhalb des Kammerbezirkes, welche im Jahre 1860 gegen die Ergebnisse von 1855 einen lebhaften Aufschwung und eine entschiedene Steigerung erfuhren, blieben im Allgemeinen seither bis zum Jahre 1865 mehr oder minder stationär, da einigen sehr rühmlichen Fortschritten in gewissen Productionszweigen leider bedeutende Schwankungen in manchen Artikeln, ja sogar in anderen nicht unwichtigen Fabriksbetrieben ein entschiedener Rückgang entgegenstehen.

Die Erlässe des k. k. Finanzministeriums vom 20. April, 7. Juli und 4. October 1861, dann vom 10. October 1862, welche die Leichtigkeit und Billigkeit des Bezuges von rohem Kochsalz nicht bloss im Allgemeinen regeln, sondern den begünstigten Salzbezug auch auf die Seifen,- Thonwaaren- und Glasfabrikation ausdehnen, haben die chemische Industrie des Kammerbezirkes in ihrem zähen und schwierigen Kampfe gegen die in allen ihren Grundbedingungen weitaus günstiger situirte Industrie des Auslandes auf dem Felde der Concurrenz wesentlich unterstützt und gekräftigt. In billigem Salze wurzelt die gesammte chemische Massenproduction der Gegenwart; die ganze Chlorindustrie, die leider im Inlande und speciell im Kammerbezirke so gut wie gar nicht vertreten ist, die aber zugleich durch die Erzeugung der Bleich- und Zündsalze eine hohe, nicht nur nationalökonomische, sondern auch staatspolitische Bedeutung sich gesichert hat, ist ausschliesslich und unbedingt an die Zugänglichkeit und Billigkeit des Salzbezuges gebunden. Man muss es daher der Vertretung der che-

35

mischen Industrie des Inlandes gestatten, die bestimmte Hoffnung auszusprechen: die Regierung werde nicht nur auf der glücklich betretenen Bahn der Preisermässigungen und Bezugserleichterungen des Salzes bis zum Aeussersten fortschreiten, sondern auch durch die vollzogene Befreiung der österreichischen Halurgie von ihren traditionellen und bureaukratischen Fesseln die unaufhörliche Verringerung der Erzeugnisskosten und des Salzbruttowerthes anstreben; nur so gibt es eine Zukunft für die Production von chemischen Rohmassen im Kammerbezirke, welcher vorderhand noch die Gegenwart fehlt, ohne die aber jede andere abhängige chemische Detailindustrie im Inlande der siegreichen Concurrenz des Auslandes unterliegen und sich endlich in eine schädliche Afterproduction von Surrogatkaffeesorten, Wanzentincturen und ähnlichen Schwindelkörnern vom Baume der Reclame und Charlatanerie verwandeln müsste, der leider nur zu sehr geneigt scheint, im österreichischen Boden Wurzel zu treiben.

Nur dem erfreulichen Fortschrittstriebe, dem endlich im wohlverstandenen eigenen Interesse die hervorragenden Repräsentanten der inländischen chemischen Production zu huldigen beginnen, der auf die neuesten Funde der Wissenschaft ein wachsames Auge hat und einen regen und ununterbrochenen Verkehr zwischen dem Laboratorium des Gelehrten und der Werkstätte des Producenten vermittelt, also nur der geistigen und persönlichen Kraft der Erzeuger konnte es gelingen, bei den im Allgemeinen so ungünstigen äusseren Bedingungen des Schaffens, bei der beklagenswerthen Indifferenz der öffentlichen Verwaltung, bei der Productions- und Arbeitsscheue des unzugänglichen, theuren, börsewüthigen Capitals und dem lähmenden Bildungsmangel der Arbeiterclasse dennoch durch gewaltige Anstrengungen jährlich einen Werth von circa zwei Millionen Gulden an Chemikalien im engeren Sinne des Wortes zu produciren, die ausländische Concurrenz bis in die Gränzbezirke zurückzustauen und in einigen Artikeln, wie in den Ableitungsproducten des Weinsteins und des Cyans, sogar einen nennenswerthen Export in das Ausland zu ertrotzen.

Was nun die übersichtliche Gruppirung der chemischen und sanitätsgewerblichen Production des Kammerbezirkes anbelangt, so dürfte sie auf folgende Weise am günstigsten sich gestalten lassen:

1. Die Industrie des Kochsalzes, 2. die Industrie des Schwefelkieses, 3. die Industrie des Salpeters, 4. die Producte des Am-

moniaks, 5. die Chemie der Thon- und Kieselerde, 6. die Metallsalze, 7. die mineralischen Farben, 8. die organischen Farbstoffe, 9. die organischen Säuren, 10. die Alkohole, Aetherarten und Hefen, 11. die ätherischen Oele und Essenzen, 12. die Harze, 13. die chemische Industrie der Fette, 14. die Destillationsproducte der Mineralkohlen und des Theers, 15. die chemischen Productionen aus thierischen Abfällen, 16. die speciell pharmaceutische Production und endlich 17. die Erzeugung und Gewinnung künstlicher und natürlicher Mineralwässer.

I. Industrie des Kochsalzes.

Da die Bleich- und Zündsalze, wie schon erwähnt, im Kammerbezirke keine nennenswerthe Vertretung finden, so ist nur a) die Erzeugung von Soda, b) die Gewinnung von Salzsäure, c) die Erzeugung von Natronlauge hervorzuheben.

a. Soda.

Dieser zur Erzeugung von Glas, Seife, Laugen und Scheuermitteln für die Fabrikswäsche in ungeheuren Massen consumirte Artikel wird noch immer nach dem Le Blanc'schen Verfahren durch Zersetzung des Kochsalzes mittelst Schwefelsäure, Schmelzen des erhaltenen Glaubersalzes mit Kohlenklein und Kalksteingruss und darauf folgende Auslaugung der Black-Ash gewonnen. Die Herabsetzung der Kochsalzpreise hätte nunmehr auch für Nieder-Oesterreich die Le Blanc'sche Sodafabrikation angebahnt, wenn nicht die unverhältnissmässige Höhe der Brennstoffpreise diese Production im Kammerbezirke noch immer lahm legen würde. Bei dem Umstande, dass eine ergiebige, wenn auch nicht exportfähige, so doch die hohe Consumtionsziffer völlig deckende Sodaerzeugung die unerlässliche Grundbedingung einer gesunden und gedeihlichen chemischen Industrie ist, was nicht oft und scharf genug betont werden kann, muss eben so laut und eben so nachhaltig wie für die Ermässigung der Salzpreise, auch für eine bedeutende Herabminderung der Brennstoffpreise plaidirt werden, die, wie Jedermann weiss, mit den Frachtsätzetarifen und Privilegien unserer Bahnen zusammenhängt, ohne deren Regulirung ein Gedeihen der inländischen Industrie schwerlich realisirbar erscheint. Unter dem Alp dieser abnormen Tarife und Brennstoffpreise vermochte sich die Sodafabrikation im Kammerbezirke nicht einzubürgern; die fabriksmässige Zersetzung des Kochsalzes musste bei der Er-

35*

zeugung von Salzsäure und Glaubersalz stehen bleiben, welch' letzteres für Glasfabriken, Spiritusrectificationen und einzelne chemische Productionen eine beschränkte Anwendung findet. Aber auch ausserhalb des Kammerbezirkes in der übrigen Monarchie produciren nur sieben Fabriken von nennenswerther Bedeutung ungefähr 100.000 Zollzentner Soda nach Le Blanc's Verfahren aus Kochsalz, welche Erzeugung einschliesslich der 10.000 Zentner, die Ungarn als natürliche Soda oder Trona aus den Salzauswitterungen seines Bodens (Szég-szod oder Zik) ungefähr jährlich gewinnt, den ohnediess abnorm geringen inländischen Consum an Soda noch lange nicht zu decken vermag, da 100.000 Zentner und darüber jährlich aus dem Auslande importirt werden müssen. Unter solchen Umständen ist leider hierorts nicht daran zu denken, die alte Le Blanc'sche Methode durch ein neues Verfahren zu übertreffen, zu welcher Hoffnung in Frankreich das eigenthümliche Verhalten des pyrenäischen Minerals Beauxit berechtigen dürfte. Der Beauxit, der Hauptmasse nach Thonerdehydrat, verspricht ein neues Aufschliessungsmittel, ein wesentlicher Factor der halurgischen Industrie zu werden, wie seinerzeit der Witherit es für die Cyanindustrie wurde. Die preussische Regierung hat in ihrer rühmlichen Wachsamkeit auf alle materiellen Fortschritte der Production bereits einen hohen Preis auf die Entdeckung von Beauxitlagern im Zollvereinsgebiete gesetzt Es wäre sehr zu wünschen, dass auch die österreichische Regierung durch die k. k. geologische Reichsanstalt auf die Entdeckung inländischer Beauxit- und Witheritlager umsomehr ihre volle Aufmerksamkeit lenken möge, als das Vorkommen dieser beiden Mineralien in den weiten und reichen Mineralgebieten der Monarchie durchaus nichts Unwahrscheinliches an sich hat.

Aber auch unter Beibehaltung des alten Le Blanc'schen Sodaprocesses entbehrt die inländische Production dieses Artikels jener wesentlichen ökonomischen Verbesserungen, welche der ebenso geniale als kolossale Betrieb des Sodakönigs Mr. Tennant in Glasgow realisirt hat; wir meinen damit die Reactivirung und Wiederbelebung der bei dem Sodaprocesse verbrauchten Schwefelsäure, als des kostspieligsten Factors der Production, aus den sonst werthlosen Auslaugungsrückständen der Black Ash, aus dem Calcium-Oxysulfurete, dessen Zerlegung mittelst Kohlensäure oder Salzsäure Schwefelwasserstoff liefert, dessen weitere Verbrennung zu schwefeliger Säure und Wasser die Wiedergewinnung der Schwefelsäure in der Bleikammer gestattet.

Wie weittragend der Einfluss einer rationellen, entfesselten Massenproduction auf chemischem Gebiete für scheinbar sehr fernliegende Verwaltungsbezirke ist, davon ein schlagendes Beispiel anzuführen, können wir uns an diesem Orte nicht enthalten.

Hätte der Kammerbezirk durch billige Salz- und Kohlenpreise eine massenhafte Sodaproduction, so hätte er folgerichtig eine Ueberproduction an roher Salzsäure, die nicht in dem Masse wie Soda consumirt wird; er müsste daher im ökonomischen Interesse die überproducirte Salzsäure zur theilweisen Wiedergewinnung der werthvollen Schwefelsäure aus dem Calcium-Oxysulfurete verwenden. Dabei fiele als massenhaftes Nebenproduct Chlorcalcium oder salzsaurer Kalk ab: in geröstetem, calcinirtem oder geschmolzenem Zustande wäre dieses äusserst billige Nebenproduct ein vortreffliches Trockenmittel, um ohne künstliche Erwärmung verschiedenen Erzeugnissen ihren Wassergehalt zu entziehen, frische Tabak- und Zigarrenfabrikate in ein paar Tagen zu entwässern und ihnen alle Eigenschaften einer abgelegenen Waare zu ertheilen, raffinirte Zuckerbrode rasch und sicher hart, trocken, klingend und kaufrecht zu machen, die Presshefe ohne Schwächung ihrer Keim- und Triebkraft in brauchbarem Zustande auf längere Zeit zu conserviren und ihren weiteren überseeischen Transport zu garantiren. Im krystallisirten Zustande würde dieses Salz ein billiges Eissalz oder Frostmittel abgeben, das den kostspieligen Verbrauch von Kochsalz zu diesem Zwecke ersetzt, und so eine nationalökonomische Sünde beseitigt, da es, nachdem es seine Dienste geleistet hat, nicht wie das Kochsalz, dieser Sclave des Monopols, vernichtet werden muss, sondern einfach durch Abdampfen der zerflossenen Lösung wiedergewonnen werden darf. In wässeriger Lösung endlich ist dieses Salz ein prachtvolles Mittel, um öffentliche Wege, Strassenzüge und Plätze, die damit besprengt werden, völlig staubfrei und auf mehrere Tage hinaus feucht zu erhalten; würde die Commune Wien über grosse Massen dieses Salzes zu sehr billigem Preise verfügen können, so liesse sich durch die periodische Strassenbesprengung mit dieser Salzlösung nach vorhergegangener Scheuerung der Strassen Wien von seinem grössten Feinde, vom Staube, befreien, der wie ein gefrässiger Polyp am Leben und am Eigenthume der Bevölkerung zehrt. Dabei ist noch zu bemerken, dass eine reichliche, regelmässig wiederkehrende Besprengung mit Chlorcalcium im Winter die Gefahr des Glatteises beseitigt, und die Desinfection des Bodens der

Grossstadt wesentlich fördert, somit den öffentlichen Gesundheitszustand in erfreulicher Weise bessert.

Wir haben absichtlich dieses eine Beispiel in voller Breite, auf welche uns der karg zugemessene Raum dieses Berichtes für die Folge zu verzichten zwingt, entwickelt, um daran zu zeigen, wie eng in dem Organismus des öffentlichen Lebens Alles verknüpft und vergliedert ist, so dass eine Verminderung der Salz- und Kohlenpreise und eine folgerichtige Vermehrung der Sodaproduction nicht nur eine Verbesserung der Tabakfabrikation, der Zuckerraffinerie und der Presshefeerzeugung, sondern auch eine Abnahme der Sterblichkeit und eine erfreuliche Zunahme der öffentlichen Gesundheit Wiens mit causaler Nothwendigkeit bedingt. Möchte die Regierung die Unentbehrlichkeit realer Bildung in officieller Weise würdigen und der fruchtbaren Ueberzeugung sich hingeben, dass die so schnöde und vornehm ignorirten materiellen Verhältnisse ihre unaufhaltsamen hygienischen, moralischen und politischen Folgen haben.

b. Salzsäure.

Die Fabriken von Liesing und Heiligenstadt produciren jährlich ungefähr 10.000 Zentner Salzsäure; eine Production, die sich gegen 1855 mehr als verdoppelt hat. Der Umstand, dass die Gewinnung von Salzsäure nur im Vereine mit Bleikammern oder Schwefelsäurefabriken rentabel erscheint, setzt der Erweiterung dieser Production eine natürliche Schranke. Die Consumtion dieses Artikels ist zur Erzeugung von Zinnsalz, Salmiak, Königswasser, in Bleichereien und Färbereien, bei der Verarbeitung der Knochen auf Leim und Hyperphosphatdünger, in der Rübenzuckerindustrie zur Wäsche des Spodiums und Entwicklung von Kohlensäure, endlich bei den metallurgischen Gewerben zur Rostscheuer, Glühspanbeize und Patinage der Metalle eine sehr hohe und lebendige.

c. Natronlauge.
(Laugenessenz.)

Sie wird entweder durch Auflösen von fabriksmässig erzeugtem Natronhydrat, Aetznatron, kaustischer Soda oder Seifenstein in weichem oder destillirtem Wasser, oder durch Kochen einer Sodalösung mit gebranntem Kalk (Scharfmachen) dargestellt und auf eine Concentration gebracht, die 25 bis 33 Procenten Natronhydrat entspricht. Ihre Consumtion ist in der Seifensiederei, in der sie auch häufig selbst erzeugt wird, eine höchst bedeutende; ihre Anwendung ist in vielen Fällen sehr bequem, da die concentrirte Laugenessenz bei manchen Fettstoffen schon auf kaltem Wege die Verseifung veranlasst. Früher wurde eine grosse Menge dieses Artikels in den Haushaltungen bei den mannigfaltigsten Scheuerprocessen consumirt, leider aber haben die unbegreiflich vielen Unglücksfälle, die seine schlechte Verwahrung verursachte, Prohibitivmassregeln und Verkaufsverbote hervorgerufen, die seinem Verbrauche in weitesten Kreisen bedeutenden Abtrag thun mussten. Um die verführerische lautere Farblosigkeit dieser Drogue, die mehrfach eine Verwechslung mit Trinkwasser veranlasst haben soll, zu beseitigen, hat man sie mit Chromalaun dunkelgrün gefärbt; allein diese Farbe, so auffallend und schön sie anfänglich ist, schwindet allmälig, da das früher gelöste Chromoxyd gerinnt und sich in grünen Flocken abscheidet; es bleibt daher nichts Anderes übrig, als die Laugenessenz mit Blauholzextract, Torf oder gerbstoffhältigen Lohbrühen zu färben, obwohl auch diess zur allmäligen Abscheidung humusartiger Niederschläge führt. Ihr Verkaufsverbot hat auch einigermassen ihre Production herabgedrückt.

Starres Natronhydrat, Aetznatron oder Seifenstein producirt im Kammerbezirke nur die Liesinger Fabrik in der beiläufigen Menge von 1400 Zentnern, den Zentner zu 7 Gulden. Ausser dieser Aetznatronproduction in Liesing erzeugen noch drei Firmen hochgradige Laugenessenz in der Gesammtmenge von ungefähr 1000 Zentnern, den Zentner zu 8 Gulden. Man kann mit hoher Wahrscheinlichkeit annehmen, dass der unter viele obscure Erzeuger verzettelte Kleinbetrieb eine ebenso grosse Summe jährlich producirt; addirt man hiezu eine abermalige Menge von 1000 Zentnern, welche die verschiedenen Erzeuger von Waschmitteln und Scheuerpräparaten produciren und unter Einem auch consumiren, so erhielte man die Summe von 3000 Zentnern, die aber noch immer einen Rückgang der Laugenessenzfabrikation verräth, da dieselbe im Jahre 1860 im Kammerbezirke mindestens 4000 Zentner betrug.

II. Industrie des Schwefelkieses.

Diese Industriegruppe umfasst die Fabrikation von Schwefel, von Eisenvitriol, von englischer Schwefelsäure oder weissem Vitriolöl und von rauchender Schwefelsäure oder Oleum, wobei noch Colcothar abfällt.

Im Kammerbezirke selbst sind nur zwei Etablissements, die Bleikammern von Liesing im Bezirke Hietzing und die Bleikammer in Unter-Heiligenstadt im Bezirke Klosterneuburg thätig; eine Ausnützung des im Kammerbezirke vorkommenden Schwefelkieses ist bisher nicht versucht worden, wohl aber verarbeitet seit einem Decennium die Liesinger Fabrik inländischen Schwefel, der aus den ungarischen Kiesen erzeugt wird, an der Stelle des sicilianischen Schwefels, welcher den gewöhnlichen Rohstoff der Schwefelsäurefabrikation abgibt. Bei den grossen Preisschwankungen, die der sicilianische Schwefel zeigt, und die 30 bis 50 Procente seines Werthes erreichen, ferner bei den Bezugsunterbrechungen dieses Rohstoffes in Kriegsfällen, wie eben ganz vor Kurzem wieder, endlich bei der cardinalen Unentbehrlichkeit einer selbstständigen und gesicherten Schwefelsäurefabrikation für die inländische Industrie, die so bedeutungsvoll ist, dass Liebig sogar nach dem Verbrauche von Schwefelsäure die Culturstufe eines Landes bestimmen zu können glaubte, — unter allen diesen unerschütterlichen Voraussetzungen begreift man die hohe Bedeutung der Ausbeutung einheimischer Schwefelkieslager, wobei noch der Vortheil erwüchse, durch zweckmässige Verhaldung der Abbräude, welche die Schwefelkiesdestillation liefert, Eisenvitriol auf billigste Art in Masse produciren zu können, der, abgesehen von seiner industriellen Verwendung zur Oleum- und Colcotharbereitung, zur Färberei und Tintenfabrikation, noch den unbestrittenen Werth besitzt, das billigste Desinfectionsmittel im Grossen darzustellen, dessen ungenügende und rasch vertheuerte Beschaffung von dem Gemeinwesen und dem Einzelnen nie bitterer empfunden wird, als bei der drohenden Gefahr septischer Epidemien, wie leider im Herbste 1866. Der Kammerbezirk ist schlechterdings nicht im Stande, die zur wahrhaft beruhigenden und den Erfolg verbürgenden Desinfection Wiens erforderliche Menge von Eisenvitriol rasch, sicher und billig zu verschaffen; aber auch die gesammte Monarchie ist derzeit nicht in der Lage, so viel Eisenvitriol aus ihrer inländischen Erzeugung aufzubringen, als die Desinfection ihrer Städte erheischt, wenn diese nicht eine bloss augenblickliche Concession der Angst vor der drohenden Seuche an die vernachlässigte Wissenschaft der öffentlichen Hygiene, mehr auf moralischen als materiellen Erfolg berechnet, mehr die Gemüther calmirend, als die Kanäle desinficirend, sondern eine reelle, praktische Massregel der öffentlichen Gesundheitspflege sein und werden soll, die es sich zur Aufgabe macht, die Gefahren, welche die Anhäufung der Menschen an einem Orte durch die unvermeidliche Ansammlung grosser Unrathsmassen mit sich bringt, stetig und mit gesichertem Erfolge zu bekämpfen, und eben diese Unrathsmassen, die sonst in kürzeren oder längeren Fristen unter klimatischen Begünstigungen zum Fluche von Seuchen sich gestalten, durch Anwendung von Eisenvitriol und Gyps in fruchtbare Dungstoffe für den Ackerbau zu verwandeln. Es muss anerkannt werden, dass dem Fabrikanten Emil Seybel das Verdienst gebührt, diese von der Wissenschaft seit lange geforderte Ausbeutung inländischer Schwefelkieslager hier zuerst praktisch realisirt zu haben; man kann sagen, dass ungefähr 50 Procente des von der Liesinger Bleikammer verarbeiteten Rohstoffes dem aus inländischen Kiesen, besonders aus den Bösinger Lagern bei Pressburg bereiteten Schwefel gebühren, wodurch ein Capital von circa 100.000 fl. dem Lande verbleibt, das sonst als Kaufpreis für sicilianischen Schwefel in das Ausland gewandert wäre; Grund genug, einer durchgreifenden und allgemeinen Verarbeitung der unerschöpflich reichen inländischen Schwefelkieslager auf das wärmste das Wort zu reden.

Die Productionshöhe im Kammerbezirke erreicht ungefähr 60.000 Zentner englischer Schwefelsäure; die Consumtion an diesem unentbehrlichen Artikel entfällt vorläufig zum grossen Theil (in der Höhe von fast 40 Procenten) auf die Stearinkerzenfabriken des Kammerbezirkes. Dass die Verseifung mit überhitzten Wasserdämpfen, welche in der Herstellung ihrer kostspieligen dampfdichten, auf hohen Druck berechneten Apparate erhebliche Schwierigkeiten findet, sich langsam ihr Terrain erobern und dadurch diese Quelle der Schwefelsäureconsumtion spärlicher fliessen machen wird, ist gewiss, aber vorderhand eben nicht wahrscheinlich.

Die Zerlegung des Kochsalzes oder die Erzeugung der Salzsäure ist der nächste Grossconsum der Schwefelsäure; ausserdem verbraucht die Oelraffinerie, die Papierfabrikation, die Erzeugung von Schiesswolle, Kollodiumwolle und ähnlichen Fulminen, von Pergamentpapier, Waschblau und Indigocarmin, die Darstellung schwefeligsaurer und schwefelsaurer Präparate und überhaupt die gesammte chemische Production nicht unerhebliche Mengen von Schwefelsäure.

Die Consumtion der Schwefelsäure im Kammerbezirke wuchs in den ersten Jahren des Decenniums von 1855 bis 1865 etwas rascher als die Production derselben; in den letzten Jahren nahmen beide wieder ab.

Das Etablissement von Liesing verfügt über 4 Maschinen mit der Summe von 20 Pferdekräften, während sie vor Beginn des abgelaufenen Decenniums nur über eine Maschine zu zwei Pferdekräften verfügte, was einen selbstredenden Beweis ihres erfreulichen Aufschwunges liefert.

Die Fabrik, welche ausser Schwefelsäure, Salzsäure, Salpetersäure und Glaubersalz noch zahlreiche Alkali-, Erd- und Metallsalze darstellt, wird von 6 Beamten geleitet und beschäftigt unter 3 Aufsehern 80 Werksarbeiter mit einem Taglohn von 80 bis 95 Kreuzern. Sie hat im Betriebe 2 Flammöfen und 2 Retortenöfen, 16 Verbrennungsöfen für Schwefelkiese, 3 Systeme von Bleikammern mit einem Gesammtfassungsraum von 160.000 Cubikfuss und ausser den selbstverständlichen Werksvorrichtungen zum Lösen, Krystallisiren, Destilliren, Sublimiren, Präcipitiren und Trocknen noch 4 Pochwerke mit Eisenwalzen, Granitrollen und Pochstämpeln auf Gitterunterlage. Sie consumirt für die Schmelz-, Verbrennungs- und Destillationsöfen jährlich circa 60 Klafter hartes Holz, 50.000 Zentner Braunkohlen, 3500 Zentner Coaks und 300 Zentner Hartholzkohlen, für die Motoren als Feuerung 20.000 Zentner Braunkohlen. Sie verarbeitet 28.000 Zentner Schwefelkies aus Ungarn und circa 9000 Zentner sicilianischen Rohschwefel, und producirt jährlich circa 40.000 Zentner Schwefelsäure im Mittelwerthe von 4 bis 5 fl. per Zentner. Sie erzeugt ferner unter Consumtion von 700 bis 900 Zentnern aus Wien und Pest bezogener Eisenabfälle circa 3600 Zentner Eisenvitriol.

Wie schon früher bemerkt, ist die Erzeugung von Salzsäure und Glaubersalz von der Bleikammer abhängig, wesshalb wir auch hier das Budget dieser Production aufführen wollen: 9000 Zentner galizisches Kochsalz werden mit der nöthigen Schwefelsäure eigener Erzeugung zu circa 10.000 Zentnern Glaubersalz verarbeitet; weitere 12.000 Zentner calcinirtes Glaubersalz und 2000 bis 3000 Zentner krystallisirtes schwefelsaures Natron erhält die Fabrik als Nebenproducte bei der Salpeterraffinerie und Salpetersäuredestillation. Der Verkaufswerth des Eisenvitriols beträgt circa 3 fl., der des Glaubersalzes 2½ bis 3 Gulden. An Salzsäure producirt die Fabrik circa 16.000 Zentner, wovon jedoch nur 12.000 bis 13.000 Zentner um circa 2¼ Gulden per Zentner abgesetzt, und 3000 bis 4000 Zentner in der Fabrik selbst verarbeitet werden, welche auch circa 22.000 Zentner der Schwefelsäure eigenen Erzeugnisses zu ihren weiteren Producten consumirt.

Die k. k. Schwefelsäurefabrik in Heiligenstadt (Nussdorf) besitzt eine Hochdruckmaschine ohne Expansion mit zwei Pferdekräften und hat im Betriebe drei Retortenöfen mit 28 Glasretorten von 15 bis 20 Mass Inhalt, einen Ofen mit einer Platinretorte von 200 Litres Inhalt, einen Schwefel-Verbrennungsofen von 350 Cubikfuss Fassungsraum, vier Bleikammern im Gesammtraume von 60.000 Cubikfuss mit 6 bleiernen Abdampfpfannen. Sie consumirt für die Verbrennungs,- Destillations- und Abdampfungsöfen 74 Klafter weiches 24zölliges Brennholz, circa 6000 Zentner Braunkohlen und 1000 Zentner Coaks, für die Motoren 3300 Zentner Steinkohlen. Die Fabrik wird von drei Beamten geleitet und von 20 stabilen Arbeitern versehen, von denen Einer technische Fachbildung bessitzt; der Taglohn der Werksarbeiter beträgt einen Gulden. Die Fabrik verarbeitet jährlich 4000 bis 5000 Zentner sicilianischen Rohschwefel und erzeugt daraus circa 14.000 bis 15.000 Zentner englische Schwefelsäure, und zwar die 66grädige zu beinahe 6 Gulden, die 50grädige zu 2 fl. per Zentner. Circa 12.000 Zentner dieses Erzeugnisses, hauptsächlich 50grädiger Schwefelsäure, werden in der Fabrik selbst wieder verarbeitet.

Ausserdem producirt auch diese Fabrik, wie bereits oben erwähnt, Salzsäure und Glaubersalz, und zwar aus 145 Zentnern Kochsalz der k. k. Saline Ebensee in Ober-Oesterreich circa 1000 Zentner uncalcinirtes Glaubersalz, per Zentner zu 2½ fl., und circa 180 Zentner 84grädige Salzsäure, die reine zu 16 fl., die ordinäre zu 6 fl. per Zentner.

Als Humanitätsanstalt für das Fabrikspersonale wirkt in Liesing eine Kranken- und Pensionscasse, in Nussdorf eine sogenannte Bruderlade.

III. Industrie des Salpeters.

Hieher gehört die Salpetersäuregewinnung, die Salpeterraffinerie, die Nitrirung und die Schiesspulverfabrikation.

a. Salpetersäure.

Die Salpetersäure wird heutzutage fast ausschliesslich aus rohem oder gereinigtem Chilisalpeter durch Destillation mit Schwefelsäure dargestellt. Sie kommt theils, jedoch sehr selten, als farblose rauchende Salpetersäure von dem specifischen Gewichte 1·5, häufiger als rothe rauchende Salpetersäure von 1·4, als concentrirte farblose Salpetersäure von 1·3 und als Scheidewasser von 1·2 in den Handel. Für gewisse Verwendungen soll sie möglichst chlorfrei erhalten werden, so dass sie die Silberlösung entweder gar nicht oder bloss opalisirend trübt; diess ist sogar für die Zündwaarenfabrikation bei dem Abbrennen des Miniums erwünscht, da ein grösserer Gehalt an Chlorblei die Schönheit und Güte der Zündmasse beeinträchtigt. Man erreicht übrigens durch blosses Umkrystallisiren des rohen Natronsalpeters und durch vorsichtiges Fractioniren des Destillates, dessen erstes und letztes Zehntel man beseitigt, während man die mittleren vier Fünftel als reines Erzeugniss aufsammelt, einen für alle praktischen Zwecke vollkommen ausreichenden Grad von Chlorfreiheit und Reinheit der Salpetersäure. Bei der Destillation der farblosen Salpetersäure bleibt doppelt-schwefelsaures Natron zurück, das neuerdings mit Natronsalpeter in der ursprünglichen Menge gemischt und bei scharfem Feuer destillirt, rothe rauchende Salpetersäure liefert, während Glaubersalz zurückbleibt. Im Kammerbezirke ist die Erzeugung dieser Säure wieder nur durch die beiden mehrerwähnten Fabriken in Liesing und Heiligenstadt in nennenswerther Weise vertreten. In Liesing werden aus ungefähr 8000 Zentnern über Hamburg und Bremen bezogenen Chilisalpeters circa 6000 Zentner Salpetersäure von verschiedenem Gehalte im Mittelwerthe von 14 fl. per Zentner erzeugt. In Heiligenstadt werden aus circa 900 Zentnern, theils über Triest, theils über Hamburg bezogenen Chilisalpeters circa 10 Zentner rothe rauchende Salpetersäure im Werthe von 28 fl., 60 Zentner 42grädige reine Salpetersäure zu 32 fl. und circa 500 Zentner Doppelscheidewaser zu 15 fl. gewonnen. Die Erzeugung dieser Säure im Kammerbezirke erreicht somit nicht 7000 Zentner, und beträgt kaum 20 Procent der inländischen Gesammterzeugung. Der Consum von Salpetersäure wird, ausser bei der Fabrikation chemischer Präparate, der verschiedenen salpetersauren Salze für die Pyrotechnik und ihrer Verwendung in den metallurgischen Gewerben, hauptsächlich auf vierfache Weise vollbracht, nämlich 1. zur Erzeugung von Nitrochlorsäure oder Königswasser (für Metallarbeiter, Färber, Chemiker); 2. zur Erzeugung der Nitroschwefel- oder Fulminsäure (zur Erzeugung der Schiess- und Collodiumwolle, des Raketenpapiers, des Mirbanöls, des Nitromannits, des Nitroglycerins, Glonoidins oder schwedischen Sprenöls, des Xyloidins u. s. w.); 3. in der Zündwaarenfabrikation bei dem Abbrennen des Miniums behufs Erzeugung von salpetersaurem Bleioxyd und braunem Bleihyperoxyd als Zünd- und Farbkörper der Köpfchenmasse; endlich 4. in der Färberei und dem Kattundrucke zur Herstellung der Blau- und Schwarzbeize (salpetersaures Eisenoxyduloxyd) und zum Mandarinendruck und Echtgelbfärben thierischer Gewebe.

Ihre Verwendung in der Bleikammer ist zwar der chemischen Rolle nach von unentbehrlicher Wichtigkeit und Bedeutung, da nur sie das Schwefeligsäure-Hydrat zu Vitriolöl oxydirt, aber der Menge nach ziemlich unbedeutend, da sie, als sogenannter katalytischer Factor, sich theoretisch unverzehrt behaupten sollte, so dass man mit einem Zentner Salpetersäure Hunderttausende von Zentnern Schwefelsäure bereiten sollte, was selbstverständlich in der Praxis unmöglich ist; doch consumirt auch die unvollkommenste Praxis nicht leicht mehr als einen Zentner Salpetersäure auf 60 Zentner Schwefelsäure.

Die inländische Erzeugung dieses Artikels im Allgemeinen findet sogar einen langsam sich vergrössernden Export nach den Donaufürstenthümern und dem Oriente, dem natürlichsten Markte unserer vaterländischen Industrie.

b. Salpeterraffinerie.

Die Salpetererzeugung im Kammerbezirke erreicht die beiläufige Höhe von 7000 Zentnern. Theils wird bloss der rohe Chilisalpeter raffinirt, wie z. B. ein derartiges Erzeugniss von 1000 Zentnern in der mehrerwähnten Liesinger Fabrik, theils wird der Natronsalpeter durch Behandlung mit Pottasche in Kalisalpeter umgewandelt, wobei Soda abfällt. So erzeugt das Etablissement des Franz Fischer, das zugleich Seifen- und Kerzenfabrik ist, von sechs Beamten geleitet und von circa 40 Arbeitern besorgt wird, das ferner eine Dampfmaschine mit acht Pferdekräften, zwei Dampfkessel, drei Dampfschmelzapparate für Unschlitt und zwei Feuerungschmelzapparate, vier Dampfdoppelkessel, zwei Läuterungskessel, sechs Seifenkessel, sechs Salpetersudkessel, drei Sodaabdampfpfannen, zwei Seifenquetsch- und eine Unschlittzerkleinerungs-Maschine mit Dampf und sechs Spindelpressen im Betriebe hat, welches endlich 246 Klafter weiches Holz und 7100 Zentner Steinkohlen consumirt, aus 2200 Zentnern Natronsalpeter via Hamburg und 2000 Zentnern siebenbürgischer Pottasche 2400 Zentner Kalisalpeter zu 27 fl. 50 kr. als Hauptproduct und 2200 Zentner Soda zu 9 fl. als Nebenproduct.

Das Etablissement Johann Michael Marcher, eine Salpetersiederei in Grossenzersdorf, verfügt über einen Göppel von vier Pferden zum Mühlenbetriebe und wird unter einem Aufseher von 14 Werksarbeitern versorgt, welche 60 Kreuzer Taglohn beziehen, hat eine gewöhnliche Mahlmühle mit Steinen und zehn Abdampfkessel zu je 20 Cubikfuss Rauminhalt im Betriebe, consumirt

100 Klafter weiches Holz und 5000 Zentner Steinkohlen und producirt aus 3000 Zentnern Chilisalpeter mittelst 20.000 Zentnern hiesiger Holzasche und 1000 Zentnern Pottasche 3000 Zentner reinen Kalisalpeter, 2700 Zentner gemahlene Soda und als Nebenproduct, für Alaunfabrikation oder Düngungszwecke verwendbar, noch 300 Zentner schwefelsaures Kali. Die durch den Chilisalpeter verdrängte Salniter-Plantagenwirthschaft scheint nur in ausserordentlich beschränkter Weise noch zur Salpetererzeugung benützt zu werden, wie etwa im Bezirke Amstetten, wo Jahr für Jahr in sehr bescheidenem Betriebe circa 200 Zentner solchen Salpeters erzeugt werden.

Erwähnenswerth ist in diesem Productionszweige noch das Schrattenbach'sche Etablissement in Baden bei Wien.

Die Bereitung von Kalisalpeter aus Natronsalpeter kann durch Umsatz mittelst Pottasche und Chlorcalcium direct erfolgen. Das schwefelsaure Kali, das ziemlich billig, etwa der Zentner um 6 fl., zu beziehen wäre, und das übrigens dem Salpetersieder nur zu häufig in Form von Abfällen und Verunreinigungen begegnet, erlaubt keinen directen Umsatz, ausser man verwandelt es vorweg durch Zusatz von Chlorcalcium, unter Abscheidung von Gyps in Digestivsalz oder Chlorcalcium, worauf das Mehlmachen von reinem Kalisalpeter ohne Anstand gelingt.

Auch bei dem Artikel Chilisalpeter, den uns der Welthandel aus Südamerika und Polynesien, namentlich von dem Hauptstapelplatze Valparaiso liefert, macht sich der lähmende Einfluss abnormer Bahntarife geltend, indem nur der hohe Frachtsatz der Südbahn die rührigen Triester Firmen, trotz alles directen billigen Bezuges, von der Concurrenz mit dem Chilisalpeterhandel via Hamburg ausschliesst.

Eine Calamität, welche die rühmlichst bekannte Firma Fischer vor einigen Jahren betraf, nämlich der Verlust mehrerer auf dem Transport in Brand gerathener Chilisalpetersäcke, hat durch die erregten Bedenken der Assecuranzen eine Enquête über die angebliche Selbstentzündlichkeit des Chilisalpeters hervorgerufen, wobei sich unbegreiflicher Weise selbst fachliche Autoritäten für die Annahme einer Selbstentzündlichkeit aussprachen. Gründliche, theils wissenschaftliche, theils praktische Versuche und Erhebungen haben die Sache spruchreif gemacht; eine Gefahr der Selbstentzündung des Chilisalpeters (soll wohl heissen der Chilisalpetersäcke) existirt nicht; von der Selbstentzündung des Salpeters kann ohnediess im eigentlichen Sinne nicht die Rede sein; die salpetersauren Salze können unter Umständen zündend, d. h. Sauerstoff abgebend auf verbrennliche Körper einwirken, aber der hygroscopische Natronsalpeter, welcher zugleich als ein antiseptisches Salz alle Fäulniss- und Gährungsprocesse, in welchen allein die Ursache der Selbstentzündungen zu suchen ist, hemmt und unterdrückt, bewahrt vielmehr das Pflanzengewebe seiner Säcke und Emballagen vor jeder möglichen Gefahr einer Selbstentzündung, geschweige dass er sie veranlasse.

Der rohe Natronsalpeter ist ein prachtvolles Düngungsmittel für den Ackerbau; er ersetzt die Ammoniaksalze und wirkt, zwar etwas zögernder, aber dafür auch nachhaltiger als dieselben; er unterstützt die Durchfeuchtung und Verwitterung des mineralischen Ackerlandes auf das Trefflichste und reinigt sogar in nicht unerheblicher Weise den Boden von mancherlei parasitischem Ungeziefer; er ist ein gutes Ersatzmittel für Guano und kräftigt vorzüglich die Stickstoffernährung der Pflanze, wesshalb er günstig auf die Production kleber- und eiweissreicher Samen und alkaloidischer Culturpflanzen, wie z. B. des Tabaks, einwirkt, weit weniger aber dort günstig wirkt, wo Zuckerproduction und die Zufuhr von Kalisalzen erfordert wird, wie bei der Rübe und dem Wein. Ein gewaltiger Import billigen Natronsalpeters ist also nicht nur im Interesse einer fortgeschrittenen Industrie, sondern auch im Interesse der Bodenproduction dringend geboten, und die spröden Bahnen mit ihren rebellischen Frachtsätzen mögen bedenken, dass die „guten Geschäfte“ des Augenblicks auch bei ihrem Betriebe nur dann Dauer und Realität verheissen, wenn ihre Schienenwege sich durch üppige Felder und blühende Industriebezirke ziehen.

c. Nitrirung.

Von den in grösserem Massstabe ausgeführten Nitrirungsprocessen sind für den Kammerbezirk nur drei hervorzuheben, da die Erzeugung von Nitromannit, den man in Amerika dem Knallquecksilber surrogiren wollte, und die gefährliche Bereitung des furchtbar detonirenden schwedischen Sprengöls oder Nitroglycerins unseres Wissens hier nie fabriksmässig versucht wurden.

Diese drei Nitrirungsprocesse, die übrigens auch nicht über Versuche und Erzeugung im kleinen Massstabe hinausgekommen sind, betreffen die Erzeugung von Collodiumwolle, von Pikrinsäure und Mirbanöl. Die Collodiumwolle, d. i. die bei 50° C. nitrirte

Modification der Schiesswolle, die in alkoholisirtem Aether löslich ist, wird hauptsächlich zu photographischen Zwecken, ferner zu medicinisch-chirurgischen Zwecken und endlich, obwohl ziemlich selten, als isolirender und wasserdichter Firniss zu technischen Zwecken verwendet. Die auf kaltem Wege durch die concentrirtesten Säuregemische erzeugte, in Aether und Alkohol unlösliche Modification, die eigentliche Schiesswolle, Trinitrocellulose, Pyroxylin, hat — wie man sich erinnert — vor Jahren die grosse und erfolgreiche Aufmerksamkeit der Regierung auf sich gezogen, ist aber, nachdem ihr durchgreifender Erfolg beinahe gewiss schien und die Ausrüstung von Schiesswollbatterien bevorstand, durch die bekannte Simmeringer Katastrophe, nämlich durch das unvermuthete Auffliegen grösserer Schiesswollmagazine, in vollste Ungnade gerathen. Gegenüber den ganz eigenthümlichen Verhältnissen der Kriegsartillerie muss sich allerdings selbst der Fachchemiker als Laie bekennen, und es mag dieses in theoretischer Beziehung unübertreffliche Schiessmittel, bei allen seinen Vorzügen: der Augenblicklichkeit des Losgehens ohneRückstoss, derQualmlosigkeit, der geringen Eigenschwere, des bequemen Transportes, der Luft- und Wasserstetigkeit, allerdings schwere und bedenkliche Uebelstände in der Praxis der Kriegführung mit sich bringen; aber von dem einen Vorwurfe der Selbstentzündlichkeit muss die Wissenschaft, die sich von unerklärlichen, wenn auch noch so schrecklichen Scheinbeweisen nicht verblüffen lassen darf, dieses früher gehätschelte und nunmehr verlästerte Schiesspräparat vollkommen freisprechen; gut bereitete und vollständig ausgewaschene Trinitrocellulose hat bei ihrer Aufbewahrung im Dunklen weder die geringste Neigung zur Selbstentmischung und Zersetzung, noch auch die leiseste Gefahr einer Selbstentzündung. Dieses Verdict fusst nicht nur auf der unerschütterlichen Basis theoretischer Schlussfolgerungen, sondern ist auch durch eine fast zwanzigjährige praktische Erfahrung, die der Berichterstatter selber theilt, unwiderleglich bewiesen. Zu technischen Sprengungen in grossem Masstabe ist nitrirtes Werg oder nitrirtes Holzsägemehl von vortrefflichem Dienste und in jeder Beziehung dem modernen Haloxylin vorzuziehen, das aus Kohle, Salpeter und Blutlaugensalz besteht.

Die Pikrinsäure, oder vielleicht richtiger gesagt eine Nitrosäure, welche thierische Gewebe substantiv echt gelb färbt und entweder Trinitrophenylsäure oder eine Homologie derselben ist, wird erhalten, indem man gewisse extractive Bitterstoffe, wie Aloë

— oder Harze, wie das Acaroidgummi oder Botanybaiharz von dem australischen Baume Xanthorrhoea hastilis — oder endlich, indem man das Steinkohlenkreosot oder die Phenylsäure nitrirt. Die mit Pikrinsäure intensiv gelb gefärbten und imprägnirten thierischen Gewebe sind dem Mottenfrasse nicht unterworfen.

Mirbanöl, künstliches Bittermandelöl oder Nitrobenzol, wird bereitet, indem man das völlig geläuterte hochgrädigste Benzol, den flüchtigsten Vorlauf des Steinkohlentheeröls, mit grösster Vorsicht, um alle Entzündung und Explosion zu vermeiden, mit Salpetersäure tropfenweise sich mischen lässt, das Nitrirungsproduct mit Wasser, in dem es als schweres gelbes Oel zu Boden sinkt, vollkommen entsäuert und wäscht, und das gewaschene Product wieder sehr vorsichtig bei möglichst niederer Temperatur im Dampfstrome abbläst oder rectificirt. Das Mirbanöl dient als ordinäres Parfum für Seifen und maskirt scharfe Gerüche von Chemikalien, wie z. B. den Ammoniakgeruch, sehr gut, wesshalb es der Karmintinte und vielen Scheuerpräparaten zugesetzt wird. Löst man Mirbanöl in starkem Weingeist, so erhält man die Mirbanessenz, die mit Chlorzinklösung gemischt und in die Fugen der Holzgeräthe, Holzverkleidungen und Mauerritzen gebracht, das wirksamste Vertilgungsmittel der Bettwanze und andern Ungeziefers abgibt. Wird Nitrobenzol mit Essigsäure und Eisenfeilspänen verbreit, was man attaquiren nennt, so reducirt der Wasserstoff im Entbindungsmomente, der durch das Aufeinanderwirken des Eisens und des Essigsäurehydrates frei wird, das Nitrobenzol zu Anilin oder Phenylamin, welches den Ausgangspunct zur Darstellung der modernen Anilinfarben bildet. Versuche zur inländischen fabriksmässigen Erzeugung von Nitrobenzol, Anilin und allen seinen Derivationen hat der Berichterstatter vor einigen Jahren in einem Etablissement zu Baumgarten nächst Wien gesehen. Leider ist auch hier wieder die Sprödigkeit und Arbeitsscheu des inländischen Capitals und der Mangel einer kräftigen und blühenden chemischen Rohproduction die traurige Ursache, dass alle derartigen Versuche scheitern und dass wir trotz der gewaltigen Theersümpfe, welche die Continental-Gas-Association und andere Kohlendestillationsanstalten im Wiener Gebiete anlegen, dennoch fast den ganzen Bedarf an Anilinfarben von dem Auslande zu beziehen gezwungen sind.

Die Schiesspulverfabrikation, welche im Kammerbezirke von Seite der Privatindustrie nur in geringem Grade, wie

36

etwa durch die Dottelbach'schen Pulverwerke bei Lichtenwörth im Bezirke Wr.-Neustadt, die 10 Arbeiter beschäftigen, vertreten ist, hat theils in Bezug auf die Kohlenerzeugung, theils in Bezug auf die gesammte chemische Zusammensetzung der Pulversätze, wesentliche Neuerungen erfahren, die hauptsächlich aus der Schweiz und aus Frankreich stammen. Durch Verkohlung des Faulbaumholzes in geschlossenen Cylindern auf nassem Wege mit überhitzten Wasserdämpfen lässt sich eine leicht entzündliche, rasch verglimmende, lockere, sogenannte Rothkohle erzeugen, welche zur Schiesspulverfabrikation weitaus geeigneter ist als die in Meilern oder Cylindern auf trockenem Wege erzeugte Schwarzkohle. Als neuer Pulversatz muss das sogenannte französische oder weisse Schiesspulver erwähnt werden, welches aus drei Theilen Blutlaugensalz, das man vollkommen entwässert, und aus zwei Theilen chlorsaurem Kali besteht, somit einen schwefelfreien Rückstand lässt und als treibende Gase Kohlensäure und Stickstoff entwickelt; seine Kraft übertrifft bei gleichem Gewichte die des besten Jagd- oder Scheibenpulvers um das Dreifache; seine brisante Wirkung macht vorderhand, ehe man dieselbe zu zähmen gelernt haben wird, seine Verwendung für gewöhnliche Geschosse unstatthaft; aber seine pyrotechnischen Leistungen bei Sprengversuchen bleiben unbestritten.

Als Anhang zu den Alkalisalzen mag hier die Pottasche ihren Platz finden, deren Consum für Seifensiederei, Salpeterfabrikation und die übrige Production von Kalisalzen im Kammerbezirke eben nicht unbedeutend ist; deren Production aber, die vor fünf Jahren noch eilf Pottasche-Siedereien im Kammerbezirke mit einer jährlichen Leistung von circa 3000 Zentnern umfasste, ist heute leider auf etwa drei Siedereien mit der Leistungsfähigkeit von ungefähr 1000 Zentnern herabgesunken und auch dieser Bestand erscheint nicht mehr gesichert. 30 bis 40 Metzen Holzasche liefern bei diesem einfachen Auslaugeprocesse durchschnittlich 1 Zentner Pottasche. Der Auslaugerückstand bildet eine unendlich lockere graue, spröd anzufühlende Masse, welche nächst der Luft zu den schlechtesten Wärmeleitern zählt und desshalb zur Füllung der hohlen Mantelräume von Eiskellern und feuersicheren Schränken vollkommen geeignet ist. Das siegreiche Vordringen der Mineralkohlen als allgemein benützter Brennstoff und die ohnediess schon übermässige Entwaldung des Kammerbezirkes tragen die natürliche Schuld des Verfalles der Pottaschenerzeugung. Dagegen lässt sich auch vom Standpuncte der nationalökonomischen Kritik nichts Stichhältiges einwenden; nur möchten wir in dieser sparsamen Zeit, die aller Verschwendung abhold ist, auf die Abfälle kalihältiger Culturgewächse aufmerksam machen, wie auf die Abfälle der Rübe und des Weines. Diese Culturpflanzen entziehen dem Boden den kostbaren Kalischatz; wird derselbe dem Boden nicht wieder periodisch ersetzt, so verarmt dieser und macht endlich Bankerott. Das hat der Padischah der ungarischen Rübenzuckerindustrie, Baron v. Sina, dessen kolossale Zuckerfabrik sich zur Kaserne entpuppt hat, das haben die österreichischen Kleinwinzer zu ihrem bittersten Nachtheil empfinden müssen. Naturgesetze lassen sich nicht ungestraft verletzen; der rationellste Vorgang wäre, die letzten Abfälle der Weinbereitung und Rübenzucker-Fabrikation auf Pottasche auszunützen, die werthvoller ist und den entlehnten Kaligehalt dem Boden durch eine Düngung mit schwefelsaurem Kali, das höchstens ein Drittheil des Pottaschenwerthes repräsentirt, wieder zu ersetzen. Heutzutage müssen sich Industrie und Ackerbau ergänzen; Eines ohne das Andere kann auf die Dauer nicht bestehen. Die Kenntniss der Naturgesetze, die reale Bildung der Producenten im Allgemeinen ist die einzige Bürgschaft für das Wiedererstarken und Gedeihen der in ihren innersten Grundfesten schwankenden Production.

Die Preise der im Kammerbezirke erzeugten Pottasche, welche im Jahre 1860 18 bis 19 fl. betrugen, sind bis auf 11 bis 12 fl. per Zentner zurückgegangen, aber auch die illyrische Pottasche, welche 22 bis 24 fl. kostete, ist auf 16 bis 18, und die ungarische Pottasche von 20 bis 22 fl. auf 14 bis 15 fl. per Zentner gesunken.

IV. Ammoniak und seine Verbindungen.

a. Aetzammoniak.

Das Aetzammoniak oder der Salmiakgeist wird durch Zersetzung irgend eines Ammoniaksalzes mit Aetzkalk und durch Absorption des entwickelten Ammoniakgases in gutgekühltem destillirten Wasser dargestellt; es wird in der Fabrikation organischer und mineralischer Farben und in der Färberei selbst, sowie in den chemischen und pharmaceutischen Laboratorien verbraucht: sein Bedarf ist in der Färberei je nach der Mode der Farbstoffe ein sehr wechselnder; er dürfte vor ungefähr einem Triennium, während das Murexid-, Guano- oder Harnroth in der Schönfärberei modern war, culminirt haben, hat aber sicher, seit die Anilinfarben das Murexid verdrängten, ausserordentlich abgenommen.

Die Liesinger Fabrik, welche im Jahre 1855 circa 600, im Jahre 1860 400 Zentner Aetzammoniak darstellte, hatte die grösste Production im Jahre 1858 mit 700 Zentnern, und producirt heute aus 4000 Zentnern sogenannten Ammoniak-Destillates des Erdberger Gaswerkes und 2600 Fuhren Ammoniakgaswasser aus den übrigen Gaswerken Wiens, den eigenen Fabriksverbrauch abgerechnet, circa 500 Zentner Salmiakgeist, den Zentner zu 16 fl. österr. Währ. Die Aerarialfabrik zu Heiligenstadt (Nussdorf) producirt aus bescheidenen 27 Zentnern Salmiak und 29 Zentnern Aetzkalk 35 Zentner Salmiakgeist, allerdings von hochgrädiger Beschaffenheit, da ein Zentner den Verkaufspreis von 34 fl. erreicht.

b. Salzsaures Ammoniak.

Salmiak oder Chlorammonium, salzsaures Ammoniak, das entweder als krystallisirtes Salz oder in durchscheinenden Sublimirbroden von faseriger Structur in den Handel kommt, wird zur Erzeugung von Salmiakgeist, in der Metallurgie zum Patiniren, Verstählen, Verzinnen, Verzinken und Löthen, ferner in der Färberei, im Kattundruck und in pharmaceutisch-technischen Laboratorien verbraucht. Die Liesinger Fabrik erzeugt ungefähr 1400 Zentner krystallisirten Salmiak, wovon jedoch nur die Hälfte, der Zentner zu 18 Gulden, als Verkaufswaare abgeht, während die andere Hälfte in der Fabrik theils verbraucht, theils zu 370 Zentnern sublimirten Salmiak umgewandelt wird, von dem der Zentner 26 fl. Verkaufswerth hat.

c. Schwefelsaures Ammoniak.

Schwefelsaures Ammoniak dient zur Gewinnung von Aetzammoniak, zum Aussalzen der schwefelsauren Thonerde in der heutigen Alaunfabrikation und theils für sich allein, theils mit Chlorzink vermischt (durch Mengen von einem Theil Salmiak mit 3 Theilen Zinkvitriol erhalten) als das beste Surrogat des Tungstate of Sode, des wolframsauren Natrons oder englischen Flammenschutzmittels, da die mit seiner wässerigen Lösung imprägnirten lockersten, am leichtesten feuerfangenden Stoffe, wie Tulle und Kreppe, sich nicht mehr entflammen lassen und überhaupt ohne alle Flamme einfach verkohlen. Das schwefelsaure Ammoniak ist nach der phosphorsauren Ammonmagnesia und dem Chilisalpeter zugleich die zweckmässigste Form für die Stickstoffdüngung der Culturgewächse; zu letzterem Zwecke kann es braun und unrein als brenzliches Salz aus der Theerwäsche sehr billig hergestellt werden.

Die Liesinger Fabrik erzeugt ungefähr 4000 Zentner zum Verkaufspreise von 4 fl. per Zentner. Die Agioverhältnisse haben die inländische Alaunfabrikation künstlich mit dem Auslande concurrenzfähig gemacht, ein allerdings sehr zweifelhafter industrieller Fortschritt. Durch diese pathologische Steigerung der Alaunsiederei ist auch die Consumtion des schwefelsauren Ammoniaks erhöht; die Liesinger Fabrik, welche im Jahre 1860 ungefähr 2500 Zentner Ammoniaksalze producirte, erzeugt heute mehr als das Doppelte davon.

d. Kohlensaures Ammoniak.

Kohlensaures Ammoniak, nämlich das sogenannte Hirschhornsalz oder das anderthalbfach-kohlensaure Ammoniumoxyd, das einen prachtvollen Rohstoff für die gesammte Ammoniakindustrie und im unreinen, billigen Zustande einen vortrefflichen Dünger, mit Gyps im Vereine, liefern würde, wird nicht nur im Kammerbezirke, sondern im Inlande überhaupt gar nicht erzeugt, und jeder Gran des hiesigen Verbrauches beinahe ausschliesslich aus England bezogen, in welchem Lande dieses Salz sogar zum Brodbacken benützt wurde, um das Gährungsmittel zu ersetzen und durch seine Verflüchtigung bei der Hitze des Backofens den Teig aufzutreiben und porös zu machen; bei hinreichender Dauer des Backgeschäftes sollte nicht nur die Kohlensäure, sondern jede Spur von Ammoniak bis zur Unnachweisbarkeit verschwinden. Ohne die Aengstlichkeit jener Fachgelehrten zu theilen, welche das krystallhelle Wasser der Fischa-Dagnitz wegen einer unwägbaren Spur Ammoniak perhorrescirten, in gelehrter Zerstreuung vergessend, dass sie bei dem Verschmauchen einer einzigen Zigarre mehr Ammoniak consumiren, als 1000 Eimer Schwarzawasser enthalten; wie gesagt, ohne solche Puritaner der Hygiene zu sein, können wir uns doch mit obiger Verwendung des kohlensauren Ammoniaks nicht einverstanden erklären, da keine Bürgschaft für die vollständige Verjagung des Ammoniaks unter allen Umständen gegeben ist. Nichtsdestoweniger müssen wir wegen der anderen nützlichen Verwendungsweisen den gänzlichen Mangel einer inländischen Production dieses Salzes laut und vorwurfsvoll als eine nationalökonomische Sünde beklagen, da gerade die von Spodiumöfen förmlich gesäumte Metropole aus der Knochendestillation des Kammerbezirkes 2000 Zentner Hirschhornsalz mit Sicherheit gewinnen könnte.

V. Chemie der Thonerde und der Kieselerde.

In diesem Abschnitte ist die Erzeugung von schwefelsaurer Thonerde, von Alaun und Wasserglas zu besprechen, da die gesammte Glas- und Thonwaarenindustrie nach dem Kammerprogramme in diesen Abschnitt nicht eingereiht ist.

a. Schwefelsaure Thonerde.

Die schwefelsaure Thonerde wurde gewöhnlich durch Behandlung sehr verwitterter, beinahe aufgeschlossener Thone mittelst Schwefelsäure erzeugt und theils als Krystallmehl oder Krystallkuchen mit circa 50 Procent Wassergehalt, theils in halbgeröstetem wasserärmeren Zustande in den Handel gebracht, in welch' letzterer Form aber sie nicht mehr vollkommen in Wasser löslich ist, da sich basisch-schwefelsaure Thonerde abscheidet. Dieser Körper wird bisher weniger von den Färbern und Weissgärbern als hauptsächlich von den Papiermüllern consumirt, da das mit Harzseifenlösung getränkte Ganzzeug bei dem Vermischen mit einer Auflösung von schwefelsaurer Thonerde, unter Bildung von Glaubersalz, welches das Wasser auflöst und wegspült, eine gelblichweisse Fällung von sylvinsaurer und pininsaurer Thonerde erzeugt, gleichsam eine unlösliche Thonharzseife, welche die einzelnen Molekulargruppen des Ganzzeuges, d. h. des im Holländer zerrissenen Faserbreies, aneinanderklebt, ihnen bei dem Schöpfen oder der Maschinenformation zu Papier mehr Festigkeit gibt, das sogenannte Fliessen des Papieres beseitigt, und somit Alles leistet, was man von dem kunstgerechten Leimen des Papieres erwartet, und die früher übliche Appretur mit Thierleim, Stärkeschlichte u dgl. entweder völlig oder doch grösstentheils ersetzt. Mischt man schwefelsaure Thonerde mit ihrem halben Gewichte Kochsalz, mit oder ohne Zugabe von einigen Procenten Zinkvitriol, so erhält man eine vorzügliche Brühe für die Weissgärberei, nur muss man für den Fall, als die weissgaren Blössen gebleicht oder in sehr heiklichen hellen Farben gefärbt werden sollen, die schwefelsaure Thonerde früher eisenfrei herstellen, was am besten mittelst einer Lösung des gelben Blutlaugensalzes geschicht. Die hiebei entstandene Fällung von Berlinerblau lässt man absitzen und überzeugt sich, dass die klare, farblose Flüssigkeit bei dem abermaligen Versatz mit Blutlaugensalz nicht mehr gebläut wird; es krystallisirt dabei eine kleine Menge von Kalialaun heraus, und wenn man mit dem Zusatze vorsichtig verfuhr und jeden Ueberschuss vermied, so hat man sich eine vollkommen eisenfreie und so reine schwefelsaure Thonerde hergestellt, dass sie nicht nur in der Weissgärberei für weisses, himmelblaues und rosenfarbiges Glacéleder, sondern in der Färberei überhaupt als Mordanz für die heiklichsten Nuancen dienen kann.

Die ungeheure Bedeutung, welche der Beauxit oder das fossile Thonerdehydrat für die gesammte Aluminiumindustrie entwickeln wird, haben wir schon bei dem Artikel Soda angedeutet. Die Fabrikation des Aluminiummetalles, die Darstellung von Chloraluminium für Weissgärber, von allen Gattungen Thonerdemordanzen für Färber, von schwefelsaurer Thonerde für Papiermühlen, von Ultramarin, Thenardsblau und thonsaurem Natron werden dadurch einen Grad von Bequemlichkeit, Billigkeit und Sicherheit erreichen, der auf die abhängigen Industrien sehr günstig zurückwirken wird.

Am Horizonte der Aluminiumindustrie ist aber noch ein anderes Meteor aufgegangen, welches ebensoviel für die Thonerdesalze zu werden verspricht, als seinerzeit der Witherit für die Cyanindustrie, der Lepidolith und Rhodicit für die Glas-, Email- und Porzellanfabrikation waren; dieses neue Meteor ist der grönländische Kryolith oder Eisstein, der über Stralsund und Stettin theils nach Frankreich wandert, wo er von der St. Clair-Deville'schen Aluminiumfabrikation grösstentheils absorbirt wird, theils nach Hamburg geht, von wo er die deutsche Production von Thonerdesalzen mit einem belangreichen Rohstoffe versorgt. Im Kryolith, wenn derselbe via Hamburg unter billigem Frachtsatze bezogen werden könnte, wäre auch für die heimische Industrie des Kammerbezirkes von Seite der Schwefelsäurefabriken oder Bleikammern viel zu erwarten. Der Kryolith besteht nämlich aus Fluoraluminium und Fluornatrium; in passenden Bleigefässen, mit feinem Quarz oder Feuersteinmehl und Schwefelsäure aufgeschlossen, würde er folgende Ausnützung gestatten: 1. die Darstellung von syrupdicker concentrirter Kieselflusssäure, welche die Darstellung der mannigfaltigsten Säuren aus ihren Kalisalzen (Weinsäure, Kleesäure) ermöglicht, und in der Färberei, sowie in vielen anderen chemischen Processen die Anwendung organischer und anorganischer Säuren ersetzt, ohne auch nur im Mindesten die Stoffe und Gewebe anzugreifen; 2. Kieselgallerte, die nach dem Auswaschen und Abpressen in Säcken entweder direct zu Kali- oder Natronwasserglas in den betreffenden Laugen aufgelöst oder an die Feinglasindustrie abgegeben werden kann; 3. schwefelsaure Thonerde, welche bei dem Aufkochen und Eindampfen des Zerlegungsrückstandes, bei einer bestimmten Temperatur und Concentration als feines Krystallmehl herausschneit, gesoggt und geformt werden kann, wie denn auch wirklich die im Handel vorkommende schwefelsaure Thonerde aus Kryolith ein in jeder Beziehung preiswürdiges Erzeugniss ist, aus dem sich mit Leichtigkeit alle übrigen Aluminiumpräparate der Industrie ableiten lassen; endlich 4. bei dem Abdampfen der Mutterlauge, aus welcher die schwefelsaure Thonerde gesoggt wurde, bis zur Trockene und zum Rösten, bleibt calcinirtes Glaubersalz zurück, das in bekannter Weise entweder als solches oder als Rohstoff des Le Blanc'schen Sodaprocesses verarbeitet werden kann. Der Techniker, welcher die Eigenschaften der Kieselflusssäure kennt, würde das Aufblühen dieses neuen Genre inländischer Industrie auf das Wärmste begrüssen.

Die Liesinger Fabrik producirt jetzt circa 800 Zentner schwefelsaurer Thonerde zu 3½ fl. per Zentner; im Jahre 1855 producirte sie ungefähr 1200 Zentner, im Jahre 1860 aber nur 200 Zentner.

b. Alaun.

Die im Kammerbezirke begreiflicher Weise nur sparsam vertretene Alaunfabrikation war bisher vorzugsweise durch Heinrich Drasche's nun wegen Unrentabilität aufgelassenes Alaunwerk zu Lichtenwörth-Zillingdorf im Bezirke Wiener-Neustadt repräsentirt, das 46 Grubenmasse und 108 Arbeiter aufwies, worunter 82 Männer, 21 Weiber und 5 Kinder, für deren humanitäre Interessen eine wohlfundirte Bruderlade sorgte, und das mit ziemlicher Stetigkeit jährlich 600 bis 800, also im Mittel 700 Zentner Alaun, zu 6 bis 7 fl. den Zentner, producirte.

Seit der Vervielfältigung der Gasanstalten und Theerproducteuerzeugung fliesst für das früher nur spärlich aus thierischen Abfällen erzeugte Ammoniak eine reichliche Quelle, welche auch in der Alaunsiederei die Anwendung der kostspieligeren Kalisalze verdrängt hat. Der Kalialaun wird fast nur mehr zu pharmaceutischen Zwecken, besonders zur Darstellung des gebrannten Alauns oder des Alumen ustum benützt, oder wenigstens nur dort erzeugt, wo eine locale oder zufällige Conjunctur billiges Digestiv- oder Duplicatsalz, d. h. billiges Chlorkalium oder schwefelsaures Kali liefert. Das ungefähre allgemeine Verhältniss dieser beiden Concurrenten der Alaunfabrikation pointirt das Budget der mehrerwähnten massgebenden Liesinger Fabrik, welche jährlich über 4000 Zentner schwefelsaures Ammoniak, aber kaum 900 Zentner schwefelsaures Kali producirt; allerdings ersteres zu 9 fl., letzteres zu 6 fl. den Zentner, wobei aber nicht vergessen werden darf, dass ein Theil schwefelsaures Ammoniak fast 7 Theile Alaun, 1 Theil schwefelsaures Kali aber nur 5 Theile Alaun erzeugt.

Die Herstellung eisenfreier Alaune für die Schönfärberei, sowie die Verwendung der Alaune in der Industrie, fällt mit dem bei der schwefelsauren Thonerde Gesagten vollkommen zusammen.

Der Rohstoff der Drasche'schen Alaunfabrikation war ein Kohlenschiefer der Braunkohlenformation, also eigentlich eine thonschieferreiche, von Schwefelkies durchsetzte Braunkohle, deren Kohlenklein und Abfall gebrannt und auf Alaun versotten wurde. Ein Freischurf bei Stein im K. O. M. B., der einmal (im Jahre 1858) 1000 Zentner wirklichen Alaunschiefer verfrohnte, gab in neuerer Zeit ebenso wenig ein Lebenszeichen von sich als der Krumbacher Freischurf im Bezirke Kirchschlag, der im Jahre 1860 200 Zentner Alaunerde im Gesammtwerthe von 40 fl. förderte.

Ein bisher zu wenig gewürdigtes Aluminiumpräparat ist das Thonerde-Natron, Natronaluminat oder thonsaure Natron, das durch Auflösen von Thonerdehydrat in Natronlauge bereitet wird und sowohl zum Präpariren und Mordiren in der Färberei und dem Kattundrucke, als auch zum Weichmachen der technischen Nutzwässer, dann als unübertreffliches und billiges Kesselsteinmittel bei dem Maschinenbetriebe einer allgemeinen Anwendung werth ist. Seine leicht ermöglichte Darstellung im Kammerbezirke wäre im Interesse der inländischen Industrie auf das wärmste zu befürworten.

c. Wasserglas.

Das Wasserglas ist eine Molekularverbindung von kieselsaurem Kali oder Natron mit überschüssigem kolloiden Kieselerdehydrat und wird entweder durch Aufschliessen von Quarz bei dem Schmelzen mit Soda und Pottasche mit oder ohne Kohlenzusatz, und Auslaugen der geschreckten Schlacke mit Wasser erzeugt, oder durch Kochen von Feuersteinmehl mit Aetzlaugen in dampfdicht geschlossenen Digestoren, oder endlich durch einfaches Auflösen von Kieselgallerte oder Infusorienerde in frei kochenden Aetzlaugen bereitet, und entweder zur Syrupdicke oder zur Trockene gebracht. Letzteres kann entweder durch Eindampfen und schwaches Calciniren oder durch Fällung mit Alkohol und Abpressen des Gerinnsels bewirkt werden; die abgepresste Flüssigkeit, welche den zugesetzten Alkohol enthält, wird selbstverständlich destillirt, um den Alkohol wieder zu gewinnen. Für gewisse Verwendungen, namentlich in der Stereochromie, zum Besprühen und Fixiren der Frescofarben, ist das Kaliwasserglas oder wenigstens das gemischte Kalinatronwasserglas vorzuziehen; für die meisten übrigen Verwendungen genügt das billigere Natronwasserglas. Flüssiges Natronwasserglas enthält bei einem specifischen Gewichte von 1.345: 65.5 Procente Wasser, 5.3% Natriumoxyd und 29.2% wasserfreie Kieselerde oder in runder Zahl 13% kieselsaures Natron, 25% Kieselgallerte und 62% freies Wasser; ein Aequivalent kieselsaures Natron soll daher nicht weniger als zwei, und kann daher nicht mehr als drei Aequivalente Kieselerde gelöst enthalten, aber eben dieser Gehalt an Kieselgallerte bedingt die Wirksamkeit des Wasserglases. Das Studium des Wasserglases ist besonders den Baugewerken und Ingenieuren auf das wärmste zu empfehlen, da dasselbe in verdünnter wässeriger Lösung alle fehlerhaften hydraulischen Kalke und Cemente verbessert, alle Mörtelschichten, die es imprägnirt, verkieselt und vollkommen wasserdichte Bauten ermöglicht. Auch in der Appretur der Gewebe und im Zeugdruck hat es immerhin eine gewisse Verwendung gefunden, wenn es auch die anfänglich gehegten sanguinischen Hoffnungen in mancher Beziehung getäuscht hat; wichtig ist seine Verwendung zur Herstellung enkaustischer Farben von steter Gleichartigkeit und unerreichter Schönheit auf nassem Wege. Ein Gemisch der Lösungen von Wasserglas und Borax oder eine Lösung von sogenanntem kieselborsauren Natron dient nämlich als gemeinschaftliches Fällungsmittel der verschiedenen färbenden Metallsalze, welche für Lasirfarben mit einem verträglichen Zink- oder Bleisalze und für Deckfarben mit einem verträglichen Zinnoxydsalze gemischt worden waren; die gesammelte, gewaschene und getrocknete Fällung ist die gewünschte enkaustische Farbe im Zustande grösster Vollendung.

Das Wasserglas kann auch als feuersicherer Anstrich auf Holz und Geweben, zur Härtung der Stuccaturarbeiten von Gyps und der Terracottawaaren dienen; die Gypsobjecte wird es vor

Salniter und Mauerfrass, die Terracotta vor der mürben Verwitterung bewahren; in allen Fällen muss namentlich anfänglich eine sehr verdünnte Lösung von Wasserglas zum Imprägniren der Objecte benützt werden und erst allmälig darf man die Concentration der Lösungen steigern. Behandelt man zusammenhängende Stücke der lockeren und leichteren anderthalbfach-kohlensauren Magnesia, wie sie der Droguenhandel als Magnesia carbonica in Ziegelform liefert, zuerst mit Alaunlösungen und später unter obiger Vorsicht mit Wasserglaslösungen, so erhält man nach mehrmonatlicher Behandlung und schliesslicher Auswässerung und Trocknung den sogenannten künstlichen Meerschaum; mit Lehm und Braunstein gibt das Wasserglas einen vortrefflichen Kitt.

Die Rückstände der Wasserglasbereitung bilden einen vortrefflichen Dünger für kieselreiche Halmgewächse; unter den Culturpflanzen besonders für die Getreidepflanzen, deren Strohertrag sie bedeutend erhöhen. Im Kammerbezirke erzeugt das Reichhart'sche Etablissement in Sechshaus, in welchem ein Beamter und 7 Arbeiter mit durchschnittlich 2 fl. Taglohn thätig sind, das ferner eine Dampfmaschine von sechs Pferdekräften und 5000 Zentner jährlichen Steinkohlenverbrauch, eine eiserne Quetschmühle und einen Schmelzofen mit drei Kesseln im Betriebe hat, aus circa 500 Zentnern Quarzsand jährlich ungefähr 1000 Zentner Wasserglas; die Liesinger Fabrik aus ebensoviel Quarzsand ungefähr die gleiche Menge, so dass sich die interne Wasserglaserzeugung zwischen 2000 und 2500 Zentnern jährlich bewegt, den Zentner zu 6 Gulden Verkaufswerth gerechnet. Den riesigen Aufschwung, welchen die interne Wasserglasproduction seit einem Decennium genommen hat und der gewiss auf das Freudigste zu begrüssen ist, kann man am besten daraus ersehen, dass eben die Liesinger Fabrik, welche in den Jahren 1855 und 1860 ungefähr 200 Zentner Wasserglas producirte, jetzt über 1000 Zentner darstellt.

VI. Metallsalze.

Zu den Metallsalzen, welche die interne Production des Kammerbezirkes liefert, gehören die Chromsalze, die Eisensalze, die Kupfersalze, die Zinksalze, die Mangansalze, die Bleisalze und die Zinnsalze.

a. Chromsalze.

Von den Chromsalzen ist das doppeltchromsaure Kali oder sogenannte rothe Chromkali das wichtigste, da es den Ausgangspunct aller anderen Chrompräparate bildet; es wird durch anhaltendes Glühen eines innigen Gemenges des feinstgemahlenen und geschlemmten Chromeisenstein-Erzschliches mit Kalk, Auslaugen des chromsauren Kalkes und Umsatz desselben mittelst eines löslichen Kalisalzes, Ansäuern der filtrirten Lösung, Abdampfen und Umkrystallisiren gewonnen. Die allerdings raschere Aufschliessung und Bereitung mit Kalisalpeter ist viel zu kostspielig und gegenüber der billigen englischen Methode mit Kalk als unconcurrenzfähig verlassen. Die mechan sche Vorbereitung des harten Chromeisenerzes ist sehr schwierig und erheischt kostspielige Poch- und Mahlwerke, deren hohes Anlagecapital sich nur gering verzinst und spät amortisirt, worin bei dem mehrerwähnten Zustande des inländischen Capitals der Grund zu suchen ist, dass die inländischen Besitzer der steirischen und ungarisch-siebenbürgischen Chromerze ihre geförderten Erze lieber nach England verkaufen, statt im Inlande die Risque eines selbst bei Massenproduction nur spät rentirenden, problematischen Unternehmens zu laufen. Darin mag auch der Grund liegen, dass Herr Emil Seybel, welcher das Inland im Jahre 1860 mit der Nachricht erfreute, dass er aus den von ihm angekauften und vom Erzherzog Johann aufgedeckten steirischen Lagern zu Graubat Chromerz in Liesing verarbeite und 600 Zentner Chromkali producire, leider im Jahre 1865 statt der erwarteten Steigerung der Production nur 2500 Zentner steirisches Chromerz consumirte und gar nur 175 Zentner Chromkali daraus producirte, das er überdiess noch mit dem beispiellos niederen Verkaufswerthe von 34 fl. per Zentner bezeichnet. Die stets im Steigen begriffene Consumtion dieses Salzes, das man in der Färberei und dem Kattundruck und zur Erzeugung von Anstrich- und Malerfarben in grossen Mengen verwendet, wird durch Import aus England und in kleinerem Masse aus Schweden und Amerika gedeckt. Das rothe Chromkali wird auch zur Darstellung einiger organischer Säuren, wie z. B. der Baldriansäure aus Kartoffelfuselöl, für die Fruchtessenzen und in grösserem Massstabe zur Raffinerie des Holzessigs bei der Bereitung reiner Essigsäure unter gleichzeitiger Anwendung von Schwefelsäure benützt; der hiebei als Nebenproduct abfallende Chromalaun wäre für die Färberei ein sehr erwünschtes Mordanz, da alle schwarzen und braunen echten Farben, die man bisher mit einfach- und doppeltchromsaurem Kali, Blauholz und Catechu erzeugt, sich nicht nur ebensogut, sondern sogar besser durch Mordirung der Gewebe mit Chromalaun darstellen lassen. Die

Durchtränkung mit chromsaurem Kali macht Pflanzengewebe und Papiere leicht verglimmen und concurrirt daher bei der Bereitung von Lunten. Die grüne Färbung der verglimmten organischen Stoffe, welche dem in der Asche zurückbleibenden Chromoxyde gebührt, hat zu der modernen, aus Frankreich importirten Spielerei des Grasfeuerwerkes Anlass gegeben, das bloss in Papieren bestand, die mit einer Lösung von doppeltchromsaurem Kali getränkt waren.

Die, wenn auch trägere, doch zweifellose Lichtempfindlichkeit des doppeltchromsauren Kali dürfte vielleicht in der Folge seine photographische Verwendung für technische Erzeugnisse vermitteln; löst man Leim und doppeltchromsaures Kali in Wasser, schlemmt man irgend eine sehr zarte, feinpulverige, unlösliche Substanz in diesem Vehikel auf und betüncht man mit diesem Präparate irgend eine einsaugende Fläche, die man hierauf mittelst einer Chablone stellenweise belichtet, so wird an den belichteten Stellen das Pulver durch den gerinnenden Chromoxydleim dauernd fixirt, während es an den unbelichteten Stellen durch Spülwasser wieder entfernt werden kann; eine allerdings noch plumpe Thatsache, in der aber die Zukunft eines neuen photographischen Kattundruckes enthalten ist.

b. Eisensalze.

Von den Eisensalzen ist zuerst der Eisenvitriol zu erwähnen, von dessen desinfectorischer Bedeutung schon bei der Chemie des Schwefelkieses und Erzeugung der Schwefelsäure die Rede war. Ausser seiner Verwendung zur Desinfection und Kyanisirung von Bau- und Werkholz dient er zur Erzeugung von Oleum und Colcothar, das als Farbe und Schleifmittel gleich wichtig ist, dann als Mordanz in der Färberei zur Erzeugung von Tinte und Berlinerblau. Die Liesinger Fabrik producirt circa 4000 Zentner im Jahre, circa 400 Zentner davon erzeugt das Bitter-Schnabel'sche Etablissement zu Rustendorf im Bezirke Sechshaus, das 1 Aufseher, 2 männliche Arbeiter mit einem Gulden und 3 weibliche Arbeiter mit 50 Kreuzern Taglohn beschäftigt.

Als Anhang zum Eisenvitriol verdient das Schwefeleisen noch Erwähnung, das zur Entwicklung von Schwefelwasserstoff dient, der wieder seinerseits zur Erzeugung von Mercergelb (Schwefelantimon), zum Fixiren der mit Bleilösung geschwerten schwarzen Seide und zum sogenannten Galvanisiren oder Metallisiren der

Zündhölzchen dient; das schon früher erwähnte Reichhart'sche Etablissement in Sechshaus erzeugt circa 50 Zentner davon.

Salpetersaures Eisenoxyd (mit einem Oxydulgehalte) erzeugen in nennenswerther Menge die Etablissements von Reichhart in Sechshaus und von Grünwald in Wien, Bezirk Mariahilf, welch' letzteres 1 Beamten und 2 Arbeiter mit einem Gulden Taglohn aufweist, 1 Flammofen und 1 Retortenofen im Betriebe hat, die jährlich 30 Klafter hartes Holz, 10 Klafter weiches Holz und 250 Zentner Steinkohlen consumiren. Dieses flüssige salpetersaure Eisenoxyduloxyd wird je nach Bedarf durch Auflösen von Eisen in Scheidewasser erzeugt und von den Schön- und Seidenfärbern als Schwarz-, Blau- und Rostbeize im Kammerbezirke verbraucht.

Das holzsaure Eisen, d. i. assamaressigsaures Eisenoxyduloxyd mit kleinen Mengen von Pyrogallsäure und Kressyloxyd, wird als sogenannte Schwarzbeize und Rohstoff der Tintenfabrikation gleichfalls nach Bedarf durch Digestion von rostigem Brucheisen mit rohem Holzessig in bestimmter Concentration erzeugt und von den Färbern und Tintenfabrikanten des Kammerbezirkes consumirt; das bereits erwähnte Grünwald'sche Etablissement und die Fabrik chemischer Producte von C. Adler in Wien liefern es in der ungefähren Menge von 600 Zentnern per Jahr, wobei sie 800 Zentner rohe Holzsäure und circa 80 Zentner Brucheisen verbrauchen. Letztere Fabrik beschäftigt 1 Beamten, 1 Werkführer und 8 männliche Arbeiter, hat mehrere gusseiserne Retorten und kupferne Kessel im Betriebe und consumirt jährlich 160 bis 180 Klafter hartes Holz, 20 bis 25 Klafter weiches Holz und 2000 Zentner Braunkohlen als Brennmateriale.

c. Kupfersalze.

Chlorkupfer und salpetersaures Kupferoxyd, ersteres durch Auflösen von Kupferhammerschlag oder Kupferdrehspänen in Königswasser, letzteres durch Auflösen von Kupferabfällen in Scheidewasser bereitet, sind bei dem Rückgange des Kattundruckes im Kammerbezirke, wobei sie hauptsächlich verwendet wurden, bis auf geringe Mengen, welche in den technischen und pharmaceutischen Laboratorien des Bezirkes dargestellt werden, verschwunden; sie können auch zur Erzeugung von sogenanntem englischen Bergblau (durch Behandlung ihrer Lösungen mit Kalkmilch) und consecutiv zur Bereitung der Schweitzer'schen Lösung dienen, die man erhält, wenn man überschüssiges Kupferoxydhydrat oder basisch-kohlensaures Kupferoxyd (Kupferlasur, Bergblau) in starkem Salmiakgeist auflöst. Da diese Flüssigkeit Seide und Baumwolle, sowie alle Pflanzengewebe vollkommen auflöst, während sie Schafwolle und thierische Haare nicht angreift, so ist ihr vielleicht irgend eine technische Zukunft vorbehalten.

Der Kupfervitriol oder das schwefelsaure Kupferoxyd hatte ausser seiner stetigen Verwendung in der Färberei, Hutmacherei, zum Imprägniren zoologischer Präparate, zur Einquellung der für die Aussaat bestimmten Samen, zur chemischen und galvanischen Verkupferung und Patinage der Metalle, zur Galvanoplastik und Erzeugung von Kupferfarben, wie Scheel'schem Grün und Kasseler Braun, in seinem Consum durch La Boucherie's Verfahren der Werk- und Bauholzconservirung, das ein belgisches Consortium auf eigene Rechnung in Oesterreich exploitirt und für den Kammerbezirk hauptsächlich in Hütteldorf durch Imprägnirung der Eisenbahnhölzer und Telegraphenstangen mittelst Kupfervitriol ausübt, wesentlich zugenommen, welche Zunahme der Erzeugung aber in dem letzten Quinquennium leider wieder bis auf die Hälfte zurückging; denn während im Jahre 1860 die Erzeugung dieses Salzes aus Schwefelsäure und Kupferabfällen unter Zusatz von etwas Salpetersäure, wenn nicht die Entwicklung von schwefeliger Säure zu technischen Zwecken beabsichtigt war, in der Liesinger Fabrik und dem Etablissement zu Pottenstein 1600 Zentner betrug, war sie im Jahre 1865 nicht viel über 800 Zentner, wovon der grössere Theil der Liesinger Fabrik zufällt, während an dem kleineren Theile das Bitter-Schnabel'sche Fabriksetablissement in Rustendorf und die k. k. Hauptmünze zu Wien sich betheiligen, welche letztere den Kupfervitriol als Nebenproduct bei der Affinage und Scheidung der Metalle erhält.

d. Zinksalze.

Von den Zinksalzen ist besonders das Chlorzink und der Zinkvitriol zu erwähnen; sie werden durch Auflösen der Zinkasche oder des Zinkoxyds und der Blechabfälle bei der Fabrikation verzinkter Bleche und den Zinkwalzwerken, bei ersterem in Salzsäure, bei letzterem in verdünnter Schwefelsäure, erzeugt, wobei Wasserstoffgas sich als Nebenproduct entwickelt, das sorgsam in Gasometern aufgefangen und zur Speisung von Knallgasgebläsen benützt wird Beide Salze ersetzen das Chloraluminium in der Weissgärberei, werden bei der französischen Einbalsamirungsmethode benützt und dienen ausser ihrer speciell chemischen Verwendung in Laboratorien zur Erzeugung anderer Zinkpräparate, hauptsächlich zur Desinfection, zu welcher sie unter gewissen Umständen besonders desshalb den billigeren Eisensalzen vorzuziehen sind, weil sie einerseits, was besonders von Chlorzink gilt, entschieden kräftiger wirken, und weil sie andererseits keine braunen Rostflecken erzeugen, was bei der Entpestung von Estrichen, Holzgeräthen, Mauern, Wäsche u. dgl. meist sehr wünschenswerth ist. Die Liesinger Fabrik producirt jährlich 300 Zentner solcher Zinksalze aus ihren Abfällen, im Verkaufswerthe von 7 fl. per Zentner.

e. Mangansalze.

Bei der Entwicklung von Chlor mit Hilfe von Braunstein bleibt bei der Anwendung von Salzsäure unreines Manganchlorür, und bei der Anwendung von Kochsalz und Schwefelsäure unreines schwefelsaures Manganoxydulnatron, also unreiner Manganvitriol, zurück. Die wässerigen Lösungen dieser Rückstände, über welche alle Bleichereien, Papierfabriken, viele Färbereien und Appretiranstalten verfügen, können direct im unreinen Zustande verwendet werden: 1. zur Fabrikation von künstlichem Braunstein (Chlormangan, mit Kreide aufgeschlemmt und in dampfdichten Cylindern zwischen drei und fünf Atmosphären in der Hitze behandelt, umsetzt sich in lösliches Chlorkalcium und kohlensaures Manganoxydul, das herausfällt, ausgewaschen, getrocknet, im Luftstrom schwach geglüht oder gefrischt wird und sich dabei in ein Gemenge von Manganoxyd und Manganhyperoxyd verwandelt, das abermals zur Chlorentwickelung geeignet ist und circa 60 bis 70% des ursprünglich verbrauchten Braunsteins äquivalirt); 2. zur Leuchtgaswäsche, um aus dem Steinkohlengase den Schwefelwasserstoff, das Cyan, Ammoniak, Butylamin und die flüchtigen Theerbasen zu entfernen, wobei die Salze entweder gelöst oder so wie der gleichwerthige Eisenvitriol mit Kalkmilch gefällt und verbreit, auf Holzhobelspänen vertheilt, zur Vergrösserung der Berührungsoberfläche mit dem zu waschenden Gase angewendet werden können; 3. zur Imprägnirung von Bau- und Werkholz, wobei es besseren Schutz gegen den sogenannten Trockenmoder als gegen die nasse Fäule gewährt; 4. zur Brunirung des Eisens, besonders im Verein mit Chlorantimon und zur Patinage mannigfaltiger Metalllegirungen; 5. als Mordanz in der Färberei zur Erzeugung der braunen Fonds im Kattundrucke, zur Erzeugung von Manganbistre; 6. zur Desinfection der Senkgruben, Aborte und Kloaken.

Die Lösungen der beiden Salze lassen sich aber durch fractionirte Fällung mit einer Sodalösung, bis die Kohlensäureentwicklung aufhört und die anfänglich rostbraune Fällung erblasst, vollkommen eisenfrei darstellen. Fällt man diese blassröthlichen, filtrirten, eisenfreien Manganlösungen mit Borax, so erhält man borsaures Manganoxydul, das, getrocknet und schwach geröstet, ein wahres Siccativsalz darstellt, da ein Pfund desselben, in 2 bis 4 Zentnern Leinöl unter längerem Erhitzen im Sandbade aufgelöst, unter allmäliger Eindampfung des Oeles einen dunkel hyacinthfarbigen, rasch trocknenden bleifreien Siccativfirniss erzeugt, der in dünnen Schichten fast farblos eintrocknet und überall dort unentbehrlich ist, wo ein luftsteter Anstrich mit bleifreien Farben gewünscht wird. Die ungünstigen Urtheile, die von vielen Seiten des Inlandes über die bleifreien stetigen Farben, wie z. B. über das Zinkweiss, gefällt werden, sind allerdings scheinbar durch die Erfahrung berechtigt, da die mit bleihältigem Firniss gemachten Zinkweissanstriche sich durch den Schwefelwasserstoffgehalt der Luft fast ebenso bräunen wie die Bleiweissanstriche, nur dass der Vorwurf nicht der bleifreien Zinkfarbe, sondern der Ignoranz desjenigen gilt, der die bleifreie Farbe mit einem bleihältigen Firniss gemischt hat. Sollen die Anstriche mit bleifreien Farben jene Verbreitung finden, die sie verdienen, so muss die Erzeugung bleifreier Siccativfirnisse parallel gehen, und hiezu könnten die Rückstände der Bleichmischungen das geeignete Rohmateriale liefern.

Schmilzt man gleiche Theile von Braunstein, Seifenstein und Salpeter zusammen, so erhält man eine rohe dunkelgrüne Schlacke von mangansaurem Kalinatron, die sich mit dunkelgrüner Farbe im Wasser löst und bei dem Kochen der wässerigen Lösung für sich allein oder auf Zusatz von etwas Schwefelsäure durch die Bildung von Uebermangansäure-Salz purpurn wird. Dieses wegen seines angedeuteten Farbenwechsels „Mineralchamäleon" genannte Salz lässt sich als feste Salzschlacke unter gutem trockenen Verschlusse unverändert aufbewahren und würde für die Industrie nicht nur ein treffliches Oxydationsmittel, sondern auch für den öffentlichen Verkehr das allerwirksamste Desinfectionsmittel darstellen.

f. Bleisalze.

Der nicht unbeträchtliche Consum der Färbereien, Druckereien, Farben-, Zündwaaren- und Firnissfabriken des Kammerbezirkes an Bleisalzen wird vollkommen durch die interne Production gedeckt. Der Bleizucker oder das neutrale essigsaure Bleioxyd wird durch Neutralisiren von sogenanntem starken Spritessig oder Essigessenzen mit grüner Glätte, d. h. mit jenem Bleioxyde dargestellt, welches das Abfallproduct der Silbertreibherde bildet. Sättigt man die Lösung mit überschüssiger Glätte, so lange noch solche aufgelöst wird, so erhält man eine alkalisch reagirende Lösung von dreibasisch-essigsaurem Bleioyd, den sogenannten Bleiessig, der bei dem Abdampfen nicht mehr krystallisirt, wie der Bleizucker, sondern gummiartig zu sogenanntem Bleiextract eintrocknet, das zur Bereitung von Bleisiccativ, zur Erzeugung von Heft-, Diachylon- und anderen Bleipflastern, zum Schweren der Seide und zur Erzeugung von Chromorange und Chromroth, d. h. von basisch-chromsaurem Bleioxyd dient. Der Bleizucker consumirt somit Spiritus bei seiner Erzeugung, da die Essigessenzen oder Spritessige durch Oxydation des mit Wasser verdünnten Weingeistes bereitet werden, und zwar consumirt ein Zentner Bleizucker 22 Grade absoluten Alkohols; insolange die Regierung nicht in die Steuerrestitution für 22 Grade Spiritus per Zentner Bleizucker, der erweislich aus Essigessenzen bereitet wurde, willigt, wird diese Interferenz des hochbesteuerten Spiritus in der Bleizuckerproduction die Concurrenzfähigkeit mit dem Auslande und nun gar den Export dahin vollkommen vereiteln und diese Methode der Erzeugung selbst in unberechtigter Weise vertheuern. Eine billige Erzeugung von reiner concentrirter Essigsäure aus rohem Holzessig in den Bezirken massenhafter Holzdestillation könnte allein die inländische Bleizuckerproduction von dem Bannfluche dieser unberechtigten Steuerquote befreien, wenn die Regierung nicht endlich dem Bedürfnisse Rechnung trägt und es aufgibt, die hohe Verzehrungssteuer von einer Spiritusmenge einzufordern, die doch nicht im Sinne dieser Steuer verzehrt, sondern der chemischen Production geopfert wird.

Die Liesinger Fabrik producirt ungefähr 1200 Zentner jährlich an diesem Salze, im Verkaufswerthe von 22 fl. per Zentner; mit Einbeziehung der übrigen Erzeugungstätten mag sich die Productionshöhe dieses Artikels im Kammerbezirke auf 2000 Zentner belaufen, und es ist sicher anzunehmen, dass sie sich verdreifachen würde, wenn sie von dem Alp dieses ungerechten Steuersatzes befreit wäre.

Das salpetersaure Bleioxyd wird, soweit es die Zündwaarenindustrie als Ingredienz der Reibzündhölzchen verbraucht, neben braunem Bleihyperoxyd durch das sogenannte Abbrennen des Miniums, der Mennige, mit Salpetersäure in diesen Fabriken selbst producirt und consumirt; für den anderweitigen Bedarf der Feuerwerkerei, Luntenfabrikation und Färberei wird es durch Sättigen des Scheidewassers mit Glätte, Abdampfen und Krystallisiren gewonnen.

Bleizucker und Bleisalpeter sind für die Färber das bequeme Mittel, um aus den Alaunen und Vitriolen, d. h. aus den schwefelsauren Salzen der mordirenden Metallsesquioxyde, die entsprechenden essigsauren und salpetersauren Mordanzen herzustellen, welche satter und rascher wirken als die schwefelsauren Beizen; das dabei durch Zersetzung nach dem Vorgange der doppelten Wahlverwandtschaft abfallende schwefelsaure Bleioxyd scheidet sich als unlöslicher weisser Bleivitriol ab, und kann entweder durch Schmelzen mit Eisen und Kohle, unter Anwendung passender Flussmittel, zur Wiedergewinnung des Bleies oder durch Behandlung mit rauchender Salzsäure zur Gewinnung unreiner roher Schwefelsäure benützt werden. Im Jahre 1858 war die interne Erzeugung des Bleisalpeters, von dem die Liesinger Fabrik 620 Zentner producirte, desshalb die stärkste, weil die damalige Mode der Murexidfärberei in Baumwollenstoffen ungewöhnliche Mengen dieses Salzes consumirte; im Jahre 1865 betrug die Production der Liesinger Fabrik an Bleisalpeter nur 200 Zentner mit dem Verkaufswerthe von 22 fl. pr. Zentner.

g. Zinnsalze.

Die hierhergehörigen Präparate sind das Zinnsalz, Zinnchlorür oder Einfach-Chlorzinn, durch Auflösen von Zinnfeile und Zinnraspelspänen in concentrirter Salzsäure bei mässiger Wärme und durch Krystallisiren bereitet; das Zinnchlorid, die Zinnbutter oder das Zweifach-Chlorzinn, durch Auflösen von Zinnoxyd oder Zinnasche in Salzsäure, oder durch Auflösen von Zinnspänen in Königswasser, oder durch Behandlung von Zinnsalz mit Königswasser oder Chlor bereitet; ein Gemisch beider Verbindungen, das Zinnsesquichlorid, mit Zinnoxychlorid gemengt, wird durch Be-

37 *

handlung einer Zinnsalzlösung mit Salpetersäure oder einer Zinnchloridlösung mit Zinnfeile erhalten. Die praktische Färberei besitzt für solche Zinncompositionen oder Physikbäder zahlreiche mehr oder minder zweckmässige Recepte. Die genannten Zinnsalze dienen als Avivagen und Nuancirungsmittel, als Mordanzen in der Scharlachfärberei, als Rosirungsmittel in der Adrianopel-, Krapp- oder Türkischrothfärberei, zur Fabrikation des Karmins, der Pink-colour oder des Minerallackes für die Enkaustik, des Musivgelbs oder Zinnsulfids, dessen Sublimation das Musivgold oder die künstliche Bronze liefert.

Das Pinksalz, der Zinnsalmiak oder das Ammonium-Zinnchlorid ist als Mordanz zur Hervorbringung braunrother und rothvioletter, sogenannter Nelkenfarben sehr verwendbar, woher es seinen Namen erhielt (*Pink*, die Nelke), und es wird bereitet, indem man Zinnsalz in Königswasser aufkocht, die Lösung mit Salmiak vermischt und zur Krystallisation verdampft. Die Präparirsalze oder Grundirsalze sind eigentlich vier, nämlich Zinnoxydul-Kali und -Natron und Zinnoxyd-Kali und -Natron, die man auch zinnsaure Alkalien nennt, während die früheren zinnigsaure Alkalien heissen. Man erhält sie durch Fällen der beiden Zinnsalze mittelst der entsprechenden Lauge und durch Auflösen dieser Fällung in überschüssiger Lauge, oder durch Eintragen von Zinnfeile oder Zinngranulatur in die im Feuerflusse befindlichen geschmolzenen ätzenden oder salpetersauren Alkalien; sie dienen zum Präpariren der Baumwollgewebe für den Kattundruck, um dieselben zur Aufnahme der Musterdruckfarben geeignet zu machen. Das zu diesen Präparaten verarbeitete metallische Zinn ist meistens ostindisches Banka- oder Malaccazinn, das über Holland bezogen wird, seltener Cornvalliser Stangenzinn aus England. Die im Kammerbezirke erzeugten Zinnpräparate werden nicht nur von den Seiden-, Baumwoll- und Schafwollfärbereien und Druckereien des Bezirkes consumirt, sondern finden auch an den gleichnamigen böhmischen Etablissements reichliche Abnehmer. Die Productionshöhe dieses Artikels dürfte im Kammerbezirke 1600 Zentner erreichen, wovon die Hälfte auf die mehrerwähnte Liesinger Fabrik entfällt, mit dem mittleren Verkaufswerth von 36 fl. per Zentner; die andere Hälfte wird von verschiedenen technischen Laboratorien erzeugt, deren Production an Masse zwar geringer, aber zugleich eine sehr mannigfaltige und artikelreiche ist.

VII. Anorganische (Mineral-) Farben.

Was die anorganischen Farben betrifft, so ist ihre Erzeugung im Kammerbezirke in stetiger Zunahme begriffen. Sie lassen sich abtheilen in die Erdalkalien- und Erdfarben, in die Metallfarben und in den Graphit.

a. Erdalkalien- und Erdfarben.

Diese zerfallen ihrerseits wieder in die Kalk-, Baryt- und Thonerdefarben.

1. Kalkfarben.

Zu den Kalkfarben gehört ausser dem Gyps oder schwefelsauren Kalk, dessen Production und Verarbeitung im Kammerbezirke nicht unerheblich ist, der aber mehr zu den Materialien der Architectur und zu den mineralischen Rohproducten gerechnet werden mag, noch das Wienerweiss, welches in Wien durch Mahlen und Schlämmen eines Kalktuffes erzeugt wird, der in der Nähe von Eisenstadt in Ungarn bricht. Das Etablissement von M. Bronetz in Wien, im V. Bezirke, welches zwei Arbeiter mit 80 Kreuzern Taglohn beschäftigt und einen Pferdegöppel im Betriebe hat, mittelst dessen eine Pferdekraft zwei Handmühlen treibt, erzeugt aus 2400 Zentnern dieses ungarischen Kalktuffs jährlich circa 2300 Zentner Wienerweiss im Verkaufswerthe von 1 fl. 20 kr. bis 1 fl. 40 kr. per Zentner. Diesem Artikel macht der ziemlich bedeutende Import von Kölner und französischer Kreide eine bedrohliche Concurrenz.

2. Barytfarben

Die Barytfarben, als welche vorzüglich Blancfix und Gelbin zu nennen sind, kommen — besonders die erstere für Visitkarten und Glanzpapierfabrikation — immer mehr in Aufnahme. Das massenhafte Vorkommen von Schwerspath im Inlande, der billig im gemahlenen Zustande auch für den Kammerbezirk bezogen werden kann, seine leichte Aufschliessung durch Glühen mit Kohle, Behandlung des Glührückstandes mit roher Salzsäure, und die Leichtigkeit, mit welcher das durch Abdampfen, Rösten, Wiederauflösen und Umkrystallisiren gereinigte Chlorbarium mittelst verdünnter Schwefelsäure in Baryt-Permanentweiss oder Blancfix, und durch ein neutrales chromsaures Alkalisalz in Gelbin oder gelben Ultramarin umgewandelt werden kann, würden sehr wohl die interne Erzeugung dieser Barytfarben im Kammerbezirke ermöglichen, wenn sie nicht wieder etwa die Höhe der Brennstoffpreise von der Concurrenz mit dem Auslande ausschliesst. Das völlig ungiftige, weil ganz unlösliche und zugleich vollkommen luftstete Permanentweiss ist für die Glanzpapier- und Tapetenfabrikation ein vortrefflicher Artikel der Verarbeitung geworden, der heutzutage durch keine andere Farbwaare übertroffen wird. Von allerdings viel geringerer Bedeutung ist das Gelbin, eine ziemlich matte, blassgelbe Farbe, für den Anstrich zu theuer und für die Malerei nur durch ihre Luftstetigkeit und Unveränderlichkeit empfehlenswerth; durch heftiges Weissglühen derselben wird sie unter Sauerstoffentwicklung in chromigsauren Baryt umgewandelt, der nach dem Ausziehen mit sehr verdünnter Salpetersäure ein blasses, gleichfalls wenig feuriges, aber luftstetes Barytgrün liefert.

3. Thonerdefarben.

Unter der Rubrik Thonerdefarben, wozu selbstverständlich aller Bolus und das sogenannte Leuzin oder Stritzelweiss, eine sehr reine weisse Kaolinart, gehören, die aber im Kammerbezirke nicht erzeugt werden, muss insolange auch der Ultramarin aufgeführt werden, als die rationelle Zusammensetzung dieser Farbe noch ein ungelöstes Räthsel ist. Die Fabrikation desselben im Kammerbezirke macht allerdings langsam Fortschritte, vermag aber noch immer nicht mit dem Auslande in jenen feinsten Ultramarinsorten zu concurriren, welche im Zeugdrucke theils als Dampf-, theils als Wasserglasfarben fixirt werden. Das Setzer'sche Etablissement zu Weitenegg im Bezirke Persenbeug verfügt über eine Wasserkraft, den Weitenbach mit 18 Fuss Gefälle, der eine sogenannte Spule von fünf Pferdekräften zum Betrieb einer Sägemühle und eine nach dem Jonval'schen System construirte Turbine von 20 Pferdekräften treibt. 4 technisch gebildete Arbeiter mit einem Gulden Taglohn, 14 männliche und 14 weibliche Fabriksarbeiter mit 70 kr. Taglohn, bei eilfstündiger Arbeitsdauer, besorgen die verschiedenen Operationen der Fabrik, welche 9 Flammöfen zu je 60 Cubikfuss Fassungsraum, 1 Abdampfkessel von 72 Cubikfuss Rauminhalt, 1 Trockenmühle und 12 Nassmühlen, 1 Dampfkessel zum Dampfkochen, 2 Chasseurs oder Siebmaschinen, 1 Ventilator, 12 Dampfkochcisternen aus Granitquadern, 2 Circularsägen, eine Thonschlämme und Ultramarinschlämme mit 33 gemauerten und cimentirten Bassins und eine Kistentischlerei für eigenen Bedarf im Betriebe hat. Dieses Etablissement consumirt für seine Flammöfen, Dampfkoch- und Abdampfkessel jährlich 350 Klafter hartes Holz, 100 Klafter weiches Holz und 200 Zentner Steinkohlen; es verarbeitet jährlich 1000 Zentner Glaubersalz aus Nieder-Oesterreich, 250 Zentner Soda, theils aus England, theils aus Oesterreich bezogen, 1300 Zentner Porzellanthon aus Baiern und Böhmen, 200 Zentner Schwefel aus Sicilien, 150 Zentner Theer, 200 Zentner Töpferthon und 6300 Cubikfuss Kistenholz aus Oesterreich. Es producirt jährlich ausser 6300 Cubikfuss Kistenbreter zum Verkaufswerthe von 500 fl. und 1000 Zentnern feuerfester Ziegel im Verkaufswerthe von 1500 fl., welche Objecte wir hier nur nebenbei erwähnen, als Hauptproduct 1500 Zentner Ultramarin im mittleren Verkaufswerthe von 26 fl. bis 27 fl. per Zentner.

Mag auch die Reduction des Glaubersalzes mittelst des Theers die billigste Production von Schwefelnatrium darstellen, so haben doch kritische Versuche zweifellos gelehrt, dass das Calciniren von Thon, Schwefel und Soda schönere, sattere und feurigere Farben in den grünen und blauen Nuancen des Ultramarins liefert, als die glaubersalzhältigen Gemische. Namentlich liefert eine Schmelze von 275 Theilen Kaolin, 200 Theilen Soda und 225 Theilen Schwefel die prachtvollsten Farben, welches Recept für die Praxis allerdings an dem Nachtheile leidet, dass es durch den bedeutenden Schwefelconsum ein sehr kostspieliges ist.

b. Metallfarben.

Die Metallfarben, d. h. jene Farben, welche Oxyde oder Sulfurete oder Cyanide von Schwermetallen enthalten, lassen sich wieder in folgender Weise unterabtheilen:

1. Eisenhältige Farben.

Unter diese Rubrik gehören sämmtliche Ocher, von denen die Bahntracirungen im Kammerbezirke nicht unerhebliche Lager blossgelegt haben, deren Producte durch Schlämmung, intercurrirende Behandlung mit passenden chemischen Agentien und eine dem Grade nach sehr verschiedene, aber bei jeder Sorte bestimmt eingehaltene Calcination in die verschiedenartigsten Ochersorten des Farbenhandels umgewandelt werden, wie Satinober, Goldocher, Eisengelb, Eisenminium, Indischroth, Eisenbraun und Eisenviolett, in deren Erzeugung besonders die Anreiter'sche Fabrik im Kammerbezirke excellirt. Aus Eisensalmiak, essigsaurem Eisenoxyd, kleesaurem Eisenoxydul lassen sich mit oder ohne gleichzeitige Anwendung von Mangansalzen durch Behandlung mit Salmiakgeist, Natronlauge, Bleichlauge, durch blosses Kochen mit gespannten Dämpfen oder Calciniren bei verschiedenen Hitzegraden analoge Ocherfarben für die Feinmalerei auf künstlichem Wege herstellen, welche durch ihre Unverwüstlichkeit für die Kunst des Malers von hohem Werthe sind, wobei der etwas höhere Preis so gut wie gar nicht hinderlich ist.

Die Cyanfarben des Eisens sind: das Pariserblau, welches durch Fällung eines Eisenoxydsalzes durch gelbes Blutlaugensalz erzeugt und mittelst verdünnter Salpetersäure bis zu einem Kupferlustre geschönt wird und dessen ordinäre und hellere Sorten, durch Zumengen von Gyps, Kreide, Barytweiss und Stärkemehl erhalten, den Namen Berlinerblau führen, während die reinste, tiefste und lustreichste Sorte als Pariser Lack im Handel erscheint; dann das Turnbulls-Blau, das durch Fällen eines Eisenoxydulsalzes mittelst rothen Blutlaugensalzes erzeugt und durch verdünnte Kleesäure geschönt wird. Letzteres ist wegen der Kostspieligkeit des rothen Blutlaugensalzes theurer und folgerichtig bei der geringen Differenz der Farbe weit weniger im Gebrauche. Beide Farben werden auch Kaliblau oder Eisenblau genannt und bestehen aus Eisencyanürcyanid; sie vertragen Luft, Licht, Chlor und Säuren ausgezeichnet, aber durchaus nicht die Laugen und sind daher auch nicht zur Kalk- und Frescomalerei geeignet. Durch Fällung einer überschüssigen Blutlaugensalzlösung mit einer unzureichenden Menge von Eisenvitriol entsteht eine schmutzig grünblaue Fällung eines kaliumhaltigen Doppelcyanürs, das bei längerer Beluftung in feuchtem Zustande sich tief bläut und nach dem Auswaschen des schwefelsauren Kalis, das in farbloser, wässeriger Lösung abfliesst, sich mit dunkelblauer Farbe in Wasser zu lösen beginnt. Eine gesättigte wässerige Lösung dieses kaliumhaltigen löslichen Berlinerblaues kann sehr gut als Flotte in der Blaufärberei und als blaue Tinte für die überseeische Correspondenz der Handelswelt benützt werden, da sie von den Brakdünsten der Seeluft, die Chlorwasserstoffsäure enthalten und die Gallustinte bis zur Unleserlichkeit vertilgen, gar nicht angegriffen wird. Im Entstehungsmomente sind die Eisencyanürcyanide, besonders das Turnbulls-Blau, in Kleesäure löslich; auch diese Lösungen werden als blaue Tinte benützt, die an Lustre die vorige übertrifft, aber leicht gerinnt und die Stahlfedern stark rosten macht.

2. Kupferhältige Farben.

Sie umfassen die basisch-essigsauren, basisch-kohlensauren, arsenigsauren Salze und Cyanverbindungen des Kupfers. Die basich-essigsauren Verbindungen des Kupfers sind der blaue und grüne Grünspan, analog dem Lasur und Malachit ein überbasisches und basisches kohlensaures Kupferoxydhydrat; sie werden am billigsten durch Behandlung von Kupferblech mit Weintrestern oder ähnlichen gährenden und der Essigbildung fähigen organischen Abfällen gewonnen. Bei der nicht unerheblichen Consumtion des Grünspans in der Farbenfabrikation und Färberei dürfte eine interne Erzeugung desselben in den Weinbaudistricten des Kammerbezirkes rentiren. Die basisch-kohlensauren Kupferoxyde, das Berggrün, Mineralgrün oder Bremer Grün und das Kalkblau, Mineralblau oder englische Bergblau werden entweder durch Mahlen und Schlämmen natürlicher Malachite und Lasure, oder durch Fällung von Kupferchlorid oder Kupfersalpeter mit Kalkmilch unter dem Einflusse der atmosphärischen Kohlensäure erzeugt und besitzen überhaupt eine geringe Bedeutung. Das arsenigsaure Kupferoxyd ist, neben essigsaurem Kupferoxyd, ein Bestandtheil jener giftigen Farbe: des Schweinfurter Grüns, das in verschiedenen Nuancen die zahlreichste Synonymik besitzt, welche es wahrscheinlich den zahlreichen sanitätspolizeilichen Interdicten verdankt, die nichtsdestoweniger seine sehr gefahrvolle und sehr thörichte Verwendung zur Appretur von Kunstblumen, Naturgräsern für den Ballschmuck, Krepp- und Tullkleiderstoffen, zur Tapetenfabrikation und Zimmerwandmalerei und zum Bemalen von Consumtibilien mannigfacher Art leider noch immer nicht gründlich beseitigen konnten. Von der glücklichen Concurrenz, die das neuerfundene schöne Nürnberger Grün dieser abscheulichen Giftfarbe eröffnen dürfte, und von der endlich zunehmenden realen Bildung der Producenten und Consumenten wollen wir die völlige Abdication und Verdammung all' der hellgrünen Farben erwarten, deren wesentlicher Bestandtheil arsenigsaures Kupferoxyd ist, wie des Schweinfurter Grüns, des Scheel'schen Mineralgrüns, des Mitis-, Neuwieder, Kirchberger, Wiener, Salzburger, Kaiser-Grüns etc. Die Farbe wird am schönsten durch Kochen von arseniger Säure und Grünspan mit Wasser in Kupferkesseln, übrigens auch durch Wechselwirkung von arsenigsaurem Natron, Kupfervitriol und Essigsäure und ihren Salzen bereitet.

Das Kasseler Braun, nicht zu verwechseln mit dem Kesselbraun, ist Ferrocyankupfer, wird durch Fällen eines Kupfersalzes mit gelbem Blutlaugensalze erhalten und als eine ziemlich kostspielige Farbe, die leicht durch andere billigere, gleichschöne rothbraune Farben ersetzbar ist, nur wenig erzeugt und verwendet. Um so befremdender musste der Vorschlag einer chemischen Autorität, die sich sonst gerne in praktischen Vorschlägen für Fabrikationsprocesse im grossen Massstabe bewegt, erscheinen, der darauf abzweckt, Ferrocyanuran als Malerfarbe einzuführen, das durch Fällung eines Uransalzes mit gelbem Blutlaugensalze bereitet wird. Niemand würdigt aufrichtiger als wir das Verdienst, das sich Patera durch die Aufschliessung und industrielle Verarbeitung des böhmischen Uranpecherzes um die inländische chemische Production erworben hat; das Uranoxyduloxyd oder Uranschwarz und das uranigsaure Natron oder Urangelb der Enkaustik, welch' letzteres in der feinen Oelmalerei als luftstetes Präparat das vergängliche nachdunkelnde Neapelgelb oder Giallolino glücklich ersetzt, das ziegelrothe Uranoxyd und das prachtvoll fluorisirende St. Annen- oder Katharinenglas sind anerkennenswerthe Schöpfungen der Uranindustrie. Es mag daher sehr gut und patriotisch gemeint sein, wenn der eingangserwähnte Gelehrte auch sein Scherflein zur Entwicklung der Uranindustrie beitragen wollte; es wird aber nichtsdestoweniger der gute Wille für die That genommen werden müssen, weil das rothbraune Ferrocyanuran, das nichts Wesentliches vor dem in gleicher Nuance darstellbaren Ferrocyankupfer oder Kasseler Braun voraus hat, gerade das Zehnfache kosten würde und sich somit noch schwieriger würde einbürgern können als das letztgenannte, das trotz des Vorzuges seiner Billigkeit nichtsdestoweniger immer mehr und mehr aus der Production der Farben verschwindet.

3. Zinkfarben.

Das Zinkweiss, durch Verbrennen von Zink auf trockenem Wege bereitetes Zinkoxyd, wird von der schlesischen Fabrik zu Peterswalde im Grossen erzeugt und es ist seine Consumtion im Kammerbezirke in steter Aufnahme begriffen, welche diese Farbe aus sanitären und technischen Rücksichten in vollstem Masse verdient, weil sie nicht nur die Unschädlichkeit für den Consumenten und Producenten, sondern auch die unveränderliche Haltbarkeit vor dem giftigen und nachdunkelnden Bleiweiss voraus hat, selbstverständlich nur dann, wenn bleifreie Oele und Firnisse im Anstrich und in der Malerei durchgegriffen haben werden. Das Zinkgelb oder chromsaure Zinkoxyd wird am schönsten erhalten, wenn man eine ammoniakalische Zinklösung mit doppeltchromsaurem Kali versetzt und die Farbe durch Dampfkochung fällt; sie kann übrigens auch durch Fällung jedes Zinksalzes mittelst eines einfachchromsauren Alkalis erhalten werden. Ihr Verhältniss zum Bleichromgelb ist ganz dasselbe wie das zwischen Zinkweiss und Bleiweiss, d. h. sie deckt weniger und hat etwas weniger Glanz und Farbentiefe, ist aber dafür vollkommen unveränderlich, luftstet und weitaus ungefährlicher für die Gesundheit der Consumenten und Producenten. Alle anderen Zinkfarben, wie z. B. das Rinmannsgrün oder Kobaltoxydulzinkoxyd, finden im Kammerbezirke kaum eine passende Stätte ihrer Erzeugung und auch keine erhebliche Consumtion.

4. Bleifarben.

Die Erzeugung von Minium ist nur in der unmittelbaren Nähe des metallurgischen Bleibetriebes in fabriksmässiger Weise oder in grösseren Bleiweissfabriken rentabel, da es durch Frischen der Glätte oder des Bleiweisses im Luftstrom am zweckmässigsten bereitet wird. Die Consumtion von kärntnerischem Minium in der Glasfabrikation, Firnissbereitung, Zündwaarenindustrie, Farbenerzeugung und zur Erzeugung des dampfdichten sogenannten Gaskittes ist im Allgemeinen sehr bedeutend und selbst die interne des Kammerbezirkes nicht unerheblich. Das Bleiweiss oder basisch-kohlensaure Bleioxydhydrat, eine sehr giftige Farbe, deren Consumtion möglichst beschränkt und verdrängt werden soll, wird nach der französisch-englischen Methode durch Einwirkung der Kohlensäure auf dreibasisch-essigsaures Bleioxyd, also aus Kohlensäure, Bleizucker und Glätte, und nach der holländischen Methode aus spiralig eingerollten Bleiplatten bereitet, die in Töpfe mit gährenden, unter Essigsäurebildung verwesenden organischen Abfällen gesteckt, und im Miste oder in ähnlichen warmen und kohlensäurereichen Verwesungsstätten eingegraben werden. Krems, das die Trestern und Abfälle seiner mittelmässigen Weinproduction in nationalökonomischer Weise zur holländischen Bleiweissfabrikation benützte, hat seiner Zeit selbst Holland in Bezug auf Güte des Erzeugnisses, Deckkraft und Ausgiebigkeit der Farbe den Preis abgelaufen. Das trockene Vermahlen des rohen Farbeproductes, das durch den mörderischen Bleiweissstaub die dabei beschäftigten Arbeiter furchtbar schädigte, ist glücklicherweise längst beseitigt und es darf das Bleiweiss nur im feuchten Zustande, nur auf sogenannten Nassmühlen gemahlen werden; noch immer aber spielt der Bleiweissstaub bei dem Spitzenklöppeln, wobei das Bleiweiss zum Zeichnen der Muster benützt wird, eine sehr schädliche Rolle.

Das durch Schmelzen von Minium mit Salmiak erzeugte

Kasselergelb oder basische Chlorblei, sowie das durch Schmelzen von Brechweinstein, Minium und Salpeter gewonnene künstliche Neapelgelb oder antimonsaure Bleioxyd besitzen heutzutage keinerlei industrielle Bedeutung mehr. Es bleiben somit nur mehr die Chromverbindungen des Bleies zu erwähnen.

Durch Fällung von überschüssigem Bleizucker mittelst einer unzureichenden Menge von rothem Chromkali in kalten und verdünnten Lösungen wird das Chromcitrongelb, durch Fällung von überschüssigem, mit etwas Salpetersäure angesäuertem rothen Chromkali aus concentrirten heissen Lösungen durch eine unzureichende Menge von Bleisalz wird das dunklere, aber feurigere Chromoraniengelb dargestellt. Beide Farben sind chemisch identisch, nämlich neutrales chromsaures Bleioxyd; ihre auffallende Verschiedenheit in der Nuance beruht daher auf Molecularverhältnissen. Durch Fällen einer alkalischen überschüssigen Bleilösung mit einer unzureichenden Menge von einfachchromsaurem Alkali wird Chromorange, d. h. basisch-chromsaures Bleioxydhydrat dargestellt, das je nach der Temperatur und Concentration der Lösung verschiedene Nuancen zeigt, bei dem Rösten oder Glühen sich unter Wasserverlust in Chromroth, Chromzinnober oder basisch-chromsaures Bleioxyd umwandelt, und auch durch Digestion des Chromcitron- oder Chromoraniengelbs mit verdünnten Laugen, Salmiakgeist oder Kalkmilch in der Kälte oder Wärme, je nach der gewünschten Nuance, dargestellt werden kann. Chromzinnober lässt sich auch direct auf trockenem Wege bereiten durch Zusammenschmelzen von Minium oder Bleiweiss mit Chromkali und Salpeter. Die Glühschlacke muss gepulvert und mit Wasser erschöpft werden, worin sich der Rest des Salpeters und das einfachchromsaure Kali auflöst, während der Chromzinnober zurückbleibt. Durch Vermischung von Berlinerblau und Chromgelb in verschiedenen Mengen und Tönen entstehen die Nuancen des sogenannten Laubgrüns oder grünen Zinnobers, dessen Schönheit von der ausserordentlichen Gleichartigkeit und Innigkeit des Gemenges abhängig ist; mischt man die Lösungen von salpetersaurem Eisenoxyd mit salpetersaurem Bleioxyd in passenden Mengen, und fällt man diese Flüssigkeit mit einem passenden Gemische der wässerigen Lösungen von einfachchromsaurem Kali und gelbem Blutlaugensalz, so erhält man Laubgrün von solcher Pracht und Gleichartigkeit, wie sie der andere gewöhnliche Weg der Bereitung nie zu leisten vermag. Dieser sogenannte mixeolytische Weg gestattet die Herstellung zahlreicher gemengter Farben in allen gewünschten Nuancen, im Zustande einer auf anderem Wege unerreichbaren Feinheit und Vollkommenheit.

5. Quecksilberfarben.

Die einzig zulässige Quecksilberfarbe in sanitärer Hinsicht ist der Zinnober, da er wegen seiner Unlöslichkeit in den gewöhnlichen Menstruen, trotz seines hohen Gehaltes an giftigem Quecksilber, so lange unschädlich bleibt, als er nicht durch Glühhitze verflüchtigt oder verbrannt wird. Die Erzeugung des sublimirten Zinnobers aus Schwefel und Quecksilber muss in die Quecksilberhütte und ihre Nachbarschaft verwiesen werden. Die inländische Bezugsquelle dieses Präparates ist Idria; dass aber der sogenannte chinesische, französische oder Strassburger Zinnober nicht im Kammerbezirke erzeugt werde, dafür liegt keinerlei stichhältiger Grund vor. Der durch Sublimation von schwefelsaurem Quecksilberoxyd (Quecksilbervitriol) und Kochsalz, oder durch Auflösen von metallischem Quecksilber in Königswasser bereitete Sublimat wird durch Schwefelleberlösung im Ueberschusse gefällt, und die schwärzliche, aus Schwefel und schwarzem Quecksilbersulfid bestehende Fällung in mässiger Wärme unter steter Bewegung, wie sie durch einen Rüttelapparat nach Art der Beutelvorrichtungen bei Mühlen erzeugt werden kann, etwa 24 Stunden digerirt, wobei der Niederschlag die feurigste Scharlachfarbe annimmt und nach dem Auswaschen und Trocknen den schönsten, ausgiebigsten und lockersten Zinnober darstellt.

6. Wolframfarben.

Die vor 30 Jahren von Anthon angeregte Erzeugung von Farben aus den Wolframerzen, an denen Böhmen so reich ist, hat bekanntlich Fersmann in London zuerst praktisch realisirt, welcher auf der letzten Londoner Industrieausstellung preiswürdige Farbenpräparate aus Wolfram und dazu das wichtige, als Flammenschutzmittel und Präparirsalz verwendbare wolframsaure Natron, welches den Ausgangspunct aller Wolframpräparate bildet, um den billigen Preis von 10 fl. pr. Zentner verkäuflich ausgestellt hatte. Durch Schmelzen des Wolframerzschliches mit Soda, Aetznatron oder Natronsalpeter und Behandlung der Schlacke mit kochendem Wasser wird unter der Abscheidung von Mangan- und Eisenoxyd wolframsaures Natron erhalten, das bei dem Abdampfen herauskrystallisirt; durch Kochen des wolframsauren Natrons mit verdünnter Salpetersäure in geringem Ueberschusse wird gelbe, anhydrische Wolframsäure gewonnen, die als Wolframgelb in den Farbenhandel kommen kann. Durch Fällen von irgend einem Zinksalze mit einer Lösung von wolframsaurem Natron wird eine weisse Fällung von wolframsaurem Zinkoxyd erhalten, die nach dem Auswaschen und Trocknen das luftstete Wolframweiss liefert. Durch Behandeln von wolframsaurem Natron, Salzsäure und Zinnsalz entsteht eine blaue Fällung von wolframsaurem Wolframoxyd, blauem Karmin oder Wolframindigo, der als Malerfarbe, insbesondere aber zum Färben des Papierbreies benützt werden kann; das wolframfreie Filtrat liefert bei dem Abdampfen Krystalle von Natriumzinnchlorid, das entweder unmittelbar als Pinksalz an die Färber verkauft oder durch Kochen mit Zinnfeile wiederbelebt und in Zinnchlorür umgewandelt werden kann, um neuerdings zur Erzeugung von Wolframblau benützt oder als Zinnsalz in den Handel gebracht zu werden. Schmilzt man wolframsaures Natron, Wolframsäure (Wolframgelb) und Zinnfeile bei mässiger Hitze zusammen, und kocht man die Schlacke mit Salzsäure aus, so löst sich Zinnchlorürchlorid auf, das als Zinncomposition an Färber verkäuflich ist, während ein prachtvoller Körper mit violettem Kupferlustre bis Goldbronzelustre, nämlich die Wolframbronze, ungelöst bleibt, welche von der wirklichen Metallbronze, die mühselig durch Verreiben der Chabine der Metallschlägereien mit Honig, Syrup oder Glycerin bereitet wird, den Vorzug der Billigkeit und luftsteten Haltbarkeit gegen Sauerstoff, Feuchtigkeit, saure Dämpfe und Schwefelwasserstoff voraus hat, das kostspielige, durch Weissglühen eines Gemenges von Chromoxyd und Kohle im trockenen Chlorstrom erzeugte wasserfreie Chromchlorid vollkommen ersetzt und für die Buntpapier-, Tapeten- und Galanteriewaarenerzeugung ein neuer, vielseitig verwendbarer Artikel wäre.

7. Chromfarben.

Von den Chromfarben sind die wichtigsten, wie das Chromgelb und Chromroth, bereits besprochen; andere, wie das Cadmiumchromgelb (ein Concurrent des luftsteten Schwefelkadmiums oder *Jaune brillant* der feinen Oelmalerei) oder das chromsaure Quecksilberoxydul, das enkaustische Chromgrün, in der Verbrauchsmenge zu unbedeutend, um hier eine besondere Besprechung zu verdienen. Nur das neue Nürnberger Grün, welches das einzige concurrenzfähige unter den unschädlichen Surrogaten des Scheel'schen Grüns zu werden berufen ist, muss hier eine specielle Erwähnung finden. Es ist nicht mit dem Augsburger Präparate, dem „Mittlersgrün", noch mit dem sogenannten Barytgrün des deutschen Farbenhandels zu verwechseln, welche aus Chromoxydhydrat (durch Schmelzen von rothem Chromkali mit Borax oder Borsäure im Wasserflusse bereitet) und aus behufs der Nuancirung beigemengtem Chromgelb, Gelbin und Berlinerblau bestehen. Es enthält vielmehr Chromoxydhydrat und chromsauren Kalk ohne jede Spur von Borsäure oder Baryt, ohne allen Zusatz von Chromgelb oder Berlinerblau, ist somit gleichsam eine Molecularverbindung von chromigsaurem und chromsaurem Kalk, oder eine Art Doppelsalz von chromsaurem Chromoxydkalk, und scheint durch partielle Oxydation einer alkalischen Lösung von Chromoxydnatron mit Chlorkalk oder unterchlorigsaurer Kalkerde bereitet zu sein.

Das Etablissement von C. Voigt zu Erlaa im Bezirke Hietzing wird unter der Aufsicht von drei technischen Beamten von 17 männlichen, 4 weiblichen Arbeitern und 4 Mädchen unter 14 Jahren bedient, hat 1 Dampfmaschine mit 5 Pferdekräften, 1 Retortenofen auf 4 Retorten mit dem Gesammtinhalte von 30 Mass, 1 Steingang, 1 Siebmaschine, 4 Stampfen, 2 Steinmühlen, 7 Farbmühlen, 1 Schneidmaschine, 4 Destillirkessel, 7 Sud- und Abdampfapparate und 2 Trockenvorrichtungen im Betriebe, producirt jährlich circa 750 Zentner an verschiedenen Mineralfarben und circa 600 Zentner bereits geriebene Oelfarben.

In der Fabrik von Georg Piller in Sechshaus sind 7 männliche und 2 weibliche Arbeiter mit einem Gulden Taglohn beschäftigt. Eine Hochdruckdampfmaschine von 4 Pferdekräften, 2 Flammenöfen von je 6 Cubikfuss, 2 Verdampfungskessel von je 8 Cubikfuss, 4 Sudkessel von 6 Cubikfuss und 6 Ständer von 20 Cubikfuss Inhalt sind im Betriebe. Der Motor consumirt jährlich 10 Klafter weiches Holz und 1500 Ztr. Steinkohlen; die anderen Feuerstätten consumiren 40 Klafter weiches Holz, 500 Ztr. Steinkohlen und 300 Ztr. Coaks. Die Fabrik verarbeitet jährlich 300 Ztr. Hornabfälle aus Niederösterreich, 100 Ztr. ungarische Pottasche, 60 Ztr. böhmischen Eisenvitriol, 100 Ztr. baierischen Kaolin, 60 Ztr. Schwefelsäure, 30 Ztr. Salpetersäure und 60 Ztr. Kupfervitriol aus Niederösterreich, 30 Ztr. Arsenik aus Salzburg, 30 Ztr. Soda, 15 Ztr. Kalk, 140 Ztr. Essig aus Niederösterreich, 40 Ztr. Glätte aus Kärnten, 20 Ztr. Chromkali aus Niederösterreich, 120 Ztr. baierischen Schwerspath und 20 Ztr. Wienerkreide. Sie erzeugt jährlich 60 Ztr. Pariserblau im Gesammtwerthe von 5800 fl., 70 Ztr. Berlinerblau zu 2400 fl., Kaisergrün 60 Ztr. zu 1800 fl., Chromgelb 80 Ztr. zu 1600 fl., Chromgrün 40 Ztr. zu 800 fl. und Kalkblau 20 Ztr. zu 400 fl., welche Erzeugnisse sie in Wien und den österreichischen Kronländern umsetzt.

Das Etablissement von Johann Nejedly in Ottakring beschäftigt 8 männliche Arbeiter, 2 Flammenöfen, 1 Eisenspindelpresse; es arbeitet mit 4 Kupferkesseln zu 40 Eimern und diversen Ständern zu 700 Eimern, consumirt jährlich zur Feuerung in den Oefen und unter den Kesseln 40 Klafter weiches Holz und 50 Ztr. Steinkohlen. Die Fabrik verarbeitet 25 Ztr. Chromkali, 35 Ztr. Glätte, 100 Ztr. Kupfervitriol, 750 Eimer Essigessenz, 55 Ztr. Weizenstärke, 25 Ztr. Blutlaugensalz, 30 Ztr. Schwefelsäure, 30 Ztr. Oleum, 20 Ztr. Salpetersäure, 10 Ztr. Salzsäure, 200 Ztr. Schwerspath aus Tirol und 250 Ztr. aus Baiern, 100 Ztr. Alabastergyps und 50 Ztr. Arsenik; wo nichts Näheres angegeben ist, stammt der Bezug aus dem Inlande. Die Fabrik erzeugt 100 Ztr. Chromgelb, 150 Ztr. arsenikalische grüne Kupferfarben, 40 Ztr. Pariserblau und 180 Ztr. Laubgrün.

Im Interesse des industriellen Fortschrittes ist es aufrichtig zu beklagen, dass von Firmen oder deren Successoren, die im abgelaufenen Decennium eine bedentendere Stellung unter den Farbenerzeugern des Kammerbezirkes einnahmen, wie z. B. von J. Adam's Söhnen in Wien, S. Beran in Sechshaus, Gebrüder Engelhardt in Gaudenzdorf, H. M. Habich in Hernals, A. Kaylan in Nussdorf, F. Mayer & Söhne in Guntramsdorf, Gebr. Nisner, Josef Planchensteiner in Wien, Robert & Comp. in Himberg, J. B. Schober's Sohn in Wien, J. N. Waliczek in Hernals und Anderen, keine genügenden statistischen Berichte vorliegen, welche eine genauere und präcisere Entwicklung des Standes der Farbenerzeugung im Kammerbezirke ermöglichen würden.

c. Graphit.

Dieses Mineral, welches eisenschüssigen Thon als Gangart enthält, aus einer Modification des Kohlenstoffes besteht und um so weicher, fetter, abfärbender, metallglänzender und leitender für die Elektricität erscheint, je reiner es ist, wie wir diess an den sechsseitigen Tafeln und Rhomboëdern des reinen Ceyloner Graphites sehen, wird entweder bloss durch Schlämmen oder auch durch Einsumpfen mit roher Schwefelsäure und Auswaschen gereinigt, um ihm in letzterem Falle den Eisen- und Thonerdegehalt der Gangart möglichst zu entreissen. Er wird als Antifrictionsmittel zum Schutze gegen Oxydation, als Wichse und Schwärze, besonders bei Eisen- und Metallgeräthen, benützt, die der Hitze ausgesetzt werden sollen; er dient ferner, mit Palmöl zur Salbe gemischt und auf die innere Seite der Kesselbleche eingerieben, zur Kesselsteinverhütung, sowie als leitender Ueberzug mannigfaltiger Objecte in der Galvanoplastik; mit feuerfestem Thon gemischt zur Erzeugung der glatten Passauer Schmelztiegel, die auch im Kammerbezirke zu Ybbs erzeugt wurden und die allein zu Schmelzungen der edlen Metalle und der Metalllegirungen brauchbar sind, da die rauhen hessischen Tiegel das Abspringen glatter Metallkönige ohne Verlust nicht gestatten. Die wichtigste Anwendung des Graphits ist die zu Graphit- und Zeichenstiften, welche man unrichtigerweise Bleistifte nennt. Leider hat die im Principe und im grossen Ganzen fruchtbare Aufhebung des Prohibitivsystems in einzelnen Zweigen der wenig erstarkten inländischen Production grosse und schmerzhafte Opfer gefordert; ein solches hatte auch die inländische Bleistifterzeugung zu bringen, die aufgehört hat concurrenzfähig mit den besseren Producten des Auslandes zu sein. Nur in den ordinärsten Sorten, den Graphitstiften ohne Fassung und den groben Zimmermannsstiften, ist die Concurrenzfähigkeit der inländischen Production noch verbürgt. Der Import ausländischer Bleistifte ist durch die freihändlerische Verfügung um 200 bis 250 Zentner gestiegen; am gefährlichsten ist die Concurrenz Nürnbergs, das die Bleistifterzeugung mittelst zahlreicher, durch billige Wasserkraft getriebener Maschinen und mit Hilfe einer eben so billigen als vortrefflichen Tischlerarbeit seit mehreren Decennien auf den Gipfelpunct der Leistungsfähigkeit gebracht hat. Der Kammerbezirk wird seit der Verlegung der Hardtmuth'schen Fabrik nach Budweis weniger von diesen Verhältnissen berührt, da dieser Productionszweig daselbst nur in geringem Masse vertreten erscheint. Die Fabrik von Friedrich Mielenhausen zu Wien am Neubau beschäftigt vier Arbeiter mit 84 kr. Taglohn, hat einen kleinen Abdampfkessel von 5 Cubikfuss, zwei Handmühlen und eine Handpresse im Betriebe, consumirt jährlich 20 Ztr. mährischen Graphit, 30 Ztr. baierischen Thon und steirisches Fichten- und Lindenholz, und producirt mittelfeine Bleistifte, die sie in Nieder-Oesterreich, Polen, Ungarn und Böhmen absetzt.

VIII. Organische Farbstoffe.

Von organischen Farben und Farbwaaren ist zu erwähnen: die Fabrikation der Lacke, d. h. der Thonerde- und Zinnoxydverbindungen der organischen Farbstoffe, die Erzeugung von Indigokarmin (Sächsischblau, Indigotinctur, Waschblau und Waschblaupapier, Indigoextract, was alles eine technische Anwendung der Indigoschwefelsäuren darstellt), ferner die Erzeugung von Farbholzextracten und Gärbestoffextracten, die Erzeugung von Orseillepräparaten, Cochenille-Ammoniak und Karmin aus der Cochenille, die Bereitung der modernen Anilinfarben, wie Fuchsin, Roseïn, Azaleïn, Coerulin, Azulin, Parme d'Anilin, Violette, Anilinorange, Anilingrün und Anilinschwarz, ferner Phenylbraun, lauter Producte, welche Anilin und Steinkohlenkreosot, oder anders ausgedrückt, Phenylamin und Phenylsäure unter dem Einflusse wasserfreier Metallchloride, der Arsensäure, der Quecksilbersalze und kräftiger Oxydations- und Reductionsmittel (wie z. B. Chromsäure oder Salzsäure und chlorsaures Kali, oder Braunstein und Schwefelsäure, oder Salpetersäure und Chamäleon, oder Bleichlaugen zur Oxydation und Wasserstoff im Entbindungsmomente, Hydrothion und die Sulfhydrate der Alkalien, Aldehyde und Metalloxydulsalze oder Chlorüre zur Reduction) zu liefern vermögen; ferner die Fabrikation von Tinten und Tuschen aller Art, die Erzeugung der Buch- und Kupferdruckschwärze, welche theils durch passende Verkohlung der Rebenschösslinge und Weintrestern in verschlossenen Cylindern, wie das Reben- oder Frankfurter Schwarz, theils durch Verbrennen von Naphtalin und schweren Theerölen in verschlossenen Räumen, theils endlich aus sogenanntem Flammenruss erzeugt werden können, den aber das Inland nicht in ausreichender Menge liefert; das Rebenschwarz muss mit Wasser erschöpfend ausgekocht werden, um allen Pottaschegehalt zu verlieren. Der Flatterruss des Naphtalins und der Theeröle muss so wie der Flammenruss mit leichtem Theeröl extrahirt werden, um störende braune Brandharze zu entfernen; ein Zusatz von etwas Indigo oder Pariserblaumehl erhöht die Schwärze. Endlich gehört hieher die bloss mechanische Aufbereitung und Präparation der Farbhölzer, Gärberohstoffe und der mannigfaltigsten Wurzeln in Schneidewerken, Stampfwerken, Materialmühlen und Sägemühlen aller Art.

Das bereits erwähnte Etablissement von Nejedly in Ottakring erzeugt 40 Ztr. Indigokarmin, 80 Ztr. Waschblau, 80 Riss Indigopapier und 25 Ztr. Rothholzlack, wozu es 7½ Ztr. Indigo, 30 Ztr. Oleum, 25 Ztr. calcinirte Soda, 45 Ztr. Rothholz, 10 Ztr. Salzsäure, 20 Ztr. Salpetersäure, 40 Ztr. Kartoffelstärke und einen Ztr. englisches Zinn verbraucht.

Das Etablissement des Rudolf Wiesinger in Sechshaus beschäftigt 3 Arbeiter, consumirt 200 Ztr. Steinkohlen für seine Trockenöfen und verarbeitet 50 Ztr. Indigo und 18 Ztr. Cochenille zu 250 Ztrn. Indigokarmin, 40 Ztrn. Indigoextract, 8 Ztrn. Essigsäure, 10 Ztrn. schwefelsaure Indigosolution, 20 Eimern feines und 3000 Eimern ordinäres Waschblau, endlich 12 Ztrn. Cochenille-Ammoniak.

Das mehrerwähnte Piller'sche Etablissement in Sechshaus verarbeitet 40 Ztr. Bimasholz (Rothholz), 80 Ztr. schwefelsaure Thonerde, 30 Ztr. Soda zu circa 25 Ztrn. Rothholzlack im Gesammtwerthe von 1300 fl.; ausserdem erzeugt die Fabrik circa 30 Ztr. Neu- oder Waschblau.

Die Erlaaer Fabrik von Carl Voigt erzeugt jährlich 15 Ztr. Karmin- und Lackfarben, mit denen sie hauptsächlich nach den Donaufürstenthümern und der Türkei im Auslande, und nach Mähren, Böhmen und Galizien im Inlande verkehrt.

Die Fabrik des Leopold Grünwald zu Wien in Mariahilf hat 1 Beamten mit 60 fl., 1 Techniker mit 30 fl. und 1 Hilfsarbeiter mit 20 fl. monatlichem Gehalte und consumirt in 1 Flammofen und 1 Retortenofen 30 Klafter hartes Holz, 10 Klafter weiches Holz und 250 Ztr. Steinkohlen; diese Fabrik verarbeitet 50 Ztr. Rohanilin aus England, 5 Ztr. Quecksilber, 250 Ztr. Salpetersäure, 20 Ztr. Stärke und 5 Ztr. Glycerin zu Anilinproducten, als: Farbstoffen für Färberei, Druckerei, Tapeten- und Lederfabrikation.

Die Extractfabrik des Franz Stürmer in Wien verarbeitet mit 3 Arbeitern bei 520 Ztr. Coaksconsum, 100 Ztr. Lichen und 5 Ztr. Cubagelbholz zu den entsprechenden Extracten.

Die Fabrik von C. Adler in Wien verbraucht 3000 Ztr. Knoppern, um daraus 700 Ztr. Knoppernextract zu bereiten, das nach Preussen und Russland exportirt wird.

Die Materialmühle des Johann Medinger, am Wr.-Neustädter Kanale bei Gumpoldskirchen gelegen, treibt mittelst zweier 18 schu-

38 *

higer Wasserräder, bei einem Gefälle von 6 Schuh, 1 Farbholzschneidemaschine, 1 Raspel, 1 Krappquetschmühle, 1 Stampfwerk, 2 mittlere und 1 kleine Mühle, wovon jedoch immer nur drei Maschinen durch die gegebene Wasserkraft gleichzeitig betrieben werden können.

Der Betrieb, durch den Winterfrost ohnehin unterbrochen, wird auch im Sommer durch häufige Kanalreparaturen und rasch wiederholte Schiffcurse mehr als wünschenswerth gestört. Die Zahl der Arbeiter ist 6 bis 9; die mittlere Leistung des Institutes ist die Verkleinerung von circa 12.000 Ztr. Rohstoff für Färber und Gärber, der grösstentheils unmittelbar in Wien und dessen Umgebung zur Consumtion gelangt.

Die Material- und Farbholzschneidemühle in Wien auf der Landstrasse hat 1 Beamten und 3 Arbeiter, setzt durch eine Turbine im Wr.-Neustädter Kanal, bei dem Gefälle von 12 Fuss, 3 Mahlmühlen, 1 Raspelmühle, 1 Stampfwerk und 1 Farbholzschneidemühle in Bewegung und mahlt per Jahr gewöhnlich um Lohn auf fremde Rechnung für den hiesigen Platz 6000 Ztr. Knoppern, 2000 Ztr. Fichtenlohe, 3000 Ztr. Eichenlohe, schrottet auch 60 Ztr. Gerste für Gärber; für Färber schneidet sie „über Hirn“ 600 Ztr. Blauholz, 250 Ztr. Gelbholz, 150 Ztr. Rothholz und malt 50 Ztr. Sandelholz zu Mehl.

Die Dampf- und Wassermühle des Rudolf Wiesinger in Sechshaus beschäftigt unter einem Beamten und Werkführer 20 Arbeiter und treibt mittelst des Wienflusses bei 16 Fuss Gefälle durch 1 oberschlächtiges und durch 4 mittelschlächtige Wasserräder, ferner durch 1 Dampfmaschine von 24 Pferdekräften, welche 10 Klafter weiches Holz und 10.000 Ztr. Steinkohlen consumirt, 4 Schneidewerke, 8 Stampfen, 1 Circularsäge, 1 Krappmühle und 10 Mühlgänge. Sie verschneidet gegen Lohn für den hiesigen Platz per Jahr circa 8000 Ztr. Blauholz, 2500 Cubagelbholz, 2000 Ztr. Rothholz, gewöhnlich Bimas und Lima, 4000 Ztr. Fisetholz, 1500 Ztr. Berberitzenholz für Färber; sie mahlt ferner 17.000 bis 18.000 Ztr. Knoppern und 1500 Ztr. Eichenrinde für Gärber, überdiess pulvert sie 60 bis 70 Ztr. Antimonium crudum, 80 Ztr. Auripigment, 50 Ztr. Witherit, 400 Ztr. Bimsstein, 800 Ztr. Braunstein und 60 Ztr. diverse Artikel für Pharmacien und Droguerien; desgleichen 900 Ztr. Kräuter und Wurzeln, 90 Ztr. Senfsamen, 100 Ztr. Weinstein, 170 Ztr. Bablah oder Dividivi, 90 Ztr.

Galläpfel, 900 Ztr. Gummi, 800 Ztr. Cementkalk, 400 Ztr. Glätte, 300 Ztr. Gewürze, 300 Ztr. Soda, 100 Ztr. Hirschhorn und 300 Ztr. Federweiss und Taufstein.

Das Robert'sche Etablissement zu Himberg befindet sich leider und sonderbarer Weise, wie es selbst behauptet, durch volle fünf Jahre in einem transitorischen Zustande, der es nicht gestattet, statistische Mittheilungen zu machen. Dieser zu Decennien auswachsende chronisch-transitorische Zustand ist ein wahres Spiegelbild unserer politischen und staatsökonomischen Zustände.

Ausser den fünf grösseren Materialmühlen des Kammerbezirkes bestehen auch Schneidewerke und kleinere Mühlen in etwa zehn Fabriken. Da diese Methode immer mehr Anhänger findet, so ist die Abnahme des Verkehrs in geschnittenen Droguen und Materialmühlen, die seit dem Jahre 1855 langsam, aber regelmässig wächst, auf leichte und ungezwungene Weise zu erklären und als kein ungünstiges Symptom zu deuten.

Auch hier bei den organischen Farben und Farbwaaren entbehren wir höchst ungern die ergänzenden Berichte von rührigen und hervorragenden Fabriken, wie z. B. von den zwar in kleinerem Masse, aber mit vielen Artikeln für photographische, pharmaceutische, chemische und technische Zwecke producirenden Laboratorien eines Edlen von Würth und Anderer nicht ein einziges unter den vorhandenen schriftlichen Ausweisen vertreten ist.

Zu erwähnen ist noch die Fabrik von Wocelka in Hernals, welche 3 Arbeiter zu 1 fl. 20 kr. Taglohn, 1 Magazineur und 1 Agenten beschäftigt, mit 7 Klafter weichen Holzes, 500 Ztr. Steinkohlen, 50 Ztr. Coaks und 50 Metzen Holzkohlen, 2 Retortenöfen, 1 Dampfkessel für 2 Atmospären Druck, 4 Destillirapparate, 1 Bleiapparat und 5 Windöfen heizt, und jährlich 20 Ztr. des Wocelka'schen Tintenpulvers, das nach Baiern und Serbien exportirt wird, und 60 Eimer flüssige Tinte erzeugt. Die eigentliche Bedeutung dieses Etablissements liegt in der Erzeugung von Lacken und Firnissen, die erst später gewürdigt werden sollen.

Als Tintenfabrikant ist auch Hr. Hermann Hartmann in Oberdöbling zu nennen, der mit Hilfe von 2 Arbeitern 10 Eimer schwarze Tinte zu 90 fl., 10 Eimer Alizarintinte zu 120 fl., 2 Eimer Copirtinte zu 50 fl., 1/2 Eimer färbige Tinte zu 50 fl. und 3 Eimer Waschblauessenz, auch als architectonische Brillantblautinte verwendbar, zu 60 fl. erzeugt.

Wie man ersieht, ist diese Fabrikation nur eine nebensächliche und wir müssen auch hier wieder bedauern, dass von notorischen grösseren Tintenproducenten der Kammer die erforderlichen Belege vorenthalten wurden.

Das Wesen der Alizarintinte besteht in der durch kleine Mengen von Indigoschwefelsäure geleisteten Löslichkeit des gallussauren Eisenoxyduloxydes in Wasser, wodurch aller zum Aufschlämmen nothwendige Gummigehalt vermieden bleibt; die echte Alizarintinte wird daher nicht schimmeln, keinen Satz und keine Borke bilden, fest am Papiere haften, gut nachdunkeln, aber zugleich die Stahlfedern stark corrodiren. Der Umstand, dass unter diesem Namen abscheuliche Tinten in Umlauf gesetzt wurden, hat das Misstrauen des Publicums erregt, die Alizarintinte für einige Zeit discreditirt und die alte Gallustinte wieder zu Ehren gebracht. Durch Zusammenbringen von rothem Chromkali mit Weinsteinsäure und nach dem Verbrausen der entwickelten Kohlensäure mit Blauholzextractlösung erhält man die einfachste und beste Copirtinte. Lässt schon die Tintenfabrikation des Kammerbezirkes viel zu wünschen übrig, so gilt diess noch mehr von den feineren Tuschsorten, die fast alle der Import aus dem Auslande liefert.

Der im Kammerbezirke realisirte Werth der Production von Farben und Farbwaaren wird nicht viel hinter einer Million Gulden zurückbleiben.

IX. Organische Säuren.

Diese Gruppe ist im Kammerbezirke nur durch die Weinstein- und Essigindustrie repräsentirt.

a. Weinstein.

Was zunächst die Weinsteinindustrie betrifft, so ist die rohe Waare, der Weinstein, wie er sich bei dem durch die fortschreitende Gährung steigenden Alkoholgehalt in den Fässern aus dem Jungweine absetzt, nicht nur ein wichtiger Rohstoff für die Färberei und Pharmacie, sondern auch ein stehender Artikel des Exporthandels geworden, da insbesondere England, dem die Natur den Weinbau versagt hat, zu seiner riesigen Tuchfabrikation, Färberei und chemisch-pharmaceutischen Production ungeheure Massen dieses Artikels importirt, an welchem Importe seit den Verheerungen des Oïdiumpilzes, der sogenannten Traubenkrankheit und den zahlreichen Missernten in Italien, Südfrankreich und dem südeuropäischen Archipelagus auch Oesterreich sich zu betheiligen anfangen konnte. Der Preis dieses Artikels, welcher im Jahre 1850 im Maximum 19 bis 20 fl. betrug, ist im Jahre 1860 bis auf 60 fl. und darüber gestiegen, seit der Zeit aber wieder allmälig gesunken, so dass er im Jahre 1865 für österreichischen weissen Weinstein bei Naturalwaare 30 bis 35 fl., bei gesiebter Waare 36 bis 48 fl., für ungarischen Weinstein bei weisser Naturalwaare 26 bis 33 fl., bei rother Naturalwaare 25 bis 32 fl. und bei croatischer Waare 22 bis 25 fl. per Zentner betrug. Der rohe Weinstein, welcher neben Hefe, Farbstoff, Extractivstoff und weinsaurem Kalk ungefähr 80 Procent reines doppeltweinsaures Kali haben soll, enthält im Handel leider nie mehr als 60 Procent davon und kommt oft, da sein äusseres Ansehen Zusätze von Sand nur schwer verräth, so verfälscht in den Verkehr, dass er häufig kaum 40 Procent reinen Weinstein enthält. Selbstverständlich hängt seine Production mit ihren Consequenzen von dem unberechenbaren Ergebnisse der jeweiligen Weinernte ab, und es wäre bei einer solchen natürlichen Beschränkung der Gewinnungsverhältnisse die sparsamste Ausnützung aller Weinabfälle auf das dringendste geboten, da mit der Most- und Jungweinhefe, die sich schlammartig absetzt und 5 bis 10 Procent Weinstein enthält, jährlich nicht unerhebliche Quantitäten dieses Materials verloren gegeben werden. Ueberhaupt thäte eine rationelle Association nirgends mehr noth, als bei dem Weinbau, der nur bei grösserem Betriebe zur vollen Ausnützung aller seiner Abfälle und zu einer gedeihlichen Sicherheit gelangen kann, die nicht durch jede Missernte entwurzelt wird. Nur die Association zahlreicher Kleinwinzer vermag wirksame Pressen, den Betrieb von Weinhefebrennereien, die Bereitung von Weinstein, Pottasche, Rebenschwarz, Cognacöl und fettem Traubenkernenöl einzuführen und rentabel zu unterhalten, wie diess am Rhein und in den französischen Weinbaudistricten seit langem betrieben wird.

Der Weinstein wird in halbrohem Zustande als Halb- und Ganzraffinat verwendet; allein so einfach das Verfahren des Raffinirens auch sein mag, das auf einer bloss mechanischen Läuterung mit Thon und Umkrystallisiren beruht, so kann es doch nur in Gegenden billigeren Brennstoffes, wie etwa in Agram und Triest, Cilli und Görz, in Krems und Graz, realisirt werden. Diese Raffinerien erzeugen im Jahre ungefähr 10.000 bis 12.000 Ztr. Raffinate, wovon circa ein Drittel dem Export anheimfällt. Der im Inlande verarbeitete Weinstein wird theils zur Fabrikation von Weinsteinsäure oder Weinsäure, theils zur Fabrikation des Seignettesalzes und zur Erzeugung einiger pharmaceutischer Doppelsalze, wie des Boraxweinsteins, Brechweinsteins etc., und endlich zur Erzeugung von chemischreinem kohlensauren Kali verwendet, das desshalb den sonderbaren Namen Weinsteinsalz, *Sal tartari*, und wegen seiner hygroskopischen Zerfliesslichkeit an feuchter Luft den Namen Weinsteinöl, *Oleum tartari*, führt. Die Weinsteinsäure, dieses unentbehrliche Beiz- und Schönungsmittel, diese wichtige Enlevage in der Färberei aller Gewebe und dem Kattundruck, welche in der Pharmacie und seit der glücklichen Verbreitung der Brause- und Seidlitzpulver, die allein über 100 Zentner Weinsäure jährlich consumiren, selbst als diätetisches Mittel des Haushaltes eine beträchtliche Verwendung findet, ist bis zum Jahre 1844 ausschliesslich aus dem Auslande nach Oesterreich importirt worden, obgleich eben dieses Ausland hauptsächlich Weinstein österreichischer Production verarbeitete.

In Folge des Preises, welchen der niederösterreichische Gewerbeverein in richtigem Verständniss des hohen Werthes einer selbstständigen inländischen Production dieses Artikels für dieselbe ausschrieb, hat die mehrerwähnte Liesinger Fabrik die erste österreichische Fabrikation von Weinsäure unternommen und durchgeführt. Der Import des Artikels aus dem Auslande ist dadurch unmöglich geworden, ja es hat sich sogar ein Export theils nach England, theils nach Russland und der Türkei eingestellt, der bei günstiger Rohproduction von Weinstein von Jahr zu Jahr im Steigen begriffen ist.

Die hohen Eingangszölle, durch welche sich die Zollvereinsstaaten vor dem Eingange österreichischer Weinsteinsäure schützen, liessen als Repressalie den Ausschluss dieser Länder von unserem Weinsteinmarkte insolange gerechtfertigt erscheinen, bis sie ihren Weinsäure-Transitotarif zu unseren billigen Zollsätzen erniedrigen.

Im Kammerbezirke finden wir die Weinsteinindustrie namentlich durch die Liesinger Fabrik und durch das Etablissement von Mich. Bauer in Leesdorf bei Baden vertreten. Die erstere Fabrik consumirt jährlich circa 3000 Ztr. rohen Weinstein des Inlandes und producirt circa 1200 Ztr. Weinsteinsäure im Verkaufswerthe von 105 fl. per Ztr. und circa 300 Ztr. Seignettesalz im Verkaufswerthe von 48 fl. per Ztr. Die Leesdorfer Fabrik, die unter einem technischen Leiter 8 Arbeiter um 75 kr. Taglohn beschäftigt, eine stehende Dampfmaschine von 2 Pferdekräften, deren Dampfkessel zugleich das Abdampfen in 13 Pfannen aus Blei besorgt,

1 Krappmühle, 1 Centrifugalmaschine und mehrere Pumpen mit einem jährlichen Brennstoffverbrauche von 7000 Ztr. Steinkohlen im Betriebe hat, consumirt jährlich circa 1500 Ztr. inländischen Rohweinstein, 700 bis 800 Ztr. inländische Schwefelsäure, 500 Ztr. Kalkstein, 200 Ztr. Gyps, 70 Ztr. Spodium, 150 Ztr. Salzsäure aus Niederösterreich und 100 Ztr. mährische Soda; sie producirt jährlich circa 600 Ztr. Weinsteinsäure von 85 bis 120 fl. Verkaufswerth per Zentner, und 200 bis 300 Ztr. Seignettesalz von 50 bis 65 fl. Verkaufswerth per Zentner, mit welchen Artikeln sie im In- und Auslande verkehrt.

Das Seignettesalz oder weinsaure Kalinatron, welches durch Neutralisiren von Weinstein mit Soda, Läutern der Rohlauge und Umkrystallisiren gewonnen wird, ist seit dem vermehrten Consum der Seidlitzpulver im In- und Auslande das Object einer stets zunehmenden fabriksmässigen Erzeugung geworden, welche im Jahre 1860 300 bis 400 Ztr., im Jahre 1865 aber 500 bis 600 Ztr. im Kammerbezirke betrug. Die Darstellung anderer Weinsteinsäure-Salze erfolgt theils zur Herstellung verschiedener Mordanzen in den Färbereien und Kattundruckereien selbst, theils zu pharmaceutischen und chemischen Zwecken in den mehrerwähnten technischen Laboratorien des Kammerbezirkes.

Unmittelbar hierher würde auch die Erzeugung der Citronensäure gehören, die im Zeugdruck, in den Färbereien, in der Pharmacie und Zuckerbäckerei eine nicht unerhebliche Anwendung gefunden hat. Da jedoch der nächste und billigste Rohstoff dieser Erzeugung, nämlich der aus Catania bezogene eingedickte Saft sicilischer Citronen, nur 15 bis 17 Procent krystallisirter Citronensäure zu liefern vermag, somit circa sieben Zentner Brutto von sicilianischem Citronensafte kaum einen Zentner krystallisirter Säure liefern, deren Erzeugungspreis mit den hohen Frachtsätzen des theuren Landweges behaftet erscheint, so dürfte diese Erzeugung im Kammerbezirke schwerlich erblühen und im Allgemeinen vortheilhafter auf Seeplätze angewiesen bleiben, wie denn auch wirklich die grossen Fabriken von Marseille und London fast den ganzen Continentalverbrauch an Citronensäure versehen, und die im Jahre 1860 noch mit 40 Zentnern bezifferte Erzeugung dieser Säure in der Liesinger Fabrik nach den neuesten Ausweisen ihr natürliches Ende gefunden hat.

Aehnliches gilt, obwohl aus anderen Gründen, für die Oxalsäure oder Sauerkleesäure, die theils für sich allein, theils in Verbindung mit Kali, als Sauerkleesalz in der Färberei und Druckerei, in der Zucker- und Kerzenfabrikation, in der Farbenerzeugung, in der Photographie und dem inneren Verbrauche chemischer Fabriken und Laboratorien, trotz ihres hohen Preises eine nicht unbedeutende Verwendung findet. Auch sie ist im Kammerbezirke gar nicht vertreten, weil die übliche Darstellung aus Stärkemehl und Salpetersäure eine Concurrenz mit der englischen Oxalsäurefabrikation nicht zulässt, da der Chilisalpeter in England mindestens um die Frachtspesen von Triest bis in den Kammerbezirk billiger ist.

Wollte man sich dazu bequemen, Kleesäure aus Holzsägemehl und Papierabfällen aller Art, durch Eintragen derselben in schmelzendes Kalihydrat und Zerlegung der Salzschmelze mittelst Kieselflusssäure zu erzeugen, so würde ihre Production auch im Inlande rentiren, vorausgesetzt, dass die in einem früheren Abschnitte entwickelte fabriksmässige Bereitung der Kieselflusssäure realisirt wäre; das bei dieser Erzeugungsmethode als Nebenproduct abfallende Kieselfluorkalium würde nach dem Auswaschen und Glühen als ein Rohstoff zur Erzeugung von Feinglas an die Glashütten abgegeben werden können. Das zum Processe erforderliche Kalihydrat wäre leicht zu beschaffen, indem man eine concentrirte Pottaschenauflösung in der Siedhitze mittelst ungelöschten Kalkes zur Lauge schärft und die decantirte scharfe Lauge bis zum Wasserflusse einkocht, worauf man sofort mit dem Eintragen der Sägespäne und Pflanzenfaserstoffe beginnen kann; wobei aber noch berücksichtigt werden muss, dass sich unter Bildung von kohlensaurem und kleesaurem Kali viel brennbares Wasserstoffgas entwickelt, für dessen ungefährliche Ableitung oder Verbrennung man Sorge tragen muss.

b. Essig.

Was die Essigindustrie anbelangt, so ist Folgendes hervorzuheben. Die Essigsäure, welche im concentrirten Zustande als sogenannter Eis- oder Radikalessig in der Photographie, Pharmacie und in chemischen Laboratorien benützt wird, findet eine viel grössere Anwendung in ihren Verdünnungszuständen, und zwar als sogenannte Essigsäure im Zeugdruck, in den Canditenfabriken und Conditoreien zum Zuckerschmelzen, mit einem Gehalte von circa 30 Prct. Essigsäurehydrat, als sogenannter Sprit oder Essigessenz in der Farbenfabrikation, Druckerei und Färberei mit einem Gehalte von circa 10 Prct. Essigsäurehydrat und endlich mit einem Gehalte von 3 bis 5 Prct. Essigsäurehydrat als Essig in den Haushaltungen, Spitälern, in der Fabrikation des Senfes, der Mixed pickles und des eingelegten Gemüses. Die Essigessenz wird in den Schnellessigfabriken aus dem mit Wasser mässig verdünnten Weingeist in den Schnellessigständern, d. h. in grossen, mit Luftröhren durchzogenen Bottichen erzeugt, die theils mit abgebrühten, gut ausgedämpften und mit Essigsäure getränkten Holzspänen, theils mit ausgewaschener und wieder ausgeglühter Holzkohle gefüllt werden und durch das Princip der ungeheuren Vergrösserung der Berührungsoberfläche zwischen dem verdünnten Alcohol und dem Sauerstoffe der atmosphärischen Luft wirken und die rasche Verwesung des Alcohols zu Essigsäure veranlassen. Was von dieser Essigessenz nicht unmittelbar in der Farbenerzeugung, Färberei und Druckerei consumirt wird, das wird entweder in den Handel gebracht, um an entfernteren Orten durch blosse Verdünnung mit Wasser, Versatz mit Weinstein, gebranntem Zucker oder Karamel, unschädlichen Farbstoffen und Riechstoffen zur billigen, augenblicklichen Essigerzeugung nach Bedarf *(vinaigre à la minute)* zu dienen, oder es wird in den chemischen Fabriken zur Darstellung concentrirterer Essigsäuren und essigsaurer Salze verwendet.

Die im Kammerbezirke bis zur jährlichen Höhe von 15.000 bis 20.000 Eimern erzeugte Essigessenz dient in der angeführten Weise fast ausschliesslich zur Weiterverarbeitung in chemischen Fabriken; so verbraucht die Liesinger Fabrik jährlich circa 8000 Eimer Essigessenz und producirt ausser der früher bereits erwähnten circa 1250 Ztr. betragenden Erzeugung von Bleizucker jährlich circa 90 bis 100 Zentner concentrirte Essigsäure im Verkaufswerthe von circa 18 fl.

Um die Essigessenz auf concentrirte Essigsäure weiter zu verarbeiten, muss zuerst mittelst Kalk oder Soda ein essigsaures Salz erzeugt und durch Abdampfen zur Trockene gebracht werden; durch Zerlegung dieses essigsauren Salzes mittelst einer stärkeren Säure (Schwefelsäure) wird dann auf dem Wege der Destillation die Essigsäure abgeschieden, durch Behandlung mit Minium oder Bleihyperoxyd von ihrer Verunreinigung mit schwefeliger Säure befreit, und durch Rectification gereinigt. Der Verbrauch essigsaurer Salze überwiegt den Verbrauch freier Essigsäure in der Industrie. Das essigsaure Kali oder die sogenannte Weinsteinblättererde, *Terra foliata tartari*, wird so wie das essigsaure Ammoniak oder Minderer's Geist, oder das zur Bekämpfung chronischer Schleimhautentzündungen für Augenwässer etc. so wichtige essigsaure Zinkoxyd nur in pharmaceutischen Laboratorien durch Sättigen von Essigessenz mit kohlensaurem Kali, Ammoniak und Zinkoxyd dargestellt. Die fabriksmässige Darstellung von Grünspan und Bleizucker, den beiden wichtigsten essigsauren Salzen, ist bereits bei den Metallsalzen erwähnt worden. Das essigsaure Natron, das zur Herstellung essigsaurer Beizen in den Färbereien und zur Erzeugung concentrirter Essigsäuren und des Essigäthers consumirt wird, bereitet man durch Sättigen von Essigessenzen mit Soda, Abdampfen und Krystallisiren. Der selbstständige Verbrauch dieses Salzes, abgesehen von seiner weiteren Verarbeitung auf Essigsäure, ist im Kammerbezirke im Sinken, da die Liesinger Fabrik, welche im Jahre 1855 circa 20 und im Jahre 1860 circa 10 Ztr. davon producirte, im Jahre 1865 die Erzeugung eingestellt hat.

Die Essigsäure tritt an Assamar oder Röstbitter zu einer gepaarten Säure gebunden und mit circa 3 Prct. Pyrogallussäure und Kressylalcohol oder Kreosot verunreinigt, als sogenannter Holzessig oder Holzsäure unter den sauren wässerigen Destillationsproducten des Holzes (Holzgas-Destillation im Wiener Irrenhause) und der Harze auf, und es hat letztere Erzeugung durch die gesteigerte Bereitung des sogenannten Harzöles zur Wagen- und Maschinenschmiere etwas zugenommen; bei der ungenügenden Harzproduction im Inlande wird viel importirtes amerikanisches Harz verarbeitet. Der durch die amerikanischen Wirren nothwendig bedingte temporäre Rückgang dieser Production ist mit der glücklichen Beilegung derselben wieder beseitigt und es dürfte dieselbe einem erfreulichen Aufschwunge entgegengehen. Uebrigens ist durch die Abnahme des Kattundruckes im Kammerbezirke die jährliche Consumtion an Holzsäure und ihren Präparaten in einem unaufhaltsamen Sinken begriffen.

Den Vertrieb des holzsauren Eisens haben wir bereits bei den Metallsalzen erledigt. Wollte man die verschwenderische, der nationalökonomischen Sparsamkeit zuwiderlaufende Meilerverkohlung des Holzes in eine rationelle trockene Destillation nach Art der Holzgaserzeugung umwandeln, was allerdings wieder nur durch eine Association der Klein-Köhler bezweckt werden könnte, so würde diess eine neue Quelle der Holzsäuregewinnung abgeben, die man zur Darstellung des für die Färber sehr brauchbaren Rothsalzes oder des holzessigsauren Kalkes ausbeuten könnte.

Dieses durch Sättigen des rohen Holzessigs mit Kalksteinmehl oder Bergkreide erzeugte billige Salz verträgt nach dem Abdampfen und Trocknen eine bedeutende Rösthitze, wobei der Kressylalcohol verflüchtigt, das freigewordene Assamar verharzt und die Pyrogallussäure zu humusartigen Körpern oxydirt, ohne dass der essigsaure Kalk zersetzt wird, der sich bei dem Behandeln des Röstrückstandes mit kaltem Wasser auflöst, während die übrigen Brandharze und Modersubstanzen ungelöst bleiben. Dieser reine essigsaure Kalk ersetzt in der Mehrzahl der Fälle den kostspieligeren Bleizucker zur Erzeugung essigsaurer Mordanzen, und liefert im trockenen Zustande mit Schwefelsäure, unter Anwendung von etwas Chromkali destillirt, reine Essigsäure, deren Erzeugung von der fatalen Branntweinsteuer emancipirt ist. Für gewisse Färbezwecke ist aber die Anwendung der rohen Holzsäure und ihrer Präparate erforderlich, da einerseits die Holzsäure das Eisenoxydul der Schwarzbeizen länger vor der Oxydation, die erst auf der Faser der Zeuge erfolgen soll, bewahrt, und anderseits, wie Pettenkofer gezeigt hat, der Pyrogallussäuregehalt sich an der Tiefe und Echtheit der Farbentöne wesentlich betheiligt. Wie aus den Mittheilungen des rationell geleiteten Harzöl-Etablissements von Emerich Biach zu Theresienfeld, das übrigens mit der Wagen- und Maschinenfett- und Pechindustrie auch die Sodawasser- und Bittersalzerzeugung cumulirt, unter 2 ökonomisch-technischen Leitern 18 Arbeiter beschäftigt, 7 eiserne und 1 kupfernen Destillirapparat im Betriebe hat, mit einem Göppelwerke versehen ist, 80 Klftr. hartes, 50 Klftr. weiches Holz, 3000 Ztr. Steinkohlen und 600 Ztr. Braunkohlen verbraucht, in unbestreitbarer Weise hervorgeht, liefern ungefähr 10 Ztr. rohen Holzessigs 1 Ztr. trockenes Rothsalz oder essigsauren Kalk.

X. Die Abkömmlinge des Alcohols.

Ausser der Essigsäure, die im vorigen Abschnitte besprochen ist, sind unter dieser Rubrik das Chloroform, der Aether, die rectificirten Sprite, zusammengesetzten Aetherarten und Fruchtessenzen und als Anhang die Presshefe zu erwähnen, womit dieser Artikel schliesst, da die Fabrikation alcoholischer Getränke, die Branntweinbrennerei, Bierbrauerei, Wein- und Liqueurbereitung diesem Abschnitte nach dem Kammerplane nicht beigezählt sind.

a. Chloroform.

Die auf den ersten Blick unbegreifliche und peinliche Thatsache, dass der Bedarf wissenschaftlicher Anstalten, photographischer Ateliers, pharmaceutischer Officinen und mannigfacher Kunstgewerbe an Chemikalien und Präparaten aller Art in Oesterreich fast durchgängig durch ausländischen Bezug gedeckt wird, verliert bei näherer und eingehender Betrachtung zwar nicht ihren peinlichen, wohl aber ihren räthselhaften Charakter, wenn man bedenkt, dass das richtige Ineinandergreifen grossartiger, sich gegenseitig bedingender Fabrikationsprocesse, die ihre wechselseitigen Nebenproducte bis zur absoluten Werthlosigkeit ausnützen und durch den ununterbrochenen Betrieb die Arbeitskraft der Qualität nach potenziren, der Quantität nach erträglicher verwerthen, die Regiespesen bis zu einem auf andere Weise unerreichbaren Minimum herabdrückt; dass das billige und zugängliche ausländische Capital die Realisirung der letzten Fortschritte der Mechanik und Maschinenlehre in unübertrefflichen Apparaten und die zweckmässigste Einrichtung der Fabriken im Massstabe der Massenerzeugung freigebig gestattet; dass ferner der ausländischen Industrie ein billiges Brennmateriale zur Verfügung gestellt ist und endlich bei den bestehenden Zöllen der Zollverein wohl den Markt Oesterreichs, aber nicht umgekehrt Oesterreich den Markt des Zollvereins als Absatzweg seiner Producte benützen kann. Diese traurige Dreieinheit der Capital-, Brennstoff- und Zollfrage verdient die vollste Berücksichtigung der Regierung, wenn nicht fernerhin, wie bisher, alle realwissenschaftliche Bildung, alle industrielle Genialität, aller Fleiss und alle Betriebsamkeit, sobald sie Oesterreichs Boden betreten haben, zur Ohnmacht und zum Bankerotte verurtheilt sein sollen.

Man muss uns verzeihen, wenn das Chloroform, dieses Mittel der Narkose, uns speciell veranlasst hat, unser abderitisches Uebel mit dieser starken Dosis demokritischer Nieswurz zu behandeln.

Der Verbrauch des Chloroforms ist in steter Aufnahme; unsere österreichische Wissenschaft (sit venia verbo) ist im Stande, das Chloroform so gut zu produciren als irgend eine diesseits und jenseits des atlantischen Oceans. Unsere Laboratorien liefern auch preiswürdige Erzeugnisse; nichtsdestoweniger wird die Hauptmasse alles Chloroforms, mögen es nun die Chirurgen und Zahnärzte zur Narkose oder die Techniker und Aerzte zur Auflösung von Guttapercha, anderen Harzen und Alkaloiden benützen, vom

Auslande importirt und zwar aus den in der vorausgegangenen Auslassung näher angedeuteten Gründen.

b. Aether.

Glücklicher war die Industrie des Kammerbezirkes in dem Artikel Aether, dessen Verbrauch, abgesehen von seiner Verwendung zu medicinisch-pharmaceutischen Zwecken und in chemischen Laboratorien, die Photographie von Jahr zu Jahr steigert und dessen Import von aussen durch die rührige Erzeugung im Kammerbezirke theils im fabriksmässigen Massstabe, theils in den grösseren pharmaceutischen Laboratorien, fast vollkommen verdrängt ist.

Die Fruchtessenzen, d. h. die alkoholischen Lösungen von Aethyloxydsalzen, bald mit, bald ohne Zusatz passender Säuren, werden theils zur Fabrikation der englischen oder chinesischen Fruchtbonbons (Roks-drops), theils im Vereine mit unschädlichen organischen Farben zur Bouquetirung künstlicher Fruchtgelés, Sorbete, Julepe und Gefrornessorten, zur Bouquetirung von Liqueuren, Weinen und Essigen in ausgedehntestem Masse benützt, und es ist ihre Anwendung, unter der Voraussetzung reiner Präparate, in diätetischer, gastronomischer und ökonomischer Beziehung als ein vollkommener Fortschritt zu begrüssen, da sie den Sinnen schmeichelt, ohne dem Körper zu schaden, mittelmässige Genussmittel verbessert und die Anwendung unreifer oder verdorbener Originalfruchtsäfte beseitigt. Der Billigkeit wegen stellt man diese zusammengesetzten Aetherarten, deren Mischung untereinander und mit Säuren und Glycerin die verschiedenen Fruchtessenzen bildet, nicht mehr in völlig reinem Zustande dar, sondern bereitet nur alkoholische Lösungen derselben, die man durch Destillation über Kreide entsäuert und rectificirt.

Als specifische Aetherarten sind ausser dem Chloroform, das durch Destillation von Alkohol mit Chlorkalk bereitet wird, ausser dem Salpeteräther, der durch Destillation von Salpetersäure und Weingeist als salpetrigsaures Aethyloxyd erhalten wird, ausser dem reinen Amylalkohol, der durch Rectification des rohen Kartoffelfuselöls über Soda bereitet wird, ausser dem Aldehyd, durch Destillation von Alkohol, Schwefelsäure und Braunstein gewonnen, folgende wahre Aethyloxydsalze zu nennen, die durch Destillation des betreffenden Alkohols mit dem Natronsalze der betreffenden Säure und überschüssigem Schwefelsäurehydrat in der Regel bereitet werden:

1. Der Essigäther, das Bouquet feiner Tafelessige, der Bordeauxweine und aller feineren Rothweine bildend.

2. Der Ameisenäther, das Bouquet des Arraks oder Reisbranntweins, der andalusischen Weine, namentlich des Sherry, bildend.

3. Der Butteräther, welcher das Bouquet des echten Rhums oder Zuckerbranntweins und der schweren spanischen und portugisischen Weine bildet.

4. Das önanthsaure und pelargonsaure Aethyloxyd, aus oxydirtem Ricinusöl künstlich darstellbar, das Cognacöl oder den Weinfusel bildend.

5. Das sebacyl- oder fettsaure Aethyloxyd, das den specifischen Melonengeruch vermittelt.

6. Das salicylsaure Methyloxyd, das Gaultheriaöl oder Wintergrünöl, künstlich aus Weidenrinde, Holzgeist, rothem Chromkali und Schwefelsäure bereitet, welches das Aroma duftiger Honigsorten, feiner Methe und der Muskatellerweine bildet.

7. Die aus Kartoffelfuselöl, Schwefelsäure und den betreffenden Natronsalzen organischer Säuren erzeugten Amyläther, wie das essigsaure Amyloxyd, welches den feinsten Birnenduft liefert, das baldriansaure Amyloxyd (auch bloss aus Kartoffelfuselöl, durch Destillation mit Schwefelsäure und Chromkali erzeugt), das den Aepfeläther liefert, und endlich das buttersaure Amyloxyd, das feinste aller Fruchtbouquets, der Ananasäther.

Von den Mischungen der eigentlichen Fruchtessenzen kennt man derzeit fünfzehn, und zwar für folgende Früchte: 1. Ananas, 2. Melonen, 3. Erdbeeren, 4. Himbeeren, 5. Johannisbeeren, 6. Trauben, 7. Aepfel, 8. Birnen, 9. Orangen, 10. Citronen, 11. Weichseln, 12. Kirschen, 13. Pflaumen, 14. Aprikosen, 15. Pfirsiche; die beigegebene Tabelle zeigt die zweckmässigsten Mischungsverhältnisse dieser Essenzen an. Die ausserordentlich geringe Menge, die von diesen Essenzen zur Bouquetirung der verschiedenen Stoffe hinreicht, beseitigt von vornherein alle sanitären Bedenken. Die billigsten, concentrirtesten, ausgiebigsten und feinsten Fruchtessenzen liefert dem ganzen Continente England, speciell für Deutschland via Hamburg. Die Liesinger Fabrik vertritt auch hier in diesem heiklichen Artikel die Kammerbezirksproduction in ehrenvoller Weise, indem sie im Ganzen jährlich circa 150 Zentner an Aetherarten im mittleren Verkaufswerthe von 30 bis 40 fl. per Ztr. liefert.

c. Presshefe.

Die Presshefe, welche als ein Nebenproduct der Alkoholfabrikation an diesem Platze besprochen werden muss, strebt dahin, durch Fortschritte in ihrer Entwässerung, Conservirung und Verpackung zu einem Exportartikel selbst überseeischen Verkehrs zu werden. Der begünstigtere und gefährlichere Concurrent der Presshefeerzeugung im Kammerbezirke ist die nachbarlich ungarische, die über billigeres Korn verfügt, die Vortheile eines Verzehrungssteuernachlasses und das Recht der Abfindung voraus hat und dadurch die interne Presshefefabrikation von Wien und seiner Umgebung sehr drückt. Der Presshefeverbrauch fluctuirt selbstverständlich mit den Getreidepreisen. Der Vertrieb dieses Artikels wird von den Bahntarifen mächtig beeinflusst. In Bezug auf seine Erzeugung hat man die Erfahrung gemacht, dass recht vielgliederige Gemenge von Maischstoffen, in denen der Masse nach Roggen prävalirt, an Quantität die meiste, an Qualität die triebkräftigste Hefe liefern. Die Anwendung von käuflicher flüssiger Phosphorsäure von circa 7° B. statt der üblichen Schwefelsäure oder Weinsäure, ferner der Ersatz des üblichen doppeltkohlensauren Natrons durch das allerdings etwas kostspieligere doppeltkohlensaure Kali fördern wesentlich die Hefenabscheidung in der Maische. Ein Zusatz von 10 Procent Gerstenmalzmehl erhöht die Triebkraft der Hefe, vermindert aber ihre Haltbarkeit; ein zehnprocentiger Zusatz von Stärke erhöht die Haltbarkeit, schwächt aber die Triebkraft; ein Zusatz von zwei Permille an Weinsteinrahm erhöht etwas die Triebkraft und stärkt die Haltbarkeit. Das Wichtigste wäre die Entwässerung der Hefe bei gewöhnlicher Temperatur ohne Gefährdung ihrer Lebensfähigkeit, ohne Einbusse ihrer Triebkraft, welche, wie wir bereits in einem früheren Artikel angedeutet haben, durch die hygroskopische Thätigkeit des gerösteten Chlorkalciums in Kästen oder Kammern selbst bei dem Fabriksbetriebe vermittelt werden könnte. Ein Anwurf von porösem Portlandcement im Innern der Holzgefässe, die zum Emballo der Hefe dienen, erhöht gleichfalls die Haltbarkeit derselben und verbürgt somit ihre Exportfähigkeit.

Man ist dahingelangt, auch das Zeug oder die Bierhefe nach vorausgegangener Auswässerung und Wäsche entweder selbst-

39

ständig auf Presshefe zu verarbeiten, oder sie doch mit Presshefe oder Branntweinmaische zu verschneiden; diese Zeugpresshefe wird aber an Triebkraft und Haltbarkeit der Maischpresshefe immer nachstehen müssen.

Ausser den grossen Etablissements zu Wien, Simmering, Ottakring und Reindorf gibt es noch zahlreiche Presshefeerzeuger mit kleinerem Betrieb im Kammerbezirke. Die Productionshöhe der drei grösseren Fabriken allein beträgt jährlich circa 10.000 Ztr. im Werthe von 400.000 fl., obwohl mit ihnen am hiesigen Platze selbst steiermärkische Fabriken erfolgreich concurriren.

XI. Aetherische Oele und Parfumeriewaaren.

Das im wissenschaftlichen Sinne zu den ätherischen Oelen zählende Terpentinöl wird, da hier der technischkameralistische Eintheilungsgrund der entscheidende ist, bei dem Artikel „Harze" behandelt werden; aus gleichem Grunde werden alle sogenannten Theeröle, Photogene und Naphten unter den Artikel: „Fossilkohlen- und Theerdestillationsproducte" verwiesen.

Wird auch in einzelnen Gegenden des Kammerbezirkes eine beschränkte Pflege von Culturpflanzen ätherischer Oele getrieben, so kann doch von einer erheblichen fabriksmässigen Gewinnung dieser Riechstoffe in Form von Oelen, Essenzen und Extraits im Kammerbezirke nicht die Rede sein. Die mannigfaltigen ätherischen Oele, die nur selten durch Pressen, meist durch Abblasen oder Destillation der riechenden Pflanzenstoffe, welche auf einem zweiten, sogenannten falschen Siebboden liegen, um das Anbrennen der Vegetabilien im Kessel zu verhüten, gewonnen werden, wobei die Pflanzenstoffe entweder bloss einer Maceration mit Salzwasser, manchmal auch, wie bei den Bittermandeln und Kirschlorbeeren, einer wahren Einmaischung unterworfen werden müssen, werden grösstentheils von ausländischen Fabriken bezogen, deren nächste in Dresden zu finden sein dürfte, obwohl auch Mähren neuerlich Erspriessliches leistet. Dort, wo die Zartheit und Zersetzlichkeit des Riechstoffes selbst die schonendste Destillation nicht verträgt, werden die riechenden Pflanzenstoffe entweder mit fetten Oelen, die nicht leicht der Verderbniss durch Ranzigwerden unterworfen und vollkommen raffinirt sind, zu riechenden fetten Oelen oder mit Glycerin und feinen Spriten zu Essenzen und Extraits aufgelöst und verarbeitet; mit letzteren versorgen die meilenlangen Gärten Nizza's und des südlichen Frankreich, in welchen auf weiten

Bodenstrecken die sorgfältigste Cultur solcher Pflanzen getrieben wird, die grossen Parfumeriewaaren-Erzeugungsstätten Englands und Frankreichs, die ihrerseits wieder den ganzen europäischen Continent mit ihren Halb- und Ganzfabrikaten überschwemmen.

Die weitere Verarbeitung dieser importirten ätherischen Oele und Halbfabrikate zu fertigen Parfumeriewaaren und kosmetischen Artikeln ist das eigentliche Wesen der internen Production des Kammerbezirkes; aber auch diese erscheint noch vielfach zersplittert, da einerseits viele Seifensieder sich mit der Herstellung von Toiletteseifen, Glycerin- und anderen Toiletteartikeln beschäftigen, während anderseits die Apotheker und die Pharmaceuten sich mit Vorliebe diesem Productionszweige zuwenden. Bei dem Umstande, dass die rationelle Therapie der modernen Medicin immer sparsamer mit ihren Mitteln wird und den Heilapparat immer einfacher gestaltet, muss selbstverständlicher Weise der jährliche Droguenumsatz der pharmaceutischen Officinen immer geringer werden, und daher die Pharmaceuten durch die Motive der Selbsterhaltung in die Bahnen neuer, verwandter Productionen drängen. Weder die örtliche Situation noch die gewöhnlichen Betriebsmittel befähigen die Pharmacien zu einer rentablen Urerzeugung von kosmetischen und Parfumerieartikeln, wohl aber sind sie zur Verarbeitung jener importirten Halbfabrikate zu fertigen Toiletteartikeln, zur Erzeugung kosmetischer Compositionen aller Art mehr geeignet als irgendeine andere Producentenclasse, da der Grad ihrer fachwissenschaftlichen Bildung und die hygienische Controlle, der sie unterstehen, dem Consumenten die beste Bürgschaft liefern mag, dass er nicht unter dem Namen eines Kosmeticums mit gefährlichen Metallgiften bedient werde, wie diess leider die Damenwelt nur zu oft zu eigenem Schaden von den kosmetischen Giftmischern erfahren muss, die in unverschämter Weise mit Blei- und Quecksilbermitteln die Haut- und Haarpflege betreiben.

Im Interesse einer soliden Production wäre es längst zu wünschen, dass von betheiligter und berechtigter Seite aus eine öffentliche Abwehr gegen die überhandnehmenden und wuchernden Parasiten jener schamlosen Charlatanerie betrieben werde, welche das öffentliche Vertrauen allmälig erschüttert und für den unredlichen Gewinn des Augenblickes den Bestand und die solide Rentabilität der Zukunft für ganze Productionszweige opfert und vernichtet.

Ausser den 40 Parfumeuren Wiens und den vereinzelten im

übrigen Kammerbezirke vertheilten eigentlichen Parfumeuren im engeren Sinne des Wortes ist eine grosse Anzahl von Seifensiedereien und Apotheken mit diesem Productionszweige beschäftigt, der im Kammerbezirke renommirte Namen, wie Treu & Nuglisch, Preshel, Himmelbauer, Hartl, Springer, Filz, Sarg und Voigt zu seinen Repräsentanten zählt.

Ein kosmetischer Artikel von europäischer Berühmtheit ist das echte *Eau de Cologne*, das Kölnerwasser, eine Auflösung mehrerer zu einem wahren Geruchsaccorde zusammenklingender ätherischer Oele in fuselfreiem Sprit, das im Inlande nur der Theilnehmer der berühmten Kölner Firma Jean Marie Farina, Herr Mathias **Mathissen**, geschützt durch ein für den Umfang der Monarchie geltendes ausschliessliches Privilegium, nach dem geheimgehaltenen Originalrecepte erzeugt. Diese Production war in dem Decennium von 1855 bis 1865 in fortwährendem Steigen begriffen und würde, eine Steuerrückvergütung für den consumirten Weingeist vorausgesetzt, zur Hoffnung auf namhaften Export berechtigen, obwohl sich auch anderseits nicht läugnen lässt, dass die im Inlande auftretenden, oft von sehr unkundiger Hand gemischten, plumpen und unglücklichen Falsificate dadurch, dass sie die inländische Erzeugung dieses Artikels discreditiren, den Import der Kölner Waare noch immer ermöglichen.

Die Verträglichkeit verschiedenartiger Riechstoffe gleichsam zu einem Bouquet oder zu einem Geruchsaccord, welcher die von einem andauernden Einzelgeruche, und sei es der feinste, unzertrennliche Ermüdung und Erschlaffung des Sinnes glücklich beseitigt, bildet das Hauptstudium rationeller Parfumeure und es können die Wiener Vertreter dieser Production, wie wir aufrichtig gestehen müssen, dem Essbouquet Attkinsons, dem Jokey-Club-Parfum, dem Eugenia-Odeur, der Springflowers-Essenz und anderen Specialitäten dieser Art noch keine glückliche, concurrenzfähige eigene Schöpfung entgegenstellen.

Die Fabrik von C. Voigt zu Erlaa im Bezirke Hietzing erzeugt jährlich circa 20 Ztr. ätherischer Oele und rectificirt jährlich circa 50 Ztr. derselben. Die Seifensiederei von Gottlieb Taussig zu Gaudenzdorf im Bezirke Sechshaus erzeugt jährlich ausser 1100 Ztr. feinerer Toiletteseife um circa 1000 fl. Werth an Wachspomaden und Haarölen; die Seifenfabrik von Georg Hartl in Wien und Ottakring producirt jährlich um circa 45.000 fl. Toiletteseifen und um circa 2000 fl. kosmetische Präparate. Das Etablissement von J.

Siebenschein zu Reindorf im Bezirke Sechshaus erzeugt jährlich circa 100 Ztr. verschiedener Toiletteartikel im beiläufigen Verkaufswerthe von 4000 fl. und verkehrt stark in die Donaufürstenthümer.

Als ausschliessliche Parfumeriewaarenfabrikanten heben wir die Herren Springer und Filz in Wien hervor. W. J. Springer beschäftiget 2 männliche und 13 weibliche Arbeiter, welche zusammen für 12stündige Arbeit 7 fl. Lohn erhalten. Er hat 4 gusseiserne Kessel und 6 Seifenpressen im Betriebe, consumirt jährlich 600 Ztr. englisches Cocosnussöl, 10 Ztr. Sesamöl von Marseille, 2 Ztr. Palmöl via Triest, 5 Ztr. Nelkenöl via Hamburg. 2 Ztr. andere ätherische Oele aus Frankreich, 20 Eimer Wiener Spiritus, 40 Ztr. holländisches Pflanzenwachs, 1 Ztr. inländisches Bienenwachs, 2 Ztr. Schweinefett, 100 Ztr. Unschlitt, 300 Ztr. Kalilauge für Crêmes und verbraucht zur Emballage seiner Artikel: 200 Riess Papier, 400 Stück weisse Schaffelle, 500.000 Stück Etiquetten, 3 Ztr. Siegellack, 1 Ztr. Spagat und 5 Ztr. Stanniol. Er producirt an feinen Toiletteseifen einen Werth von 20.000 fl., an Pomaden einen Werth von 600 fl., an kosmetischen Haarwuchsmitteln einen Werth von 8000 fl., an parfumirten Wässern und riechenden Oelen gleichfalls einen Werth von 8000 fl. und verkehrt ausser dem Inlande nach Italien, den Donaufürstenthümern und der Türkei. Die Verzehrungssteuer von 2 fl. 54 kr., die z. B. jeder Zentner Cocosnussöl tragen muss, wird als hemmend für das Exportgeschäft bezeichnet und als Grund erklärt, warum die Wiener Erzeugnisse mit den Münchner, Berliner und Frankfurter Fabrikaten nicht concurriren können; aber auch ausserhalb der Verzehrungssteuerlinie ist die Anlage einer Parfumeriewaarenfabrik mit Schwierigkeiten verknüpft, weil viele Artikel theils zum Consum, theils behufs der Zuweisung an die Committenten des hiesigen Exporteurs in die geschlossene Stadt hereingehen und an der Verzehrungssteuerlinie eine Accise von 4 kr. per Pfund zahlen müssen.

Johann Filz (Firma J. B. Filz's Sohn) beschäftigt 1 technischgebildeten Arbeiter durch 10 Stunden um 1 fl. 50 kr. Taggeld, 1 gewöhnlichen Werksarbeiter um 90 kr. und 2 Mädchen über 14 Jahren um je 60 kr. Taglohn; seine Werksvorrichtungen bestehen in einem kupfernen Destillirapparate sammt Wasserbad. in 4 Kupferkesseln, 5 Eisenkesseln, 1 Quetschmaschine, 1 Seifenpresse, 2 Mörsern und 7 Sieben. Er verbrennt jährlich 3 Klftr. hartes und 4 Klftr. weiches Holz, 12 Ztr. Coaks und 10

Metzen harte Holzkohlen; er verbraucht circa 3 Ztr. Schweinefett, 4 Ztr. sogenanntes Kernfett, 1½ Ztr. weisses Wachs, 2 Ztr. Natronlauge von 38 Graden, 2½ Ztr. Spiritus von 34 Graden, 3 Ztr. Cocosnussöl, ½ Ztr. Olivenöl, ¾ Ztr. parfumirte fette Oele, 1½ Ztr. Pomaden, 1½ Ztr. Extracte und Essenzen, letztere vier Artikel aus Nizza stammend, ½ Ztr. feine Stärke und ½ Ztr. Palmöl und riechende Harze. Er producirt in der Menge von 1 bis 2 Ztr. von jedem Artikel gewöhnliche Seifen, feine Toiletteseifen, Wachspomaden, ordinäre und feine Haarpomaden und Kölnerwasser; in der Menge von ½ Zentner bis zu 1 Ztr. von jedem Artikel Haaröle, Bartpomaden, Schönheitswässer, parfumirte Wässer, Odeurextracte, und endlich in der Menge unter 1 Zentner von jedem Artikel Handpomaden, Lippenpomaden, Seifenpulver und Seifencrêmes, Lavendelwasser, Bretfeldergeist, flüssigen Zimmerrauch, Potpourri und Sachets oder Riechpölster.

XII. Harze, Firnisse und davon abgeleitete Productionen.

Die Harznutzung im Kammerbezirke, die erst in neuerer Zeit von der niederösterreichischen Forstdirection und einzelnen Grosswaldbesitzern, dem Grafen von Fries und Anderen, eine wesentliche Anregung erfuhr, während man früher die pechigsten Schwarzföhren des Kreises unter dem Wienerwalde zu Brennholz oder zur Meilerverkohlung consumirte, ohne sie früher der Harznutzung zu unterwerfen, harzt jährlich anderthalb Millionen Föhrenstämme, die circa 90.000 Ztr. Harz geben. Hieraus werden ungefähr 50.000 Zentner Kolophonium und circa 10.000 bis 18.000 Ztr. Terpentinöl bereitet, das einen Werth von circa 700.000 fl. repräsentirt; der Rest entfällt auf Wasser und die Verluste von Pechgries und Verdampfung. Theilweise wird aus dem rohen Föhrenharz auch dicker Terpentin bereitet, sowie der Destillationsrückstand des Terpentinöls zu gelbem und rothem Peche oder Brauerpeche weiter verarbeitet wird. Trotz dieser internen Harzproduction ist die Consumtion der genannten Artikel, die sie vollständig verschlingt, noch auf den Import grosser Massen amerikanischen Kolophoniums angewiesen, der jetzt allmälig wieder aufblüht. Die Papierfabrikation verbraucht grosse Massen Kolophoniums zum Leimen des Papiers, die Seifenfabrikation zur Erzeugung von Harzseife als Zusatz zu ordinären Seifen, die Brauerei als Fasspech und die Wagenfettfabrikation zur Erzeugung von Harzöl, Resinolsäure, deren Kalkseife das belgische Wagenfett liefert.

Das Harzöl ist ein thermisches Zersetzungsproduct des Kolophoniums unter dem Einflusse von Kalk, wobei das Kolophonium in ein Terebene, eine terpentinölartige und wie Terpentinöl zu verwerthende Flüssigkeit, und in das dicke Harzöl zerfällt, das mit Kalk (ungefähr 10 Procent) eine neutrale, sulzige, äusserst schlüpfrige Seife gibt, welche die vorzüglichste Achsenschmiere darstellt. Die ziemliche Kostspieligkeit des Harzöls und die von dem Unverstande der Consumenten geforderte unerreichbare Billigkeit einer Waare, wie Wagenschmiere, haben allerdings die Erzeuger zu billigeren Zusätzen gezwungen, wozu sich die paraffinreichen, schweren, aber neutralen und fetten Schmieröle der Ozokerit- und Petroleumindustrie am besten eignen. Wir würden selbst unter mineralischen Zusätzen noch den feingemahlenen Talk, das Federweiss oder Taufsteinmehl, wenn auch nicht rechtfertigen, so doch entschuldigen; dass aber eigene Commissionäre von dem Schwerspathzwischenhandel leben können, der die Wagenfetterzeugung mit diesem verderblichen, die Achsen abschleifenden und verzehrenden Fälschungsmittel versorgt, das ist ein Beweis einerseits von der Albernheit der Consumenten, welche der scheinbaren Billigkeit des Einkaufs den ganzen Zweck der Anschaffung zum Opfer bringen, da dieses scheinbar billigere Schmiermittel, welches nebenbei wie ein Schleifmittel wirkt, durch die Abnützung der Achsen viel theurer zu stehen kommt, als die beste Sorte unverfälschten belgischen Wagenfettes, und andererseits von der Gewissenlosigkeit der Producenten, die — von der Kampflust der Concurrenz angefeuert — sich lieber auf die Bahn unsolider Plusmachereien und zweideutiger Mittelchen treiben lassen, als dass sie den Betrug schonungslos aufdecken, ihr Consumentenpublicum aufklären und vor Uebervortheilung bewahren möchten.

Der Anstrich im Grossen, die Erzeugung von Kautschuk- und Guttaperchawaaren, von wasserdichten Stoffen, Wachstuch, die Fabrikation von Fluid- und Kiefergas und die Bleichereien von Stoffen, welche, wie z. B. das Elfenbein, weder schwefelige Säure noch Chlor, weder Laugen noch Säuren vertragen und die daher nur durch beluftete Terebene unversehrt gebleicht werden können, sind die wesentlichen Consumenten von Terpentinöl.

Im Wiener-Neustädter Bezirke sind die Fabriken von Furtenbach im Bezirksorte selbst, Biach in Theresienfeld und von Ströbinger in Pottenstein die bedeutendsten, die mindestens 30.000 Ztr. Pech im Jahre verarbeiten.

Was die Lacke und Firnisse anbelangt, so zerfallen dieselben in Harzfirnisse und Oelfirnisse. Die letzteren, welche den natürlichen Uebergang zur nächsten Gruppe der Fettstoffe bilden, werden aus trocknenden fetten Oelen durch Behandlung mit Blei- oder Manganoxyden und Zusatz von Terpentinöl hergestellt; die trocknenden Oele, die vorzüglich dazu dienen, sind für feinere Gemäldefirnisse das Nuss- und das Mohnöl, für den gewöhnlichen Anstrich und den Massenverbrauch aber das Leinöl, das im Inlande in reichlicher Menge producirt wird. Die Behandlung mit Bleipräparaten, mit Glätte, mit Mennig, mit braunem Bleihyperoxyd und mit dreibasisch-essigsaurem Bleioxyd oder Bleiessig liefert selbstverständlich bleihältige Firnisse, welche für den dauerhaften Anstrich bleifreier Farben, der sich auch an schwefelwasserstoffhaltiger Luft, in der Nähe von Aborten, Senkgruben, Canalöffnungen, Dungstätten etc. nicht bräunen und verändern darf, in keinem Falle verwendbar sind; für diese Zwecke muss durch Behandlung mit natürlichem Braunstein oder künstlichem Manganhyperoxyd und borsaurem Manganoxydul ein bleifreier Siccativ- oder Trockenfirniss hergestellt werden. Diese Fettlackerzeugung des Inlandes vermag die fremdländische Concurrenz erfolgreich zu bestehen und erringt sich sogar einen Export in die Donaufürstenthümer und nach Baiern.

Die Harzlacke sind wieder doppelt, nämlich entweder Weingeistlacke oder Oelharzlacke; auch in den Weingeistlacken ist die interne Production concurrenzfähig mit dem Auslande. Stocklack, brauner und gebleichter Schellack, Damar, einige lösliche Kopalsorten, Sandarak, Mastix, Acroidgummi oder Botanybaiharz und als Zusatz, um den spröden Harzfirnissen eine gewisse Elasticität und Zähigkeit zu geben, der venetianische Lärchen- oder gemeine Föhrenterpentin und das Elemi-Weichharz sind die Rohstoffe dieser Firnissfabrikation, die in hochgrädigem, gut entfuseltem Spiritus, unter Zusatz von Terpentinöl, Rosmarinöl, Spick- und Lavendelöl aufgelöst, die Weingeistlacke der Industrie bilden. Der braune, aber sehr harte Stocklackfirniss, der farblose, aber ziemlich spröde Damarlack, die als Tischlerpolitur massenhaft verwendeten Schellackfirnisse und die Acroidlacke für Fussböden und Holzgeräthe, endlich die aus Stocklack, braunem Schellack, Drachenblutharz bereiteten Weingeistlacke für Metalle bilden die hervorragendsten Producte dieser Art.

Ungünstiger stellen sich die Verhältnisse bei den Oelharzlacken heraus, wovon als besondere Individualitäten die fetten, echten Kopallacke und die Bernsteinfirnisse hervorgehoben werden müssen. Die harten, ungeheuer wettersteten ostindischen Copale und die Abfälle der Bernsteindrechslerei werden am besten mit Paraffin zusammengeschmolzen, hierauf granulirt, und die Granulatur mit Benzin oder siedenden Naphten behandelt, die das Paraffin auflösen, während das Harz fein vertheilt und aufgeschlossen zurückbleibt; dasselbe wird dann in einem siedenden Oelfirniss heiss gelöst, mit Terpentinöl verdünnt und durch Ausstellen an die Sonne allmälig gebleicht. Ein Zusatz von circa 1% nicht vulcanisirten Kautschuks verzögert zwar das Trocknen, erhöht aber die Haltbarkeit und Zähigkeit der Firnisse. Ueberhaupt trocknen diese Oelharzfirnisse schwierig; sie müssen daher in sehr dünnen Schichten und wiederholt aufgetragen werden, sind aber schliesslich luftstet und wasserdicht und werden so hart, dass sie mit Bimsstein abgeschliffen und sofort polirt werden können.

Wenn auch das Zollvereinsgebiet nicht unerhebliche Mengen von Firnissen nach Oesterreich einführt; wenn auch Paris in Bezug auf Buchbinderlack und Vergolderfirniss einen gewissen Ruf besitzt, so hat doch London die Prärogative, den Continent und auch den hiesigen Platz mit den besten, sogenannten schweren Copallacken, insbesondere den Kutschenlacken, zu versorgen. Der Import ausländischer Lacke dürfte für den Kammerbezirk mindestens 5000 Zentner betragen, der Werth der Totalproduction an Lacken und Firnissen im Kammerbezirke nicht viel unter 500.000 fl. zurückbleiben. Die Firmen Andes & Froebe, Engelhardt, Grohmann, Ittner und Keil haben an dieser Production im Kammerbezirke einen hervorragenden Antheil.

Was die Siegellackfabrikation anbelangt, so ist dieselbe aus mehrfachen Gründen dem Auslande gegenüber im Nachtheil; das Agio drückt bei dem Einkaufe von Schellack, der als tropisches Erzeugniss nur vom Auslande bezogen werden kann; der gebleichte Schellack wird im Inlande nicht in vorzüglicher Weise erzeugt, auch die Production des sogenannten chinesischen Zinnobers für feine Siegellacksorten fehlt. Diese Zinnoberfabrikation, auf die wir bei den Farben schon hingewiesen haben, und die Erzeugung von Wolframbronze im Inlande würden auf die interne Fabrikation feinerer Siegellacksorten wesentlich fördernd zurückwirken. Die technische Chemie ist überdiess in voller Kenntniss aller ausländischen Verbesserungen der Siegellackfabrikation, die leider in die inländische Production bisher noch keinen Eingang gefunden haben; allerdings mögen die Preise des bisher unersetzten und unvermeidlichen Schellacks der wesentliche Hemmschuh für den Fortschritt dieses tiefgesunkenen inländischen Fabrikationszweiges sein.

Was die concrete Statistik des Artikels der Harze anbelangt, so können aus den Kammervorlagen folgende Mittheilungen geschöpft werden.

Gustav Wagenmann am Laaerberge bei Wien consumirt 4500 Zentner Harz jährlich und producirt daraus unter Interferenz von 8000 bis 10.000 Zentnern mineralischer paraffinhältiger Schmieröle circa 12.000 Zentner sogenanntes belgisches Wagenfett.

Franz v. Furtenbach zu Wiener-Neustadt beschäftigt einen Techniker und 7 Werksarbeiter, hat eine liegende Dampfmaschine von drei Pferdekräften, eine kupferne Destillirblase zur Oelrectification, 3 Hochdruckapparate zur Harzerzeugung, 8 gusseiserne Retorten und 3 Abdampfpfannen im Betriebe, und verbraucht jährlich 700 Zentner Steinkohlen und 1200 Zentner Braunkohlen. Er erzeugt jährlich circa 3000 Zenter Terpentinöl im Verkaufswerthe von 21 fl. per Zentner, das hauptsächlich nach Süddeutschland geht, und für den ausschliesslich inländischen Verkehr 3000 Zentner belgisches Wagenfett zu 6 bis 8 fl. per Zentner, 2000 Zentner Fichtenharz zu 9 bis 11 fl. per Zentner, 600 Zentner Weisspech zu 5 fl. per Zentner, 600 Zentner Schusterpech zu 5 fl. per Zentner und endlich 1000 Zentner Kolophonium zu 7 fl. per Zentner; in neuerer Zeit hat das Etablissement auch die Paraffinerzeugung aus Ozokerit unternommen.

Em. Biach zu Theresienfeld beschäftigt unter einem Beamten 14 Arbeiter und zwar 10 männliche und 4 weibliche mit 1 fl. bis 1 fl. 30 kr. Taglohn bei zwölfstündiger Arbeitsdauer. Er hat 8 theils kupferne, theils eiserne Destillationsapparate und 4 Abdampfkessel im Betriebe, verbrennt 4000 Zentner Steinkohlen jährlich und producirt aus 1000 Zentnern Wiener Gastheer, 2000 Zentnern niederösterreichischem Holzthéer, 3000 Zentnern galizischer Naphta und 6000 Zentnern Kolophonium aus dem Kreise unter dem Wienerwalde jährlich circa 4000 Zentner Harzöl, das er zu 12.000 Zentnern Wagenschmiere, à 8 bis 12 fl. per Zentner, weiter verarbeitet, ferner 1000 Zentner Schusterpech zu 3 fl., 500 Zentner Schiffspech zu 3 fl. und 500 Zentner Terpentinöl zu 18 fl. per Zentner.

Anton Kohl, Pechsieder zu Grabenweg im Bezirke Pottenstein, beschäftigt 5 Arbeiter, die bei 14stündiger Arbeitsdauer 50 kr. Taglohn erhalten, betreibt 7 kupferne Pechkessel, 3 gusseiserne Schwellkessel, verbrennt 60 Klafter hartes Holz, 40 Klafter weiches Holz, verarbeitet 7200 Zentner rohes Schwarzföhrenharz, 1500 Zentner Abfälle, sogenannte Pechgrumen, und erzeugt jährlich 3300 Zentner Kolophonium und 1100 Zentner Braupech, deren Verkaufswerth von 7 bis 20 fl. im Jahre schwankt, 150 Zentner gemeinen Terpentin zu 11 fl., 1250 Zentner Terpentinöl zu 18 bis 28 fl., 30 Zentner Weisspech zu 6 fl., 3 Zentner Schusterpech zu 3 fl. und aus den Abfällen an 700 Zentner Patentfett im Verkaufswerthe von 5 fl. per Zentner.

Johann Haruk, Pechsieder zu Enzesfeld im Bezirke Pottenstein, beschäftigt 3 Arbeiter mit einem Taglohn von einem Gulden, hat 4 Pechkessel im Betriebe, verbrennt 17 Klafter hartes Holz, verarbeitet 1200 Ztr. Rohpech und erzeugt jährlich 220 Ztr. Terpentinöl und 830 Ztr. Kolophonium.

Alois Keil, Weingeistlack- und Politurfabrikant zu Mauer bei Wien, beschäftigte unter 1 Beamten und 1 Aufseher 5 Arbeiter durch 10 Stunden täglich, bei einem Taglohn von 1 fl., hatte 1 hydraulische Presse und mehrere Filtrirapparate im Betriebe und consumirte jährlich 600 Eimer Spiritus aus Niederösterreich, 160 Ztr. Stocklack und Schellack aus London, Hamburg und Bremen, 35 Ztr. Kolophonium aus dem Kammerbezirke, eben daher 18 Ztr. Chromgelb und 1 Ztr. diverse andere Farben, aus London 20 Ztr. Acaroidgummi, 10 Ztr. Weichharze, 8 Ztr. Farbharze, 12 Ztr. fette Oele aus Deutschland, endlich 100 Ztr. Ocher und 3 Ztr. ätherische Oele und Balsame. Die Firma erzeugte Fussbodenlack, Lacke für Geräthschaften und Maschinen, circa 400 Ztr. im Verkaufswerthe von 50 bis 60 fl. per Zentner; 150 Ztr. Armatur-, Leder- und Putzlack, 50 bis 80 fl. per Zentner, Feinlacke für Holz, Metalle und Leder circa 30 Ztr., im Verkaufswerthe von 80 bis 100 fl. per Zentner und endlich 50 Eimer Holzpolituren zu 35 bis 38 fl. per Eimer.

Die Firma C. Bitter & Simon Schnabel zu Rustendorf im Bezirke Sechshaus erzeugt jährlich aus 25 Eimern Spiritus, 3 Ztrn. Kopal, 3 bis 4 Ztrn. Schellack, 5 Ztrn. Damar, 100 Ztrn. Leinöl und 150. Ztrn. Terpentinöl, die alle vom hiesigen Platze bezogen werden, circa 300 Ztr. verschiedener Weingeist- und Oelfirnisse.

Carl Franz Wocelka in Hernals erzeugt aus 60 Eimern Spiritus, 10 Ztrn. Damar, 15 Ztrn. Kopal, 50 Ztrn. Kolophonium, 70. Ztrn.

Petroleum, 60 Ztrn. Leinöl und 80 Ztrn. Terpentinöl jährlich circa 30 Ztr. Kopallack zu 50 bis 90 fl., 15 Ztr. Darmarlack zu 60 fl., 50 Ztr. Leinölfirniss zu 32 bis 36 fl. und 20 Zentner Terpentinölfirniss zu 40 fl. Verkaufswerth per Zentner.

Das Lackirergewerbe, als der eigentliche Consument der Lacke und Firnisse, erscheint im Kammerbezirke durch beiläufig 88 Gewerbetreibende, mit 116 Gesellen und 55 Lehrlingen vertreten.

Eduard Andreazzi zu Wien im Bezirke Josefstadt beschäftigt 8 Arbeiter durch 12 Stunden täglich mit einem Taglohn von 1 fl. 20 kr., verbrennt per Jahr in 2 Oefen circa 700 Metzen harte Holzkohlen, verarbeitet 180 Ztr. englischen Schellack, 180 Ztr. Terpentin und 50 Ztr. Kolophonium aus Wr.-Neustadt, 20 Ztr. chinesischen Zinnober, 24 Ztr. Zinnober von Idria und aus Wien 100 Ztr. Schlämmkreide, 5 Ztr. diverse Farben und 20 Riess Papier für das Emballo. Er producirt jährlich 520 Ztr. diverse Siegellacksorten im Verkaufswerthe von 27.000 fl., womit er im Inlande und in den Donaufürstenthümern verkehrt; die früher ausgeübte Oblatenerzeugung wird vorläufig nicht mehr betrieben.

Emil Raillard zu Wien am Neubau erzeugt in bescheidenem Massstabe mittelst einer schmiedeisernen Presse mit Stahlstanzen, in einem kupfernen Schmelzkessel und drei kleinen Oefen, die 150 Cubikfuss Holzkohlen verzehren, unter Verbrauch von 10 Ztrn. Kolophonium, 8 Ztrn. gemeinem und $^1/_2$ Ztr. venetianischem Terpentin, 10 Ztrn. Kreide und $1^1/_4$ Ztr. Zinnober jährlich ungefähr 35 Ztr. gepresstes Siegellack im Verkaufswerthe von 600 fl. ö. W.

XIII. Industrie der Fettstoffe.

Unter den Fettwaaren sind die Oele, der Talg und seine Producte, die Kerzen und Seifen, und im Anhange das Wachs zu erwähnen.

a. Oele.

Diese zerfallen selbst wieder in die nichttrocknenden und in die trocknenden fetten Oele. Die nichttrocknenden fetten Oele, welche vorzüglich als Brennöl und Maschinenschmieröl Verwendung finden, haben im Kammerbezirke bisher nur das Rüböl zum Vertreter.

Unter dem Namen Rüböl, Rübsenöl oder Rübsamenöl ist das fette, aus den Samen von *Brassica napus* erzeugte Oel zu verstehen, während das sehr verwandte Repsöl, Kohlsaatöl oder Colzaöl von den Samen der *Brassica campestris* oder Rapa abstammt. Beide in ihrer Verwendung völlig gleichwerthige Oele, die meist als Lampenöl und Fabriksschmieröl, weit seltener zur Verseifung und noch seltener nach neuen privilegirten Methoden raffinirt als Speiseöl Verwendung finden, sind dunkelgelbe, nach Umständen auch grünliche, dickflüssige, eigenthümlich unangenehm riechende Oele, deren Dichte von 0·912 bis 0.915 bei 15° C. schwankt, welche schon wenige Grade über 0° C. krystallinisches festes Fett absetzen, 45—47% Stearopalmitin und 55—53% reines Elaïn oder flüssigen Oelstoff enthalten; sie liefern, mit Natronlauge verseift, eine ziemlich feste, aber grüne Seife.

Reps wird im Kammerbezirke in der jährlichen Menge von circa 15.000 Metzen im Durchschnittspreise von 4—5 fl. per Metzen, also im Gesammtwerthe von 70.000 fl. producirt, wovon die bei weitem grösste Menge, nämlich 12.000 Metzen, auf den K. O. W. W. entfällt; an eigentlichen Rübsamen werden nur wenig über 200 Ztr. im Kammerbezirke von 12 bis 13 fl. Durchschnittspreis producirt, deren Gasammterträgniss den Werth von 3000 fl. nicht erreicht. Wir müssen hier die erfreuliche Thatsache constatiren, dass trotz des Petroleumverkehrs das Erträgniss des Rapsbaues im Kammerbezirke sich seit dem Jahre 1860 beinahe verdreifacht hat; auch die Verwendung der Oelkuchen oder Presslinge zur Viehmast und zur Bodendüngung macht, wiewohl langsam, so doch ununterbrochen Fortschritte.

An dem Aufschwunge der Rübölfabrikation in der Monarchie hat sich namentlich in den letzten Decennien Ungarn wesentlich betheiligt. Da zunächst das Rüböl in der Oellampe die Unschlittkerze verdrängt, ehe das Petroleum oder das Gas an die Reihe kommen kann; da anderseits das Rüböl bei der Erzeugung gewisser Fabriksschmieröle noch unentbehrlich ist, so hat dasselbe von der modernen Concurrenz der Mineralöle noch lange nicht jene Gefahr zu befürchten, die man voreilig prognosticirte. Da ferner bei diesem Artikel Lieferungsschlüsse auf lange Zeit üblich sind, wodurch dem Käufer in Bezug auf Preis und Qualität mannigfache Nachtheile erwachsen können, so ist die Vereinbarung sogenannter

Usancen oder allgemein geltender Platzbedingungen für Wien nach Art Breslau's, Berlins und Hamburgs im vollen Interesse der inländischen Rübölerzeugung gelegen. Diese ist nun auch von einem böse empfundenen Missverhältnisse befreit, welches darin bestand, dass das vom Zollvereine importirte Rüböl zwar mit einem Eingangszoll von 75 kr. per Zentner belegt, aber dafür von der weit drückenderen Accise von 1 fl. 15 kr. per Zentner bei dem Eintritt in geschlossene Städte befreit war.

Die Monarchie producirt jährlich über 700.000 Ztr. Rüböl und beinahe 1,000.000 Ztr. Oelkuchen; beinahe ein Fünftel dieser Production entfällt auf die grossen Etablissements des Kammerbezirkes. Durch Behandlung des Rüböls mittelst gespannter Wasserdämpfe und darauffolgende Läuterung durch Erwärmen mit Stärkemehl und Filtration über plastischer Kohle oder einem Gemenge von Holzkohle, Knochenkohle, Coaks und Thon wird nicht nur das Rüböl vollkommen entschleimt und seines Chlorophyllgehaltes beraubt, sondern auch von dem eigenthümlichen üblen Geruche befreit, so dass es mit dem sogenannten amerikanischen Schmalzöle verschnitten als eine ordinäre Sorte von Speiseöl benützt werden kann; die geringere Verdaulichkeit des Rüböls und der Umstand, dass der Fälschung aller besseren und theureren Consumtibilien aus der Classe der Fettstoffe dadurch Thür und Thor geöffnet ist, machen diese neue Raffinirmethode des Rüböls zu keiner empfehlenswerthen.

Was die Production von Leinöl betrifft, so muss erwähnt werden, dass der Leinbau des Kammerbezirkes jährlich 9500 Metzen im Durchschnittspreise von 5 fl. per Metzen Leinsamen, sonach im Gesammtwerthe von circa 47.000 fl. producirt und circa 1100 Ztr. Leinöl im Gesammtwerthe von 31.000 fl. erzeugt, wovon die weitaus grösste Menge von circa 1000 Ztr. auf den K. O. M. B. entfällt; die Oelfabriken des Kammerbezirkes erzeugen aber im Ganzen über 6000 Ztr. Leinöl und noch 1000 Ztr. Hanföl, das leider häufig zur Verfälschung des Rüböls dient und die Kauflust bei den früher angegebenen eigenthümlichen Verhältnissen der Rübölgeschäfte in unangenehmer Weise verringert. Der Export der Monarchie an allen genannten Oelen ist im fortwährenden Steigen und beträgt, günstige Ernteverhältnisse vorausgesetzt, über 50.000 Ztr. Die Productionshöhe im Kammerbezirke selbst erreicht einschliesslich der Oelkuchen die Summe von 3,000.000 fl.

An der Gränze zwischen den trocknenden und nichttrocknenden fetten Oelen stehen das Sesamöl, das wegen seiner geringen

Neigung zum Ranzigwerden häufig zu feinen, riechenden Oelen in der Parfumerie benützt wird, und das fette Traubenkernenöl, das am Rhein und in Frankreich durch das Auspressen der Traubenkerne bereitet wird; beide Oele sind mild, von lieblichem Geschmack und Geruch und können als Salat- und Speiseöle benützt werden.

Abgesehen von den Chancen einer etwaigen inländischen Sesamcultur wäre doch die interne Erzeugung von Traubenkernenöl im Bereiche unserer Grossweinbauer und der von uns bereits angeregten Kleinwinzer-Associationen gelegen.

Von den trocknenden Oelen ist noch das Mohnöl und Nussöl zu erwähnen, deren Verbrauch zu feinen Firnissen in der Oelmalerei ein geringer, zu Speiseölen ein local beschränkter und deren interne Erzeugung im Kammerbezirke unerheblich ist.

Das Olivenöl, das Speiseöl par excellence, kommt aus der Provence und aus Italien schon völlig raffinirt zu uns und ist nur Gegenstand des Handels, aber nicht der Production.

Die Erzeugung von Mandelöl hat nur eine pharmaceutische und kosmetische Bedeutung und wird gleichfalls im Kammerbezirke nur in sehr untergeordneter Weise betrieben; findet die Erzeugung dieses nicht trocknenden milden Oeles aus bitteren Mandeln statt, so wird die Mandelkleie entweder früher behufs der Amygdalingewinnung mit Spiritus erschöpft, oder behufs der Bittermandelölgewinnung mit Wasser vermaischt, vergohren und abgebrannt, bevor man zur Gewinnung des fetten Mandelöls schreitet.

Das Rüböl wird theils für sich allein in gut entschleimtem und entsäuertem Zustande, theils in Verbindung mit sogenanntem Klauenöl, Mark- und Kernfett als ein neutrales, nicht verharzendes Schmieröl bei dem Maschinenbetriebe angewendet, wo es mit dem Olivenöle concurrirt.

Das beste Schmieröl wird aus fetten, nicht trocknenden Oelen, die der Verharzung und ranzigen Säuerung von Natur aus nicht unterworfen sind, dadurch hergestellt, dass man das Oel oder die Gemenge von Fettstoffen mit einer Lösung von schwefelsaurer Thonerde entschleimt, durch Verschlämmen mit Kreide und Filtration über Spodium entsäuert und entsalzt, das raffinirte Oel einer Kälte von 0° bis 10° C. aussetzt und nach dem Erstarren bei dieser Kälte den flüssig gebliebenen Oelstoff von dem krystallisirten Stearopalmitin trennt, welches zur Verseifung benützt werden kann; dieses entschleimte, entsäuerte und ausgefrorene Oel ist das Schmieröl par excellence.

Die Preise von Rüböl, die im Jahre 1860 mit 35 bis 37 fl. abschlossen, sind im Jahre 1865 auf 32 bis 34 fl. zurückgegangen: 24 fl. war der billigste Preis im Februar des Jahres 1865. Das österreichische Leinöl, das im Jahre 1860 mit 32 bis 35 fl. abschloss, ist im Jahre 1865 auf 28 bis 29 fl. zurückgegangen; der billigste Preis dieses Oeles war in den Monaten April bis September mit circa 26 fl. notirt; parallel kostete englisches Leinöl im Jahre 1860 31 bis 34 fl., im Jahre 1865 27 bis 29 fl. Der billigste Preis betrug in den Monaten Juli und August des Jahres 1865 25 fl.

Die Fabrik von H. Austerlitz in Ottakring bei Wien producirt jährlich mittelst einer Dampfmaschine von 30 Pferdekraft, 5 hydraulischen Pressen und 2 Steingängen, dann mit den erforderlichen Walzwerken und Putzmaschinen, bei welchen sie 60 Arbeiter unter einem Fabriksbeamten und einem Aufseher beschäftigt, bei einem Brennstoffverbrauche von 9000 Ztr. Steinkohlen per Jahr 30.000 bis 40.000 Ztr. Rüböl aus circa 150.000 Metzen Saat, womit sie bloss nach Ungarn und Oesterreich verkehrt.

Die Fabrik des A. Hollitscher zu Gaudenzdorf im Bezirke Sechshaus hat eine Hochdruckmaschine von 8 Pferdekräften, die 6000 bis 7000 Ztr. Steinkohlen jährlich consumirt, und 4 hydraulische Pressen aufgestellt, beschäftigt 1 technischen und 13 Werksarbeiter mit 1 fl. Taglohn und verarbeitet 30.000 bis 35.000 Metzen ungarischen Reps und 5000 Metzen Leinsamen, woraus sie ungefähr 10.000 Ztr. Oel gewinnt, im schwankenden Verkaufswerthe von 25 bis 30 fl. pr. Ztr.; 4 Metzen Reps und 5 Metzen Leinsamen liefern somit ungefähr einen Zentner Oel.

Die k. k. priv. Oel-, Stärke- und Gummisurrogatfabrik des Joh. Friedrich Gärtner jun. zu Rannersdorf im Bezirke Schwechat liegt am Schwechatbache, der mit einem Gefälle von 5½ Fuss zwei eiserne Wasserräder von 30 Pferdekraft treibt. Sie hat eine stehende Dampfmaschine nach Wolff'schem Systeme von 36 Pferdekräften aufgestellt, welche Motoren 15 hydraulische Pressen von 4000 bis 10.000 Zentnern Druckkraft, 3 Paar Kollersteingänge, 3 Paar Quetschwalzen und 1 Kuchenbrecher in Bewegung setzen; sie hat ferner 12 Dampfröstpfannen, 10 Kohlenröstpfannen und 2 vollkommen eingerichtete Oelraffinerien mit hölzernen und eisernen Ständern und Portlandcementbassins für mehrere hundert Zentner Oel im Betriebe. Sie beschäftigt unter 1 Beamten, 1 Werkführer und 1 Aufseher 102 männliche und 3 weibliche Arbeiter mit zwölfstündiger Arbeitszeit, wovon die Hälfte Nachtdienst hat und welche im Herbst und Winter einen Taglohn von 1 fl. im Mittel, im Sommer und Frühjahr jedoch nur 50 bis 70 kr. beziehen; sie consumirt jährlich 10.000 Ztr. Ostrauer Kohle und verarbeitet je nach der Ernte jährlich 800 bis 1500 Metzen Reps, 5000 bis 10.000 Metzen Leinsamen und bis zu 10.000 Metzen Hanfsamen. Im Jahre 1865, das sich durch eine Misserntc von Raps und Oelsamen traurig auszeichnet, wurden nur 8000 Metzen Raps, nur 5000 Metzen Leinsamen und gar kein Hanfsame verarbeitet. Die Productionsfähigkeit der Fabrik, welche eine eigenthümliche, für die Oelgewinnung sehr günstige Dampfröstung eingeführt hat und mit den stärkstwirkenden Oelpressen arbeitet, beliefe sich bei billigem und zureichendem Oelsaatbezuge auf die Verarbeitung von 240.000 Metzen Oelsaat und die Production von 60.000 Ztrn. Oel und 95.000 Ztrn. Oelkuchen im Jahre. Diese Fabrik erzeugte unter den ihrer Leistungshöhe noch lange nicht gerechten Verhältnissen im Jahre 1865 nur 20.000 Ztr. Rüböl im Verkaufswerthe von 25 bis 32 fl. per Ztr. und 30.000 Ztr. Rapskuchen im Verkaufswerthe von 1·7 fl. bis 2 fl. per Ztr., von denen ein Theil ausser dem inländischen Consum selten nach der Schweiz, aber regelmässig nach Preussen verkehrt; endlich 6000 Ztr. des gut renommirten Maschinenschmieröles, dessen Verkaufswerth per Zentner gewöhnlich um 2 fl. die Brennölpreise übersteigt. Dieselbe Fabrik hat schon wiederholt bei günstigeren Ernten und Preisconjuncturen das Doppelte producirt.

In einem den Kammervorlagen beiliegenden Communiqué erscheint die Productionsfähigkeit des Etablissements von M. Geiringer in Sechshaus auf 10.000 Ztr. Oel aus 40.000 Metzen Saat und der Fabrik von F. J. Gerstner in Rannersdorf bei Wien auf 35.000 Ztr. Oel aus 140.000 Metzen Saat geschätzt, sowie die Gesammterzeugung in Oesterreich unter der Enns zu 138.000 Ztrn. Oel aus 560.000 Metzen Saat und für die ganze Monarchie auf circa 600.000 Ztr. Oel aus $2^1/_2$ Million Metzen Saat angegeben wird.

Die Fabrik von Jos. Boschan's Söhnen zu Angern hat eine Dampfmaschine von 30 Pferdekräften aufgestellt, die 2000 Ztr. Ostrauer Kohle per Monat während der Campagne consumirt und 8 grosse hydraulische Oelpressen bewegt; sie beschäftigt unter einem Beamten 25 Werksarbeiter und 12 Hilfsarbeiter; ihre Leistungsfähigkeit beträgt 475 Metzen Oelsaat per Tag und ihre Pro-

40

ductionshöhe im Jahre 1865: 11.000 Ztr. Rüböl im Verkaufswerthe von 330.000 fl.

Das Etablissement von Franz Figuly von Szép, welches 2 Arbeiter mit 13stündiger Arbeitsdauer und 1 fl. 15 kr. Taglohn beschäftiget und das Auslösen, Schälen und Sortiren der verschiedenen Sämereien, die zu pharmaceutischen und technischen Zwecken verarbeitet werden sollen, ausser dem Hause besorgen lässt, hat 1 hydraulische Presse, 1 Spindelpresse, 1 Walz- und 1 Stampfwerk und zahlreiche Filtrirapparate im Betriebe. Es erzeugt im Jahre circa 500 Ztr. theils frisch gepresstes, theils bloss raffinirtes Oel aus Mandeln, Ricinusbohnen, Nüssen, Mohn-, Hanf-, Leinsamen, Kürbiskernen, Bilsenkrautsamen und anderen pharmaceutisch-technischen Sämereien. Der Erzeugung von Mandelöl, die sonst einer Steigerung fähig wäre, stand der Zoll im Wege, da das Rohproduct, die Mandeln, $5._{25}$ fl., das Triestiner Mandelöl nur $1._{525}$ fl. Zoll zahlt; da nun $2._{25}$ Ztr. Mandeln nur 1 Ztr. Mandelöl liefern, so muss das hier erzeugte Mandelöl gegen die Triestiner Waare um $10._{3}$ fl. im Nachtheile sein. Derartige Hemmschuhe inländischer Fabrikationen gehören eben zu den Paradoxen der österreichischen Gesetzgebung und verlangen schreiend nach endlicher Abhilfe.

b. Talg.

Die Stearinfabrikation, d. h. richtiger die Stearopalmitinerzeugung aus festeren Fettsorten in fabriksmässigem Schwunge, beherrscht heutzutage so vollständig die Kerzen- und Seifenindustrie, dass dadurch die früheren Verhältnisse, sowie der Bezug und der Preis von Unschlitt oder Talg vollkommen revolutionirt erscheinen. Die beiläufigen 90.000 Ztr. rohen Unschlittes, welche Wien jährlich abwirft, und die ungefähr 70.000 Ztr. griebenfreies ausgeschmolzenes Unschlitt liefern, hatten früher im Vereine mit der Schweinefettgewinnung des Platzes einerseits den Localbedarf der Kerzenfabriken und Seifensiedereien gedeckt, anderseits sogar die Seifensieder des flachen Landes mit sogenannten Kernscheiben raffinirten Talgs in ziemlicher Menge versorgt, im Verkaufswerthe von 24 fl. per Ztr. Seit ein einziges Etablissement, wie die erste österreichische Seifensieder-Gewerksgesellschaft, für sich allein jährlich mindestens 60.000 Ztr. Unschlitt consumirt, hat sich das alles geändert. Der Unschlittertrag des Schlachtviehconsums von Wien und die beisteuernde Erzeugung der 20 Beinsieder des Kammerbezirkes, die das Knochenfett von jährlich 40.000 Ztr. Knochen, welche dann der Spodiumfabrik anheimfallen, aussieden und an die Seifensieder abgeben, vermag den gesteigerten Bedarf an Talg und festem Fett lange nicht mehr zu decken. Der auswärtige Unschlittimport, der im Jahre 1855 nahe an 150.000 Ztr. betrug, ist zwar bis 1860 auf 90- bis 100.000 Ztr. zurück-, jetzt aber bereits wieder zu seiner früheren Höhe hinaufgegangen; an ihm ist in erster Linie Russland betheiligt. Der Zentnerpreis des Talges, der während des Krimmkrieges zur abnormen Höhe von 47 fl. anschwoll, schwankte im Jahre 1860 von 38 bis 43 fl. und sank im Jahre 1864 auf 26 bis 34 fl. herab. Als ein wesentlicher Fortschritt ist die Dampfschmelze des Unschlittes, deren Product ein weitaus reineres, weisseres und festeres Scheibenunschlitt als das der alten Kesselschmelze liefert, zu bezeichnen, die selbstverständlich auch der Erzeugung von Unschlittkerzen zu Gute kommt und in der Penzinger Apollokerzenfabrik und den Seifenfabriken von F. Fischer und Georg Hartl zuerst hierorts eingeführt wurde.

Eine andere Verbesserung besteht in der Härtung des Unschlittes mittelst salpeteriger und nitrochloriger Säure, am besten durch Kochen des Unschlittes mit verdünnten wässerigen Lösungen von Natronsalpeter und Kochsalz unter Zusatz kleiner Mengen von Schwefelsäure vermittelt. Die gelbliche Färbung, die der gut ausgedämpfte gehärtete Talg annimmt, verschwindet sehr schnell durch das Bleichen in der Sonne. Theils hiedurch, theils durch die wesentlichen Verbesserungen in der Erzeugung und Beize der Dochte ist es gelungen, Unschlittkerzen herzustellen, die doch einigermassen den gesteigerten Anforderungen der Jetztzeit entsprechen, und die bei dem steten Sinken des Consums in Wien, wo Gas, Mineralöle, Rüböl und Stearinkerzen ihnen eine unbesiegbare Concurrenz schaffen, ihren Absatz in den Provinzen und in den Donaufürstenthümern suchen und ihn Dank der durch die Schienenwege erleichterten Communication selbst in den heissesten Sommermonaten finden.

Die Fabrikation der eigentlichen Stearinkerzen beruht auf der Zerlegung des Talges entweder durch Kalk auf dem Wege der Verseifung, wobei der Fettstoff in Glycerin und Kalkseife umgewandelt, die Kalkseife mittelst Schwefelsäure oder Salzsäure zerlegt und das freie Fettsäurengemisch einer starken Pressung unterworfen und dadurch in die flüssige Elaïnsäure und die feste krystallinische Stearopalmitinsäure getrennt wird; oder auf der Zerlegung des Talges durch Säuren, wie Schwefelsäure, Phosphorsäure, bei erhöhter Temperatur in geschlossenen Räumen, oder

40 *

endlich bei fast gänzlichem Ausschluss von Säuren und Alkalien durch Zerlegung mittelst gespannter Wasserdämpfe von 12 Atmosphären Druck. In der Auffindung solcher Zerlegungsmethoden, welche einfach, sicher, mit keinen grossen Verlusten behaftet und eine unverkümmerte Gewinnung aller Nebenproducte zu gestatten geeignet sind, einerseits, und anderseits in der steten Vervollkommnung jener Beizen, womit die passend geflochtenen Baumwollendochte behufs ihrer vollständigen Verzehrung während des Brennens der Kerze vor ihrer Einspannung in die Formen imprägnirt werden müssen, wozu sich chlorsaures Kali, salpetersaures Ammoniak, phosphorsaures Ammoniak, Borsäure und Borax in verschiedenen relativen Mischungsverhältnissen und Concentrationsgraden am zweckmässigsten erwiesen haben, sind die Fortschritte angedeutet und enthalten, welche die Apollo- und Millykerzenfabrikation noch durchzumachen hat. Das Unschlitt wird bei dieser Fabrikation in circa 45% feste Stearinsäure, die veränderliche Mengen von Palmitinsäure enthält, und in ebensoviel Elaïnsäure gespalten, welche gleichfalls einige Procente Stearopalmitinsäure aufgelöst enthält. Als weiteres Nebenproduct lässt sich je nach der Spaltungsmethode des Talges mehr oder minder rein und leicht das Glycerin, Oelsüss oder der Fettzucker gewinnen, welcher Körper in der Parfumerie und Kosmetik, in der Pharmacie und Chirurgie, in der Conditorei und Liqueurfabrikation, in der Weinkellerei und Bierbrauerei, in der Färberei, bei dem Modelliren und im Maschinenbetriebe, kurz in allen möglichen industriellen, ökonomischen und kunstgewerblichen Richtungen einer immer fortwachsenden Anwendung entgegengeht. Die Elaïnsäure oder Oelsäure, die bei dieser Kerzenfabrikation abfällt, ist nicht gut zum Verschneiden ordinärer Brennölsorten, aber ausgezeichnet zur Seifenfabrikation verwendbar, da sie mit scharfer Lauge, Aetznatron oder Seifenstein direct und ohne alle Schwierigkeit harte und vorzügliche Seifen liefert, welche die Concurrenz des Auslandes fast vollständig besiegt haben. Diese Elaïnsäure, gewöhnlich Elaïn oder Oleïn genannt, welche grosse Massen von Unschlitt und Schweinfett vor der Verseifung durch Alkalien rettet, schwankt in ihrem Zentnerpreise zwischen 19 fl. und 26 fl. Ausser der reichlichen Versorgung der Seifenfabrikation mit diesem billigen Rohstoffe hat die Stearinkerzenfabrikation noch das Verdienst um die Seifensiederei, dass sie durch die ihrerseits im Jahre 1840 angeknüpfte directe Verbindung mit Liverpool den unmittelbaren Bezug englischer Soda via Triest einführte und den Zentnerpreis dieses unentbehrlichen Artikels, der früher von 15 bis 20 fl. schwankte, auf 9 bis 11 fl. ermässigte und fixirte. Die hiedurch aufblühende inländische Seifenfabrikation deckt daher immer vollkommener den Bedarf der Consumtion, wesshalb sich auch der Import ausländischer Seifen, der im Jahre 1855 noch fast 40.000 Ztr. betrug, in dem abgelaufenen Decennium von Jahr zu Jahr vermindert hat.

Im Interesse der Solidität dieser Production ist allerdings die häufige Erzeugung gefüllter Seifen, welche die ganze glycerinhältige Unterlauge oft mit betrügerischer Weise eingerührten mineralischen Zusätzen, wie Federweiss, Walkererde u. dgl., enthalten. und trotz ihrer anscheinenden Billigkeit den Consumenten durch ihren abnormen Wassergehalt schädigen, ernstlich zu beklagen, zu welcher Erzeugung gefüllter wasserreicher Seifen besonders das Cocosnussöl tauglich erscheint, das anscheinend feste Seifen liefert. die doch der Hälfte nach aus Wasser bestehen. In diesem Sinne ist die Seifensieder-Gewerksgesellschaft in Wien ausdrücklich desshalb zu loben, weil sie in allen ihren Fabriken nur eine einzige Gattung geschöpfter, vollkommen neutraler und trefflicher Seife, die sogenannte Apolloseife, erzeugt, die allen Manufactur- und Scheuerzwecken völlig entspricht und unter Zusatz von etwas Soda, trotz aller gegentheiligen Behauptungen, auch zur Degommage der Rohseide eben so gut taugt als die traditionell beliebte Marseiller Seife.

Im Kammerbezirke üben 84 Seifensieder ihr Gewerbe aus, welche 56 Gesellen, 14 Lehrlinge, 63 männliche und 144 weibliche Hilfsarbeiter beschäftigen; in Wien und seiner nächsten Umgebung bestehen überdiess 28 Fabriken. Die Gesammtproduction im Kammerbezirke beträgt ungefähr 50.000 Ztr. Stearinsäurekerzen im ungefähren Werthe von 3½ Mill. Gulden, 30.000 Ztr. Unschlittkerzen im Werthe von mehr als 1 Mill. fl., circa 70.000 Ztr. Waschseifen im Werthe von 1½ Mill. fl., circa 10.000 Ztr. Cocosnuss- und Toiletteseifen im Werthe von 300.000 fl., 500 Ztr. Schmier- oder Kaliseife im Werthe von 7000 fl., 30.000 Ztr. Scheibenunschlitt im Werthe von nahezu 1 Mill. fl. und 15.000 Ztr. Elaïnsäure im Werthe von 300.000 fl.; also im Ganzen 205.000 Ztr. Producte der Fettindustrie im Gesammtwerthe von circa 8 Mill. Gulden.

C. Diedek in Wien, der 1 Dampfmaschine von 4 Pferdekräften aufstellt und unter 2 Beamten, 10 Werksarbeiter, wovon 5 technische Bildung besitzen, 25 weibliche Arbeiter über 14 Jahre, und 5 unter 14 Jahre alt, mit einem Wochenlohne von 3 bis 5 fl.

beschäftigt, hat 3 Schmelzkessel, 3 Quetschmaschinen, 6 Spindelpressen und 1 hydraulische Presse im Betriebe, verbrennt jährlich 15 Klafter weiches Holz und 500 Ztr. Steinkohlen, und verarbeitet jährlich 6000 Ztr. Rohunschlitt auf 4500 Ztr. Scheibenunschlitt, 1000 Ztr. Elaïn, 1000 Ztr. Knochenfett, 500 Ztr. Soda und 200 Ztr. Salz zur Waschseifenfabrikation; 1500 Ztr. englisches Cocosnussöl, 750 Ztr. kaustische Lauge höchster Concentration, 1500 Ztr. flüssiges Natronwasserglas, 5 Ztr. ätherische Oele von Hamburg, Leipzig und Nizza, 10 Ztr. japanesisches Pflanzenwachs von England, 100 Ztr. Glycerin der hiesigen Stearinkerzenfabrikation und ¼ Ztr. gelöste Anilinfarben von Leipzig verbraucht er zu seiner Toiletteseifenerzeugung.

A. Adamek in Wien beschäftigt 1 technisch gebildeten, 6 männliche und 2 weibliche Werksarbeiter zu einem mittleren Taglohne von 1 fl. bei zwölfstündiger Arbeitsdauer, hat 3 offene Kessel auf gewöhnlichem Holzfeuer und eine kleine Wasserdruckpresse im Betriebe, verbrennt jährlich 40 Klafter weiches Holz und verarbeitet jährlich 1000 Ztr. Wiener Rohunschlitt, 220 Ztr. Wiener-Elaïn, 240 Ztr. mährische Soda, 140 Ztr. englisches Cocosnussöl, 10 Ztr. österreichische Pottasche und 50 Ztr. Salzburger Salz zu 400 Ztrn. Unschlittkerzen im Verkaufswerthe von 14.400 fl., 1000 Ztrn. Kernseife im Verkaufswerthe von 19.000 fl., 50 Ztrn. Walkseife im Verkaufswerthe von 800 fl. und 600 Ztrn. Toiletteseifen, Glycerincrêmes und medicinischer Seifen im Verkaufswerthe von 18.000 fl.

A. Holzhauer in Wien beschäftigt unter einem Werkführer 6 männliche und 3 weibliche Arbeiter mit 60 kr. bis 1 fl. Taglohn bei zwölfstündiger Arbeitsdauer, verbrennt jährlich 90 Klafter dreischuhiges weiches Brennholz, verfügt über eine hydraulische Presse von 4000 Ztr. Druck und verarbeitet 7200 Ztr. Rohunschlitt, 800 Ztr. Elaïn, 400 Ztr. Kalk, 160 Ztr. Salz, 400 Ztr. Soda, 40 Ztr. Pottasche, 10 Ztr. Baumwolle und 50 Ztr. braunes Harz zu 4200 Zentnern Scheibenunschlitt, 1200 Ztrn. Unschlittkerzen und 1500 Ztrn. grauer, schwarzer und Walkseife.

Franz Fischer in Wien und Simmering, dessen wohleingerichtetes Etablissement bereits bei dem Artikel der Salpetererzeugung Erwähnung fand, verarbeitet 15.000 Ztr. Rohunschlitt, 900 Zentner walachisches Scheibenunschlitt, 3500 Ztr. Elaïn, 700 Ztr. Cocosnussöl, 50 Ztr. Harz, 150 Ztr. Knochenfett, 2400 Ztr. Soda, 1300 Ztr. Kalk, 600 Ztr. Salz und 36 Ztr. baumwollene Kerzendochte zu 7000 Ztrn. Scheibenunschlitt, 9000 Ztrn. Toiletteseifen, 3300 Ztrn. Unschlittkerzen und 11.000 bis 12.000 Ztrn. Seife im ungefähren Gesammtwerthe von 630.000 fl.

Die erste österr. Seifensieder-Gewerksgesellschaft in Wien und Penzing beschäftigt unter 21 Beamten und 4 Aufsehern 130 männliche und 180 weibliche Arbeiter, welche zusammen bei zwölfstündiger Arbeitsdauer 5280 fl. per Monat an Lohn beziehen. Sie hat 2 stehende Hockdruckdampfmaschinen, zusammen von 16 Pferdekraft, 8 Dampfkessel, 8 Dampfkochcylinder, 24 hydraulische Pressen, einen Robert'schen Kochapparat, dann 4 Seifenkoçhkessel à 200 Eimer im Betriebe, verbrennt jährlich 2100 Klft. weiches Holz und 6300 Ztr. Steinkohlen und verarbeitet 45.000 Ztr. Unschlitt vom Inlande und 18.000 Ztr. Unschlitt aus Russland und den Donaufürstenthümern, 6000 bis 7000 Ztr. Kalk und 8000 Ztr. Schwefelsäure zu 27.500 Ztrn. Apollokerzen im Verkaufswerthe von ungefähr $1^2/_3$ Millionen Gulden und zu 32.000 Ztrn. Elaïnsäure im Werthe von 700.000 fl., wovon jedoch 19.000 bis 20.000 Ztr. mittelst 4700 Ztrn. Soda und 1600 Ztrn. Salz zu 28.000 bis 29.000 Ztrn. Apolloseife im Werthe von beinahe 600.000 fl. weiter verarbeitet werden.

Jacob Perl zu Wien am Neubau beschäftigt unter 2 Beamten 8 männliche und 7 weibliche Arbeiter bei zwölfstündiger Arbeitsdauer, die männlichen Arbeiter um den Taglohn von 1 bis 2 fl., die weiblichen Arbeiter um den Taglohn von 50 kr. bis 1 fl. Er verbrennt jährlich 175 Klafter weiches Holz, hat 2 grosse Schmelzkessel, 2 Seifensudstürze, 1 Dampfapparat nebst den nöthigen Gusskesseln und Spindelpressen im Betriebe und verarbeitet 7000 bis 8000 Ztr. Rohunschlitt, 1200 Ztr. Elaïn, 500 Ztr. englische Soda, 30 Ztr. Pottasche, 400 Ztr. Kalk, 200 Ztr. Salz und 10 Ztr. Baumwolldochte jährlich zu 4400 Ztrn. Scheibenunschlitt im Verkaufswerthe von circa 133.000 fl., circa 100 Ztrn. raffinirtes Scheibenunschlitt im Werthe von 3600 fl., 1100 Ztrn. Kerzen im beiläufigen Werthe von 38.000 fl., 2500 Ztrn. Kernseife im Werthe von 58.000 fl., 130 Ztrn. Schmierseife im Werthe von 2600 fl., 10 Ztrn. weisse Kaliseife im Werthe von 300 fl., wobei noch circa 600 Ztr. Grieben im ungefähren Werthe von 1700 bis 1800 fl. abfallen.

Georg Hartl & Sohn in Wien und Ottakring beschäftigen unter 4 Beamten 35 Arbeiter bei zwölfstündiger Arbeitsdauer zu 1 fl. Taglohn, und zwar 21 männliche und 14 weibliche. Die Fabrik hat 4 Seifenstürze, 9 Laugengefässe, 2 eiserne Pfannen, 34 Seifenformen, 1 Kessel zur Dampfschmelze des Unschlitts, 3 eiserne Cylinder, 8 Kessel, 6 grosse Ständer, 1 Seifensturz mit Röhrensystem auf 200 Eimer, 2 Griebenpressen, 7 Seifenpressen, 2 eiserne Walzwerke zur Seifenverkleinerung im Betriebe; sie verbrennt jährlich 200 Klafter weiches Holz und 1200 bis 1300 Ztr. Steinkohlen und verarbeitet 11.300 Ztr. Rohunschlitt, 3600 Ztr. Elaïn, 340 Ztr. anderes Thierfett, 650 Ztr. Cocosnussöl, 260 Ztr. Palmöl, 70 bis 80 Ztr. Harz, 1500 Ztr. Soda, 80 Ztr. Pottasche, 470 Ztr. Salz, 1000 Ztr. Kalk und 33 Ztr. Baumwolldochte zu 2000 Ztrn. Kerzen im Verkaufswerthe von 88.000 fl., 5200 Ztr. Kernunschlitt in Scheiben zu 150.000 fl., 1300 Ztr. Manufacturseife zu 32.000 fl., 5000 Ztr. Waschseife zu 125.000 fl., 180 Ztr. Harzseife zu circa 4000 fl., 380 Ztr. Schmierseife zu 6500 fl., 200 Ztr. Cocosseife zu 6500 fl., 300 Ztr. diverse Seifen zu 4000 bis 5000 fl., 65.000 Dutzend Stücke Toiletteseifen zu circa 45.000 fl. und circa 3400 Dutzend sogenannte Cosmetiques zu 2000 fl.

A. Holzhauer in der Vorstadt Schottenfeld in Wien beschäftigt 8 männliche und 3 weibliche Arbeiter unter einem Werkführer, hat eine hydraulische Griebenpresse im Betriebe, verbrennt 103 Klafter dreischuhiges weiches Holz und verarbeitet im Jahre 9000 Zentner Rohunschlitt, 1500 Ztr. Elaïn, 500 Ztr. Schmalz, 400 Ztr. braunes Harz, 500 Ztr. Soda, 250 Ztr. Salz, 60 Ztr. Pottasche, 400 Ztr. Kalk und 12 Ztr. Kerzendochte zu 2800 Ztrn argandischer, gegossener und Sparlichtkerzen, zu 3000 bis 4000 Ztr. Unschlittscheiben, zu 300 Ztr. grauer und schwarzer Walkseife, wobei noch 300 bis 400 Ztr. Grieben abfallen.

Gottlieb J. Taussig zu Gaudenzdorf im Bezirke Sechshaus erzeugt aus 600 Ztrn. englischen Cocosnussöls, 150 Ztr. Unschlitt, 50 Ztr. Sesamöl und 10 Ztr. diverser riechender Oele circa 1100 Zentner Toiletteseifen im Werthe von 35.000 fl., 150 bis 200 Ztr. ordinäre Waschseifen im ungefähren Werthe von 4000 fl. und 50 Ztr. Unschlittkerzen im Werthe von 2000 fl.

S. Siebenschein zu Reindorf im Bezirke Sechshaus verarbeitet 50 bis 60 Ztr. Cocosnussöl, 10 bis 15 Ztr. Palmöl, 8000 bis 9000 Ztr. Rohunschlitt, 200 Ztr. Knochenfett, 100 Ztr. Elaïn, 30 bis 40 Ztr. Kolophonium, 2500 Ztr. calcinirte Soda, 400 bis 500 Ztr. krystallisirte Soda, 300 Ztr. Aetznatron, 30 Ztr. Pottasche, 6 bis 7 Ztr. Baumwollendochte zu 1400 Ztrn. Seife im Werthe von 27.000 fl., 200 Ztrn. Unschlittkerzen im Werthe von circa 7000 fl.

und 6000 Ztrn. geschmolzenem Unschlitt im Werthe von 187.000 fl., wobei 250 Ztr. Grieben im ungefähren Werthe von 900 fl. abfallen.

Friedrich Albert Sarg in Liesing, in dessen Besitz das Etablissement der früheren Millykerzenfabriks-Actiengesellschaft überging, beschäftigt 50 männliche und 70 weibliche Arbeiter unter 3 Beamten und 3 Aufsehern, hat 1 Dampfmaschine von 20 Pferdekräften, 3 belgische Hochdruck-Fettzersetzungsapparate, 3 Dampfkessel und 11 hydraulische Pressen im Betriebe. Er verbrennt jährlich 25.000 Ztr. Steinkohlen und verarbeitet circa 30.000 Ztr. Talg, 7000 bis 8000 Zentner Salzsäure, 800 Ztr. Soda, 1000 Ztr. Schwefelsäure und 120 Ztr. Baumwollgarne zu 13.000 bis 14.000 Ztr. Millykerzen, 3000 bis 4000 Ztr. Seife und producirt noch nebenbei circa 3000 Ztr. Glycerin von höchster Concentration und Reinheit, für das er in Oesterreich mit grosser Beharrlichkeit und grossen Opfern mannigfaltige industrielle Anwendungen angebahnt und eine eigene interne Glycerinindustrie geschaffen hat.

C. F. Kostka in Mödling verarbeitet 2000 bis 3000 Ztr. rohes Unschlitt, circa 600 Ztr. sogenanntes Markfett, 150 bis 200 Ztr. Elaïn, nach Umständen auch 100 Ztr. Schweinefett, 50 bis 60 Ztr. Salz, 70 bis 80 Ztr. Soda, 60 bis 70 Ztr. Kalk und 4 bis 7 Ztr. Baumwolldochte, und erzeugt circa 2000 Ztr. Kernunschlitt, 580 Ztr. geläutertes Markfett, 400 Ztr. Kernseife und 400 Ztr. Talgkerzen.

F. Badstieber in Baden verarbeitet jährlich circa 1000 Ztr. Rohunschlitt, 140 Ztr. Elaïn, 10 Ztr. Kolophonium, 30 Ztr. Salz, 60 Ztr. Soda und 40 bis 50 Ztr. Kalk; er erzeugt daraus 500 Ztr. Scheibenunschlitt, 60 Ztr. Grieben, 320 Ztr. Seife und 200 Ztr. Unschlittkerzen.

S. Schrottenbach in Baden verarbeitet 600 Ztr. Rohunschlitt, 300 Ztr. Knochenfett und 200 Ztr. Soda zu 1100 Ztrn. Kernseife und erzeugt überdiess aus 900 Ztrn. Rohunschlitt 600 bis 700 Ztr. Unschlittkerzen, wobei circa 100 Ztr. Grieben abfallen. Wir tragen hier nach, dass dieses Etablissement, auf das wir schon bei dem Artikel Salpeter aufmerksam machten, jährlich circa 30.000 Metzen Holzasche und 1100 Ztr. Chilisalpeter verarbeitet, und daraus circa 1200 Ztr. Kalisalpeter, 1600 Ztr. krystallisirte Soda und 600 Ztr. schwefelsaures Kali erzeugt; die grosse Menge des schwefelsauren Kali erklärt sich einfach aus dem Umstande, dass in dortiger Gegend viel Weinreben verbrannt werden, deren Asche viel schwefelsaures Kali liefert. Die Auslaugerückstände der Holzasche, die ungefähr 800 Fuhren im Jahre betragen, werden sehr zweckmässig als Wiesendünger verwerthet. Das Etablissement beschäftigt 13 Arbeiter unter 2 Aufsehern und hat ausser einer Schraubenpresse und den nöthigen Schmelz-, Läuter- und Seifenkesseln 30 grosse und 60 kleine Auslaugebottiche, 6 Pfannen, 1 Flammenofen, 1 Gradirwerk, 100 gusseiserne Krystallisirkästen und 40 eiserne Sodakessel im Betriebe; es consumirt jährlich 3000 Ztr. Grünbacher Kohle und 1500 Ztr. Grillenberger Braunkohle.

L. Weinek in Korneuburg verarbeitet 1500 Ztr. Unschlitt, 500 Ztr. andere Fettstoffe, 300 Ztr. Soda, 200 Ztr. Kalk, 100 Ztr. Salz und 7 Ztr. Baumwollendochte; er erzeugt daraus 1600 Ztr. Kernseife und 400 Ztr. Unschlittkerzen zu dem Verkaufswerthe von circa 50.000 fl.

S. Weinek in Stockerau beschäftigt 21 Arbeiter, darunter 10 weibliche mit 50 kr., 11 männliche mit durchschnittlich 1 fl. Taglohn bei zwölfstündiger Arbeitsdauer, unter 1 Aufseher, hat 3 Stürze und 8 kleinere Kessel sammt den Hilfsvorrichtungen im Betriebe, consumirt in seinen Sudöfen jährlich 160 Klafter weiches Holz und 400 Ztr. Steinkohlen, verarbeitet 4000 bis 5000 Ztr. Unschlitt, 700 bis 800 Ztr. Elaïn, 300 Ztr. Cocos- und Palmöl, 1000 Ztr. diverse andere Fettstoffe, 1500 Ztr. calcinirte Soda und 900 Ztr. Kalk; er erzeugt 7000 Ztr. Seifen und 1500 Ztr. Unschlittkerzen im Gesammtwerthe von circa 200.000 fl.

A. Himmelbauer in Stockerau hat wesentlich zur allgemeinen Verbreitung der Stearinkerzen beigetragen, indem er durch ein eigenthümliches privilegirtes Mischungsverfahren der freien Palmitostearinsäure und des gereinigten und gehärteten Talges auch mittelfeine und ordinäre Gattungen von Stearinkerzen erzeugt, die ihrer grössern Billigkeit wegen auch dort noch Eingang finden, wo die feine Stearinkerze die Concurrenz der billigeren Unschlittkerze nicht aushalten kann. Das Etablissement hat 1 Dampfmaschine von 4 Pferdekräften, 3 Dampfkessel, 4 liegende hydraulische Warmpressen, 5 stehende Kaltpressen, 6 Seifenkessel, 5 eiserne Aescher, 30 Ständer zu 40 Eimern, 60 Seifenformen, 10.000 zinnerne Kerzenformen, 2 Dochtflechtmaschinen und 4 Kerzenpolirmaschinen im Betriebe, und beschäftigt unter 12 Fabriksbeamten, 2 Werkführern und 2 Aufsehern 50 männliche und 100 weibliche Arbeiter. Es consumirt 400 Klafter weiches Holz und 2000 bis 3000 Ztr. Steinkohlen und verarbeitet jährlich 30.000 bis 35.000 Ztr. Talg, 3000 bis 5000 Ztr. Cocos- und Palmöl, 4000 Ztr. Soda, 4000 bis 5000 Ztr. Kalk, 600 Ztr. Salz, 7000 bis 8000 Ztr. Schwefelsäure und 100 Ztr.

Dochte; es erzeugt jährlich 10.000 bis 12.000 Ztr. Stearinkerzen von dreierlei Qualität, 2000 Ztr. Unschlittkerzen, 25.000 Ztr. ordinäre Seife, 1000 bis 2000 Ztr. Toiletteseife und von den Nebenproducten zum Verkaufe Elaïnsäure und Glycerin circa 1000 Ztr.

J. Sauer in Hohenruppersdorf verarbeitet 200 Ztr. Rohunschlitt auf Kerzen und Seifen.

K. Gabat in Poisdorf, der zugleich Pottasche in der jährlichen Menge von circa 300 Ztrn. producirt, erzeugt auch aus Rohunschlitt 300 bis 400 Ztr. Kerzen und Seifen.

Das Etablissement von A. Fries in Horn verarbeitet jährlich circa 600 Ztr. Unschlitt, 60 bis 70 Ztr. Soda, 100 Ztr. Asche und 100 bis 120 Ztr. Kalk auf 320 Ztr. Unschlittkerzen und 300 bis 350 Ztr. Seife.

c. Wachs.

Die Bienenzucht ist in der Monarchie in langsamem Fortschritte begriffen. Die Bukowina, das Banat und die illyrischen Districte mit Dalmatien sind die hervorragenderen Productionsorte für Honig und Wachs. Im Kammerbezirke beträgt die jährliche Production 500 bis 600 Ztr. im Werthe von 30.000 bis 40.000 fl.; ein Drittheil davon entfällt auf den K. O. M. B. und ein anderes Drittel auf den K. U. W. W., in das letzte Drittheil theilen sich die Kreise O. W. W. und U. M. B. Das Marchfeld treibt die Bienenzucht am stärksten; die Honigproduction schwankt jährlich zwischen 1500 und 1600 Ztr. im Werthe von 38.000 bis 40.000 fl. Der Rohwachsumsatz des Wienerplatzes, der einst 20.000 Ztr. jährlich betrug, ist theils durch die Abnahme des Verbrauches von Wachskerzen, theils dadurch auf ein Zehntel, bis zur Unbedeutendheit eingeschrumpft, dass nunmehr die grösseren Consumenten ihren Bedarf direct von den Erzeugungsstätten beziehen. Die Wachskerzen, die von den Stearinkerzen, den Petroleumlampen und Gasflammen aus allen ihren Verbrauchsorten verdrängt wurden, fristen so zu sagen nur ein rituales Leben in den Kirchen. Das von den Extractivstoffen des Honigs gelb gefärbte rohe Bienenwachs wird durch Bändern und Aussetzen an die Sonne gebleicht; die chemischen Bleichen mit schwefeliger Säure, Chlor und Nitrosäuren benachtheiligen die Qualität des Wachses. Um die Rasenbleiche, die von der Witterung abhängig und sehr langweilig ist, abzukürzen, wäre auch hier wieder die Belichtung und Beluftung des im Gemische von weissem Petroleum, rectificirtem Terpentinöl, Rosmarin- und Lavendelöl eingetauchten gebänderten Wachses in flachen, schräg bedeckten und mit Glas gefensterten Trögen, wie sie bei der Elfenbeinbleiche üblich sind, empfehlenswerth. Die ätherischen Oele ozonisiren den Sauerstoff der Luft, und absorbiren das Ozon, das dann die Gegenstände rasch und kräftig bleicht. Diese Bleichmethode leistet in einem Zwanzigstel der Zeit, selbst bei ungünstiger Sonnenbeleuchtung, dasselbe, was die Rasenbleiche leistet; ein Gemisch von 5 Theilen hochgrädigen weissen Petroleums, 3 Theilen Terpentin oder Camphinöls und einem Theile Rosmarin- oder Lavendelöls leistet Vorzügliches; die eindickenden Oele hat man nur von Zeit zu Zeit mit der ursprünglichen Mischung zu verdünnen. Das durch diese Terebene gebleichte Wachs müsste dann selbstverständlich im Dampfstrom abgeblasen werden, um wieder seine frühere Geruchlosigkeit zu erlangen.

Gebleichtes Wachs wird zur Bereitung von Wachspapier, zum Einlassen von Meerschaumwaaren, Gypsgüssen, zur Erzeugung von Wachszügen (Wachsstöcken) und zur Bereitung der Wachsseife verwendet, die ihrerseits wieder zum Wichsen, Imprägniren und Wasserdichtmachen vieler Stoffe dient. Das Wachs ist auch ein häufiger Bestandtheil vieler Salben und Pflaster, der Cerate, und wird auch häufig den Haut-, Haar- und Lippenpomaden zugesetzt; eine Wachsseife aus Pottasche, gelbem oder gebleichtem Wachse und feinen Ocherfarben gemischt, stellt die Parquetenwichse dar.

In neuerer Zeit ist dem Bienenwachse in dem sogenannten englischen Wachse oder dem japanesischen Pflanzenwachse, das von einem Sumachbaume abstammt, ein wichtiger Concurrent erwachsen, der um die Hälfte, wohl auch um zwei Drittheile billiger ist. Der Nachtheil einer eigenthümlichen Sprödigkeit schliesst ihn jedoch von manchen Verwendungen aus; nur ist besonders zu fürchten, dass er als bequemes Fälschungsmittel des kostspieligen Bienenwachses eine nur zu bereitwillige Verwendung findet. Zu diesem Behufe mag die Mittheilung dienen, dass das japanesische Wachs (das palmitinsaure Glyceryloxyd, von der Dichte 0.97, dem Schmelzpunct 42° C. und dem Erstarrungspuncte 40° C.) sich leicht von dem echten Bienenwachse (einem Gemenge von Myricin und Cerin, von der Dichte 0.96 und einem Schmelz- und Erstarrungspuncte über 60° C.) dadurch unterscheidet, dass letzteres mit Borax- oder Wasserglaslösungen gekocht, nach dem Erkalten als solider Wachskuchen sich abscheidet, während ersteres als

Wachsmilch emulsirt bleibt, die zum Trän ken von Papier, Geweben, Gypsgüssen und porösen Thonwaaren vortrefflich geeignet ist.

Die Production von Wachsartikeln in Wien, die jährlich 1000 bis 1500 Zentner beträgt, wird auch am Platze selbst oder in seiner nächsten Umgebung consumirt, da die durch das Land vertheilten Lebküchler immer zugleich Wachs, wenn auch von geringer Beschaffenheit, erzeugen und dadurch den sparsamen Localbedarf decken. Der Zentnerpreis des Wachses war für gelbe Banater Waare im Jahre 1860: 131 bis 152 fl., im Jahre 1865: 100 bis 126 fl., für gelbe Rosenauer Waare im Jahre 1860: 134 bis 158 fl., im Jahre 1865: 100 bis 126 fl.; für gelbe Tarnopoler Waare im Jahre 1860: 140 bis 160 fl., im Jahre 1865: 110 bis 130 fl. und endlich für gebleichtes Scheibenwachs im Jahre 1860: 165 bis 200 fl. und im Jahre 1865: 120 bis 190 fl.

C. Ramharter auf der Landstrasse in Wien verarbeitet jährlich 20 Ztr. gelbes Landwachs, 50 Ztr. weisses Wachs, 2 Ztr. Paraffin und ½ Ztr. Terpentin; er erzeugt Parquetenwachs, Wachskerzen, Wachszüge, Baumwachs und sogenanntes schwarzes Wachs für Wichse, im Ganzen 70 Ztr. zu 12.000 fl. Verkaufswerth, ferner 100 bis 150 Pfund kleinere Galanteriegegenstände aus Wachs im Verkaufswerthe von 300 bis 400 fl.

J. Angeli in Wien, Wieden, hat einen Dampfkessel mit zwei Atmosphären Spannung zur Bleicharbeit im Sommerbetriebe und verarbeitet 200 bis 300 Ztr. gelbes Wachs zu Wachskerzen, Wachszügen, Scheibenwachs und Wachsfackeln oder Windlichtern im mittleren Verkaufswerthe von 44.000 fl.

F. Doblinger in Wien, Matzleinsdorf, hat eine Dampfmaschine von einer Pferdekraft im Betriebe und erzeugt an Kerzen und Wachszügen circa 100 Ztr. zum Verkaufswerthe von 19.000. fl.

Beispielshalber mag erwähnt werden, dass der Lebküchler E. Metzger in Perchtholdsdorf jährlich aus circa 3 bis 3½ Ztr. rohen Wachses 2½ bis 3 Ztr. Kerzen erzeugt; dass ferner der Lebküchler A. Rachenzentner in Mödling aus 8 bis 9 Ztr. gelben Wachses jährlich circa 7 bis 7½ Ztr. weisse Wachsscheiben, Kerzen und Züge erzeugt.

Wachszieher betreiben ihr Gewerbe in Wien 7 und ausser den Linien 5 mit 12 Gehilfen, 5 Hilfsarbeitern männlichen und 2 Hilfsarbeitern weiblichen Geschlechtes, welche um einen Wochenlohn von 2 bis 5 fl. nebst Verpflegung, oder 6 bis 10 fl. ohne Verpflegung und etwa 4 bis 6 fl. wöchentlichen anderweitigen Emolumenten täglich 10 bis 12 Stunden beschäftigt werden. Im

Jahre werden von ihnen Kerzen und Wachszüge im Verkaufswerthe von 158.000 fl. und figuralische Luxusgegenstände im Werthe von 2000 fl. erzeugt, die alle am Platze oder in seiner nächsten Umgebung verbraucht werden; 3 kleine Dampfapparate sind zum Wachsschmelzen im Betriebe.

Im Kreise U. W. W. üben 23 Wachszieher ihr Gewerbe aus, welche 15 Gesellen, 5 Lehrlinge, 5 männliche und 3 weibliche Hilfsarbeiter beschäftigen: im Kreise O. W. W. 22 Gewerbetreibende, 16 Gesellen, 3 Lehrlinge und ein weiblicher Hilfsarbeiter; im Kreise U. M. B. 27 Gewerbetreibende, 12 Gesellen, 1 Lehrling; im Kreise O. M. B. 19 Gewerbetreibende, 9 Gesellen, 1 Lehrling, 2 männliche und 1 weiblicher Hilfsarbeiter. Somit beschäftigt die Wachsproduction des Kammerbezirkes auf dem flachen Lande 91 Gewerbetreibende mit 52 Gesellen, 10 Lehrlingen und 12 Hilfsarbeitern; zählt man dazu den Personalstatus der Production von Wien und Umgebung, so erscheinen im ganzen Kammerbezirke 103 Gewerbetreibende mit 64 Gesellen, 10 Lehrlingen und 19 Hilfsarbeitern mit der Bleiche und Verarbeitung des Wachses beschäftigt.

Anknüpfend an die Chemie der Fettstoffe, wollen wir in diesem Artikel noch die

Industrie der Kohlenhydrate oder Fettbilder

besprechen, von welchen jedoch hier nach dem aufgestellten Eintheilungsprincipe nur Stärke und Gummi behandelt werden können.

Die Stärke wird aus Kartoffeln und Weizen, in neuerer Zeit auch aus Mais gewonnen, da es gelungen ist, das gelbe, wachsartige Pigment zu entfernen. Die Stärkefabrikation beruht im Wesentlichen immer darauf, die verkleinerte und zerrissene Pflanzensubstanz im Wasser aufzuschlämmen und sie einer schwachen Selbstsäuerung zu überantworten, durch welche mittelst der dabei entstehenden Milchsäure unlösliche mineralische und organische Stoffe, wie Kleber, phosphorsaure Salze etc., gelöst und entfernt werden. Die ausgewaschene Stärkemilch wird zur Abhaltung der Pflanzenfaser oder Cellulose, der Hülsen und des zusammenbackenden Kleberüberschusses entweder durch Siebe geschlagen oder durch Säcke gepresst und ruhig absitzen gelassen, wobei sich das Satzmehl, Amylum oder Stärkemehl absetzt, das hierauf gesammelt und getrocknet wird. Bei dem Weizen und überhaupt bei kleberreichen Getreidesamen scheidet sich dabei als Nebenproduct eine zusammenhängende Klebermasse ab, die ein kräftiges Ferment der Milchsäuregährung, zur Selbstentmischung und Fäulniss sehr disponirt ist und als Klebemittel unter dem Namen „Papp“ in den Gewerben Verwendung findet. Durch Rösten der feuchten Stärke oder durch Behandlung des Stärkemehls mit verdünnter Schwefelsäure oder Malz wird das sogenannte Malzgummi, Stärkegummi, Dextrin, Röstgummi oder Leiogomme und Fécule gewonnen.

Die Erzeugung von Kartoffelstärke würde im Kammerbezirke gegenüber der weitaus billigeren Production in Böhmen und Mähren nicht rentiren. Bei dem billigen Bezuge des Banater Weizens ist hingegen die Erzeugung von Weizenstärke und der daraus abgeleiteten Producte für den Kammerbezirk vollkommen passend; der tägliche Consum von Weizenstärke in Wien beträgt bereits mehr als 100 Ztr., wird aber grossentheils durch den billigen Bezug der mährischen und ungarischen Stärke gedeckt. Die Gewinnung von Weizenstärke in Wien selbst, die durch zahlreiche Erzeuger in kleinem und kleinstem Massstabe mit einer Art historischer Berechtigung betrieben wird, hat dadurch sich einen gewissen Ruf erworben, dass die hohe Härte der Wiener Brunnenwässer die Erzeugung der Stärke in grösseren Stücken vermittelte, was bei den Käufern dieses Artikels in früherer Zeit sehr gesucht war. Es ist selbstverständlich, dass auch die Rosskastanie, die Aesculusfrüchte, zur Stärkefabrikation benützt werden können, nur muss dort, wo die erzeugte Stärke nicht zu rein technischen Zwecken weiter verarbeitet und verbraucht wird, sondern wo sogar ein Eintritt derselben in die Nahrungs- und Genussmittel des Menschen bevorsteht, wie z. B. bei der Verwendung in der Mehlspeisen- und Chocolatefabrikation, in der Conditorei etc., das Aussüssen und Abwässern der Stärkemilch sehr lange fortgesetzt werden, um die herben, kratzenden Extractivstoffe und Gerbstoffe, das Aesculin, Saponin etc. zu entfernen.

Noch wichtiger wird diese Sorgfalt bei dem Vorschlage, die Knollen der Herbstzeitlose, des *Colchicum*, das auf allen unseren feuchten Wiesen massenhaft wächst, zur Stärkefabrikation zu benützen; es müsste solche Stärke von der Verwendung zu Nahrungs- und Genussmitteln vollkommen ausgeschlossen bleiben, da das Colchicum, welches das scharfnakotische Alkaloid Colchicin enthält, zu den entschiedenen Giftpflanzen zählt. Dass die inländische Stärke unter passender Maceration und Formung zu allen möglichen ausländischen Stärkesorten, zu Sago, Cassava. Tapioca, Mandioca, Arrow-root etc. verarbeitet wird, ist völlig gleichgültig, da diese ausländischen Stärkesorten trotz ihrer wohlklingenden Namen nicht besser sind als die böhmische Kartoffelstärke, und hinter der Weizenstärke zurückstehen. Eine stark schimmernde Stärke von sehr loser Beschaffenheit, die bei dem Befeuchten mit verdünnter Salzsäure oder Schwefelsäure, mit oder ohne Erwärmung, einen Geruch nach zerquetschtem Kartoffelkraut oder rohen Kartoffeln verbreitet, verräth sich dadurch als Kartoffelstärke; die weniger schimmernde, meist zusammengebackene Weizenstärke verräth bei dieser Behandlung einen mulsterigen Geruch nach der Getreidemühle. Die Erzeugung von Reisstärke zu kosmetischen Zwecken, die nach den angedeuteten Principien und zwar auf sehr einfache Weise gelingt, kann bei dem Preisverhältnisse dieser Getreideart nur sporadisch zufällig im Kammerbezirke vorkommen, wenn etwa grössere Mengen havarirten, verdorbenen Reises zur Verfügung stehen.

In der gräflich Götz'schen Fabrik zu Wiener Neustadt, welche eine liegende Hochdruckdampfmaschine mit Expansion zu 8 Pferdekräften besitzt und unter 2 Beamten und 1 Aufseher 11 männliche und 8 weibliche Arbeiter bei 11stündiger Arbeitsdauer mit dem Taglohne von 60 kr. bis 1 fl. 20 kr. beschäftigt, sind 1 Dampfkessel mit $5\frac{1}{2}$ Atmosphären Ueberdruck, ein Mahlwerk mit Walzen und 3 Waschmaschinen mit den nöthigen Wasserreservoirs, Ständern, Trögen und Rinnen im Betriebe; jährlich werden 400 Ztr. Steinkohlen consumirt und täglich 30 Metzen Weizen auf 12 Ztr. Stärke und auf Kleber im Verkaufswerthe von 120 fl. verarbeitet. Der Herr Reichsgraf Carl v. Götzen bemerkt in der bezüglichen Vorlage sehr richtig, dass der letzte Zollvertrag mit dem deutschen Zollvereine, der am 1. Juli 1864 in Wirksamkeit trat, und die früher zollfreie österreichische Stärke bei dem Eintritt in das Zollvereinsgebiet mit einem Zolle von $3._{5}$ fl. per Ztr. belastete, in unverantwortlicher Weise die Exportfähigkeit der österreichischen Stärkeindustrie vernichtete.

Das für diesen Productionszweig massgebende Etablissement von J. F. Gärtner jun. zu Rannersdorf, das im October 1861 leider abbrannte, erzeugte Stärke und Gummi-Surrogate nach einer eigenen privilegirten Methode, welche Producte vorzüglicher Qualität lieferte, die nicht nur von den Färbereien, Druckereien, Appreteuren, Manufacturisten und Gewerben mit dem besten Erfolge verwendet, sondern auch auf verschiedenen Industrie-Ausstellungen in hervorragender Weise ausgezeichnet wurden. Der Betrieb geschah durch Dampf- und Wasserkraft bei einem Brennstoffverbrauch von 2500 Ztr. preuss. Steinkohlen, mittelst 57 Arbeiter und war in steter Aufnahme begriffen; die Fabrik verarbeitete in den 10 letzten Monaten, die dem Brande vorhergingen, 20.000 Metzen ungarischen Weizen und Kukuruz mit ihren nach dem neuesten Standpuncte der Wissenschaft eingerichteten Werksvorrichtungen zu 4000 Ztrn. feinster Stärke, 6000 Ztrn. feiner, mittlerer und ordinärer Stärke und 4000 Ztrn. an Papp, Amidon grillé und Gummisurrogaten. Die 10.000 Zentner Stärke repräsentiren einen Verkaufswerth von 140.000 fl. und die 4000 Zentner Amidon grillé einen Werth von 60.000 fl. Die Fabrik bezog ferner feuchte Kartoffelstärke aus Böhmen und Mähren und verarbeitete dieselbe zu 500 Ztrn. Fécule im Werthe von 7000 fl. und zu 500 Ztrn. Leiogomme und Dextrin im Werthe von 8000 fl. Die Pappgewinnung aus den Rückständen beträgt 700 bis 800 Ztr. im Werthe von 11.000 fl., und selbst die in den Sieben und Säcken von der Stärkemilch geschiedenen nassen Trebern in der Menge von 8000 bis 10.000 Ztr. wurden, der Zentner etwa zu $^1/_4$ fl., noch in der Viehmast ausgenützt. Die Fabrik hat ihre Artikel in Wien, Oesterreich, Böhmen, Mähren, theilweise sogar in Ungarn, Fiume, Triest, in Sachsen und am Rhein abgesetzt; von einer nachhaltigen, nicht bloss momentan durch Agioverhältnisse begünstigten Concurrenz in den Rheingegenden ist die österreichische Stärke leider durch die in vielen dortigen Städten eingehobene Mahlsteuer von 2 Thalern per Zollzentner jedes Stärkefabrikates ausgeschlossen.

Das Stärkmachergewerbe zählt in Wien 8, im Kreise U. W. W. 17, im Kreise O. W. W. 8, im Kreise U. M. B. 3, im Kreise O. M. B. endlich 2 Gewerbetreibende. Der Personalstatus des Stärkmachergewerbes im gesammten Kammerbezirke weiset somit 38 Gewerbetreibende auf; die Gesammtproduction dieser kleineren Stärkeerzeuger beträgt jährlich circa 10.000 Ztr. Weizenstärke und 600 Ztr. sogenanntes Kraftmehl, früher Haarpuder (die feinste Stärkesorte), was einen Verkaufswerth von 50.000 fl. repräsentirt. Unter ihnen erfreuten sich eines relativ grösseren Betriebes die Firmen G. H. Ewald, M. Gaul, H. Meinecke, Th. Schrims und A. Unden in der nächsten Umgebung von Wien, und die Firmen E. Ehrenfeld und M. Schweitzer in Wien selbst.

Die mittlere Weizenstärke hatte im Jahre 1860 den Zentnerpreis von 16 bis 22 fl., im Jahre 1865 von $9^1/_4$ bis $10^1/_2$ fl.; mittlere Kartoffelstärke fiel von dem Zentnerpreise per $7^1/_4$ bis 12 fl.

im Jahre 1865 auf 6 bis 7³/₄ fl. Superfeine Stärkesorten, wie Haarpuder und Kraftmehl, sanken von 17 bis 23 fl., im Jahre 1865 auf 14 bis 20 fl.; die Stärkpappe ging von dem Zentnerpreise 19 bis 25 fl. auf 16 bis 17 fl. zurück.

Name der Frucht-Essenz	Bestandtheile in Cubikcentimetern auf 100 Cubikcentimeter rectificirten Weingeist vom specifischen Gewicht 0·83																						
	Chloroform	Salpeteräther	Aldehyd	Amylalkohol	essigsaures Aethyloxyd	ameisensaures Aethyloxyd	buttersaures Aethyloxyd	baldriansaures Aethyloxyd	benzoesaures Aethyloxyd	önanthsaures Aethyloxyd	sebacylsaures Aethyloxyd	salicylsaures Methyloxyd	essigsaures Amyloxyd	buttersaures Amyloxyd	baldriansaures Amyloxyd	Citronenöl	Orangenschalenöl	Persico-Oel	in kalt gesättigter alkoholischer Lösung: Weinsäure	Kleesäure	Bernsteinsäure	Benzoesäure	Glycerin
Ananas	1	—	1	—	—	—	5	—	—	—	—	—	—	10	—	—	—	—	—	—	—	—	3
Melonen	—	—	2	—	—	1	4	5	—	—	10	—	—	—	—	—	—	—	—	—	—	—	3
Erdbeeren	—	1	—	—	5	1	5	—	—	—	—	1	3	2	—	—	—	—	—	—	—	—	2
Himbeeren	—	1	1	—	5	1	1	—	1	1	1	1	1	1	—	—	—	—	5	—	1	—	4
Ribisel (Johannisbeeren)	—	—	1	—	5	—	—	—	1	1	—	—	—	—	—	—	—	—	5	—	1	1	—
Trauben	2	—	2	—	—	2	—	—	—	10	—	1	—	—	—	—	—	—	5	—	3	—	10
Aepfel	1	1	2	—	1	—	—	—	—	—	—	—	—	—	10	—	—	—	—	1	—	—	4
Birnen	—	—	—	—	5	—	—	—	—	—	—	—	10	—	—	—	—	—	—	—	—	—	10
Orangen	2	—	2	—	5	1	1	—	1	—	—	1	1	—	—	—	10	—	1	—	—	—	10
Citronen	1	1	2	—	10	—	—	—	—	—	—	—	—	—	—	10	—	—	10	—	1	—	5
Weichsel	—	—	—	—	10	—	—	—	5	—	—	—	—	—	—	—	—	2	—	1	—	2	—
Kirschen	—	—	—	—	5	—	—	—	5	—	—	—	—	—	—	—	—	1	—	—	—	1	3
Pflaumen	—	—	5	—	5	1	2	—	—	—	—	—	—	—	—	—	—	4	—	—	—	—	8
Aprikosen	1	—	—	2	—	—	10	5	—	—	—	—	—	1	—	—	—	1	1	—	—	—	4
Pfirsiche	—	—	2	2	5	5	5	5	—	—	1	—	—	—	—	—	—	5	—	—	—	—	5

XIV. Destillationsproducte der Mineralkohlen und des Theers.

a. Steinkohlengas.

Das zu Beleuchtungszwecken dienende Steinkohlengas, welches uns hier zunächst beschäftigt, wird durch trockene Destillation geeigneter Mineralkohlen, sogenannter Backkohlen, in Cylindern erzeugt und durch mannigfaltige Waschapparate gereinigt, endlich aus dem gemeinschaftlichen Gasreservoir nach erfolgter Messung in das Röhrennetz des Verbrauches geleitet. Die bei dieser Gaserzeugung resultirende Coaksbereitung muss im Wesentlichen die Erzeugungskosten des Gases rentiren. Die Imperial-Continental-Gasassociation englischer Capitalisten in Wien, mit welcher leider die Grosscommune Wien einen zu langfristigen Vertrag abgeschlossen hat, betreibt 4 Gasfabriken: in Erdberg, nächst der Belvederelinie, in Fünfhaus und in Währing. Die im Jahre 1855 zuerst fungirende, mit einem Capital von 600.000 fl. gegründete österreichische Gasbeleuchtungs-Actiengesellschaft betreibt eine Gasfabrik zu Gaudenzdorf bei Wien mit Filialen in Pressburg und Temesvár.

Der Bedarf an Leuchtgas in Wien, der circa 1 Million Zentner meist preussischer und mährischer Backkohlen consumirt, was 500.000 bis 600.000 Ztr. Coaks abwirft, dürfte jährlich nahezu 500 Millionen Cubikfuss Gas für circa 100.000 Flammen betragen, welche in Wien allabendlich auf öffentlichen Plätzen, in den Strassen und Privatlocalen brennen; der private Gasverbrauch ist in fortwährendem Steigen und auch der öffentliche Gasconsum hat durch die Stadterweiterung einen riesigen Aufschwung genommen. Obige Gasgesellschaften liefern nicht nur Gas und Coaks, sondern versorgen auch die inländische Production mit jährlich circa 200.000 Zentnern Theer und mit einer reichlichen Menge von ammoniakhältigen Wässern, die als Rohstoff zur Erzeugung von Salmiakgeist und aller Arten Ammoniaksalze dienen.

Im Jahre 1860 hat sich in Wiener-Neustadt eine Actiengesellschaft zur Einführung der Gasbeleuchtung gegründet, welche derzeit eine Dampfmaschine von 2 Pferdekräften im Betriebe hat, unter 2 Beamten 2 technisch gebildete und 10 sonstige Werksarbeiter zu 6 bis 9 fl. Wochenlohn beschäftigt, zur Retorten- und Kesselfeuerung jährlich 3000 Ztr. Coaks verbrennt, 4 Retortenöfen und 1 Exhaustor im Gange hat und 10.000 bis 11.000 Ztr. Steinkohlen destillirt. Sie erzeugt jährlich circa 6 Millionen Cubikfuss Leuchtgas im ungefähren Verkaufswerthe von 24.000 fl., 6000 Ztr. Coaks im Verkaufswerthe von 5000 fl. und 500 Ztr. Theer im Verkaufswerthe von 500 fl. Leider vermag dieses Etablissement sein ammoniakhältiges Gaswasser nicht zu verwerthen; aus welchen Gründen, ist weder näher angegeben, noch leicht begreiflich. Man sollte sich doch endlich gewöhnen, bei allen Productionen, die im grösseren Massstabe erfolgen, schlechterdings nichts wegzuwerfen, denn nur bei der gänzlichen Ausbeutung aller Nebenproducte kann unbeschadet der Rentabilität der Preis des Erzeugnisses immer fallen und daher der Verbrauch desselben immer steigen. Wenn das hier vergeudete Ammoniak auch nicht irgend einem Alaunwerke der Nachbarschaft zu Gute kommen kann, so liesse es sich doch sicher als rohes schwefelsaures Ammoniak zu Dünger benützen. Berechtigt ist der Schmerzensschrei, welchen die Direction dieses Etablissements in der Vorlage über die leidige Kohlenfrage ausstosst, die wir bereits an einem andern Orte ausführlicher ventilirt haben.

Die Fünfhauser Filiale der Continental-Gasassociation brennt zur Beleuchtung des Ortes und der Privatlocale circa 3000 Flammen. Aber auch die Zahl jener Etablissements (Spinnereien, Bahnhöfe etc.), die ihren eigenen Bedarf an Leuchtgas sich selbst erzeugen, ist in fortwährender Zunahme begriffen; wir erwähnen nur die Spinnereien von Vöslau mit 800, von Marienthal mit 200, von Neunkirchen und Ebenfurth mit je 300 Flammen.

Im Anhange mag hier auch der Gaserzeugung aus Holz und Abfällen organischer Körper erwähnt werden. Das Holzgas, das leichter zu reinigen ist als das Steinkohlengas und in den Holzkohlen, im Holztheer, Holzgeist und Holzessig sehr werthvolle Nebenproducte liefert, dessen Leuchtkraft sich zu jener des Steinkohlengases wie 11 : 16 verhält, das aber andere Druckverhältnisse und eine andere Configuration der Brenner erfordert, rentirt überall dort, wo ein Zentner ungeschwemmten Nadelholzes billiger oder wenigstens nicht theurer zu stehen kommt, als ein Zentner Backkohle. Im Kammerbezirke beleuchtete sich das Wiener Irrenhaus durch selbsterzeugtes Holzgas mit 300 Flammen und jetzt noch thut diess die Rohrbacher Spinnerei mit 400 Flammen. Berechnet man sich die Mengen an Leuchtgas, Holzessig, Kreosot und Holzgeist, welche den 2 Millionen Metzen Holzkohlen entsprechen, die im ungefähren Werthe von 700.000 fl. der Kammerbezirk unter günstigen Verhältnissen jährlich erzeugt, und welche bei der herrschenden Meilerverkohlung unbenützt entweichen, so wird man einsehen, wie verschwenderisch und unberechtigt noch die derzeitigen Productionsverhältnisse des Inlandes sind, da man von den gefällten Bäumen, die einen Wald repräsentiren, ausser den 2 Millionen Metzen Kohlen nur etwa 18.000 bis 20.000 Ztr. Rohpech im ungefähren Werthe von 200.000 fl., also im Ganzen nicht einmal eine Million Gulden realisirt, während man mehr als eine Million Gulden an den vergeudeten Nebenproducten verliert.

Ein nachahmungswerthes Beispiel von einer ökonomischen localen Ausnützung der Abfälle bietet eine Lederfabrik zu Krems, die aus ihren Lederabfällen Gas erzeugt und sich selbst mit 100 Flammen beleuchtet.

Was das Budget der österreichischen Beleuchtungs-Actiengesellschaft zu Gaudenzdorf betrifft, deren Wirksamkeit durch ihre Filialen in Pressburg und Temesvár allerdings den Bereich des Kammerbezirkes überschreitet, so hat es dadurch einiges Interesse, weil dieses Etablissement in seiner Temesvárer Filiale auch Holz zur Gasbeleuchtung anwendet; wir erlauben uns desshalb, dasselbe tabellarisch für die Jahre 1860 und 1861 hier mitzutheilen.

Oesterreichische Gasbeleuchtungs-Actien-Gesellschaft.

1860

Anstalt	Zur Gasbereitung wurden verbraucht		Gewonnene Producte						Vorhanden sind:			In Betrieb waren im Durchschnitte per Tag
	Steinkohlen	Holz	Leuchtgas	Coaks	Holzkohlen		Theer aus Steinkohlen	Theer aus Holz	Retorten	Dampfkessel	Dampfmaschinen	
	Ztr.	Klftr.	Cubikfuss	Ztr.	Metzen	Pfunde	Ztr.	Ztr.	St.	St.	St.	Retorten
audenzdorf.	30.996	—	16,983.960	18.049 $^{3}/_{4}$	—	—	1634 $^{1}/_{2}$	—	34	1	1	12.7
ressburg ...	25.532	—	15.300,960	15.844	—	—	1208 $^{1}/_{2}$	—	35	1	1	10
emesvár....	—	941 $^{1}/_{2}$	11.780.740	—	18 436	516.222	—	246 $^{7}/_{10}$	18	1	1	8.9
Summe...	56.528	941 $^{1}/_{2}$	44,065.660	33.893 $^{3}/_{4}$	18.436	516 222	2843	246 $^{7}/_{10}$	87	3	3	31.6

1861

b. Andere fossile Beleuchtungsstoffe,

feste und flüssige Kohlenwasserstoffe.

Die festen Kohlenwasserstoffe, die aus Fossilien erzeugt werden können, begreift man unter dem Sammelnamen Paraffine, Mineralwachs, Bergwachs, Theerwachs zusammen; diese durchscheinend krystallinischen, völlig geruchlosen, mit der Schönheit des Wallrathes oder Spermacets wetteifernden Substanzen sind gewiss einmal berufen, das Kerzenmateriale der Zukunft zu bilden, wenn ihre Erzeugung billiger geworden und die Schwierigkeiten der Stärke und Beize der Dochte beseitigt sind. Man erzeugt Paraffin theils durch Rectificationen und fractionirte Destillation des Torftheers (vielleicht dass auch die Torfstiche Nieder-Oesterreichs im Kreise O. M. B. noch einst dieser industriellen Zukunft theilhaftig werden), theils durch Ausfrieren der schweren Naphtaöle, aus denen sich in der Kälte krystallinische Blätter und Schuppen reinen Paraffins ausscheiden, theils endlich durch Destillation des natürlichen rohen Bergwachses oder Ozokerites und einiger bituminöser Schiefer, welche sich in Galizien, in Ungarn, Siebenbürgen, der Banater Gränze und den Donaufürstenthümern reichlich finden. Zur Reinigung dieses Paraffins wäre das Fuselöl der Brennereien vortrefflich geeignet, das ohnediess keine andere bedeutendere Verwendung aufweist. Das von den fettigen schweren Oelen durch Fractioniren oder Ausfrieren und starkes Abpressen in hydraulischen Pressen mechanisch möglichst befreite Paraffin müsste in heissem Fuselöle aufgelöst und die Lösung heiss filtrirt werden. Diese Procedur müsste entweder in geschlossenen Apparaten, welche die Fuselöldämpfe wieder condensiren oder unter guter Ventilation ausgeführt werden, um die Arbeiter vor den lästigen und schädlichen Fuselöldämpfen zu schützen; bei dem langsamen Erkühlen der filtrirten Flüssigkeit krystallisirt das reine Paraffin heraus. Diese Krystallmasse wird entweder auf einer Centrifuge geschleudert oder auf einer hydraulischen Presse abgepresst, zur Entfernung der letzten Fuselölspuren tüchtig gedämpft und endlich klar geschmolzen. Es ist selbstverständlich, dass zur Beseitigung der Verunreinigungen mit Theerbasen und Phenylsäure eine Läuterungswäsche mit verdünnter Schwefelsäure und Kalkmilch oder Natronlauge vorhergehen muss; die Manipulation mit Fuselöl dient nur zur vollständigen Beseitigung aller fettigen schweren Oele, welche dem Paraffin den sogenannten Spiegel, d. h. die alabasterartige Schönheit des Aeusseren, rauben.

Das einmal gebrauchte Fuselöl kann durch Abblasung und Rectification zur nochmaligen Procedur wiederbelebt werden. Das Paraffin lässt sich durch einige Farbharze, durch kleine Mengen farbiger Metallseifen (ölsaures Kupferoxyd), einige organische Pigmente und die Anilinfarben, die man früher in geschmolzenem farblosen Terpentin auflöst, in prachtvollen edelsteinartigen Lasurfarben färben, wobei übrigens die organischen Farbstoffe, insbesondere die Anilinfarben, am Lichte rasch bleichen. Das blosse Aufschlämmen von Erdfarben und mineralischen Farben, wie etwa von Ultramarin oder gar von Zinnober und Scheel'schem Grün, die bei dem Brennen der Kerzen giftige Quecksilber- und Arsendämpfe entwickeln würden, in der zum Kerzengusse vorbereiteten geschmolzenen Paraffinmasse ist unstatthaft, da auch bei der unschädlichsten Erdfarbe sich endlich durch ihre bei dem Brennen eintretende Anhäufung im Dochte ein Kohlen desselben, die Bildung einer Dochtrose und das Trübewerden der Flamme erfolgen muss.

Die flüssigen Kohlenwasserstoffe dieser Classe, die man als Leuchtstoffe benützt, lassen sich unter den Namen Photogene und Solaröl zusammenfassen. Die Photogene haben in der Regel eine hellere Farbe, ein geringeres specifisches Gewicht und einen niedrigeren Siedepunct, verbrennen daher auch leichter, weisser und vollkommener als die schwerer flüchtigen, dichteren und meist dunkleren Solaröle. Sie bilden beide den Mittellauf der Destillation gewisser natürlicher und künstlicher Theere, roher Bergöle oder Naphten, deren Vorlauf die sogenannten Keroselene, der Petroleumäther und das Benzin, deren Nachlauf die schwersten paraffinhältigen Schmieröle bilden. Als Photogene dürfen der Sicherheit wegen nur solche Producte gebrannt werden, welche selbst bei der gewöhnlichen mittleren Lufttemperatur des Sommers ohne Docht bei Annäherung einer Flamme nicht entflammen, sondern im Gegentheile bei dem Eintauchen eines brennenden Holzspans die Flamme verlöschen machen.

Eine Verordnung des Ministeriums für Handel und Volkswirthschaft vom 30. März 1864, R.-G.-Bl. Nr. 36, reiht die Petroleumdestillationsfabriken zuvörderst unter jene Betriebsanlagen ein, für welche die besonderen Bestimmungen der Gewerbeordnung gelten; ein Erlass des Finanzministeriums vom 17. December 1864, V. B. 58, regelt die Zollbehandlung von Paraffin, welche auch eine Verordnung vom 27. März desselben Jahres, V.-Bl. 19, angebahnt hatte. Ein Finanzministerialerlass vom 16. Juni 1864, R.-G.-Bl.

Nr. 23, spricht die Steuerpflicht der zu Beleuchtungszwecken dienenden Mineralöle bei der Einfuhr in geschlossene Städte aus. Ein Finanzministerialerlass vom 19. März 1865, R.-G.-Bl. Nr. 20, präcisirt die Steuerbehandlung von Paraffin und daraus gefertigten Kerzen, bei deren Einfuhr in geschlossene Städte der deutschslavischen Kronländer. Ein Magistratserlass vom 15. Mai 1865, Zahl 55.487, bringt Vorschriften über den Kleinverkauf des Petroleums. Eine Verordnung der Staats-, Polizei- und Marineministerien, vom 17. Juni 1865, R.-G.-Bl. Nr. 40, erörtert die Vorsichtsmassregeln, welche die Versendung, der Transport, der Detailhandel, die Einlagerung in Magazine und die Fabrikation der Mineralöle erfordern, in ausführlicher und erschöpfender Weise. Ein Finanzministerialerlass vom 3. September 1865, V.-Bl. 44, erläutert die Zollbehandlung des Schieferöls. Ein Erlass der Ministerien der Finanzen und des Handels vom 29. December 1865 schliesst alle natürlichen und künstlich erzeugten Mineralöle von der Einlagerung in die zollämtlichen Legstätten und Magazine aus. Eine Verordnung des Staatsministeriums und der Ministerien für Handel, Volkswirthschaft und Polizei vom 27. Jänner 1866 (R.-G.-Bl. Nr. 14) fixirt die zulässige Entzündungstemperatur jener Mineralöle, die als Beleuchtungsstoffe im grossen Verkehre verkauft werden dürfen. Ein Finanzministerialerlass vom 1. Februar 1866, R.-G.-Bl. Nr. 17, beeilt sich, von dem Erdwachse bei dessen Einfuhr in die geschlossenen Städte des deutschslavischen Ländercomplexes die unvermeidliche Verzehrungssteuer einzuheben. Ein Statthaltereierlass endlich vom 6. Februar 1866, Z. 4147, entwickelt und präcisirt noch einmal die höheren Orts erflossenen Bestimmungen über die Entzündungstemperatur jener Mineralöle, die als Beleuchtungsstoffe im grossen Verkehre verkauft werden.

Aus dieser artigen Blumenlese ministerieller Massregelungen, einige wenige Erlässe prophylactischen, hygienischen und aufklärenden Inhaltes ausgenommen, kann man die traurige Ueberzeugung schöpfen, dass sich in Oesterreich die Finanzgesetzgebung, die Zoll- und Acciseämter für neu auftauchende Artikel und Productionszweige wärmer und lebhafter interessiren als sämmtliche Capitalisten und Industriellen.

Der Kammerbezirk kann selbstverständlich auf diesem Gebiete nur als Raffineur, Rectificateur und Verarbeiter, nicht aber als Rohproducent auftreten. Aber die Monarchie bei ihrem Reichthum an Asphaltgestein, bituminösen Schiefern, Torfen, rohen Naphten und Ozokeriten wäre gewiss berufen, in diesem Productionszweige zu excelliren, was leider bisher noch lange nicht der Fall ist, da namentlich auch die galizischen Naphtaschätze, auf die Robert Doms und der Berichterstatter in dem ersten Dritttheil der Fünfzigerjahre zuerst die öffentliche Aufmerksamkeit gelenkt haben, so träge und wenig erfolgreich gehoben und gefördert werden, dass die Bergtheergewinnung Galiziens noch immer nicht ausreicht und die Concurrenz der pennsylvanischen Napthen und der Import ausländischer Waare für Oesterreich leider noch immer aufrecht bleibt. Die mit den besten Erfolgen gekrönten inländischen Constructionen von Mineralöllampen, denen wir nur eine grössere Solidität der Metallbestandtheile, die sich wenig über den problematischen Zustand von Kinderspielwaaren erheben, wünschen möchten, haben das Problem glücklich gelöst, auch sehr kohlenstoffreiche und ziemlich schwere Mineralöle, welche dann ebenso gefahrlos wie Rüböl consumirt werden können, ohne Russ mit weissleuchtender, geruchloser Flamme vollständig zu verbrennen. Dadurch hat die Mineralöllampe dem Rüböl eine anspornende, der Unschlittkerze beinahe eine tödtliche Concurrenz bereitet, wie es einst, wir wollen hoffen bald, die Paraffinkerze der Stearinkerze gegenüber thun wird. Der Verbrauch der Mineralöle ist für die öffentliche Beleuchtung solcher Orte, in denen die Gasbeleuchtung nicht rentirt, und für private Beleuchtung in rapidester Aufnahme begriffen, und hat die Anwendung des Camphins und der Fluidmischungen aus Terpentinöl und Weingeist gänzlich aus dem Felde geschlagen, der Pinolinindustrie oder sogenannten Kiefergaserzeugung aus Terpentin aber, die in Ober St.-Veit, in der Hinterbrühl, in kleinerem Massstabe auch in Pottenstein und Stockerau, hervorragend von den Firmen C. König und F. Kouff in einer jährlichen Productionshöhe von 1200 bis 1400 Ztr. betrieben wird, eine nicht unempfindliche Concurrenz bereitet.

Die 200.000 Ztr. Theer, welchen die Gasfabriken Wiens jährlich liefern, und dessen Zentnerpreis von 1 fl. allmälig bis auf 2 fl. ansteigt, werden entweder direct zu conservirenden Anstrichen und wasserdichten Imprägnirungen für Holzgeräthe, Hürden, Matten, hanfene und leinene Gewebe benützt oder weiter verarbeitet; diess geschah anfänglich durch blosses Abdampfen des Theers in offenen Kesseln oder durch sogenannte Asphaltirung. So entstanden die Terresinfabriken von Ditmar und Tschoffen, deren künstlicher Asphalt oder Theerpech, mit Kalk und Sand versetzt, zur Belegung von Trottoirs, Strassenzügen, Plätzen und Hallenböden, Malztennen u. d. gl. dient; so entstanden die Fabriken getheerter Pappe und Dachfilze von E. Schostal, der 1860 in Wien ein Filiale seiner Brünner Fabrik gründete und daselbst circa 50.000 Quadratklafter Dachsteinpappe und Kunstschiefer producirt, wovon die Hälfte im Kammerbezirke consumirt wird, während er mit der anderen Hälfte nicht nur in sämmtlichen Kronländern der Monarchie, sondern selbst nach den Donaufürstenthümern, nach der Türkei und nach Russland verkehrt. Gab man anfangs bei dieser offenen Asphaltirung des Theers die flüchtigen Theerstoffe in verschwenderischer Weise verloren, so sah man bald das Unzukömmliche dieses Verfahrens ein und C. König in Ober-St. Veit und G. Wagenmann, damals in Simmering, begannen den Theer in geschlossenen Retorten zu asphaltiren, wobei sie circa drei Viertheile vom Gewichte des Theers als sogenanntes Schiffspech oder künstlichen Asphalt im Rückstande gewinnen, während circa ein Viertheil vom Gewichte des Theers an flüchtigen Producten in den Vorlagen gesammelt wird. Letztere lassen sich in Benzin, schweres Oel, Naphtalin oder Steinkohlencampher und Phenylsäure scheiden. Das Benzin ist in der Kautschuk- und Guttapercha-Industrie als Lösungsmittel unentbehrlich, dient als ausgezeichnetes Fleckreinigungs- und Entfettungsmittel zum Putzen von Handschuhen, Lederwaaren, Sammt und Geweben aller Art, zum Entfetten der Knochen, Oelpresslinge und Schmierlappen, zum Decken und Reinigen des Paraffins, zur Erzeugung von künstlichem Bittermandelöl, Nitrobenzol oder Mirbanöl, das ein Parfum für ordinäre Seifen und Scheuermittel abgibt und zur Erzeugung von Anilin oder Phenylamin dient, aus welchem die moderne Farbenchemie alle Farben entwickelt hat, da zu den ursprünglichen rothen, violetten und blauen Farben, dem Roseïn, Azaleïn, Fuchsin, Korallin, Parme d'Aniline, Violet de l'impératrice, Kyanilin, Bleu de Mühlhouse, Bleu de nuit, Bleu de lumière, in neuerer Zeit noch flüssige oder teigartige Farbenpräparate von Anilingelb, Anilinorange, Anilingrün, Anilinbraun und Anilinschwarz hinzugekommen sind. Leider besitzen gerade die prachtvollsten Farben in blau, roth und violett keine Lichtbeständigkeit; noch am echtesten haben sich Anilingrün und Anilinschwarz erwiesen.

Das schwere Oel und der krystallisirte Steinkohlencampher oder das Naphtalin wären hauptsächlich durch ihre Verbrennung in geschlossenen Kammern auf Flammruss zur Erzeugung feiner

Buchdruckerschwärze zu verwerthen. Erstere, nämlich die schweren Oele, werden auch als billige Zusätze zu ordinären Schmiermitteln verwendet; letzteres, nämlich das Naphtalin, ist auch zur Erzeugung von Farben benützt worden, indem man seine Nitrirungsproducte theils durch Sulfhydrate der Alkalien, theils durch Jodäthyl- und Jodamylverbindungen, zu schönen, aber ziemlich vergänglichen purpurnen und blauen Farben umwandelte, die von den Anilin- und Toluidinfarben überflügelt sind; beide lassen sich übrigens auch bei der Fabrikation ordinärer Firnisse und der Verarbeitung des Kautschuks und der Guttapercha benützen. Die Phenylsäure endlich (das Steinkohlenkreosot, die Carbolsäure, Rosol-, Brunolsäure der Theere) ist gleichfalls ein Artikel der Färberei geworden, da sie bei ihrer Behandlung mit Hypochloriten oder Chloraten und Salzsäure, oder bei ihrer Oxydation durch Chromsäure sehr schöne, dauerhafte, echte rothe und braune Farben entwickelt. Vor Allem aber ist sie im Verein mit Natron oder Kalk ein Desinfectionsmittel von höchstem Werthe, dessen Wirkung sich ebenso siegreich gegen die Contagien, gegen die keim- und lebensfähigen mikroskopischen Zellen pflanzlicher und thierischer Abkunft äussert, als die Vitriole und Chlormetalle, die Bleichsalze und Chamäleone, welche die Miasmen oder die giftigen Effluvien der Fäulniss zerstören.

Die schöpferische Kraft der Wissenschaft hat der fossilen Kohle, welche die Kohlensäure der Urluft und das Sonnenlicht tropischer Tage der Urzeit in sich verdichtete, nicht nur dieses Licht und diese Wärme, sondern auch den Duft und die Farbenpracht wieder abgewonnen, die einst die tropische Vegetation geschmückt haben mochten, und hat in dieser mannigfaltigen Ausbeutung der fossilen Kohle einen der grössten Triumphe menschlichen Geistes gefeiert.

Der Werth aller jährlichen Producte der Theerindustrie des Kammerbezirkes mag sich erst wohl auf circa 500.000 fl. belaufen; wir wollen aber hoffen, dass die Etablissements von C. Polley in Simmering, welches neuerlich die Firma gewechselt hat und an E. Pilhal übergegangen ist, und von G. Wagenmann vor der Belvederelinie nur die ersten Keime einer kräftigen, rasch erblühenden, rationellen Theerindustrie des Kammerbezirkes darstellen.

Nach den Mittheilungen von Georg Boschan dürfte der Consum von Petroleum in der Monarchie circa 180.000 bis 200.000 Ztr. im Jahre betragen, wovon circa ein Viertheil aus Amerika importirt, der Rest aber von Galizien bezogen wird. In neuester Zeit ist die Ausnützung der galizischen Bergölquellen angeblich bis auf 300.000 Ztr. Rohnaphta gebracht worden, die circa 150.000 Ztr. Petroleum liefern; 50.000 Ztr. consumirt Galizien selbst, 10.000 Ztr. exportirt es nach Russland und der Rest geht meist über Wien. Der Zentnerpreis der galizischen gutraffinirten Waare schwankt von 17 bis 24 fl., steigt im Jänner am höchsten und sinkt im April am tiefsten; amerikanisches Petroleum hatte durchschnittlich einen um 2 fl. höheren Zentnerpreis.

Die Petroleum- und Paraffinfabrik des Dr. F. Pilz zu Leopoldau im Bezirke Grossenzersdorf beschäftigt unter 3 Beamten und 1 Aufseher 29 männliche und 15 weibliche Arbeiter, nebst 2 Mädchen unter 14 Jahren; 4 technisch gebildete Arbeiter beziehen einen Taglohn von 1 fl. 30 kr.; 25 Arbeiter einen Taglohn von 1 fl., 15 weibliche Arbeiter den Taglohn von 45 kr. und die 2 Mädchen den Taglohn von 35 kr. Die Arbeitsdauer für die Männer beträgt 12 bis 14 Stunden, jene für die Weiber nur 12 Stunden. Die Fabrik hat eine stehende Hochdruckdampfmaschine mit Expansion zu 20 Pferdekräften, die täglich 25 Ztr. Ostrauer Kohle consumirt, 6 Destilliröfen mit gusseisernen Destillirkesseln von 5 Schuh Diameter und 4 Schuh Höhe, die täglich 30 Ztr. Ostrauer Kohle consumiren, 1 hydraulische Kaltpresse und 1 hydraulische Warmpresse, 1 Wasserpumpe (bei dem Kolbenauf- und Niedergange wirkend), 1 Presspumpe, 4 Oelraffinatoren, sämmtlich mit Maschinenbetrieb, ferner 3 Oelpumpen, 1 Luftpumpe, 1 Schlämmpresse, die nöthigen Schmelzkessel, Cisternen, Abblaseapparate und Werksvorrichtungen einer vollständigen Kerzengiesserei im Betriebe. Sie verarbeitet täglich 10 Ztr. rohe galizische Naphta und 40 Ztr. rohes Erdwachs und erzeugt täglich circa 2 Zentner Petroleumbenzin, à 20 fl., 20 Ztr. Petroleumphotogen, à 18 fl. und 15 Ztr. theils Plattenparaffin, theils Paraffinkerzen, à 50 fl., mit welchen Producten im täglichen Verkaufswerthe von 1150 fl. die Fabrik in sämmtlichen Kronländern verkehrt.

Die Fabrik von Gustav Wagenmann am Johannitergrunde vor der Belvedere- und Favoritenlinie Wiens beschäftigt 50 männliche und 20 weibliche Arbeiter unter 3 Beamten, 2 Werkführern und 2 Aufsehern, hat 1 Dampfkessel und 7 Destillationsapparate von 300 Ztr. Inhalt im Betriebe, verbrennt jährlich 10.000 Ztr. Braunkohlen, verarbeitet 14.000 Ztr. Mineralöle, 1300 Ztr. fette Oele, 5000 Ztr. Harze, 3000 Ztr. Theer, 3000 bis 5000 Klftr. Pappe und erzeugt daraus circa 5000 Ztr. mineralische Beleuchtungsöle, 3000 Ztr. Schmieröle, 12.000 Ztr. sogenanntes belgisches Wagenfett, 5000 Quadratklftr. Dachpappe und 400 bis 500 Ztr. Goudron; die früher übliche Erzeugung von wasserdichten Decken aus Segeltuch und von Knochendünger erscheint in neuerer Zeit eingestellt.

Die Theerproductenfabrik des E. Pilhal, früher C. Polley, beschäftigt unter 1 Beamten, 1 Werkführer und 1 Aufseher 4 technisch gebildete Arbeiter mit dem Taglohne von 1 fl. 50 kr. und 15 gewöhnliche Werksarbeiter mit dem Taglohne von 1 fl. bei 10stündiger Arbeitsdauer; sämmtliche Arbeiter wohnen in der Fabrik (zu Simmering im Bezirke Schwechat). Die Fabrik hat 2 Retortenöfen mit gusseisernen Retorten von 50 Eimern Inhalt, aus denen mit überhitztem Wasserdampf destillirt wird, 2 Dampfkessel mit Pumpen zur Dampferzeugung für die Destillationsprocesse und zur Speisung der Kühlvorrichtungen mit Wasser, 1 Russofen zur Erzeugung von Russ aus schwerem Theeröl, theils aus Blech, theils aus Mauerwerk, und die nöthigen schmiedeisernen Rectificationsapparate zur Benzingewinnung, sowie kupferne Destillirblasen zur Gewinnung der Phenylsäure oder des Steinkohlenkreosots im Betriebe, verbrennt 7000 Ztr. Steinkohlen jährlich, verarbeitet 18- bis 20.000 Ztr. Wiener Gastheer und erzeugt daraus im Durchschnitte jährlich 300 Ztr. Benzin, im Verkaufswerthe von 7000 fl., Phenylsäure 20 Ztr. im Verkaufswerthe von 1800 fl., Flammruss 1200 Ztr. im Verkaufswerthe von 12.000 fl., feinen Lampenruss 24 Ztr. im Verkaufswerthe von 900 fl., künstlichen Asphalt 800 Ztr. im Verkaufswerthe von 1200 fl., Schiffspech (Schmiedepech) und Briquets 9000 Ztr. im Verkaufswerthe von 10.000 fl. Die Phenylsäure, die früher nur nach Deutschland ging, hat durch die Wiederkehr der Choleraseuche einen nicht unerheblichen Absatz im Kammerbezirke gefunden, da sie in Form von phenylsaurem Natron und phenylsaurem Kalk in rohem und billigem Zustande, wie schon früher erwähnt, ein vortreffliches Desinfectionsmittel liefert.

XV. Die Industrie thierischer Abfälle.

Diese Industrie umfasst die Darstellung von Albumin und Kasein, die verschiedenen Verarbeitungen der Knochen, d. h. die Gewinnung von Leim, die Fabrikation von Spodium, von Cyanpräparaten, von Phosphor, und folgerichtig die Zündwaarenindustrie, von Knochenmehl und künstlichen Dungstoffen aller Art.

a. Albumin.

Das Albumin oder der trockene Eiweissstoff wird hauptsächlich in der topischen Färberei oder dem Zeugdruck als Vehikel zum Auftragen und Fixiren der Dampffarben benützt. Seine Erzeugung, die sich seit der allgemeineren Verwendung von Erd- und Mineralfarben im Zeugdrucke rasch hob, ist im Kammerbezirke seit der Auswanderung der Kattundruckereien wieder rückgängig geworden; sein Verbrauch in den Zuckerraffinerien zur Klärung des Zuckers, in der Papierfabrikation, in der Buchbinderei und Stearinsäurefabrikation, sowie zur Erzeugung des Albuminpapiers der Photographie und bei dem Animalisiren pflanzlicher Gewebe in der Färberei ist theils ein verhältnissmässig geringer, theils erfolgt er direct im flüssigen Zustande in Form von Thierblut oder dem Klaren der Hühnereier, welches theils in unverändertem Zustande, theils gepeitscht, zu sogenanntem Schnee geschlagen, zur Verwendung kömmt. Das Eieralbumin ist reiner als das Blutalbumin und hat bei hellen und heiklichen Farben den Vorzug vor dem letzteren. Das mechanisch geklärte und geläuterte Serum nach Abscheidung der Dotter bei den Eiern oder des geronnenen Blutkuchens bei dem Thierblute wird rasch in Vacuumpfannen bei einer Temperatur verdampft, die 70° nicht überschreitet, wodurch das Albumin in ungeronnenem Zustande gummiartig, amorph fest wird und seine Löslichkeit im warmen Wasser beibehält. Die Dotter sind theils an die Zuckerbäcker und Garküchen als Comestibilien, theils an die Weissgärber zum Schmeidigen der alaungaren Blössen abgegeben worden. Die Blutkuchen von dem in früherer Zeit in dem Etablissement des Robert Förster zu Wien in der Menge von jährlich 12.000 Eimern verarbeiteten Thierblute der Schlachthäuser wurden auf sogenannten Blutdünger weiter verarbeitet, der einerseits, da die nöthige Behandlung mit Gyps und Eisenvitriol nicht entsprechend erfolgte, nicht gerade zu den besten Dungmitteln zählte und anderseits wegen der unglücklichen Conjuncturen von hohen Eisenbahntarifen und niedrigen Getreidepreisen, welche den ohnediess gegen alles Neue misstrauischen, zähen und indolenten Landwirth von aller und jeder Anwendung künstlicher Dungmittel vollends abschrecken mussten, mit Beginn des Jahres 1858 gänzlich aufgelassen wurde. Die gesammte Albuminfabrikation im Kammerbezirke betrug jährlich 400 Ztr. im Verkaufswerthe von 100.000 fl. Die frühere Eieralbuminfabrik des Franz Zailer von Zailenthal in Penzing hat sich seit dem Jahre 1861 auf Glycerin- oder Fettzuckererzeugung eingerichtet, in welchem Artikel sie Vorzügliches leistet.

b. Kaseïn.

Das Kaseïn oder der trockene Käsestoff wird aus sogenanntem Topfen oder Milchquark durch Entfettung und Entwässerung bereitet, dient in Salmiakgeist oder schwachalkalischen Flüssigkeiten gelöst als theilweises Ersatzmittel des Eiweisses im Zeugdrucke zur Auftragung von Farben, die vor dem Dämpfen durch Säurebäder fixirt werden müssen, welche das in Alkalien gelöste Kaseïn wieder zur Gerinnung bringen, wobei es die Farbe einschliesst und an die Faser befestigt. Es dient ferner, mit frischem Kalkhydrat gemischt, theils in der Chirurgie zu steifen Schienenverbänden, theils zur Anfertigung gut erhärtender Kitt- und Mörtelmassen, theils im Vereine mit Kalk vertragenden Frescofarben zur Bereitung wettersteter Anwürfe und Anstriche auf Holz, Mauerwerk und Metalle. Die jährliche Milchproduction, welche ämtliche Erhebungen im Kammerbezirke auf circa $2._5$ Mill. Eimer beziffern, während sie die Enquête der k. k. Landwirthschaftsgesellschaft auf 6 Mill. Eimer von circa 300.000 Stück Kühen im Werthe von 18 Mill. fl. veranschlagt, wobei der Jahresertrag einer Kuh auf 20 Eimer Milch und der Eimerpreis der Milch auf 3 fl. festgesetzt ist, steht bei der gewaltigen Milchconsumtion der Grossstadt mit der Käseerzeugung des Kammerbezirkes in keinem Verhältnisse, die jährlich 6000 bis 7000 Ztr. im Werthe von 90.000 fl. producirt, und mit Ausnahme weniger, obwohl glücklicher Versuche inländischer Erzeugung berühmter Käsesorten des Auslandes, wie des Fromage de Brie, während der Wintersaison in Ober-St. Veit auf der Jauner'schen Besitzung, oder des Gorgonzolakäses zu Sachsengang im Marchfelde auf dem Ritter v. Thavonat'schen Gute, sich nicht über die Mittelmässigkeit erhebt. Demgemäss ist auch die Kaseïnbereitung nur eine nebensächliche und unbedeutende; beispielsweise wollen wir erwähnen, dass das bereits besprochene Farbwaarenetablissement des Rudolf Wiesinger in Sechshaus circa 25 Ztr. Topfen auf Kaseïn im Zentnerpreise von 50 fl. verarbeitet, womit es die Wiener Fabriken versorgt.

c. Leim.

Die Leimfabrikation des Kammerbezirkes ist in fortwährendem Aufschwunge begriffen; sie deckt die inländische Consumtion, gelangt aber nur unter dem Schutze hoher Silbercurse zu einem temporären Export in das Ausland, besonders nach Sachsen und Preussen. Die 32 Leimsieder des Kammerbezirkes, welche ungefähr 30 Gesellen und 20 andere Hilfsarbeiter beschäftigen, im Umfange ihres

Geschäftsbetriebes aber bedeutend differiren, erzeugen jährlich an Gelatine, Appreteur-, Weber-, Hutmacher-, Vergolder- und Tischlerleim circa 10.000 Zentner im ungefähren Verkaufswerthe von 300.000 Gulden. Die Firma J. Fichtner & Söhne zu Atzgersdorf verwerthet die Abfälle der Knochenmehlerzeugung zur Leimfabrikation und erzeugt die feinste Gallerte, die sogenannte Gelatine für die Weinkellerei, und durch Behandlung der mit Weissfischschuppen oder Perlenessenz und ammoniakalischer Torfbrühe im Innern der Masse versetzten und gefärbten Leimplatten mit Alaunlösung und schliesslich mit verdünnter Pottaschenlösung, wodurch der Leim gleichsam weissgar wird und seine Löslichkeit in Wasser verliert, das beliebte künstliche Perlmutter und Schildpatt, das als Materiale der Galanteriewaarenfabrikation sich auch bereits Absatzwege nach dem Auslande eröffnet hat. Die Preise des Tischlerleims per Wiener Zentner, welche im Jahre 1860 32 bis 35 fl. betrugen, gingen im Jahre 1865 auf 21 bis 25 fl. zurück.

Beispielshalber mag diese Art von Production an dem Etablissement des Herrn Ferdinand Ortner in Sechshaus illustrirt werden. Diese Fabrik beschäftigt 8 Arbeiter durch 15 Stunden per Tag mit dem Taglohne von 1 fl.; sie hat 2 schmiedeiserne Leimkessel, 2 hölzerne Pressen, 20 Aescher, 6 Trockenhütten, ein durch Auslaufröhren die Kessel und Bottiche speisendes Wasserreservoir, Leimschneidemaschinen, 200 Stück Leimformer und 500 Stück Hürden- oder Garnrahmen zum Leimtrocknen in ihrem Betriebe, verbrennt jährlich 50 Klafter hartes, 25 Klafter weiches Holz, hat 100 Fuhren Lohe und verarbeitet jährlich circa 10.000 Ztr. sogenanntes Leimleder aus Ungarn, Steiermark und Niederösterreich, über 100.000 Stück Ochsenfüsse aus Wien und Umgebung und 500 bis 600 Ztr. Schaffüsse aus Oesterreich und Ungarn; sie erzeugt daraus circa 700 Ztr. Leim im Verkaufswerthe von 18 bis 20 fl. per Ztr., circa 200 Ztr. Klauenfett zu demselben Preise und verkauft jährlich über 100.000 Stück Ochsenbeine im ungefähren Werthe von 6000 fl. und über 200.000 Stück Klauen im ungefähren Werthe von 2000 fl. Ihr Verkehr erstreckt sich manchmal über die Kronländer hinaus nach Italien und Preussen.

d. Spodium.

Das Spodium oder die gekörnte und griesförmig gemahlene Knochenkohle, bisher der Zuckerraffinerie, Rübenzuckerfabrikation und fast allen grösseren Klärungs- und Entfärbungsprocessen unentbehrlich, wird im Kammerbezirke von 8 Fabrikanten in der ungefähren Menge von 50.000 Ztr. im Werthe von circa 300.000 fl. erzeugt, was einem beiläufigen Consum von 1000 Ztr. Knochen entspricht. Der Absatz erfolgt hauptsächlich an die Zuckerfabriken Niederösterreichs, Böhmens und Mährens; untaugliche Knochenabfälle, 20 bis 25% betragend, werden calcinirt und an die Phosphorfabriken abgegeben. Das sogenannte Spodiummehl oder die feingemahlene Knochenkohle liefert bei richtigem Brande eine tiefschwarze Farbe, welche unter dem Namen Beinschwarz, gebranntes Elfenbein (*Ebur ustum*), theils im Anstrich und in der Malerei verwendet, theils zur Erzeugung der plastischen Kohle benützt, theils endlich und zwar hauptsächlich als Rohstoff der Wichsfabrikation verbraucht wird. Wir haben schon früher erwähnt, dass die Spodiumgewinnung durch die gleichzeitige Aufsaugung der Ammoniakproducte besser ihre nationalökonomische Mission erfüllen würde, als sie diess jetzt thut; ihre Entschuldigung, dass die Aufstellung der hiezu erforderlichen vollkommeneren Destillationsapparate für die Cylinderverkohlung unerschwingliche Betriebscapitalien erfordere, führt uns eben wieder auf das alte Klagelied von den theuren und unzugänglichen Capitalien Oesterreichs zurück. Das ausgenützte Spodium, das nach mehrfacher Wiederbelebung in den Zuckerfabriken endlich seinen Dienst versagt, ist, als mit Salzen aller Art beladen, reich an Phosphaten, porös und dunkel an Farbe, ein ausgezeichneter Dünger; es wäre aber auch nach erfolgter Calcination und Wäsche ein Rohstoff der Phosphorerzeugung. Auch die Leimgewinnung lässt sich leicht, theils mit Hilfe der Papinianischen Kochung, theils durch Maceration mit Salzsäure, mit der Erzeugung von Mineraldünger, saurem Kalkphosphat oder sogenanntem Hyperphosphat, oder mit der Erzeugung von Phosphor selbst combiniren. In dieser Combination von Fabriken, in dieser Association von Productionen, deren eine den Abfall der anderen aufbraucht, und in den dadurch bedingten Mehrerzeugnissen aus einem und demselben Rohstoffe liegt ein fruchtbares Princip industrieller Entwicklung, das im Inlande noch viel zu wenig Anwendung gefunden hat.

Eine gegenüber dem precären Zustande wichtiger Productionszweige beinahe traurige Pracht entwickelt die Production der Schuhwichse im Kammerbezirke, von welcher jährlich beiläufig 40.000 Ztr. im Werthe von 600.000 fl. erzeugt werden, da mehrere Fabriken jährlich 600 Ztr., einzelne grössere Fabrikanten jährlich sogar über 2000 Ztr. erzeugen und die Concurrenz in dem Artikel, der über 80 Gewerbetreibende beschäftigt, eine bedeutende zu nennen ist.

Mag auch die Qualität des inländischen Erzeugnisses eine vorzügliche sein, was in der That nicht schwer erreichbar ist, mag auch nur der Einfuhrzoll den Export in das Ausland hindern, so ist doch diese Hegemonie Oesterreichs in der Schuhwichse nur für jene kurzsichtigen Optimisten eine erfreuliche Thatsache, die nicht klar zu sehen vermögen, wie demüthigend es für ein Land sein müsse, den doppelten Werth an Schuhwichse gegenüber dem Spodium und zahlreichen Artikeln ernsterer Bedeutung zu produciren.

Die Casuistik dieser Productionszweige mögen folgende Details aus den Kammervorlagen illustriren.

Die Spodiumfabrik von M. Hamberger & Sohn zu Dornbach nächst Wien hat eine stehende Dampfmaschine von 4 Pferdekräften im Betriebe und beschäftigt unter 1 Aufseher 1 Maschinenheizer, 1 Müller, 2 Binder, 1 Tischler zu 1 fl. 50 kr. Taglohn, 20 Werksarbeiter, darunter 3 Weiber und 3 Kinder zu 70 kr. bis 1 fl. Taglohn, arbeitet in einem Chamotteplatten-Knochenverkohlungsofen (nach einem für Fr. Poduschka privilegirten Schachtofensystem), mit zwei geschlossenen Knochensudkesseln, 1 gewöhnlichen 32zölligen Mahlgange mit liegenden Steinen, 2 Knochenbrechmaschinen, 1 Spodiumbrechmaschine, 1 Spodiumsortirer, 1 Spodiumsortircylinder, 1 Pochwerke und 1 Knochenputzwerke, verarbeitet jährlich 15.000 Ztr. Knochen, verbrennt circa 5000 Ztr. Steinkohlen und erzeugt circa 250 Ztr. Knochenfette im Werthe von 5000 fl., circa 9000 Ztr. Spodium im Werthe von 50.000 fl., das meist nach Böhmen und Mähren geht, und endlich 1500 Ztr. Knochenmehl zu 4000 fl., das selbst nach Preussen verkehrt.

Die Fabrik von J. Reinhardt zu Ottakring beschäftigt 16 Arbeiter, 4 Männner und 8 Weiber, durch 12 Stunden, erstere mit 6 bis 7 fl., letztere mit 4 bis 6 fl. Wochenlohn, und hat 2 Oefen, je 3 Klafter lang, 1 Klafter breit und 1 Klafter hoch, die 500 Töpfe Spodium fassen und wöchentlich 3 Klafter weiches 36zölliges Holz, dann 10 Ztr. Steinkohlen consumiren, im Betriebe und erzeugt jährlich 4000 bis 5000 Ztr. Spodium, je nach der Körnung per Zentner im Preise von 1.20 fl. bis 5.50 fl. differirend, womit er ausser Mähren und Ungarn noch nach Berlin, Magdeburg und Breslau verkehrt.

Die Wichsfabrik von Fernolent's Neffen verarbeitet jährlich 800 bis 900 Ztr. Spodium, 900 Ztr. Syrup und 150 bis 200 Ztr. Fettstoffe; die Verbrauchspost von 287 Ztrn. angeblich „Mineralien“ dürfte wahrscheinlich der Schwefelsäure gebühren, die kein

Wichserzeuger eingesteht, obwohl deren Verwendung innerhalb gewisser Gränzen vollkommen unbedenklich und für das Leder gefahrlos ist, da der Kalkgehalt des Spodiums die Schwefelsäure an sich reisst und in unschädlichen Gyps verwandelt. Die jährliche Production dieser Fabrik beträgt 2600 Ztr. Wichse.

In kleinerem Masse beschäftigt sich auch die chemische Productenfabrik von Bitter & Schnabel zu Rustendorf im Bezirke Sechshaus mit der verlockenden Schuhwichsfabrikation, da sie 100 Ztr. Spodium, 5 Ztr. Rüböl, 8 Ztr. Melasse und 12 Ztr. Vitriolöl unter ihren verarbeiteten Rohstoffen aufführt, die sich fast unwillkürlich zu dem Erzeugniss von Schuhwichse gruppiren.

Die Erzeugung von Knochenmehl zu Düngerzwecken ist dem heutigen Standpuncte der Wissenschaft nicht mehr entsprechend. Der organische Knochenknorpel, das Osseïn, dessen Hydrat das Glutin oder den Leim bildet, hat einerseits einen viel zu hohen industriellen Werth, andererseits lockt er an und nährt er, während seines zögernden Zerfalles im Boden, eine grosse Masse von Ungeziefer aller Art, welcher Umstand sich den Saaten keineswegs als günstig erweist; wohl aber ist das Knochenmehl als Ausgangspunct zur Erzeugung künstlicher Düngmittel sehr geeignet. Durch sogenannte Aufschliessung mittelst Schwefelsäure und Salzsäure, ja selbst durch Coaksen und Calciniren, die Auffangung des entweichenden Ammoniaks vorausgesetzt, das als schwefelsaures Ammoniak der Knochenasche oder den Knochencoaks beizumischen kommt, hat man vorzügliche Düngstoffe zu erzeugen verstanden. Leider hat die Düngerfabrikation im Kammerbezirke, die bereits einen Werth von 80.000 bis 100.000 fl. jährlich erreicht hatte, ausserordentlich abgenommen, woran sich ausser den mehrfach erwähnten Momenten auch die durch den Aufschwung der Spodium- und Phosphorfabrikation bedingte Steigung der Knochenpreise betheiligt; einer Ausfuhr von Knochenmehlfabrikaten, die wir aus nationalökonomischen Gründen nicht zu befürworten wagen, steht der namhafte prohibitive Ausgangszoll im Wege, der 26 bis 36 Procent von dem Preise der Waare beträgt und das kostbare und unersetzliche Materiale der Knochen im Inlande zu verharren zwingt. Das alte Lied von wohlfeilen Dungstoffen zum Segen des Ackerbaues, von dem Ende jener unverantwortlichen Verschwendung an Blut und Asche, ökonomischen und technischen Abfällen aller Art und an Excrementen, die Jahr für Jahr die Grossstadt und das Land treiben, wird erst dann mit wirksamer Besetzung intonirt werden können, wenn eine chemische Massenproduction die desinfectorischen Chemikalien und düngenden Salze massenhaft und billig liefern, der Transport rasch, bequem und wohlfeil geworden und das Vorurtheil des Landwirthes gegen die künstliche Düngung durch den allmäligen Fortschritt realer Bildung besiegt sein wird.

Als Matador der Knochenmehl-Industrie steht im Kammerbezirke J. Fichtner mit seinem Etablissement zu Atzgersdorf im Bezirke Hietzing da, das unter 1 Beamten, 1 Aufseher und 1 Werkführer 28 männliche und 2 weibliche Arbeiter 12 Stunden täglich mit einem Wochenlohn von durchschnittlich 5 fl. beschäftigt, 3 einen Mahlgang starke, gewöhnliche oberschlächtige hölzerne Wasserräder, die von dem Liesingbache getrieben werden, 1 stehende Hochdruckdampfmaschine ältester Construction von 4 Pferdekräften, 3 kupferne Sudkessel und 1 Eisenpfanne zum Entfetten der Knochen, 1 Knochenstampfe, 3 Knochendampfdigestoren und 1 Knochenbrechmaschine im Betriebe hat, jährlich 10 Klafter hartes Holz, 5 Klafter weiches Holz, 4500 Ztr. Steinkohlen verbrennt und 18.000 bis 20.000 Ztr. Knochen von Ochsen, Pferden und Schafen per Jahr verarbeitet, um 11.000 bis 12.000 Ztr. Knochenmehldünger und andere rationellere Knochendüngmittel im mittleren Zentnerpreise von fl. 3.50 zu erzeugen.

e. Cyan und seine Verbindungen.

Das gelbe Blutlaugensalz oder Ferrocyankalium wird bei uns noch immer aus thierischen Abfällen durch Schmelzen derselben mit Pottasche in eisernen Kesseln dargestellt, wobei sich ein höchst übler und schädlicher Geruch entwickelt, welcher durch hohe, gut ventilirte Essen raschin's Freie abgeführt werden muss, wesshalb auch bei der Anlage solcher Fabriken auf hohe, isolirte Lage und die häufigste Windrichtung der Gegend Rücksicht genommen werden muss. Die grünschwarze Schmelze wird in feuchtem Zustande behufs der Zerlegung der alkalinischen Sulfurete längere Zeit der Luft dargeboten, schliesslich ausgelaugt, die Lauge raffinirt, filtrirt und krystallisirt. Das krystallisirte Salz wird durch Umkrystallisiren gereinigt; die bei dem Krystallisiren zurückbleibende Mutterlauge, die das sogenannte Grünsalz enthält, wird in der Fabrik selbst zur Herstellung ordinärer Sorten von Berlinerblau benützt. Das gelbe Blutlaugensalz ist für die inländische Production noch immer der Ausgangspunct aller Cyanpräparate. Im Auslande ist das längst anders geworden; dort wird der Stickstoff der Luft der Cyanindustrie dienstbar gemacht, und es bildet das Cyanbaryum den Ausgangspunct für die übrigen Cyanpräparate. Man leitet mittelst eines Aspirators oder einer sonstigen Vorrichtung die atmosphärische Luft zuerst über hellglühende Holzkohlen im verschlossenen Raume, wobei der Sauerstoff der Luft zu Kohlenoxydgas verzehrt wird; das austretende Gemenge von Kohlenoxyd und Stickstoff streicht über ein hellglühendes Gemenge von Witherit oder kohlensaurem Baryt und Kohle, das man früher zur Vergrösserung der Berührungsoberfläche mit Oelrückständen oder Melasse verbreit und zu porösen Cylindern gebrannt hat. Hiebei entweicht Kohlenoxydgas, das als Generatorgas unter die Feuerherde zurückgeleitet werden kann, während Cyanbaryum zurückbleibt; kocht man den cyanbaryumhältigen Rückstand mit überschüssigem Wasser und ungefähr seinem halben Gewichte Pottasche und seinem halben Gewichte Eisenvitriol, so erhält man eine Fällung von kohlensaurem und schwefelsaurem Baryt, während sich gelbes Blutlaugensalz auflöst, von dem man in krystallisirtem Zustande ungefähr zwei Drittheile vom Gewichte des Cyanbaryumrückstandes in sehr reiner Form darstellen kann. Durch Kochen der Barytfällung mit verdünnter Sodalösung kann man den ganzen Witherit oder kohlensauren Baryt wiedergewinnen und ihn neuerdings zur Cyanbildung benützen; übrigens kann dort, wo die Bereitung von Blutlaugensalz als Handelswaare nicht Selbstzweck ist, die Darstellung desselben ganz unterbleiben, da aus dem Cyanbaryum auch alle anderen Cyanpräparate mit Umgehung des Blutlaugensalzes hergestellt werden können. Man sieht, welche Bedeutung die Auffindung inländischer Witheritlager für die Farbenindustrie besitzt.

Aus dem gelben Blutlaugensalze wird durch Sättigen seiner Lösung mit Chlorgas, Abdampfen und Krystallisiren das rothe Blutlaugensalz oder Ferridcyankalium gewonnen. Beide Blutlaugensalze werden in der Farbenerzeugung und Färberei benützt, zur Erzeugung von Berlinerblau, Pariserblau, Turnbullsblau und auf Zeugen zur Herstellung von sogenanntem Kaliblau, Napoleonsblau, Raimondsblau, zu deren Erzeugung die Blutlaugensalzlösung mit Schwefelsäure angesäuert wird, um freie Ferridcyanwasserstoffsäure zu erhalten, die unter theilweiser Oxydation durch den Ozongehalt der Luft das reinste Pariserblau in den Geweben fixirt. Das rothe Blutlaugensalz wird noch überdiess im Zeugdrucke als ein schwaches Oxydationsmittel benützt und zu Reservagen verwendet.

Die Fabrikation dieses Artikels im Kammerbezirke ist den gegebenen Andeutungen zufolge nur eine unbedeutende, deren Production im Jahre 300 Ztr. nie übersteigt. So verarbeitet beispielshalber das Etablissement des Georg Piller in Sechshaus, dessen wir schon bei den Farbwaaren Erwähnung thaten, jährlich circa 3000 Ztr. Hornabfälle auf gelbes Blutlaugensalz, das aber grösstentheils in der Fabrik selbst zur Erzeugung blauer Farben verbraucht wird.

Das Cyankalium wird entweder durch blosses Schmelzen des gerösteten gelben Blutlaugensalzes für sich allein oder rentabler nach der Liebig'schen Methode durch Schmelzen von drei Theilen Blutlaugensalz und einem Theil sehr reiner Pottasche dargestellt, worauf die weisse Salzschlacke von dem Bodensatze losgeschlagen wird, der das Eisen im carburirten oder suboxydulirten Zustande enthält; die Verunreinigungen des käuflichen Cyankaliums bestehen in einem Gehalte an cyansaurem Kali, kohlensaurem Kali und den salzigen Verunreinigungen der Pottasche. Rasches Schmelzen bei hoher Glühhitze in bedeckten Tiegeln der gutgerösteten Materialien verhütet möglichst die Bildung von cyansaurem Kali; die Anwendung sehr reiner Pottasche oder kohlensauren Kali's unter Vermeidung jedes Ueberschusses desselben verhütet die letztgenannten Verunreinigungen. Das Cyankalium, dessen Auflösung in Wasser als blausaures Kali betrachtet werden kann, ist ein furchtbar schnell wirkendes Gift, das in letzterer Zeit eine traurige Berühmtheit erlangt hat; selbst die Berührung der Haut mit seiner Lösung ist nicht vollkommen gleichgiltig und erzeugt bei vorhandenen verwundeten Hautstellen acute Vergiftungssymptome. Es wird schon durch die feuchte Luft langsam zersetzt, wobei sich fortwährend Blausäure entwickelt, deren Einathmung selbst im verdünntesten Zustande Schwindel, Uebelkeiten und Nervenzufälle hervorruft; alle Manipulationen mit diesem furchtbaren Gifte erheischen daher die genaueste sachliche Vertrautheit und die besonnenste Vorsicht. Es findet in der Galvanoplastik, bei der galvanischen Versilberung, Vergoldung und Verplatinirung, zur Erzeugung der elektrolytischen Lösungen, der Doppelcyanüre der edlen Metalle und als Hervorrufer in der Photographie und Panotypie, endlich zum Hartlöthen, Schweissen und Stählen mancher Metallgemische eine ziemlich häufige, wenn auch nicht massenhafte Verwendung; desshalb haben sich auch viele technisch-pharmaceutische Laboratorien im Inlande und im Kammerbezirke auf die Darstellung dieses Artikels in kleinerem Massstabe geworfen und den früheren Import desselben aus dem Auslande siegreich beseitigt. Auch einige Fabriken chemischer Producte erzeugen das Salz, wie beispielshalber das bereits erwähnte Farbenetablissement von L. Grünwald zu Wien, welches jährlich circa 400 Ztr. Blutlaugensalz auf Cyankalium verarbeitet.

Erwähnenswerth ist bei diesem Artikel noch sein Consum von Seite der in Wien sehr heimischen Chinasilberindustrie. Versteht man unter Chinasilber im strengen Sinne des Wortes ein beiderseits mit gutem 13löthigen Silberbleche dicht plattirtes, dickes Alpaccablech von feinstem, nickelreichstem Packfong, so kommt diese solide Waare, die allerdings das Silbergeräthe gänzlich ersetzt, in keiner Phase ihrer Verarbeitung mit dem Cyankalium auch nur in die geringste Berührung.

Das Wiener Chinasilber geht aber aus der galvanischen Versilberung — im günstigsten Falle ordinärer Packfongbleche, gemeiniglich nur russischer Kupferbleche — hervor, und so wird es erklärlich, dass die Wiener Chinasilberfabrikation, die allerdings billige Producte von gefälligem Aeussern liefert, zu den bedeutenderen Consumenten von Cyankalium zählt.

f. Phosphor.

Ein Product thierischer Abfälle, nämlich der calcinirten Säugethierknochen, ist endlich auch der Phosphor, der aus dem sauren phosphorsauren Kalke durch Destillation mit Holzkohle bei Glühhitze erzeugt wird. Der so erzeugte feuergefährliche, giftige, wachsgelbe Phosphor lässt sich durch thermische Molecularveränderungen, längere Erhitzung in leeren Räumen oder disaffinen Gasarten, Dämpfen und Flüssigkeiten und rasche Abkühlung in den sogenannten rothen, amorphen, ungiftigen, träger entzündlichen Phosphor umwandeln, den Prof. Schrötter zuerst in die Wissenschaft eingeführt hat, der in England nach seinem Privilegium fabriksmässig erzeugt wird, und der unbegreiflicher und ungerechtfertigter Weise beinahe das Doppelte des wachsgelben Phosphors kostet; eine künstliche und unnatürliche Hausse des Preises, die bei dem gesteigerten Bedarf rasch durch die eintretende Concurrenz beseitigt werden wird. Da im Kammerbezirke keine Phosphorfabrikation stattfindet, so beschäftigt uns dieser Artikel nur insoweit, als er der wesentliche Bestandtheil der Zündmasse ist, mit welcher die Köpfchen der Zündhölzchen erzeugt werden, deren Industrie bei uns zu den hervorragendsten und zu den wenigen gehört, mit denen Oesterreich am Weltmarkte vertreten erscheint. Die österreichische Zündwaarenindustrie, die den Bestrebungen von Siegel, Römer, Preshel, Pollak, Krakovitzer und Anderen ihre reale Vollendung verdankt, hat, durch locale Vortheile unterstützt, durch die Billigkeit und Vorzüglichkeit ihrer Erzeugnisse den Import dieser Waare aus dem Auslande beinahe unterdrückt und einen achtunggebietenden Export realisirt, der im Jahre 1855 circa 40.000 Ztr., im Jahre 1860 circa 70.000 Ztr. betrug und im Jahre 1865 sich zu fast 80.000 Ztr. erhob. Seit 5 Jahren sind auch die russischen Märkte den österreichischen Zündhölzchen geöffnet, welche früher vollständig verschlossen waren; aber leider sind auch jetzt noch je 10 Pfund Zündwaaren mit 1 fl. Eingangszoll behaftet. Der Umstand, dass Dampfschiffe den Transport von Zündwaaren verweigern und die Assecuranzen keine Versicherung gegen Havarie bei Segelschiffen gestatten, hemmt den überseeischen Verkehr in fataler Weise. Die Billigkeit der Taglöhne, die wohlfeile und massenhafte Beschaffung tauglicher Holzsorten und das leidige Silberagio sind die drei Schutzgötter der inländischen Zündwaarenproduction, deren Preise eine fast übermässige Concurrenz in nahezu selbstmörderischer Weise so tief herabgedrückt hat, dass ihre Ueberproduction mit fieberhafter Hast zum Exporte hindrängt, der allerdings schon stattliche österreichische Wälder in Form von Zündhölzchen verschlungen hat. Diese Umstände machen es zur Lebensbedingung des in Rede stehenden Industriezweiges, den Phosphor, dieses kostspielige Ingredienz der Zündmasse, zwar nicht im Kammerbezirke, aber doch im Inlande in solcher Menge zu erzeugen, dass wenigstens der inländische Bedarf an diesem Elemente gedeckt wird. Für das an Knochen und Schwefelkies reiche Oesterreich bleibt es ein gerechter, tadelnder Vorwurf, den Phosphor, diesen Bestandtheil seiner hervorragendsten Weltmarktindustrie, aus englischen Fabriken beziehen zu müssen. Erwähnenswerth ist, dass die von der österreichischen Medicin, besonders von Dr. Lorinser, studirte Phosphornecrose zu hygienischen Reformen der inländischen Fabriken gedrängt hat, welche sich durch treffliche Ventilation der Arbeitsräume und segensreiche sanitätspolizeiliche Vorschriften vortheilhaft auszeichnen, in denen aber trotz alledem noch immer nicht der Respirator, die Athembinde, dieses einfache und überaus wirksame Garantieinstrument des mit schädlichen Stoffen beschäftigten Arbeiters, eingebürgert ist, das überhaupt allen österreichischen Erzeugungsstätten gänzlich fremd zu sein scheint.

Die Firmen Dr. V. Alexovits, A. Beyer, B. Braun, Fürth, Hatzek, Herrmann & Gabriel, Günther, Krakovitzer,

S. de Majo, Preshel, H. Trevani, Wirschitz und vor allem A. M. Pollak, der in London, in New-York und St. Francisco, in Melbourne und Sidney, in Hongkong und Canton eigene Niederlagen hält, repräsentiren die Matadore dieser Industrie im Kammerbezirke, obwohl einige dieser Firmen durch die Ungunst der Zeitverhältnisse bereits gelöscht und durch neu auftretende ersetzt worden sind.

Die Zündwaarenfabrikanten des Kammerbezirkes beschäftigen bei 2000 Arbeiter, grösstentheils weiblichen Geschlechtes, und verarbeiten jährlich circa 500 Zentner Phosphor, 1500 Ztr. Gummi, 4000 Ztr. Minium, 1500 Ztr. Salpetersäure, 1000 Ztr. Schwefel, 1000 Ztr. Stearin und Paraffin, 200 Ztr. Wachs, 300 bis 400 Ztr. Schellack, 600 Ztr. Salpeter, und erzeugen daraus jährlich circa 40 Milliarden Zündhölzchen, im Vereine mit den übrigen Zündwaaren im ungefähren minimalen Verkaufswerthe von 1½ Mill. fl.; das dazu verhobelte Holz repräsentirt im Jahre ein artiges kleines Fichten- und Tannenwäldchen von 8000 Klftr. Holzerträgniss.

Die Feuergefährlichkeit, mehr noch die Giftigkeit des gelben Phosphors haben dazugedrängt, theils Zündhölzchen ohne allen Phosphor, theils solche mit rothem Phosphor herzustellen; zur Reactivirung dieser Bestrebung hat der umfassende Bericht der Commission der Académie de Médecine zu Paris von Seite der Herren Chevalier de Vergie und Poggiale, der mit Beginn des Jahres 1860 veröffentlicht wurde, wesentlich beigetragen. In ersterer Beziehung haben die Vorschläge von Wiederhold und v. Liebig, welche chlorsaures Kali, unterschwefeligsaures Bleioxyd, Schwefelantimon und Nitromannit als wesentliche Materialien empfehlen, das Beste geleistet, ohne aber bisher praktische Verwerthung in der Fabrikation zu finden. In letzterer Beziehung hat nach den vorausgegangenen mehr oder minder glücklichen Versuchen, Zündhölzchen mit rothem Phosphor zu erzeugen (wie beispielsweise die Zündhölzchen von Böttger, die Genferhölzchen mit einer Reibfläche von rothem Phosphor, die Alumettes androgynes mit 2 Köpfchen, die Lyoner hygienischen Hölzchen von Cognier, die Seebold-Rap'schen Hölzchen in Baden-Baden, die Salzburger Zündspäne von Achleitner etc. etc.), Herr Lutz, Optiker und Mechaniker in Wien, das unbestreitbare Verdienst, durch die in Oesterreich, Frankreich und Amerika patentirte Anwendung von kohlensauren Salzen und Glucosiden (Gerb- und Bitterstoffen) aus chlorsaurem Kali und rothem Phosphor völlig giftfreie, luftstete, unveränderliche, in der Bereitung gefahrlose, ruhig abbrennende Zündmassen hergestellt zu haben, die unter passender Abänderung der relativen Mischungsverhältnisse der Bestandtheile auch zu mannigfaltigen anderen pyrotechnischen Verwendungen, wie Kapselfüllmassen und Zündspiegelsätzen, vollkommen brauchbar sind. Unseres Wissens hat die Firma Forster & Wawra in Wien (Preshel's Nachfolger) den ersten glücklicheren Versuch der fabriksmässigen Erzeugung giftfreier Zündhölzchen gemacht.

XVI. Die Erzeugung pharmaceutischer Droguen

im Kammerbezirke zerfällt in realer Hinsicht in die Production von Vegetabilien, Arzneipflanzen u. dgl., in die animalischen Droguen, wie Blutegel, Kanthariden, Krebssteine etc., und endlich in die Erzeugung hierher einschlägiger chemischer Präparate; in gewerblicher Hinsicht sind Apotheker, Arzneikräuterhändler oder Dürrkräutler, Molkenbereiter, Blutegelhändler, Ungeziefervertilger, Fliegenpapier- und Insectenpulvererzeuger, Viehpulver- und Zahntincturenerzeuger, sowie alle die leider nur zu zahlreichen Producenten von Geheimmitteln, Elixiren und Heilmitteln aller Art, unter dem allgemeinen Begriffe der Sanitätsgewerbe hieher zu zählen.

Im Kammerbezirke werden zahlreiche Arzneikräuter geerntet, die theils in die Magazine der Kräuterhändler, theils in die pharmaceutischen Officinen der Apotheker wandern, so: Wermuth, Kalmuswurzeln, Hollunderblüthen, Wachholderbeeren, Pfeffermünze, Chamomillen, Salbei, Rosmarin, Lavendel, Queckenwurzel, Cichorienwurzel, Bilsenkraut, Ehrenpreis, Wegerich, Natternwurzel, Schwarzwurzel, Schafgarbe und Wucherblume, Melisse, Tollkirsche, Waldmeister, Arnica, Himmelbrand, Malven, Tausendguldenkraut, Baldrian, Angelica, Stechapfel, Taumellolch, Thymian, Berberizen, Eibisch, Enzian, Marrubium, Lindenblüthe, Attich, Huflattich, Wolfsmilch, Salep von Orchideen, Hauhechel, Nachtschatten und Bittersüss, Bitterklee, Klettenwurzel, Bärentraube, Schierling, Schachtelhalm, Cardo-Benedictenkraut, Eisenhut, rother Fingerhut, Nieswurz, Kresse, Lungenkraut, Freisamkraut, Löwenzahn, Raute, Löffelkraut, Schöllkraut, Ringelblume, Seidelbast, Zeitlose, Kornblumen, Scabiosen, Erdrauch, Leinkraut, Rainfarren, Hopfen, Steinklee, Gundelrebe, Isop, Leberkraut, Alkermes, Kreuzblüthen, Haselwurz, Nelkenwurz, Pimpernellen, Hirschzunge, Schweinsbrod, Gottesgnadenkraut, Sauerklee, Seifenkraut, Schlagkraut, Gauchheil, Windröschen, Osterluzei oder Wolfskraut, Hartheu, Lattich, Wegdorn, Wunderbaum, Scrophularien, Goldschopf, Thujen, Sinngrün und einige Gattungen Farren, Flechten und Schwämme. (Nebenbei sei bemerkt, dass nur sehr vereinzelt und in unbedeutenden Mengen Wau, Kreuzbeere, Safflor und Krapp als Farbkräuter gebaut werden.)

Im Kreise U. W. W. sind die Bezirke Baden, Kirchschlag, Neunkirchen, Wiener-Neustadt und Pottenstein in Bezug auf Arzneipflanzen die reichsten; im Kreise O. W. W. sind es die Bezirke Amstetten, Gaming, Herzogenburg, Lilienfeld und Tulln; im Kreise U. M. B. die Bezirke Haugsdorf, Hollabrunn, Korneuburg und Laa und endlich im Kreise O. M. B. die Bezirke Geras, Gross-Gerungs, Gföhl, Horn, Krems, Langenlois, Litschau, Mautern, Ottenschlag, Persenbeug, Pöggstall, Schrems, Waidhofen, Weitra und Zwettl. Arzneikräuterhändler existiren im Kammerbezirke ungefähr 26.

Von animalischen Droguen sind im Bezirke Ebreichsdorf zu Pottendorf Rossegel erwähnenswerth; im Bezirke Feldsberg zu Reinthal Canthariden oder spanische Fliegen *(Lytta vesicatoria)*; zu Geras im gleichnamigen Bezirke ebenfalls Canthariden; zu Reichenau im Bezirke Gloggnitz ist eine Blutegelzucht im Entstehen; im Bezirke Grossenzersdorf werden zu Haringsee und Orth Blutegel gezogen; im Bezirke Haugsdorf zu Obritz und im Bezirke Herzogenburg zu Obritzberg werden Blutegel gezogen; in letzterem Bezirke zu Inzersdorf an der Traisen finden sich falsche und sogenannte achtäugige Rossegel, spanische Fliegen, reichlich Marienkäferchen *(Coccinella septempunctata)* und Maiwürmer *(Meloe proscarabeus)*; zu Neuaigen im Bezirke Kirchberg am Wagram und zu Dross im Bezirke Krems werden Blutegel gezogen; im Bezirke Ravelsbach werden zu Pfaffstetten Blutegel und zu Klein-Wetzdorf spanische Fliegen gesammelt; letztere kommen auch zu Enzersdorf an der Fischa häufig vor.

Blutegelhändler existiren 10 im Kammerbezirke. Was den Verkehr mit Blutegeln in der Monarchie überhaupt betrifft, so wurden früher grosse Quantitäten dieser Thiere, welche die ungarischen Sümpfe massenhaft lieferten, nach dem europäischen Auslande, und sogar über Hamburg nach Amerika exportirt; diese Verhältnisse haben sich in Folge der Culturfortschritte und Trockenlegung der Sümpfe derart geändert, dass jetzt sogar die inländische Production von der Concurrenz der billigeren französischen Blutegel überflügelt wurde, wenn auch dieselben zu medicinischen Zwecken weniger taugen als die inländischen Thiere; namentlich ist dieses Resultat der mächtigen Concurrenz einer französischen Actiengesellschaft zu danken, welche in den Sümpfen Südfrankreichs rationelle Egelzüchtereien in riesigem Massstabe anlegte.

Was die chemische Erzeugung pharmaceutischer Artikel anbelangt, so erfolgt dieselbe, wie schon erwähnt, in zahlreichen technisch-pharmaceutischen Laboratorien des Kammerbezirkes, die sich mit der Darstellung vielfacher Präparate, aber in beschränkten Mengenverhältnissen, beschäftigen, worüber nähere statistische Angaben aus den Vorlagen nicht zu schöpfen sind. Im Allgemeinen ist die Thätigkeit dieser Laboratorien, unter welchen die von Dr. Endlicher, Prof. Hornig, Dr. Lamatsch, A. Moll, C. Reisser und Edlen v. Würth und die Fabrik von C. Voigt in Erlaa besonders hervorzuheben sind, leider wegen der bereits mehrfach in diesem Berichte berührten Uebelstände und Hemmnisse, wegen des Mangels einer hervorragenden chemischen Masseniudustrie, der abnorm hohen Brennstoffpreise und Bahntarife und überhaupt wegen der Kostspieligkeit und Unzugänglichkeit des inländischen Capitals, eine bloss vermittelnde und beschränkte, welche umsomehr bei dem freihändlerischen Geiste der jetzigen Zollgesetzgebung von der Concurrenz des Auslandes überflügelt und besiegt wird, wie denn auch factisch das Etablissement von Merk in Darmstadt die ganze österreichische Monarchie mit einer Masse allerdings tadelloser pharmaceutisch-chemischer Präparate überschwemmt, die so zu sagen unseren ganzen inländischen chemischen Droguenhandel besonders mit Alkaloiden, seltenen Säuren, Bitterstoffen etc. versorgen, aber unter glücklicheren Verhältnissen alle ohne Ausnahme im Inlande bereitet werden könnten.

Wir haben schon bei Gelegenheit der Parfumeriewaaren erwähnt, dass die 45 Apotheker Wiens unter der Vereinfachung des neuen Heilsystems und durch die Concurrenz der Droguisten sehr stark zu leiden haben, was periodisch noch durch die hohen Silbercurse verschärft wird, da der häufige Bezug ausländischer Arzneistoffe dadurch sehr erschwert und vertheuert werden muss; sie drängen daher mehr oder minder zu einer Fusion mit den Droguerien und beanspruchen immer entschiedener das Recht des Engros-Verkaufes von Droguen, je mehr die Droguisten ihrerseits den Detailverkauf von Apothekerwaaren an sich reissen. In der That absorbirt die neue Zeit mit ihren mannigfachen Fortschritten in Handel und Gewerben immer mehr und mehr den exclusiven Charakter des Standesprivilegiums, unter dessen Schutze sich die früheren Apotheken gedeihlich entwickelt hatten.

Als ein Parasit der pharmaceutischen Production, der in bedauerlicher Weise wuchert, ist die Erzeugung von Zahnpulvern, Zahnpasten, Mundwässern, Elixiren und Geheimmitteln aller Art zu erwähnen, die sich einer genauen statistischen Controlle entzieht, aber von der Leichtgläubigkeit des grossen Publicums einen jährlichen Tribut einhebt, über dessen Höhe man erschrecken würde, wenn man ihn ziffermässig richtigzustellen vermöchte.

Einen rühmlichen Zweig der sanitätsgewerblichen Production bildet die Fabrikation künstlicher Zähne und Gebisse, seit man die früher üblichen, aus Wallrosszahn gefertigten sogenannten Naturzähne, die höchstens 4 Jahre hindurch dauerten, durch Mineralzähne von unbeschränkter Dauerhaftigkeit ersetzt hat. Die hervorragendsten Leistungen in diesem Fache bietet Nordamerika; unsere Bezugsquellen sind die grossen odontotechnischen Etablissements von London, Paris und Berlin. Da die österreichische Monarchie jährlich circa 50.000 Stück Emailzähne um den Verkaufswerth von 15.000 fl. vom Auslande bezieht, deren Erzeugungswerth höchstens 5000 fl. ist, so wäre die inländische Erzeugung dieser Emailzähne, die keine unüberwindlichen technischen Schwierigkeiten bietet, ein lucratives Nebengeschäft unserer Porzellanfabriken; da die Aerarial-Porzellanfabrik, die vor zehn Jahren diese Darstellung versuchte, nunmehr aufgelassen ist, so bleibt ein diessbezüglicher Schritt der Privatindustrie überlassen. Uebrigens kommt nicht bloss das berühmte Plombirungsmittel Sullivan des Dr. Pilblod aus London, sondern der ganze odontoplastische Apparat von schmeidigem Golde, Platin und seinen Legirungen, alle Feilen u. s. w. vom Auslande zu uns. Nur die hakenlosen, wegen ihrer völligen Congruenz durch den Luftdruck haftenden Vulcanitgebisse aus Hartkautschuck werden im Inlande erzeugt (in der Reithoffer'schen Kautschuckfabrik). Viele Zahntechniker, unter welchen der Kammerbezirk hervorragende Namen aufzuweisen hat, formen nicht bloss, sondern härten sich auch ihre Kautschuckmassen in kleinen Dampfapparaten und erzeugen reinliche, dauerhafte und vollkommene Gebisse, die sich mit den besten Fabrikaten des Auslandes messen können.

XVII. Künstliche und natürliche Mineralwässer.

Die Erzeugung von künstlichen Mineralwässern ist durch die Fortschritte der Chemie und durch die Verbesserung der Saturationsapparate eine so vollkommene geworden, dass es schwer fallen dürfte, die Artefacte von den Naturwässern zu scheiden. Diese künstlichen Mineralwässer bilden eine Art pharmaceutischer Waaren, eine Vermehrung des Arzneischatzes, die eher zu dem Gebrauche der Heilquellen anregt und verleitet, als dass sie, wie man gefürchtet hatte, den natürlichen Heilquellen eine bedenkliche Concurrenz machte. Allerdings ist der Genuss eines künstlichen Mineralwassers, wenn es nicht einfache und bestimmte Heilwirkungen gilt, wie z. B. das Purgiren durch Bitterwässer, durchaus nicht identisch mit der Brunnencur an Ort und Stelle, da die Bewegung im Freien, die unfreiwillige Entbehrung mancher schädlicher Genüsse und Gepflogenheiten und die totale Veränderung der gesammten Lebensweise die wichtigsten therapeutischen Factoren der Brunnencur bilden. Mit Ausnahme der salinischen Purganzen, der die Secretion mächtig anregenden Transitomittel der Haloidsalze und der die Blutbildung unterstützenden Eisenquellen, deren Wirkungen man übrigens durch Bittersalz, Jodkalium und phosphorsaures Eisenoxyd zu Hause vollständig ersetzen kann, sind alle übrigen therapeutischen Functionen der verschiedenartigen Mineralwässer in eine orakelhafte Dämmerung eingehüllt, aus welcher an das gläubige Ohr die Stimme der asklepischen Brunnenpriester oder der Badeärzte herausschallt. Es ist daher ausserordentlich schwierig, sich zu entscheiden, ob man über die von der Sanitätsbehörde veranlasste Prohibition der inländischen Erzeugung und ausländischen Einfuhr künstlicher Mineralwässer erfreut oder ungehalten sein soll; wir möchten uns aber doch eher der Billigung als dem Tadel anschliessen, obwohl aus ganz anderen Gründen, als die sind, welche die Sanitätsbehörde bestimmen, da wir die künstlichen Mineralwässer, ihre sorgfältige Bereitung vorausgesetzt, für vollkommen gleichwerthig mit den natürlichen erklären müssen.

Gewissermassen ist auch die Erzeugung von Sodawasser ein Zweig der Fabrikation künstlicher Mineralwässer. Obwohl Oesterreich an natürlichen Kohlensäuerlingen so reich ist; obwohl diese durch ihren Gehalt an doppeltkohlensauren Alkalien weit zuträglicher für die Gesundheit und in jedem Falle werthvollere diätetische Genussmittel sind als die künstlichen Sodawässer, die nur mit kohlensaurem Gas gesättigte gewöhnliche Brunnenwässer sind, so hat doch der Umstand, dass ein Ueberschuss dieser Wässer, wie des Rohitscher, des Suliner Sauerbrunnens, den Wein schwarz färbt und salzig schmeckend macht, ferner die leidige Nachahmungssucht grossstädtischer Gepflogenheiten von London und Paris den Wiener Consum an künstlichem Sodawasser in Syphons, die leer zurückgegeben werden, in letzterer Zeit ausserordentlich poussirt. Die Höhe der Syphonpreise und die hohen Frachtspesen beschränken den weitergehenden Verkehr und Absatz dieses Erzeugnisses. Bei dem Umstande, den wir nochmals betonen, dass die künstlichen Sodawässer die natürlichen alkalinischen Säuerlinge in diätetischer und therapeutischer Hinsicht keinesfalls ersetzen, möchten wir entweder rathen, den möglichst reinen Brunnen- und Quellwässern vor der Saturation mit Kohlensäure, die aus Magnesit und Schwefelsäure gewöhnlich entwickelt und mittelst Compressionspumpen eingepumpt wird, 5 bis 10 Lothe per Eimer doppeltkohlensaures Kali oder Natron zuzusetzen, oder aber — wir möchten den gewiss leicht realisirbaren Vertrieb eines ungarischen Säuerlings aus der Umgegend von Munkács, in dem wir den reinsten, vorzüglichsten und reichsten aller Säuerlinge erkannt haben, auf das Wärmste empfehlen; wir meinen da mit den früher im Besitze eines gewissen Hrn. Joël Brandt gewesenen Säuerling von Olenyova, der an Wohlgeschmack und diätetischer Berechtigung seinesgleichen sucht, und dessen Zusammensetzung die beigegebene Tabelle ausdrückt.

Bestandtheile des wirklichen festen Wasserrückstandes (73·6°/₀₀₀).

Bestandtheile			Procente
Chlorkalium (Digestivsalz)		$K\ Cl$	0·290
Chlornatrium (Kochsalz)		$Na\ Cl$	9·630
borsaures Natron		$NaO\ BO_3$	0·102
kohlensaures Natron		$NaO\ CO_2$	81·378
kohlensaures Lithon		$LiO\ CO_2$	0·100
kohlensaurer Kalk	Dolomit	$CaO\ CO_2$	6·310
kohlensaure Bittererde	Dolomit	$MgO\ CO_2$	0·863
phosphorsaure Thonerde		$Al_2\ O_3\ cPO_5$	0·106
Eisenoxyd		$Fe_2\ O_3$	0·533
Manganoxyd		$Mn_2\ O_3$	0·062
Kieselerde		SiO_2	0·479
organische, stickstofffreie Substanz (Quellsäuren)			0·123
Verlust (Spur von Fluorbaryum)		BaF	0·024
			100·000

Bestandtheile des alkalinischen Säuerlings von Olenyova.	in 10.000 Theilen Wasser	im Seitel	in der Mass	im Liter	im Civilpfunde	im Eimer (und Zentner)	in der Tonne à 20 Ztr.
	Theile	Grane	Grane	Grammen	Grane	Quentch.	Lothe
Kaliumoxyd.......... KO	0·1345	0·0645	0·2582	0·01345	0·1983	0·1721	0·850
Natriumoxyd........ NaO	38·6026	18·3292	73.3169	3·86026	30·0468	48·8779	244·39
Lithon.............. LiO	0 0557	0.0267	0·1070	0·00557	0·0428	0·0714	0·36
Kalk Cao, mit Barytspuren BaO	2·6006	1·2488	4·9935	0·26006	1·9973	3·3290	16·65
Magnesia........... MgO	0.2102	1·1009	0·4036	0·02102	1·6146	0·2691	1·35
Thonerde......... $Al_2 O_3$	0·0325	0·0156	0·0624	0·00325	0·0249	0·0416	0·21
Eisenoxyd........ $Fe_2 O_3$	0 3921	0·1882	0·7528	0·03921	0·3011	0·0518	2·51
Manganoxyd ..... $Mn_2 O_3$	0·0456	0.0219	0·0876	0·00456	0·0350	0·0584	0·29
Kieselerde.......... SiO_2	0·3524	0·1691	0·6766	0·03524	0·2707	0·4510	2·25
Kohlensäure frei..... CO_2	16·5824	7·9595	31·8382	1·65824	12·7352	21·2254	106·13
„ gebunden „	54·6867	26·2496	104·9985	5 46867	41·8994	69·9990	349·99
„ gesammt „	71·2691	34·2091	136·8367	7·12691	54·6347	91·2244	456·12
Borsäure............ BO_3	0·0399	0·0197	0·0766	0·00399	0·0300	0·0510	0·26
Phosphorsäure....... PO_5	0·0455	0·0218	0·0874	0·00455	0·0348	0·0582	0·29
Chlor mit Fluorspuren Cl (Fl)	4·4074	2.1155	8·4622	0·40074	3·3854	5·6414	28·11
stickstofffreie, organische Snbstanz (Quellsäure) ..	0·0902	0·0433	0·1732	0·00902	0·07056	0·1154	0·58
Summe aller Bestandtheile ausser Wasser..........	128·5232	61·6916	246·7666	12·85242	98·7046	164·5110	822.55
Gruppirte nähere Bestandtheile.							
Chlorkalium.......... KCl	0·2132	0·1023	0·4093	0·02132	0·1637	0·2728	1·3640
doppeltkohlensaures Natron $NaOHO 2CO_2$..........	94·3450	45·2856	181·1424	9·43450	72·4569	120·7616	603 8080
Chlornatrium (Kochsalz) Na Cl	7·0878	3·4021	13·6085	0·70878	5·4434	8·739	43·695
Borax (neutr.) borsaures Natron........NaO Bo_3	0·0752	0·0361	0·1443	0·00752	0·0577	0·0962	0·4810
doppeltkohlensaures Lithon LiO HO $2CO_2$.........	0·0976	0·0468	0·1873	0·00976	0·0749	0·1249	0·6245
doppeltkohlensaurer Kalk CaO HO $2CO_2$.........	7·5231	3·6111	14·4443	0·75231	5·7777	9·6295	48·1475
doppeltkohlensaure Magnesi......MgO HO $2CO_2$	1·1037	0·5298	2·1190	0·11037	0·8476	1·4127	7·0635
doppeltkohlensaures Manganoxydul MnO HO $2CO_2$	0.1021	0·0490	0·1960	0·01021	0·0784	0·1307	0·6535
doppeltkohlensaures Eisenoxydul...FeO HO $2CO_2$	0·8724	0·4187	1·6750	0·08724	0·6700	1·1166	5·5830
phosphorsaure Thonerde $Al_2 O_3$ cPO_5............	0·0781	0·0375	0·1499	0·00781	0·0599	0·0999	0·4995
Kieselerde.......... SiO_2	0·3524	0·1691	0·6766	0·03524	0·2706	0·4510	2·2550
organische, stickstofffreie Substanz (Quellsäuren).	0·0902	0·0433	0·1731	0·00902	0·0706	0·1164	0·5770
freie gasförmige Kohlensäure.............. CO_2	16·5824	7·9595	31·8382	1·65824	12·73528	21·2254	106·1270

Die Sodawassererzeugung ist im Kammerbezirke mehrfach vertreten; wir erwähnen die Fabriken von Biach, Biberfeld, Pröller und Schulze.

Die Fabrik von E. Biach zu Theresienfeld im Bezirke Wiener-Neustadt, die wir bereits als Wagenfettfabrik kennen lernten, verfügt über einen Pferdegöppel, beschäftigt 4 Arbeiter durch 12 Stunden um einen Taglohn von 1 fl. bis 1 fl. 30 kr. und entwickelt aus jährlich circa 400 Ztrn. preussischem Magnesit und 500 Ztrn. Schwefelsäure in einem innen verzinnten Kupferapparate neuester Construction die erforderliche Kohlensäure, welche durch Waschflaschen gereinigt, in einem Gasometer gesammelt und mittelst zweier Compressionspumpen den Mischgefässen zugeführt wird. Solchergestalt erzeugt die Fabrik jährlich 250.000 Flaschen Sodawasser, die Füllung von circa einem Seitel zu 6 Kreuzern gerechnet, während circa 600 Ztr. Bittersalz im ungefähren Verkaufswerthe von 4 fl. per Ztr. als Nebenproduct abfallen.

Die Fabrik von J. Biberfeld in der Leopoldstadt zu Wien beschäftigt unter einem Beamten 6 Arbeiter 12 Stunden per Tag zu 1 fl. Taglohn, für die sie Beiträge zur Genossenschaft der Fabrikanten von Spirituosen leistet, verbrennt 3 Klafter weiches Holz und 20 Ztr. Steinkohlen, und hat folgende Apparate im Betriebe: Einen kupfernen Wasser-Filtrirapparat zur vorläufigen Klärung und Läuterung des Saturationswassers; 2 bleierne Kohlensäure-Entwicklungsapparate mit 8 Waschflaschen und 2 kupfernen Gasometern, 6 Sodawassermischapparate von Kupfer, innen verzinnt, à 66 Mass Inhalt, mit 4 Schwungrädern, 4 Gas- und Wasserpumpen und der nöthigen Röhrenleitung. Die Fabrik bleibt noch weit hinter ihrer Leistungsfähigkeit zurück, da sie bloss einen Entwicklungsapparat, und von den Mischapparaten im Winter 1, im Sommer 2 im Gebrauche hat. Sie verarbeitet jährlich etwas über 100 Ztr. gemahlenen österreichischen Magnesit, 60 bis 70 Ztr. concentrirte Schwefelsäure von 66° B., 2 bis 3 Ztr. verzinnten Draht, 10 Ztr. krystallisirte Soda, 3 Ztr. Kochsalz und 2000 Stück spanische Korke. Sie erzeugt jährlich 200.000 Stück Flaschen Sodawasser im Verkaufswerthe von 8000 fl. und 530 Cylinder-Füllungen, à 22 Mass Sodawasserinhalt, zum Ausschanke in den Trinkhallen Wiens und seiner Umgebung, im ungefähren Verkaufswerthe von 1600 fl., wobei jährlich circa 200 Ztr. Bittersalz als Nebenproduct abfallen.

Das Etablissement des M. Pröller zu Wien, Mariahilf, hat

eine stehende Dampfmaschine von 4 Pferdekräften im Betriebe und beschäftigt unter einem Beamten durch 12 Stunden täglich 4 technischgebildete Arbeiter mit dem Taglohn von 1 fl. 40 kr., 11 Werksarbeiter mit dem Taglohn von 1 fl. 20 kr. und 3 Knaben; sie bezieht per Tag 100 Eimer Wasser von der Ferdinands-Wasserleitung, verbrennt per Tag in der Sommersaison für den Motor der Pumpen 3 Ztr. Steinkohlen und per Jahr für den Schmelzofen 100 Ztr. Coaks; sie hat 2 continuirlich wirkende Sodawasser-Erzeugungsapparate mit 3 Pumpen und einen Zinnschmelzofen mit einem 8″ tiefen und 12″ breiten eisernen Kessel im Betriebe, verarbeitet jährlich 100 Ztr. Kölnerkreide, 70 Ztr. concentrirte Schwefelsäure und 20 Ztr. Zinn und erzeugt circa 1500 Eimer Sodawasser im Jahre.

Das Etablissement des E. Schulze zu Wien auf der Landstrasse beschäftigt unter einem Beamten im Winter 2, im Sommer 13 Arbeiter durch 12 Stunden mit einem Taglohn von 80 Kreuzern, hat 2 Sodawasserapparate im Betriebe, verarbeitet circa 50 Ztr. preussischen Magnesit, 40 bis 50 Ztr. Schwefelsäure, 10 Ztr. Soda und erzeugt jährlich 150.000 Flaschen von kohlensaurem Wasser und Limonaden im Verkaufswerthe von circa 10.000 fl.

Was die natürlichen Mineralwässer des Kammerbezirkes anbelangt, so sind im Kreise U. W. W. nachstehende zu nennen:

1. Im Bezirke Baden sind die warmen alkalinisch-salinischen Schwefelquellen zu Baden und Weikersdorf und die 19° warme eisenhältige Quelle zu Vöslau zu erwähnen. Die Badner Quellen sind 13 an der Zahl, welche 17 Bäder speisen; das wärmste Bad ist das Josefsbad mit 29° R., das kälteste das Peregrinibad mit 22° R. Das Wasser der Römerquelle, welche 4 Bäder speist, enthält im Civilpfunde 2 Cubikzoll Gase (Kohlensäure, Stickstoff und Schwefelwasserstoff) und 14 Gran feste Stoffe, worunter 5³/₄ Gran Gyps, 2 Gran Glaubersalz, 2 Gran Kochsalz, 1¹/₄ Gran Chlormagnesium die hervorragendsten Bestandtheile bilden. Das Wasser der Leopoldsquelle hat im Civilpfunde fast 13 Cubikzoll Gase (Kohlensäure, Schwefelwasserstoff und Stickstoff) und 14·5 Gran feste Stoffe. Die Analyse der Römerquelle stammt von Dr. Reller, die der Leopoldsquelle von Dr. Keinzbauer. Die in jüngster Zeit untersuchte Frauenbadquelle enthält 10 Volumprocente Gas (CO_2, N, SH) und 14·8 Gran festen Rückstand im Civilpfunde Wasser, worunter Gyps, Glaubersalz, Chlormagnesium, kohlensaurer Kalk und Kochsalz die Hauptmasse bilden. Interessant ist die angeb-

liche Gegenwart von Salmiak, Chlorlithium, schwefelsaurem Strontian und unterschwefeligsaurem Natron, wenn sie sich bestätigen sollte. Als neue Einrichtungen und Verbesserungen dieses wichtigsten Curortes von Niederösterreich sind die Adaptirung des Sauerhofes zu einem Officiersbade, der Neubau des Josefbades, der Zubau des Herzogbades und dessen Herrichtung für Wintercuren, die Aufstellung zweier Porzellanwannen im Theresienbade, der Neubau einer Arena, die Stiftung eines Lesesalons, die Einführung der Gasbeleuchtung und die begonnene Neupflasterung der Trottoirs mit grossen Platten von Wöllersdorfer Stein besonders zu nennen, an welchen der rührige Stadtvorstand von Baden und der neue Badepächter Dr. Frommer gemeinsamen Antheil haben. Im Jahre 1861 betrug die Anzahl der Parteien 2760, die Anzahl der Badegäste 6466 und mit den in den Spitälern verpflegten 7990. Im Jahre 1862: Parteien 3029, Badegäste 7291, mit der Spitalsverpflegung 8778. Im Jahre 1863: 2850 Parteien, 6653 Curgäste, einschliesslich der Spitalsverpflegung 8017. Im Jahre 1864: 2758 Parteien, 6413 Curgäste, einschliesslich der Spitalsverpflegung 7931. Im Jahre 1865: 2860 Parteien, 6283 Curgäste, einschliesslich der Spitalspfleglinge aber 7667.

An der Stelle, wo heutzutage in Vöslau die Douchebäder sich befinden, stand im vorigen Jahrhundert eine Mahlmühle, die durch eine Mineralquelle getrieben wurde, welche aus einer Grotte so reichlich hervorsprudelte, dass sie vom Ursprung bis zur Mühle bereits der warme Bach genannt wurde. Das ziemlich heftige Erdbeben vom 27. Februar 1768 erhöhte die Temperatur des Wassers und zugleich die Wasserhöhe des Baches um 2 Zoll. Graf v. Fries hat im Jahre 1822 das eigentliche Bad und den Park angelegt. Die gesammte Wassermasse des Teiches wird täglich dreimal erneuert. Das 19° R. warme Wasser enthält circa 3 Volumprocent Gase (CO_2, N, O); sein fester Rückstand wurde von Schenk im Jahre 1825 und von Reuter 1837 übereinstimmend auf 4½ Gran, von Fuchs auf 3·6 bis 3·7 Gran in neuerer Zeit, von Meissner hingegen 1834 auf fast 34 Gran angegeben; nimmt man an, dass Vöslau zur Zeit, als Meissner das Wasser analysirte, sich in einem zufälligen, wenn auch nicht erklärten Ausnahmszustande befand, so würde dieses Wasser zu den Akratopegen, wie Gastein, Teplitz etc., gehören, d. h. zu den chemisch sehr reinen Thermen, über deren wunderbare Wirkungen die alte Medicin die tollsten Träume von Brunnengeistern u. dgl. nährte. Ist es auch eine

43*

balneologische Thatsache, dass Thermen von geringerer Eigenwärme in verschiedenen Zeiten in ihren Mineralbestandtheilen sehr variiren, so sind doch die Sprünge von 3 bis 4 Gran auf 34 Gran zu gross, als dass wir nicht die neueste Analyse dieser Quelle durch Professor Redtenbacher zur derzeitigen Constatirung des Gehaltes zu befragen wünschen sollten, die uns leider von dem Herrn Badearzte Dr. Friedmann als sein „geistiges Eigenthum" vorenthalten wird, als Repressalie gegen die mehrfachen Urgirungen seinerseits wegen Einleitung einer neuerlichen Analyse der Quelle, die man betreffenden Ortes unberücksichtigt liess, was ihn endlich dazu zwang, das Wasser von Herrn Professor Redtenbacher auf seine eigene Rechnung untersuchen zu lassen. Diese Analyse der Vöslauerquelle von Professor Dr. Redtenbacher ist durch diese unerquicklichen Conjuncturen sonderbarer Weise das „geistige Eigenthum" des Herrn Badearztes Dr. Friedmann geworden und geht daher vorläufig für die öffentliche Beurtheilung verloren. Jedenfalls sind die Carbonate und Sulfate der Alkalierden mit kleinen Mengen von kohlensaurem Eisenoxydul die vorwaltenden Bestandtheile dieser Quelle.

Während wir einer Trinkcur in Baden aus hygienischen Gründen nicht das Wort reden können, erscheint eine solche in Vöslau unbedenklich; die Schwefelbäder von Baden erweisen sich besonders für Hautkrankheiten und Muskelrheumen günstig, während Vöslau das Bad par excellence für hypochondrische Herren und hysterische Damen ist.

Als Verbesserung der Neuzeit ist in Bezug auf diesen Badeort Folgendes zu erwähnen: Die Wannenbäder gestalten sich fortwährend comfortabler, indem die Holzverkleidungen durch Porzellanplatten ersetzt werden, der Badeteich wurde vergrössert, die Zahl der Cabinen um 120 vermehrt. In dem zu Promenaden so beliebten Föhrenwalde wurden bequeme Wege tracirt, die dortige Waldwiese zur Gartenanlage veredelt, Gasbeleuchtung und Strassenbespritzung eingeführt und von Seite der Gemeindevertretung und der Gutsverwaltung dem Comfort und geselligen Vergnügen der Curgäste nach Möglichkeit Rechnung getragen. Im Jahre 1861 wurden 2745 Wannenbäder, 29.809 Teichbäder von Herren, 29.479 Teichbäder von Damen, 7507 Teichbäder von Kindern und 3330 Schwimmlectionen genommen, im Ganzen somit 72.870 Badeverrichtungen gepflogen. Im Jahre 1862: 2697 Wannenbäder, 24.560 Herren-Teichbäder, 27.170 Damen-Teichbäder, 7314 Kinder-Teichbäder,

3718 Schwimmlectionen, somit 65.459 Badeverrichtungen. Im Jahre 1863: 3015 Wannenbäder, 30.815 Herren-Teichbäder, 33.931 Damen-Teichbäder, 8731 Kinder-Teichbäder, 4130 Schwimmlectionen, somit 80.692 Badeverrichtungen. Im Jahre 1864: 2567 Wannenbäder, 24.304 Herren-Teichbäder, 27.835 Damen-Teichbäder, 8981 Kinder-Teichbäder, 3012 Schwimmlectionen, somit 66.105 Badeverrichtungen. Im Jahre 1865 endlich wurden 2781 Wannenbäder, 29.963 Herren-Teichbäder, 33.616 Damen-Teichbäder, 9877 Kinder-Teichbäder, 2808 Schwimmlectionen genommen, somit im Ganzen 79.245 Badeverrichtungen gepflogen, was für die Frequenz des Badeortes ein erfreuliches Zeugniss ablegt, der jährlich durchschnittlich von 500 bis 600 Parteien (1500 bis 1600 Personen) als Cur- und Sommergästen bewohnt und von etwa 50.000 Personen mittelst der Eisenbahn besucht wird.

2. Im Bezirke Bruck an der Leitha, in Mannersdorf, eine wenig benützte schwache Schwefelquelle, deren Ursprung in der daselbst betriebenen Fabrik von leonischen Drahtwaaren des Herrn v. Cornides sich befindet.

3. Im Bezirke Ebreichsdorf eine eisenhältige Schwefelquelle, zwar schon auf ungarischem Boden, aber nur 10 Minuten von dem Orte Deutsch-Brodersdorf entfernt, mit einer Eigenwärme von 22° und ziemlich starkem Besuche, wenn auch nur aus der unmittelbaren Umgebung.

4. Im Bezirke Hainburg die 14° warme Schwefelquelle von Deutsch-Altenburg mit einem Badhause. Diese 5 Stunden von Wien entfernte, an der Pressburger Poststrasse gelegene Heilanstalt diente als Bad von Carnuntum schon zur Zeit der Römerherrschaft über Pannonien und genoss im 16., 17. und 18. Jahrhundert eines vortrefflichen Rufes; sie fasst jetzt 600 Curgäste, ihr Wasser enthält in einem Wiener Pfunde 5 Cubikzoll Schwefelwasserstoffgas und 2½ Cubikzoll Kohlensäure, 29 Gran feste Stoffe, wovon die Hauptmasse 13 Gran Kochsalz, 5¼ Gran kohlensaure Magnesia, 5½ Gran Glaubersalz, 3 Gran Chlormagnesium und 1 Gran Bittersalz bilden; unter den geringeren Bestandtheilen ist eine Spur Jodnatrium besonders zu erwähnen. Sie hat sich bei Gichtleiden und Hautkrankheiten einen ziemlichen Ruf erworben; 170 bis 220 Parteien oder 300 bis 370 Curgäste nehmen jährlich 6000 bis 7000 Wannenbäder.

5. Im Bezirke Hernals eine nur mässig benützte eisen- und schwefelhältige Mineralquelle zu Ober-Döbling.

6. Im Bezirke Hietzing die 11° warme kohlensäurereiche Schwefelquelle von Hetzendorf, die ziemlich besucht wird, und eine eisenhältige Mineralquelle in dem Orte Mauer, welche von der Frau Ernestine Giacomozzi in eine Trinkcuranstalt umgewandelt wurde. Die schwefelhältigen Kalksburger Quellen sind bisher unbenützt geblieben.

7. Im Bezirke Klosterneuburg sind die eisen- und schwefelhältigen Quellen von Heiligenstadt zu erwähnen, die schon zu den Zeiten der Römer bekannt waren und sich eines ziemlichen Besuches aus Wien und Umgebung erfreuen.

8. Im Bezirke Mödling sind unbedeutende Schwefelquellen in Brunn am Gebirge, eine lauwarme Eisenquelle in Sulz, eine kalte Eisenquelle in Kaltenleutgeben und die Mineralquellen von Mödling und Rodaun zu erwähnen. Die im Jahre 1815 entdeckte Mödlinger Quelle ist eine Eisenquelle von 10° R. und enthält im Civilpfunde Wasser fast 2 Cubikzoll Kohlensäure und 5½ Gran feste Bestandtheile, wovon 2 Gran auf die Carbonate der alkalischen Erden, Kalk und Magnesia und fast 3 Gran auf die Sulfate derselben entfallen. Das kohlensaure Eisenoxydul beträgt 0·045 Gran per Pfund, der rothbraune eisenocherige Sinter der Quelle, den sie in allen Röhren und Leitungen absetzt, liesse einen höheren Gehalt an Eisen vermuthen. Mödling dürfte jährlich von 200 bis 250 Curgästen bewohnt werden, von denen ein Theil auch die Kaltwassercur im benachbarten Windthale oder Priesnitzthale gebraucht. In der letztgenannten Anstalt dürften während der Saison in den letzten Jahren durchschnittlich 72 Parteien in Pflege gewesen sein. Die Rodauner Quelle, bloss zu Bädern benützt, ist deutlich eisenhältig und sehr schwach hydrothionös. Der Besuch des Bades, in den früheren Jahren ziemlich bedeutend, hat während der Jahre 1864 und 1865 gelitten.

9. Im Bezirke Neunkirchen ist nur eine unbedeutende eisenhältige Mineralquelle zu Thernberg erwähnenswerth und eine kalte Schwefelquelle zu Buchberg.

10. Im Bezirke Wiener-Neustadt eine schwach eisenhältige Therme, die selbst im strengsten Winter die Temperatur von 14 bis 15° R. behauptet, zu Fischau.

11. Im Bezirke Sechshaus das Schwefelbad zu Unter-Meidling, das sogenannte Mandl'sche, früher Pfann'sche Bad. Die kalte Schwefelquelle diente bereits zur Zeit Kaiser Carls VI. der kaiserlichen Familie zum Bade, später unter der Kaiserin Maria Theresia

als Trinkquelle und Bad zu öffentlichen Zwecken. Im Jahre 1782 wurde eine neue schwefel- und eisenhältige Quelle entdeckt und im Jahre 1822 durch Vertiefen der alten Quelle ein Wasserreichthum bewirkt, dass das Theresienbad mit 45 Badezimmern und Doucheapparaten errichtet werden konnte, das überdiess Sommerwohnungen für 30 Parteien umfasst. Sein Wasser enthält im Civilpfunde $^{2}/_{3}$ Cubikzoll Schwefelwasserstoffgas und $8^{1}/_{2}$ Gran feste Stoffe, von denen wieder die Carbonate und Sulfate der Alkalierden nebst Kochsalz und Glaubersalz die Hauptmasse bilden. Im Jahre 1819 wurde bei der Vertiefung eines Gartenbrunnens zufällig eine dritte Quelle entdeckt, die im Civilpfunde Wasser $^{1}/_{3}$ Cubikzoll Schwefelwasserstoffgas und 5 Gran feste Stoffe enthält, wovon Glaubersalz und Kochsalz die Hauptmasse sind. Bei dieser Quelle hat sich im Jahre 1821 die comfortable Pfann'sche, jetzt Mandl'sche Badeanstalt entwickelt, die täglich 150 Bäder liefert und sich eines regen Zuspruches erfreut. Das Theresienbad hat seine hölzernen Leitungsröhren durch eiserne ersetzt. Der Zuspruch in Unter-Meidling von Seite der Curgäste steigt fast jährlich um circa 500 Personen und hat im Jahre 1865 8000 Personen umfasst.

Im Kreise O. W. W. und zwar im Bezirke Hainfeld soll sich zu Klein-Zell eine Salzquelle befinden, über deren chemische Zusammensetzung und hygienischen Werth jedoch nichts bekannt ist. Aehnliches gilt von einer kalten Schwefelquelle zu Lilienfeld und von den Eisenquellen zu St. Pölten und zu Rappoltenkirchen im Bezirke Tulln.

Im Kreise U. M. B. finden sich:

1. Im Bezirke Korneuburg zu Ernstbrunn und Langenzersdorf kalte Eisenquellen, deren erstere unter dem Namen des Heilbrunnens einige locale Berühmtheit geniesst.

2. Im Bezirke Matzen sind eisen- und schwefelhältige Mineralquellen zu Martinsdorf und Stillfried bekannt; in demselben Bezirke ist aber auch das wichtige Bad Pyrawarth gelegen. Die eisenreiche Heilquelle von Pyrawarth hat bereits dem Herzog Leopold dem Heiligen stärkende Bäder geliefert. Zu dieser alten Quelle kam im Jahre 1852 eine neue, die sogenannte Gartenquelle, und 1863 der Chorinskybrunnen. Das Wasser dieser Quellen, die fast gleiche Zusammensetzung haben, enthält im Civilpfunde 1·8 Gran Kohlensäure, fast 14 Gran festen Rückstand und darunter als wichtigsten Bestandtheil $^{1}/_{3}$ Gran kohlensaures Eisenoxydul. Die im Curhause vorgenommenen Verbesserungen der letzten fünf Jahre

bestehen in der Einführung von Porzellanwannen, in der Aufstellung eines Dampfkessels, in der Einführung der Molke, Erbauung eines Cursalons und Gründung einer Lesehalle. Im Curorte wurden die Strassenbeleuchtung und Bespritzung eingeführt, der Chorinsky-platz planirt und bepflanzt und die offenen Abzugsgräben eingedeckt. Die Frequenz des Bades betrug im Jahre 1861 über 300 Curgäste, 1862: 258 Curgäste, 1863: 307 Curgäste, 1864: 291 Curgäste und im Jahre 1865: 275 Curgäste. An den wesentlichen Verbesserungen und an dem steigenden Comfort des Badeortes haben der Herr Bezirksvorsteher G. Meinschad, der Badearzt Dr. Hirschfeld und das Directorium der Pyrawarther Heilbad-Actiengesellschaft einen nahezu gleichen Antheil.

3. Im Bezirke Mistelbach sind zu Eibesthal schwefelhältige Mineralquellen erwähnenswerth.

4. Im Bezirke Stockerau verdient zu Steinabrunn am Saume des dortigen Waldes eine kalte Quelle nähere Beachtung, die schöne Petrificate liefert und kalkigen, vielleicht auch eisenhältigen Sinter in reichlicher Menge absetzt.

5. Im Bezirke Wolkersdorf besitzt Grossebersdorf eine kalte Eisenquelle, die bisher auch in den Jahren der grössten Trockenheit und Dürre nicht versiegte; endlich ist

6. im Bezirke Zistersdorf die angeblich eisen- und schwefelhältige kalte Mineralquelle von Hauskirchen zu erwähnen.

Im Kreise O. M. B. ist eine kalte eisenreiche Quelle, die viel Ocher absetzt, im Dorfe Alt-Gföhl (Bezirk Gföhl) zu bezeichnen, wobei besonders erinnert werden mag, dass auch das Kampflusswasser, das durch seine Forellen berühmt ist, zu den eisenreicheren Bach- und Flusswässern zählt. Im Bezirke Raabs ist die eisenreiche Klaffer, die einst ein von den Schweden zerstörtes Badhaus versah, bei Weikertschlag zu erwähnen. Im Bezirke Schrems versahen die eisenreichen Quellen des Heidenberges bei Gmünd die sogenannten Hipflersbrunnen, früher eine Badeanstalt, die vor 50 Jahren aufgelassen wurde.

In Bezug auf Trinkcuren reiht sich die Molkenerzeugung an die künstlichen und natürlichen Mineralwässer. Die Molke, deren Erzeugung selbstverständlich nur in milchreichen Gegenden rentirt, ist das Serum der Milch, das nach Entfernung des Käsestoffes und der Butter übrig bleibt, und wird entweder auf dem Wege der Selbstsäuerung oder durch Gerinnung der Milch mittelst Säurezusatz (Weinsäure, Citronensäure, Tamarinden etc.) oder endlich durch Labung der Milch mit Kälbermagen als sogenannte süsse Molke gewonnen. Letztere, obwohl leider bei den Aerzten beliebter, ist in diätetischer Beziehung geringwerthiger als die saure Molke, die neben ihren 2 bis 5% Milchzucker und Milchsäure, als leichten Respirationsmitteln, doch noch 3 bis 5‰ phosphorsaure Salze als plastische Skelettstoffe enthält, deren reichliche Zufuhr in der Scrophulose und Tuberculose erwünscht scheinen muss.

Um die in medicinischer Beziehung jedenfalls sehr überschätzte Molke unabhängig von Ort und Zeit Jedem zugänglich zu machen, dampft man sie in Gegenden massenhafter und billiger Milchproduction theils in offenen Kesseln, theils in Vacuumpfannen zu haltbarem Extract oder trockenen Molkenpulvern ein, und es droht uns mit der Zeit in dieser anzuhoffenden Molkenindustrie ein würdiges Seitenstück der Malzextractindustrie zu erblühen, welche letztere trotz der diätetischen Brauchbarkeit, Reinheit und Güte der inländischen, namentlich der in Wilhelmsdorf erzeugten Malzpräparate keinen Anspruch auf jene alimentäre und therapeutische Bedeutung hat, die sie sich so gerne vindiciren möchte, wobei wir von dem Hoff'schen Gebräude, als dem anstössigsten Malzproducte, ganz absehen wollen.

Selbstverständlich ist, ganz abgesehen von der specifischen Wirkung gelöster Mineralstoffe bei dem Gebrauche von Bädern, der labende und reinigende Einfluss des Bades als solchen nicht zu unterschätzen und es ist wünschenswerth, dass die endliche Durchführung einer wahrhaft ausreichenden Wasserversorgung Wiens die völlig ungenügende Zahl seiner Badeanstalten, die im abgelaufenen Decennium zwischen 18 und 20 schwankt, mindestens verfünffachen wird. Die Erfahrung würde dann zeigen, welchen segensvollen Einfluss die Reinlichkeit auf den Gesundheitszustand einer Grossstadt übt, und gerade die öffentliche Hygiene des staubigen Wiens sollte Pindar's Ausspruch: „ἄριστον μέν το ὕδωρ“ (das Beste ist doch das Wasser) sich zum Wahlspruche wählen.

Die Zahl der Mineralwasserhändler hat sich im abgelaufenen Decennium verdoppelt, da sie von 5 auf 10 gestiegen ist.

Was sonst noch in Bezug auf Sanitätsgewerbe zum Zwecke des Kammerberichtes erwähnenswerth ist, betrifft etwa die 120 Wundärzte mit Officinen, die 7 Privatheilanstalten, die 20 gewerblichen Operateure und Curschmiede, die 25 Ungeziefervertilger, die leider nur zu sehr in Vermehrung begriffenen Productionen von

Viehpulver, Thierheilmitteln und Geheimmitteln aller Art, die Waschanstalten, die Wasenmeister und die Barbiere. Von letzteren zählt man in Wien 50, von denen die Mehrzahl haarkünstlerische Production treibt und auf dem flachen Lande 343 Gewerbetreibende mit 135 Gehilfen, 15 Lehrlingen und 15 Hilfsarbeitern; besonders auf dem Lande reiht sie ihr chirurgischer Dilettantismus entschieden in die Classe der Sanitätsgewerbe, obwohl die fortschreitende medicinische Gesetzgebung durch Vervielfältigung tüchtig geschulter Gemeindeärzte dieses zweifelhafte Surrogat immer mehr zu verdrängen bemüht ist, da sie ja sogar, vielleicht kaum mit demselben glücklichen Erfolge, das alte Geschlecht der Wundärzte aussterben zu lassen beschlossen hat.

In Bezug auf Waschanstalten oder Wäschereien, die schon desshalb zu den Sanitätsgewerben zählen, weil sie durch die Scheuer der Leib- und Bettwäsche wesentlich zur Reinlichkeit und folgerichtig zur Erhaltung der Gesundheit beitragen, hat die Erfahrung der letzten Zeit Vorsicht gelehrt, da es sich gezeigt hat, dass die schmutzige Wäsche, in grossen Massen aufeinandergehäuft, eine Erzeugungsstätte von Miasmen und Contagien abgeben kann, was umsomehr von der Spitalswäsche gilt. Eine Desinfection aller Linnen- und Baumwollenzeuge mittelst Durchtränkung derselben mit verdünnten Lösungen von phenylsaurem und unterchlorigsaurem Natron, welche weder Flecken erzeugt noch die Stoffe angreift, wäre namentlich während herrschender Epidemien zu einem hygienischen Gesetze aller Waschanstalten zu machen.

Was endlich die Wasenmeister anbelangt, so hat einerseits die Sanitätspolizei die passende, von bewohnten Orten entfernte Anlage der Wasenmeisterei, die locale Desinfection der Abdeckergruben und die strengste Handhabung der Marktbeschau und der Seuchenvorschriften zu überwachen, anderseits aber wäre vielleicht manche in hygienischer Beziehung unbedenkliche, dem industriellen Fortschritt entsprechendere und rentablere Verwendung thierischer Abfälle dem öffentlichen Vorurtheile abzuringen, die heutzutage leider noch der sanitäre Rigorismus und Vandalismus der Abdeckereien verschlingt. Wir fürchten, dass die vor unerlaubten Mitteln nicht zurückschreckende Habsucht in apokrypher Weise dem Fortschritte auf diesem Gebiete besser dient als die Sanitätsbehörde, die den Kampf mit manchen Vorurtheilen und altehrwürdigen Traditionen aus guten Gründen scheut.

Die Sanitätspolizei, welche überhaupt einer gründlichen Reform bedarf, die sie mit den wesentlichen realen Fortschritten der neuen Zeit wieder versöhnt, möchten wir noch auf zwei Momente aufmerksam machen: einerseits auf die officielle Einführung des Respirators, nicht etwa bloss in Bleiweiss- und Cementmühlen, dann in Chemikalien-Fabriken, wo giftige Dämpfe, Gase und Staubmassen den Arbeiter gefährden, sondern auch in allen jenen Gewerben, die an sich unschädliche Rohstoffe, aber auf eine Weise verarbeiten, welche die Arbeiter der fortgesetzten Einathmung von Sand, Mulm oder Flugstaub aussetzt, wie z. B. die Verarbeitung gewisser Materialien auf der Drehbank, die Schmirgelmehl- und Putzpulvererzeugung etc.; anderseits auf die dringend gebotene Ausweisung gewisser wenig berücksichtigter, aber mit der Entwicklung sehr übler Gerüche unvermeidlich verbundener Productionen, die sich eben auf Grund ihrer Unbedeutendheit zwischen die Wohnhäuser der Städte einzuschmuggeln wussten, wie z. B. in Wien selbst die Erzeugung von Vogelleim aus den weissen schleimigen Beeren und den grünen ledernen Blättern der auf den stattlichen Waldbäumen des Praters eingenisteten parasitischen Mistel, welche während der faulen Zersetzung des kautschuckhältigen Breies in einigen Vorstädten Wiens die unmittelbare Nachbarschaft in empfindlicher Weise belästigt.

Wir sind weit entfernt, ein allem Fortschritte abholdes Prohibitiv-System zu predigen und die industrielle Entwicklung kleinstädtischen Bedenken und unberechtigten Prüderien zu opfern; wir nehmen sogar auch die verrufenen chemischen Exhalationen, soweit sie desinficirend und oxydirend wirken, direct gegen die Verketzerungen einer rebellischen Nachbarschaft in Schutz, aber wir vermögen nie und nimmer den Fäulnissherden und Entwicklungsstätten miasmatischer Gase, wie des Schwefelwasserstoffes, der Sumpfluft und anderer, in der Grossstadt das Wort zu reden, die ohnediess an frischer Luft, ozonreicher Atmosphäre und desinfectorischen Schutzmitteln aller Art nur zu sehr Mangel leidet.

Eine nähere und detaillirtere meritorische Besprechung der Sanitätsgewerbe überschreitet die Gränzen dieses Berichtes.

Um nun den Bericht mit einigen kritischen und statistischen übersichtlichen Rückblicken abzuschliessen, mögen folgende Auseinandersetzungen dienen:

I. In Bezug auf Maschinen.

Die Vermehrung der Maschinen im Kammerbezirke innerhalb des abgelaufenen Decenniums geht selbstredend aus folgender Zusammenstellung hervor.

Verwendung der Dampfmaschinen als Motoren in den einzelnen Productionszweigen des Kammerbezirkes	Decennium 1855 bis 1865			
	am Anfange		am Ende	
	Zahl der Motoren	Anzahl d. Pferdekräfte	Zahl der Motoren	Anzahl d. Pferdekräfte
Bei der Erzeugung von Chemikalien und Farben	3	8	14	64
Bei der Erzeugung von Sodawasser....................	—	—	1	3
Bei der Erzeugung von Kerzen und Seifen	2	16	7	45
Bei der Erzeugung von Leuchtgas	1	3	7	38
Bei der Erzeugung von Terpentinöl	—	—	1	2
In sogenannten Material-, Farbholz- und Spodiummühlen	1	6	3	30
In Oelfabriken................	5	38	4	60
Zum Pumpenbetriebe für Badeanstalten.................	9	56	13	73

Die Zahl der Motoren ist im abgelaufenen Decennium von 21 auf 50, die Zahl der Pferdekräfte von 127 auf 315 gestiegen.

II. In Bezug auf die Zahl der Gewerbe

und die Steuerverhältnisse entwickelt die nachstehende Tabelle in übersichtlicher Form das Wissenswertheste:

Gewerbe	Steuerverhältnisse im Jahre 1860 Anzahl der Gewerbetreibenden	Steuerverhältnisse im Jahre 1860 Erwerbsteuer-Summe in fl. ö. W.	Steuerverhältnisse im Jahre 1865 Anzahl der Gewerbetreibenden	Steuerverhältnisse im Jahre 1865 Erwerbsteuer-Summe in fl. ö. W.
A. Wien.				
Albuminerzeuger	2	110	1	30
Apotheker	45	6365	47	6460
Ausschank kohlensaurer Wässer	—	—	2	70
Badanstalten	18	1505	19	1545
Barbiere (Rasirer)	42	275	126	1115
Beinsieder	1	10	1	10
Bleistifterzeuger	5	80	4	60
Blutegelhändler	9	150	7	95
Buchdruckerschwärzeerzeuger	1	5	2	15
Chemische Laboratorien	1	10	2	210
Chemisch-Productenerzeuger	16	430	18	525
Chemisch-Productenhändler	1	150	5	300
Dürrkräutler	26	255	26	240
Erzeuger chemischer Farben	11	135	14	235
Erzeuger künstlicher Augen	—	—	1	5
Farbwaarenhändler	3	100	8	140
Gasbeleuchtungsassociationen	2	2500	2	2500
Gifthändler	—	—	4	45
Glas- und Wachsperlenmacher	4	25	23	165
Hefe- und Zeughändler	19	150	16	95
Hühneraugenoperateure	9	50	15	95
Indigokarminerzeuger	7	170	5	150
Kerzenhändler	15	120	28	285
Lackerzeuger	6	55	4	35
Laugenerzeuger	1	5	2	10
Leimsieder	2	30	2	30
Lohziegelerzeuger	1	5	1	5
Malzextracterzeuger	—	—	1	20
Malzextractverschleisser	—	—	4	280
Mineralwässerhändler	6	50	7	145
Molkenbereiter	1	5	1	5
Oelerzeuger und Raffineure	6	145	4	90
Oelhändler	23	560	21	400
Oel- und Leimfarbenerzeuger, Farbenreiber etc.	29	290	22	245
Parfumeure	41	970	43	965
Parfumeriewaarenhändler	—	—	25	300
Pechhändler	9	150	6	90
Presshefeerzeuger	5	60	7	135

Gewerbe	Steuerverhältnisse			
	im Jahre 1860		im Jahre 1865	
	Anzahl der Gewerbetreibenden	Erwerbs-Steuer-Summe in fl. ö. W.	Anzahl der Gewerbetreibenden	Erwerbssteuersumme in fl. ö. W.
Privatheilanstalten	7	150	6	75
Schmirgel- und Boraxerzeuger	2	15	2	15
Seifensieder	40	2135	34	2080
Siegelwachserzeuger	12	170	12	215
Sodawassererzeuger	—	—	4	100
Spodiumerzeuger	3	45	2	30
Stärkehändler	2	10	5	35
Stärkemacher	14	180	8	100
Tintenerzeuger	19	125	15	125
Ungeziefervertilger	25	190	26	195
Unschlitthändler	1	5	2	15
Wachszieber	9	375	8	340
Wagenschmiererzeuger	6	115	6	60
Wichserzeuger	73	660	47	430
Wundärzte	121	2580	108	1480
Zahntechniker	3	50	15	150
Zündwaarenerzeuger	10	505	8	1120
Zündwaarenhändler	15	105	15	140
B. Flaches Land Nieder-Oesterreich.				
Alaunerzeuger	—	—	1	2
Anilinfarbenerzeuger	—	—	2	60
Apotheker	69	2103	88	2453·5
Badeanstalten	56	986	56	1052·5
Barbiere	238	945	271	1055
Beinsieder	19	164	17	113
Bleistifterzeuger	1	5	1	5
Blutdüngererzeuger	1	50	1	20
Blutegelhändler	2	7	2	7
Chemisch-Farbenerzeuger	6	305	5	265
Chemisch-Productenerzeuger	13	885	11	341
Chemisch-Productenhändler	1	20	1	20
Erzeuger ätherischer Oele	—	—	1	20
Erzeuger künstlicher Mineralwässer	—	—	1	80
Erzeuger technischer Präparate	—	—	1	10
Farbholzhändler	1	50	1	50
Farbholzmühlen	5	240	4	155
Gasbeleuchtungsanstalten	—	—	1	50
Hausapothekenbesitzer	228	697.5	257	848.5
Huf- und Kurschmiede	14	107	13	79
Kastrirer	4	11	7	20

Gewerbe	Steuerverhältnisse			
	Im Jahre 1860		Im Jahre 1865	
	Anzahl der Gewerbetreibenden	Erwerbssteuer-Summe in fl. ö. W.	Anzahl der Gewerbetreibenden	Erwerbssteuersumme in fl. ö. W.
Kerzen- und Seifenverschleisser	15	63.5	12	49
Knochenhändler	6	50	10	100
Knochenmehlerzeuger	4	167	5	185
Knochenstampfer	4	14	2	4
Krappmühlen	1	20	1	20
Kurschmiede	6	31	3	17
Lackerzeuger	1	100	2	140
Lackirer	19	108.5	11	64
Lebküchler und Wachszieher	3	31	12	98.5
Leimsieder	32	382	30	290
Millykerzenfabriken	1	300	1	300
Oelerzeugung und Raffinerie	34	1258	31	1143
Oelverschleisser	7	54	5	24
Oel- und Leimfarbenverschleisser	2	8	2	13
Paraffinerzeuger	—	—	1	5
Parfumerzeuger	4	78	5	85
Pech-, Terpentin- und Harzölhändler	46	636·5	33	406
Pechsieder	28	311	27	455
Pottaschensieder	15	96	11	69
Presshefeerzeuger	6	33	5	35
Presshefeverschleisser	5	17	—	—
Salpetererzeuger	7	55	7	92.5
Salpeterverschleisser	1	5	1	5
Schwefelsäurefabriken	1	100	1	100
Seifensieder	127	1104.5	107	1213·5
Spodiumerzeuger	6	75	7	93
Siegellackerzeuger	2	10	1	5
Stärkemacher	37	210·5	29	235·5
Stärkeverschleisser	5	30	9	20
Stearinkerzenfabrik	1	300	1	300
Theerindustrie	—	—	1	100
Ultramarinerzeuger	2	85	1	20
Ungeziefervertilger	5	17	4	15
Wachszieher	7	17·5	6	15·5
Wagenschmiererzeuger	1	2	2	4·5
Wagenschmierhändler	15	44·5	6	40
Wasenmeister	96	315	92	310·5
Wichserzeuger	17	76·5	12	63
Wundärzte	91	376·5	83	394.5
Zündwaarenerzeuger	4	72·5	5	96
Zündwaarenverschleisser	10	37	2	5

Man sieht hieraus, dass eine andere Vertheilungsart der Steuer ebensosehr im Interesse der öffentlichen Verwaltung als der Privatindustrie gelegen ist. Möge das bedenkliche Sinken der Steuerkraft in vielen volkswirthschaftlich wichtigen Productionszweigen ein ernster Wink für die Regierung sein, den auf der inländischen Production lastenden Alp politischer und administrativer Missverhältnisse rasch zu beseitigen, die Volkswirthschaft im obersten Rathe ebenbürtig zu vertreten, und die östlichen Märkte der heimischen Erzeugung zu erschliessen.

Zum Schlusse endlich mag die beigegebene Tabelle in selbstredender Weise die Importverhältnisse des Kammerbezirkes illustriren, soweit sie aus den Vorlagen eruirt werden konnten.

Gegenstand	Die zum Consum in Wien eingeführten, der Verzehrungssteuer unterliegenden Waaren betrugen in den Verwaltungsjahren:						
	1855	1860	1861	1862	1863	1864	1865
1. Weingeist, Firnisse, Tischlerpolitur, Tincturen, Essenzen, Aether und Alkohole per Grad und Eimer	—	—	—	—	1,833.139$\frac{5}{6}$	17.108$\frac{38}{100}$	—
2. Mehl aus Getreide, Kartoffeln und Hülsenfrüchten, Gries, gerollte und gebrochene Gerste, Hafergrütze, inländischer Sago, Heidemehl, Hirsebrei, Stärke, Kraftmehl und Haarpuder; Brod und Bäckerwaaren	1,108.192	1,148.859	1,090.372	1,074.883$\frac{2}{100}$	1,101.800$\frac{92}{100}$	1,186.576	—
3. Butter, frisch und gesalzen, Rindschmalz und Gänsefett in Zentnern	35.607	37.282	37.506	36.621$\frac{4}{100}$	38.395$\frac{85}{100}$	38.882$\frac{86}{100}$	35.969$\frac{26}{100}$
4. Kerzen aus Unschlitt, Spermacet und Stearinsäure	—	—	—	—	18$\frac{84}{100}$	27$\frac{06}{100}$	—
5. Unschlitt und Talg, gereinigt	10.212	10.420	6.111	8.419$\frac{94}{100}$	9.020$\frac{34}{100}$	9.575$\frac{35}{100}$	7620$\frac{79}{100}$
6. Seifen, gemeine und wohlriechende Oelseifen, auch Seifensalz	1.303	1.546	2.273	1.781$\frac{44}{100}$	1.609$\frac{17}{100}$	2.156$\frac{38}{100}$	1787$\frac{19}{100}$
7. Wachs, gebleicht und ungebleicht, Wachskerzen und andere Fabrikate aus Wachs	816	1.047	1.313	1.542$\frac{9}{100}$	1.141$\frac{17}{100}$	1.168$\frac{37}{100}$	998$\frac{41}{100}$
8. Oliven-, Mandel- und Mohnsamenöl, gemeines Nussöl, Palm- und Cocosnussöl	14.218	54.885	57.312	17.202$\frac{67}{100}$	15.740$\frac{5}{100}$	17.127$\frac{36}{100}$	27 394$\frac{98}{100}$
9. Hanf-, Lein- und Rübsamenöl	28.025	11.151	—	42.988$\frac{8}{100}$	25.948$\frac{14}{100}$	29.004$\frac{65}{100}$	39,666$\frac{67}{100}$
10. Schweinfett, Schweinschmalz, Schmeer und Speck, Knochenmark	—	—	—	—	—	—	2.522$\frac{93}{100}$
11. Holzkohlen	118.861	86.416	112.523	117.774$\frac{76}{100}$	114.867$\frac{60}{100}$	91.163$\frac{19}{100}$	—
12. Hanf-, Lein-, Rüb-, Sonnenblumen- und andere zur Oelbereitung dienende Samen	2.856	2.795	2.407	4.710$\frac{5}{100}$	3.801$\frac{36}{100}$	3.224$\frac{58}{100}$	3322$\frac{38}{100}$
13. Thran und Fischschmalz und das bei der Stearinkerzenfabrikation zurückbleibende Elaïn	5.115	4.567	—	8.003$\frac{45}{100}$	4.530$\frac{43}{100}$	5.350$\frac{30}{100}$	4927$\frac{60}{100}$
14. Stearinmasse	—	—	—	—	—	—	—

Inhalt.

I. Abschnitt.

Landwirthschaft.

1. Abtheilung. Nahrungsstoffe aus dem Pflanzenreiche.

Consumtion.

Bedarf.

Verkehr.

2. Abtheilung. Forstwesen und Torfgewinnung.

3. Abtheilung. Viehzucht, Fischerei und Jagd.

II. Abschnitt.

Bergbau und Eisenindustrie.

III. Abschnitt.

Maschinen, Instrumente, Werkzeuge und Transportmittel.

IV. Abschnitt.

Metallarbeiten (mit Ausnahme solcher von Eisen und Stahl).

V. Abschnitt.

Erzeugnisse aus nichtmetallischen Mineralstoffen.

VI. Abschnitt.

Die Production von Chemicalien im engeren Sinne und die sogenannten Sanitätsgewerbe.

Zeitfracht Medien GmbH
Ferdinand-Jühlke-Straße 7
99095 Erfurt, Deutschland
produktsicherheit@kolibri360.de